제2판(신정판)

이론 · 판례 · 사례

친족상속법

[민법강의 Ⅴ]

한삼인·김상헌 저

화산미디어

제2판(신정판) 머리말

이 책이 2015년 신체계 한국가족법이라는 이름으로 초판 발행된 지 벌써 3년의 긴 세월이 흘렀으나, 여전히 독자 여러분의 많은 관심과 사랑을 받음에 깊이 감사드린다. 한국가족법 출간 후 민법의 친족상속편 영역에 많은 개정이 있었다. 특히 친생자추정, 면접교섭권, 후견인 결격사유 등의 경우에 그 법규정의 변화가 있었고 관련 법률로서 가족관계 등록 등에 관한 법률을 비롯한 민사소송법 등에서도 원용의 필요성이 있는 의미 있는 입법이 이루어졌다. 이러한 입법동향과 함께 그동안 친족상속법 영역에서 의문이 있었던 몇 가지 주제에 관하여도 판례의 축적이 계속 행해짐에 따라 그 어느 때보다 학계의 이론적 연구활동이 활발하였다.

그렇다면 민법강의시리즈 기획으로 이론·판례·사례 민법총칙(민법강의Ⅰ)이 출간되어 과분한 사랑을 받게 된 지금에 이르러, 친족상속법 역시 개정 법률의 반영과 함께 판례 및 이론의 체계적인 분석과 정리가 필요한 시기가 됨에 따라, 기존에 출간한 한국가족법의 체계를 민법총칙과 같은 교과서 편제로 수정·재편하여 민법강의시리즈의 연속성을 기술할 필요성이 있었다. 이러한 집필의도에 맞추어 편제상에 필요한 내용을 새롭게 추가하고, 그동안의 판례의 동향과 이론의 발전상황을 최대한 반영하기 위하여 상당히 많은 수정과 가필을 하였다. 다만 체계상의 큰 변동은 있었지만, 저자가 오랫동안 주장하였던 가장 바람직한 법학의 학습방법은 '이론과 판례의 병행학습'이라는 소신은 여전히 이 책에 고스란히 그대로 현출되었으며 수험생뿐만 아니라 연구자, 법률실무가들도 참조가 가능하도록 보다 가독성 있게 구성하였다. 이와 같은 이유에서 본서를 "제2판(신정판) 이론·판례·사례 친족상속법〔민법강의 Ⅴ〕"이라고 명명하였다.

제2판의 주요내용은 다음과 같다.

첫째, 초판 이후 2018년 5월까지의 하급심 판례를 비롯하여 공보불게재를 포함한 대법원 판례와 관련 헌법재판소 결정을 엄선하여 정리함으로써 최신 판례의 동향파악에 유의하였고 중요한 법리를 함축한 판례에 관한 해설도 상당 부분 추가하였다.

둘째, 변호사시험 등 국가시험의 출제경향이 소송법과 연결된 문제로 구성되고 있으므로 민법과 같은 실체법에 관한 학습에서도 이에 관한 이해가 병행되어야 할 것이다. 이러한 통합적인 변호사시험 등의 출제경향을 반영하여 친족상속분야와 관련한 재판절차의 특성을 본문 내용과 함께 각 주제별 사례에서 실질적으로 터득하고, 응용이 가능하도록 구성하는 등 이 책 내용 곳곳에서 실무에 대한 친숙함을 유지할 수 있도록 배려하였다.

셋째, 친족상속법상 연구적인 가치가 큰 위자료, 재산분할청구권, 친생자추정, 상속재산분할청구, 유류분 등은 최근 연구논문 및 실무례 등을 참조하여 보다 쉽게 읽고 이해할 수 있도록 고쳐 쓰면서 기본서로의 논리성・간결성・명확성의 특성을 뚜렷이 하였다.

아무쪼록 이 책이, 독자 제현들이 변화하는 법학환경 속에서 친족상속법의 기본을 이해하고, 이를 바탕으로 친족상속관계를 둘러싼 합리적인 분쟁해결능력을 키우는 데 도움이 되기를 바라마지 않는다.

제2판을 출간함에 있어서 바쁜 격무에도 불구하고 이론과 판례의 정리 등 이 책의 품격을 높이는 데에 심혈을 기울인 사랑하는 제자 김상헌 박사(광주지방법원 국선전담변호사)의 헌신적인 노고에 심심한 감사를 드리며, 앞날에 큰 발전이 있길 기원한다. 끝으로 어려운 출판여건에도 불구하고 제2판 작업을 흔쾌히 수락해 주신 현근택 화산미디어 사장을 비롯한 편집관계자 여러분에게도 감사드린다.

2018년 7월 21일

한삼인(韓三寅)
Han, Sam-In

머리말

혼인 · 부모와 자녀 · 유언 · 상속 등으로 대표되는 가족생활은, 사람이 이 세상에 태어나 삶을 다할 때까지 펼쳐나가는 기본적인 생활이다. 이기적이고 경쟁적인 재산거래와는 달리 목가적인 전원생활을 연상하게 한다. 가족법은 가족생활에 관한 합리적인 기준과 가족관계를 둘러싼 분쟁해결의 공정한 잣대의 구실을 위한 법규범의 영역이다.

이 책은 가족법의 이론과 판례, 그리고 기본적인 사례를 체계적 · 유기적으로 담아냄으로써 학부생은 물론 사법시험 등 각종 국가시험준비생과 법학전문대학원생의 학습상의 기본서로서, 나아가 법률실무가들의 편의를 도모하고자 하는 의도에서 집필하였다.

생각건대 실제(재판현실)를 무시한 이론(법리)은 공론에 그칠 가능성이 높고, 이론을 무시한 실제는 법리 그 자체를 오해할 가능성이 없지 않다는 점에서 이론과 판례의 병행학습은 가장 바람직한 법학의 학습방법이라고 생각한다.

이 책은 위와 같은 시각에서 가족법의 기본이론과 관련 판례의 완벽 정리 · 간단한 사례풀이 형식의 각 주제마다 핵심사항의 소개 · 가족법 영역의 필요 충분한 내용만을 다루는 등 기존의 법서와 차별화를 기하고자 하였다. 분쟁해결의 전제가 되는 증명책임 · 판결 · 헌법불합치결정의 법리를 서론 편에서 논하고 있는 점도 또한 그렇다. 그 이름을 신체계 한국가족법으로 붙인 이유가 바로 그러하다. 이 책의 특징은 다음과 같다.

첫째, 주제의 첫머리에 간단한 사례를 의문점의 형식으로 설시함으로써 주제의 기본적인 핵심사항에 관심을 가질 수 있도록 하였다.

둘째, 대법원이 다룬 주제와 관련된 구체적인 사건을 사실관계 · 판결요지의 형식으로 묶어냄으로써 가족관계를 둘러싼 분쟁해결능력을 키울 수 있도록 하였다.

셋째, 친족 · 상속편의 이론을 학설중심으로 간결하게 검토 · 정리하고, 사견을 피력함으로써 그 법리를 체계화시켰다. 또한 관련 판례이론을 정리 · 소개하는 데 충실을 기하였다. 추상적인 법이론은 판례의 검토를 통하여 구체적으로 이해할 수 있기 때문이다.

넷째, 가족법의 이론과 관련된 2015년 9월 15일까지의 대법원판례를 소개 · 정리함으로써 최신판례의 동향파악은 물론 판례서의 역할을 다할 수 있도록 하였다. 특히 관련 주제의 판시사항과 판결요지를 구별하여 다룸으로써 다툼의 핵심과 그에 관한 대법원의 판단을 통하여 분쟁해결능력 내지 소송전문가로서의 능력을 쌓아나갈 수 있도록 하였다.

다섯째, 심화학습을 통하여 수준별 학습이 가능하도록 하였다. 가족법 영역의 4개 자료(현행 출생신고제도의 문제점과 개선방안, 협의이혼 전 의무상담제, 유책배우자의 이혼청구 사건 대판 2015. 9. 15. 전원합의체. 2013므568, 공무원 퇴직연금수급권의 재산분할청구 사건 대판 2014. 7. 16. 전원합의체. 2012므2888)는 입법론・판례평석의 내용을 담고 있다. 그리고 헌법소송분야의 11개 자료(민법 제781조 제1항 본문 후단 부분 위헌제청 등 사건, 민법 제810조 등 위헌소원 사건, 민법 제818조 위헌제청 사건, 민법 제844조 제2항 등 위헌확인 사건, 민법 제865조 제2항 위헌소원 사건, 민법 제908조의2 제1항 제1호 위헌제청 사건, 민법 제999조 등 위헌소원 사건, 민법 제1003조 제1항 위헌소원 사건, 민법 제1008조의2 제1항 위헌소원 사건, 민법 제1066조 제1항 위헌소원 사건, 민법 제1113조 제1항 등 위헌소원 사건)는 사건의 개요, 판시사항・판결요지, 검토(사건의 쟁점, 판단의 근거・이유, 결정의 의의) 등의 논술체계를 통하여 의미 있는 가족법 관련 헌법재판소의 결정례를 살펴볼 수 있도록 하였다. 혼인과 가족생활에서의 인간의 존엄과 가치・양성평등의 이념 등의 헌법적 가치가 친족・상속 편에 구현되고 있는지 여부를 음미해 보는 그 의미가 적지 않다 할 것이다.

언제나 그렇듯이 단순히 책을 쓰는 것이 아니라, 책 속에 어떤 내용을 담아내느냐가 중요하다. 그리고 독자들이 읽어서 이해하기 쉬운 책을 써야 한다는 평소의 신념으로 이 책을 썼으나, 막상 탈고하고 보니 아쉬움이 적지 않다. 나의 학구자(學究者)의 생애가 미완성이듯이 이 책 또한 미완성에 불과하다. 부족한 부분은 독자제현의 지적을 토대로 계속 보완해 나갈 것을 다짐해 본다.

아무쪼록 이 책이 독자들의 가족법의 법리를 튼실하게 다지고, 친족・상속관계를 둘러싼 구체적인 분쟁해결능력을 키우는 데 도움이 되었으면 하는 바람이다.

이 책을 펴냄에 있어서 많은 분들의 도움이 있었다. 법학박사 학위취득 후 숨 고를 틈도 없이, 바쁜 격무에도 불구하고, 헌법재판소결정례 관련 자료의 정리는 물론 본문의 원고를 읽어 문맥을 바로 잡아주고 교정 작업을 성실하게 처리해 준 사랑하는 제자 김상헌 법학박사(로스쿨 1기・광주지방법원 국선전담변호사)와 교정・사항색인 작업에 참여한 이선형 변호사(로스쿨 2기・대학원 박사과정 민법전공, 법률사무소 서한 대표변호사)와 최신판례의 정리에 힘을 보탠 이지원 변호사(로스쿨 4기)에게 깊은 감사를 드린다. 이들의 앞날에 대성을 빈다. 또한 수려한 그림으로 쉬어갈 수 있는 공간을 장식해 준 한국화가 강부언 화백에게 고움을 표한다. 그리고 어려운 여건에서도 이 책의 출판을 흔쾌히 받아주신 화산미디어 현근택 사장님을 비롯한 편집관계자 여러분께도 감사의 말씀을 드린다.

2015년 11월 1일

한삼인(韓三寅)

Han, Sam-In

차　　례

제1편 서　　론

제2편 친 족 법

제3편 상 속 법

참고문헌

[단행본]

곽윤직, 「개정판 상속법」, 박영사, 2004.

곽윤직, 「수정판 채권각론」, 박영사, 2000.

김상용, 「민법총칙」, 화산미디어, 2009.

김용한, 「신친족상속법론」, 박영사, 2003.

김증한・김학동, 「제9판 민법총칙」, 박영사, 1995.

김주수・김상용, 「친족상속법」, 법문사, 2017.

박동섭, 「친족상속법」, 박영사, 2013.

박병호, 「가족법」, 한국방송통신대학, 1999.

배경숙・최금숙, 「친족상속법강의」, 제일법규, 2006.

법원행정처, 「성년후견제도 해설」, 경성문화사, 2013.

송덕수, 「제7판 신민법강의」, 박영사, 2018.

양수산, 「친족상속법」, 한국외국어대학교 출판부, 1998.

윤진수, 「제2판 친족상속법 강의」, 박영사, 2018.

이경희, 「전정판 가족법(친족법・상속법)」, 법원사, 2008.

지원림, 「제12판 민법강의」, 홍문사, 2014.

한삼인, 「제3판(신정판) 민법총칙」, 화산미디어, 2017.

한삼인, 「판례민법」, 법률행정연구원, 2003.

한봉희, 「가족법」, 푸른세상, 2007.

我妻榮, 「親族法」, 有斐閣, 1961.

島津一郎, 「家族法入門」, 有斐閣, 1981.

野村豊弘, "人工生殖と親子の決定", 「家族法改正への課題」, 日本加除出版, 1993.

대법원, 법률종합정보(판례).

헌법재판소, 홈페이지(판례).

[논문]

구상엽, "개정 민법상 성년후견제도에 대한 연구", 「서울대학교 대학원 박사학위논문」,

2012.
김형석, "민법개정안에 따른 성년후견법제", 「가족법연구」 제24권 제2호, 한국가족법학회, 2010.
박지영, "현행 출생신고제도의 문제점과 개선방안", 「이슈와 논점」, 국회입법조사처, 2015, 6.
박인환, "새로운 성년후견제도에 있어서 신상보호", 「가족법연구」 제25권 제2호, 한국가족법학회, 2011.
이명갑, "제재적 위자료의 입론(1)", 「사법행정」, 한국사법행정학회, 1987, 3.
임정평, "친자관계의 인부에 관한 특수문제", 「법학논총」 제15집, 단국대학교 법학연구소, 1989.
정구태, "친생추정의 한계 및 친생부인의 소의 원고적격-대법원 2012. 10. 11. 선고 2012므1892 판결 및 대법원 2014. 12. 11. 선고 2013므4591 판결-", 「법학연구」 제26권 제1호, 충북대학교 법학연구소, 2015.
정구태, "유류분반환에 관한 제문제-대법원 2013. 3. 14. 선고 2010다42624 판결에 대한 비판적 연구", 「법학논집」 제18권 제1호, 이화여자대학교 법학연구소, 2013.
한삼인, "채무의 분담이 재산분할의 대상이 되는지 여부", 「법학연구」 제25권 제1호, 충남대학교 법학연구소, 2014, 6.
현소혜, "의료행위동의권자의 결정", 「홍익법학」 제13권 제2호, 2012.
人見康子, "体外受精をめぐる法律問題", 「ジュリスト」 828号, 有斐閣, 1985.
松川正毅, "フランスに於ける人工生殖と法(2完)・人工授精をめぐる問題", 「民商法雜誌」 105巻 3号, 有斐閣, 1991.
吉田邦彦, "人工生殖に關する最近の最高裁裁判例(凍結精子による死後生殖事例及び代理母事例)について:札幌身分法·家事實務硏究會の紹介を兼ねて", 「判例タイムズ」 1371号, 判例タイムズ社, 2012.
福永有利 "摘出推定と父子關係不存在確認", 「家族法の理論と実務―家庭裁判所の30年·別冊 判例タイムズ」 8号, 判例タイムズ社, 1980.
松倉耕作, "嫡出推定と子の幸福", 「民商法雜誌」 78巻 2号, 有斐閣, 1978.
Brahams D, "The Hasty British Ban on Commercial Surrogacy", *17 Hastings Center Report 16*, 1987.
Richard F. Storrow, "Parenthood By Pure Intention: Assisted Reproduction And The Functional Approach To Parentage", *53 Hastings Law Journal 597*, 2002.

제 1 편
서 론

제1장 서　　론

1. 가족법의 의의

강학상(講學上) 민법의 구성부분을 재산법과 가족법으로 나누는 것이 보통이고(다만, 1990년 민법개정으로 상속은 순전히 재산승계에 관한 것으로 하고 있어, 상속편 내지 상속법은 재산법의 영역에서 다루어야 한다는 주장이 있을 수 있다), 친족 · 상속을 둘러싼 가족생활관계의 분쟁(가사사건)을 다루는 가정법원(Family Court)을 별도로 두고 있으며, 상속은 일정한 친족(피상속인의 배우자와 일정 범위의 혈족) 사이에서 행해진다는 점 등을 종합해 볼 때, 현대 감각에 맞는 가족법의 명칭이 보다 적절하다. 다만 본서는 민법의 편제(編制)에 충실히 따른다는 의미로 친족상속법이라 명한다. 가족법의 의의는 실질적 의미와 형식적 의미로 나누어 설명된다.

(1) 실질적 의미의 가족법

가족생활관계를 규율하는 법규로서의 일반사법의 총체를 말한다. 여기에는 형식적 의미의 가족법뿐만 아니라 민법전 다른 편의 일부규정(성년 · 제한능력에 관한 제4조-제14조의 3, 실종선고에 관한 제27조-제29조, 지분포기 등의 경우의 귀속에 관한 제267조, 생명침해에 대한 위자료청구권에 관한 제752조 등), 가족생활 관련 민사특별법(입양특례법, 보호시설에 있는 미성년자의 후견직무에 관한 법률, 아동복지법, 부재선고 등에 관한 특별조치법), 가족생활 관련 부속법률(가족관계의 등록 등에 관한 법률, 후견등기에 관한 법률, 혼인신고특례법, 가사소송법) 등을 포함한다.

(2) 형식적 의미의 가족법

민법 제4편 친족, 제5편 상속에 관한 법규, 즉 제767조-제979조, 제997조-제1118조 등을 말한다.

(3) 학문의 대상으로서의 가족법

실질적 의미의 가족법이 이에 해당한다. 강학상 친족편(관련 특별법 등 포함)의 법규를 친족법으로, 상속편(관련 특별법 등 포함)의 법규를 상속법으로 부른다. 그리고 친족법상의 권리를 친족권이라 하고, 상속법상의 권리를 상속권이라 한다(이 둘을 통틀어 신분권으로 부르는 견해도 있다. 가령 김용한, 「보정판 친족상속법」, 박영사, 2003, 9면 ; 박병호, 「가족법」, 한국방

송통신대학, 1999, 6면 등).

2. 가족법의 특질

(1) 친족법 · 상속법의 공통의 특질 — 강행법규성

친족 · 상속을 아우르는 가족법은, 재산법 특히 계약법의 원칙적인 임의법규성에 비하여 강행법규성을 지닌다(재산법의 성질을 강하게 지니고 있는 상속법의 경우에도 마찬가지이다). 그 이유는 혼인 · 친자 · 친족 · 가족 등의 기본적인 가족제도의 유지를 위해서는 국가의 적극적 관여 · 간섭이 필요하기 때문이다. 그런데 가족법의 강행법규성으로 인하여 가족법의 영역에서 사적 자치가 배제되는 것은 아니고, 민법의 기본인 사적 자치가 허용된다(혼인 · 입양 · 상속의 승인 및 포기 · 유언의 자유 등)고 해석하여야 한다. 다만, 제3자에게 미치는 영향을 고려하여 그 의사표시가 일정한 방식을 갖추도록 함으로써 사적 자치를 제한하고 있을 뿐이다(같은 견해 송덕수, 「제11판 신민법강의」, 박영사, 2018, 1448면).

(2) 친족법의 특질

(가) 비이해타산성(非利害打算性) · 비합리성

매매 · 임대 · 소비대차와 같은 재산관계는 경제생활을 유지하기 위한 목적적 결합관계인 반면, 혼인 · 친자 등의 친족관계는 성적 · 혈연관계에서 비롯되는 본질적인 결합관계이다. 따라서 친족관계를 규율하는 친족법은 비이해타산성 · 비합리성을 지닌다는 점에서 이해타산성 · 합리성을 견지하는 재산법과 구별된다.

(나) 보수성(습속성)

재화와 노무의 교환관계를 규율하는 거래법으로서의 재산법이 세계적 공통성과 진보성을 견지하는데 비하여 친족법의 영역에서는 민족적인 색채가 강하고 관습 등의 전통에 바탕을 둔 보수적인 경향을 지닌다.

(다) 윤리성

재산법의 바탕에는 이해득실의 강한 공리사상(功利思想)이 자리 잡고 있는데 비하여 친족법은 인륜에 입각한 윤리관이 강하게 지배하는 영역이라고 할 수 있다(특히 근대적 법체계를 갖추지 못한 19세기 가족법의 경우, 이 점은 더욱 두드러진다).

3. 가족법의 법원(法源)

가족생활관계를 둘러싼 분쟁해결의 기준이 되는 실질적 의미의 가족법의 존재형식을 가족법의 법원이라 한다. 여기에는 성문법과 불문법이 있다. 그 분쟁해결의 기준 순위는, ① 친족 · 상속편의 관련 성문법규(다만, 특별법이 있다면 그 특별법이 우선 적용된다), ② 관련 성문법규가 없다면, 관련 관습법, ③ 관련 관습법도 없다면, 관련 판례(판례법), ④ 관련 판례도 없다면, 조리(사회통념) 등이다.

4. 가족법상의 권리와 법률행위

(1) 가족법상의 권리

친족권과 상속권의 두 가지가 있다 함은 앞에서 살핀 바와 같다. 첫째, 친족관계에 있어서 일정한 지위에 따르는 생활이익을 누릴 수 있는 내용의 권리를 친족권이라 한다(제826조 제1항의 부부간의 동거·부양·협조청구권, 제840조의 재판상 이혼청구권, 제846조의 친생부인권, 제863조의 인지청구권, 제913조의 친권, 제974조의 친족 사이의 부양청구권 등). 둘째, 피상속인이 사망함으로써 상속이 개시된 후 상속인이 갖는 권리를 상속권이라 한다(제999조의 상속회복청구권, 제1000조의 법정재산상속권, 제1041조의 상속의 포기권 등). 셋째, 일신전속권으로서의 친족권과 상속권은 임의로 양도·처분하지 못하고, 원칙적으로 타인에 의한 행사가 허용되지 않는다(특히 상속의 승인·포기 등의 경우에 그렇다). 넷째, 절대권으로서의 가족권은 일반적으로 배타성·권리불가침성이 있기 때문에 그 침해의 경우에 방해배제나 손해배상청구가 인정된다. 또한 상속권 침해의 경우, 상속회복청구가 허용된다(제999조).

(2) 가족법상의 법률행위

친족법상의 법률행위와 상속법상의 법률행위로 나눌 수 있는데, 양자를 포함하여 신분행위로 부르기도 한다(이는 봉건사회의 가부장적 의미를 내포한다 할 것이어서 적절한 용어가 아니다).

(가) 친족행위

첫째, 친족관계의 발생·변경·소멸을 목적으로 하는 의사표시에 의하여 성립하는 법률행위를 말한다. 네 가지로 분류된다. ① 형성적 친족행위(혼인, 협의이혼, 입양, 협의파양, 임의인지 등), ② 지배적 친족행위(친권자의 거소지정·징계행위, 후견인의 행위 등), ③ 청구적 친족행위(부부 사이의 동거·부양청구, 직계혈족 사이의 부양청구 등), ④ 부수적 친족행위(부부재산계약, 이혼에 따른 양육권자·친권자의 지정행위 등)가 있다. 둘째, 친족행위는 일정한 방식에 따라 행해야 하는 요식행위가 원칙이다. 형성적 친족행위의 경우, 친족법상의 지위의 변동(부부관계·부자관계·양친자관계 등의 형성 소멸)을 일으키기 때문에 당사자의 신중성의 촉구와 그 행위가 행해졌음을 분명히 하고 제3자에 대한 공시의 필요성에서 그 행위의 요식성이 강하게 요구된다(혼인·입양 등의 가족관계등록부의 신고).

(나) 상속행위

첫째, 상속관계를 발생·변경·소멸시키는 법률행위를 말한다. 유언, 상속의 한정승인, 상속의 포기 등을 들 수 있다. 둘째, 친족행위의 경우와 마찬가지로 당사자의 신중성의 촉구와 그 행위의 명확성을 기하기 위하여 일정한 방식을 요구하거나(유언), 법원에 신고하는 방식으로 행해져야 한다(상속의 한정승인·포기).

5. 가족법의 기본원리와 구성 내용

(1) 기본원리

무릇 모든 사법이 그러하듯, 가족법도 국가의 근본규범인 헌법의 이념을 구체화하고 그 가치를 실현하기 위한 제도의 집적이라 할 것이다. 따라서 가족법의 기본원리는, 혼인과 가족생활에서의 개인의 존엄과 양성평등의 실현과 그 유지·보장이다(헌법 제36조 제1항). 구체적으로는 부부관계의 경우에 부부평등의 원칙(제826조 제1항·제833조·제837조 등)을, 친자관계의 경우에 자(子)의 복지(제913조 등)를 기본원리로 내세우고 있다.

(2) 구성 내용

첫째, 친족법은 총칙(친족의 정의·범위 등), 가족의 범위와 자(子)의 성과 본, 혼인(약혼·혼인의 성립·혼인의 무효와 취소·혼인의 효력, 이혼), 부모와 자(친생자, 양자, 친권), 후견(미성년후견과 성년후견, 한정후견과 특정후견, 후견계약), 부양으로 구성되어 있다. 둘째, 상속법은 상속(총칙, 상속인, 상속의 효력, 상속의 승인 및 포기, 재산의 분리, 상속인의 부존재), 유언(총칙, 유언의 방식, 유언의 효력, 유류분)으로 구성되어 있다.

6. 가족법과 민법총칙의 관계

(1) 서 설

민법 제1편 총칙규정은 형식적으로 보면, 가족법에 당연히 적용된다고 할 수 있다. 민법이, 총칙규정을 가족법의 영역에 적용하는 것이 적당하지 않은 경우에 별도의 특별규정을 두거나(제801조·제802조·제807조·제835조·제1061조·제1063조 등), 총칙규정을 적용하지 않는다는 규정(제1062조)을 둔 것은 원칙적인 적용의 취지로 보인다. 그러나 실질적인 측면에서 보면, 그 특별규정이 없는 경우에도, 민법의 일반원칙을 제외하고는(제2조의 신의칙과 권리남용금지의 원칙은 가족법에도 당연히 적용된다), 총칙규정은 가족법의 영역에는 원칙적으로 적용되지 않는다 할 것이다(통설). 가족법은 당사자의 진의가 절대적으로 존중되어야 하는 법역(法域)이기 때문이다(가족법상의 법률행위능력의 유무는 재산법상의 재산행위능력과 같이 획일적인 행위능력을 요구하는 것이 아니라, 당사자의 의사능력을 중심으로 해서 결정할 필요가 있기 때문이다).

(2) 가족법에 적용되지 않는 총칙규정

권리능력의 존속기간에 관한 규정(제3조), 능력·제한능력자제도에 관한 규정(제4조-제14조의3), 의사와 표시의 불일치에 관한 규정(제107조·제108조·제109조), 사기·강박에 기한 의사표시에 관한 규정(제110조), 법률행위의 대리에 관한 규정(제114조-제136조), 법률행위의 부관(조건·기한)에 관한 규정

(제147조-제154조), 소멸시효에 관한 규정(제162조-제184조) 등은 원칙적으로 가족법에 적용되지 않는다.

7. 가족생활관계에 관한 분쟁(가사사건)의 처리

(1) 가사사건의 특수성

가족생활을 둘러싼 다툼을 가사사건이라 한다. 일정한 혈연관계에서 벌어지는 가사사건은 보통의 재산사건과는 다른 특수성이 있다. ① 가사사건은 혼인, 부모와 자식 사이의 문제와 같은 사람의 근본 내지 기본적인 사회조직과 결부되어 있다는 점, ② 가사사건은 공개된 법정에서 다루는 것보다는 당사자의 프라이버시와 비밀을 유지해 줄 필요가 있다는 점, ③ 가사사건은 법의 획일적 잣대로 처리하기 보다는 애정의 잣대로 규율하는 것이 바람직하다는 점, ④ 가사사건은 최대한 간이・신속하게 처리되어야 한다는 점 등이다. 이러한 특수성으로 인하여 가사사건을 전담하는 가정법원을 두게 된 것이고, 기계적인 사법적(司法的) 접근(Judical Approach) 보다는 치료적 접근(Therapeutic Approach ; 상담과 가사조정)을 하는 것이 바람직하게 된다.

(2) 가사소송법

그 특수성에 비춰볼 때, 가사사건은 특별한 절차에 의한 처리를 필요로 한다. 1990년 민법 중 친족편・상속편의 대대적인 개정을 계기로, 종래의 가사심판법과 인사소송법을 폐지하고, 두 법을 통합・정비한 가사소송법이 제정(1990. 12. 31. 법률 제4300호)되었다. 이 법은, 인간의 존엄과 남녀평등을 기본으로 하고 가정의 평화 및 친족 간에 서로 돕는 미풍양속을 보존하고 발전시키기 위하여 가사에 관한 소송과 비송(非訟) 및 조정(調停)에 대한 절차의 특례의 규정을 목적으로 한다(동법 제1조). 가사소송법의 주요 내용을 아래에서 살핀다.

(가) 재판사항

첫째, 가사소송법상의 가사사건은 크게 가사소송사건과 가사비송사건으로 나누고, 그 성질에 따라 가사소송사건을 가류사건(혼인의 무효, 이혼의 무효, 인지의 무효 등 6개 항목)・나류사건(혼인의 취소, 이혼의 취소, 아버지의 결정, 친생부인, 인지청구 등 14개 항목)・다류사건(약혼해제 또는 사실혼관계 부당파기로 인한 손해배상청구사건(제3자에 대한 청구를 포함한다) 및 원상회복의 청구, 재산분할청구권 보전을 위한 사해행위 취소 및 원상회복의 청구 등 4개 항목)으로, 가사비송사건을 라류사건(성년후견 개시의 심판과 그 종료의 심판, 취소할 수 없는 피성년후견인의 법률행위의 범위 결정 및 그 변경, 친생부인의 허가 및 인지의 허가, 상속의 승인 또는 포기를 위한 기간의 연장허가, 상속재산의 분리, 부담 있는 유언의 취소 등 66개 항목)(2018. 5. 30. 기준)・마류사건(부부의 동거・부양・협조 또는 생활비용의 부담에 관한 처분, 이혼에 따른 자녀의 양육에 관한 처분과 그 변경(혼인의 취소 또는 인지를 원인으로 하는 경우를 포함한다), 면접교섭권의 제한 또는 배제 등 10개 항목)으로 나누어, 이들에 대한 심리와 재판을 가정법원의 전속관할로 두었다(동법 제2조 제1항)(2018. 5. 30. 기준). 둘째, 가정법원은 다른 법률이나 대법원규칙에서 가정법원의 권한으로 정한 사항에 대하여도 심리·재판하되, 이 사건에 관한 절차는 법률이나 대법원규칙으로 따로 정하는 경우를 제외하고는 라류 가사비송사건의 절차에 따르도록 한다(동법 제2조 제2항·제3항). 셋째, 그 가사사건 중 나류·다류의 가사소송사건과 마류의 가사비송사건은 조정전치주의의 적용을 받으므로 재판 전에 조정절차를 밟아야 한다(가사소송법 제50조).

(나) 가사조정제도

첫째, 가사조정제도는 가사사건에 있어서 분쟁해결의 중심적 역할을 하는 것으로 조정전치주의에 의하여 구체화된다. 둘째, 조정의 원칙은 당사자와 이해관계인의 이익을 고려하여 평화적·종국적 해결을 꾀할 수 있는 방안을 마련하여 당사자를 설득하는 것이다(가사소송법 제58조 제1항). 그리고 자(子)에 관계되는 사항을 결정함에는 자의 복지를 우선적으로 고려하여야 한다(가사소송법 제58조 제2항). 셋째, 조정절차는 어떻게 되는가? ① 조정전치주의의 적용을 받는 사건에 대하여 가정법원에 소를 제기하거나 심판을 청구하고자 하는 자는 먼저 가정법원에 조정을 신청하여야 하며(가사소송법 제50조 제1항), ② 그 전치주의가 적용되는 사건에 대하여 조정신청 없이 소를 제기하거나 심판을 청구한 때에는 가정법원은 예외적인 특별한 사정(가사소송법 제50조 제2항 단서)이 없는 한 그 사건을 조정에 회부하여야 한다(가사소송법 제50조 제2항 본문). ③ 가사조정사건은 조정장 1명과 2명 이상의 조정위원으로 구성된 조정위원회가 처리한다(가사소송법 제52조 제1항). ④ 조정은 당사자 사이에 합의된 사항을 조서에 적음으로써 성립하며(가사소송법 제59조 제1항), 이는 재판상 화해와 동일한 효력이 있다(가사소송법 제59조 제2항 본문). 다만, 당사자가 임의로 처분할 수 없는 사항(민법이 당사자로 하여금 친족관계의 형성을 목적으로 하는 일정한 청구를 법원에 대하여 할 수 있다고만 규정할 뿐, 당사자의 합의나 일방적인 의사표시만으로 그 형성이 가능함을 규정하지 않고 있는 경우이다. 가령 혼인 또는 입양의 취소, 아버지의 결정, 친생부인, 인지의 취소, 인지에 대한 이의, 친생자관계존부확인 등의 법률효과는 법원의 재판을 통하여만 형성될 뿐 당사자의 임의처분이 허용되지 않는다)은 예외이다(가사소송법 제59조 제2항 단서).

(다) 재판절차

첫째, 어떤 경우에 소의 제기 또는 심판의 청구가 있는 것으로 보게 되는가? ① 가사사건에 대하여 조정을 하지 않기로 하는 결정이 있는 때, ② 조정불성립으로 종결된 때, ③ 조정에 갈음하는 결정에 대하여 이의신청이 있는 때에는, 조정신청 시에 소를 제기하거나 심판을 청구한 것으로 보게 된다(가사소송법 제49조, 민사조정법 제36조 제1항). 둘째, 재판은 조정의 경우와 마찬가지로 본인 또는 법정대리인이 출석하는 것을 원칙으로 하고(가사소송법 제7조의 본인 출석주의), 가정법원은 가류 또는 나류 가사소송사건을 심리함에 있어서 직권으로 사실조사 및 필요한 증거를 조사하여야 하며(가사소송법 제17조의 직권조사주의), 변론주의가 제한되어 민사소송법상의 인낙(認諾)·자백에 관한 원칙이 적용되지 않는다(가사소송법 제12조). 셋째, 판결은 선고로 효력이 생기고(가사소송법 제12조, 민사소송법 제205조), 심판은 원칙적으로 이를 받을 자가 고지를 받음으로써 효력이 발생한다(가사소송법 제40조).

(라) 이행확보제도

첫째, 가정법원은 가사소송사건 또는 마류 가사비송사건을 본안사건으로 하여 민사집행법 제276조 내지 제312조의 규정에 의한 가압류 또는 가처분을 할 수 있다(가사소송법 제63조 제1항). 둘째, 가사사건의 소의 제기, 심판청구 또는 조정의 신청이 있는 경우에 가정법원, 조정위원회 또는 조정담당판사는 사건의 해결을 위하여 특히 필요하다고 인정될 때에는 직권 또는 당사자의 신청에 의하여 상대방 기타 관계인에 대하여 현상(現狀)을 변경하거나 물건을 처분하는 행위의 금지를 명할 수 있고, 사건에 관련된 재산의 처분, 관계인의 감호와 양육을 위한 처분 등 적당하다고 인정되는 처분(사전처분)을 할 수 있다(가사소송법 제62조 제1항). 셋째, 이 밖에도 양육비 직접지급명령(동법 제63조의2)·담보제공명령(동법 제63조의3)·이행 명령(동법 제64조)·금전의 임치(동법 제65조) 등의 이행의 확보를 위한 제도를 두고 있다(2018. 5. 30. 기준). 가사소송법 제64조에 따른 이행명령은, 법문상 '일정한 기간 내'에 의무를 이행할 것을 명할 수 있는 것으로 규정하고 있으므로 특별한 사정이 없는 한(자녀와의 면접교섭의 경우 그 시기에 관하여 판결 등에서 통상 정기적인 면접교섭으로 하고 있어 이행명령에 따른 의무의 이행기간이 이미 설정되어 있다고 볼 수 있으므로 그러한 경우 이행명령에서 또다시 의무이행의 기간을 설정할 필요성은 그다지 크지 않다) 의무이행의 기간을 정하여야 한다(대결 2017. 11. 20.자 2017으519).

(3) 가사소송법 전부개정법률안

2018년 2월 27일 국무회의를 통과하여 동년 3월 2일 국회에 제출된 가사소송법 전부개정법률안의 주요 골자를 간단히 살펴본다. 첫째, 동 전부개정법률안은 가사소송법에서 다른 절차의 준용을 최소화하고 가사절차상 자기완결적인 기본법이 될 수 있도록 체계를 정비하려는 목적으로 제안되었다. 둘째, 가사소송법 목적으로 규정된 기존의 인격 보호와 양성평등 외에 미성년 자녀의 복리 보호를 목적에 추가하고 가정법원의 관장사항을 정비하였다. 셋째, 가사재판의 결과가 미성년 자녀의 인생에 끼치는 영향을 고려하여 재판절차에서 미성년 자녀를 조력할 수 있는 절차보조인 제도를 도입하였다. 넷째, 이행의 확보를 위하여 사전처분제도를 정비하고 벌칙으로서 정당한 이유 없이 3기(期)이상 금전지급의무를 이행하지 않으면 감치토록 한 것을 30일 이내 부양료·양육비 지급의무를 이행하지 않으면 감치할 수 있도록 감치명령요건을 완화하였다.

판 례

가사소송법상의 가류 가사소송사건에 대한 재판상 화해나 조정의 가부(소극)

"친생자관계의 존부확인과 같이 현행 가사소송법상의 가류 가사소송사건에 해당하는 청구는 성질상 당사자가 임의로 처분할 수 없는 사항을 대상으로 하는 것으로서 이에 관하여 조정이나 재판상 화해가 성립되더라도 효력이 있을 수 없다."(대판 1999. 10. 8. 98므1698)

가사소송법 제2조 제1항 소정의 나류 가사소송사건과 마류 가사비송사건에 관한 소송에서 통상의 민사사건에 속하는 청구를 병합할 수 있는지 여부(소극)

"가사소송법 제2조 제1항 소정의 나류 가사소송사건과 마류 가사비송사건은 통상의 민사사건과는 다른 종류의 소송절차에 따르는 것이므로, 원칙적으로 위와 같은 가사사건에 관한 소송에서 통상의 민사사건에 속하는 청구를 병합할 수는 없다.

기록에 의하면, 원고는 당초 나류 가사소송사건 및 마류 가사비송사건인 이혼청구 및 재산분할청구를 병합한 가사소송을 서울가정법원에 제기하였다가 제1심에서 원고 패소판결이 선고되자 원심에 이르러, 주위적으로 위와 같은 취지의 청구를 유지하는 한편, 부부간의 명의신탁약정의 해지에 관한 법리에 의하거나 민법 제829조 제3항의 부부 공유의 재산분할청구권에 관한 규정이 혼인 전 부부재산약정이 없는 경우에도 유추 적용될 수 있음을 전제로 하여, 제1차 예비적 청구로, 피고 명의의 부동산들 중 1/2 지분에 관하여 명의신탁해지를 원인으로 한 소유권이전등기절차의 이행을 구하고, 제2차 예비적 청구로, 부부 공유재산인 피고 명의의 부동산들을 경매에 붙여 그 대금을 원·피고에게 1/2씩 분할할 것을 구하는 추가적·예비적 청구변경신청을 한 사실을 알 수 있다. 그런데 부부간의 명의신탁해지를 원인으로 한 소유권이전등기청구나 민법 제829조 제2항에 의한 부부재산약정의 목적물이 아닌 부부 공유재산의 분할청구는 모두 통상의 민사사건으로, 그 소송절차를 달리하는 나류 가사소송사건 또는 마류 가사비송사건인 이혼 및 재산분할청구와는 병합할 수 없다."(대판 2006. 1. 13. 2004므1378)

민법에 의하여 혼인이 무효로 되는 근친자 사이의 사실혼관계일 때 공무원연금법상 유족연금의 지급 여부

"공무원연금제도는 정부가 관장하는 공적연금제도이고(공무원연금법 제2조), 공무원의 의사와 관계없이 강제적으로 징수되는 기여금과 국가 또는 지방자치단체가 부담하는 재원에 의하여 조달된다는 점(같은 법 제65조, 제66조) 등 공익적 요청을 무시할 수 없는 점을 종합하면, 민법이 정하는 혼인법질서에 본질적으로 반하는 사실혼관계에 있는 사람은 유족연금 수급권자인 배우자에 해당한다고 할 수 없다. 그리고 혼인할 경우 그 혼인이 무효로 되는 근친자 사이의 사실혼관계라면 원칙적으로 혼인법질서에 본질적으로 반하는 사실혼관계라고 추단할 수 있다. 그러나 비록 민법에 의하여 혼인이 무효로 되는 근친자 사이의 사실혼관계라고 하더라도, 그 근친자 사이의 혼인이 금지된 역사적·사회적 배경, 그 사실혼관계가 형성된 경위, 당사자의 가족과 친인척을 포함한 주변 사회의 수용 여부, 공동생활의 기간, 자녀의 유무, 부부생활의 안정성과 신뢰성 등을 종합하여 그 반윤리성·반공익성이 혼인법질서 유지 등의 관점에서 현저하게 낮다고 인정되는 경우에는 근친자 사이의 혼인을 금지하는 공익적 요청보다는 유족의 생활안정과 복리향상이라는 유족연금제도의 목적을 우선할 특별한 사정이 있고, 이와 같은 특별한 사정이 인정되는 경우에는 그 사실혼관계가 혼인무효인 근친자 사이의 관계라는 사정만으로 유족연금의 지급을 거부할 수 없다."(대판 2010. 11. 25. 2010두14091)

심화학습

가족관계등록부

1. 개 설

(1) 가족관계등록제도

첫째, 사람은 출생한 때부터 사망할 때까지 친족법상의 일정한 지위에 놓이게 되는데, 이를 친족관계·가족관계(신분관계)라 한다. 가령 자(子)·부(父) 또는 모(母)·부(夫)·처(妻) 등을 들 수 있다. 친족법상의 지위는 친족관계 그 자체일 뿐 아니라, 제3자에게 미치는 영향이 크기 때문에 공문서(공적 장부)에 그 사실을 명확히 기재하고, 널리 공시할 필요가 있게 된다. 이와 같이 사람의 신상(출생·사망, 혼인·이혼, 입양·파양 등) 내지 가족관계를 공문서인 가족관계등록부에 기록하여 대외적으로 공시하는 것을 가족관계등록제도라 한다(가족관계등록제도의 규율을 목적으로 하는 법이 가족관계의 등록 등에 관한 법률이다). 둘째, 과거 호주제도가 시행될 때에는 각 개인의 친족법상의 지위를 등록·공시하는 호적제도가 있었으나, 2005년 민법개정에 따라 2008년 1월 1일부터 폐지된 호적제도를 대체할 새로운 신분등록제도로서 마련된 것이 가족관계등록제도이다.

(2) 가족관계등록부의 편제방식

첫째, 개인의 가족관계를 호주를 기준으로 가(家) 단위로 편성하는 방식을 취했던 호적제도와는 달리, 가족관계등록제도는 국민 개인별로 등록기준지에 따라 가족관계등록부를 편제한다. 둘째, 가족관계등록부는 호적부처럼 원부(原簿)가 있는 것이 아니라, 등록사항에 관한 전산정보자료를 의미하게 된다(가족관계의 등록 등에 관한 법률 제9조 참조). 가족관계등록제도에서는 증명 목적에 따라 다양한 증명서, 가령 가족관계증명서·기본증명서·혼인관계증명서·입양관계증명서·친양자입양관계증명서를 발급받을 수 있도록 하고 있고(가족관계의 등록 등에 관한 법률 제15조 참조), 증명서의 발급요건도 강화하였다(가족관계의 등록 등에 관한 법률 제14조. 헌법재판소는 동법 제14조에 대하여 형제자매가 개인정보가 수록된 가족관계등록법상 각종 증명서를 본인의 동의 없이도 발급받을 수 있도록 하는 것은 개인정보자기결정권을 침해하여 헌법에 위반된다는 이유로 위헌결정을 선고(헌재결 2016. 6. 30. 2015헌마924)하였고 이에 따라 증명서 교부청구권자에 형제자매를 삭제하여 증명서 교부청구권자의 범위를 필요최소한도로 개정하였다. 과거 호적제도에 있어서는 호적등본이라는 하나의 증명서에 본인뿐만 아니라 가족전체의 신분에 관한 사항이 모두 기재되어 있었고, 그 발급신청인도 원칙적으로 아무런 제한이 없었다).

(3) 가족관계의 등록 등에 관한 법률 주요내용

첫째, 가족관계등록부는 개인정보의 노출정도에 따라 3가지로 세분화된다(반드시 필요한 정보만 추린 일반증명서, 모든 정보를 담은 상세증명서, 요청자가 선택한 특정 정보만을 담은 특정증명서의 3가지로 구분된다(가족관계의 등록 등에 관한 법률 제14·제15조 등 참조). 가족관계등록부에 재혼이나 개명사실 등 너무 많은 정보가 담겨 인권을 침해할 우려가 있다는 지적에 따른 것이다. 다만 특정증명서에 관한 부분은 공포 후 5년의 범위에서 대법원규칙으로 정하는 날부터 시행된다). 둘째, 인우보증제도(병원 외의 장소에서 출산해서 출생증명서를 첨부할 수 없는 출생신고 등에 대하여 2명의 성인이 보증하면 신분 등록 및 확인을 허용해 주는 제도)를 손질해서 가정법원이 출생 등 사실관계를 확인할 수 있도록 했다(가족관계의 등록 등에 관한 법률 제44조의2 등 참조). 셋째, 출생신고의무자가 정당한 이유 없이 출생 1개월 내에 그 신고를 하지 않은 경우에 검사 및 지방자치단체장이 아동복지를 위해 출생신고를 대신할 수 있도록 했다(가족관계의 등록 등에 관한 법률 제46조 제4항).

2. 가족관계등록부의 신고

가족관계등록부에의 기록은 신고의무자의 신고에 의하여 행해지는데(가령 출생·사망신고, 혼인신고 등), 그 신고에는 전혀 성질이 다른 두 가지의 유형이 있다.

(1) 창설적 신고

가족관계등록관서에 신고함으로써 가족관계가 창설되는 경우로서, 그 신고가 없으면 일정한 효력이 법률상 생기지 않는 경우이다. 혼인신고, 협의이혼신고, 인지신고, 입양신고, 협의파양신고, 상속의 한정승인신고, 상속의 포기신고, 사실상혼인관계존재확인의 재판에 의한 혼인신고(대결 1991. 8. 13. 자 91스6 : 대판 1973. 1. 16. 72므25. 통설은 이 경우를 보고적 신고로 파악한다)(그러나 이 경우, 법원의 심판은 사실혼의 성립요건이 충족되었음을 확인하는데 그칠 뿐이고, 법률혼주의를 취하는 민법 아래에서는 혼인신고가 있어야 혼인이 성립하게 된다는 점에서 판례의 견해가 타당하다) 등을 들 수 있다.

(2) 보고적 신고

어떤 사실의 발생만으로 그 시점에서 법적 효력이 생기는 경우로서, 그 신고는 단지 일정한 사실의 보고에 지나지 않는 경우이다. 출생신고, 사망신고, 재판 또는 유언에 의한 인지신고, 인지된 태아의 사산신고, 재판에 의한 파양·파양취소신고, 실종선고신고 또는 그 취소신고, 이름 또는 연령정정신고, 강제인지신고, 재판에 의한 혼인의 무효신고 또는 그 취소신고, 재판상 이혼신고 또는 그 취소신고, 친권행사자의 지정신고 또는 그 변경신고 등이 있다. 각종의 신고를 하여야 할 신고의무자는 가족관계등록 등에 관한 법률에 규정되어 있다(의사능력이 없는 자는 신고능력도 없다).

판 례

위법하게 편제된 호적이 말소된 경우, 이에 기재된 혼인의 효력

"혼인은 호적공무원이 그 신고서를 수리함으로써 효력이 발생하는 것이고 호적부의 기재는 그 효력요건이 아니므로 비록 위법하게 편제된 호적이 이중호적이라는 이유로 말소되더라도 그 호적에 기재된 혼인의 효력에는 아무런 소장이 없다."(대판 1991. 12. 10. 91므344 ; 대결 1988. 5. 31. 자 88스6)

친생자 출생신고 당시 입양의 실질적 요건을 갖추지 못하여 입양신고로서의 효력이 생기지 아니하였으나 그 후에 입양의 실질적 요건을 갖추게 된 경우, 무효인 친생자 출생신고가 소급적으로 입양신고로서의 효력을 갖게 되는지 여부(적극)

"친생자 출생신고 당시 입양의 실질적 요건을 갖추지 못하여 입양신고로서의 효력이 생기지 아니하였더라도 그 후에 입양의 실질적 요건을 갖추게 된 경우에는 무효인 친생자 출생신고는 소급적으로 입양신고로서의 효력을 갖게 된다고 할 것이다."(대판 2000. 6. 9. 99므1633, 1640)

사실상 혼인관계존재확인심판에 의한 혼인신고의 성질

"사실혼관계의 존재를 확인하는 심판이 확정되더라도 이로써 그 일방당사자가 호적법 제76조의2의 규정에 의하여 단독으로 혼인신고를 할 수 있는 길이 열리는 것일 뿐이고 그 심판확정으로 곧 그 당사자 간에 법률상의 혼인관계가 형성되는 것은 아니며 신고혼주의를 취하는 우리 법제 아래서는 혼인신고가 있어야만 비로소 법률상 혼인이 성립된다."(대결 1991. 8. 13. 자 91스6 ; 대판 1973. 1. 16. 72므25)

협의이혼의사 철회신고서 접수 후 제출된 협의이혼신고서를 수리한 경우 협의상 이혼의 효력 발생

"부부가 이혼하기로 협의하고 가정법원의 협의이혼의사 확인을 받았다고 하더라도 호적법에 정한 바에 의하여 신고함으로써 협의이혼의 효력이 생기기 전에는 부부의 일방이 언제든지 협의이혼의사를 철회할 수 있는 것이어서, 협의이혼신고서가 수리되기 전에 협의이혼의사의 철회신고서가 제출되면 협의이혼신고서는 수리할 수 없는 것이므로, 설사 호적공무원이 착오로 협의이혼의사 철회신고서가 제출된 사실을 간과한 나머지 그 후에 제출된 협의이혼신고서를 수리하였다고 하더라도 협의상 이혼의 효력이 생길 수 없다."(대판 1994. 2. 8. 93도 2869)

가족관계등록부 기록사항 중 출생연월일 · 사망일시를 가족관계의 등록 등에 관한 법률 제104조에서 정한 가족관계등록부 정정 대상으로 볼 수 있는지 여부(적극)

"가족관계의 등록 등에 관한 법률(이하 '법'이라 한다) 제104조는 가족관계등록부의 기록이 법률상 허가될 수 없는 것 또는 기재에 착오나 누락이 있다고 인정한 때에는 이해관계인은 사건 본인의 등록기준지를 관할하는 가정법원의 허가를 받아 등록부의 정정을 신청할 수 있도록 규정하고 있다. 법이 이러한 간이한 절차에 의해 가족관계등록부의 기록사항을 정정할 수 있도록 한 취지를 고려하면, 정정하려고 하는 가족관계등록부의 기록사항이 신분관계에 중대한 영향을 미치기 때문에 그 기록사항에 관련된 신분관계의 존부에 관하여 직접적인 쟁송방법이 가사소송법 등에 마련되어 있는 경우에는 법 제107조에 따라 그 사건의 확정판결 등에 의해서만 가족관계등록부의 기록사항을 정정할 수 있다. 그러나 이와 달리 가족관계등록부의 기록사항과 관련하여 가사소송법 등에 직접적인 쟁송방법이 없는 경우에는 법 제104조에 따라 정정할 수 있는데, 가사소송법 등이 사람이 태어난 일시 또는 사망한 일시를 확정하는 직접적인 쟁송방법을 별도로 정하고 있지 아니하므로 특별한 사정이 없는 한 가족관계등록부 기록사항 중 출생연월일·사망일시는 법 제104조에 의한 가족관계등록부 정정 대상으로 봄이 타당하다."(대결 2012. 4. 13. 자 2011스160)

■ 형제자매에게 가족관계등록부 등의 기록사항에 관한 증명서 교부청구권을 부여하는 '가족관계의 등록 등에 관한 법률'(2007. 5. 17. 법률 제8435호로 제정된 것, 이하 '가족관계등록법'이라 한다) 제14조 제1항 본문 중 '형제자매' 부분(이하, '이 사건 법률조항'이라 한다)이 과잉금지원칙을 위반하여 청구인의 개인정보자기결정권을 침해하는지 여부(적극)

"이 사건 법률조항은 본인이 스스로 증명서를 발급받기 어려운 경우 형제자매를 통해 증명서를 간편하게 발급받게 하고, 친족·상속 등과 관련된 자료를 수집하려는 형제자매가 본인에 대한 증명서를 편리하게 발급받을 수 있도록 하기 위한 것으로, 목적의 정당성 및 수단의 적합성이 인정된다. 그러나 가족관계등록법상 각종 증명서에 기재된 개인정보가 유출되거나 오남용될 경우 정보의 주체에게 가해지는 타격은 크므로 증명서 교부청구권자의 범위는 가능한 한 축소하여야 하는데, 형제자매는 언제나 이해관계를 같이 하는 것은 아니므로 형제자매가 본인에 대한 개인정보를 오남용 또는 유출할 가능성은 얼마든지 있다. 그런데 이 사건 법률조항은 증명서 발급에 있어 형제자매에게 정보주체인 본인과 거의 같은 지위를 부여하고 있으므로, 이는 증명서 교부청구권자의 범위를 필요한 최소한도로 한정한 것이라고 볼 수 없다. 본인은 인터넷을 이용하거나 위임을 통해 각종 증명서를 발급받을 수 있으며, 가족관계등록법 제14조 제1항 단서 각 호에서 일정한 경우에는 제3자도 각종 증명서의 교부를 청구할 수 있으므로 형제자매는 이를 통해 각종 증명서를 발급받을 수 있다. 따라서 이 사건 법률조항은 침해의 최소성에 위배된다. 또한, 이 사건 법률조항을 통해 달성하려는 공익에 비해 초래되는 기본권 제한의 정도가 중대하므로 법익의 균형성도 인정하기 어려워, 이 사건 법률조항은 청구인의 개인정보자기결정권을 침해한다."(헌재결 2016. 6. 30. 2015헌마924)

■ 갑이 을과 혼인을 하여 미성년자인 자녀 병을 두고 있었는데 성전환수술 등을 받고 가족관계등록부상의 성별란 정정을 신청한 사례

"가족관계등록부상 남성으로 등재되어 있는 갑이 을과 혼인을 하여 미성년자인 자녀 병을 두고 있었는데 심한 성정체성 장애 때문에 수차례 정신과 치료를 받아오다가 결국 성전환수술 등을 받았고 이에 가족관계등록부상의 성별란 정정을 신청한 사안에서, 성전환자가 혼인 중에 있거나 미성년자인 자녀가 있는 경우에는 가족관계등록부에 기재된 성별을 정정하여 배우자나 미성년자인 자녀의 법적 지위와 그에 대한 사회적 인식에 곤란을 초래하는 것까지 허용할 수는 없으므로, 현재 혼인 중에 있거나 미성년자인 자녀를 둔 성전환자의 성별정정은 허용되지 않는다."고 한 사례가 있다(대결 2011. 9. 2. 자 전원합의체. 2009스117 ; 대결 2006. 6. 22. 자 전원합의체. 2004스42).

심화학습

현행 출생신고제도의 문제점과 개선방안

현행 출생신고에 관한 사항은 가족관계의 등록 등에 관한 법률 제44조부터 제54조까지 규정하고 있다(동법 제20조-제43조 소정의 신고에 관한 통칙도 출생신고의 경우에 적용된다). 출생신고 의무자는 누구인가. 혼인 중의 출생자는 부 또는 모가, 혼인 외의 출생자는 모가 그 의무자이다. 그 신고의무자가 신고할 수 없는 경우에는 동거하는 친족, 분만에 관여한 의사·조산사 또는 그 밖의 사람의 순서로 출생신고의무를 부담한다(가족관계의 등록 등에 관한 법률 제46조).

문제는 그 신고의무자가 출생 후 1개월 이내에 이를 하지 않거나 또는 그 신고가 사실에 어긋날 경우(등록사무담당공무원은 그 신고의무자의 기재내용이 사실에 부합하는지 여부를 심사할 권한이 없다), 출생자의 권리·인권보호 및 복리에 소홀하게 될 수도 있다는 점이다(신고누락·허위신고에 대한 과태료·형벌 등의 사후수단은 적절한 구제수단이 아니라는 것이다. 물론 현행법은 검사 또는 지방자치단체의 장에게 신고를 대신할 수 있는 권한을 부여하고는 있다. 그러나 실질적으로 그 효용이 있을지는 추후 지켜봐야 할 부분이다). 따라서 외국(미국·영국·캐나다·독일 등)의 경우처럼 출생통지제도(출생자의 분만에 관여한 의료기관·조산원 등에게 출생자의 출생과 관련하여 객관적으로 기록한 자료를 국가기관인 등록사무관서에 통지하도록 의무화 하는 것이다)를 그 신고의무자의 출생신고에 갈음하도록 하는 방안을 생각해 볼 수 있다. 물론 현행 출생신고제도와 함께 출생통지제도를 병행하는 것도 무방하다 할 것이다(같은 견해 박지영, 「이슈와 논점」 제1015호, 국회입법조사처, 2015. 6. 19). 다만 최근 출생신고의 편의를 위하여 2018. 5. 8. 08:00부터 대법원 전자가족관계등록시스템(efamily.scourt.go.kr)에 접속하여 온라인으로 출생신고를 할 수 있게 되었다. 이로 인하여 출산 직후 산후조리로 힘든 산모나 출근하는 남편이 휴가를 내고 관공서를 방문해야 하는 불편함을 덜 수 있게 되었다(2018. 5. 24. 대법원 뉴스레터 참조).

제 2 편
친족법

제1장 가족의 범위 및 사람의 성과 본
제2장 혼 인
제3장 친자관계
제4장 그 밖의 관계

제 1 장 가족의 범위 및 사람의 성과 본

제 1 절 가족의 범위

Ⅰ. 호주제의 폐지와 가족의 범위규정의 신설

1. 호주제의 폐지

호주제는 중국 춘추시대 이래 확립된 종법제(宗法制)를 받아들인 역사적인 산물이었다(민법제정 시부터 그 부당성이 지적되기도 하였다). 종법제는, 부계적(父系的 ; 혈족에 의하여 친족을 계산함에 있어서 부계만을 말한다)·부권적(父權的 ; 아버지의 신분과 권리가 자에게 전해짐을 말한다)·부치적(父治的 ; 일족의 권력이 아버지에게 있고, 자녀가 아버지의 지배를 받는 것을 말한다)인 것을 본래적 특징으로 하였었다. 농업사회에서는 호주(일가의 계통을 승계한 사람, 즉 가장)가 구성원인 가족의 생계를 책임져야 했기 때문에 호주의 권한이 막강했던 것이 사실이다. 그러나 사회의 경제구조가 바뀌고, 가족제도가 복잡·다양하게 변화하면서 호주의 권한은 대폭 줄었다(특히 1991년부터는 강제적인 신분상속으로서의 호주상속이 임의적인 호주승계제도로 바뀌면서, 호주의 가족에 대한 지배권·통솔권은 거의 사라졌다). 그러는 와중에 2005년에는 헌법재판소가 호주제에 대하여 헌법불합치 결정(헌재결 2005. 2. 3. 전원재판부. 2001헌가 9등)을 내림에 따라 호주제는 폐지되었다(2008년 1월 1일부터 호주제는 사라지게 되었다).

2. 가족의 범위규정 신설

첫째, 호주제의 폐지에 따른 가족해체의 우려를 불식시키기 위한 차원에서 개정 민법(2005. 3. 31. 법 제7427호)은 제4편 친족편 중의 제2장의 제목을 '가족의 범위와 자의 성과 본'으로 하여 제779조에서 가족의 범위규정을 신설하였다. 즉, ① 배우자, 직계혈족 및 형제자매, ② 직계혈족의 배우자, 배우자의 직계혈족 및 배우자의 형제자매 등이다. 위 ①의 경우, 생계를 같이 하는지 여부에 관계없이 가족의 범위에 포함되고, 직계혈족은 생존하고 있으면 부계·모계를 가리지 않고 모두 가족이 되며, 형제자매의 경우도 이와 같다. 위 ②의 경우, 생계를 같이하는 경우에 한하여 가족의 범위에 포함되고, 배우자의 형제자매에 있어서는 부계·모계를 불문한다. 생계를 같이한다는 의미는 주거공간에 동거하면서 공동생활을 하는 경우 · 공동생활을 같이하지 않더라도 공동의 가계에 속하고 있는 경우를 말한다. 둘째, 이 규정의 신설 후 민법 개정(2011. 3. 7. 법 제10429호)에 따라 제779조 소정의 가족에게 일정한 법률효과를 부여하는 규정들(가령 제940조의5 · 제959조의5 제2항 · 제959조의10 제2항 등)이 마련됨으로써 제779조의 존재의의는 보다 분명하게 되었다.

판 례

■ 호주제가 헌법에 위반되는지 여부(적극)

"가. 심판대상조항인 민법 제778조, 제781조 제1항 본문 후단, 제826조 제3항 본문이 그 근거와 골격을 이루고 있는 호주제는 '호주를 정점으로 가(家)라는 관념적 집합체를 구성하고, 이러한 가를 직계비속남자를 통하여 승계시키는 제도', 달리 말하면 남계혈통을 중심으로 가족집단을 구성하고 이를 대대로 영속시키는데 필요한 여러 법적 장치로서, 단순히 집안의 대표자를 정하여 이를 호주라는 명칭으로 부르고 호주를 기준으로 호적을 편제하는 제도는 아니다.

나. 호주제는 성역할에 관한 고정관념에 기초한 차별로서, 호주승계 순위, 혼인 시 신분관계 형성, 자녀의 신분관계 형성에 있어서 정당한 이유 없이 남녀를 차별하는 제도이고, 이로 인하여 많은 가족들이 현실적 가족생활과 가족의 복리에 맞는 법률적 가족관계를 형성하지 못하여 여러모로 불편과 고통을 겪고 있다. 숭조(崇祖)사상, 경로효친, 가족화합과 같은 전통사상이나 미풍양속은 문화와 윤리의 측면에서 얼마든지 계승, 발전시킬 수 있으므로 이를 근거로 호주제의 명백한 남녀차별성을 정당화하기 어렵다.

다. 호주제는 당사자의 의사나 복리와 무관하게 남계혈통 중심의 가의 유지와 계승이라는 관념에 뿌리박은 특정한 가족관계의 형태를 일방적으로 규정 · 강요함으로써 개인을 가족 내에서 존엄한 인격체로 존중하는 것이 아니라 가의 유지와 계승을 위한 도구적 존재로 취급하고 있는데, 이는 혼인 · 가족생활을 어떻게 꾸려나갈 것인지에 관한 개인과 가족의 자율적 결정권을 존중하라는 헌법 제36조 제1항에 부합하지 않는다.

라. 오늘날 가족관계는 한 사람의 가장(호주)과 그에 복속하는 가속(家屬)으로 분리되는 권위주의적인 관계가 아니라, 가족원 모두가 인격을 가진 개인으로서 성별을 떠나 평등하게 존중되는 민주적인 관계로 변화하고 있고, 사회의 분화에 따라 가족의 형태도 모와 자녀로 구성되는 가족, 재혼부부와 그들의 전혼소생자녀로 구성되는 가족 등으로 매우 다변화되었으며, 여성의 경제력 향상, 이혼율 증가 등으로 여성이 가구주로서 가장의 역할을 맡는 비율이 점증하고 있다. 호주제가 설사 부계혈통주의에 입각한 전래의 가족제도와 일정한 연관성을 지닌다고 가정하더라도, 이와 같이 그 존립의 기반이 붕괴되어 더 이상 변화된 사회환경 및 가족관계와 조화되기 어렵고 오히려 현실적 가족공동체를 질곡하기도 하는 호주제를 존치할 이유를 찾아보기 어렵다.

호주제의 골격을 이루는 심판대상조항들이 위헌으로 되면 호주제는 존속하기 어렵고, 그 결과 호주를 기준으로 가별로 편제토록 되어 있는 현행 호적법이 그대로 시행되기 어려워 신분관계를 공시 · 증명하는 공적 기록에 중대한 공백이 발생하게 되므로, 호주제를 전제하지 않는 새로운 호적체계로 호적법을 개정할 때까지 심판대상조항들을 잠정적으로 계속 적용하게 하기 위하여 헌법불합치결정을 선고한다."(헌재결 2005. 2. 3. 전원재판부. 2001헌가9 등)

제2절 사람의 성과 본

Ⅰ. 서 설

첫째, 성(姓)은 사람이 태어난 혈통의 호칭을 뜻한다. 성씨제(姓氏制)는 모계사회에서 시작하였으므로 미개사회에서의 성은 어머니가 속하는 씨족의 이름이었다. 종래 우리나라의 성은 원칙적으로 부계혈통을 나타내고 있고, 성불변의 원칙이 확립되어 있었다. 그 결과 남녀가 혼인하여 부부가 되더라도, 외국의 경우와는 달리 각자의 성을 그대로 사용하게 된다. 둘째, 우리나라에서는 시조를 달리하는 같은 성이 많이 있기 때문에 이들을 서로 구별하기 위하여 성에 본(本 ; 소속 시조의 발상지명을 표시하는 것이다. 본관・관적・적관・족본 등 여러 명칭이 있으나, 법률상의 명칭은 본이다. 제781조・제4편 친족편 제2장의 제목 등)을 붙이게 된다. 종래 우리 민법은 자(子)는 부(父)의 성과 본을 따르고, 성과 본은 어떤 경우에도 바꿀 수 없다는 입장을 취해왔다.

Ⅱ. 성과 본의 변경 가능성

민법 개정(2005. 3. 31. 법 제7427호)에 의하여 성과 본의 불변경의 원칙은 바뀌게 되었다. 제781조(자의 성과 본)의 개정내용을 본다. 첫째, 자는 원칙적으로 부의 성과 본을 따르되, 다만 부모가 혼인신고 시 모의 성과 본을 따르기로 협의한 경우에는 모의 성과 본을 따른다(제781조 제1항). 둘째, 부가 외국인인 경우에는 자는 모의 성과 본을 따를 수 있다(제781조 제2항). 셋째, 부를 알 수 없는 자는 모의 성과 본을 따른다(제781조 제3항). 넷째, 부모를 알 수 없는 자는 법원의 허가를 받아 성과 본을 창설한다(제781조 제4항 본문). 다만, 성과 본을 창설한 후 부 또는 모를 알게 된 때에는 부 또는 모의 성과 본을 따를 수 있다(제781조 제4항 단서). 다섯째, 혼인 외의 출생자가 인지된 경우에 자는 부모의 협의에 따라 종전의 성과 본을 계속 사용할 수 있다. 다만, 부모가 협의할 수 없거나 협의가 이루어지지 아니한 경우에는 자는 법원의 허가를 받아 종전의 성과 본을 계속 사용할 수 있다(제781조 제5항). 여섯째, 자의 복리를 위하여 자의 성과 본을 변경할 필요가 있을 때에는 부, 모 또는 자의 청구에 의하여 법원의 허가를 받아 이를 변경할 수 있다. 다만, 자가 미성년자이고 법정대리인이 청구할 수 없는 경우에는 제777조의 규정에 따른 친족 또는 검사가 청구할 수 있다(제781조 제6항)(재혼가정에서 자라는 자녀들이 계부와 성이 달라서 고통받는 문제를 해결하기 위한 조치이다). 판례는, 부모가 이혼할 당시 성년이었던 자가 어머니와 생활하던 중, 취업과 결혼을 앞두고 마음의 안정을 가지고 싶다는 이유로 어머니의 성과 본으로 성·본 변경허가 청구를 한 사안에서, 성·본 변경허가 청구를 인용한 원심 결정은 그 허가 여부를 신중하게 판단하였어야 한다는 이유로 그 원심결정을 파기한 예가 있다(대결 2016. 1. 26. 자 2014으4). 제781조 제6항에 따라 자녀의 성과 본을 변경하고자 하는 자는 재판확정일부터 1개월 이내에 신고하여야 한다(가족관계의 등록 등에 관한 법률 제100조). 이상의 개정 내용은 2008년 1월 1일부터 시행되고 있다.

판 례

성포기의 가부(소극)

"재항고인의 성은 그 부의 성을 따른 것으로서 현행법상 그 성을 포기할 수는 없다."(대결 1984. 9. 27. 자 84스1)

법원의 허가를 얻어 성을 정정할 수 있는지 여부

"호적상의 성을 바꾸는 것은 친족법상 또는 상속법상 중대한 영향을 미치는 호적기재사항의 정정이므로, 호적법 제123조에 의하여 확정판결을 받아 정정하여야 할 것이지, 법원의 허가를 얻어 정정할 수 있는 것이 아니다."(대결 1992. 8. 17. 자 92스13)

혼인 외의 자가 허위의 출생신고에 의하여 타인의 자로 입적되었다가 혼인으로 법정분가되어 호주로 있던 중 친생자관계부존재확인판결의 확정으로 호주로 편제된 호적에서 말소된 경우, 일가창립하여 신호적을 가질 수 있는지 여부(적극) 및 그의 처자를 새로 편제된 호적에 입적시키는 방법

"호적예규 제329호에 의하면 허위의 출생신고에 의하여 타인의 자로 입적되었다가 혼인으로 법정분가되어 호주로 있던 자가 그 타인과의 사이에 친생자관계부존재를 확인하는 판결이 확정되면 그가 호주로 편제된 호적에서 말소하도록 되어 있는바, 이때 위 말소로 인하여 무적자가 된 경우 그가 민법 제781조의 혼인 중의 자라면 생부 또는 생모의 출생신고로 생부의 호적에 입적하고, 만약 생부가 사망하여 그의 가가 무후가가 된 경우에는 무후직권기재사항을 말소하고 부활하라는 호적정정허가를 얻어 생부의 호적을 부활시킨 후 생모의 출생신고로 생부의 호적에 입적하게 되는 한편, 그가 민법 제782조의 혼인 외의 자라면 인지효력이 있는 생부의 출생신고로 생부의 가에 입적할 수 있으나 그렇지 못한 경우에는 그의 모가 출생신고를 하여 모가에 입적하거나 또는 일가창립하여 신호적을 가질 수 있다고 할 것이고, 또 그러한 자가 종전에 남아 있는 그의 처 및 자를 새로 편제된 호적에 입적시키기 위하여는 친생자관계부존재확인판결을 증거로 하여 관할법원에서 그 처 및 자를 종전의 호적에서 말소하고 새로운 호적에 이기하라는 호적정정허가결정을 받아 이에 의하여 그들을 새로운 호적에 입적시킬 수 있다고 보아야 할 것이다."(대결 2000. 4. 10. 자 98스30)

민법 제781조 제6항에 정한 '자의 복리를 위하여 자의 성과 본을 변경할 필요가 있을 때'에 해당하는지 여부의 판단 기준 및 방법

"민법 제781조 제6항에 정한 '자의 복리를 위하여 자의 성과 본을 변경할 필요가 있을 때'에 해당하는지 여부는 자의 나이와 성숙도를 감안하여 자 또는 친권자·양육자의 의사를 고려하되, 먼저 자의 성·본 변경이 이루어지지 아니할 경우에 내부적으로 가족 사이의 정서적 통합에 방해가 되고 대외적으로 가족 구성원에 관련된 편견이나 오해 등으로 학교생활이나 사회생활에서 겪게 되는 불이익의 정도를 심리하고, 다음으로 성·본 변경이 이루어질 경우에 초래되는 정체성의 혼란이나 자와 성·본을 함께 하고 있는 친부나 형제자매 등과의 유대 관계의 단절 및 부양의 중단 등으로 인하여 겪게 되는 불이익의 정도를 심리한 다음, 자의 입장에서 위 두 가지 불이익의 정도를 비교형량하여 자의 행복과 이익에 도움이 되는 쪽으로 판단하여야 한다. 이와 같이 자의 주관적·개인적인 선호의 정도를 넘어 자의 복리를 위하여 성·본의 변경이 필요하다고 판단되고, 범죄를 기도 또는 은폐하거나 법령에 따른 각종 제한을 회피하려는 불순한 의도나 목적이 개입되어 있는 등 성·본 변경권의 남용으로 볼 수 있는 경우가 아니라면, 원칙적으로 성·본 변경을 허가함이 상당하다."(대결 2010. 3. 3. 자 2009스23 ; 대결 2009. 12. 11. 자 2009스23)

심화학습

민법 제781조 제1항 본문 후단 부분 위헌제청 등 사건(헌재결 2005. 2. 3. 전원재판부, 2001헌가9·10·11·12·13·14·15, 2004헌가5(병합))

1. 사건의 개요

당해사건의 신청인들은 혼인하였다가 이혼하고 일가를 각 창립한 자들로서, 전부(夫)와의 사이에 태어난 그들 자(子)의 친권행사자이며 양육자인데도 그들 자의 호적은 부(父)인 부(夫)가 호주로 있는 가(家)에 편제되어 있다. 신청인들은 그들의 자를 자신의 가에 입적시키기 위하여 2000. 10.경 관할 호적관청에 각기 입적신고를 하였으나 호적관청은 민법 제781조 제1항 본문을 들어 입적신고를 받아들이지 아니하였다.

이에 신청인들은 당해사건 법원에 각 호적관청의 처분에 대한 불복을 신청하였고, 그 재판계속 중에 민법 제778조·제781조 제1항 본문이 위헌이라고 주장하면서 위헌법률심판제청신청을 하였는데, 당해사건 법원은 2001. 3. 27.(2001헌가9 사건의 경우) 및 같은 달 29.(2001헌가10 사건의 경우) 민법 제781조 제1항 본문 중 후단에 대한 신청은 받아들여 헌법재판소에 위헌법률심판을 제청하고, 나머지 조항에 대한 신청은 모두 각하하였다(2001헌가11 내지 15 사건, 2004헌가5 사건도 유사한 사실관계이다).

2. 판시사항

가. 위헌제청되지 않은 법률조항을 심판대상에 포함시킨 사례
나. 헌법과 전통의 관계
다. 호주제가 헌법에 위반되는지 여부(적극)
라. 위헌결정으로 초래되는 다른 법제도의 공백을 이유로 헌법불합치결정을 한 사례

3. 결정요지

"처의 부가(夫家)입적을 규정한 민법 제826조 제3항 후단은 무호주로의 변경을 구하면서 호주제의 위헌성을 다투는 위헌제청신청의 취지와 무관하지 않을 뿐 아니라, 법원이 위헌제청한 민법 제778조, 제781조 제1항 본문 후단과 결합하여 호주제의 골격을 이루고 있으므로 호주제의 위헌

여부라는 중요한 헌법문제의 보다 완전한 해명을 위하여 그 조항의 위헌 여부도 심판의 대상으로 삼아 한꺼번에 심리·판단하는 것이 헌법재판의 객관적 기능에 비추어 상당하다. 헌법은 국가사회의 최고규범이므로 가족제도가 비록 역사적·사회적 산물이라는 특성을 지니고 있다 하더라도 헌법의 우위로부터 벗어날 수 없으며, 가족법이 헌법이념의 실현에 장애를 초래하고, 헌법규범과 현실과의 괴리를 고착시키는데 일조하고 있다면 그러한 가족법은 수정되어야 한다. 우리 헌법은 제정 당시부터 특별히 혼인의 남녀동권을 헌법적 혼인질서의 기초로 선언함으로써 우리 사회 전래의 가부장적인 봉건적 혼인질서를 더 이상 용인하지 않겠다는 헌법적 결단을 표현하였으며, 현행 헌법에 이르러 양성평등과 개인의 존엄은 혼인과 가족제도에 관한 최고의 가치규범으로 확고히 자리잡았다. 한편, 헌법 전문과 헌법 제9조에서 말하는 "전통", "전통문화"란 역사성과 시대성을 띤 개념으로서 헌법의 가치질서, 인류의 보편가치, 정의와 인도정신 등을 고려하여 오늘날의 의미로 포착하여야 하며, 가족제도에 관한 전통·전통문화란 적어도 그것이 가족제도에 관한 헌법이념인 개인의 존엄과 양성의 평등에 반하는 것이어서는 안 된다는 한계가 도출되므로, 전래의 어떤 가족제도가 헌법 제36조 제1항이 요구하는 개인의 존엄과 양성평등에 반한다면 헌법 제9조를 근거로 그 헌법적 정당성을 주장할 수는 없다. 심판대상조항인 민법 제778조, 제781조 제1항 본문 후단, 제826조 제3항 본문이 그 근거와 골격을 이루고 있는 호주제는 "호주를 정점으로 가(家)라는 관념적 집합체를 구성하고, 이러한 가를 직계비속남자를 통하여 승계시키는 제도", 달리 말하면 남계혈통을 중심으로 가족집단을 구성하고 이를 대대로 영속시키는데 필요한 여러 법적 장치로서, 단순히 집안의 대표자를 정하여 이를 호주라는 명칭으로 부르고 호주를 기준으로 호적을 편제하는 제도는 아니다. 호주제는 성역할에 관한 고정관념에 기초한 차별로서, 호주승계 순위, 혼인 시 신분관계 형성, 자녀의 신분관계 형성에 있어서 정당한 이유 없이 남녀를 차별하는 제도이고, 이로 인하여 많은 가족들이 현실적 가족생활과 가족의 복리에 맞는 법률적 가족관계를 형성하지 못하여 여러모로 불편과 고통을 겪고 있다. 숭조(崇祖)사상, 경로효친, 가족화합과 같은 전통사상이나 미풍양속은 문화와 윤리의 측면에서 얼마든지 계승, 발전시킬 수 있으므로 이를 근거로 호주제의 명백한 남녀차별성을 정당화하기 어렵다. 호주제는 당사자의 의사나 복리와 무관하게 남계혈통 중심의 가의 유지와 계승이라는 관념에 뿌리박은 특정한 가족관계의 형태를 일방적으로 규정·강요함으로써 개인을 가족 내에서 존엄한 인격체로 존중하는 것이 아니라 가의 유지와 계승을 위한 도구적 존재로 취급하고 있는데, 이는 혼인·가족생활을 어떻게 꾸려나갈 것인지에 관한 개인과 가족의 자율적 결정권을 존중하라는 헌법 제36조 제1항에 부합하지 않는다. 오늘날 가족관계는 한 사람의 가장(호주)과 그에 복속하는 가속(家屬)으로 분리되는 권위주의적인 관계가 아니라, 가족원 모두가 인격을 가진 개인으로서 성별을 떠나 평등하게 존중되는 민주적인 관계로 변화하고 있고, 사회의 분화에 따라 가족의 형태도 모와 자녀로 구성되는 가족, 재혼부부와 그들의 전혼소생자녀로 구성되는 가족 등으로 매우 다변화되었으며, 여성의 경제력 향상, 이혼율 증가 등으로 여성이 가구주로서 가장의 역할을 맡는 비율이 점증하고 있다. 호주제가 설사 부계혈통주의에 입각한 전래의 가족제도와 일정한 연관성을 지닌다고 가정하더라도, 이와 같이 그 존립의 기반이 붕괴되어 더 이상 변화된 사회환경 및 가족관계와 조화되기 어렵고 오히려 현실적 가족공동체를 질곡하기도 하는 호주제를 존치할 이유를 찾아보기 어렵다. 호주제의 골격을 이루는 심판대상조항들이 위헌으로 되면 호주제는 존속하기 어렵고, 그 결과 호주를 기준으로 가별로 편제토록 되어 있는 현행 호적법이 그대로 시행되기 어려워 신분관계를 공시·증명하는 공적 기록에 중대한 공백이 발생하게 되므로, 호주제를 전제하지 않는 새로운 호적체계로 호적법을 개정할 때까지 심판대상조항들을 잠정적으로 계속 적용케 하기 위하여 헌법불합치결정을 선고한다."

〈재판관 김영일, 재판관 권성의 반대의견〉

"현행법상의 호주제는 고대 이래 조선 중기까지 이어져 온 우리 고유의 합리적 부계혈통주의의 전통을 이어받아 부계혈통주의의 존립을 위한 극히 기본적인 요소만을 담고 있는 것으로서, 일제잔재로서의 색채를 불식하고 우리 고유의 관습으로 복귀한 것으로 평가할 수 있으며, 혼인과 가족관계를 규율하는 가족법은 전통성·보수성·윤리성을 강하게 가질 수밖에 없어서 혼인과 가족관계에 관한 헌법규정을 해석함에 있어서는 가족법의 전통적 성격을 고려하지 않을 수 없고, 특히 가족법의 영역에서 도식적인 평등의 잣대로 우리의 전통문화를 함부로 재단함으로써 전통가족문화가 송두리째 부정되고 해체되는 결과를 초래하여서는 아니 되는바, 현행법상의 호주제는 전통 가족제도의 핵심인 부계혈통주의에 입각한 가의 구성 및 가통의 계승을 위한 제도로서 이를 위하여 마련된 처의 부가입적 원칙, 자의 부가입적 원칙 및 호주승계제도는 우리 사회의 오랜 전통과 현실에 기초한 것일 뿐만 아니라 여성에 대한 실질적 차별을 내용으로 하고 있는 것으로 보기 어렵다는 점에서 평등원칙에 위반되지 아니하며, 호주제가 신분관계를 일방적으로 형성되는 측면이 있다고 하더라도 이는 가족제도를 법제화하는 과정에서 부득이한 것일 뿐만 아니라 임의분가, 호주승계권의 포기 등 이를 완화하는 제도를 두고 있으므로 개인의 존엄을 존중하지 않는 것이라 보기도 어려우므로 결국 헌법 제36조 제1항에 위반되지 아니한다."

〈재판관 김영일의 위 반대의견에 대한 별개의견〉

"민법 제781조 제1항 본문 후단이 규정하고 있는 자의 부가입적 원칙이 그 자체로서 위헌은 아니나, 그 원칙에 대한 예외의 설정이 너무 좁게 한정되어 있어서 다수의견이 지적하는 바와 같이 현실에 맞지 않고 불합리하게 자의 의사를 지나치게 제한하고 모를 실질적으로 차별하므로 개인의 존엄 및 평등의 원칙에 반한다고 하지 않을 수 없어, 결론적으로 민법 제778조, 제826조 제3항 본문은 헌법에 위반되지 아니하나, 민법 제781조 제1항 본문 후단은 헌법에 위반된다."

〈재판관 김효종의 반대의견〉

"민법이 가제도(家制度)를 두고 있는 것은 헌법 제36조 제1항이 제도보장의 하나로 규정한 가족제도를 형성하고 유지하는 데 기여한다 할 것이고, 각개의 가(家)에 호주를 두고 있는 것은 우리의 전통문화에 터 잡은 것으로 봄이 상당하므로, 민법 제778조가 법적 개념으로서 가(家)의 존재를 인정하고 여기에 호주의 관념을 도입하였다 하여 헌법 제36조 제1항을 비롯한 헌법에 위배된다고 볼 수 없으며, 호주제의 양성차별적 요소는 민법 제984조 등 위헌성이 있는 관련 개별규정의 효력을 상실시키거나 입법적 개선이 이루어지면 해소될 수 있는 문제여서 그러한 위헌적 요소가 가제도의 기본조항인 민법 제778조에 본질적으로 내재된 문제라고 볼 수 없다. 따라서 민법 제781조 제1항 본문 후단, 제826조 제3항 본문에 관하여는 위헌이라는 다수의견과 견해를 같이

하지만 민법 제778조는 가족제도의 보장을 위한 입법재량의 범위 내에서 이루어진 입법적 조치로서 헌법에 위반된다고 볼 수 없다.”

4. 검 토

가. 이 사건의 쟁점

① 이 사건 법률조항이 헌법 제11조 제1항 소정의 양성평등의 원칙에 위반되는지 여부, ② 동법 제10조 소정의 개인의 존엄에 위반되는지 여부, ③ 변화된 사회환경과 가족관계상에 조화되는 면이 없어서 더는 존치의 필요성이 없는지 여부이다.

나. 판단의 근거 · 이유

첫째, 양성평등원칙에 위반되지를 살펴본다. ① 헌법 제36조 제1항은 혼인과 가족생활에서 양성의 평등대우를 명하고 있으므로 남녀의 성을 근거로 하여 차별하는 것은 원칙적으로 금지되고, 성질상 오로지 남성 또는 여성에게만 특유하게 나타나는 문제의 해결을 위하여 필요한 예외적 경우에만 성차별적 규율이 정당화된다. 과거 전통적으로 남녀의 생활관계가 일정한 형태로 형성되어 왔다는 사실이나 관념에 기인하는 차별, 즉 성역할에 관한 고정관념에 기초한 차별은 허용되지 않는다. 그럼에도 호주제는 남계혈통을 중심으로 인위적 가족집단인 가를 구성하고 이를 승계한다는 것이 그 본질임은 위에서 본 바와 같다. ② 인위적 가족집단인 가를 구성 · 유지하는 것이 정당한지 여부를 차치하고서, 남계혈통 위주로 가를 구성하고 승계한다는 것은 성에 따라 아버지와 어머니를, 남편과 아내를, 아들과 딸을, 즉 남녀를 차별하는 것인데, 이러한 차별을 정당화할 만한 사유가 없다. 호주제의 남녀차별은 가족 내에서의 남성의 우월적 지위, 여성의 종속적 지위라는 전래적 여성상에 뿌리박은 차별로서 성역할에 관한 고정관념에 기초한 차별에 지나지 않는다. ③ 또한 호주승계 순위의 차별과 혼인 시 신분관계 형성의 차별 또한 호주제를 통하여 발생하는데, 이를 긍정할 만한 합리적인 사유가 없다. 이에 더하여 자녀의 신분관계 형성에서도 차별이 발생하는데, 부가입적(父家入籍)원칙의 문제, 부모가 이혼한 경우의 문제, 인수입적(引收入籍)의 문제, 미혼모의 경우의 문제는 모두 남성우월적 사고에 터 잡은 것이다. 둘째, 개인의 존엄 위반의 면을 살펴본다. ① 혼인 · 가족제도가 지닌 사회성 · 공공성을 이유로 한 부득이한 사유가 없는 한, 혼인 · 가족생활의 형성에 관하여 당사자의 의사를 무시하고 법률의 힘만으로 일방적으로 강제하는 것은 개인의 존엄에 반하는 것이다. ② 그런데 호주제는 당사자의 의사와 자결권을 무시한 채 남계중심의 가제도의 구성을 강제하고 이를 유지하기 위하여 대한민국 국민은 예외 없이 호주이든, 가족이든 법률상의 가족단체인 가에 소속되어야 하는 등 신분당사자의 법률관계를 일방적으로 형성한다. 이처럼 호주제는 개인을 독립적 인격체로서 존중하는 것이 아니라 오로지 남계혈통 중심의 가(家) 유지와 계승이라는 목적을 위한 대상적 · 도구적 존재로 파악하고 있다. ③ 대한민국 국민은 예외 없이 호주이든, 가족이든 법률상의 가족단체인 가에 소속되어야 한다. 이는 혼인과 가족생활에서 개인의 존엄을 존중하라는 헌법 제36조 제1항의 요구에 부합하지 않는다. 셋째, 부계혈통주의에 입각한 가부장적 가족제도가 우리 민족 전래의 가족제도임을 인정하고, 호주제가 그러한 가족제도와 일정한 연관성을 가진다고 가정하더라도 호주제가 성립 · 유지될 수 있었던 사회적 배경은 오늘날 더는 존재하지 않는다. ① 현대사회는 도시화의 진전, 핵가족의 정착으로 가족공동체의 모습과 생활원리가 판이하게 달라졌고, 대중교육의 발달, 여성의 사회진출 증가는 개인의 자유의식, 여성의 인권의식을 신장시켰다. 사회의 분화에 따라 가족의 형태도 매우 다변화되고 있다. 부모와 자녀로 구성되는 전형적 가족뿐 아니라 자녀가 없는 부부만의 가족, 모와 자녀로 구성되는 가족, 재혼부부와 그들의 전혼소생자녀들로 구성되는 가족들도 많다. ② 할아버지부터 손자녀까지 같이 사는 3세대 이상 가구는 급격히 감소하고 있다. 여성의 경제력 향상, 이혼율 증가 등으로 여성이 가구주로서 가장의 역할을 맡는 비율이 점증하고 있다. 호주제와 가제도는 이러한 오늘날의 현실적 가족의 모습과 더 이상 조화되지 않으며 그 존립기반이 이렇게 무너진 지금 호주제를 존치할 필요는 없다고 할 것이다. ③ 다만 위헌결정으로 호주제가 폐지되면 호주를 기준으로 가별로 편제하게 되어 있는 결정 당시 호적법이 그대로 시행되기 어려워, 신분관계를 공시・증명하는 공적 기록에 큰 공백이 생긴다. 따라서 그 기간 국민의 신분관계의 변동사항을 방치할 수는 없으므로 부득이 헌법불합치결정을 선고하면서 호적법 개정 시까지 심판대상조항들을 잠정적으로 계속 적용케 하는 것이 필요하다는 것이다.

다. 결정의 의의

오랫동안 내려오던 전통적인 제도를 현대사회 실제 현황에 비추어 판단하였고, 동 판결은 대한민국 가족법의 근간을 변화시킨 획기적인 결정례라고 할 것이다.

제2장 혼 인

제1절 서 설

사회제도로서 보장된 특정의 남녀 사이의 성적 결합을 혼인이라 한다(1남 1녀가 삶을 다할 때까지 부부로서의 혼인공동체를 펼쳐나갈 것을 목적으로 하는 합의인, 가족법상의 계약이다). 민법상의 혼인은 혼인신고를 함으로써 혼인은 성립하고 그 효력이 생긴다는 법률혼을 말한다(제812조). 혼인은 남녀라는 양성간의 결합이므로 동성간의 혼인은 우리법상 인정하기 어려울 것이다(헌법 제36조 제1항은 양성이라는 표현을, 민법 제826조 등은 혼인의 당사자를 부부라고 하여 남녀임을 당연시하고 있다). 다만 성전환에 의한 성의 변경은 일정한 요건을 충족시키면 허용하고 있다(대법원 예규 '성전환자의 성별정정허가신청사건 등 사무처리지침': 대결 2006. 6. 22.자 전원합의체, 2004스42 등 참조). 따라서 성전환자와의 결혼 역시 가능하다고 볼 것이다.

제2절 약 혼

Ⅰ. 약혼의 의의 및 성립

1. 약혼의 의의

특정의 남녀가 장차 혼인하기로 하는 의사의 합의에 의하여 성립하는 계약을 약혼이라 한다. 약혼은 일종의 혼인예약이다(약혼당사자는 장차 혼인을 해야 할 채무를 부담한다).

2. 약혼의 성립

●● 사례

A(원고)가 B(피고)를 중매로 만나 결혼식을 올리고 3박 4일간의 신혼여행을 떠났으나, B가 신혼부부로 행세를 하면서도 A와의 성관계만은 거부하여 둘째 날 밤 단 1회만 성관계를 맺은 채로 신혼여행을 마치고 B의 친정집으로 가버렸다. 친정집에 도착한 B는 가족들에게 A의 잠버릇

이 좋지 않아 도저히 같이 살 수 없다는 말을 하고는 A를 내버린 채 집을 나가, A는 하는 수 없이 그 이튿날 혼자 본가로 돌아갔고, 며칠 후 B는 일방적으로 A에게 헤어지자는 통보를 해 왔고, 드디어 둘의 관계는 더 이상 회복할 수 없는 지경에 이르렀다. 그러자, A는 B를 상대로 사실혼 부당파기로 인한 손해배상청구소송을 제기하였다. 동 청구는 인용될 것인가?

●● 사안의 쟁점:

첫째, 이 사안이 사실혼의 성립요건에 해당하는지, 둘째, 사실혼의 성립요건에 이르지 아니하였더라도 손해배상청구가 가능한 것인지 등이다.

(1) 성립요건

(가) 합 의

첫째, 양당사자 사이에서 장차 혼인을 하기로 하는 의사의 합의가 있어야 한다. 둘째, 그 합의만으로 약혼은 성립하며 혼인에서의 신고와 같은 특별한 방식을 요하지 않는다(대판 1998. 12. 8. 98므961). 셋째, 성년은 의사능력이 있는 한 자유롭게 약혼할 수 있다(제800조).

(나) 일정한 자의 동의

① 미성년자가 약혼하려면 남녀 모두 만 18세가 되어야 하고, 부모나 미성년후견인의 동의를 얻어야 한다(제801조). ② 피성년후견인은 부모나 성년후견인의 동의를 받아 약혼할 수 있다(제802조). ③ 미성년자나 피성년후견인이 약혼을 함에 있어서 부모 중 어느 한쪽이 동의권을 행사할 수 없는 때에는 다른 쪽의 동의를 얻어야 하고, 부모 모두 동의권을 행사할 수 없는 때에는 미성년후견인 또는 성년후견인의 동의를 얻어야 한다(제801조 · 제802조 · 제808조 제1항-제2항). ④ 일정한 자의 동의가 필요한 약혼의 경우, 그 동의가 없는 때에는 혼인의 경우(제816조 제1호)에 준하여 그 약혼을 취소할 수 있다(통설).

(다) 기타의 유효요건

① 약혼이 유효하기 위해서는 그 합의 내용이 선량한 풍속 기타 사회질서에 어긋나지 않아야 한다(법률혼 · 사실혼관계에 있는 자와의 약혼, 배우자가 사망하면 혼인하겠다는 약혼 등은 제103조 위반으로서 무효이다). ② 근친자(8촌 이내의 직계 · 방계혈족, 직계인척) 사이의 약혼은 불능을 목적으로 하는 계약으로서 무효가 된다(제809조 참조). ③ 약혼에는 조건 · 기한을 붙일 수 있으나, 그 내용은 사회질서에 어긋나지 않아야 한다. 이상의 요건에 부합되는 한, 어떠한 형식이 필요 없이 약혼은 성립한다(다만, 약혼했다는 사실의 증명을 위해 약혼식을 치르거나, 약혼반지 · 약혼예물을 서로 주고받는 것이 보통이다).

Ⅱ. 약혼의 효과

첫째, 약혼한 두 남녀는 서로 성의를 다하여 신의와 정조를 지키면서 부부로서 결합해야 할 의무(혼인의무)를 지게 된다. ① 약혼한 남녀 중 어느 한쪽이 혼인을 하지 않을 경우에는 어떻게 되는가? 일반적인 의무(채무)불이행의 경우와는 달리, 혼인의무의 강제이행을 청구하지 못한다(제803조). 혼인의사가 없는 자에게 혼인을 강제하는 것은 혼인의 본질에 반하기 때문이다. ② 정당한 이유 없이 그 의무를 이행하지 않은 자는 위자료 등 손해배상의무를 부담할 뿐이다. 둘째, 제3자가 약혼상의 권리를 침해한 경우, 당사자 한쪽은 제3자에게 불법행위책임을 묻을 수 있다(가령 제3자가 약혼녀를 간음하여 아이를 낳게 하고, 혼인을 할 수 없게 한 것은 불법행위에 해당한다. 대판 1961. 10. 19. 4293민상531). 셋째, 약혼한 남녀 사이에서 아이가 출생하였다면, 어떻게 되는가? 그 아이는 혼인 외의 출생자가 될 뿐이다(다만, 나중에 둘이 혼인하게 되면, 그 자녀는 준정이 되어 혼인신고 시부터 혼인중의 출생자가 된다. 제855조 제2항).

Ⅲ. 약혼의 해제

1. 해제사유

첫째, 약혼은 강제이행을 청구할 수 없을 뿐만 아니라 정당한 사유가 있으면 언제든지 해제할 수 있다(제804조)(정당한 사유 없이 어느 한 쪽이 해제한 경우, 이는 약혼의 부당파기에 해당한다). 둘째, 제804조 소정의 약혼해제의 법정사유에는 8 가지가 있다. 즉, ① 약혼 후 자격정지 이상의 형을 선고받은 경우(동조 제1호), ② 약혼 후 성년후견개시나 한정후견개시의 심판을 받은 경우(동조 제2호), ③ 성병, 불치의 정신병, 그 밖의 불치의 병질이 있는 경우(동조 제3호), ④ 약혼 후 타인과 약혼이나 혼인을 한 경우(동조 제4호), ⑤ 약혼 후 타인과 간음을 한 경우(동조 제5호), ⑥ 약혼 후 1년 이상 생사가 불명한 경우(동조 제6호), ⑦ 정당한 이유 없이 혼인을 거절하거나 그 시기를 늦추는 경우(동조 제7호), ⑧ 그 밖에 중대한 사유가 있는 경우(동조 제8호) 등이다.

2. 해제의 방법

첫째, 약혼의 해제는 상대방에 대한 의사표시로서 하고(제805조), 그 의사표시를 할 수 없는 경우(가령 제804조 제6호 소정의 약혼 후 1년 이상 생사가 불명한 경우)에는 그 해제의 원인이 있음을 안 때에 해제된 것으로 본다(제805조 단서). 둘째, 약혼의 방식이 그렇듯, 약혼해제도 자유롭고 예물반환 등 특별한 방식이 필요하지 않다(어떻든 약혼을 해제하면 약혼은 처음부터 없었던 것으로 된다).

3. 해제의 효과

첫째, 정당한 사유 없이 어느 한쪽의 과실로 약혼이 해제된 경우, 그는 상대방에 대하여 손해배상책임을 부담한다(제806조 제1항). 그 손해에는 재산상의 손해(약혼식비용, 중매사례금 등)와 정신적 손해(위자료)를 포함한다(제806조 제2항). 그 위자료청구권은 이미 배상에 관한 계약이 성립되거나 소를 제기한 후가 아니면 양도 또는 승계되지 않는다(제806조 제3항). 둘째, 약혼예물은 어떤 의미가 있는가? 판례는 혼인의 불성립을 해제조건으로 하는 증여와 유사한 성질로 파악한다(혼인이 성립되지 않으면 증여하지 아니할 성질의 선물, 즉 혼인의 성립을 전제하여 증여한 선물로 파악한다).

4. 예물반환의 문제

첫째, 혼인(사실혼을 포함한다)이 성립되어 상당기간이 지났다면 예물의 목적은 달성되었다 할 것이므로 그 후 예물수령자(가령 며느리)의 귀책사유로 이혼하는 경우에도 그 예물은 수령자의 소유로 귀속되어 반환의 문제는 생기지 않는다(대판 1996. 5. 14. 96다5506). 다만, 혼인성립 후 극히 짧은 시일 내에 이혼하는 경우에는 혼인불성립에 준하여 그 예물을 반환해야 할 것이다(대판 2005. 5. 27. 2004다50303 등). 둘째, 혼인이 성립되지 아니한 경우에는 어떻게 되는가? ① 약혼이 합의해제 된 경우에는 예물의 반환문제는 당사자의 합의에 따른다(다만, 아무런 합의가 없거나 합의를 할 수 없는 경우에는 제741조 소정의 부당이득반환의 문제가 된다). ② 당사자 한쪽의 귀책사유로 약혼이 파기된 경우에는 선의·무과실의 당사자는 예물반환청구권을 행사할 수 있으나, 과실 있는 자는 그 반환청구권을 행사하지 못하고 오히려 자신이 받은 예물을 반환하여야 한다(대판 1976. 12. 28. 76므41, 42). ③ 당사자 양쪽의 귀책사유로 약혼이 파기된 경우에는 양쪽무과실의 경우에 준하여 양쪽 모두에게 그 반환청구권을 인정하고, 다만 그 반환의 범위는 과실상계의 법리를 참작하여 결정하여야 한다(같은 견해 김주수·김상용, 「친족상속법」, 법문사, 2017, 81면).

●● 사례의 해결:

첫째, 일반적으로 약혼은 특별한 형식을 거칠 필요 없이 장차 혼인을 체결하려는 당사자 사이에 합의가 있으면 성립하는데 비하여, 사실혼은 주관적으로는 혼인의 의사가 있고 또 객관적으로는 사회통념상 가족질서의 면에서 부부공동생활을 인정할 만한 실체가 있는 경우에 성립하는 것이나, 당사자가 결혼식을 올린 후 신혼여행까지 다녀온 경우라면 단순히 장래에 결혼할 것을 약속한 정도인 약혼의 단계는 이미 지났다고 할 수 있으나 이어 부부공동생활을 하기에까지 이르지 못하였다면 사실혼으로서도 아직 완성되지 않았다 할 것이나, 둘째, 그러나 이와 같이 사실혼으로 완성되지 못한 경우라고 하더라도 통상의 부부라면 부부공동생활로 이어지는 것이 보통이고, 또 그 단계에서의 남녀 간의 결합의 정도는 약혼단계와는 확연히 구별되는 것으로서 사실혼에 이른 남녀 간의 결합과 크게 다를 바가 없다고 할 것이므로, 이러한 단계에서 일방 당사자에게 책임 있는 사유로 파탄에 이른 경우라면 다른 당사자는 사실혼의 부당파기에 있어서와 마찬가지로 책임 있는 일방 당사자에 대하여 그로 인한 정신적인 손해의 배상을 구할 수 있다. 따라서 A의 B를 상대로 한 사실혼 부당파기로 인한 손해배상청구소송은 적어도 약혼 단계는 지나간 것으로 그 사안에 비추어 그 청구는 인용될 것이다.

(대판 1998. 12. 8. 98므961 판결의 사실관계와 판결요지 등 참조)

판 례

약혼 시 자신의 학력, 경력 및 직업 등을 상대방에게 사실대로 고지할 신의성실의 원칙상의 의무가 있는지 여부

"약혼은 혼인할 것을 목적으로 하는 혼인의 예약이므로 당사자 일방은 자신의 학력, 경력 및 직업과 같은 혼인의사를 결정하는 데 있어 중대한 영향을 미치는 사항에 관하여 이를 상대방에게 사실대로 고지할 신의성실의 원칙상의 의무가 있다."(대판 1995. 12. 8. 94므1676)

상대방이 학력 등을 정확히 확인하여 보지 아니한 채 경솔히 약혼을 한 잘못은 중대한 과실이라고 할 수 없어 위자료 액수 산정의 참작사유에 불과하다고 본 사례

"을로서도 갑의 학력이나 직급 등을 시간을 갖고 정확히 확인하여 보지 아니한 채 경솔히 약혼을 한 잘못은 있다고 할 것이지만, 이를 가리켜 을에게 중대한 과실이 있다고 할 수 없고 약혼의 해제에 대한 귀책사유가 갑에게 있는 이상 이러한 을의 잘못은 갑의 을에 대한 위자료 액수를 산정함에 있어 참작할 사정에 불과하다고 본 사례."가 있다(대판 1995. 12. 8. 94므1676).

진실한 혼인예약의 성립을 인정할 수 없는 사례

"상대방이 내연의 처가 있고 그 사이에 4남매의 자녀를 둔 남자이어서 정식으로 혼인하기 어려운 사정임을 알고 있었다면 그 남자의 꾀임에 빠져 동거생활 중 그 사이에 아들을 분만하였다 하여도 진실한 혼인예약이 성립될 수 없다."는 사례가 있다(대판 1965. 7. 6. 65므12).

약혼과 사실혼의 성립요건

"일반적으로 약혼은 특별한 형식을 거칠 필요 없이 장차 혼인을 체결하려는 당사자 사이에 합의가 있으면 성립하는 데 비하여, 사실혼은 주관적으로는 혼인의 의사가 있고, 또 객관적으로는 사회통념상 가족질서의 면에서 부부공동생활을 인정할 만한 실체가 있는 경우에 성립한다."(대판 1998. 12. 8. 98므961)

약혼예물 수수의 법적 성질 및 혼인 해소의 경우 그 소유권의 귀속관계

"약혼예물의 수수는 약혼의 성립을 증명하고 혼인이 성립한 경우 당사자 내지 양가의 정리를 두텁게 할 목적으로 수수되는 것으로 혼인의 불성립을 해제조건으로 하는 증여와 유사한 성질을 가지므로, 예물의 수령자측이 혼인 당초부터 성실히 혼인을 계속할 의사가 없고 그로 인하여 혼인의 파국을 초래하였다고 인정되는 등 특별한 사정이 있는 경우에는 신의칙 내지 형평의 원칙에 비추어 혼인 불성립의 경우에 준하여 예물반환의무를 인정함이 상당하나, 그러한 특별한 사정이 없는 한 일단 부부관계가 성립하고 그 혼인이 상당 기간 지속된 이상 후일 혼인이 해소되어도 그 반환을 구할 수는 없으므로, 비록 혼인 파탄의 원인이 며느리에게 있더라도 혼인이 상당 기간 계속된 이상 약혼예물의 소유권은 며느리에게 있다."(대판 1996. 5. 14. 96다5506)

약혼해제에 관하여 과실 있는 유책자는 그가 제공한 약혼예물반환청구권이 있는지 여부

"약혼예물의 수수는 혼인 불성립을 해제조건으로 하는 증여와 유사한 성질의 것이나 약혼의 해제에 관하여 과실이 있는 유책자로서는 그가 제공한 약혼예물을 적극적으로 반환청구할 권리가 없다."(대판 1976. 12. 28. 76므41)

사실혼관계가 단기간에 해소된 경우, 혼수 구입비용 상당액의 손해배상청구를 배척한 사례

"원·피고 사이의 사실혼관계가 불과 1개월 만에 파탄된 경우, 혼인생활에 사용하기 위하여 결혼 전후에 원고 자신의 비용으로 구입한 가재도구 등을 피고가 점유하고 있다고 하더라도 이는 여전히 원고의 소유에 속한다고 할 것이어서, 원고가 소유권에 기하여 그 반환을 구하거나 원상회복으로 반환을 구하는 것은 별론으로 하고, 이로 인하여 원고에게 어떠한 손해가 발생하였다고 할 수 없다는 이유로 그 구입비용 상당액의 손해배상청구를 배척한 사례."가 있다(대판 2003. 11. 14. 2000므1257).

심화학습

위자료

1. 위자료의 의의

어떠한 책임원인에 의하여 피해자가 입은 고통·충격·절망과 같은 정신적 손해에 대한 배상을 위자료라 한다(제751조 제1항·제752조·제806조 제2항 참조).

2. 위자료청구권의 발생원인 개관

(1) 재산법의 영역

첫째, 인격권 침해의 경우, 위자료청구권이 발생한다(제751조 제1항)(제751조는, 일반불법행위의 기본인 제750조에 의한 손해 속에는 재산적 손해뿐만 아니라 위자료도 포함된다는 일종의 예시적·주의적 규정이다). 둘째, 생명침해의 경우, 생명침해를 당한 자의 근친은 위자료청구권을 갖는다(제752조). 셋째, 위자료는 생명·신체의 침해의 경우에는 재산적 손해와 함께 발생할 수도 있고, 정조·명예·신용·자유의 침해 등의 경우에는 위자료의 문제만 생긴다. 넷째, 이 외에도 재산법의 영역에서, 학설과 판례는 채무불이행으로 인한 위자료청구권의 발생을 긍정하고 있는데, 이 정신적 손해는 특별손해(제393조 제2항)로 취급된다.

(2) 가족법의 영역

첫째, 약혼의 부당파기의 경우에 위자료청구권이 발생하는데(제806조 제2항), 이는 혼인의 무효·취소와 재판상 이혼의 경우에 준용된다(제825조·제843조). 가사소송법 제2조 제1항 다류 사건 제2호에서 이혼에 따른 위자료청구사건을 가정법원의 전속관할로 하고 있다. 이혼소송과 별개로 혼인관계의 파탄에 책임 있는 제3자만을 상대로 하는 손해배상청구 역시 가정법원의 전속관할이다(대판 2010. 3. 25. 2009마102964).

둘째, 사실혼의 부당파기의 경우에도 당연히 위자료의 문제가 발생한다(대판 1998. 12. 8. 98므961).

3. 위자료의 본질 · 기능

위자료의 본질 내지 기능에 대하여는 다툼이 있다. 그 중점을 살핀다. 첫째, 배상설이 있다. 이는 위자료를 순수한 손해배상, 즉 정신적 손해의 배상으로 파악하는 견해이다(곽윤직, 「수정판 채권각론」, 박영사, 2000, 573면 등 다수설). 위자료는 피해자가 입은 손해전보의 기능을 갖는다 하면서, 그 산정에 있어서는 재산적 손해의 경우와 달리, 가해자측의 사정도 고려하는 점이 의문으로 제기된다. 둘째, 제재설이 있는데, 위자료는 손해배상이 아니라, 피해자의 가해자에 대한 사적 제재로 이해하는 견해이다(이명갑, "제재적 위자료의 이명갑, "제재적 위자료의 입론(Ⅰ)", 「사법행정」, 한국사법행정학회, 1987. 3., 26-28면 등). 이에 따르면, 위자료청구권의 상속성을 설명할 수 없는 문제가 있다.

생각건대 위자료청구권은 원칙적으로 상속성이 인정되며(판례는 이혼 후 위자료청구소송 계속 중 당사자 일방이 사망한 경우 위자료청구권의 상속성을 인정하고 있고, 생명침해로 인한 위자료청구권의 경우에도 피해자가 이를 포기 · 면제했다고 볼 수 있는 특별한 사정이 없는 한 그 상속성을 인정한다. 다만 이혼청구와 병합된 위자료청구의 경우 소송 계속 중에 배우자 일방이 사망한 경우, 상속이 가능한지에 관하여는 상반된 결론의 판례(대판 1993. 5. 27. 92므143; 대판 2014. 3. 27. 2013므5495(본소), 5501(반소), 2016. 10. 27. 2016므989)가 있다), 위자료액을 산정함에 있어서 법관이 피해자의 정신적 고통을 측량할 수 없기 때문에 가해자의 사정을 고려한다는 견지에 비춰볼 때 배상설이 타당하다(판례의 태도로서 이를 위자료의 보완적 기능이라 한다).

4. 위자료청구권의 주체 개관

(1) 재산법의 영역

첫째, 인격권의 침해와 같은 불법행위의 경우에 피해자가 위자료를 청구할 수 있음은 당연하다. 피해자의 자녀 · 성년의 자녀의 부모, 또는 부모가 없는 경우에는 그 부모에 갈음하여 돌봐주는 형제자매 등 피해자의 근친도 위자료청구권을 행사할 수 있는 경우가 있는데, 그 근친은 제750조 · 제751조에 의하여 권리를 갖는다 할 것이다. 둘째, 생명침해의 경우에 제752조는 망인의 직계비속 · 직계존속 · 배우자 등 그 주체를 예시적으로 열거하고 있는데, 이들은 그 증명이 필요 없이 일정액의 위자료를 청구할 수 있다. 이들 외에 망인의 형제자매 등 일정한 친족관계에 있는 자의 경우에도 정신적 손해 발생에 대한 증명을 할 수 있다면, 제750조 · 제751조에 의하여 위자료청구권을 행사할 수 있다. 판례는 이처럼 제752조를 제750조 · 제751조의 주의적 · 예시적 규정으로 파악함으로써 위자료청구권을 갖는 유족의 범위를 확대시키려 한다. 이와는 달리, 제752조를 제한적 규정으로 새길 경우에는 위자료청구권자는 제752조에 열거된 자에 한정된다.

생각건대 제752조는 그 열거된 유족의 위자료청구권행사와 관련된 증명책임을 경감한 취지로써 유족의 두터운 보호에 부합할 수 있다는 점에서 판례의 태도가 옳다. 셋째, 태아는 손해배상청구권의 경우, 이미 출생한 것으로 보게 되는데(제762조), 태아가 갖는 손해배상청구권에는 위자료청구권이 포함된다(대판 1962. 3. 15. 4294민상903 참조). 넷째, 자연인에서와 같은 정신적 고통을 생각할 수 없는 법인(법인 아닌 사단 · 재단 포함)은 위자료청구권을 갖지 못한다.

(2) 가족법의 영역

첫째, 약혼의 부당 파기 · 혼인의 무효 또는 취소 · 재판상 이혼 · 사실혼의 부당파기와 같은 가족법상의 행위의 경우, 그 과실이 없는 당사자는 그 책임이 있는 상대방에게 당연히 위자료를 청구할 수 있다. 둘째, 과실 없는 피해자의 근친들의 경우에도, 그 정신적 고통 · 충격 등을 증명할 수 있는 한, 당연히 그 과실 있는 자에게 위자료를 청구할 수 있다. 셋째, 혼인파탄에 책임이 있는 유책배우자는 이혼위자료청구권을 갖지 못한다(대판 1994. 4. 26. 93므1273, 1280).

5. 위자료액의 산정

(1) 개 설

재산적 손해의 경우와 같은 기준이 없기 때문에 법관의 재량에 맡겨져 있다. 즉, 정신적 손해액은 증거에 의하여 증명할 수 있는 성질의 것이 아니므로, 청구권자가 정당하다고 판단하여 주장한 액수를 기초로 하여, 법관(사실심)이 제반 사정을 참작하여 그 직권으로 위자료액을 산정하게 된다. 그러나 유사한 배상사건의 위자료가 담당법관에 따라 차이가 나는 것은 바람직하지 않다는 점에서 표준 위자료액 · 위자료액의 정형화가 필요하다(같은 견해 송덕수, 앞의 책, 1443면).

(가) 재산법의 영역

불법행위 · 채무불이행의 경우, 법관은 쌍방의 사회적 지위 · 직업 · 재산상태 · 가해의 동기나 모습 등을 고려하여 타당한 액수를 산정하게 된다.

(나) 가족법의 영역

이혼위자료의 경우(이혼위자료의 성질도 이혼 자체로 인한 손해배상으로 파악한다), 청구인이 정당하다고 생각되는 금액을 청구해 오면, 법관은 그 금액의 범위 내에서 재량에 의하여 적정액을 산정하게 된다. 청구인의 연령 · 직업 · 사회적 지위(같은 이혼이라 하더라도, 초혼의 경우와 중년기에 재혼한 경우는 그 차이가 있다) · 재혼의 가능성 등을 우선 고려하여야 하며, 그 외에 파탄의 원인과 책임 · 쌍방의 수입 및 재산상태 · 혼인기간 · 자녀의 양육비 및 교육비 부담 등의 제반 사정을 참작하여 공평의 원리에 따라 타당한 결정을 내려야 한다. 약혼해제나 사실혼의 부당파기 등의 경우에도 그 기준은 비슷하다. 위자료청구권자가 수인일 경우에도, 그 액수 산정은 개별적으로 행해지는 것이 원칙이다. 다만, 배상의무자에게 그 부담이 가중될 경우에는 의무자가 부담하게 될 총액을 고려하여 개인의 액수를 개별적으로 결정해야 할 것으로 생각한다.

(2) 이행의 확보

합리적으로 산정된 위자료는 한꺼번에 또는 정기적으로 얼마씩 지급될 수 있고, 나아가 법원은 그 이행을 확보하기 위하여 상당한 담보의 제공을 명할 수도 있다(제751조 제2항 참조).

판 례

〈위자료청구권의 발생원인 · 주체〉

■ 채무불이행을 이유로 한 위자료청구가 가능한지 여부(적극)

"일반적으로 위임계약에 있어서 수임인의 채무불이행으로 인하여 위임의 목적을 달성할 수 없게 되어 손해가 발생한 경우, 그로 인하여 위임인이 받은 정신적인 고통은 그 재산적 손해에 대한 배상이 이루어짐으로써 회복된다고 보아야 하고, 위임인이 재산적 손해만으로는 회복될 수 없는 정신적인 고통을 입었다는 특별한 사정이 있고, 수임인이 그와 같은 사정을 알았거나 알 수 있었을 경우에 한하여, 정신적 고통에 대한 위자료를 인정할 수 있다."(대판 1996. 12. 10. 96다36289)

■ 불법행위에 의하여 재산권이 침해된 경우, 위자료를 인정하기 위한 요건

"일반적으로 타인의 불법행위 등에 의하여 재산권이 침해된 경우에는 그 재산적 손해의 배상에 의하여 정신적 고통도 회복된다고 보아야 할 것이므로 재산적 손해의 배상에 의하여 회복할 수 없는 정신적 손해가 발생하였다면, 이는 특별한 사정으로 인한 손해로서 가해자가 그러한 사정을 알았거나 알 수 있었을 경우에 한하여 그 손해에 대한 위자료를 청구할 수 있다."(대판 2004. 3. 18. 전원합의체. 2001다82507)

■ 학교법인이 소속 대학교수를 본연의 업무에서 배제하려는 의도로 강의 과목 및 시간을 배정하지 않는 등으로 강의를 할 수 없게 한 경우, 대학교수가 입게 되는 정신적 고통에 대하여 배상할 의무가 있는지 여부(원칙적 적극)

"사용자는 특별한 사정이 없는 한 근로자와 근로계약 체결을 통하여 자신의 업무지휘권 · 업무명령권의 행사와 조화를 이루는 범위 내에서 근로자가 근로제공을 통하여 참다운 인격의 발전을 도모함으로써 자신의 인격을 실현할 수 있도록 배려하여야 할 신의칙상 의무를 부담한다. 그러므로 사용자가 근로자 의사에 반하여 정당한 이유 없이 근로자의 근로제공을 계속 거부하는 것은 이와 같은 근로자의 인격적 법익을 침해하는 것이 되어 사용자는 이로 인하여 근로자가 입게 되는 정신적 고통에 대하여 배상할 의무가 있고, 대학교수는 자신의 전공분야에 대해 강의하고 이를 통해 자신의 학문연구를 보다 발전시키는 것이 인격권 실현의 본질적 부분에 해당하므로, 대학교수의 사용자인 학교법인이 업무지휘권 등의 행사에 지장을 초래하는 등 특별한 사정이 없는데도 오로지 소속 대학교수를 본연의 업무에서 배제하려는 의도하에 강의 과목 및 시간을 배정하지 않는 등으로 강의할 수 없게 하는 행위는 교원의 인격적 법익을 침해하는 것이 되고, 학교법인은 그로 인하여 대학교수가 입게 되는 정신적 고통에 대하여 배상할 의무를 부담한다."(대판 2012. 5. 9. 2010다88880)

■ 교통사고의 경우에 피해자 본인과 별도로 그의 부모들도 가해자에 대한 고유의 위자료청구권을 가지는지 여부 및 피해자 본인이 합의금을 수령하고 손해배상청구권 포기 약정을 한 경우, 그 효력이 부모들이 가지는 고유의 위자료청구권에까지 미치는지 여부(소극)

"교통사고의 경우, 피해자 본인과는 별도로 그의 부모들도 그 사고로 말미암아 그들이 입은 정신적 손해에 대하여 고유의 위자료청구권을 가진다 할 것이므로, 피해자 본인이 합의금을 수령하고 가해자측과 나머지 손해배상청구권을 포기하기로 하는 등의 약정을 맺었다 하더라도, 그의 부모들이 합의 당사자인 피해자 본인과 가해자 사이에 합의가 성립되면 그들 자신은 별도로 손해배상을 청구하지 아니하고 손해배상청구권을 포기하겠다는 뜻을 명시적 혹은 묵시적으로 나타낸 바 있다는 등의 특별한 사정이 없는 한, 위 포기 등 약정의 효력이 당연히 고유의 손해배상청구권을 가지는 그의 부모들에게까지 미친다고는 할 수 없다."(대판 1999. 6. 22. 99다7046)

■ 의사의 설명의무 위반의 경우, 피해자 및 그의 가족이 위자료청구권을 갖는지 여부

"피해자가 의사의 치료상의 과실이 없더라도, 그의 설명의무 위반으로 투약 여부에 대한 승낙권을 침해당하였다면, 그 위법행위 때문에 예기치 못한 부작용으로 인한 정신적 고통을 입었다 할 것이고, 가족들도 위 고통을 함께 입었다 할 것이므로, 이러한 경우, 병원을 경영하는 법인은 위 피해자에게 신체장애 등에 의한 재산적 손해를 배상할 책임은 없다 하더라도, 위 피해자와 그의 가족들에게 위 정신적 고통에 대한 위자료를 지급할 책임이 있다."(대판 1994. 4. 15. 92다25885)

■ 부가 교통사고로 상해를 입을 당시 태아였다가 출생한 자에게 부의 부상에 대한 위자료청구권이 있는지 여부

"태아도 손해배상청구권에 관하여는 이미 출생한 것으로 보는바, 부가 교통사고로 상해를 입을 당시 태아가 출생하지 아니하였다고 하더라도, 그 뒤에 출생한 이상 부의 부상으로 인하여 입게 된 정신적 고통에 대한 위자료를 청구할 수 있다."(대판 1994. 4. 15. 92다 25885)

■ 생명침해 아닌 불법행위의 경우, 불법행위 피해자의 부모가 그 정신적 고통에 관한 위자료를 청구할 수 있는지 여부

"민법 제752조는 생명침해의 경우에 있어서의 위자료 청구권자를 열거·규정하고 있으나, 이는 예시적 규정이라고 할 것이므로, 생명침해 아닌 불법행위의 경우에도 불법행위 피해자의 부모는 그 정신적 고통에 관한 입증을 함으로써 일반원칙인 같은 법 제750·제751조에 의하여 위자료를 청구할 수 있다고 해석하여야 한다."(대판 1999. 4. 23. 98다41377)

■ 신체의 침해의 정도가 피해자의 죽음에 비견할 수 있는 것이 아닌 경우와 피해자의 친족의 위자료 청구권

"타인의 불법행위로 정신적 고통을 입은 경우에는 그 상해가 죽음에 비견할 수 있는 것이 아니라 하여도 피해자의 부모, 부부, 자식들은 그로 인한 정신적 손해의 배상을 청구할 수 있다 할 것이며 민법 제752조는 손해의 거증책임을 경하게 규정한데 불과하고 민법 제750조, 본조의 적용에 어떠한 제한을 가한 것이라고 볼 것이 아니다."(대판 1967. 6. 27. 66다1592)

■ 정조침해의 경우, 위자료 지급의무가 발생하는 경우(열거)

"남편은 처와 간통한 자(대판 1959. 2. 19. 4290민상749) 및 처의 강간자에 대하여(대판 1962. 3. 8. 4294민상1028), 다른 한편 남편이 다른 여자와 간통한 경우에는 처는 남편과 간통한 자에 대하여(대판 1967. 12. 26. 67다2460) 배우자권(사실혼관계를 포함한다)을 침해했다는 이유로 위자료를 청구할 수 있다."

■ 처자 있는 남성과 동거생활을 하는 여성에 대하여 그 남성의 자녀들의 위자료 청구의 가부

"여성이 처자 있는 남성과 동거생활을 함으로써 그 자녀들이 일상생활에 있어 부친으로부터 애정을 품고 그 감호교육을 받을 수 없게 되었다 하여도, 그 여성이 악의로써 부친의 자녀에 대한 감호 등을 적극적으로 저지하는 등 특별한 사정이 없는 한, 위 여성의 행위는 자녀에 대하여 불법행위를 구성하는 것은 아니라고 할 것이다."(대판 1981. 7. 28. 80다1295)

■ 생명침해로 인한 위자료청구권이 망인의 자부에게도 있는지 여부

"민법 제752조에 규정된 친족 이외의 친족도 그 정신적 고통에 관한 입증을 함으로써 위자료를 청구할 수 있는바, 타인의 불법행위로 생명을 잃은 피해자의 직계비속의 배우자는 경험칙상 그 직계비속에 비견할 정신적 고통을 받는다 할 것이므로, 그에 대한 위자료를 청구할 수 있다."(대판 1978. 1. 17. 77다1942)

■ 약혼이 부당하게 깨어진 경우, 손해배상청구권의 주체

"약혼해제로 인한 손해배상청구에 있어 약혼을 부당히 파기한 약혼 당사자뿐만 아니라 약혼 당사자의 부모된 자가 부당 파기에 가담한 경우에는, 그들도 포함하여 가사심판법(현행 가사소송법) 소정의 절차에 따라 손해배상을 청구할 수 있고, 약혼을 부당히 파기 당한 자 뿐만 아니라 당연히 정신적 고통을 받게 되는 동안의 부모 또한 같은 법 소정의 절차에 따라 손해배상을 청구할 수 있다."(대판 1975. 1. 14. 74므11)

■ 유책배우자가 이혼위자료를 청구할 수 있는지 여부

"혼인의 파탄에는 원고와 피고 쌍방간에 각각 귀책사유가 있고, 그 정도를 비교하여 볼 때 어느 쪽에게 더 무거운 책임이 있다고 하기 어려울 정도로 쌍방의 책임정도가 대등하다고 판단하여 피고의 위자료청구를 기각한 것은 정당하다고 한 원심판결을 수긍한 사례."가 있다(대판 1994. 4. 26. 93므1273, 1280).

■ 사실혼 파탄의 유책자의 위자료 지급의무 유무

"남편인 피청구인의 학대·폭행·강제축출행위와 이들 부부생활을 원만히 지도해야 할 시모인 피청구인도 고부간 불화로 헤어질 것을 종용하는 등 이에 가담하여 사실혼관계가 파탄된 것이라면, 이 양인은 청구인에게 사실혼 파탄으로 인한 정신적 고통에 대한 위자료를 지급할 의무가 있다."(대판 1994. 4. 26. 93므1273, 1280)

■ 부부의 일방이 부정행위를 한 경우에 그로 인하여 배우자가 입은 정신적 고통에 대하여 불법행위에 의한 손해배상의무를 지는지 여부(적극) 및 제3자가 부부의 일방과 부정행위를 함으로써 부부공동생활을 침해하거나 유지를 방해하고 그에 대한 배우자로서 권리를 침해하여 배우자에게 정신적 고통을 가하는 행위가 불법행위를 구성하는지 여부(원칙적 적극) / 부부의 일방과 제3자가 부담하는 불법행위책임이 공동불법행위책임으로서 부진정연대채무 관계에 있는지 여부(적극)

"부부는 동거하며 서로 부양하고 협조할 의무를 진다(민법 제826조). 부부는 정신적·육체적·경제적으로 결합된 공동체로서 서로 협조하고 보호하여 부부공동생활로서의 혼인이 유지되도록 상호 간에 포괄적으로 협력할 의무를 부담하고 그에 관한 권리를 가진다. 이러한 동거의무 내지 부부공동생활 유지의무의 내용으로서 부부는 부정행위를 하지 아니하여야 하는 성적(성적) 성실의무를 부담한다. 부부의 일방이 부정행위를 한 경우에 부부의 일방은 그로 인하여 배우자가 입은 정신적 고통에 대하여 불법행위에 의한 손해배상의무를 진다. 한편 제3자도 타인의 부부공동생활에 개입하여 부부공동생활의 파탄을 초래하는 등 그 혼인의 본질에 해당하는 부부공동생활을 방해하여서는 아니 된다. 제3자가 부부의 일방과 부정행위를 함으로써 혼인의 본질에 해당하는 부부공동생활을 침해하거나 유지를 방해하고 그에 대한 배우자로서의 권리를 침해하여 배우자에게 정신적 고통을 가하는 행위는 원칙적으로 불법행위를 구성한다. 그리고 부부의 일방과 제3자가 부담하는 불법행위책임은 공동불법행위책임으로서 부진정연대채무 관계에 있다."(대판 2015. 5. 29. 2013므2441 ; 대판 2014. 11. 20. 전원합의체, 2011므2997)

■ 제3자가 부부의 일방과 부정행위를 함으로써 부부공동생활을 침해하거나 유지를 방해하고 그에 대한 배우자로서 권리를 침해하여 배우자에게 정신적 고통을 가하는 행위가 불법행위를 구성하는지 여부(적극)

"제3자도 타인의 부부공동생활에 개입하여 부부공동생활의 파탄을 초래하는 등 혼인의 본질에 해당하는 부부공동생활을 방해하여서는 아니 된다. 제3자가 부부의 일방과 부정행위를 함으로써 혼인의 본질에 해당하는 부부공동생활을 침해하거나 유지를 방해하고 그에 대한 배우자로서의 권리를 침해하여 배우자에게 정신적 고통을 가하는 행위는 원칙적으로 불법행위를 구성한다."(대판 2014. 11. 20. 전원합의체, 2011므2997 ; 대판 2005. 5. 13. 2004다1899)

〈위자료의 기능〉

■ 재산적 손해액의 심리 · 확정이 가능한데도 위자료의 명목으로 사실상 재산적 손해의 전보를 꾀하는 것이 허용되는지 여부(소극)

"재산적 손해의 발생이 인정되는데도 입증곤란 등의 이유로 그 손해액의 확정이 불가능하여 그 배상을 받을 수 없는 경우에 이러한 사정을 위자료의 증액사유로 참작할 수는 있다고 할 것이나, 이러한 위자료의 보완적 기능은 재산적 손해의 발생이 인정되는데도 손해액의 확정이 불가능하여 그 손해 전보를 받을 수 없게 됨으로써 피해회복이 충분히 이루어지지 않는 경우에 이를 참작하여 위자료액을 증액함으로써 손해 전보의 불균형을 어느 정도 보완하고자 하는 것이므로, 그 재산적 손해액의 주장 · 입증 및 분류 · 확정이 가능한 계약상 채무불이행으로 인한 손해를 심리 · 확정함에 있어서까지 함부로 그 보완적 기능을 확장하여 편의한 방법으로 위자료의 명목 아래 다수의 계약당사자들에 대하여 획일적으로 일정 금액의 지급을 명함으로써 사실상 재산적 손해의 전보를 꾀하는 것과 같은 일은 허용될 수 없다."(대판 2004. 11. 12. 2002다53865)

■ 재산상 손해의 발생이 인정되는데도 입증 곤란 등의 이유로 그 손해액의 확정이 불가능하여 배상을 받을 수 없는 경우, 법원이 위자료액을 산정함에 있어서 이러한 사정을 위자료의 증액사유로 참작할 수 있는지 여부(적극)

"법원은 위자료액을 산정함에 있어서 피해자측과 가해자측의 제반 사정을 참작하여 그 금액을 정하여야 하므로, 피해자가 가해자로부터 당해 사고로 입은 재산상 손해에 대하여 배상을 받을 수 있는지의 여부 및 그 배상액의 다과 등과 같은 사유도 위자료액 산정의 참작 사유가 되는 것은 물론이며, 특히 재산상 손해의 발생이 인정되는데도 입증 곤란 등의 이유로 그 손해액의 확정이 불가능하여 그 배상을 받을 수 없는 경우에 이러한 사정을 위자료의 증액사유로 참작할 수 있다."(대판 2007. 6. 1. 2005다5812)

〈위자료액의 산정〉

■ 불법행위로 입은 비재산적 손해에 대한 위자료 액수 산정에서 사실심법원이 갖는 재량의 한계 및 '진실 · 화해를 위한 과거사정리 기본법'의 진실규명결정을 거친 한국전쟁 전후 희생사건의 피해자에 대한 위자료 액수를 산정할 때 고려하여야 할 사항

"불법행위로 입은 비재산적 손해에 대한 위자료 액수에 관하여는 사실심법원이 여러 사정을 참작하여 그 직권에 속하는 재량에 의하여 이를 확정할 수 있고, 법원이 그 위자료 액수 결정의 근거가 되는 제반 사정을 판결 이유 중에 빠짐없이 명시해야만 하는 것은 아니나, 이것이 위자료의 산정에 법관의 자의가 허용된다는 것을 의미하는 것은 물론 아니다. 위자료의 산정에도 그 시대와 일반적인 법감정에 부합될 수 있는 액수가 산정되어야 한다는 한계가 당연히 존재하고, 따라서 그 한계를 넘어 손해의 공평한 분담이라는 이념과 형평의 원칙에 현저히 반하는 위자료를 산정하는 것은 사실심법원이 갖는 재량의 한계를 일탈한 것이 된다. 또한 '진실·화해를 위한 과거사정리 기본법'(이하 '과거사정리법'이라 한다)에 의한 진실규명결정을 거친 한국전쟁 전후 희생사건은 그 피해가 발생한 때로부터 무려 약 60년이 경과되었고, 과거사정리법도 그 피해의 일률적인 회복을 지향하고 있으며, 피해자의 숫자도 매우 많을 뿐 아니라 전국적으로 분포되어 있는 등 특수한 사정이 있다. 따라서 그에 대한 위자료의 액수를 정할 때는 피해자들 상호 간의 형평도 중요하게 고려하여야 하고 손해배상을 청구하는 희생자 유족의 숫자 등에 따른 적절한 조정도 필요하다."(대판 2013. 5. 16. 전원합의체. 2012다202819)

■ 불법행위로 입은 정신적 고통에 대한 위자료 수액 결정이 사실심 법원의 직권에 속하는 재량사항인지 여부

"불법행위로 입은 정신적 고통에 대한 위자료 액수에 관하여는 사실심 법원이 제반 사정을 참작하여 그 직권에 속하는 재량에 의하여 이를 확정할 수 있다."(대판 2002. 11. 26. 2002다431650)

■ 구체적인 사례에서의 산정기준

"상해의 경우에는 피해자의 부상 정도·연령·직업·가족·생활정도·과실의 유무와 가해자의 과실 정도 및 자력·직업 등(대판 1957. 7. 8. 4298민상676)을, 생명침해의 경우에는 유족들의 가해 당시에 각자가 입은 정신적 충격과 그들이 장래에 입게 될 정신적 고통 등(대판 1965. 9. 28. 65다1628)을 참작하여 유족들의 위자료를 정해야 한다."

■ 유책배우자에 대한 위자료액수 산정방법

"이혼 등의 불법행위로 인하여 상대방에게 입힌 정신적인 고통을 위자하기 위한 금액의 산정은 재산상의 손해와 달라서, 반드시 이를 증거에 의하여 입증할 수 있는 성질의 것이 아니므로, 법원은 여러 가지 사정을 참작하여 직권에 의하여 그 액수를 결정할 수 있는 것인즉, 유책배우자에 대한 위자료액수를 산정함에 있어서도, 유책행위에 이르게 된 경우와 정도·혼인관계·파탄의 원인과 책임·배우자의 연령과 재산상태 등 변론에 나타나는 모든 사정을 참작하여 법원이 직권으로 결정할 수밖에 없다."(대판 1987. 10. 28. 97므55, 56)

■ 사실혼관계의 부당 파기로 인한 위자료 산정기준

"사실혼관계 부당 파기로 인한 위자료의 액수산정은 반드시 이를 증거에 의하여 입증할 수 있는 성질의 것이 아니므로, 법원은 유책 행위에 이르게 된 경위와 정도·파탄의 원인과 책임·당사자의 연령과 직업·가족상황과 재산상태 등 여러 가지 사정을 참작하여 경험칙에 반하지 않는 범위 내에서 그 직권에 의하여 액수를 결정할 것이다."(대판 1988. 2. 23. 87다카57)

〈위자료청구권의 상속 여부〉

■ 이혼위자료청구권이 행사상 일신전속권으로서 승계가 가능한지 여부

"이혼위자료청구권은 상대방 배우자의 유책 불법한 행위에 의하여 혼인관계가 파탄상태에 이르

러 이혼하게 된 경우, 그로 인하여 입게된 정신적 고통을 위자하기 위한 손해배상청구권으로서 이혼시점에서 확정·평가되고, 이혼에 의하여 비로소 창설되는 것이 아니며, 이혼위자료청구권의 양도 내지 승계의 가능 여부에 관하여 민법 제806조 제3항은 약혼해제로 인한 손해배상청구권에 관하여 정신상 고통에 대한 손해배상청구권은 양도 또는 승계하지 못하지만, 당사자간에 배상에 관한 계약이 성립되거나 소를 제기한 후에는 그러하지 아니하다고 규정하고, 같은 법 제843조가 위 규정을 재판상 이혼의 경우에 준용하고 있으므로, 이혼위자료청구권은 원칙적으로 일신전속적 권리로서 양도나 상속 등 승계가 되지 아니하나, 이는 행사상 일신전속권이고 귀속상 일신전속권은 아니라 할 것인바, 그 청구권자가 위자료의 지급을 구하는 소송을 제기함으로써 청구권을 행사할 의사가 외부적 객관적으로 명백하게 된 이상, 상속 등 승계가 가능하다."(대판 1994. 4. 26. 93므1273, 1280)

■ 위자료청구권이 상속되는지 여부

"위자료청구권은 피해자가 이를 포기·면제했다고 볼 수 있는 특별한 사정이 없는 한, 생전에 청구의사를 표시할 필요 없이 당연히 상속인에게 상속된다."(대판 1966. 10. 28. 66 1335)

〈기타의 경우〉

■ 생명침해의 불법행위로 인한 피해자 본인의 위자료 청구권과 배우자 등 유족 고유의 위자료 청구권에 관한 소멸시효 완성 여부를 각각 별개로 판단하여야 하는지 여부(적극)

"생명침해의 불법행위로 인한 피해자 본인의 위자료 청구권과 민법 제752조에 의한 배우자 등 유족의 정신적 피해로 인한 그 고유의 위자료 청구권은 별개이므로 소멸시효 완성 여부도 각각 그 권리를 행사한 때를 기준으로 판단하여야 한다."(대판 2013. 8. 22. 2013다200568)

■ 사실혼관계존재확인의 소에서 패소한 자가 사실혼관계 부당 파기를 이유로 위자료를 청구하는 경우, 위자료청구권의 소멸시효 기산점

"주민등록상 부부로 등재되어 혼인신고가 있었던 것으로 오인하고 있던 중, 남편의 부정행위에 의하여 사실혼관계가 파기되고 처가 사실상 혼인관계 존재확인의 소에서 패소한 경우, 처의 사실혼관계 부당 파기로 인한 위자료청구권의 소멸시효 기산점이 부의 부정행위가 있었던 시점이라고 본 원심판결은 잘못된 것이다(위 패소판결 선고시를 그 기산점으로 보아야 한다."(대판 1998. 7. 24. 97므18)

■ 합의금 명목의 금원 속에 위자료액이 포함되는지 여부(적극)

"불법행위의 가해자에 대한 수사나 형사재판과정에서 피해자가 가해자로부터 합의금 명목의 금원을 지급받고 가해자에 대한 처벌을 원치 않는다는 내용의 합의를 한 경우에, 그 합의 당시 지급받은 금원을 특히 위자료 명목으로 지급받는 것임을 명시하였다는 등의 사정이 없는 한, 그 금원은 손해배상금(재산상 손해금)의 일부로 지급되었다고 봄이 상당하다."(대판 1996. 9. 20. 95다53942)

■ 협의이혼 약정 시 위자료조로 약정한 금원을 지급받은 경우, 위자료청구권의 소멸 여부

"협의이혼 약정 시에 청구인이 피청구인에게 이혼 위자료조로 소정의 금원을 지급하기로 약정한 후에 피청구인이 그 돈을 지급받은 것이라면, 위 금전의 수수에 관한 당사자 쌍방의 의사는 협의이혼이건 재판상 이혼이건 간에 그 부부관계를 완전히 청산하는 것을 전제로 위자료조로 지급한 것이라 할 것이므로, 피청구인의 위자료청구권은 소멸한 것으로 보아야 한다."(대판 1983. 9. 27. 83므20, 21)

제3절 혼인의 요건

Ⅰ. 혼인의사의 합의

당사자 사이에 혼인의사의 합의가 있어야 한다. 특정의 남녀 사이에서 부부로서의 신분관계를 성립시키는 의사의 합치인 혼인의사가 없는 혼인은 무효가 된다. ① 우리 민법은 합의의 대상을 이성(異性) 사이로 전제하고 있다 할 것이어서 동성(同性) 사이에는 그 합의를 인정할 수 없다. 다만, 성전환자(性轉換者)는 법적으로 전환된 성으로 인정되는 경우, 다른 성의 사람과 혼인할 수 있다 할 것이다(같은 견해 송덕수, 앞의 책, 1460면 ; 대결 2011. 9. 2.자 전원합의체(다수의견), 2009스117 ; 대결 2006. 6. 22.자 전원합의체, 2004스42). ② 혼인의사의 의미는 무엇인가? 학설은, 사회생활의 경험에 비춰볼 때 혼인이라고 볼 수 있는 생활공동체를 형성하려는 의사로 새기는 실질적 의사설(김주수 · 김상용, 앞의 책, 85면 ; 박동섭, 친족상속법」, 박영사, 2013, 84면), 혼인신고를 통하여 법률상의 부부관계를 형성하려는 의사로 파악하는 형식적 의사설(김용한, 앞의 책, 108면 ; 박병호, 앞의 책, 68면 ; 송덕수, 앞의 책, 1461면), 사회습속적 유형과 법정책적 가치판단을 종합적으로 고려하여 혼인의사를 판단하여야 한다는 견해(이경희, 「가족법(친족법 · 상속법)」, 법원사, 2008, 48면) 등 다툼이 있다. 판례는 실질적 의사설을 취한다(대판 1996. 11. 22. 96도2049 등). 생각건대 혼인제도의 취지에 비춰볼 때 혼인의사란 특정의 남녀 사이에서 배우자관계의 결합을 의욕하는 의사, 그 자체로 새겨야 한다는 점에서 실질적 의사설이 타당하다. ③ 혼인의사는 그 신고 후 수리될 때까지 존속하고 있어야 한다(대판 1983. 12. 27. 83므28). ④ 혼인의사의 합의의 주체는 합의 당시 생존하고 있어야 하며, 사망자 사이의 혼인 · 생존자와 사망한 자 사이의 혼인은 인정되지 않는다(대판 1995. 11. 14. 95므694 참조).

Ⅱ. 혼인의 장애사유의 부존재

당사자 사이에 혼인의 장애사유가 없어야 한다(제807조-제810조 참조). ① 당사자인 남녀는 모두 만 18세 이상이어야 하고(제807조), 약혼의 경우에서와 같이, 미성년자와 피성년후견인이 혼인할 경우에는 혼인적령에 달하였다 하더라도 부모나 후견인 등의 동의를 받아야 한다(제808조 제1항 · 제2항). 그러나 피한정후견인의 혼인에는 그 동의가 필요하지 않다. ② 이 밖에도 우리의 법제는 일부일처제를 그 이상으로 삼고 있기 때문에 배우자 있는 사람이 중복하여 혼인하는 중혼은 금지되며(제810조), 8촌 이내의 혈족 사이의 혼인 등 일정한 범위의 근친혼도 금지된다(제809조 참조).

1. 근친혼의 금지

동성동본인 혈족 사이의 혼인을 금지하던 개정 전의 규정(제809조 제1항)이 헌법 제10조(인간의 존엄과 가치 및 행복추구권)·제36조 제1항(개인의 존엄과 양성평등에 기초한 혼인과 가족생활의 성립·보장), 제37조 제2항(기본권 제한의 내재적 한계) 등에 어긋난다는 헌법재판소의 위헌결정(헌재결 1997. 7. 16. 전원재판부. 95헌가6 내지 13)에 따라 그 법규의 적용이 즉시 정지되고, 1999. 1. 1.에 그 효력이 상실하게 되자, 이에 대체할 민법개정안이 제출되어 제809조가 개정되었다(2003. 3. 31. 법 제7427호). 그 요체는 자연혈족(우생학적·사회윤리적 이유)·그 이외의 자(사회윤리적 이유) 사이의 혼인, 이른바 근친혼을 금지하고 있다. ① 8촌 이내의 혈족(친양자 입양 전의 혈족을 포함한다) 사이에서는 혼인하지 못한다(제809조 제1항). 그 혈족에는 자연혈족·법정혈족(양부모계의 혈족)·부계혈족·모계혈족(모계의 부계혈족만을 의미한다), 직계혈족·방계혈족을 모두 포함한다. ② 일정범위의 인척이거나 인척이었던 자 사이에서는 혼인하지 못한다(제809조 제2항). 즉, 6촌 이내의 혈족의 배우자, 배우자의 6촌 이내의 혈족, 배우자의 4촌 이내의 혈족의 배우자인 인척이거나(배우자의 사망으로 혼인관계가 종료되었으나, 생존배우자가 재혼하지 않은 경우. 제775조 제2항 참조) 인척이었던 자(인척관계의 종료원인으로는 혼인의 취소, 이혼, 부부일방의 사망 후 재혼, 친양자 성립(제908조의3 제2항 참조) 등이 있다) 사이가 이에 해당한다. ③ 6촌 이내의 양부모계의 혈족이었던 자와 4촌 이내의 양부모계의 인척이었던 자 사이에서는 혼인하지 못한다(제809조 제3항). 이들 사이에 입양관계가 존속 중일 때에는 제809조 제1항·제2항에 의하여 혼인이 금지되나, 입양관계가 종료된 후에도 일정범위의 자 사이에서 혼인을 할 수 없도록 한 것이다. ④ 제809조에 위반된 혼인신고는 수리되지 않지만(제813조), 일단 수리되면 혼인은 성립하게 되고, 오직 혼인의 무효사유(제815조 제2호-제4호) 또는 취소사유(제816조 제1호·제817조 참조)로만 작용하게 된다. ⑤ 제809조 소정의 근친혼 금지규정에 위반한 혼인도 당사자 사이에 혼인 중 포태(胞胎)한 때에는 혼인취소를 청구하지 못한다.

Ⅲ. 혼인신고

형식적인 요건으로서 가족관계의 등록 등에 관한 법률에 정한 바에 따라 혼인신고를 하여야 한다(제812조 제1항). ① 혼인신고는 혼인의 유효요건이 아니라, 혼인의 특별성립요건이다. ② 혼인신고는 가족관계등록사무를 담당하는 공무원이 그 신고서를 수리함으로써 효력이 발생하며, 가족관계등록부에 기록하는 것은 그 효력요건이 아니다(대판 1991. 12. 10. 91므344). ③ 그 담당공무원은 혼인신고가 법령에 위반함이 없으면 수리하여야 하나(제813조), 이른바 형식적 심사권만 있지 실질적 심사권을 갖고 있지는 않다(대판 1987. 9. 22. 87다카1164). ④ 사실상 혼인관계에 있는 자는 사실상혼인관계존재확인의 심판청구를 하여 혼인신고를 할 수 있다(가족관계의 등록 등에 관한 법률 제72조 참조). ⑤ 혼인당사자 쌍방이 합의한 혼인의사에 바탕을 둔 혼인신고라야 하므로, 혼인의사가 없는 혼인신고는 혼인의 효력이 생기지 않는다(가령 남자가 짝사랑하던 여자를 그녀의 동의 없이 혼인신고를 해 버렸다면, 그 혼인은 어떻게 되는가? 법에 따라 조정절차를 밟은 후 조정이 성립되지 않으면, 법원에 혼인무효 확인의 심판청구를 하여야 한다. 당사자의 동의가 없음을 이유로 혼인의 무효임이 확정되면 그 판결확정일로부터 1개월 이내에 심판서의 등본을 첨부하여 시·읍·면사무소에 가족관계등록부의 정정신청을 함으로써 바로 잡을 수 있다. 물론 임의로 혼인신고를 한 남자는 민·형사상의 책임을 지게 된다).

판 례

■ 사실혼관계에 있는 당사자 사이의 혼인의사가 불분명한 경우, 혼인의사의 존재를 추정할 수 있는지 여부(적극)

"혼인의 합의란 법률혼주의를 채택하고 있는 우리나라 법제 하에서는 법률상 유효한 혼인을 성립하게 하는 합의를 말하는 것이므로 비록 사실혼관계에 있는 당사자 일방이 혼인신고를 한 경우에도 상대방에게 혼인의사가 결여되었다고 인정되는 한 그 혼인은 무효라 할 것이나, 상대방의 혼인의사가 불분명한 경우에는 혼인의 관행과 신의성실의 원칙에 따라 사실혼관계를 형성시킨 상대방의 행위에 기초하여 그 혼인의사의 존재를 추정할 수 있으므로 이와 반대되는 사정, 즉 혼인의사를 명백히 철회하였다거나 당사자 사이에 사실혼관계를 해소하기로 합의하였다는 등의 사정이 인정되지 아니하는 경우에는 그 혼인을 무효라고 할 수 없다."(대판 2000. 4. 11. 99므1329)

■ 사실혼관계에 있는 당사자 일방이 혼인신고를 하였으나 상대방의 혼인의사가 불분명한 경우, 그 혼인의 효력

"혼인의 합의란 법률혼주의를 채택하고 있는 우리나라 법제하에서는 법률상 유효한 혼인을 성립하게 하는 합의를 말하는 것이므로 비록 사실혼관계에 있는 당사자 일방이 혼인신고를 한 경우에도 상대방에게 혼인의사가 결여되었다고 인정되는 한 그 혼인은 무효라 할 것이나, 상대방의 혼인의사가 불분명한 경우에는 혼인의 관행과 신의성실의 원칙에 따라 사실혼관계를 형성시킨 상대방의 행위에 기초하여 그 혼인의사의 존재를 추정할 수 있으므로 이와 반대되는 사정, 즉 혼인의사를 명백히 철회하였다거나 당사자 사이에 사실혼관계를 해소하기로 합의하였다는 등의 사정이 인정되지 아니하는 경우에는 그 혼인을 무효라고 할 수 없다."(대판 2012. 11. 29. 2012므2451 ; 대판 1983. 9. 27. 83므22)

■ 동성동본인 혈족 사이의 혼인을 금하고 있는 민법 제809조 제1항의 위헌 여부

가. 재판관 김용준, 재판관 김문희, 재판관 황도연, 재판관 신창언, 재판관 이영모의 단순위헌의견

"중국의 동성금혼 사상에서 유래하여 조선시대를 거치면서 법제화되고 확립된 동성동본금혼제는 그 제도 생성 당시의 국가정책, 국민의식이나 윤리관 및 경제구조와 가족제도 등이 혼인제도에 반영된 것으로서, 충효사상을 기반으로 한 농경중심의 가부장적, 신분적 계급사회에서 사회질서를 유지하기 위한 수단의 하나로서의 기능을 하였다. 그러나 자유와 평등을 근본이념으로 하고 남녀평등의 관념이 정착되었으며 경제적으로 고도로 발달한 산업사회인 현대의 자유민주주의사회에서 동성

동본금혼을 규정한 민법 제809조 제1항은 이제 사회적 타당성 내지 합리성을 상실하고 있음과 아울러 '인간으로서의 존엄과 가치 및 행복추구권'을 규정한 헌법이념 및 '개인의 존엄과 양성의 평등'에 기초한 혼인과 가족생활의 성립·유지라는 헌법규정에 정면으로 배치될 뿐 아니라 남계혈족에만 한정하여 성별에 의한 차별을 함으로써 헌법상의 평등의 원칙에도 위반되며, 또한 그 입법목적이 이제는 혼인에 관한 국민의 자유와 권리를 제한할 '사회질서'나 '공공복리'에 해당될 수 없다는 점에서 헌법 제37조 제2항에도 위반된다 할 것이다."

나. 재판관 정경식, 재판관 고중석의 헌법불합치의견

"민법 제809조 제1항이 헌법에 위반된다는 결론에는 다수의견과 견해를 같이 한다. 그러나 동성동본제도는 수백 년간 이어져 내려오면서 우리 민족의 혼인풍속이 되었을 뿐만 아니라 윤리규범으로 터 잡게 되었고 혼인제도는 입법부인 국회가 우리민족의 전통, 관습, 윤리의식 등 여러 가지 사정을 고려하여 입법정책적으로 결정하여야 할 입법재량사항이므로, 비록 위 조항에 위헌성이 있다고 하여도 헌법재판소가 곧바로 위헌결정을 할 것이 아니라 입법형성권을 가지고 있는 국회가 우리민족의 혼인풍속, 윤리의식, 친족관념 및 그 변화 여부, 동성동본금혼제도가 과연 사회적 타당성이나 합리성을 완전히 상실하였는지 여부, 그 제도의 개선방법, 그리고 동성동본금혼제도를 폐지함에 있어 현행 근친혼금지규정이나 혼인무효 및 취소에 관한 규정을 새로 정비할 필요는 없는지 등을 충분히 고려하여 새로이 혼인제도를 결정할 수 있도록 헌법불합치결정을 하여야 한다."(헌재결. 1997. 7. 16. 전원재판부. 95헌가6 내지 13병합)

■ 협의이혼한 후 배우자 일방이 일방적으로 혼인신고를 하였더라도 그 사실을 알고 혼인생활을 계속한 경우, 상대방에게 혼인할 의사가 있었거나 무효인 혼인을 추인하였다고 볼 수 있는지 여부(적극)

"협의이혼한 후 배우자 일방이 일방적으로 혼인신고를 하였더라도 그 사실을 알고 혼인생활을 계속한 경우, 상대방에게 혼인할 의사가 있었거나 무효인 혼인을 추인하였다고 인정한 사례."가 있다(대판 1995. 11. 21. 95므731).

■ 성전환자가 혼인 중에 있거나 미성년자인 자녀가 있는 경우 성별정정을 허가할 것인지 여부(소극)

"성전환수술에 의하여 출생 시의 성과 다른 반대의 성으로 성전환이 이미 이루어졌고, 정신과 등 의학적 측면에서도 이미 전환된 성으로 인식되고 있다면, 전환된 성으로 개인적 행동과 사회적 활동을 하는 데에까지 법이 관여할 방법은 없다. 그러나 성전환자가 혼인 중에 있거나 미성년자인 자녀가 있는 경우에는, 가족관계등록부에 기재된 성별을 정정하여, 배우자나 미성년자인 자녀의 법적 지위와 그에 대한 사회적 인식에 곤란을 초래하는 것까지 허용할 수는 없으므로, 현재 혼인 중에 있거나 미성년자인 자녀를 둔 성전환자의 성별정정은 허용되지 않는다."(대결 2011. 9. 2. 자 전원합의체(다수의견). 2009스117)

■ 성(性)의 결정 기준

"종래에는 사람의 성을 성염색체와 이에 따른 생식기·성기 등 생물학적인 요소에 따라 결정하여 왔으나 근래에 와서는 생물학적인 요소뿐 아니라 개인이 스스로 인식하는 남성 또는 여성으로의 귀속감 및 개인이 남성 또는 여성으로서 적합하다고 사회적으로 승인된 행동·태도·성격적 특징 등의 성 역할을 수행하는 측면, 즉 정신적·사회적 요소들 역시 사람의 성을 결정하는 요소 중의 하나로 인정받게 되었으므로, 성의 결정에 있어 생물학적 요소와 정신적·사회적 요소를 종합적

으로 고려하여야 한다."(대결 2006. 6. 22. 자 전원합의체, 2004스420)

■ 성전환자에 대한 호적상 성별 기재의 정정 허용 여부(적극) 및 정정의 효과

"성전환자의 경우에는 출생 시의 성과 현재 법률적으로 평가되는 성이 달라, 성에 관한 호적의 기재가 현재의 진정한 신분관계를 공시하지 못하게 되므로, 현재 법률적으로 평가되는 성이 호적에 반영되어야 한다. 현행 호적법에는 출생 시 호적에 기재된 성별란의 기재를 위와 같이 전환된 성에 따라 수정하기 위한 절차 규정이 따로 마련되어 있지 않다. 그러나 진정한 신분관계가 호적에 기재되어야 한다는 호적의 기본원칙과 아울러, 첫째 성전환자도 인간으로서의 존엄과 가치를 향유하며 행복을 추구할 권리와 인간다운 생활을 할 권리가 있고 이러한 권리들은 질서유지나 공공복리에 반하지 아니하는 한 마땅히 보호받아야 한다는 점, 둘째 호적법이 성전환자의 호적상 성별란 기재를 수정하는 절차규정을 두지 않은 이유는 입법자가 이를 허용하지 않기 때문이 아니라 입법 당시에는 미처 그 가능성과 필요성을 상정하지 못하였기 때문이라는 점, 셋째 호적법 제120조에 의한 호적정정사유 중 호적의 기재가 법률상 허용될 수 없는 경우를 해석함에 있어서 호적 기재 후의 법령의 변경 등 사정의 변경에 의하여 법률상 허용될 수 없음이 명백하게 된 경우를 반드시 배제하여야 할 필요가 있다고 보기 어려울 뿐 아니라, 호적법 제120조에 의한 호적정정 절차를 둔 근본적인 취지가 호적의 기재가 부적법하거나 진실에 반하는 것이 명백한 경우에 그 기재 내용을 판결에 의하지 아니하고 간이한 절차에 의하여 사실에 부합하도록 수정할 수 있도록 함에 있다는 점을 함께 참작하여 볼 때, 구체적인 사안을 심리한 결과 성전환자에 해당함이 명백하다고 증명되는 경우에는 호적법 제120조의 절차에 따라 그 전환된 성과 호적의 성별란 기재를 일치시킴으로써 호적기재가 진정한 신분관계를 반영할 수 있도록 하는 것이 호적법 제120조의 입법 취지에 합치되는 합리적인 해석이라는 점을 종합하여 보면, 성전환자에 해당함이 명백한 사람에 대하여는 호적정정에 관한 호적법 제120조의 절차에 따라 호적의 성별란 기재의 성을 전환된 성에 부합하도록 수정할 수 있도록 허용함이 상당하다. 성전환자에 해당함이 명백한 사람에 대하여 호적법 제120조에서 정한 절차에 따라 성별을 정정하는 호적정정이 허가되고 그에 따라 전환된 성이 호적에 기재되는 경우에, 위 호적정정 허가는 성전환에 따라 법률적으로 새로이 평가받게 된 현재의 진정한 성별을 확인하는 취지의 결정이므로 호적정정허가 결정이나 이에 기초한 호적상 성별란 정정의 효과는 기존의 신분관계 및 권리의무에 영향을 미치지 않는다고 해석함이 상당하다."(대결 2006. 6. 22.자 전원합의체(다수의견), 2004스420)

■ 사망자와의 사실혼관계존재확인의 심판이 있는 경우의 혼인신고의 수리 가부

"우리 법상 사망자 간이나 생존한 자와 사망한 자 사이의 혼인은 인정되지 아니하므로 사망자와의 사실혼관계존재확인의 심판이 있다 하더라도, 이미 당사자의 일방이 사망한 경우에는 혼인신고특례법이 정하는 예외적인 경우와 같이 그 혼인신고의 효력을 소급하는 특별한 규정이 없는 한 이미 그 당사자 간에는 법률상의 혼인이 불가능하므로 이러한 혼인신고는 받아들여질 수 없다."(대결 1991. 8. 13. 자 91스6)

■ 혼인거행지인 외국에서 외국법에 의한 혼인신고를 마친 경우 우리나라 법에 의한 별도의 혼인신고의 요부

"섭외사법 제15조 제1항의 규정은 우리나라 사람들 사이 또는 우리나라 사람과 외국인 사이의 혼인이 외국에서 거행되는 경우 그 혼인의 방식 즉 형식적 성립요건은 그 혼인거행지의 법에 따라

정하여야 한다는 취지라고 해석되므로, 그 나라의 법이 정하는 방식에 따른 혼인절차를 마친 경우에는 혼인이 유효하게 성립하는 것이고 별도로 우리나라의 법에 따른 혼인신고를 하지 않더라도 혼인의 성립에 영향이 없으며, 당사자가 호적법 제39조, 제40조에 의하여 혼인신고를 한다 하더라도 이는 창설적 신고가 아니라 이미 유효하게 성립한 혼인에 관한 보고적 신고에 불과하다."(대판 1994. 6. 28. 94므413)

■ 호적공무원의 형식적 심사권의 대상에 그 혼인 당사자의 생존 여부에 대한 조사도 포함되는지 여부(적극)

"혼인이 생존한 사람들 간에서만 이루어질 수 있는 것인 이상 호적공무원의 형식적심사권의 대상에는 그 혼인의 당사자가 생존하였는지 여부를 조사하는 것도 당연히 포함된다."(대결 1991. 8. 13. 자 91스6)

심화학습

민법 제810조 등 위헌소원 사건(헌재결 2014. 7. 24. 전원재판부, 2011헌바275)

1. 사안의 개요

망 K(이하 '망인'이라 한다)는 1945. 2. 10. KS와 혼인하였고, 그 사이에 1남 3녀를 두었다. 망인은 KS와 혼인 후 다시 청구인과 혼인하기 위하여 자신의 생년월일 등 인적사항을 변경하여 새로 취적허가를 받아 1962. 6. 21. 취적신고를 하였고, 같은 날 청구인과 혼인신고를 하였다. 그 이후 망인은 청구인과 사이에 7녀를 출산하였고, 약 47년 간 청구인과 생계 및 주거를 함께 하다가 2008. 2. 8. 사망하였다. KS는 1968. 10. 20.부터 망인과 주민등록상 주소를 같이 한 적이 없으나, 1986. 1. 25.부터 1988. 5. 7.까지 망인의 소유였던 주택에 거주한 사실이 있으며, 망인과 이혼하지 않고 법률상 혼인상태를 유지하였다. 그리고 망인은 1988. 10. 8.부터 2002. 11. 8.까지 19회에 걸쳐 자신과 KS 사이의 아들인 KH에게 경제적인 도움을 주기도 하였다. KS는 2009. 10. 20. 청구인을 피고로 하여 서울가정법원에 망인과 청구인 사이의 혼인의 취소를 구하는 소를 제기하였고, 1심과 2심에서 '청구인과 망인 사이의 혼인은 전혼이 유효하게 존속하고 있는 상태에서 허위 취적신고로 편제된 새로운 호적을 기초로 성립된 후혼으로 중혼에 해당하므로 취소한다.'는 내용의 판결을 선고받았다(서울가정법원 2009드단101476, 2010르3590). 이에 청구인은 상고하고 상고심 계속 중(대법원 2011므2232) 민법 제819조, 제820조 등에서 중혼을 사유로 하는 혼인취소청구권의 소멸사유 또는 제척기간을 두지 않은 것이 헌법에 위반된다고 주장하며 위헌법률심판제청신청을 하였으나 기각되자(대법원 2011즈기4) 2011. 10. 31. 이 사건 헌법소원심판을 청구하였다.

2. 판시사항

중혼을 혼인취소의 사유로 정하면서 그 취소청구권의 제척기간 또는 소멸사유를 규정하지 않은 민법(2005. 3. 31. 법률 제7427호로 개정된 것) 제816조 제1호 중 '제810조의 규정에 위반한 때' 부분(이하 '이 사건 법률조항'이라 한다)이 입법재량의 한계를 일탈하여 후혼배우자의 인격권 및 행복추구권을 침해하는지 여부(소극)

3. 결정요지

“이 사건 법률조항은 우리 사회의 중대한 공익이며 헌법 제36조 제1항으로부터 도출되는 일부일처제를 실현하기 위한 것이다. 이 사건 법률조항은 중혼을 혼인무효사유가 아니라 혼인취소사유로 정하고 있는데, 혼인 취소의 효력은 기왕에 소급하지 아니하므로 중혼이라 하더라도 법원의 취소판결이 확정되기 전까지는 유효한 법률혼으로 보호받는다. 후혼의 취소가 가혹한 결과가 발생하는 경우에는 구체적 사건에서 법원이 권리남용의 법리 등으로 해결하고 있다. 따라서 중혼 취소청구권의 소멸에 관하여 아무런 규정을 두지 않았다 하더라도, 이 사건 법률조항이 현저히 입법재량의 범위를 일탈하여 후혼배우자의 인격권 및 행복추구권을 침해하지 아니한다.”

4. 검 토

가. 이 사건의 쟁점

① 이 사건 법률조항이 후혼배우자의 헌법 제10조 소정의 인격권과 행복추구권 위반 여부, ② 헌법 제36조 제1항 및 헌법 제11조 소정의 평등원칙에 위반되는지 여부이다.

나. 판단의 근거·이유

첫째, 헌법재판소는 판단이유에서 ‘혼인과 가족생활은 개인의 존엄과 양성의 평등을 기초로 성립되고 유지되어야 하며, 국가는 이를 보장한다.’고 규정하고 있는 헌법 제36조 제1항은, 인간의 존엄과 양성의 평등이 가족생활에서도 보장되어야 한다는 요청에서 기본권의 성격을 갖는 동시에 혼인과 가족생활에 관한 제도적 보장의 성격 또한 가지고 있다고 판시하면서(2000헌바53 ; 2009헌바89 등 참조), 제도보장으로서의 혼인은 그 성격상 최소보장의 원칙이 적용되는 대상으로서 혼인제도의 규범적 핵심으로서의 일부일처제는 당연히 포함된다고 한다. 따라서 중혼은 일부일처제에 반하는 상태로, 언제든지 중혼을 취소할 수 있게 하는 것은 헌법 제36조 제1항의 규정에 의하여 국가에 부과된, 개인의 존엄과 양성의 평등을 기초로 한 혼인과 가족생활의 유지·보장의무 이행에 부합되므로 중혼 취소청구권의 소멸사유나 제척기간을 두지 않음으로 인해 후혼배우자가 처하게 되는 불안정한 신분상 지위가 문제되는 이 사건에서 헌법 제36조 제1항 위반 여부는 직접적으로 문제 된다고 보기 어렵다고 설시하였다. 이는 이 사건 법률조항이 헌법 제36조의 제1항의 위반 여부와는 문제 될 것이 없다는 의미로 타당하다고 할 것이다. 둘째, 헌법재판소는 이 사건 법률조항이 후혼배우자의 인격권과 행복추구권을 침해하는지 여부를 논하면서, 중혼을 금지하는 것은 일부일처제의 공익적 이익으로부터 비롯된 것이라는 전제한 뒤, 다만 중혼을 무효사유로 볼 것인가, 아니면 취소사유로 볼 것인가, 취소사유로 보는 경우에 어떠한 범위 내에서 취소청구권을 인정할 것인가 하는 문제는 중혼의 반사회성·반윤리성과 가족생활의 사실상 보호라는 공익과 사익을 어떻게 규율할 것인가의 문제로서 기본적으로 입법형성의 자유가 넓게 인정되는 영역이라고 한다(2009헌가8 참조). 따라서 이 사건 법률조항의 위헌 여부는 중혼을 취소사유로 정하면서 그 취소 청구권에 제척기간 또는 권리소멸사유를 규정하지 않은 것이 입법형성의 한계를 벗어난 것인지를 판단함에, 일부일처제는 우리 사회의 중대한 공익으로 인정되며, 이 사건 법률조항은 중혼을 혼인무효사유가 아니라 취소사유로 규정하고 있어 중혼이라 하더라도 재판을 통해 취소되기 전까지는 유효한 법률혼으로 보호받는 점, 중혼당사자가 사망한 후 후혼이 취소된 경우에도 후혼배우자의 상속인으로서의 지위에 영향이 없고, 중혼 상태에서 태어난 자는 중혼이 취소된다 하더라도 혼인 외의 자로 되지 아니하는 점을 살피면, 중혼취소청구권의 소멸에 관하여 아무런 규정이 없다고 하더라도 그것이 현저히 불합리하여 입법재량의 범위를 명백히 일탈하였다고 보기 어렵다고 하였다. 또한 후혼이 뒤늦게 취소됨으로써 후혼배우자 등에게 가혹한 결과가 발생하는 경우가 있다면 이는 구체적인 사건을 담당하는 법원에서 권리남용의 법리 등을 통해 해결할 수 있고(대판 92므907 등 참조), 유족연금수급권자의 결정 등 특정 영역에서만 가혹한 결과가 발생한다면 해당 특정 영역을 규율하는 법령의 해석이나 개정을 통해 부당한 결과를 방지할 수도 있다고 한다. 민법이 규정하고 있는 다른 혼인취소사유인 혼인적령 위반, 부모 등의 동의 없는 미성년자 또는 금치산자(피성년후견인)의 혼인, 일정한 근친혼, 악질 기타 중대한 사유가 있는 경우, 사기 또는 강박에 의한 혼인 등과 비교하여 중혼의 반사회성·반윤리성이 일층 무거운 것으로 평가할 수 있으므로 그 입법형성의 재량이 크다는 점에서 헌법재판소의 판단이유는 타당하고 할 것이다(2009헌가8; 대판 92므907 참조). 따라서 중혼의 사유와 다른 사유와는 본질적으로 그 성격이 다르므로 평등원칙에도 위반되지 아니한다.

다. 결정의 의의

위의 헌재결정은, 헌법재판소가 헌법 제36조 제1항을 기본권의 성격을 가짐과 동시에 제도보장으로서의 성격을 가지고 있다고 설시하면서, 우리 혼인제도의 규범적 핵심 중 하나를 일부일처제로 보고, 이에 위반되는 중혼에 대한 규율은 그 입법재량을 넓게 보았다는 점에 의미가 있다.

제4절 혼인의 무효와 취소

I. 의 의

●● 사례

대한민국 국적의 원고(A)는 필리핀 국적의 피고(B)와 필리핀에서 혼인하고 2008. 9. 19. 한국에서 그 혼인신고를 마쳤다. 피고는 2008. 11. 1. 한국에 입국하여 원고와 혼인생활을 시작하였으나 2008. 12. 4.경 가출하여 이 사건 소 제기 시까지 아무런 소식이 없었다. 그러자 A는 B에게 혼인의사가 없다고 주장하면서 혼인성립의 실질적 요건의 결여를 이유로 혼인무효확인의 소를 제기하였다(그런데 피고는 가출 당시 원고에게 '가족들을 부양하기 위해 결혼했고 한국에서 돈을 벌어야 한다.'는 내용의 편지를 남겨 둔 점, 피고가 한국에 입국한 후 한 달 동안 원고와 정상적인 부부로 함께 생활하였고 가출 직전에는 제주도로 여행까지 다녀온 점, 피고가 남겨놓은 편지를 보더라도 피고가 혼인관계의 계속과 필리핀의 가족에 대한 부양의무 사이에서 갈등하다가 가출에 이르게 된 것으로 여겨지는 점 등이 사실관계에서 밝혀졌다). A의 소는 인용될 것인가?

●● 사안의 쟁점:

첫째, 혼인의 요건이 무엇인지, 둘째, 그 요건의 결여에 따른 효력은 어떻게 되는지 등이다.

1. 개 념

혼인신고를 하여 법률상 부부로 되어 있는 어떤 혼인에 흠이 있을 경우, 그 혼인관계를 종료시킬 수 있는 제도를 혼인의 무효 · 취소라 한다. 가령 혼인의 합의가 없거나 근친혼이라서 혼인의 효력이 발생할 수 없는 경우를 말한다. 혼인의 무효 · 취소의 경우, 재산행위의 경우와는 달리 원상회복이 불가능하기 때문에(특히 자녀가 출생한 경우) 우리 민법은 흠 있는 혼인의 경우에도 극히 제한된 범위에서만 혼인을 무효로 하고(제815조), 나머지는 혼인의 취소사유로만 규정하고 있고(제816조-제818조 · 제822조 · 제823조), 그 취소의 경우에도 소급효를 인정하지 않는 태도를 취하고 있다.

2. 혼인무효의 법적 성질

혼인의 무효사유가 있는 경우, 무효의 법적 성질에 대하여는 다툼이 있다. 무효사유가 있는 혼인은 당연무효이므로, 당연히 소를 제기할 필요가 없고 이해관계인은 다른 소송(상속회복청구의 소)에서 선결문제로 혼인의 무효를 주장할 수 있는데 그 소송의 성질은 확인소송이 된다는 확인소송설(김주수 · 김상용, 앞의 책, 116면 등) · 그 신고가 되어 있는 이상 무효사유가 있어도 당연무효는 아니고, 법원의 무효판결이 있어야 그 혼인은 소급적으로 무효가 된다는 형성소송설(이경희, 앞의 책, 59면) 등이 그것이다.

생각건대 민법이 혼인의 무효를 제한적으로만 규정하고 있는 점에 비춰볼 때 그 무효사유가 있는 한 법원의 판결을 요하지 않고 그 혼인은 무효가 된다고 해야 한다는 점에서 확인소송설이 타당하다.

Ⅱ. 혼인의 무효

1. 혼인의 무효원인

(1) 혼인의 무효원인

첫째, 당사자 사이에 혼인의 합의가 없는 때이다(제815조 제1호). 혼인의 합의의 의미에 대하여는 다툼이 있으나, 혼인당사자가 삶을 다할 때까지 정신적 · 육체적 결합관계를 목적으로 하는 부부로서의 혼인공동체를 펼쳐나갈 의사의 의미(실질적 의사설)라 할 것이다(대판 1975. 5. 27. 74므23). 따라서 혼인의사가 없는 가장혼인(대판 1980. 1. 29. 79므62, 63), 해외이주 목적의 위장결혼(대판 1985. 9. 10. 85도1481), 국내 취업 목적의 형식상 혼인(대판 1996. 11. 12. 96도2049) 등은 혼인의사의 합의가 없는 무효인 혼인에 해당한다. 한편 그 합의가 사회통념상 혼인의 본질에 반할 경우(동거하지 않겠다는 혼인, 조건부 혼인 등), 그 혼인은 무효가 된다(같은 견해 송덕수. 앞의 책, 1465면). 둘째, 혼인의 합의는 그 신고서제출 시에도 존재하여야 하므로, 혼인신고서 작성 후 그 제출 전에 혼인의사를 철회하였으나 그 이후에 혼인신고가 되었다면 그 혼인은 무효이다(대판 1983. 12. 27. 83므28). 주의할 점은 흠이 있는 혼인신고가 수리된 경우, 그 혼인의 유효 여부는 혼인신고에 부합하는 실체적 혼인관계의 존재 여부에 따라 판단하여야 한다는 점이다(판례의 태도도 같다).

(2) 근친혼

일정한 근친자 사이의 혼인은 무효가 된다. 당사자 사이에 8촌 이내의 혈족관계(친양자 입양 전의 혈족을 포함한다)가 있는 경우(제815조 제2호 · 제809조 제1항), 당사자 사이에 직계인척(배우자의 직계혈족과 직계혈족의 배우자)관계가 있거나 있었던 경우(제815조 제3호), 당사자 사이에 양부모계의 직계혈족관계가 있었던 경우(제815조 제4호), 그 혼인은 무효가 된다.

2. 혼인무효의 소의 당사자

첫째, 당사자인 부부 · 법정대리인 또는 4촌 이내의 친족이 언제든지 그 소를 제기할 수 있다(가사소송법 제23조). 부부 중 한쪽이 원고일 경우, 배우자를 피고로 하고(가사소송법 제24조 제1항), 제3자(법정대리인 · 4촌 이내의 친족)가 원고일 경우에는 부부를 피고로 하는데 한쪽이 이미 사망한 때에는 그 생존자를 피고로 하게 된다(가사소송법 제24조 제2항). 이러한 규정에 의한 피고로 될 자가 사망한 경우, 검사가 상대방이 된다(가사소송법 제24조 제3항). 둘째, 혼인무효의 판결은 소급효가 있고, 제3자에게도 효력이 미친다(가사소송법 제21조 제1항). 그 무효판결이 확정되면, 원고는 확정판결일로부터 1개월 이내에 판결의 등본 및 그 확정증명서를 첨부하여 가족관계등록부의 정정을 신청하여야 한다(가족관계의 등록 등에 관한 법률 제107조).

3. 혼인무효의 효과

첫째, 혼인무효판결이 확정되면 그 혼인은 소급적 무효가 되고(당사자는 가족관계등록부의 기록정정을 신청할 수 있다. 가족관계의 등록 등에 관한 법률 제105조 · 제106조), 따라서 혼인에 기한 상속 등의 권리변동은 무효로 되고, 출생자는 혼인 외의 출생자가 된다(제855조 제1항 제2문). 다만, 무효인 혼인 중의 출생자에 대하여 생부가 출생신고를 하면 인지의 효력이 생긴다(대판 1971. 11. 15. 71다1983). 한편 무효인 혼인관계의 출생자가 미성년자인 경우, 그 친권자결정에 관해서는 재판상 이혼의 경우와 같다. 즉, 혼인무효판결을 선고하는 가정법원이 그 미성년자의 친권자·양육자 지정에 관하여 그 부모에게 협의하도록 권고하고(가사소송법 제25조), 그 협의가 이뤄진 경우에는 그 협의대로 협의를 할 수 없다면 법원이 직권으로 친권자를 지정하여야 한다(제909조 제5항). 둘째, 당사자가 재산분할을 청구할 수 없음은 당연하다. 셋째, 혼인이 무효로 된 경우, 당사자 한쪽은 과실 있는 상대방에 대하여 손해(재산상의 손해와 정신적 손해를 포함한다)배상을 청구할 수 있다(제825조·제806조). 한편 혼인무효의 효과는 제3자에게도 미치므로, 제3자는 무효인 혼인의 당사자에 대하여 일상가사로 인한 채무의 연대책임을 묻지 못한다 할 것이다. 넷째, 혼인이 무효인 경우에도 혼인의 실체가 존재하는 경우라면 무효인 혼인의 추인을 인정할 수 있다(대판 1995. 11. 21. 95므731). 이 경우, 제139조 본문(무효인 법률행위는 추인하여도 그 효력이 생기지 않는다)이 적용되지 않고, 추인의 소급효가 인정된다(대판 1991. 12. 27. 91므30).

●● 사례의 해결:

첫째, 혼인의 성립요건은 혼인의사의 합치, 혼인 장애사유의 부존재, 혼인신고이다. 둘째, 이 사안의 사실관계를 살피면, 피고는 원고와 사이에 참다운 부부관계를 설정하려는 의사가 없음에도 단지 한국에 입국하여 취업하기 위한 방편으로 혼인신고에 이르렀다고 봄이 상당하므로, 설령 피고가 한국에 입국한 후 한 달 동안 원고와 계속 혼인생활을 해왔다고 하더라도 이는 피고가 진정한 혼인의사 없이 위와 같은 다른 목적의 달성을 위해 일시적으로 혼인생활의 외관을 만들어 낸 것이라고 보일 뿐이다. 따라서 원·피고 사이에는 혼인의사의 합치가 없어 그 혼인은 민법 제815조 제1호에 따라 무효라고 보아야 한다.

(대판 2010. 6. 10. 2010므574의 사실관계와 판결요지 등 참조)

Ⅲ. 혼인의 취소

1. 혼인의 취소원인

이에는 6가지가 있다. 첫째, 혼인적령(남녀 모두 만 18세)에 미달한 자가 혼인신고를 한 경우에 당사자 또는 그 법정대리인이 그 취소를 구할 수 있다(제816조 제1호·제807조·제817조 전단). 둘째, 미성년자 또는 피성년후견인이 부모 또는 후견인의 동의를 받지 않고 혼인한 경우에는 당사자 또는 그 법정대리인이 그 취소를 청구할 수 있다(제816조 제1호·제808조·제817조 전단). 그러나 혼인당사자가 19세가 된 후 또는 성년후견심판종료 후 3개월이 지나거나 혼인 중에 임신한 경우에는 그 취소를 청구하지 못한다(제819조). 셋째, 제809조(근친혼의 금지)에 위반한 혼인 중 제815조에 의해 무효로 되지 않는 혼인은, 당사자·직계존속 또는 4촌 이내의 방계혈족이 그 취소를 청구할 수 있다(제816조 제1호·제817조 후단). 그러나 당사자 사이에 혼인 중 포태(임신)한 때에는 그 취소를 청구할 수 없다(제820조). 넷째, 배우자가 있는 자가 중복하여 혼인(중혼)을 한 경우에 당사자 및 그 배우자·직계혈족·4촌 이내의 방계혈족 또는 검사가 그 취소를 청구할 수 있다(제816조 제1호·제810조·제818조). ① 직계비속을 제외한 직계존속만을 그 취소청구권자로 규정한 개정 전 제818조의 규정이 헌법에 합치하지 않는다는 헌재결정(헌재결 2010. 7. 29. 전원재판부(다수의견). 2009헌가8)에 따라 제818조가 직계비속을 포함하는 내용으로 위와 같이 개정(2012. 2. 10. 법 11300호)된 것이다. 그런데 혼인신고를 한 자가 다시 혼인신고를 하는 중혼의 경우, 그러한 신고는 수리되지 않을 것이어서(제813조), 실제로는 이혼이 무효·취소로 되는 경우와 같이 특별한 사정이 있는 경우에 중혼이 성립하게 된다. ② 중혼취소청구권의 행사에 대하여는 제소기간에 의한 제한이 없으므로 언제든지 취소할 수 있다. 중혼자가 사망한 후에도 이와 같다(대판 1991. 12. 10. 91므535). 한편 그 취소권의 행사가 권리남용에 해당하는 경우가 있다(대판 1993. 8. 24. 92므907). ③ 민법상 중혼은 취소할 수 있는 혼인에 그치므로, 취소하지 않는 한 유효한 혼인으로서 혼인의 일반적 효력이 그대로 인정된다. 제1003조에 기한 상속권이 인정됨은 물론이다. 다섯째, 혼인 당시 당사자 일방에 부부생활을 계속할 수 없는 악질 기타 중대한 사유 있음을 알지 못한 경우에는 그 사유 있음을 안 날로부터 6개월 이내에 그 취소를 청구할 수 있다(제816조 제2호·제822조). 명문의 규정이 없으나, 그 취소권자는 상대방 배우자에 한정된다 할 것이다(통설). 여섯째, 사기 또는 강박으로 인하여 혼인의 의사표시를 한 사람은 사기를 안 날 또는 강박을 면한 날부터 3개월 이내에 혼인의 취소를 청구할 수 있다(제816조 제3호·제823조). 사기·강박의 주체는 상대방배우자뿐만 아니라 제3자도 포함된다. 제3자의 사기·강박의 경우, 제110조 제2항과는 달리, 상대방배우자의 선의·악의, 과실의 유무는 묻지 않는다(같은 견해, 송덕수, 앞의 책, 1753면). 제816조 제3호가 규정하는 사기는 혼인의 당사자 일방 또는 제3자가 적극적으로 허위의 사실을 고지한 경우뿐만 아니라 소극적으로 고지를 하지 아니하거나 침묵한 경우도 포함된다. 그러나 불고지 또는 침묵의 경우에는 법령, 계약, 관습 또는 조리상 사전에 사정을 고지할 의무가 인정되어야 위법한 기망행위로 볼 수 있다. 관습 또는 조리상 고지의무가 인정되는지는 당사자들의 연령, 초혼인지 여부, 혼인에 이르게 된 경위와 그때까지 형성된 생활관계의 내용, 당해 사항이 혼인의 의사결정에 미친 영향의 정도, 이에 대한 당사자 또는 제3자의 인식 여부, 당해 사항이 부부가 애정과 신뢰를 형성하는 데 불가결한 것인지, 또는 당사자의 명예 또는 사생활 비밀의 영역에 해당하는지, 상대방이 당해 사항에 관련된 질문을 한 적이 있는지, 상대방이 당사자 또는 제3자에게서 고지받았거나 알고 있었던 사정의 내용 및 당해 사항과의 관계 등의 구체적·개별적 사정과 더불어 혼인에 대한 사회일반의 인식과 가치관, 혼인의 풍속과 관습, 사회의 도덕관·윤리관 및 전통문화까지 종합적으로 고려하여 판단하여야 한다(대판 2016. 2. 28. 2015므654, 661).

2. 혼인취소의 소의 절차 · 방법

첫째, 그 취소사유가 있을 경우, 취소권자는 가정법원에 혼인취소의 청구를 하여야 한다(제816조. 가사소송법 제2조 제1항 나류사건 제2호 소정의 조정전치주의가 적용된다. 가사소송법 제50조 참조). 둘째, 그 취소의 소는 형성의 소로서 그 판결의 확정으로 혼인이 취소되며, 혼인무효의 경우와는 달리, 다른 소의 전제로서 그 취소를 주장할 수는 없다. 셋째, 그 취소심판의 효력은 제3자에게도 효력이 미친다(가사소송법 제21조 제1항). 그 취소심판이 확정되면 소를 제기한 자는 재판확정일부터 1개월 이내에 그 취지를 신고하여야 한다(가족관계의 등록 등에 관한 법률 제73조 · 제58조 제1항).

3. 혼인취소의 효과

첫째, 혼인의 취소사유가 있는 경우, 법원의 취소판결확정 시까지는 유효한 혼인으로 다뤄진다(대판 1991. 12. 10. 91므344). 혼인취소판결이 확정되면 그 혼인은 장래에 향하여 종료 · 해소될 뿐 소급효가 없다(제824조). 따라서 혼인관계에서 출생한 자는 혼인 중의 자로 된다. 둘째, 혼인이 취소되면, 혼인관계 및 인척관계는 종료한다(제775조 제1항). 셋째, 명문의 규정이 없으나 혼인취소의 경우에는 그 형성재산이 있는 한 재산분할청구를 인정하여야 한다(가사소송법 제2조, 마류사건 제4호 참조). 넷째, 혼인취소의 경우에도 혼인무효의 경우와 같이 당사자 한쪽은 과실 있는 상대방에 대하여 재산상 · 정신적인 손해배상을 청구할 수 있다(제825조 · 제806조). 다섯째, 혼인취소의 경우에 가정법원은 직권으로 친권자를 정하고(제909조 제5항), 자의 양육책임에 관한 제837조 · 면접교섭권에 관한 제837조의2를 준용한다(제824조의2, 가사소송법 제2조 제1항 마류사건 제3호).

판 례

■ 사실혼관계가 해소된 상태에서 일방적으로 이루어진 혼인신고의 효력

"사실혼관계가 해소된 상태에서 혼인신고가 일방적으로 이루어졌다면 이는 당사자 간에 혼인의 합의가 없는 경우에 해당하여 무효라고 보아야 한다."(대판 1989. 1. 24. 88므795)

■ 중국 국적의 조선족 여성과 혼인한 것으로 신고한 자가, 혼인할 의사가 전혀 없음에도 그 여성을 한국에 입국시킬 목적으로 혼인신고를 하여 공전자기록에 불실의 사실을 기재하게 하였다는 등의 범죄사실로 유죄판결을 받아 확정된 사안에서, 위 혼인의 유효 여부(소극)

"중국 국적의 조선족 여성과 혼인한 것으로 신고한 자가, 혼인할 의사가 전혀 없음에도 그 여성을 한국에 입국시킬 목적으로 혼인신고를 하여 공전자기록에 불실의 사실을 기재하게 하였다는 등의 범죄사실로 유죄판결을 받아 확정된 사안에서, 위 혼인은 혼인의사의 합치가 결여되어 무효임이 명백하므로 혼인무효판결을 받지 않았더라도 가족관계의 등록 등에 관한 법률 제105조에 따라 가정법원의 허가를 받아 가족관계등록부를 정정할 수 있다고 한 사례."가 있다(대결 2009. 10. 8. 자 2009스64).

■ 협의이혼한 후 배우자 일방이 일방적으로 혼인신고를 하였더라도 그 사실을 알고 혼인생활을 계속한 경우, 상대방에게 혼인할 의사가 있었거나 무효인 혼인을 추인하였다고 인정한 사례

"협의이혼한 후 배우자 일방이 일방적으로 혼인신고를 하였더라도 그 사실을 알고 혼인생활을 계속한 경우, 상대방에게 혼인할 의사가 있었거나 무효인 혼인을 추인하였다고 인정한 사례."가 있다(대판 1995. 11. 21. 95므731).

■ 혼인무효사유가 있는 경우, 혼인무효의 소를 제기하지 않은 상태에서 이해관계인이 다른 소송에서 선결문제로서 혼인의 무효를 주장할 수 있는지 여부(적극)

"당사자 사이에 혼인할 의사가 없으면 설령 혼인신고가 되었다고 하더라도 그 혼인은 무효이다(민법 제815조 제1호). 한편 민법은 혼인의 취소에 관하여는 소에 의하도록 하면서도(제816조), 혼인의 무효에 관하여는 그 사유만을 제815조에 규정하고 있을 뿐이므로, 혼인무효사유가 있는 경우 혼인무효의 소를 제기할 수 있음은 물론, 이러한 소가 제기되지 않은 상태에서도 이해관계인은 다른 소송에서 선결문제로서 혼인의 무효를 주장할 수 있다고 할 것이다. 이는 가사소송법이 혼인무효의 소의 제기권자를 별도로 규정하고(제23조) 혼인무효의 청구를 인용한 확정판결에 대세적 효력을 인정하고 있다거나(제21조 제1항), 혼인 여부가 친족법상 또는 상속법상 중대한 영향을 미치는 사항이어서 이에 관한 가족관계등록기록의 정정은 공정증서원본불실기재죄의 형사판결이 확정된 경우와 같은 특별한 사정이 없는 한 가족관계의 등록 등에 관한 법률 제107조에 따라 혼인무효 확정판결에 의하여만 할 수 있을 뿐, 같은 법 제105조 제1항에 따라 가정법원의 허가를 얻어 할 수는 없다고 하여 달리 볼 것이 아니다."(대판 2013. 9. 13. 2013두9564)

■ 유효한 혼인의 합의가 이루어져 혼인신고를 마치고 법률상의 혼인이 성립된 경우, 쉽게 그 실체를 부정하여 혼인 불성립에 준하여 법률관계를 처리하는 것이 가능한지 여부(소극)

"원심이 인용한 제1심판결 이유 및 적법하게 채택된 증거들에 의하면, 원고와 피고는 2009. 6.경 결혼중매업체의 소개로 만나 교제하다 2010. 5. 17. 혼인신고를 하였고 같은 해 9. 12. 결혼식을 올리고 혼인생활을 시작하여 피고가 연락을 끊은 2011. 11.경까지 1년 넘게 부부로서 지내온 사실 등을 알 수 있다. 이러한 사실관계에 의하면 원고와 피고의 혼인이 사회적으로 부부공동체로서 공동생활을 하였다고 보기 어려울 정도의 단기간 내에 해소되었다고 할 수 없으며, 또한 이 사건 혼인 파탄의 주된 원인이 된 피고의 여러 불성실한 행위를 비롯한 귀책사유 및 그 책임의 정도 등에 관하여 원심이 인정한 사정들을 참작한다고 하더라도 원고와 피고 사이에서 부부공동체로서의 혼인생활을 부정하고 혼인의 불성립에 준하여 처리하여야 할 정도의 특별한 사정이 있다고 단정하기도 어렵다."(대판 2014. 6. 12. 2014므329)

■ 임신가능 여부가 민법 제816조 제2호의 혼인취소 사유인 '부부생활을 계속할 수 없는 악질 기타 중대한 사유'에 해당하는지 및 위 '부부생활을 계속할 수 없는 중대한 사유'의 해석 방법

"혼인은 남녀가 일생의 공동생활을 목적으로 하여 도덕 및 풍속상 정당시되는 결합을 이루는 법률상, 사회생활상 중요한 의미를 가지는 신분상의 계약으로서 본질은 양성 간의 애정과 신뢰에 바탕을 둔 인격적 결합에 있다고 할 것이고, 특별한 사정이 없는 한 임신가능 여부는 민법 제816조 제2호의 부부생활을 계속할 수 없는 악질 기타 중대한 사유에 해당한다고 볼 수 없다. 그리고 '혼인을 계속하기 어려운 중대한 사유'에 관한 민법 제840조 제6호의 이혼사유와는 다른 문언내용 등에 비추어 민법 제816조 제2호의 '부부생활을 계속할 수 없는 중대한 사유'는 엄격히 제한하여 해석함으로써 그 인정에 신중을 기하여야 한다."(대판 2015. 2. 26. 2014므4734 등)

■ 갑이 배우자인 을을 상대로 을의 성기능 장애 등을 이유로 민법 제816조 제2호에 따른 혼인취소를 구한 사례

"갑이 배우자인 을을 상대로 을의 성기능 장애 등을 이유로 민법 제816조 제2호에 따른 혼인취소를 구한 사안에서, 제반 사정에 비추어 갑의 부부생활에 을의 성기능 장애는 크게 문제 되지 않았다고 볼 여지가 많고, 설령 을에게 성염색체 이상과 불임 등의 문제가 있다고 하더라도 이를 들어 민법 제816조 제2호에서 정한 '부부생활을 계속할 수 없는 악질 기타 중대한 사유'에 해당한다고 보기 어려운데도, 이와 달리 본 원심판결에 법리오해 등의 잘못이 있다."고 한 사례가 있다(대판 2015. 2. 26. 2014므4734 등).

■ 아동성폭력범죄 등의 피해를 당해 임신을 하고 출산을 하였으나 자녀와의 관계가 단절되고 상당한 기간 양육이나 교류 등이 이루어지지 않은 경우, 출산 경력을 고지하지 않은 것이 민법 제816조 제3호에서 정한 혼인취소사유에 해당하는지 여부(소극) 및 이는 국제결혼의 경우에도 마찬가지인지 여부(적극)

"혼인의 당사자 일방 또는 제3자가 출산의 경력을 고지하지 아니한 경우에 그것이 상대방의 혼인의 의사결정에 영향을 미칠 수 있었을 것이라는 사정만을 들어 일률적으로 고지의무를 인정하고 제3호 혼인취소사유에 해당한다고 하여서는 아니 되고, 출산의 경위와 출산한 자녀의 생존 여부 및 그에 대한 양육책임이나 부양책임의 존부, 실제 양육이나 교류가 이루어졌는지 여부와 시기 및 정도, 법률상 또는 사실상으로 양육자가 변경될 가능성이 있는지, 출산 경력을 고지하지 않은 것이 적극적으로 이루어졌는지 아니면 소극적인 것에 불과하였는지 등을 면밀하게 살펴봄으로써 출산의 경력이나 경위가 알려질 경우 당사자의 명예 또는 사생활 비밀의 본질적 부분이 침해될 우려가 있는지, 사회통념상 당사자나 제3자에게 그에 대한 고지를 기대할 수 있는지와 이를 고지하지 아니한 것이 신의성실 의무에 비추어 비난받을 정도라고 할 수 있는지까지 심리한 다음, 그러한 사정들을 종합적으로 고려하여 신중하게 고지의무의 인정 여부와 위반 여부를 판단함으로써 당사자 일방의 명예 또는 사생활 비밀의 보장과 상대방 당사자의 혼인 의사결정의 자유 사이에 균형과 조화를 도모하여야 한다. 당사자가 성장과정에서 본인의 의사와 무관하게 아동성폭력범죄 등의 피해를 당해 임신을 하고 출산까지 하였으나 이후 자녀와의 관계가 단절되고 상당한 기간 동안 양육이나 교류 등이 전혀 이루어지지 않은 경우라면, 출산의 경력이나 경위는 개인의 내밀한 영역에 속하는 것으로서 당사자의 명예 또는 사생활 비밀의 본질적 부분에 해당하고, 나아가 사회통념상 당사자나 제3자에게 그에 대한 고지를 기대할 수 있다거나 이를 고지하지 아니한 것이 신의성실 의무에 비추어 비난받을 정도라고 단정할 수도 없으므로, 단순히 출산의 경력을 고지하지 않았다고 하여 그것이 곧바로 민법 제816조 제3호에서 정한 혼인취소사유에 해당한다고 보아서는 아니 된다. 그리고 이는 국제결혼의 경우에도 마찬가지이다."(대판 2016. 2. 28. 2015므654, 661)

■ 협의이혼이 취소된 경우, 취소 전에 맺어진 새로운 혼인이 중혼에 해당하는지 여부

"청구인과 피청구인(갑)이 협의이혼한 것이 피청구인(갑)의 기망에 인한 것이었음을 이유로 청구인이 제기한 협의이혼취소심판이 청구인 승소로 확정되었다면 청구인과 피청구인 (갑)은 당초부터 이혼하지 않은 상태로 되돌아갔다 할 것이니 위 취소심판 계속 중 피청구인 (갑), (을)사이에 이루

어진 혼인은 중혼의 금지규정에 위반한 것으로 혼인의 취소사유에 해당한다."(대판 1984. 3. 27. 84므9)

■ 부부의 일방이 사망하여 상대방 배우자가 상속받은 후에 그 혼인이 취소된 경우, 이미 이루어진 상속관계가 소급하여 무효로 되거나 부당이득으로 되는지 여부(소극)

"민법 第824조는 '혼인의 취소의 효력은 기왕에 소급하지 아니한다.'고 규정하고 있을 뿐 재산상속 등에 관해 소급효를 인정할 별도의 규정이 없는바, 혼인 중에 부부 일방이 사망하여 상대방이 배우자로서 망인의 재산을 상속받은 후에 그 혼인이 취소되었다는 사정만으로 그 전에 이루어진 상속관계가 소급하여 무효라거나 또는 그 상속재산이 법률상 원인 없이 취득한 것이라고는 볼 수 없다."(대판 1996. 12. 23. 95다48308)

■ 중혼의 취소청구권자를 규정하면서 직계비속을 제외한 민법 第818조(2005. 3. 31. 법률 第7427호로 개정된 것, 이하 '이 사건 법률조항'이라 한다)가 평등원칙에 반하는지 여부(적극)

"중혼의 취소청구권자를 규정한 이 사건 법률조항은 그 취소청구권자로 직계존속과 4촌 이내의 방계혈족을 규정하면서도 직계비속을 제외하였는바, 직계비속을 제외하면서 직계존속만을 취소청구권자로 규정한 것은 가부장적·종법적인 사고에 바탕을 두고 있고, 직계비속이 상속권 등과 관련하여 중혼의 취소청구를 구할 법률적인 이해관계가 직계존속과 4촌 이내의 방계혈족 못지않게 크며, 그 취소청구권자의 하나로 규정된 검사에게 취소청구를 구한다고 하여도 검사로 하여금 직권발동을 촉구하는 것에 지나지 않은 점 등을 고려할 때, 합리적인 이유 없이 직계비속을 차별하고 있어, 평등원칙에 위반된다."(헌재결 2010. 7. 29. 전원재판부, 2009헌가8)

심화학습

민법 第818조 위헌제청 사건(헌재결 2010. 7. 29. 전원재판부, 2009헌가8)

1. 사건의 개요

제청신청인의 부(父, 망 Y)가 1933년 현재의 북한지역에서 K와 혼인을 하였고, 그 사이에서 제청신청인 등이 출생하였는데, 이후 위 망인이 대한민국에서 1959년 K가 사망하지 않았음에도 사망신고를 하고(K는 1997년 사망), 이후 G와 혼인신고를 하여, 또 다른 자식들을 출산하였으며, 망인은 1987년 사망하였다. 제청신청인은 2009. 2. 16. G를 상대로 서울가정법원에 망인과 G 사이의 혼인이 중혼에 해당한다는 이유로 그 취소를 구하는 소를 제기하고(2009드단14527), 2009. 6. 8. 민법 제818조에 대하여 위헌제청신청을 하였다(2009즈기666). 제청법원은 위 소송계속 중인 2009. 9. 7. 민법 제818조가 위헌이라고 인정할만한 상당한 이유가 있다며 이 사건 위헌법률심판제청을 하였다.

2. 판시사항

가. 중혼의 취소청구권자를 규정하면서 직계비속을 제외한 민법 제818조(2005. 3. 31. 법률 제7427호로 개정된 것, 이하 '이 사건 법률조항'이라 한다)가 평등원칙에 반하는지 여부(적극)

나. 입법공백상태의 방지를 위하여 잠정적용의 헌법불합치결정을 선고한 사례

3. 결정요지

“중혼의 취소청구권자를 규정한 이 사건 법률조항은 그 취소청구권자로 직계존속과 4촌 이내의 방계혈족을 규정하면서도 직계비속을 제외하였는바, 직계비속을 제외하면서 직계존속만을 취소청구권자로 규정한 것은 가부장적·종법적인 사고에 바탕을 두고 있고, 직계비속이 상속권 등과 관련하여 중혼의 취소청구를 구할 법률적인 이해관계가 직계존속과 4촌 이내의 방계혈족 못지않게 크며, 그 취소청구권자의 하나로 규정된 검사에게 취소청구를 구한다고 하여도 검사로 하여금 직권발동을 촉구하는 것에 지나지 않은 점 등을 고려할 때, 합리적인 이유 없이 직계비속을 차별하고 있어, 평등원칙에 위반된다. 다만, 이 사건 법률조항을 단순위헌을 선언할 경우에는 기존의 중혼취소청구권자로 규정된 자까지도 중혼취소청구권을 행사할 수 없는 법적 공백상태가 발생하므로, 2011. 12. 31.을 시한으로 입법자의 개선입법이 있을 때까지 잠정적인 적용을 명하는 헌법불합치를 선언한다.”

〈재판관 김종대의 별개의견〉

“이 사건 법률조항의 위헌에 대한 주문은 헌법불합치결정으로 할 것이 아니고, 그 심판대상을 특정하고, 구체적인 권리구제가 가능한 ‘이 사건 법률조항 중 직계 존속과 방계혈족을 중혼취소청구권자로 규정하면서 직계비속을 규정하지 아니한 것은 헌법에 위반된다.’는 한정위헌결정의 형식을 취해야 한다.”

〈재판관 조대현의 반대의견〉

“중혼상태의 실상을 보면 전혼은 사실상 해소되고 후혼이 실질적인 혼인기능을 하고 있는 경우가 많은 점, 민법이 중혼을 혼인무효사유로 규정하지 아니하고 혼인취소사유로 규정하고 있는 점 등을 종합하면, 중혼의 취소 여부는 중혼으로 인하여 직접적으로 법익을 침해당한 중혼 당사자와 그 배우자의 자기결정권에 맡겨야 할 사항이라고 봄이 상당하다. 따라서 민법 제818조 중 ‘직계존속, 4촌 이내의 방계혈족’을 중혼취소청구권자로 규정한 부분은 중혼당사자의 혼인관계상의 권리와 혼인 관계에 대한 자기결정권을 부당하게 침해하는 것으로서 헌법에 위반된다고 보아야 한다. 따라서 민법 제818조가 직계비속을 중혼취소청구권자로 규정하지 아니한 것이 위헌이라고 선언해서는 안 된다.”

4. 검 토

가. 이 사건의 쟁점

중혼을 금지하는 것은 인간의 존엄과 양성평등의 가족생활의 보장, 나아가 혼인과 가족생활의 구체적인 제도보장인 일부일처제도의 공익적 이익으로부터 비롯된 것이다. 그러나 한편으로 중혼은 그로 인하여 또 하나의 혼인배우자, 출생된 자(子)의 신분관계를 보호할 사회적 이익도 있다. 그런데 중혼의 경우는 혼인적령위반 등 다른 혼인취소사유와 달리 특별히 검사를 취소청구권자의 하나로 둔 점, 취소청구권의 소멸기간에 대한 규정이 없는 점 등에 앞서 든 일부일처제도 등을 보태어 보면, 비록 취소할 수 있는 혼인이라고 하여도 반사회성·반윤리성이 다른 혼인취소사유에 비하여 무거운 것으로 평가할 수 있다. 헌법재판소는 위와 같은 사정과 다른 나라들의 입법례의 경우도 중혼에 대한 위법성을 무효로 보기도 하고, 취소사유로 보기도 하는 점을 종합하여 보면, 중혼을 무효사유로 볼 것인가, 아니면 취소사유로 볼 것인가, 나아가 취소사유로 보는 경우 취소청구권자로 어느 범위까지 인정할 것인가 하는 문제는 중혼의 반사회성·반윤리성과 혼인생활의 사실상 보호라는 공익과 사익을 어떻게 규율할 것인가의 문제로서 기본적으로 입법형성의 자유가 넓게 인정되는 영역이라고 판단하였다. 따라서 이러한 영역에서의 헌법위반 여부를 판단할 수는 있는 기준과 함께 직계비속과의 비교 대상을 찾아 중혼의 취소청구권자로 규정하지 아니한 정당한 이유가 있는지가 쟁점이 될 것이다.

나. 판단의 근거·이유

첫째, 먼저 심사기준으로는 이 사건 법률조항은 중혼의 취소청구권자를 규정하면서 직계비속을 취소청구권자에 포함시키지 아니한 것인데, 앞서 본 바와 같이, 중혼의 취소청구권자를 어느 범위까지 포함할 것인지에 관하여는 입법자의 입법재량의 폭이 넓은 영역이라 할 것이어서, 이 사건 법률조항이 평등원칙을 위반했는지 여부를 판단함에 있어서는 자의금지원칙 위반 여부를 심사하는 것으로 족하다고 하였다(2000헌바84, 판례집 14-2, 268, 283-285 등 참조). 다음으로는 직계비속과 의미 있는 비교대상 집단은 직계존속·4촌 이내의 방계혈족을 들 수 있다. 따라서 직계존속·4촌 이내의 방계혈족과 비교하여, 직계비속이 중혼의 취소청구를 할 수 없는 차별취급이 합리적인지 아닌지를 살펴본다. ① 중혼 당사자와 가장 가까운 직계존속인 부모와 직계비속 중에 가장 가까운 자식을 비교해보면, 그 촌수는 모두 1촌으로 동일하며, 단지 부모의 지위를 가지는가, 아니면 자식의 지위를 가지는가의 차이밖에 없다. 이와 같은 차별을 한 이유는 부모의 중혼 여부에 대하여 자식이 이를 문제 삼아서는 안 된다는 가부장적·종법제적인 사고가 바탕이 된 것으로 보일 뿐이고, 다른 합리적인 사유를 상정하기 어렵다. ② 민법 제779조는 가족의 범위로 배우자·직계혈족 및 형제자매·직계혈족의 배우자·배우자의 직계혈족 및 배우자의 형제자매를 정하고 있고, 반면, 4촌 이내의 방계혈족으로는 형제자매·백숙부·종형제자매·조카 등이 있다. ③ 헌법재판소는, 위 조항과 이 사건 법률조항을 연결해서 보면, 가족의 범위에 포함되지 않는 백숙부·종형제자매·조카 등이 가족인 직계비속은 가지지 못하는 중혼취소청구권을 가지게 되고, 직계비속보다 나이가 더 어릴 수 있는 종형제자매(4촌)는 중혼취소청구권을 가지게 되는 반면에 중혼취소를 통하여 재산상속분이 증가할 수 있고, '국가유공자 등 예우 및 지원에 관한 법률'에서 정한 보훈급여금의 지급순위가 달라질 수 있는 등 중혼 취소를 구할 법률적 이해관계가 더 큰 직계비속은 그 취소청구권을 가지지 못하게 되는 불합리한 점이 있다고 설시하였다. 따라서 이 사건 법률조항이 합리적인 이유 없이 직계존속 및 4촌 이내의 방계혈족에게는 중혼의 취소청구권을 부여하고, 직계비속에게는 중혼의 취소청구권을 부여하지 않았다고 할 것이어서, 평등의 원칙에 위반된다는 결론에 이르게 된다. ④ 그렇다면 이 사건 법률조항은 평등의 원칙을 위반하여 헌법에 위반되므로 위헌결정을 하여야 할 것이다. 그러나 이에 대하여 위헌결정을 하여 당장 그 효력을 상실시킬 경우에는 이 사건 법률조항에서 정한 취소청구권자들 역시 중혼의 취소청구를 할 수 없게 되는 법적 공백상태가 발생할 수 있다. 둘째, 이 사건 법률조항의 위헌성을 어떤 방법으로 제거하여 새로운 입법을 할 것인가에 관하여는 여러 가지 방안이 있을 수도 있다는 점을 살펴본다. ① 이 사건 법률조항은 헌법에 합치되지 아니하나 입법개선 시까지 잠정적으로 적용하는 것이 바람직하다고 할 것이다. ② 이러한 이유로 헌법재판소는 입법자는 되도록 빠른 시일 내에, 늦어도 2011. 12. 31.까지는 새 입법을 함으로써 이 사건 법률조항의 위헌적 상태를 제거하도록 하였다.

다. 결정의 의의

위 헌재결정은 첫째, 직계비속에게도 중혼취소청구권자의 자격이 있음을 천명하였다는 점에서 의의가 있다. 한편 중혼은 중혼의 당사자나 그 배우자에 대해서는 직접적으로 법익을 침해하는 것이지만, 그 밖의 사람들에 대해서는 직접적으로 법익을 침해한다고 보기 어려운 점, 후혼에 의하여 이루어진 부부관계와 친자관계도 보호할 가치가 있는 점, 중혼상태의 실상을 보면 전혼은 사실상 해소되고 후혼이 실질적인 혼인기능을 하고 있는 경우가 많은 점 등을 살피면, 중혼의 취소 여부는 중혼으로 인하여 직접적으로 법익을 침해당한 중혼 당사자와 그 배우자의 자기결정권에 맡겨야 할 사항이라고 보는 것이 타당할 것이다. 둘째, 중혼의 경우에 후혼당사자나 전혼의 배우자가 아닌 제3자에게 혼인취소권을 인정하려면 혼인당사자의 혼인관계상 권리를 부정하게 하여도 좋을 만큼 정당한 사유가 있어야 할 것인데, 검사나 직계존속이나 4촌 이내의 방계혈족에게 중혼취소청구권을 인정할 당위성과 합리성 역시 찾아보기 어렵다. 그렇다면 이러한 점에 관한 설시가 좀 더 추가되어 결정되었다면 하는 아쉬움이 있다.

제5절 혼인의 효과

Ⅰ. 일반적 효과

1. 친족관계의 발생

① 혼인한 부부는 서로 배우자가 되고(제777조 제3호), 서로 상대방의 4촌 이내의 혈족, 그 혈족의 배우자와 인척이 된다(제777조 제2호·제769조). ② 부부 중 한쪽이 사망하면 다른 한쪽은 재산상속권(대습상속권 포함)을 취득한다(제1003조).

2. 성불변의 원칙

혼인한 부부의 성(姓)은 변함이 없다(성불변의 원칙이 지켜진다. 일본의 경우, 혼인한 부부의 성은 남편 또는 아내의 성 중 어느 하나를 선택하여 부부의 성으로 정하도록 하고 있다(일본 민법 제750조). 일본최고재판소는 2016. 12. 16. 동 조항이 합헌이라고 판결하였다).

3. 동거 · 부양 · 협조의무

① 혼인한 부부는 동거 · 부양 · 협조의무를 진다(제826조 제1항 본문). ② 동거의무의 경우에 그 장소는 협의에 따르고, 그 협의가 이뤄지지 않을 경우에는 가정법원이 정하게 된다(제826조 제2항). ③ 부부 한쪽이 정당한 이유 없이 동거의무를 이행하지 않을 경우(다른 한쪽은 가정법원에 동거를 명하는 심판을 청구할 수 있으나, 그 심판에 대하여 직접강제는 물론 간접강제의 방법은 허용되지 않는다 할 것이다. 혼인의 본질에 반하기 때문이다), 이는 악의의 유기로서 재판상 이혼사유가 된다(제840조 제2호). ④ 부부는 서로 부양할 의무를 진다(부부로서의 혼인공동체의 영위에 필요한 의식주를 서로 보장하는 의무로서 그 정도와 내용은 부부의 사회적 지위 · 재산상태를 고려하여 서로 자기의 생활과 같은 수준으로 부양하여야 함을 뜻한다. 이는 한 조각의 빵이라도 나누어 먹는 정도의 부양으로서 제1차적 부양의무라는 점에서 제974조 소정의 친족 사이의 부양의무와 구별된다). 또한 제826조 제1항에 규정된 부부간의 상호부양의무는 부부의 일방에게 부양을 받을 필요가 생겼을 때 당연히 발생되는 것이기는 하지만, 과거의 부양료에 관하여는 특별한 사정이 없는 한, 부양을 받을 자가 부양의무자에게 부양의무의 이행을 청구하였음에도 불구하고 부양의무자가 부양의무를 이행하지 아니함으로써 이행지체에 빠진 이후의 것에 대하여만 부양료의 지급을 청구할 수 있을 뿐, 부양의무자가 부양의무의 이행을 청구받기 이전의 부양료 지급은 청구할 수 없다고 보는 것이 부양의무의 성질이나 형평의 관념에 부합한다(대결 2017. 8. 25.자 2014스26). ⑤ 부부의 한쪽이 정당한 이유 없이 부양의무를 이행하지 않을 경우(상대방은 가정법원에 부양에 관한 심판을 청구할 수 있고, 가정법원의 부양료지급심판은 강제이행이 가능하다), 이는 악의의 유기(제840조 제2호) 또는 기타 혼인을 계속하기 어려운 중대한 사유(제840조 제6호)로서 재판상 이혼원인이 된다. ⑥ 부부는 서로 협조의무를 진다(부부로서의 혼인공동체의 유지를 위하여 서로 협력하여 할 의무이다). 정당한 사유 없이 한쪽이 그 의무를 이행하지 않을 경우(상대방은 가정법원에 그 심판을 청구할 수 있으나, 그 의무의 성질상 강제이행은 허용되지 않는다), 이는 재판상 이혼사유(제840조 제6호)가 될 뿐이다.

4. 성적 충실의무

부부 사이에는 서로 성적 충실의무를 부담한다(제810조 · 제840조 제1호, 일부일처제를 지향하는 혼인의 본질상 부부 사이에는 성적 충실의무를 부담하는 것으로 보아야 한다). 부부의 한쪽이 이를 위반할 경우, 상대방은 부정행위를 이유로 재판상 이혼(제840조 제1호)과 함께 손해배상도 청구할 수 있다(제843조 · 제806조). 부정행위를 한 제3자도 배우자 있음을 알고 정을 통한 경우, 제760조 소정의 공동불법행위책임을 진다(대판 2005. 5. 13. 2004다1899).

5. 기 타

미성년자가 혼인을 하면 사법상의 법률관계에서 성년으로 취급된다(제826조의2).

Ⅱ. 재산적 효과

1. 부부재산계약

(1) 의 의

(가) 개 념

부부의 어느 한쪽이 제3자와 거래를 하거나 또는 부부가 장차 이혼할 경우 등에 대비하여 부부 사이의 재산관계를 법적으로 명확히 해 둘 필요가 있다. 부부 사이의 재산관계(부부재산제)를 어떻게 정할 것인가와 관련하여, 민법은 우선 혼인당사자의 자유로운 합의에 맡긴다는 태도를 취하고 있고(제829조), 만약 그러한 부부재산계약이 체결되지 않았다면 법정부부재산제인 별산제 등을 일률적으로 적용하도록 하고 있다(제830조-제833조). 장차 부부로 될 자가 혼인이 성립하게 전에 그들의 재산관계를 미리 약정하는 계약을 부부재산계약 또는 계약재산제라 한다(제829조 제1항 참조). 실제 거의 활용되고 있지는 않다.

(나) 법적 성질

첫째, 부부재산계약은 혼인계약에 따르는 종된 계약이다. 보통의 경우, 종된 계약(가령 계약금계약)은 주된 계약(가령 매매계약)의 체결 후(또는 체결과 동시)에 이루어지지만, 부부재산계약은 혼인신고 전에만 체결할 수 있고(제829조 제1항), 혼인이 성립되었을 때 그 효력이 발생하는 특색을 지닌다. 한편 부부재산계약은 혼인성립 시부터 혼인이 종료할 때까지만 유효하다. 혼인이 종료(일방의 사망)·해소(이혼·혼인의 취소)되면 그때부터 효력이 상실한다. 둘째, 혼인하려는 남녀 사이의 합의만으로 성립하는 낙성·불요식계약이다.

(2) 방식·등기 등

(가) 방 식

부부재산계약의 방식에는 제한이 없다. 문서에 의하든 구두로 하든 그 계약의 효력은 유효하고, 공증이나 증인도 필요하지 않다. 그런데 부부 사이의 기본적인 재산관계를 정하는 부부재산계약은 특별한 사유가 없는 한 혼인 후에는 그 변경이 허용되지 않는다는 점에 비춰볼 때 그 내용을 보다 명확히 할 필요가 있다. 그렇다면, 입법론적으로는 서면에 의한 계약체결이 바람직하다.

(나) 내 용

계약자유의 원칙상 부부재산계약의 내용은 부부의 자유의사에 따른다. 재산관리자의 선임·변경, 등기명의자 등이 주요 대상이 된다. 다만, 혼인의 본질이나 양성평등 또는 사회질서에 반하는 사항은 계약내용이 될 수 없다(가령 아내가 남편의 동의를 얻어야만 재산행위를 할 수 있다는 내용의 계약은 제103조 위반으로서 무효이다). 또한 혼인성립 이전·혼인종료 이후의 재산관계를 정하는 것도 마찬가지이다. 조건부·기한부 부부계약은 원칙적으로 허용되지 않는다 할 것이다(같은 견해 김주수·김상용, 앞의 책, 139면).

(다) 등 기

부부재산계약이 부부의 승계인(상속인 또는 포괄수증자)이나 제3자에게 대항하기 위해서는 혼인신고 시까지 이를 등기하여야 한다(제829조 제4항). 혼인 중 계약내용의 변경, 관리자의 변경, 공유재산의 분할이 있는 경우에도 마찬가지이다(제829조 제5항). 부부재산계약의 등기는 남편이 될 자의 주소지를 관할하는 지방법원, 그 지원 또는 등기소에 부부 쌍방이 공동으로 신청하여야 한다(비송사건절차법 제68조·제70조).

(3) 계약의 변경

(가) 변경불가의 원칙

부부재산계약이 체결되면 혼인 중에는 원칙적으로 변경하지 못한다(제829조 제2항 본문). 혼인 중에 그 변경을 자유롭게 한다면 부부의 한쪽이 다른 쪽을 압박하여 그 한쪽에게 유리한 내용의 계약으로 변경할 우려가 있을 수 있음을 고려한 취지로 보인다.

(나) 변경이 가능한 경우

첫째, 정당한 사유가 있는 경우에는 법원의 허가를 얻어 이를 변경할 수 있다(제829조 제2항 단서). 둘째, 부부재산계약에 의하여 부부의 일방이 다른 일방의 재산을 관리하는 경우에 부적당한 관리로 인하여 재산을 위태롭게 한 때에는 다른 일방은 자기가 관리할 것을 법원에 청구할 수 있다(제829조 제3항 전단). 법원이 그 청구를 받아들여 재산관리권을 다른 일방에게 이전하라는 판결을 내리면, 그 부분에 대한 부부재산계약은 변경하게 된다. 이러한 경우, 그 재산이 부부의 공유인 때에는 그 분할을 청구할 수 있다(제829조 제3항 후단). 셋째, 부부재산계약에서 혼인 중의 관리자의 변경이나 공유재산의 분할에 관하여 미리 정한 경우에는 혼인 중에 법원의 허가 없이도 관리자의 변경이나 그 분할이 가능하다(제829조 제5항).

(4) 계약의 종료

첫째, 사기·강박에 기한 부부재산계약은 이를 취소할 수 있다 할 것이다(제816조의 유추 적용). 둘째, 부부재산계약의 결과가 사해행위가 되는 경우, 부부의 채권자는 제406조에 기한 채권자취소권을 행사할 수 있다(김주수·김상용, 앞의 책, 140면 : 박동섭, 앞의 책, 130면). 이 같은 사유로 부부재산계약이 취소되면,

부부의 재산관계는 법정재산제로 전환된다 할 것이다. 셋째, 부부 일방의 사망·이혼·혼인의 취소 등으로 혼인관계가 종료·소멸되면 부부재산계약도 종료된다. 다만, 그 계약 종료의 효력은 소급효가 없다(제824조 참조).

2. 법정재산제

(1) 법정재산제의 의의·유형

앞에서 살핀 바와 같이 부부의 재산관계는 계약에 의해 명확히 할 수 있으나(부부재산제), 그것이 불분명한 경우에는 법률의 규정에 의해 처리된다(제830조-제833조). 이러한 법정재산제에는 부부의 재산을 공유로 새기는 공유제(프랑스의 경우)·부부가 각자의 재산을 취득하고 보유하면서 남편이 그 재산관리를 하는 관리공통제(독일·구민법의 경우)·부부평등의 이념아래 부부가 각자 별도로 재산을 소유하고 관리하는 별산제(영국·일본·미국의 통일혼인재산법(Uniform Marital Property Act, 1987))가 있는데, 우리 민법은 부부별산제(夫婦別産制)를 취하고 있다.

(2) 부부별산제의 내용

●● 사례

A녀(원고)와 B남(피고)은 1961년경에 혼인신고를 마친 부부로서 그 사이에 2남 2녀를 낳고 살다가 1989년에 둘은 이혼하였다. 그런데 혼인생활 중이던 1968년에 A 이름으로 경락된 대지 위에 건물이 건축되어, 가옥대장상에는 A가 소유자로 등재되었다. A는 이 가옥대장을 이용하여 B남과 이혼한 후인 1992년에 그 건물을 자신의 이름으로 소유권보존등기를 마쳤으나, B가 그 건물을 비워주지 않자 건물을 돌려달라는 취지의 소송을 제기했다. B는 어떠한 방법을 통하여 A의 청구에 대응할 수 있는가?

●● 사안의 쟁점:

첫째, 부부별산제가 무엇인지, 둘째, 부부 중 일방이 혼인 중 자기 명의로 취득한 재산은 누구의 소유로 평가하는지, 셋째, 추정된 재산을 번복하기 위한 방법이 무엇인지 등이다.

(가) 특유재산

부부 중 어느 한쪽이 혼인 전부터 가진 재산(고유재산)과 혼인 중 자기의 명의로 취득한 재산은 그 특유재산으로서 그 개인 소유의 재산이 된다(제830조 제1항). 가령 상속 또는 증여받은 재산, 그로부터 생긴 수익, 의복·장신구 등을 들 수 있다. 이러한 특유재산은 부부가 각자 자신의 재산으로서 관리·사용·수익·처분할 수가 있다(제831조). 특유재산의 경우, 이혼 시에도 다른 일방은 원칙적으로 재산분할의 대상이 되지는 않는다. 다만, 혼인생활 중에 일방의 특유재산의 유지・증가에 대한 다른 일방의 기여도가 인정된다면 그 한도 내에서 재산분할청구가 가능하다. 그런데 부부 일방의 명의로 되어있음에도 부부가 혼인 중에 협력한 사정으로 재산을 이룬 경우 이를 어떻게 평가하여야 하는가? 판례는 재산을 취득할 당시 다른 일방이 대가를 부담한 경우처럼 구체적으로 기여한 사정이 인정된다면 특유재산의 추정이 번복되어 공유재산 또는 다른 부부 일방의 재산으로 볼 수 있다고 판시하고 있다(대판 1995. 10. 12. 95다25695 등). 다만 처의 가사노동 정도로는 그 구체적인 기여를 인정할 수 없다는 것이 판례의 입장인데 가사노동에는 일반노동과 비교할 수 없는 헌신과 애정이라는 요소가 있으므로 부부의 실질적 평등을 위해서도 그 가치를 인정하여야 한다는 주장이 있다(김주수・김상용, 앞의 책, 142면)

(나) 공유재산

부부의 누구에게 속한 것인지 그 귀속주체가 분명하지 아니한 재산, 이른바 귀속불명재산은 부부의 공유로 추정한다(제830조 제2항). 이 경우의 지분도 균등한 것(1/2)으로 추정된다. 가령 혼인공동생활에 필요한 가재도구 등은 부부의 공유에 속한다 할 것이어서 이혼 시 부부는 각자의 지분에 따른 분할청구를 할 수 있다. 주의할 점은 혼수품이라고 하여 당연히 부부의 공유로 추정되지는 않는다는 것이다(헌재결 2002. 7. 18. 2002헌마202). 또한 한편 부부가 협력하여 부동산을 취득할 경우에는 공동명의로 등기해야만 대외관계에서 공동소유로 인정된다.

●● 사례의 해결:

첫째, 부부의 일방이 혼인 중에 자신의 이름으로 취득한 재산은 그 명의자의 특유재산으로 추정되고, 다만 실질적으로 다른 일방 또는 쌍방이 그 재산의 대가를 부담하여 취득한 것이 증명된 때에는, 특유재산의 추정은 번복되어 다른 일방의 소유이거나 쌍방의 공유라고 보아야 할 것이다. 둘째, 그러나 그 재산을 취득함에 있어 상대방의 협력이 있었다거나 혼인생활에 있어 내조의 공이 있었다는 것만으로는 위 추정을 번복할 사유가 될 수는 없다. 셋째, 따라서 이 사건 건물은 A녀와 B남이 혼인기간 중에 A의 이름으로 신축되어 취득한 부동산으로써 A의 소유로 추정되지만, B가 자신이 건물에 대한 대가를 부담하여 취득한 것을 증명한다면 A의 청구를 기각할 수 있을 것이다.

(대판 1992. 12. 11. 92다21982의 사실관계와 판결요지 등 참조)

판 례

■ 부동산의 취득과정에 처의 기여가 있다는 점만으로 명의자인 부 소유로의 추정을 번복하고 부부의 공유라고 인정할 수 있는지 여부(소극)

"민법 제830조는 부부의 일방이 혼인 전부터 가진 고유재산과 혼인 중 자기의 명의로 취득한 재산은 그 특유재산으로 한다고 규정하고 있으므로 부의 명의로 있던 부동산은 그 취득시기가 처와의 혼인 전후인가를 불문하고 부의 소유로 추정된다고 할 것이고, 처가 위 부동산의 취득과정에 일부 기여한 점이 있다고 하더라도 그러한 점만으로 위 추정을 번복하고 위 부동산이 부부의 공유라고 인정할 수 없다."(대판 1992. 7. 28. 91누10732)

■ 부부 일방의 특유재산으로 추정되는 경우, 상대방 배우자의 적극적 재산증식 노력 등의 실질적 사유에 관한 입증이 없으면 그 추정을 번복하기에 부족하다고 한 사례

"부부 중 일방의 명의로 된 농지나 예금 등 재산은 그의 특유재산으로 추정되는바, 그 취득에 상대방 배우자가 대가나 채무를 부담하였다거나 적극적인 재산증식의 노력이 있었다는 등의 실질적인 사유에 관한 아무런 입증이 없는 이상 상대방 배우자가 가정주부로서 남편의 약국 경영을 도왔다는 것만으로는 그 추정을 번복하기에 부족하다고 한 사례."가 있다(대판 1998. 6. 12. 97누7707).

■ 부부의 일방이 혼인 중 자기명의로 취득한 재산이 부부의 공유로 인정되는 경우

"부부의 일방이 혼인 중 그의 명의로 취득한 부동산은 그의 특유재산으로 추정되는 것으로서 그 부동산을 취득함에 있어 상대방의 협력이 있었다거나 혼인생활에 있어 내조의 공이 있었다는 것만으로는 위 추정을 번복할 수 있는 사유가 되지 못하고 그 부동산을 부부각자가 대금의 일부씩을 분담하여 매수하였다거나 부부가 연대채무를 부담하여 매수하였다는 등의 실질적 사유가 주장·입증되는 경우에 한하여 위 추정을 번복하고 그 부동산을 부부의 공유로 인정할 수 있다."(대판 1986. 9. 9. 85다카1337)

■ 부부 특유재산의 추정이 번복되는 경우

"부부의 일방이 혼인 중 그의 명의로 취득한 부동산은 그의 특유재산으로 추정되는 것이지만, 그 부동산을 부부 각자가 대금의 절반 정도씩을 분담하여 매수하였다는 실질적 사유가 입증된 경우에는 그 추정을 번복하고 그 부동산을 부부의 공유로 인정할 수 있다."(대판 1995. 2. 3. 94다42778)

■ 처가 남편의 수입을 증식한 재산으로 부동산을 매입한 경우의 소유권귀속

"부동산매입자금의 원천이 남편의 수입에 있다고 하더라도 처가 남편과 18년간의 결혼생활을 하면서 여러 차례 부동산을 매입하였다가 이익을 남기고 처분하는 등의 방법으로 증식한 재산으로써 그 부동산을 매입하게 된 것이라면 위 부동산의 취득은 부부쌍방의 자금과 증식노력으로 이루어진 것으로서 부부의 공유재산이라고 볼 여지가 있다."(대판 1990. 10. 23. 90다카5624)

■ 처 명의 부동산의 주된 매입 자금이 부의 수입이지만 처의 적극적인 재산증식 노력이 있었던 경우, 이를 부부 공유재산으로 볼 수 있는지 여부(적극)

"처 명의 부동산의 주된 매입 자금이 부의 수입이지만 처의 적극적인 재산증식 노력이 있었던 경우, 이를 부부 공유재산으로 볼 여지가 있다고 보아, 이를 처의 특유재산으로 인정한 원심판결을 파기한 사례."가 있다(대판 1995. 10. 12. 95다25695).

■ 부부공유재산의 추정과 부부공유의 유체동산에 대한 압류는 혼인관계가 유지되고 있는 부부를 전제로 하는지 여부(적극)

"부부의 누구에게 속한 것인지 분명하지 아니한 재산은 부부의 공유로 추정하고(민법 제830조 제2항), 채무자와 그 배우자의 공유로서 채무자가 점유하거나 그 배우자와 공동으로 점유하고 있는 유체동산은 압류할 수 있는데(민사집행법 제190조), 이와 같은 부부공유재산의 추정과 부부공유의 유체동산에 대한 압류는 혼인관계가 유지되고 있는 부부를 전제로 한다고 할 것이다."(대판 2013. 7. 11. 2013다201233)

Ⅲ. 혼인생활비용의 공동부담

첫째, 부부의 공동생활에 필요한 비용은 당사자 사이에 특별한 약정이 없으면 부부가 공동으로 부담한다(제833조). 그 필요한 비용이란, 부부의 재산 · 수입 · 사회적 지위 등에 부합하는 혼인공동생활을 영위하는 데 필요한 비용을 말한다(가족의 의식주비용, 자녀의 출산 · 양육 · 교육 등에 소요되는 비용을 당연히 포함한다). 제826조의 부부간의 부양 · 협조는 부부가 서로 자기의 생활을 유지하는 것과 같은 수준으로 상대방의 생활을 유지시켜 주는 것을 의미하는데, 이러한 부양 · 협조의무를 이행하기 위한 기준을 제833조가 제시하는 것이다(대결 2017. 8. 25.자 2014스26). 즉 제826조 제1항은 부부간의 부양 · 협조의무의 근거를, 제833조는 위 부양 · 협조의무 이행의 구체적인 기준을 제시한 조항이다. 따라서 제833조에 따른 생활비용청구가 제826조와는 무관한 별개의 청구원인에 따른 청구라고 할 수는 없을 것이다(대결 2017. 8. 25.자 2014스26). 둘째, 공동부담의 의미는 반드시 동일한 액수를 부담해야 한다는 의미가 아니라, 각자의 능력에 따라 분담한다는 의미로 새겨야 한다. 셋째, 그 비용분담액은 부부의 협의에 의해 정하고, 그 협의가 되지 않으면 가정법원에 심판을 청구할 수 있다(가사소송법 제2조 제1항 마류사건 제1호. 동법 제50조의 규정상 조정전치주의가 적용된다). 넷째, 혼인생활의 공동부담에 관한 민법의 규정은 당연히 사실혼부부의 경우에도 적용된다 할 것이다.

Ⅳ. 일상가사대리권과 일상가사채무의 연대책임

1. 민법의 규정(일상가사대리권과 일상가사채무의 연대책임)

●● 사례

B는 이 사건 부동산을 C로부터 매입하였다. 그 과정을 보면, 매입 당시에 B는 C에게 이 사건 부동산의 소유자인 A의 위임장이나 인감증명 등의 제출을 요구하거나 A와 직접 접촉하지는 않았고, 다만 C가 A의 아내이고 당시 A가 외국에 체류 중인 사실만 확인한 채, C와 매매계약을 체결하였다. 또한 B는 A의 인감증명 등을 발급받기 어려운 사정 때문에 A의 주소를 거짓으로 써서 소송을 제기하여 사위판결(詐僞判決)을 받은 다음에, 대위등기(代位登記)로써 그 부동산의 소유권이전등기를 B의 이름으로 마쳤던 것이다. 그 후 외국에서 돌아온 A는 B를 상대로, B 명의의 소유권이전등기는 원인이 없는 무효의 등기이므로, 이 사건 부동산을 되돌려 달라는 취지(소유권이전등기말소)의 소송을 제기하였다. A의 청구는 인용될 것인가?

●● 사안의 쟁점:

첫째, 일상가사의 범위가 무엇인지, 둘째, 일상가사의 범위를 넘은 경우 부부 일방의 책임은 어떻게 되는지 등이다.

부부는 일상의 가사에 관하여 서로 대리권이 있다(제827조 제1항). 게르만인들은 혼인할 때 아내가 남편으로부터 열쇠의 인도를 받음으로써 주부(Hausfrau)의 권리를 취득한 것으로 보았는데, 부부 사이의 일상가사대리권은 게르만법상의 열쇠의 권능(Schlüsselgewalt)에서 비롯한 것이다. 한편 부부의 일방은 일상가사대리권을 제한할 수 있으나, 그 제한은 선의의 제3자에게 대항하지 못한다(제827조 제2항).

부부의 일방이 일상의 가사에 관하여 제3자와 법률행위를 한 때에는 다른 일방은 이로 인한 채무에 대하여 연대책임이 있다(제832조 본문).

2. 일상가사의 의의

부부가 혼인공동체생활을 해 나가기 위하여 필요로 하는 통상의 사무를 일상가사(日常家事)라고 한다.

3. 일상가사의 범위

(1) 판단기준

첫째, 일상가사의 내용·정도 및 범위는 그 부부의 생활 정도와 그들이 사는 지역사회의 관행 내지 보편적인 견해에 의해 정해진다. 나아가, 부부의 사회적 지위·직업·재산·수입능력·돈을 빌릴 때의 상황 등 현실적 생활상태를 종합적으로 고려하여 구체적·개별적으로 결정된다. 둘째, 보통의 경우에 일상생활에 필요한 비용(식료품·의복 구입비, 가족의 병원비, 주택의 임차비용, 집세·방세의 지급과 수령, 가재도구의 구입비, 전기·수도·가스의 공급계약체결 및 그 비용지급, 자녀의 양육비·교육비 등)은 일상가사의 범위에 속한다. 셋째, 유흥비·도박자금·부동산투기자금·곗돈 등으로 빌려 쓴 돈, 일상생활비로서 타당 시 되는 범위를 초과한 금액의 소비대차 등은 특별한 사정이 없는 한 일상가사의 범위로 볼 수 없다.

(2) 일상가사의 범위로 본 판례

① 아파트 구입비용 명목으로 금전을 차용한 경우에 그 비용의 지출이 부부공동체 유지에 필수적인 주거공간을 마련하기 위한 것이라면 이는 일상가의 범위에 속한다(대판 1999. 3. 9. 98다46877).

(3) 일상가사로 보지 않은 판례

① 남편의 돈과 은행대출금으로 의류매장을 경영하면서 경영부진으로 거액의 채무를 부담하고 있는 처가 부담한 금 40,000,000원의 계금채무(대판 2000. 4. 25. 2000다8267), ② 부인이 교회에의 건축헌금, 가게의 인수대금, 장남의 교회 및 주택임대차보증금의 보조금, 거액의 대출금에 대한 이자지급 등의 명목으로 금원을 차용한 행위(대판 1997. 11. 28. 97다31229), ③ 아내가 외국에 체류 중인 남편의 재산을 처분한 행위(대판 1993. 9. 28. 93다16369), ④ 아내가 자가용차의 구입 명목으로 타인으로부터 금전을 차용하는 행위(대판 1985. 3. 26. 84다카1621), ⑤ 아내가 남편 소유의 부동산을 매각하는 행위(대판 1966. 7. 19. 66다863) 등은 일상가사에 속하지 않는다.

4. 일상가사대리권과 표현대리의 성립 여부

(1) 문제의 소재

일상사가대리는 부부라는 신분관계에서 자연히 발생하는 것이므로, 제114조 소정의 현명주의(顯名主義 : 남편 X의 대리인 아내 Y라는 표시)를 필요로 하지 않는다. 그렇지만 부부 일방의 행위가 일상가사에 관한 법률행위(대리행위)로 인정될 경우, 다른 일방인 배우자 본인이 당연히 책임을 지게 된다. 그러나 그 한쪽의 행위가 일상가사에 관한 법률행위로 인정되지 않을 경우, 다른 일방은 그 책임을 지지 않게 된다. 이러한 경우에 일상가사대리권을 기본대리권으로 하는 제126조 소정의 대리권한을 넘은 표현대리의 성립 여부가 문제된다.

(2) 제126조의 표현대리 성립 여부

이에 관한 학설은 다툼이 있다. ① 일상가사대리권의 법적 성질은 법정대리권이라 하면서, 일사가사대리권을 기본대리권으로 하여서도 제126조의 표현대리가 성립할 수 있다는 제1설(김상용, 「민법총칙」, 화산미디어, 2009, 609면 등), ② 일상가사대리권의 법적 성질을 혼인공동체 대표자의 대표권이라 하면서, 상대방이 일상가사대리의 범위 내라고 믿을 만한 정당한 이유가 있는 경우에는 제126조를 유추 적용하여야 한다는 제2설(김주수, 「민법총칙」, 삼영사, 1986, 342면), ③ 일상가사대리권은 부부간의 묵시적 수권행위가 법률로 표현된 것이라고 이해함으로써, 부부관계의 태양에 따라 일상가사의 범위가 신축될 것이라고 하면서, 일상가사의 범위에 들어갈 경우에는 바로 제827조가 적용되고 그러한 범위를 넘는 경우에는 대리권의 수여문제가 아니라, 제126조의 정당한 이유의 존부 문제로 다루어 표현대리의 인정 여부를 결정하는 것이 타당하다는 제3설(고상용, 「민법총칙」, 법문사, 1990, 582면), ④ 일상가사대리권을 기본대리권으로 인정할 경우에도 상대방의 신뢰는 언제나 정당한 이유가 없는 것으로 판단될 것이라 하면서, 일상가사대리권에 본조의 적용을 인정하더라도, 실제로는 본조의 요건을 갖추지 못함으로써 본조의 적용의도가 유명무실하게 되기 때문에 법정대리에 제126조를 적용할 필요가 없다는 제4설(김주한·김학동, 「제9판 민법총칙」, 박영사, 1995, 451면) 등으로 나뉜다. 판례는 대체로 제1설과 같은 견해를 취하고 있는 것으로 보인다(같은 견해 송덕수, 앞의 책, 1479면).

(3) 표현대리의 성립을 긍정한 판례

① 처가 남편 몰래 인감과 인감증명서를 소지하고 남편의 대리인인 것처럼 행세하여 타인으로부터 돈을 빌리면서 그 담보로 남편 소유의 부동산에 관하여 소유권이전청구권 보전의 가등기를 해 준 경우(대판 1981. 6. 23. 80다609), ② 그 처와 15년 전부터 별거하고 있는 갑이 9년 전부터 을을 만나 사실상 부부관계를 맺고 대외적으로도 부부로 행세하여 온 경우에 갑이 을을 대리하여 을 소유의 부동산에 관하여 근저당권설정계약을 체결한 경우(대판 1980. 12. 23. 890다2077), ③ 처가 본인의 인장을 사용하여 2년 동안에 걸쳐 모두 100여장의 본인 명의의 수표 및 어음을 발행하는 것을 중간에 알고도 방치한 자에게 처가 본인 명의로 수표를 발행하여 할인한 경우(대판 1991. 6. 11. 91다3994) 등이 있다.

(4) 표현대리의 성립을 부정한 판례

① 제3자를 남편으로 가장시켜 관련 서류를 위조하여 남편 소유의 부동산을 담보로 하여 금원을 대출받은 경우(대판 2002. 6. 28. 2001다49814), ② 처가 남편의 채무에 관하여 채권자들과 채무금 확정 및 분할변제약정을 한 경우(대판 1990. 12. 26. 88다카24516), ③ 처가 남편 명의로 친정 오빠의 자동차 할부매매 보증보험계약상의 채무에 관하여 연대보증계약을 체결한 경우(대판 1998. 7. 10. 98다18988), ④ 남편이 식품회사와 대리점 계약을 체결한 후 그 회사에 '처가 대리점 계약에 의한 남편의 채무를 연대보증한다.'는 내용에 처의 인감도장이 날인된 처 명의의 연대보증각서와 대리 발급된 처의 인감증명서를 제출한 경우에 그와 같은 연대보증각서의 제출이나 그 각서 제출 전 남편이 체결한 보증보험계약에 처가 직접 연대보증하였다는 사정만으로 처가 남편에게 연대보증에 관한 대리권을 수여하였다고 보기 어렵다고 한 사례(대판 2009. 12. 10. 2009다66068) 등이 있다.

생각건대 일상가사대리권도 대리권의 일종으로서 제126조의 표현대리에서 말하는 기본대리권일 될 수 있다 할 것이다. 그렇다면, 부부의 행위가 일상사가의 범위 내에 속한다고 상대방이 믿을 만한 정당한 이유가 있을 때에는, 일상가사대리권을 기본대리권으로 하는 제126조의 표현대리가 성립하지만, 그 이유를 인정할 수 없을 경우에는 특별한 수권행위가 없는 한, 제126조의 표현대리는 성립하지 않는다고 하여야 한다.

5. 일상가사채무의 연대책임

(1) 원 칙

부부 중 어느 일방이 일상가사에 관하여 제3자와 법률행위를 한 경우, 다른 일방은 이로 인한 채무에 대하여 연대책임을 지게 된다(제832조 본문). 부부가 부담하는 연대책임은 일상가사로 인한 채무의 경우, 부부가 연대채무를 부담한다는 의미이다. 보통의 연대채무는 각 채무자의 부담부분에 한하여 상계·면제·소멸시효의 효력이 생기지만, 부부의 연대책임은 혼인공동생활에서 비롯되는 부부 사이의 긴밀한 내적 연관성의 특성상 부부가 완전히 동일한 채무를 병존적으로 부담하는 것이라서, 부담부분이라는 것이 없다(제418조 제2항·제419조·제421조는 적용되지 않는다). 따라서 일방에 대한 채권자로부터의 채무면제·채무의 시효소멸 등은 절대적 효력이 있다(부부 일방의 상계·면제·시효소멸 등 항변의 효과는 연대채무전액에 관하여 전면적으로 발생한다). 둘째, 일상가사에 대한 연대책임과 일상가사대리권은 사실혼관계의 부부의 경우에도 인정된다(대판 1980. 12. 23. 80다2077).

(2) 예 외

부부의 일방이 미리 제3자에 대하여 그 책임 없음을 명시한 경우, 그 일방은 다른 일방의 일상가사로 인한 채무에 대하여 연대책임을 지지 않는다(제832조 단서). 그 명시는 일반적인 불특정다수인을 상대로 할 수는 없고, 부부 중 어느 일방이 일상가사로 인한 제3자와의 법률행위를 하기 전에 채무의 종류와 액수 등을 구체적으로 정하여 하여야 한다(같은 견해 박동섭, 앞의 책, 146면).

●● 사례의 해결:

첫째, 부부간의 일상가사대리권은 부부가 공동체로서 가정생활상 항시 행하여지는 행위에 한하는 것이다. 둘째, 그렇다면 A의 처인 C가 별거하여 외국에 체류 중인 A의 재산을 처분한 행위는 부부간의 일상가사에 속하는 것이라 할 수는 없다. 셋째, 따라서 B는, A의 처로서 A의 대리권을 수여 받았거나 혹은 부부의 가사대리권을 가지는 C와 이 사건 부동산에 관하여 매매계약을 체결한 것으로 주장하고 있지만, B가 A의 주소를 허위로 기재하여 소유권이전등기청구의 소를 제기하여 승소판결을 받고 이에 기해 행해진 이 사건의 소유권이전등기는 원인을 결여한 무효가 되고 그 등기는 말소되어야 한다(A의 주장은 인용될 것이다).

(대판 1993. 9. 28. 93다16369의 사실관계와 판결요지 등 참조)

판 례

■ 민법 제832조 소정의 '일상의 가사에 관한 법률행위'의 의미 및 그 판단 기준

"민법 제832조에서 말하는 일상의 가사에 관한 법률행위라 함은 부부의 공동생활에서 필요로 하는 통상의 사무에 관한 법률행위를 말하는 것으로, 그 구체적인 범위는 부부공동체의 사회적 지위·재산·수입 능력 등 현실적 생활 상태뿐만 아니라 그 부부의 생활장소인 지역사회의 관습 등에 의하여 정하여지나, 당해 구체적인 법률행위가 일상의 가사에 관한 법률행위인지 여부를 판단함에 있어서는 그 법률행위를 한 부부공동체의 내부 사정이나 그 행위의 개별적인 목적만을 중시할 것이

아니라 그 법률행위의 객관적인 종류나 성질 등도 충분히 고려하여 판단하여야 한다."(대판 2000. 4. 25. 2000다8267)

■ 금전차용행위가 일상가사에 관한 법률행위에 속하는지 여부의 판단 기준 및 아파트 구입비용 명목의 금전차용행위가 부부공동체 유지에 필수적인 주거 공간을 마련하기 위한 경우, 일상가사에 속한다고 볼 수 있는지 여부(적극)

"금전차용행위도 금액, 차용 목적, 실제의 지출용도, 기타의 사정 등을 고려하여 그것이 부부의 공동생활에 필요한 자금조달을 목적으로 하는 것이라면 일상가사에 속한다고 보아야 할 것이므로, 아파트 구입비용 명목으로 차용한 경우 그와 같은 비용의 지출이 부부공동체 유지에 필수적인 주거 공간을 마련하기 위한 것이라면 일상가사에 속한다고 볼 수 있다."(대판 1999. 3. 9. 98다46877)

■ 처가 본인의 인장을 사용하여 2년 동안에 걸쳐 모두 100여장의 본인 명의의 수표 및 어음을 발행하는 것을 중간에 알고도 방치한 자에게 처가 본인 명의로 수표를 발행하여 할인한 데 대한 표현대리 책임을 인정한 사례

"피고의 처가 피고 경영의 가스상회에서 경리업무를 보면서 1988년경부터 약 2년간에 걸쳐 피고가 당좌를 개설한 은행으로부터 피고의 수표용지를 수령해 피고가 별도로 경영하는 가스대리점에서 사용하는 인장이나 은행에 신고된 인장을 사용하여 모두 100여장의 피고 명의의 수표 및 어음을 발행하였으며 피고도 1988. 10.경부터는 이를 알았으나 방치하였고, 피고가 피사취계를 내기 전까지는 대부분의 어음과 수표가 정상적으로 지급되어왔는데, 피고의 처가 1989. 9.경 수표할인을 받기 위하여 은행에 신고된 피고의 인감도장을 사용하여 수표를 발행하였다면, 피고는 위 수표를 교부받은 자로 하여금 처가 피고 명의의 수표를 발행할 권한이 있다고 믿게 할 만한 외관을 조성하였다 할 것이고, 상대방으로서는 피고의 처에게 피고를 대리하여 피고 명의의 수표를 발행할 권한이 있다고 믿을 만한 충분한 사정이 있었다고 할 것이다."(대판 1991. 6. 11. 91다3994)

■ 부부의 일방이 의식불명의 상태에 있어 사회통념상 대리관계를 인정할 필요가 있다는 사정만으로 그 배우자가 당연히 모든 법률행위에 관하여 대리권을 갖는지 여부(소극)

"대리가 적법하게 성립하기 위하여는 대리행위를 한 자, 즉 대리인이 본인을 대리할 권한을 가지고 그 대리권의 범위 내에서 법률행위를 하였음을 요하며, 부부의 경우에도 일상의 가사가 아닌 법률행위를 배우자를 대리하여 행함에 있어서는 별도로 대리권을 수여하는 수권행위가 필요한 것이지, 부부의 일방이 의식불명의 상태에 있어 사회통념상 대리관계를 인정할 필요가 있다는 사정만으로 그 배우자가 당연히 채무의 부담행위를 포함한 모든 법률행위에 관하여 대리권을 갖는다고 볼 것은 아니다."(대판 2000. 12. 8. 99다37856)

■ 남편이 처를 대리하여 연대보증계약을 체결하였으나 그 대리권이 인정되지 않는 경우, 민법 제126조의 표현대리가 성립하기 위한 요건

"소외인이 피고의 남편으로서 일상가사대리권이 있고 원고가 소외인에게 피고를 대리하여 이 사건 연대보증을 할 권한이 있었다고 믿었다 하더라도, 소외인에게 그 대리권이 있었다고 인정되지 않는 이상 민법 제126조의 표현대리가 성립하기 위하여는 원고가 소외인에게 그 대리권이 있었다고 믿었음을 정당화할 만한 객관적인 사정이 있어야 한다."(대판 2009. 12. 10. 2009다66068)

■ 대리권이 있다고 믿은 데 정당한 사유가 있다고 볼 수 없다 하여 표현대리의 성립을 부인한 사례

"금원차용 당시 처가 남편을 대신하여 차용금을 수령하고 근저당권설정서류를 교부하였으며 그

후 이자를 대신 지급하여 왔다고 하더라도 차용 시부터 약 4년 후 잔존채무금을 확정하고 분할변제의 약정을 체결함에 있어서도 대리권을 수여받았다고 믿은 데에 정당한 사유가 있다고 보기는 어려우므로 위와 같은 새로운 내용의 약정을 체결하는데 관하여는 표현대리가 성립되지 아니한다." (대판 1990. 12. 26. 88다카24516)

■ 갑이 협의이혼 후에도 함께 거주하고 있던 을에게서 주차관리원으로 취직하는 데 필요한 신원보증을 해 달라는 부탁을 받고 자신의 인감증명서와 주민등록등본을 직접 발급받아 놓았는데, 을이 차용증의 연대보증인란에 갑의 인적사항을 기재한 후 소지하고 있던 갑의 도장을 날인하여 병에게 교부하면서 갑 명의의 위임장을 작성하여 갑의 인감증명서, 주민등록등본 등과 함께 교부한 사례

"피고들은 2008. 3. 24. 협의이혼한 후에도 서울 강남구 (이하 생략) 소재 건물에서 함께 거주한 사실, 피고 2는 피고 1이 주차관리원으로 취직하는 데 필요한 신원보증을 해 달라는 부탁을 받고, 이 사건 차용증이 작성된 날인 2008. 8. 27. 자신의 인감증명서와 주민등록등본을 직접 발급받아 놓은 사실, 피고 1은 이 사건 차용증의 연대보증인란에 피고 2의 인적사항을 기재한 후 소지하고 있던 피고 2의 도장을 날인하여 이를 원고에게 교부한 사실, 피고 1은 피고 2명의로 '피고 2가 남편인 피고 1에게 자신을 대리하여 연대보증계약 및 자신 명의의 서울 강남구 (이하 생략) 대림빌라 301호에 관한 근저당권설정계약을 체결할 권한을 위임한다.'는 내용의 위임장을 작성하고, 원고에게 이 사건 차용증을 교부할 때 피고 2의 인감증명서, 주민등록등본, 주민등록증사본, 대림빌라 301호에 관한 등기권리증, 피고 2의 도장이 날인된 근저당권설정계약서, 근저당권설정등기신청서, 법무사용 위임장 등과 함께 교부한 사실 등을 알 수 있다. 이러한 사실관계를 앞서 본 법리에 비추어 살펴보면, 이 사건 차용증의 작성·교부 당시 피고 1은 피고 2를 대리하여 신원보증계약을 체결할 기본대리권이 있었고, 나아가 원고가 피고 1에게 피고 2를 대리하여 이 사건 연대보증약정을 체결할 권한이 있다고 믿은 데에는 정당한 이유가 있었다고 봄이 상당하다."고 한 사례가 있다(대판 2012. 7. 26. 2012다27001).

제6절 이 혼

I. 혼인의 해소 총설

1. 개 념

완전 유효하게 성립한 혼인이 그 후에 일정한 사유로 소멸하는 것을 혼인의 해소라 한다. 일단 성립한 혼인에 흠결이 있어서 혼인이 취소되는 것과는 본질적으로 다르다.

2. 사 유

첫째, 배우자 일방이 사망하면 혼인은 당연히 해소된다. 따라서 혼인의 효과(동거·부

양·협조의무, 성적 충실의무, 혼인생활비용의 부담, 부부재산제, 일상가사대리권 등)가 소멸하게 된다(그러나 소멸의 효과는 소급하지 않으므로, 이미 발생한 일상가사로 인한 채무에 따른 책임은 존속한다). 일방의 사망으로 잔존배우자는 법정상속을 하게 되고(제1003조), 그러나 부부의 일방이 사망하더라도 생존배우자와의 인척관계(시가 또는 처가 혈족과의 친족관계)가 당연히 소멸하지는 않고(친족간의 부양의무와 대습상속권도 존속하게 된다), 생존배우자가 재혼한 경우에만 소멸한다(제775조 제2항). 부부의 일방이 실종선고(제28조)·부재선고(부재선고 등에 관한 특별조치법 제4조)를 받거나 또는 인정사망(가족관계의 등록 등에 관한 법률 제87조)의 경우, 사망한 때처럼 혼인이 해소된다. 둘째, 완전 유효하게 성립한 혼인을 당사자 쌍방 또는 일방의 의사를 토대로 하여 해소하는 이혼(협의이혼·재판상 이혼)에 의해서도 혼인은 해소된다(이혼의 경우는 인척관계마저 소멸하므로, 상속권·부양의무 등이 당연히 소멸한다).

Ⅱ. 협의상 이혼

1. 의 의

그 원인을 묻지 않고 서로의 협의에 의하여 부부가 이혼할 수 있는 것을 협의상 이혼 또는 협의이혼(協議離婚)이라 한다(제834조). 즉, 부부가 이혼하기로 합의한 후 법원의 그 확인을 받아 이혼신고를 함으로써 혼인이 해소되는 일종의 계약을 말한다. 부부 사이의 자유로운 이혼의사를 바탕으로 하여 혼인관계를 끝낼 수 있다는 점에서 다툼 없는 이혼제도라는 특색을 갖고 있다. 물론 남편에 의한 남용의 우려가 없지 않고 협의라는 미명하에 처의 축출이혼(逐出離婚)이 자행될 수 있다는 등 단점도 있으나(여성의 사회적 지위가 향상된 오늘날의 사회현실에서 이는 기우에 지나지 않을 수도 있다), 부부간에 가정파탄을 공개하지 않고 비밀리에 이혼을 처리할 수 있다는 장점이 있다. 대개의 경우, 이혼은 협의이혼에 의해 이루어지고 있다(2014년 기준 우리나라 전체 이혼 중의 77.7%가 협의이혼이다. 대판 2015. 9. 15. 전원합의체, 2013므568 판결요지 참조).

2. 성립요건

(1) 이혼의사의 존재(실질적 요건)

첫째, 이혼하기로 하는 자유로운 의사의 합의가 있어야 한다(민법은 제836조에서 협의이혼의 성립요건으로 이혼신고만을 규정하고 있으나, 협의이혼도 일종의 계약이라는 점에서 그것이 성립하기 위해서는 당사자 사이의 이혼의사의 합의를 필요로 한다). ① 그 이혼의사는, 부부관계를 영구적으로 끝내는 것을 내용으로 하는 의사를 말하므로, 이러한 이혼의사가 없는 협의이혼은 무효가 된다. ② 이혼의사를 어떻게 이해할 것인가에 대하여는 실질적 의사설(김주수·김상용, 앞의 책, 168면 등 다수설)과 형식적 의사설(박병호, 앞의 책, 110면 등 소수설)로 견해가 나뉜다. 전자는 이혼의사를 사회통념상 이혼을 하려는 의사, 즉 혼인의 실체를 해소하려는 의사로 이해함으로써 단지 이혼신고의 의사만으로는 부족한 것으로 새기게 된다. 따라서, 혼인의 실체를 해소할 의사가 없으면서 단지 당사자가 이혼신고의 의사만으로 신고하더라도 그것은 무효라는 것이다. 후자는 이혼의사를 법률상 이혼할 의사, 즉 형식적으로 이혼신고를 할 의사로 새김으로써 당사자가 이혼신고를 하는 것에 대하여 합의가 있으면 사실상 혼인관계를 해소할 의사의 유무에 관계없이 이혼은 유효한 것이므로, 만약 이혼신고를 하였음에도 불구하고 혼인의 실체를 해소하지 않는 경우에는 그것을 사실혼으로 처리하게 된다. 판례는 이혼의사의 해석과 관련한 이혼무효에 매우 신중한 태도를 보이기도 하나(대판 1993. 6. 11. 93므171 ; 대판 1975. 8. 19. 75도1712), 여전히 전자의 견해를 견지하는 것으로 보인다(대판 1997. 1. 24. 95도448 ; 대판 1967. 2. 7. 66다2542 ; 대판 1961. 4. 27. 4293민상536). 생각건대 학설대립의 실익은 가장이혼의 효력과 관련이 있다. 후자의 견해를 취할 경우에는 가장이혼의 효력도 유효하게 된다는 점에서 전자의 견해가 타당하다.

(2) 이혼신고(형식적 요건)

첫째, 협의이혼은 가정법원의 확인을 받아 가족관계의 등록 등에 관한 법률이 정한 바에 따라 신고함으로써 그 효력이 생긴다(제836조 제1항). ① 신고는 당사자 쌍방과 성년자인 증인 2인의 연서(連署)한 서면으로 하여야 한다(제836조 제2항). 둘째, 가정법원이 행하는 확인의 대상은 무엇인가? 부부 사이에서 진정으로 남남으로 갈라서려는 의사가 있는지 여부를 가리는 것이므로(이혼의사는 이혼신고서 작성 시에는 물론 그 제출 시에도 존재하여야 한다. 다만, 부부가 가정법원으로부터 이혼의사의 확인을 받았다 하더라도 부부 일방이 그 의사를 철회하면 협의이혼 신고서는 수리할 수 없게 된다), 가정법원의 확인이 없는 협의이혼신고서는 담당공무원에 의해 수리되지 않는다.

3. 성립요건의 하나인 이혼 숙려기간제도

2007년 민법개정으로 도입된 이혼 숙려기간제도를 이혼의 절차와 관련하여 살피기로 한다. 첫째, 협의이혼을 하려는 자는 가정법원이 제공하는 이혼에 관한 안내를 받아야 하고, 가정법원은 필요한 경우에 당사자에게 상담에 관하여 전문적인 지식과 경험을 갖춘 전문상담인의 상담을 받을 것을 권고할 수 있다(제836조의2 제1항). 그리고 가정법원에 이혼의사의 확인을 신청한 당사자는 이 안내를 받은 날부터 일정한 기간(이른바 이혼 숙려기간)이 지난 후에 이혼의사의 확인을 받을 수 있다. ① 그 기간은 양육하여야 할 자(포태 중인 자를 포함한다)가 있는 경우에는 3개월이고(제836조의2 제2항 제1호), 그 밖의 경우에는 1개월이다(제836조의2 제2항 제2호). 다만, 가정법원은 폭력으로 인하여 당사자 일방에게 참을 수 없는 고통이 예상되는 등 이혼을 하여야 할 급박한 사정이 있는 경우에는 이혼 숙려기간을 단축 또는 면제할 수 있다

(제836조의2 제3항). ② 한편 양육하여야 할 자가 있는 경우, 당사자는 제837조에 따른 자(子)의 양육과 제909조 제4항에 따른 자의 친권자결정에 관한 협의서 또는 제837조 및 제909조 제4항에 따른 가정법원의 심판정본을 제출하여야 한다(제836조의2 제4항). 그리고 가정법원은 당사자가 협의한 양육비부담에 관한 내용을 확인하는 양육비부담조서를 작성하여야 하며, 그 경우에 양육비부담조서의 효력에 대하여는 가사소송법 제41조를 준용한다(제836조의2 제5항). 둘째, 가정법원은 부부 양쪽이 제출한 이혼에 관한 안내를 받은 날부터 이혼 숙려기간이 지난 후에 양쪽을 출석시켜 그 진술을 듣고 이혼의사의 유무 및 부부 사이에 미성년 자녀가 있는지 여부와 미성년 자녀가 있는 경우, 그 자녀에 대한 양육과 친권자결정에 관한 협의서 또는 가정법원의 심판정본 및 확정증명서를 확인하여야 한다(가족관계의 등록 등에 관한 규칙 제74조 제1항). 가정법원은 부부 양쪽의 이혼의사 등을 확인하면 그 확인서를 작성하여야 하고(가족관계의 등록 등에 관한 규칙 제78조 제1항), 법원사무관 등은 동 규칙 제78조 제2항의 확인서가 작성된 경우에는 지체 없이 확인서등본과 미성년자녀가 있는 경우, 협의서등본 및 양육비부담조서정본 또는 심판정본 및 확정증명서를 부부 양쪽에게 교부하거나 송달하여야 한다(가족관계의 등록 등에 관한 규칙 제78조 제4항). 셋째, 협의이혼의 신고는 확인서등본을 교부 또는 송달받은 날부터 3개월 이내에 그 등본을 첨부하여야 하며(가족관계의 등록 등에 관한 법률 제75조 제2항), 신고 없이 3개월이 경과하면 가정법원의 그 확인은 효력을 상실한다(가족관계의 등록 등에 관한 법률 제75조 제3항). 이혼신고서의 제출은 부부 중 한쪽이 할 수 있다(가족관계의 등록 등에 관한 규칙 제79조, 대판 1969. 12. 9. 68므9). 한편 재외국민의 이혼의사 확인절차는 가족관계의 등록 등에 관한 규칙 제75조·제76조에 규정되어 있다.

4. 협의이혼의 무효

민법상 협의이혼의 무효에 관한 규정이 없으나(이는 입법적 불비이다), 가사소송법은 이혼무효의 소에 관한 규정(동법 제2조 제1항 가류사건 제2호)을 두고 있는데, 이는 협의이혼만을 의미한다(재판상 이혼은 무효가 될 수 없기 때문이다). 그 몇 가지를 살펴본다. 첫째, 당사자 사이에 이혼의사의 합의가 없는 경우, 그 협의이혼은 무효라고 하여야 한다(제815조 제2호의 유추). 둘째, 당사자 사이에 이혼의사의 합의가 없으므로, 그 이혼은 무효라고 주장하는 소가 이혼무효의 소이다. 그 합의가 없는 협의이혼은 당연무효라 할 것이어서, 이혼무효의 소는 확인무효의 소가 된다. 따라서 무효의 주장은 반드시 소의 방법을 취하지 않고, 상속회복청구 등 다른 소송에서 선결문제·전제문제로 무효의 주장을 할 수 있음은 앞에서 살핀 혼인무효의 경우와 같다. 셋째, 이혼무효의 소는 당사자·법정대리인·4촌 이내의 친족이 제소기간에 제한이 없이 언제든지 제기할 수 있고(가사소송법 제23조), 소의 상대방은 혼인무효의 경우와 같다(가사소송법 제24조). 이혼무효판결이 확정되면 처음부터 이혼이 없었던 것으로 되고, 그 판결의 효력은 제3자에게 미친다(가사소송법 제21조 제1항). 그 소를 제기한 사람은 그 판결확정일부터 1개월 이내에 가족관계등록부의 정정을 신청하여야 한다(가족관계의 등록 등에 관한 법률 제107조).

5. 협의이혼의 취소

첫째, 사기 또는 강박으로 인하여 이혼의 의사표시를 한 자는 사기를 안 날 또는 강박을 면한 날부터 3개월 이내에 이혼의 취소를 가정법원에 청구할 수 있다(제838조·제839조·제823조). 그 취소는 법원의 협의이혼의사의 확인을 거친 경우에도 가능하다 할 것이다. 법원의 확인은 당사자들의 이혼의사의 존재를 증명하는 데 지나지 않고, 법원의 그 확인에 소송법상의 특별한 효력이 주어지는 것도 아니기 때문이다. 둘째, 피성년후견인이 부모 등의 동의를 얻지 않고 협의이혼을 한 경우에 이혼취소의 가능 여부가 의문이다. 민법은 협의이혼의 경우에 그 동의를 요구하는 규정만을 두고 있을 뿐(제835조), 그 위반의 경우에 대하여는 규정이 없기 때문이다. 법원의 확인절차나 그 신고의 수리절차에서 동의 없음이 밝혀지지 않은 경우, 피성년후견인의 보호를 위하여 취소할 수 있다고 하여야 한다(제816조 제1호-제819조의 유추). 셋째, 그 사유가 존재한다 하여 당사자가 임의로 이혼을 취소할 수는 없고, 반드시 가정법원에 소를 제기하여 취소판결을 받아야만 이혼을 취소할 수 있다. 따라서 이혼취소의 소는 형성의 소이다. 그렇다면, 당사자의 임의처분이 허용되지 않는다는 점에서 이혼취소의 소는 조정의 대상이 아니라고 하여야 한다(조정전치주의의 대상이 된다는 견해로는 송덕수, 앞의 책, 1767면 등). 그 취소판결의 확정으로 이혼은 취소되고(소급효가 있다), 취소판결의 효력이 제3자에게 미침은 이혼무효의 경우와 같다(가사소송법 제21조 제1항). 그 취소판결이 확정된 경우, 소를 제기한 사람은 판결의 확정일부터 1개월 안에 판결등본과 확정증명서를 첨부하여 가족관계등록부의 정정신청을 하여야 한다(가족관계의 등록 등에 관한 법률 제107조). 넷째, 협의이혼신고 후에 재혼한 경우에는 이혼취소판결의 소급효로 인하여 원래의 혼인이 부활하게 되어 중혼이 성립할 수 있다. 이 경우, 나중의 혼인은 중혼취소의 대상이 된다(제810조·제818조).

6. 기타(사실상의 이혼)

(1) 개　념

부부가 형식적으로는 법률혼 상태에 놓여 있으나, 이혼에 합의한 후 그 신고가 없이 별거하여 부부공동생활의 실체가 없는 경우를 사실상의 이혼이라 한다.

(2) 혼인의 효력에 관한 규정의 적용 여부

부부공동생활을 전제로 하는 규정은 적용되지 않는다 할 것이다. 첫째, 부부 사이의 동거·부양·협조의무와 성적 충실의무는 소멸한다. 일상가사대리권과 일상가사채무의 연대책임도 인정되지 않는다(이 경우, 제3자의 보호문제는 제126조의 표현대리의 법리를 통해 해결할 수 있다고 본다). 둘째, 사실상의 이혼의 경우에도 친족관계는 그대로 유지된다. 따라서 부부 일방의 재혼은 중혼이 되고, 사실상의 이혼상태에서 일방이 사망한 경우에 생존

배우자는 상속권이 있다(대판 1969. 7. 8. 69다427). 셋째, 사실상의 이혼을 한 뒤 300일 이후에 출생한 자는 사실상의 이혼 후에 포태된 것으로 추정된다(제844조가 적용되지 않기 때문이다). 따라서 그 자(子)의 경우, 친생부인의 소(제846조)에 의하지 않고 친자관계부존재확인의 소(제865조)에 의해서만 친자관계를 부정할 수 있다(대판 1983. 7. 12. 전원합의체, 82므59).

판 례

■ 일시적으로 법률상의 부부관계를 해제할 의사로써 한 이혼신고의 유효여부(적극)

"청구인은 피청구인이 외국이민을 떠났다가 3년 후에 다시 귀국하여 혼인신고를 하여 주겠다고 하여 이를 믿고 이혼신고를 하였다면 별다른 사정이 없는 한 당사자 간에 일시적이나마 법률상의 부부관계를 해소할 의사가 있었다고 할 것이니 그 이혼신고는 유효하다고 할 것이다."(대판 1981. 7. 28. 80므77)

■ 협의이혼 의사확인과 재판상의 이혼사유

"법원에 의한 협의이혼의사확인절차는 확인당시에 당사자들이 이혼할 의사를 가지고 있었는가를 밝히는데 그치는 것이므로 협의이혼의사의 확인이 있었다는 것만으로 재판상 이혼사유가 될 수 없으며 그 의사확인 당시에 더 이상 혼인을 계속할 수 없는 중대한 사유가 있었다고 추정될 수도 없다."(대판 1988. 4. 25. 87므28)

■ 신고하지 아니한 협의이혼 확인의 효력

"협의이혼의사확인을 받았으나 그에 따른 이혼신고를 하지 않았다면 이혼의 효력이 발생하지 아니한다."(대판 1983. 7. 12. 83므11)

■ 성년에 이르는 연령이 20세에서 19세로 변경된 민법 시행 이전에 장래의 양육비 지급을 명하는 재판이 확정되었으나, 법 시행 당시 사건본인이 성년에 도달하지 않은 경우, 양육비 지급의 종료 시점(=사건본인이 19세에 이르기 전날)

"이혼한 부부 중 일방이 미성년자의 자녀에 대한 양육자 지정청구와 함께 장래의 이행을 청구하는 소로서 양육비 지급을 동시에 청구할 수 있고, 위와 같은 청구에 따라 장래의 양육비 지급을 명한 확정판결이나 이와 동일한 효력이 있는 조정조서나 화해권고결정 등에서 사건본인이 성년에 이르는 전날까지 양육비 지급을 명한 경우 재판의 확정 후 사건본인이 성년에 도달하기 전에 법률의 개정으로 성년에 이르는 연령이 변경되었다면 변경된 성년 연령이 양육비를 지급하는 종료 기준시점이 된다. 따라서 2011. 3. 7. 법률 제10429호로 개정되어 2013. 7. 1.부터 시행된 민법 제4조에 의하여 성년에 이르는 연령이 종전 20세에서 19세로 변경되었으므로 법 시행 이전에 장래의 양육비 지급을 명하는 재판이 확정되었더라도 법 시행 당시 사건본인이 아직 성년에 도달하지 아니한 이상 양육비 종료 시점은 개정된 민법 규정에 따라 사건본인이 19세에 이르기 전날까지로 봄이 타당하다."(대결 2016. 4. 2.자 2016으2)

■ 이혼의 합의와 간통의 종용

"혼인 당사자가 더 이상 혼인관계를 지속할 의사가 없고 이혼의사의 명백한 합치가 있는 경우에는, 비록 법률적으로 혼인관계가 존속한다고 하더라도 간통에 대한 사전동의인 종용에 관한 의사표시가 그 합의 속에 포함되어 있는 것으로 보아야 할 것이고, 그러한 명백한 합의가 없는 경우에는 비록 잠정적, 임시적, 조건적으로 이혼의사가 쌍방으로부터 표출되어 있다 하더라도 간통종용의 경우에 해당하지 않는다고 할 것이다."(대판 1991. 3. 22. 90도1188)

■ 협의상 이혼이 무효로 되는 경우

"협의상 이혼이 가장이혼으로서 무효로 인정되려면 누구나 납득할 만한 특별한 사정이 인정되어야 하고, 그렇지 않으면 이혼당사자 간에 일시적으로나마 법률상 적법한 이혼을 할 의사가 있었다고 보는 것이 이혼신고의 법률상 및 사실상의 중대성에 비추어 상당하다."(대판 1997. 1. 24. 95도448)

■ 상대방을 기망하여 협의상 이혼의 확인을 받아 이를 신고한 경우, 공정증서원본불실기재죄의 해당 여부(소극)

"협의상 이혼의 의사표시가 기망에 의하여 이루어진 것일지라도 그것이 취소되기까지는 유효하게 존재하는 것이므로, 협의상 이혼의사의 합치에 따라 이혼신고를 하여 호적에 그 협의상 이혼사실이 기재되었다면, 이는 공정증서원본불실기재죄에 정한 불실의 사실에 해당하지 않는다."(대판 1997. 1. 24. 95도448)

■ 호적상 부처관계에 있는 유처는 사실상 타에 개가한 경우, 공무원 연금법상의 유족에 해당하는지 여부

"호적상 부처관계에 있는 유처는, 사실상 타에 개가한 경우라도, 공무원연금법상의 유족에 해당한다."(대판 1969. 7. 8. 69다427)

■ 처가 부의 자를 포태할 수 없음이 외관상 명백한 경우 부가 그 출생자의 친자관계를 부인하는 방법

"민법 제844조는 부부가 동거하여 처가 부의 자를 포태할 수 있는 상태에서 자를 포태한 경우에 적용되는 것이고 부부의 한쪽이 장기간에 걸쳐 해외에 나가 있거나 사실상의 이혼으로 부부가 별거하고 있는 경우등 동서의 결여로 처가 부의 자를 포태할 수 없는 것이 외관상 명백한 사정이 있는 경우에는 그 추정이 미치지 아니하므로 이 사건에 있어서 처가 가출하여 부와 별거한지 약 2년 2개월 후에 자를 출산하였다면 이에는 동조의 추정이 미치지 아니하여 부는 친생부인의 소에 의하지 않고 친자관계부존재확인소송을 제기할 수 있다."(대판 1983. 7. 12. 전원합의체(다수의견). 82므59)

심화학습

협의이혼 전 의무상담제

1. 의의 및 도입배경

가. 의의 및 법적 근거

협의이혼 전 의무상담제는 일정한 조건에 해당하는 협의이혼 당사자 부부(미성년 자녀 등을 둔 당사자)에게 숙려기간 내에 의무적으로 전문가의 상담을 받도록 함으로써 이혼에 대한 신중한 결정을 유도하고, 특히 자녀면접교섭권 등에 대하여 충분한 숙고가 이루어지게 함으로써 이혼 후 자녀의 복리 강화를 도모하기 위한 제도이다.

이 제도는 제836조의2(이혼의 절차)·제837조(이혼과 자의 양육책임), 가족관계의 등록 등에 관한 규칙 제73조(이혼의사확인신청)·가족관계의 등록 등에 관한 규칙 제77조(확인신청의 취하)·가족관계의 등록 등에 관한 규칙 제78조(확인서 등의 작성·교부) 등 협의이혼 관련 규정이 법원의 후견적 역할을 직·간접적으로 명시하고 있는 것에 그 법적 근거를 둔다.

나. 도입배경

① 우리나라의 이혼율이 경제협력개발기구(OECD) 회원국 중 1위인 점, ② 협의이혼이 전체 이혼의 75% 정도에 이르는 데 반하여 그 절차가 외국보다 매우 간소하여 신중한 결정을 유도하는 데에 한계가 있다는 점, ③ 이혼가정 중 절반 이상이 미성년자가 있는 가정인 점, ④ 2008년부터 협의이혼 시 숙려기간(미성년자녀가 없는 경우에 1개월, 있는 경우는 3개월)제도를 두고 있으나 상담전치주의 등 강제조항이 없어 전문가상담 활성화를 기대하기 어렵다는 점 등이 협의이혼 전 의무상담제를 도입하게 된 배경이다.

이 제도에서는 협의이혼의사확인 신청시 부여되는 숙려기간에 상담을 받은 부부에게만 협의이혼의사확인서를 교부하도록 하고 있어 의무상담 대상인 부부가 상담을 받지 않을 경우, 협의이혼 의사확인이 불가하다고 할 것이다.

2. 내 용

협의이혼 전 의무상담제도의 일반적 내용은 다음과 같다. 첫째, 협의이혼신청서 접수 시 법원은 미성년 자녀가 있는 신청서 중에서 각 법원의 기준에 해당하는 아동이 있는 가정을 분리하여 그 부부에게 자녀의 복리를 위하여 상담제도를 필요적으로 거쳐야 한다고 권고한다. 각 법원의 사정에 따라 다르지만 상담위원 1명 또는 2명을 법원 상담실에 전일 상주케 하여 상담자의 불편을 최소화할 수 있도록 당일 상담을 원칙으로 하되, 상담자가 원하는 시간에 상담할 수 있도록 배려 또한 하고 있다. 둘째, 법원은 상담 전 이혼부부 각자에게 미리 제작된 설문지를 작성하도록 하여 이를 신청서, 신분증과 함께 상담위원에게 인계한다. ① 상담위원은 사전 설문지를 토대로 하여 일반적으로 이루어지는 이혼상담 외에도 재산분할 및 위자료 등 법률적 제도에 대한 구체적인 정보 제공, 이혼가정 및 그 자녀에 대한 복지제도에 관한 정보, 이혼가정에 있어서의 자녀 교육방향, 이혼가정을 위한 프로그램 또는 전문상담인의 소개 등 내실 있는 정보 제공을 하고, 양육비 등 양육에 관한 사항을 결정함에 있어서 합리적인 협의가 될 수 있도록 적극적으로 조언한다. ② 상담위원은 상담자들로부터 상담결과에 대한 사후 설문지를 별도로 작성 제출받고, 상담보고서를 작성하는 한편, 상담결과 이혼숙려기간 면제가 필요한 이혼부부가 있다고 판단되는 경우 상담보고서에 면제사유를 기재하여 협의이혼 접수담당자에게 인계하는 절차를 거친다. 셋째, 상담 후의 절차를 살펴본다. ① 협의이혼 접수담당자는 상담을 거친 후 협의이혼신청의 취하를 원하는 가정이 있을 경우, 미리 비치해 둔 이혼신청취하양식을 이용하여 이혼신청취하를 받은 다음 곧바로 종결처리 한다. ② 또한 이혼숙려기간 면제사유서가 제출된 경우 곧바로 협의이혼 담당판사에게 인계하여 당일 결정을 받아 당일 또는 최단기일 내에 협의이혼 확인절차를 거치게 한다. ③ 재판부는 상담보고서, 사전 및 사후설문지 등 사전 정보를 검토한 후, 이혼의사를 최종적으로 확인하고, 양육에 관한 사항 등이 합리적이고 적정하게 이루어졌는지를 판단하게 된다.

3. 운영실태

가. 실시경과

서울북부지방법원은 새로운 양육 및 이혼상담제도를 모색하던 중 미취학아동을 둔 부부는 이혼 시 상담을 사실상 필요적으로 거쳐야 하는 제도로 2010. 7. 1.부터 시행하였고, 부산가정법원은 이러한 운영실태를 바탕으로 2012. 11. 19. 전국 최초로 협의이혼 전 의무상담제도를 도입하였다. 동 제도는 전국법원으로 확대되었는데, 광주지방법원은 2014. 9. 1. 내규를 통하여 협의이혼신청서 접수 시 만 13세 미만 자녀가 있는 경우는 의무상담을 하도록 규정하였고, 제주지방법원 역시 2015. 7. 1. 이와 유사한 기준의 제도를 도입하여 운영 중이다. 각 법원의 운영실태는 거의 비슷한 형태로 나타나는데, 가장 오랫동안 이를 시행한 부산가정법원의 경우에 의무상담실시 전・후 1년간의 처리된 사건의 현황을 살펴보면, 의무상담 대상이 아닌 '미성년 자녀 없는 사건'에 비해 '미성년 자녀가 있는 협의이혼 사건'의 전년 대비 이혼확인율이 2.8% 소폭 증가(=취하율 감소)한 것으로 나타나고 있다.

나. 부산가정법원의 협의이혼 전 의무상담 시행 이후 협의이혼 현황

(시행 전: 2011. 11. 19.~2012. 11. 18, 시행 후 : 2012. 11. 19.~2013. 11. 18)

년도	전체			미성년자녀 없는 사건			미성년자녀 있는 사건		
	접수 건수	이혼 확인	취하 간주	접수 건수	이혼 확인	취하 간주	접수 건수	이혼 확인	취하 간주
2012	8,743	5,860 (67.0%)	2,883 (33.0%)	3,929	2,758 (70.2%)	1,171 (29.8%)	4,814	3,102 (64.4%)	1,712 (35.6%)
2013	8,709	5,961 (68.4%)	2,748 (31.6%)	4,233	2,953 (69.8%)	1,280 (30.2%)	4,476	3,008 (67.2%)	1,468 (32.8%)
증감	-34	(+1.4%)	(-1.4%)	+304	(-0.4%)	(+0.4%)	-338	(+2.8%)	(-2.8%)

출처 : 부산가정법원, 협의이혼 전 의무상담 실시현황 및 평가, 2014, 8면.

4. 평가 및 보완점

동 제도를 도입한 법원의 사건처리 현황과 설문조사 등을 종합해보면, 협의이혼 전 의무상담제는 이혼당사자들의 자녀복리와 이혼당사자 본인들의 생활안정에 실질적인 도움을 주고 있는 것으로 평가된다. 다만, 부산가정법원의 경우도 통계상 협의이혼 전 의무상담 이후 협의이혼율 자체는 감소되지 않는 것으로 나타나는데, 그 실시기간이 길지 않음을 생각한다면 경과를 지속해서 지켜볼 필요가 있다. 또한 각 법원 및 상담위원의 통일된 매뉴얼의 부재 및 상담대상자에 대한 사전정보 부족, 짧은 상담시간 등은 동 제도의 문제점으로 지적되는데, 상담의 사전・사후 관리 강화 및 상담 매뉴얼의 정비와 함께 정기적인 세미나 내지 교육 등을 통한 상담위원의 역량 강화 등은 그 보완책으로 거론할 수 있겠다(서울북부지방법원, 새로운 양육 및 이혼상담제도의 모색, 2010. (내부자료) ; 동법원, '양육 및 이혼상담제도' 운영 결과 분석, 2010. (내부자료) ; 부산가정법원, 협의이혼 전 의무상담 실시 현황 및 평가, 2014. (내부자료) ; 광주지방법원, 이혼상담에 관한 내규 제49호, 2014. (내부자료) 참조).

Ⅲ. 재판상 이혼

1. 서 설

(1) 재판상 이혼의 의의

●● 사례

A남·B녀는 혼인신고를 마친 법률상의 부부이다. 혼인신고 후 약 20일간 A남과 같이 살던 B녀는, 농사일이 힘들고 다른 한편 남편인 A(청구인)의 건강이 나쁘다는 이유로 집을 나가 돌아오지 않았다. 혼인생활이 깨어졌다고 판단한 A남은 B녀를 상대로, 재판상 이혼을 고려하고 있다. 이때 A가 이혼절차에 있어서 유의할 점과 실제 재판상 이혼이 인정될 가능성은 어느 정도인가?

●● 사안의 쟁점:

첫째, 재판상 이혼의 절차는 무엇인지, 둘째, 재판상 이혼이 인정될 원인은 무엇인지 등이다.

법률에 규정된 이혼원인이 있을 경우, 당사자 일방의 청구에 의해 가정법원의 판결을 통하여 부부관계가 해소되는 것을 재판상 이혼이라 한다(제840조). 재판상 이혼은 법률에 규정된 이혼원인이 존재하기는 하나, 가정법원에 의한 조정이혼이 성립하지 않는 경우에 가정법원의 엄정한 판단으로써 혼인을 해소할 수 있는 최후의 방도이다.

(2) 이혼원인에 관한 입법주의

이에는 세 가지가 있다. 첫째, 유책의 원칙에 의해 이혼의 법정원인이 구체적·개별적으로 규율되는 전통적 입장으로서 이를 유책주의(주관주의)라 한다. 둘째, 유책의 유무에 관계없이 혼인파탄의 일반원칙에 의해 추상적으로 규율되는 입장으로서 이를 파탄주의(목적주의, 객관주의, 무책주의)라 한다. 셋째, 성문법에 열거된 개별적 이혼원인과 파탄주의 이혼원인을 결합하는 입장이다.

우리 민법은 제840조 제1호-제5호까지는 구체적·개별적인 이혼원인을 규정하여 유책주의를 표방하고 있으나, 제6호(기타 혼인을 계속할 수 없는 사유가 있을 때)에서는 추상적·상대적인 이혼원인을 둠으로써 형식적으로는 이혼법의 파탄주의적 경향을 반영하고 있는 것으로 보인다(같은 취지, 박병호, 앞의 책, 116면.).

(3) 이혼원인 상호간의 관계

제840조는 제1호 내지 제5호에서 구체적 이혼원인을 예시하고, 제6호에서 추상적 이혼원인을 포괄적으로 들고 있는데, 이러한 구제적 이혼원인과 추상적 이혼원인의 관계를 어

떻게 이해해야 할 것인가에 관하여 다툼이 있다. 첫째, 절대적 독립설이 있다(배경숙·최금숙, 앞의 책, 158면). 제840조 제1호 내지 제5호의 구체적 이혼원인을 완전히 독립된 병렬적 이혼원인으로 보고, 제6호의 추상적 이혼원인을 보충규정으로 이해함으로써 이들 상호간의 전환성을 부정한다. 당사자가 주장하는 이혼원인 하나하나마다 1개의 이혼청구권이 발생하고(구소송물이론), 소송은 원인마다 별개가 되므로(6개의 이혼소송물이 된다), 법원은 당사자가 주장하는 이혼원인만을 심리하여 그 존부에 따라 이혼의 인용 또는 기각판결을 내려야 한다. 둘째, 단순예시설이 있다(이경희, 앞의 책, 91면). 제1호 내지 제5호의 구체적 이혼원인은 제6호의 추상적 이혼원인의 단순한 예시이므로, 구체적 이혼원인이 있어도 현실적으로 혼인공동체의 파탄 유무를 제6호의 견지에서 검토하여 이혼 여부를 결정하여야 한다는 입장이다. 구체적 이혼원인이 존재 시에도 제6호의 견지에서 현실적인 혼인파탄으로 인정될 경우에만 이혼청구권이 발생하므로, 이혼소송물은 추상적 이혼원인 1개 뿐(제6호)이 된다. 셋째, 독립예시설이 있다(김용한, 앞의 책, 147면 등 다수설). 제1호 내지 제5호의 이혼원인은 제6호의 전형적 예시이므로, 제1호 내지 제5호의 이혼원인이 있고 이혼청구가 있으면 혼인은 파탄된 것으로써(다시 제6호에 비춰볼 필요 없이) 이혼결정이 내려져야 한다는 입장이다(제1호 내지 제5호에 해당하지 않는 이혼원인도 제6호의 추상적 이혼원인에 해당될 수 있다). 넷째, 신소송물론이 있다. 신소송물론('나에게 사실을 말하라. 나는 너에게 권리를 말하리라.'라는 법언으로 대표되는 이론)에 따르면, 원고는 이혼원인을 일일이 거론할 필요 없이 이혼청구를 할 수 있고(비록 원고가 제1호 내지 제6호의 해당사실을 주장하더라도, 이는 이혼이라는 1개의 소송물을 구성할 뿐이다), 그 인용 여부는 법원의 자유재량에 따는 판단에 맡기는 입장이다(원고가 제1호의 존재를 주장할 경우에도 법원은 이에 구애받지 않고 이혼원인이 될 수 있는 사실을 심리하고 판단할 수 있게 된다). 판례는 절대적 독립설을 취한다(대판 2002. 3. 29. 2002므74 등).

생각건대 이혼원인을 규정함에 있어서는 이혼질서의 안정성과 사건의 구체적 타당성이라는 양면의 조화를 꾀할 수 있어야 한다. 그렇다면 한편으로는 이혼원인의 구체적 사유에 의해 이혼의 최저선을 유지함으로써 이혼질서의 안정성의 유지와 법관의 재량권 남용을 피할 수 있으며, 다른 한편으로는 추상적 이혼원인에 의해 혼인의 파탄 여부를 가려냄으로써 이혼사건의 구체적 타당성을 꾀할 수 있는 독립예시설이 타당하다.

2. 이혼원인

(1) 배우자의 부정한 행위(제840조 제1호)

첫째, 부정행위는 배우자로서의 성적 충실의무에 위반되는 일체의 부도덕한 행위를 뜻하고, 간통보다는 넓은 개념(광의설)이다(다수설·판례 : 대판 1993. 4. 9. 92므938 등). ① 부정행위인지 여부는 구체적 사안에 따라 그 정도와 상황을 참작하여 평가하게 된다(대판 1992. 11. 10. 92므68 등). ② 부정행위가 성립되려면 객관적으로 부정한 행위에 해당한다고 볼만한 사실이 있어야 하고, 주관적으로 그 행위가 자유로운 의사에 따라 행해졌어야 한다(대판 1976. 12. 14. 76므10). 따라서 강간 등의 경우는 제1호 사유에 해당하지 않는다. 또한 부정행위는 단 1회의 것으로 충분하다 할 것이다. ③ 부정행위는 남편과 아내의 경우가 다르지 않다. 둘째, 부정행위는 혼인이 성립한 이후의 것만을 의미하므로, 혼전의 행위는 부정행위로서 인정되는 것이 아니라(약혼단계에서의 그 행위는 제1호의 부정행위에 해당하지 않는다. 대판 1991. 9. 13. 91므85, 92), 제6호 사유의 해당 여부에 의해서만 판단될 문제이다. 셋째, 부부의 일방이 부정행위를 한 경우에 그로 인하여 배우자가 입은 정신적 고통에 대하여 불법행위에 의한 손해배상의무를 부담하게 된다. 또한 제3자가 부부의 일방과 부정행위를 함으로써 부부공동생활을 침해하거나 유지를 방해하고 그에 대한 배우자로서 권리를 침해하여 배우자에게 정신적 고통을 가하는 행위는 원칙적으로 불법행위를 구성한다(대판 2015. 5. 29. 2013므2441). 넷째, 부정행위를 이유로 한 이혼청구권은 일정한 기간(배우자의 부정행위가 있을 경우에도 다른 일방이 사전동의나 사후용서를 한 때 또는 부정행위가 있음을 안 날로부터 6개월 · 그 사유 있는 날로부터 2년)이 경과하면 소멸한다(제841조). 한편 6개월과 2년의 기간은 제척기간인데, 부정행위가 계속적인 것이면 그 행위가 계속되는 한 이혼청구권은 소멸하지 않으며 부정행위가 종료된 때부터 그 기간은 기산된다. 한편 사전동의 · 사후용서의 사실, 제척기간 경과의 사실은 피고측에서 항변하고 증명할 책임이 있다. 피고가 그 항변을 하면 법원은 직권으로 그 유무를 조사할 수 있다(가사소송법 제17조).

(2) 악의의 유기(제840조 제2호)

첫째, 남녀가 혼인하여 부부가 되면 마지막 삶을 살 때까지 정신적 · 육체적 · 경제적인 협동체가 되므로, 서로간에 동거 · 부양 · 협조의무가 생기게 된다(동거가 성적인 것이라면 부양은 경제적인 것이고, 협조는 정신적 · 인격적인 것이라 할 수 있다). 이와 같이 부부 사이에서 정당한 이유 없이 어느 한 쪽이 다른 쪽에 대한 동거 · 부양 · 협조의무를 이행하지 않는 것을 악의의 유기라 한다. ① 혼인공동생활을 유지할 수 없다는 사실을 알면서, 의도적으로 당사자 일방을 집에서 나가지 않을 수 없게 한 다음 돌아오지 못하게 한 경우 또는 집을 나간 후 돌아오지 않는 경우(대판 1990. 11. 9. 90므583, 590 등)와 같은 혼인생활의 포기를 뜻한다. ② 그러나 상대방의 폭언 · 폭행 등을 견디지 못하고 가출한 경우(대판 1990. 8. 10. 90므408 등) · 가출하였으나 혼인공동체생활을 포기할 의사가 없는 경우(대판 1986. 8. 19. 86므75 등) 등은 악의의 유기에 해당하지 않는다. ③ 악의의 유기는 상당기간 계속되어야 하므로, 일시적 가출 등도 악의의 유기는 아니다. 둘째, 악의의 유기를 원인으로 하는 이혼청구권은 형성권으로서 제척기간에 걸리지만, 그 유기상태(가령 부첩관계)가 이혼청구 시까지 계속되는 경우에는 기간의 제한을 받지 않으므로, 이혼청구권은 소멸하지 않는다(대판 1998. 4. 10. 96므1434).

(3) 심히 부당한 대우(제840조 제3호·제4호)

첫째, 배우자 일방이 타방 또는 그 직계존속(시부모 등)으로부터 혼인생활을 계속 유지해 나가는데 참을 수 없을 정도로 신체적·정신적인 면에서 학대(사람의 육체 또는 감정에 대해 자의적이고도 악의적이며 불필요한 고통을 가하는 것) 또는 명예에 대한 모욕을 받는 것(대판 1986. 6. 24. 85므6 등)을 부당한 대우라고 한다. 둘째, 자신의 직계존속이 배우자로부터 부당한 대우를 받을 경우도 포함되는데(제840조 제4호), 이 경우에 그 존속이 배우자와 함께 생활을 하였는지 여부는 그 판단의 참작사유에 지나지 않는다. 심히 부당한 대우에 해당하는지 여부는 사회통념과 당사자의 신분·지위 등을 고려하여 구체적 개별적인 사안에 따라 판단할 일이다.

(4) 3년 이상의 생사불명(제840조 제5호)

첫째, 배우자 일방의 생존·사망사실도 증명할 수 없는 수 없는 상태가 이혼청구 시까지 3년간 계속된 경우를 말한다. 생사불명의 원인·과실 유무·책임 소재는 묻지 않는다. 그 기산점은 최후소식 시·가출 시·전쟁 또는 위난의 경우는 각각 그 종료 시부터 3년의 기간을 계산하게 된다. 한편 실종선고로 인한 혼인의 해소와는 달리, 제5호 사유를 이유로 이혼판결확정 후에 배우자가 생환하더라도, 혼인이 당연히 부활하지는 않는다(이 점이 실종선고 취소의 경우와 다르다).

(5) 기타 혼인을 계속하기 어려운 중대한 사유(제840조 제6호)

첫째, 혼인의 본질인 동거·부양·협조 등 혼인공동생활에 대한 회복가능성이 없을 정도로 부부관계가 파탄됨으로써 혼인생활의 계속을 강제하는 것이 일방 배우자에게 참을 수 없는 고통이 되는 경우(대판 2005. 12. 23. 2005므1689 등)를 기타 혼인을 계속하기 어려운 중대한 사유라 한다. ① 오늘날 이혼원인에 관한 각국의 법제가 개별적·구체적인 이혼원인에서 추상적·일반적인 이혼원인으로 바뀌지는 추세에 따라 민법이 이를 규정한 것이다. 제6호 사유는, 개별 부부에 따라 다르게 판단될 수 있다는 점에서 상대적 이혼원인이 된다. ② 제6호 사유의 해당 여부를 판단함에 있어서는 혼인파탄의 정도, 혼인계속의사의 유무, 혼인파탄에 관한 당사자의 책임 유무, 혼인생활의 기간, 자녀의 유무, 당사자의 연령, 이혼 후의 생활보장 기타 혼인관계의 제반사정을 종합적으로 판단하여야 한다(대판 2010. 7. 15. 2010므1140 등). 둘째, 제840조 제6호에 기한 이혼청구는 일정한 기간(부부 일방이 이를 안 날부터 6월·그 사유 있는 날부터 2년)이 경과하면 소멸한다(제842조. 이 규정은 제6호의 경우에만 적용될 뿐 제3호의 경우에는 유추 적용되지 않는다. 대판 1993. 6. 11. 92므1054, 1061).

(가) 중대한 사유에 해당한다고 한 사례

첫째, 육체적인 것을 보면, 부당한 피임·성병의 감염·이유 없는 성교거부(서울가판 1965. 3. 30. 65드12), 성적 불능(대판 1994. 5. 5. 13. 93므1020) 등을 들 수 있다. 둘째, 윤리적·정신적인 것을 보면, 남편의 독선과 권위의식 및 의처증(대판 2000. 9. 5. 99므1886 등)·의부증(대판 1980. 10. 27. 80므47, 48)·성격불일치(대판 1986. 3. 25. 85무72 등)·애정과 신뢰의 상실(대판 1990. 4. 10. 88므1071)·46년간 지속된 장기간의 별거로 인한 혼인의 실체가 해소된 경우(2010. 6. 24. 2010므1256)·혼인당사자의 타인과의 사실혼관계로 인한 자녀출산(대판 1986. 3. 25. 85므85)·알콜중독(서울가판 2007. 8. 22. 2007드단15700)·마약중독(서울지판 1962. 8. 14. 62가2063 등)·배우자에 대한 고소(대판 1978. 12. 26. 78므25)·광신(대판 1989. 9. 12. 89므51)(狂信)·유부녀 강간 및 현금강취로 인한 복역(대판 1974. 10. 12. 74므1)·합리적 이유 없이 남편과의 성행위를 거부하고 결혼생활 동안 거의 매일 밤 외간 남자와 전화통화를 한 경우(대판 2002. 3. 29. 2002므74)·불치의 정신병(대판 1998. 3. 28. 96므608, 615) 등을 들 수 있다. 셋째, 경제적인 것으로는 상습도박(대판 1991. 11. 26. 91므559)·지나친 사치와 낭비로 인한 가정경제의 위협 등을 들 수 있다(같은 견해 박동섭, 앞의 책, 183면).

(나) 중대한 사유에 해당하지 않는다고 한 사례

임신불능(대판 2002. 3. 29. 2002므74)·남편의 생식불능(대판 1982. 11. 23. 82므36)·단순한 신앙의 차이(대판 1981. 7. 14. 81므26)·가난으로 인한 가정불화(대판 1981. 10. 13. 80므9)·유기된 처의 재혼과 처의 흡연(대판 1984. 6. 26. 83므46 등)·협의이혼하기로 합의하여 위자료를 주고받거나 재산분할을 한 경우 또는 이혼합의 후 이혼신고서나 각서를 작성하고 별거하고 있는 경우(대판 1996. 4. 26. 96므226 등)·혼인관계의 파탄이 오로지 또는 주로 이혼을 구하는 배우자의 귀책사유에 기한 경우(대판 1993. 4. 23. 92므1078 ; 대판 1979. 2. 13. 78므34) 등을 들 수 있다.

3. 재판상 이혼의 절차

(1) 조정에 의한 이혼

재판상 이혼은 가사소송법이 규정하는 조정전치주의가 적용되므로, 이혼심판 전에 가정법원에 조정을 신청하여야 한다(가사소송법 제2조 제1항 나류사건 제4호·제50조). 조정절차를 밟지 않고 소를 제기하거나 심판을 청구한 경우, 가정법원은 특별한 사정이 없는 한 그 사건을 조정에 회부하여야 한다(가사소송법 제50조 제2항 참조). 조정절차에서 당사자 사이에 이혼의 협의가 성립하여 이를 조정조서에 기재하면 조정이 성립하게 되는데, 이로써 혼인은 해소된다(가사소송법 제59조 제1항·제2항 본문). 한편 조정이 성립되면 조정을 신청한 사람은 조정 성립일부터 1개월 이내에 이혼신고를 하여야 하는데(가족관계의 등록 등에 관한 법률 제78조·제58조 제1항), 이는 보고적 신고이다.

(2) 재판에 의한 이혼

조정을 하지 않기로 하는 결정·조정불성립결정 또는 조정에 갈음하는 결정(화해권고결정)에 대하여 이의신청이 있는 경우에는 당초 조정신청을 한 때에 소가 제기된 것으로 본다(가사소송법 제49조, 민사조정법 제36조 제1항). 한편 재판절차를 통하여 판결이 확정되면, 이혼신고가 없더라도 혼인은 해소되고, 그 판결의 효력은 제3자에게도 미친다(가사소송법 제21조 제1항). 그리고 소를 제기한 자는 판결이 확정된 날부터 1개월 이내에 이혼신고를 하여야 하나(가족관계의 등록 등에 관한 법률 제78조·제58조 제1항), 이 또한 보고적 신고이다.

●● 사례의 해결:

첫째, 재판상 이혼은 가사소송법이 규정하는 조정전치주의가 적용되므로, A는 이혼심판 전에 가정법원에 조정을 신청하여야 한다. 조정을 하지 않기로 하는 결정 · 조정불성립결정 또는 조정에 갈음하는 결정(화해권고결정)에 대하여 이의신청이 있는 경우에는 당초 조정신청을 한 때에 소가 제기된 것으로 본다. 둘째, B녀(피청구인)가 집을 나가 돌아오지 않는 행위는, 민법 제840조 제2호의 배우자가 악의로 일방을 유기한 때에 해당하므로 A의 주장이 받아들여질 가능성이 매우 크다.

(대판 1986. 10. 28. 86므83, 84의 사실관계와 판결요지 등 참조)

판 례

■ 이혼을 원인으로 하는 제3자에 대한 손해배상청구가 가정법원의 전속관할에 속하는지 여부(적극)

"이혼을 원인으로 하는 손해배상청구는 제3자에 대한 청구를 포함하여 가사소송법 제2조 제1항 제1호 다목 2)에서 정한 다류 가사소송사건으로서 가정법원의 전속관할에 속한다."(대판 2014. 5. 16. 2013다101104 등)

■ 이혼소송에서 조정을 갈음하는 확정된 결정조서에 유책배우자를 특정하는 내용의 기재가 있는 경우, 행정청의 처분 등에 대하여 제기된 항고소송에서 법원이 채택한 증거에 기초하여 자유로운 심증에 의하여 혼인관계 파탄의 책임 유무를 인정할 수 있는지 여부(적극)

"이혼소송에서 확정된 조정을 갈음하는 결정조서는 확정판결과 동일한 효력이 있으나(가사소송법 제59조 제2항, 민사소송법 제220조), 그 결정조서에 유책배우자를 특정하는 내용의 기재가 있다고 하더라도 이를 확정판결에서 인정된 사실과 같이 볼 수는 없으므로, 행정청의 처분 등에 대하여 제기된 항고소송에서 법원은 채택한 증거에 기초하여 자유로운 심증에 의하여 혼인관계 파탄의 책임 유무를 인정할 수 있다."(대판 2014. 9. 4. 2014두36402)

■ 재판상 이혼사유를 규정한 민법 제840조 각 호는 각 별개의 독립된 이혼사유를 구성하는지 여부(적극) 및 이혼청구를 한 원고가 민법 제840조 각 호 소정의 수개의 사유를 주장할 경우, 법원은 그 중 어느 하나의 사유를 받아들여 원고의 청구를 인용할 수 있는지 여부(적극)

"재판상 이혼사유에 관한 민법 제840조는 동조가 규정하고 있는 각 호 사유마다 각 별개의 독립된 이혼사유를 구성하는 것이고, 이혼청구를 구하면서 위 각 호 소정의 수개의 사유를 주장하는 경우 법원은 그 중 어느 하나를 받아들여 청구를 인용할 수 있다."(대판 2000. 9. 5. 99므1886)

■ (1) 부부가 아직 이혼하지 아니하였지만 실질적으로 부부공동생활이 파탄되어 회복할 수 없을 정도의 상태에 이른 경우, 제3자가 부부의 일방과 한 성적인 행위가 배우자에 대하여 불법행위를 구성하는지 그리고 (2) 이러한 법률관계는 재판상 이혼청구가 계속 중에 있다거나 재판상 이혼이 청구되지 않은 상태라고 하더라도 마찬가지인지 여부(적극)

"(1) 민법 제840조는 '혼인을 계속하기 어려운 중대한 사유가 있을 때'를 이혼사유로 삼고 있으며, 부부간의 애정과 신뢰가 바탕이 되어야 할 혼인의 본질에 해당하는 부부공동생활 관계가 회복할 수 없을 정도로 파탄되고 혼인생활의 계속을 강제하는 것이 일방 배우자에게 참을 수 없는 고통이 되는 경우에는 위 이혼사유에 해당할 수 있다. 이에 비추어 보면 부부가 장기간 별거하는 등의 사유로 실질적으로 부부공동생활이 파탄되어 실체가 더 이상 존재하지 아니하게 되고 객관적으로 회복할 수 없는 정도에 이른 경우에는 혼인의 본질에 해당하는 부부공동생활이 유지되고 있다고 볼 수 없다. 따라서 비록 부부가 아직 이혼하지 아니하였지만 이처럼 실질적으로 부부공동생활이 파탄되어 회복할 수 없을 정도의 상태에 이르렀다면, 제3자가 부부의 일방과 성적인 행위를 하더라도 이를 두고 부부공동생활을 침해하거나 유지를 방해하는 행위라고 할 수 없고 또한 그로 인하여 배우자의 부부공동생활에 관한 권리가 침해되는 손해가 생긴다고 할 수도 없으므로 불법행위가 성립한다고 보기 어렵다. 그리고 (2) 이러한 법률관계는 재판상 이혼청구가 계속 중에 있다거나 재판상 이혼이 청구되지 않은 상태라고 하여 달리 볼 것은 아니다."(대판 2014. 11. 20. 전원합의체. 2011므2997 등)

■ 민법 제840조 제1호에서 정한 '배우자의 부정한 행위'의 의미

"민법 제840조 제1호 소정의 배우자의 부정한 행위라 함은 간통을 포함하여 보다 넓은 개념으로서 간통에까지는 이르지 아니하나 부부의 정조의무에 충실하지 않는 일체의 부정한 행위가 이에 포함되고, 부정한 행위인지 여부는 각 구체적 사안에 따라 그 정도와 상황을 참작하여 평가하여야 한다."(대판 2013. 11. 28. 2010므4095 ; 대판 1992. 11. 10. 92므68 ; 대판 1988. 5. 24. 88므7)

■ 부부의 일방이 부정행위를 한 경우에 그로 인하여 배우자가 입은 정신적 고통에 대하여 불법행위에 의한 손해배상의무를 지는지 여부(적극) 및 제3자가 부부의 일방과 부정행위를 함으로써 부부공동생활을 침해하거나 유지를 방해하고 그에 대한 배우자로서 권리를 침해하여 배우자에게 정신적 고통을 가하는 행위가 불법행위를 구성하는지 여부(원칙적 적극) / 부부의 일방과 제3자가 부담하는 불법행위책임이 공동불법행위책임으로서 부진정연대채무 관계에 있는지 여부(적극)

"부부는 동거하며 서로 부양하고 협조할 의무를 진다(민법 제826조). 부부는 정신적・육체적・경제적으로 결합된 공동체로서 서로 협조하고 보호하여 부부공동생활로서의 혼인이 유지되도록 상호 간에 포괄적으로 협력할 의무를 부담하고 그에 관한 권리를 가진다. 이러한 동거의무 내지 부부공동생활 유지의무의 내용으로서 부부는 부정행위를 하지 아니하여야 하는 성적(성적) 성실의무를 부담한다. 부부의 일방이 부정행위를 한 경우에 부부의 일방은 그로 인하여 배우자가 입은 정신적 고통에 대하여 불법행위에 의한 손해배상의무를 진다. 한편 제3자도 타인의 부부공동생활에 개입하여 부부공동생활의 파탄을 초래하는 등 그 혼인의 본질에 해당하는 부부공동생활을 방해하여서는 아니 된다. 제3자가 부부의 일방과 부정행위를 함으로써 혼인의 본질에 해당하는 부부공동생활을 침해하거나 유지를 방해하고 그에 대한 배우자로서의 권리를 침해하여 배우자에게 정신적 고통을 가하는 행위는 원칙적으로 불법행위를 구성한다. 그리고 부부의 일방과 제3자가 부담하는 불법행위책임은 공동불법행위책임으로서 부진정연대채무 관계에 있다."(대판 2015. 5. 29. 2013므2441)

■ 남편이 정신이상의 증세가 있는 처를 두고 가출하여 비구승이 된 것을 악의의 유기라고 본 사례

"청구인의 어머니가 며느리인 피청구인을 데리고 절에 기도드리러 가서 비정상적 행동을 하자 피청구인이 갑자기 정신이상의 증세를 보이기 시작하여 지금까지 계속 재발을 반복해 왔는데, 청구인의 노력에도 불구하고 피청구인이 청구인의 종교인 불교에 대하여 계속 적대적인 태도를 취하여 왔으며 이러한 사정으로 청구인이 이혼을 요구하였으나 피청구인이 불응하자 청구인은 집을 나와 입산하여 비구승이 됨으로써 부부가 10년 넘게 별거하게 되고 현재에 이르러서는 서로의 배타적 신앙생활로 인한 애정의 결핍과 장기간의 별거로 혼인관계가 돌이킬 수 없는 파탄에 빠져있는 것

이라면, 이러한 파탄은 청구인이 정신적으로 완전하지 아니한 피청구인을 악의로 유기함에서 비롯되었다고 본 원심의 판단은 수긍된다."(대판 1990. 11. 9. 90므583)

■ 민법 제840조 제3호 소정의 이혼사유인 '배우자로부터 심히 부당한 대우를 받았을 때'의 의미 및 같은 조 제6호 소정의 이혼사유인 '기타 혼인을 계속하기 어려운 중대한 사유가 있을 때'의 의미

"민법 제840조 제3호 소정의 이혼사유인 '배우자로부터 심히 부당한 대우를 받았을 때'라고 함은 혼인 당사자의 일방이 배우자로부터 혼인관계의 지속을 강요하는 것이 가혹하다고 여겨질 정도의 폭행이나 학대 또는 중대한 모욕을 받았을 경우를 말하는 것이고, 같은 조 제6호 소정의 이혼사유인 '기타 혼인을 계속하기 어려운 중대한 사유가 있을 때'라 함은 부부간의 애정과 신뢰가 바탕이 되어야 할 혼인의 본질에 상응하는 부부공동생활관계가 회복할 수 없을 정도로 파탄되고 그 혼인생활의 계속을 강제하는 것이 일방 배우자에게 참을 수 없는 고통이 되는 경우를 말하는 것이다."(대판 1999. 11. 26. 99므180)

■ 민법 제840조 제6호에 정한 '혼인을 계속하기 어려운 중대한 사유가 있을 때'의 의미와 판단 기준

"민법 제840조 제6호 소정의 이혼사유인 '혼인을 계속하기 어려운 중대한 사유가 있을 때'라 함은 부부간의 애정과 신뢰가 바탕이 되어야 할 혼인의 본질에 상응하는 부부공동생활관계가 회복할 수 없을 정도로 파탄되고 그 혼인생활의 계속을 강제하는 것이 일방 배우자에게 참을 수 없는 고통이 되는 경우를 말하며, 이를 판단함에 있어서는 혼인계속의사의 유무, 파탄의 원인에 관한 당사자의 책임 유무, 혼인생활의 기간, 자녀의 유무, 당사자의 연령, 이혼 후의 생활보장, 기타 혼인관계의 제반사정을 두루 고려하여야 한다."(대판 2009. 12. 24. 2009므2413)

■ 민법 제840조 제6호 소정의 이혼사유인 '혼인을 계속하기 어려운 중대한 사유가 있을 때'에 해당한다고 본 사례

"부부가 크고 작은 문제로 자주 다투며 서로 폭행하고, 부부간 문제를 감정적 차원에서 대응하여 도리어 갈등을 증폭시키고, 한차례 이혼소송 파동을 겪은 후에도 서로 애정과 신뢰를 쌓을 노력을 등한시 한 채 불화가 계속되어 별거에 이르게 되고, 상대방에 대한 이해부족과 불신을 그대로 유지한 채 부부간의 갈등을 일시적으로 참고 있는 상태라면 혼인을 계속하기 어려운 중대한 사유가 있다고 볼 여지가 있다고 한 사례."가 있다(대판 2004. 8. 20. 2004므955).

■ 78세의 처가 92세의 남편을 상대로 제기한 이혼청구에 대하여 민법 제840조 제6호 소정의 이혼사유인 '혼인을 계속하기 어려운 중대한 사유'가 있음을 이유로 이혼청구를 인용한 원심의 판단을 수긍한 사례

"피고의 평소 생활방식과 결혼생활에서의 불화원인 및 이에 대한 대처방식, 전번 이혼소송에서의 재판상 화해 후 피고의 반성문 작성강요와 별거중의 생활비 미지급 등 원·피고 사이의 불화를 증폭, 확대시킨 경위 및 피고의 재산기부경위 등에 관한 원심의 사실 인정은 정당한 것으로 수긍이 가고, 그와 같은 사실관계 아래서 원·피고 사이의 부부공동생활관계가 회복할 수 없을 정도로 파탄되었다고 보아 민법 제840조 제6호 소정의 이혼사유인 '혼인을 계속하기 어려운 중대한 사유'가 있음을 이유로 이혼청구를 인용한 원심의 판단을 수긍한 사례."가 있다(대판 2000. 9. 5. 99므1886).

■ 성적 불능 기타 부부 상호간의 성적 요구의 정상적인 충족을 저해하는 사실이 존재하는 경우 '혼인을 계속하기 어려운 중대한 사유'에 해당하는지 여부

"부부간의 성관계는 혼인의 본질적 요소이므로 성적 불능 기타 부부 상호간의 성적 요구의 정상적인 충족을 저해하는 사실이 존재하는 경우, 이는 '혼인을 계속하기 어려운 중대한 사유'가 될 수 있으므로, 정당한 이유 없이 성교를 거부하거나 성적 기능의 불완전으로 정상적인 성생활이 불가능한 경우에는 혼인을 계속하기 어려운 중대한 사유가 있다고 할 것이나, 전문적인 치료와 조력을 받으면 정상적인 성생활로 돌아갈 가능성이 있는 경우에는 일시적인 성기능의 장애가 있거나 부부간의 성적인 접촉이 단기간 부존재하더라도 그 정도의 성적 결함만으로는 '혼인을 계속하기 어려운 중대한 사유'가 될 수 없다."(대판 2009. 12. 24. 2009므2413)

■ 이혼 합의사실의 존재가 민법 제840조 제6호 소정의 재판상 이혼사유에 해당하는지 여부

"혼인생활 중 부부가 일시 이혼에 합의하고 위자료 명목의 금전을 지급하거나 재산분배를 하였다고 하더라도 그것으로 인하여 부부관계가 돌이킬 수 없을 정도로 파탄되어 부부 쌍방이 이혼의 의사로 사실상 부부관계의 실체를 해소한 채 생활하여 왔다는 등의 특별한 사정이 없다면 그러한 이혼 합의사실의 존재만으로는 이를 민법 제840조 제6호의 재판상 이혼사유인 혼인을 계속할 수 없는 중대한 사유에 해당한다고 할 수 없다."(대판 1996. 4. 26. 96므226)

■ 민법 제842조의 제소기간의 적용 범위

"민법 제840조 제6호 소정의 '기타 혼인을 계속하기 어려운 중대한 사유'가 이혼청구 당시까지도 계속 존재하는 것으로 보아야 할 경우에는 이혼청구권의 제척기간에 관한 민법 제842조가 적용되지 아니한다."(대판 2001. 2. 23. 2000므1561)

Ⅳ. 유책배우자의 이혼청구

1. 유책배우자의 이혼청구 문제

●● 사례

A남과 B녀는 혼인한 부부이다. 그런데, A남은 B녀와 혼인하기 전에 다른 여자와 동거하여 그 사이에서 아들을 낳았고, 혼인한 후에도 술을 자주 마시며 B녀에게 폭행과 폭언을 일삼아 가정불화가 생기는 일이 많았다. 한편 B녀는 혼인한 후에 신이 들렸다며 굿을 하고 점을 치는 등 무당일을 해 오다가, 1977년 8월경에 집을 나가 심판청구 시까지 다른 남자와 동거하기에 이르렀다. B녀는 A남과의 혼인관계가 이미 회복할 수 없을 정도로 파탄되었다는 이유로, 기타 혼인을 계속하기 어려운 중대한 사유에 기한 재판상 이혼심판을 청구하였다. B녀의 심판청구는 인용가능한가?

●● 사안의 쟁점:

첫째, 우리나라 이혼원인에 관한 입법주의가 무엇인지, 둘째, 유책배우자의 이혼청구가 허용되는지 등이다.

부부 중 일방이 혼인관계의 파탄에 전적으로 또는 주로 책임이 있는 경우, 그를 유책배우자(guilty spouse)라 한다. 혼인관계가 회복할 수 없을 정도로 파탄되어 있기만 하면, 비록 유책배우자의 이혼청구라 하더라도, 이를 인용해야 할 것인가의 문제를 유책배우자의 이혼청구 문제라고 한다. 이 문제는 제840조 제6호의 해석을 어떻게 할 것이냐에 달려 있다. 제6호 사유를 파탄주의에 입각한 규정한 것으로 새길 경우, 유책배우자의 이혼청구는 당연히 허용하게 된다. 그러나 유책주의로 파악할 경우에는 유책배우자의 이혼청구는 기각할 수밖에 없게 된다.

2. 유책배우자의 이혼청구 허용 여부

이에 관한 명문의 규정이 없는 우리 민법의 경우, 유책배우자가 이혼을 청구한 경우에 이를 허용해야 할 것인지에 관하여는 다툼이 있다.

(1) 부정설

유책배우자의 이혼청구를 인용하는 것은 도의관념에 반하고 축출이혼을 허용하는 결과가 되어 이를 받아들일 수 없다는 것이다.

(2) 긍정설

껍데기뿐인 혼인생활의 강요는 혼인의 본질에 반하고 사실상의 이혼만 증가시키게 되므로, 이를 인용하면서 무책배우자에 대한 부양책을 강구하는 것이 합리적이라는 것이다.

(3) 제한적 긍정설

유책배우자의 이혼청구는 원칙적으로 허용하지 않으면서 특별한 사정이 있는 경우(제한된 범위 : ① 상대배우자에게도 이혼의사가 인정되는 경우, ② 혼인파탄의 책임이 부부 쌍방에게 있는 경우, ③ 기타의 경우 등)에는 예외적으로 이혼을 허용해야 한다는 견해이다(박병호, 앞의 책, 120면 등 다수설).

(4) 판　례

원칙적으로 혼인생활의 파탄에 주된 책임이 있는 배우자는 그 파탄을 사유로 하여 이혼을 청구할 수 없다는 견해를 취한다. 다만, ① 상대방의 이혼의사가 객관적으로 명백한 경우, ② 유책배우자 일방의 의사에 의한 이혼 내지 축출 이혼의 염려가 없는 경우, ③ 혼인생활의 파탄에 대한 유책성이 그 이혼청구를 배척해야 할 정도로 남아 있지 아니한 특별한 사정이 있는 경우, ④ 이혼을 청구하는 배우자의 유책성을 상쇄할 정도로 상대방 배우자 및 자녀에 대한 보호와 배려가 이루어진 경우, ⑤ 쌍방의 책임의 경중을 엄밀히 따지는 것이 더 이상 무의미할 정도가 된 경우에는 유책배우자의 이혼청구를 예외적으로 허용한다(대판 2015. 9. 15. 전원합의체(다수의견), 2013므568).

(5) 사 견

대법원이 유책배우자의 이혼청구를 근본적으로 받아들이지 않는 이유는, 무책자인 상대배우자의 부당한 희생을 막아 그의 이익을 보호하려는 데에 있다. 따라서, 이를 해칠 염려가 없다면, 비록 유책배우자의 이혼청구라 하여 배척할 이유는 없다. 논리적으로 볼 때 유책배우자의 이혼청구 문제는, 회복이 불가능할 정도로 파탄된 혼인관계에는 이혼이 주어져야 한다는 파탄주의 이념과 상대방인 무책배우자의 보호라는 현실 사이의 양면의 조화의 바탕 위에서 해결할 수밖에 없다. 이미 살핀 바와 같이 제6호는 형식적으로는 파탄주의 이혼원인을 규정한 것으로 보아야 하고(제840조는 제1호-제5호에서 유책주의를, 제6호에서 파탄주의를 규정한 결합형으로 볼 수 있다), 세계 각국의 이혼법의 동향은 파탄주의의 추세에 놓여있다(유책배우자의 이혼청구에 관한 최근 우리나라 하급심의 주류적 태도이기도 하다). 그렇다면 비록 유책배우자의 이혼청구라 하더라도, 그 합리성과 상당성이 인정되는 경우에는 이를 허용하고, 다만 무책배우자의 보호와 미성년 자녀의 보호에 만전을 기할 수 있도록 하는 해석론이 바람직하다고 생각한다.

●● 사례의 해결:

첫째, 우리나라는 기본적으로 유책주의의 입장에 있다고 할 것이다. 따라서 A와 B 사이의 혼인생활이 도저히 회복할 수 없을 정도로 깨어졌음은 분명하나, 파탄에 이르게 된 책임이 오로지 또는 주로 B녀에게 있으므로, 유책배우자인 B녀의 이혼청구는 받아 줄 수 없는 것이 원칙이다. 그러나 상대방의 이혼의사가 객관적으로 명백한 경우, 유책배우자 일방의 의사에 의한 이혼 내지 축출 이혼의 염려가 없는 경우, 혼인생활의 파탄에 대한 유책성이 그 이혼청구를 배척해야 할 정도로 남아 있지 아니한 특별한 사정이 있는 경우, 이혼을 청구하는 배우자의 유책성을 상쇄할 정도로 상대방 배우자 및 자녀에 대한 보호와 배려가 이루어진 경우, 쌍방의 책임의 경중을 엄밀히 따지는 것이 더 이상 무의미할 정도가 된 경우에는 유책배우자의 이혼청구를 예외적으로 허용될 것이다.

(대판 1993. 3. 9. 92므990의 사실관계와 판결요지 등 참조)

판 례

〈대법원의 태도, 유책배우자의 이혼청구 배척의 취지, 유책성의 판단기준 시점 · 유책성의 정도〉

■ 혼인관계 파탄의 경우 유책배우자의 이혼청구의 허부(소극)

"민법 제840조 제6호 소정의 이혼사유에 관하여 오로지 또는 주로 책임이 있는 일방당사자가 하는 이혼청구는 원칙적으로 허용되지 않는다."(대판 1989. 6. 27. 88므740)

■ 유책배우자의 이혼청구를 부정하는 취지

"혼인의 파탄에 관하여 유책배우자는 그 파탄을 원인으로 이혼을 청구할 수 없는 바, 이는 혼인의 파탄을 자초한 자에게 재판상 이혼청구권을 인정하는 것은 혼인제도가 요구하고 있는 도덕성에 근본적으로 배치되고 배우자 일방의 의사에 의한 이혼 내지는 축출이혼을 시인하는 부당한 결과가 되므로 혼인의 파탄에도 불구하고 이혼을 희망하지 않고 있는 상대배우자의 의사에 반하여 이혼을 할 수 없도록 하려는 것일 뿐, 상대배우자에게도 그 혼인을 계속할 의사가 없음이 객관적으로 명백한 경우에까지 파탄된 혼인의 계속을 강제하려는 취지는 아니다."(대판 1987. 4. 14. 86므28)

■ 민법 제840조 제6호의 사유로 인한 혼인파탄에 있어 유책성의 판단기준 시점

"혼인파탄에 있어 유책성은 혼인파탄의 원인이 된 사실에 기초하여 평가할 일이며 혼인관계가 완전히 파탄된 뒤에 있은 일을 가지고 따질 것은 아니다."(대판 2004. 2. 27. 2003므1890)

■ 유책배우자의 이혼청구를 배척할 수 있는 유책성의 정도

"혼인생활의 파탄을 초래하는 경위는 대체로 복잡 미묘하여 그 책임이 당사자 어느 한 쪽에만 있다고 확정할 수 없는 경우가 많으므로 부부간의 혼인관계가 돌이킬 수 없을 정도로 파탄되었다면 혼인청구인에게 전적으로 또는 주된 책임을 물어야 할 사유로 그 파탄의 원인이 조성된 경우가 아닌 이상 혼인청구는 허용되어야 한다."(대판 1988. 4. 25. 87므9)

〈유책배우자의 이혼청구를 부정한 판례〉

■ 혼인파탄의 유책배우자가 상대방이 그 갈등을 해소하려는 과정에서 저지른 잘못을 이유로 재판상 이혼청구를 할 수 있는지 여부(소극)

"일방 배우자의 책임 있는 사유(악의의 유기)로 인하여 혼인생활이 파탄에 빠지게 된 이후에 그 갈등을 해소하려는 과정에서 상대방이 재판상 이혼사유에 해당할 수도 있는 잘못(직계존속에 대한 폭행)을 저질렀더라도 그 잘못이 상대방의 유책사유로 인한 혼인의 파탄과는 관계없이 저질러졌다거나 그 정도가 상대방의 유책사유에 비하여 현저하게 책임이 무거운 것이라는 등의 특별한 사정이 없는 한 혼인을 파탄시킨 유책배우자가 이를 사유로 삼아 이혼을 청구할 수는 없는 것이고 그러한 갈등이 쌓여서 혼인관계가 돌이킬 수 없을 정도에 이르렀다 하여도 상대방이 사실은 혼인을 계속할 의사 없이 오로지 배우자를 괴롭힐 의사로 표면적으로만 이혼에 응하지 아니하고 있다는 등의 특별한 사정이 있는 경우가 아니라면 혼인을 파탄에 이르게 한 사유에 관하여 당초 책임 있는 배우자는 민법 제840조 제1항 제6호의 사유가 있다 하여 이혼을 청구할 수 없다."(대판 1990. 9. 25. 89므112)

■ 혼인파탄의 유책배우자라고 하여 그 이혼청구를 배척한 사례

"청구인과 피청구인과의 혼인이 장기간의 별거와 청구인과 청구 외 (갑)여와 동거로 이제는 파탄에 이르렀다고 하더라도 그 원인이 청구인이 피청구인을 버려둔 채 현재까지 (갑)여와 동거함으로 인한 것이라면 그 책임은 전적으로 청구인에게 있다 할 것이니, 피청구인이 청구인으로부터 아무런 경제적 도움을 받지 못함으로 인한 극심한 생활고를 해결하기 위하여 부득이 (을)남과 일시적으로 동거하면서 그 사이에 자식을 출산한 것이 파탄의 원인으로 경합되었더라도 그 책임 역시 피청구인을 버려둔 채 (갑)여와 계속 동거한 청구인에게 있다고 할 것이므로 청구인은 혼인파탄의 유책배우자로서 이를 이유로 이혼을 청구할 수 없다."고 한 사례가 있다(대판 1990. 3. 27. 89므235).

■ 파탄의 주된 책임이 부에게 있다는 이유로, 부의 이혼청구를 인용한 원심판결을 파기한 사례

"협의이혼하였다가 재결합한 이후 부부 사이에 불화가 생긴 근본적인 원인이시부모의 경제적 지원 요구와 이로 인한 처의 불만 때문으로 보이며, 따라서 부로서는 최선을 다하여 그를 의사로 성공시킨 것에 대한 경제적 보상을 원하는 그의 부모와, 시부모의 경제적 지원 요구에 대하여 불만을 가지고 있던 처 사이의 갈등을 적절히 조정하여, 부모와 자식 사이의 관계 및 처와의 혼인관계를 원만하게 이끌어 나가야 하였어야 할 것인데, 부가 그러한 최선의 노력을 기울이지 아니한 채 처와의 불화를 이유로 재결합한지 불과 5개월도 되지 아니한 시기에 처와 동거하던 아파트를 나와 별거함으로써 혼인관계가 더더욱 회복하기 어려운 상태로 악화되었다고 보이므로, 그들 사이의 혼인관계가 설사 회복하기 어려운 파탄상태에 이르렀고 또한 처가 불만을 토로하여 부부 싸움이 계속되어 식사나 빨래도 잘해주지 아니하고 말도 없이 집을 나가 2 내지 3일씩 돌아오지 않는 등 처에게 잘못이 있다고 하더라도, 파탄의 주된 책임은 부에게 있다고 하지 않을 수 없다는 이유로, 파탄의 책임이 경중을 가릴 수 없을 정도로 쌍방 모두에게 있다고 보고 부의 이혼청구를 인용한 원심판결을 파기한 사례."가 있다(대판 1994. 12. 23. 94므1225).

■ 종가의 종손인 남편이 처의 임신불능을 이유로 이혼을 주장하여 혼인관계가 파탄된 경우 남편의 이혼심판청구를 기각하고 처의 반심판청구를 인용한 사례

"처가 전자궁적출술의 수술결과 임신불능이 되자, 남편이 종가의 종손임을 이유로 이혼을 주장하여 혼인관계가 파탄에 이르렀다면, 그와 같이 된 데에는 출산불능이 법률상의 이혼사유로 되지 아니하는 이상 남편측에게 보다 더 큰 책임이 있다고 하여 남편의 이혼심판청구를 기각하고 처의 반심판청구를 인용한 사례."가 있다(대판 1991. 2. 26. 89므365, 372).

〈유책배우자의 이혼청구를 인용한 판례〉

1) 상대방의 이혼의사가 존재하는 경우

■ 유책배우자의 이혼청구권이 인정되는 경우

"혼인생활의 파탄에 대하여 주된 책임이 있는 배우자는 원칙적으로 그 파탄을 사유로 하여 이혼을 청구할 수 없고, 다만 상대방도 그 파탄 이후 혼인을 계속할 의사가 없음이 객관적으로 명백함에도 오기나 보복적 감정에서 이혼에 응하지 아니하고 있을 뿐이라는 등의 특별한 사정이 있는 경우에만 예외적으로 유책배우자의 이혼청구권이 인정된다."(대판 2013. 11. 28. 2010므4095 등)

■ 유책배우자의 이혼청구를 인용한 사례

"을녀가 배우자인 갑남을 간통죄로 고소하여 실형을 복역하게 한 다음 위자료, 양육비를 지급받고 자유로운 의사로 이혼하기로 합의한 후 갑남이 병녀와 동거하면서 자녀를 출산하는 것을 방치하여 둔 채 서로 소식조차 없이 10여 년을 갑남과 남남으로 지내온 경우라면 을녀에게 갑남과 혼인을 계속할 의사가 있다고 보기 어렵고, 그와 같이 을녀가 내심으로는 갑남과의 혼인을 계속할 의사가 없으면서도 표면상으로 이혼에 불응하고 있다면 비록 당초에 있어서 갑남에게 부정행위의 잘못이 있다 하더라도 현재 야기되어 있는 파탄의 책임을 갑남에게만 돌릴 수 없다 할 것이므로 파탄된 위 혼인의 해소를 바라는 갑남의 이혼청구는 인용됨이 마땅하다."고 한 사례가 있다(대판 1988. 2. 9. 87므60).

▣ 유책배우자의 이혼청구권이 인정되는 경우

"혼인생활의 파탄에 대하여 주된 책임이 있는 배우자는 원칙적으로 그 파탄을 사유로 하여 이혼을 청구할 수 없고, 다만 상대방도 그 파탄 이후 혼인을 계속할 의사가 없음이 객관적으로 명백한데도 오기나 보복적 감정에서 이혼에 응하지 아니하고 있을 뿐이라는 등 특별한 사정이 있는 경우에 한하여 예외적으로 유책배우자의 이혼청구가 허용되는 것이다."(대판 2010. 12. 9. 2009므844)

▣ 간통죄의 고소사실만으로 이혼의사가 객관적으로 명백하다고 볼 수 있는지 여부(소극)

"간통죄의 고소를 제기하기 위하여는 먼저 혼인이 해소되거나 이혼소송을 제기하여야 한다는 규정이 있지만 배우자의 간통에 대처하여 상간자를 처벌하고 배우자의 회심을 유도하기 위하여 일응 고소를 하는 경우도 흔히 있으므로, 간통죄의 고소사실만을 가지고 이혼의사가 객관적으로 명백하다고 보기 어렵다."(대판 1997. 5. 16. 97므155)

2) 쌍방의 유책성이 인정되는 경우

▣ 쌍방의 책임 있는 사유로 혼인관계가 파탄에 이르게 된 경우 이혼청구인의 책임이 상대방의 책임보다 더 무겁지 않은 한 이혼청구가 인용되어야 할 것인지 여부(적극)

"혼인관계가 부부 쌍방의 책임 있는 사유로 파탄에 이르게 된 경우 이혼을 청구한 당사자의 책임이 상대방의 책임보다 더 무겁다고 인정되지 아니하는 한 그 이혼청구는 인용되어야 한다."(대판 1992. 11. 10. 92므549)

▣ 혼인관계 파탄의 주된 책임자가 아닌 유책배우자의 이혼청구권 유무(적극)

"부부의 혼인관계가 돌이킬 수 없을 정도로 파탄된 경우, 그 파탄의 원인이 이혼청구인에게 전적으로 또는 주된 책임을 물어야 할 사유로 조성되었거나 청구인의 책임이 피청구인의 책임보다 더 무겁다고 인정되지 않는 한 청구인의 이혼청구는 인용되어야 한다."(대판 1991. 7. 9. 90므1067)

▣ 혼인의 파탄에 관한 쌍방의 책임 유무와 경중을 가리지 아니하고 피고에게 귀책사유가 없다는 이유설시만으로 이혼청구를 기각할 수 있는지 여부

"혼인관계가 파탄에 이르렀음이 인정되는 경우에는 원고의 책임이 피고의 책임보다 더 무겁다고 인정되지 아니하는 한 원고의 이혼청구는 인용되어야 하는 것이므로, 원심이 원고와 피고의 각 책임의 유무 및 경중을 가려보지도 아니한 채 피고에게 책임 있는 사유로 인하여 혼인관계가 돌이킬 수 없는 파탄에 이르렀다고 보기 어렵다고 판시하여 원고의 이혼청구를 배척하고 만 것은 민법 제840조 제6호의 적용에 관한 법리를 오해하였거나 이유를 제대로 명시하지 아니한 위법이 있다."(대판 1994. 5. 27. 94므130)

▣ 부부관계의 파탄이 부부 모두에게 책임이 있는 경우, 민법 제840조 제6호 소정의 이혼사유에의 해당 여부

"청구인과 피청구인이 각각 타인과 사실혼관계를 맺고 그 사이에 자녀를 출산하고 있다면 위 양인이 다시 부부로 돌아가는 것은 불가능하고, 또 위 부부관계의 파탄은 청구인과 피청구인 모두에게 책임이 있는 것이어서 이는 민법 제840조 제6호 소정의 기타 혼인을 계속하기 어려운 중대한 사유 있는 때에 해당한다."(대판 1986. 3. 25. 85므85)

3) 기타의 경우

■ 유책배우자의 이혼청구에 대하여 상대방이 반소청구로 이혼을 구하는 경우, 그 사정만으로 유책배우자에게 이혼청구권이 있다고 볼 수 있는지 여부(소극)

"혼인생활의 파탄에 대하여 주된 책임이 있는 배우자는 원칙적으로 그 파탄을 사유로 하여 이혼을 청구할 수 없고, 다만 상대방도 그 파탄 이후 혼인을 계속할 의사가 없음이 객관적으로 명백한데도 오기나 보복적 감정에서 이혼에 응하지 아니하고 있을 뿐이라는 등 특별한 사정이 있는 경우에만 예외적으로 이혼을 청구할 수 있으며, 유책배우자의 이혼청구에 대하여 상대방이 그 주장사실을 다투면서 오히려 다른 사실을 내세워 반소로 이혼청구를 한다 하더라도 그러한 사정만으로 곧바로 상대방은 혼인을 계속할 의사가 없으면서도 오기나 보복적 감정에서 유책배우자의 이혼청구에 응하지 아니하는 것이라고 단정할 수 없다."(대판 1998. 6. 23. 98므15)

■ 장기간의 별거의 경우, 유책배우자의 이혼청구 허용 여부(적극)

"전략(前略) … 유책배우자의 이혼청구라 하더라도 부부의 별거(36년)가 양당사자의 연령(남편은 75세, 아내는 71세) 및 동거기간과의 대비에 있어서 상당히 장기간에 걸치고 그 사이에 미성년자가 없는 경우에는 상대방배우자가 이혼으로 인해 정신적·경제적·사회적으로 극히 가혹한 상태로 되는 등 이혼청구를 허용하는 것이 현저하게 사회정의에 위배된다고 할 수 있는 특별한 사정이 없는 한 유책배우자의 이혼청구라는 점만으로 허용되지 않는다고 할 수는 없다. … 후략(後略)."(일본최고재판소 1987. 9. 2. 선고 민집 41권 6호, 1423면).

심화학습

유책배우자의 이혼청구 사건(대판 2015. 9. 15. 전원합의체. 2013므568)

1. 사건의 개요

원고(남편)와 피고(아내)는 1976년 결혼하여 슬하에 자녀 3명을 두고 있다. 원고는 1998년 무렵 A와 사이에서 가진 혼외자(현재 미성년자)가 출생하자 2000. 1. 무렵 집을 나와 현재까지 약 15년간 A와 동거하고 있다. 원고는 별거 중에도 이 사건 소가 제기된 2011. 11. 무렵까지 자녀들의 학비를 부담하고 매월 생활비 100만 원 정도를 지급하였다. 피고는 평범한 주부로서 별거 이후 혼자서 자녀 3명(별거 시작 당시 미성년자 1명, 현재는 성년자)을 양육하였고, 이 사건 소 제기 이후 원고의 생활비 지급이 중단되자 기혼 자녀 1명의 도움을 받아 생활하고 있음. 원고와 피고 사이의 자녀들 중 미혼 자녀는 2명이다.

2. 소송의 경과

제1심과 제2심에서 유책배우자의 이혼청구라는 이유로 모두 원고가 패소함.

3. 사건의 쟁점

유책배우자의 이혼청구를 허용할 것인지 여부이다.

가. 양측 소송대리인들의 변론 요지

1) 원고 소송대리인의 변론

첫째, 세계 각국의 이혼법은 유책배우자의 이혼청구를 허용하지 않는 유책주의에서 이를 허용하는 파탄주의로 변경되어 왔음. 혼인관계의 파탄은 불가피한 사회적 현상이고, 파탄된 혼인관계를 그대로 유지시키는 것은 부부를 비롯하여 관련 당사자 모두에게 고통을 줄 뿐임. 둘째, 혼인관계가 더 이상 회복될 수 없을 정도로 파탄되었다면 파탄주의에 따라 유책 여부를 묻지 않고 이혼을 허용하되, 상대배우자와 자녀의 보호를 위한 보완책들을 마련하여야 함.

2) 피고 소송대리인의 변론

첫째, 파탄주의로의 전환을 받아들일 여건이 성숙되어 있지 않음. 우리 민법은 이혼 시 상대배우자 및 자녀에 대한 보호조항과 혼인파탄에 관한 기준을 명백히 규정하는 조항을 명시적으로 두고 있지 않음. 현재 법원이 인정하는 위자료와 재산분할로는 경제적 능력이 없는 배우자 및 자녀의 부양을 해결할 수 없음. 둘째, 유책배우자의 이혼청구를 기각하는 원칙은 헌법상 국가의 혼인과 가족생활의 보장의무를 실현하는 방법임. 파탄주의로 나아가게 되면 상대배우자와 자녀의 행복추구권과 생존권이 희생될 수밖에 없음.

나. 참고인들의 의견 진술 요지

1) 원고 측 참고인

첫째, 파탄주의는 이미 심각하게 파탄된 부부의 이혼을 법적으로 허용함으로써 이혼 부부의 새 출발을 가능하게 하고 유책주의의 적대적인 이혼절차 대신에 성숙한 이혼과 깨끗한 청산을 기대할 수 있게 됨. 그럼에도 불구하고 파탄주의는 약자인 무책배우자에게 불리하게 작용할 수 있는 등의 한계가 있으므로, 파탄주의를 취하는 외국의 입법례에서는 약자를 보호하는 법적 장치를 마련하고 있음. '좋은 이혼법'은 혼인의 안정을 지지하고, 혼인이 유감스럽게도 회복불가능 할 정도로 파탄된 경우에는 공허한 법적 허울을 벗도록 도와주되, 최대한 공정하고 비참함과 고통 등이 최소화하도록 하는 것이라고 정의되고 있음. 민법이 여러 차례에 걸쳐 남녀평등하게 개정되었고 여성들의 가정 내 지위가 향상되고 사회진출이 활발하다는 점을 감안하면, 파탄주의로 전환할 여건은 어느 정도 성숙되었다고 판단됨. 둘째, 유책배우자의 이혼청구를 허용할 경우 혼인의 파탄 여부에 관한 객관적인 기준을 제시하고, 이혼으로 인해 고통이 예상되거나 자녀에게 심각한 문제가 발생될 경우에는 이혼을 허용하지 않으며, 형평에 맞는 재산분할과 위자료의 지급 등이 이루어지도록 할 필요가 있음.

2) 피고 측 참고인

첫째, 우리 사회의 현실과 국민의 법감정 등을 고려해 볼 때 파탄주의로 전환하여 유책배우자의 이혼청구를 제한 없이 허용하는 것은 시기상조임. 상담사례를 분석한 결과 경제적으로 열악하고 미성년 자녀가 있는 여성이 자녀문제 등을 이유로 이혼을 원하지 않음에도 이혼을 강요당하고 있는 경우가 많았음. 시민들을 상대로 의식조사를 실시한 결과 유책배우자의 이혼청구에 대하여 부정적으로 보고 예외적인 경우에만 허용해야 한다는 의견이 많았고, 유책배우자에 대한 제재와

약자 보호, 혼인생활에 있어 신의성실과 도덕성 등을 중요하게 여기고 있음을 알 수 있었음. 유책배우자의 이혼청구를 지금보다 넓게 인정하게 위해서는 사회적 여건의 개선과 법제도의 정비가 선행되어야 함. 위자료의 상향조정, 혼인 중 형성된 재산의 처분제한, 혼인 중 재산분할제도의 신설, 남녀의 동등한 사회적 · 경제적 지위 확보, 이혼에 대한 사회인식의 변화, 이혼 후 부양제도의 도입, 협의이혼과 재판상 이혼의 일원화 등이 선행되어야 함. 둘째, 일정 정도에서 유책배우자의 이혼청구를 허용하는 범위를 조금씩 넓혀가다 보면 우리 사회와 국민이 파탄주의를 수용할 수 있는 지점에서 파탄주의로 전환이 될 수 있을 것임(이상은 대법원 전원합의체 공개변론 보도자료(2015. 6. 26) 참조).

4. 대법원의 판결요지

〈다수의견〉

"전략(前略) … 대법원이 종래 유책배우자의 이혼청구를 허용하지 아니한 데에는, 스스로 혼인의 파탄을 야기한 사람이 이를 이유로 이혼을 청구하는 것은 신의성실에 반하는 행위라는 일반적 논리와 아울러, 여성의 사회적 · 경제적 지위가 남성에 비해 상대적으로 열악한 것이 현실인 만큼 만일 유책배우자의 이혼청구를 널리 허용한다면, 특히 파탄에 책임이 없는 여성배우자가 이혼 후의 생계나 자녀 부양 등에 큰 어려움을 겪는 등 일방적인 불이익을 입게 될 위험이 크므로 유책인 남성배우자의 이혼청구를 불허함으로써 여성배우자를 보호하고자 하는 취지가 있다고 보인다. 이런 관점에서, 대법원이 종래 취해온 법의 해석을 바꾸려면 이혼에 관련된 전체적인 법체계와 현 시점에서 종래 대법원판례의 배경이 된 사회적 · 경제적 상황에 의미 있는 변화가 생겼는지 등에 관한 깊은 검토가 있어야 한다. 첫째로, 이혼에 관하여 파탄주의를 채택하고 있는 여러 나라의 이혼법제는 우리나라와 달리 재판상 이혼만을 인정하고 있을 뿐 협의상 이혼을 인정하지 아니하고 있다. 우리나라에서는 유책배우자라 하더라도 상대방 배우자와 협의를 통하여 이혼을 할 수 있는 길이 열려 있을 뿐만 아니라, 실제로도 2014년 현재 전체 이혼 중 77.7% 정도가 협의상 이혼에 해당하는 실정이다. 이는 곧 유책배우자라도 진솔한 마음과 충분한 보상으로 상대방을 설득함으로써 이혼할 수 있는 방도가 있음을 뜻하므로, 유책배우자의 행복추구권을 위하여 재판상 이혼원인에 있어서까지 파탄주의를 도입하여야 할 필연적인 이유가 있는 것은 아니다. 둘째로, 1990. 1. 13. 민법이 개정됨에 따라 부부가 이혼을 하는 경우 당사자에게 재산분할청구권과 면접교섭권이 부여됨으로써 이혼한 여성의 법적 지위에 관하여 개선이 이루어진 것은 사실이다. 그러나 파탄주의 입법례를 취하고 있는 나라들에서는 혼인생활이 파탄되더라도 미성년 자녀의 이익을 위하여 부부관계를 유지하는 것이 꼭 필요한 특별한 사정이 있거나 이혼에 동의하지 아니하는 일방에게 심히 가혹한 결과를 초래하는 경우 등에는 이혼을 허용하지 아니하는 이른바 '가혹조항'을 두어 파탄주의의 한계를 구체적이고 상세하게 규정하고 있고, 나아가 이혼을 허용하는 경우에도 이혼 후 부양 제도라든지 보상급부 제도 등 유책배우자에게 이혼 후 상대방에 대한 부양적 책임을 지우는 제도를 마련하고 있는 것이 일반적이다. 이는 한편으로 파탄주의 원칙을 채택하면서도 다른 한편 유책배우자의 상대방이나 자녀를 보호하는 제도적 장치를 둠으로써 파탄주의의 시행에 따른 상대방의 일방적인 희생을 방지하기 위한 것이다. 이에 반해 우리나라에는 파탄주의의 한계나 기준, 그리고 이혼 후 상대방에 대한 부양적 책임 등에 관해 아무런 법률 조항을 두고 있지 아니하다. 물론 법원이 판례로써 파탄주의의 적용에 관하여 어느 정도 기준을 제시할 수 있을 것이고, 또 위자료나 재산분할제도의 운영에서 상대방에 대한 배려를 한층 높이는 방향으로 실무를 발전시켜 나갈 수도 있을 것이나, 그와 같은 사법적 기능만으로 상대방을 보호하기에는 너무나 불충분하고 한계가 있다. 따라서 유책배우자의 상대방을 보호할 입법적인 조치가 마련되어 있지 아니한 현 단계에서 파탄주의를 취하여 유책배우자의 이혼청구를 널리 인정하는 경우 유책배우자의 행복을 위해 상대방이 일방적으로 희생되는 결과가 될 위험이 크다. 셋째로, 유책배우자의 책임사유로는 여러 가지가 있겠지만 현실적으로 가장 문제가 되는 것은 배우자 아닌 사람과 사실혼에 가까운 불륜관계를 맺는 경우이다. 우리나라는 중혼을 금지하고 있고(민법 제810조), 이를 위반한 때에는 혼인의 취소를 청구할 수 있으나(민법 제816조 제1호), 이를 처벌하는 형벌규정을 두고 있지는 아니하다. 사실상중혼에 대한 형벌조항으로 기능하던 간통죄가 2015. 2. 26. 헌법재판소의 위헌결정에 의하여 폐지된 이상 중혼에 대한 형사 제재가 없는 것이 사실이다. 대법원판례가 유책배우자의 이혼청구를 허용하지 아니하고 있는 데에는 중혼관계에 처하게 된 법률상 배우자의 축출이혼을 방지하려는 의도도 있는데, 여러 나라에서 간통죄를 폐지하는 대신 중혼에 대한 처벌규정을 두고 있는 것에 비추어 보면 이에 대한 아무런 대책 없이 파탄주의를 도입한다면 법률이 금지하는 중혼을 결과적으로 인정하게 될 위험이 있다.

넷째로, 가족과 혼인생활에 관한 우리 사회의 가치관이 크게 변화하였고 여성의 사회 진출이 대폭 증가하였더라도 우리 사회가 취업, 임금, 자녀양육 등 사회경제의 모든 영역에서 양성평등이 실현되었다고 보기에는 아직 미흡한 것이 현실이다. 그리고 우리나라에서 이혼율이 급증하고 이혼에 대한 국민의 인식이 크게 변화한 것이 사실이더라도 이는 역설적으로 혼인과 가정생활에 대한 보호의 필요성이 그만큼 커졌다는 방증이라고 할 수 있고, 유책배우자의 이혼청구로 인하여 극심한 정신적 고통을 받거나 생계유지가 곤란한 경우가 엄연히 존재하는 현실을 외면해서도 아니 될 것이다.

이상의 논의를 종합하여 볼 때, 제6호 이혼사유에 관하여 유책배우자의 이혼청구를 원칙적으로 허용하지 아니하는 종래의 대법원판례를 변경하는 것이 옳다는 주장은 그 주장이 들고 있는 여러 논거를 감안하더라도 아직은 받아들이기 어렵다."

5. 판결의 검토

가. 종전 대법원 판례의 유지

종래 우리 대법원은 원칙적으로 유책배우자의 이혼청구를 허용할 수 없고, 예외적인 경우(상대방 배우자가 오기나 보복적 감정에서 표면적으로는 이혼에 불응하고 있기는 하나 실제에 있어서는 혼인의 계속과는 도저히 양립할 수 없는 행위를 하는 등 이혼의 의사가 객관적으로 명백한 경우)에 한하여 유책배우자의 이혼청구를 허용한다는 태도를 견지해 왔다. 이번 판결의 경우, 다수의견(유책주의)과 반대의견(파탄주의)이 7 : 6으로 나뉘었으나, 결국 유책배우자의 이혼청구를 허용하지 않는다는 종래 대법원 판례의 원칙을 유지하였다.

나. 예외적 사유의 확대

1) 예외적 사유

이번 판결은, ① 혼인생활의 파탄에 대한 유책성이 그 이혼청구를 배척해야 할 정도로 남아 있지 아니한 특별한 사정이 있는 경우, ② 이혼을 청구하는 배우자의 유책성을 상쇄할 정도로 상대방 배우자 및 자녀에 대한 보호와 배려가 이루어진 경우, ③ 세월의 경과에 따라 혼인파탄 당시 현저하였던 유책배우자의 유책성과 상대방 배우자가 받은 정신적 고통이 점차 약화되어 쌍방의 책임의 경중을 엄밀히 따지는 것이 더 이상 무의미할 정도가 된 경우에는 유책배우자의 이혼청구를 허용할 수 있다는 견해를 취하였다.

2) 예외적 사유의 판단 요소

① 유책배우자의 책임의 태양·정도, ② 상대방 배우자의 혼인계속의사 및 유책배우자에 대한 감정, ③ 당사자의 연령, ④ 혼인생활의 기간과 혼인 후의 구체적인 생활관계, 별거기간, ⑤ 부부간의 별거 후에 형성된 생활관계, ⑥ 혼인생활의 파탄 후 여러 사정의 변경 여부, ⑦ 이혼이 인정될 경우의 상대방 배우자의 정신적·사회적·경제적 상태와 생활보장의 정도, ⑧ 미성년 자녀의 양육·교육·복지의 상황, ⑨ 그 밖의 혼인관계의 여러 사정 등을 고려하여 유책배우자의 이혼청구 허용 여부를 판단해야 한다는 것이다.

다. 판결의 의의

위 판결은 첫째, ① 유책배우자 개인의 행복추구권 보다 가족과 혼인제도의 가치보호를 중시했다는 점, ② 공개변론을 통해 나타난 국민들의 인식과 사회현실을 중요하게 반영했다는 점(간통죄 폐지에 따른 중혼의 자행을 막아야 한다는 점), ③ 외국에 비해 높은 수준인 우리나라의 이혼율 증가를 억제하고 법률상 배우자를 보호함으로써 헌법 제36조 제1항에 기한 혼인과 가족생활을 가족법의 영역에서 보장해야 한다는 취지를 반영한 것이라 할 것이다. 둘째, ① 유책배우자의 이혼청구를 허용할 수 있는 예외적인 사유를 확대했고, ② 그 예외적 사유의 판단 요소를 구체적으로 밝혀주고 있다. 셋째, 아직은 그 시기가 아니나, 사회사정의 변화와 가치관의 변화에 따라 이혼원인에 관한 파탄주의의 도입이 있어야 함을 추단할 수 있다.

〈협의이혼과 재판상 이혼의 비교 · 구별〉

사항 \ 구분	협의이혼	재판상이혼	근거
이혼사유 유무 · 필요	X	O	제834조 · 제840조, 가족관계의 등록 등에 관한 법률(이하 가등법) 제75조
법원의 관여	이혼의사의 존부확인	이혼사유의 존부 확인	제836조 · 제840조
관할 법원	등록기준지 또는 주소지	주소지(원칙)	가등법 제75조 제1항, 가사소송법(이하 가소법) 제22조
사건의 성질	가족관계등록 비송사건	가사소송사건 (나류 제4호)	가등법 제75조, 가소 제2조 제1항
이혼신고의 성질	창설적 신고	보고적 신고	가등법 제75조 제2 · 제3항
불복 방법	이혼무효, 이혼취소	상소, 재심	
제소기간	X	6개월, 2년 (이혼사유별로 제소기간 규정)	제841조 · 제842조
본인출석 필요	O	X	예규 제168호(2회 불출석으로 취하간주는 동일)
이혼철회 가부	O	X	예규 제168호
재산분할 청구기간	이혼신고일부터 2년	판결확정일로부터 2년	제839조의2 제3항
이혼신고 기간	확인서 교부 · 송달일부터 3개월(제척기간)	판결확정일부터 1개월(훈시기간)	가등법 제75조 제2항 · 제107조
신고기간 경과	확인서효력 상실 (이혼효력 상실)	과태료 5만원 (이혼효력유지)	가등법 제75조 제3항 · 제121조 · 제122조
확인서나 판결문 분실의 경우	3개월(제척기간)내 이면 등본교부신청 가능	판결정본의 재교부나 등본교부신청 가능	예규 제168호, 가등법 제107조, 민사집행법 제35조

V. 이혼의 효과

1. 일반적 효과

첫째, 이혼은 혼인의 해소를 가져오므로, 부부 사이의 배우자관계가 소멸됨은 물론 혼인으로 비롯된 효과(동거·부양·협조의무, 부부재산계약 등)가 모두 소멸한다. 둘째, 혼인에 의하여 배우자의 혈족과의 사이에 생겼던 인척관계는 소멸한다(제775조 제1항). 셋째, 이혼한 부부는 재혼할 수 있으나, 종래의 인척 사이의 혼인장애요인은 그대로 남아서 전배우자의 혈족 등과는 재혼하지 못한다(제809조 제2항). 넷째, 부모가 이혼한 경우에도 그 부모와 그 혼인 중의 출생자 사이의 혈족관계(부자·모자관계)에는 아무런 변화가 없다.

2. 자(子)의 양육문제

(1) 의 의

부모의 이혼으로 그들 사이에서 낳은 어린 자녀에게 불행이 초래되어서는 안 된다. 이혼당사자가 어린 자녀의 보호를 위하여 최선의 대책을 마련하여야 하는 이유가 여기에 있다. 어린 자녀의 건전한 성장과 발달을 위하여 보호하고 교육할 권리·의무를 양육권(자녀에 대한 징계권·거소지정권·인도청구권·면접교섭권을 포함한다)이라 한다. 자녀가 건강하게 성장하도록 하여야 할 책임은 1차적으로 부모에게 있으므로, 부부가 이혼할 경우, 어린 자녀를 누가 맡아 키울 것인가를 정하는 것을 이혼에 따른 자의 양육책임이라 한다.

(2) 양육에 관한 사항의 결정

자의 양육에 관한 사항(양육자의 결정, 양육방법, 양육비의 부담 등)은 이혼하는 부부가 협의하여 정한다(제837조 제1항). 첫째, 그 협의에는 양육자의 결정, 양육비용의 부담, 면접교섭권의 행사 여부 및 그 방법이 포함되어야 한다(제837조 제2항). 둘째, 그 협의가 자의 복리에 반하는 경우, 가정법원은 보정을 명하거나 직권으로 그 자의 의사·연령과 부모의 재산상황, 그 밖의 사정을 참작하여 양육에 필요한 사항을 정한다(제837조 제3항). 셋째, 양육에 관한 협의가 이루어지지 않거나 협의를 할 수 없는 때에는 가정법원은 직권으로 또는 당사자의 청구에 따라 이에 관하여 결정하며, 이 경우에 가정법원은 제837조 제3항의 사항을 참작하여야 한다(제837조 제4항. 조정전치주의가 적용된다. 가사소송법 제2조 제1항 마류사건 제3호·제50조). 양육에 관한 사항은 협의이혼에 관한 것이나(제837조), 재판상 이혼의 경우에 준용된다(제843조).

(3) 양육자의 결정

양육사항 중 가장 중요한 것이 양육자의 결정인데, 보통은 이혼 부부 중 어느 일방이 양육자가 되지만(이혼재판 시 유책배우자인지 여부는 문제가 되지 않는다), 부모 쌍방 또는 제3자(사회복지시설 등)에게 양육사항을 부담시킬 수도 있다(대판 1991. 7. 23. 90므828, 835 참조). 한편 친권자와 양육자를 분리시킬 수도 있는데, 이 경우에는 친권의 효력은 양육권을 제외한 부분에만 미치게 된다.

(4) 양육비의 부담

양육비의 부담은 이혼 부부의 협의에 의해 정하게 되고(제837조 제2항 제1호), 양육자의 당연한 의무가 아니다. 첫째, 이혼한 부·모 또는 제3자가 양육자로 지정된 경우, 그 양육자는 협의에 따라 양육비 부담의무를 지고 있는 상대방 또는 부모 쌍방에 대하여 양육비의 지급을 청구할 수 있다. 다만, 당사자의 협정이나 가정법원의 결정에 반하여 양육한 경우(대결 2006. 4. 17.자 2005스18, 19 ; 대판 1992. 1. 21. 91므689 참조) 또는 부모 일방에 의한 양육이 양육자의 일방적이고 이기적인 목적이나 동기에서 비롯한 것이거나 자녀의 이익에 도움이 되지 않거나 그 양육비를 상대방에게 부담시키는 것이 형평에 어긋나게 되는 등의 특별한 사정이 있는 경우(대결 1994. 5. 13.자 전원합의체. 92스21 등)에는 양육하지 않는 부 또는 모가 양육비의 부담의무를 지지 않는다 할 것이다. 둘째, 수입이 있는 양육자에게 양육비의 일부를 부담하게 할 수도 있다(대판 1992. 1. 21. 91므689). 셋째, 부모 중 어느 일방이 양육자인 경우, 이미 지나간 양육비를 청구할 수 있는가에 관하여 종전(대판 1979. 5. 8. 79므3 등)과는 달리 판례변경(대결 1994. 5. 13.자 전원합의체. 92스21)을 통해 과거의 양육비도 청구할 수 있게 되었다. 넷째, 가정법원의 심판에 의하여 그 내용과 범위가 구체적으로 확정된 과거의 양육비는 양육권자가 포기·양도 또는 상계의 자동채권으로 할 수 있으나(대판 2006. 7. 4. 2006므751), 가정법원의 심판에 의해 구체적으로 확정되지 않는 과거의 양육비는 그 포기의 대상이 아니며 소멸시효도 진행하지도 않는다(대결 2011. 7. 29.자 2008스67). 장래의 양육비청구권의 경우에도 마찬가지이다.

(5) 양육에 관한 사항의 변경

가정법원은 자의 복리를 위하여 필요한 경우, 부·모·자 및 검사의 청구 또는 직권으로 자의 양육에 관한 사항을 변경하거나 적당한 처분을 할 수 있다(제837조 제5항). 이 같은 변경의 대상은 양육에 관한 사항이 당사자의 협의(그 협의가 재판상 화해인 경우를 포함한다. 대결 1992. 12. 30. 자 92스17, 18)에 의한 경우(대판 1991. 6. 25. 90므699) 또는 가정법원의 조정(대결 2006. 4. 17.자 2005스18, 19)·심판에 의한 경우이든 가리지 않는다. 또한 당초의 협의·결정 후 특별한 사정변경이 있는 경우뿐만 아니라 이미 정해진 사항이 부당하다고 인정되는 경우(대판 1991. 6. 25. 90므699 등)에도 그 변경이 가능하다.

(6) 양육에 관한 사항의 결정·변경·처분의 효력 범위

그 효력은 양육에 관한 사항에만 미칠 뿐 그 밖의 부모의 권리·의무에 변경을 가져오지 않는다(제837조 제6항).

3. 친권자의 결정

(1) 친권자의 지정

이혼당사자 중에서 어린 자녀에 대한 친권을 누가 행사할 것인가를 정하는 것을 이혼에 따른 친권자 지정이라 한다. 협의이혼의 경우에는 부모의 협의로 친권자를 정하게 되나(다만, 그 협의가 자의 복리에 반하는 경우, 가정법원은 보정을 명하거나 직권으로 친권자를 정한다. 제909조 제4항 단서), 그 협의를 할 수 없거나 협의가 이루어지지 않는 때에는 가정법원은 직권으로 또는 당사자의 청구에 따라 친권자를 지정하여야 한다(제909조 제4항 본문). 이상과는 달리, 재판상 이혼의 경우에는 가정법원이 직권으로 친권자를 정한다(제909조 제5항)(법원이 이혼판결을 선고하면서 미성년자인 자녀에 대한 친권자 및 양육자를 정하지 않은 경우, 이는 재판의 누락이 있는 것에 해당한다. 대판 2015. 6. 23. 2013므2397). 한편 양육자와 친권자는 각각 다르게 정해질 수도 있으나, 어린 자녀의 올바른 성장을 위해서는 동일인이 양육자·친권자가 되는 것이 바람직하다.

(2) 친권자의 변경

당사자의 협의 또는 가정법원의 직권으로 친권자가 정해진 경우에도 가정법원은 자의 복리를 위하여 필요하다고 인정되는 경우에는 자의 4촌 이내의 친족의 청구에 의하여 친권자를 다른 일방으로 변경할 수 있다(제909조 제6항). 이상의 친권자의 지정·변경의 경우, 조정전치주의가 적용된다(가사소송법 제2조 제1항 마류사건 제5호·제50조).

4. 면접교섭권

(1) 의의 및 법적 성질

이혼했거나 별거 중인 부부 가운데 어린 자녀에 대한 양육자·친권자 아닌 자(자녀와 함께 살지 않는 일방)가 그 자녀를 직접 방문·면접하거나 서신교환·전화통화 등을 할 수 있는 법적 지위를 면접교섭권 또는 방문권이라 한다(제837조의2 제1항). 면접교섭권은 양육권의 구체적인 내용의 하나로 볼 수 있으나, 그 성질상 면접교섭권과 양육권은 독자적으로 병존하는 권리로 이해하여야 한다(같은 견해 김용한, 앞의 책, 155면). 이혼부모의 고유한 권리(절대권·일신전속권)라 할 것이어서, 양도·포기의 대상이 아니다.

(2) 대상 및 적용범위

혼인 중의 출생자 외에 인지된 자녀와 생부 사이에도 면접교섭을 인정하여야 한다(같은 견해 박동섭, 앞의 책, 192면). 그 주체의 경우, 자녀의 조부모(외조부모) 등에 대한 허용 여부에 관하여 다툼이 있었으나, 2016년 민법일부개정에 의하여 자를 직접 양육하지 아니하는 부모 일방의 직계존속은 그 부모 일방이 사망하였거나 질병, 외국거주, 그 밖에 불가피한 사정으로 자를 면접교섭을 할 수 없는 경우 가정법원에 자와의 면접교섭을 청구할 수 있는 것으로 개정되어, 적어도 조부모에 있어서 일정한 요건하에 가능하게 되었다(제837조의 2 제2항). 그러나 가정법원이 자의 의사, 면접교섭을 청구한 사람과 자의 관계, 청구의 동기, 그 밖의 사정을 참작하여 그 인용여부를 판단할 수 있다는 점에서 조부모의 면접교섭청구 요건으로 '불가피한 사정'을 추가한 부분은 추후 해석에 있어서 완화될 필요가 있다. 면접교섭권은 협의이혼(제837조의2)·재판상 이혼(제843조)의 경우에 당연히 적용되는데, 혼인의 무효·취소, 사실혼의 해소에 경우에도 유추 적용되어야 한다.

(3) 행사방법과 범위

면접교섭권의 행사방법·범위 및 내용 등에 관하여 민법은 침묵하고 있다. 그러나 면접교섭권은 양육권의 구체적인 내용의 하나이므로, 그 행사방법·범위 등에 관하여는 제837조를 유추 적용하여 해결할 수밖에 없다. 즉, 부모의 협의로 그 행사방법·범위를 정하도록 하고, 협의를 할 수 없거나 또는 협의가 이루어지지 않는 때에는 가정법원이 당사자의 청구 또는 직권으로 정하여야 한다(김용한, 앞의 책, 155면). 면접교섭권의 구체적 내용으로는 면접·서신교환·통화·선물교환·방학이나 명절에 일정기간의 체류 등을 들 수 있으나, 기본적으로 자의 복리의 실현에 부합할 수 있는 것이어야 한다.

(4) 면접교섭의 제한·배제

가정법원은 자의 복리를 위하여 필요한 경우, 당사자의 청구 또는 직권으로 면접교섭을 제한·배제·변경할 수 있다(제837조의2 제3항).

(5) 면접교섭권의 침해에 대한 구제

면접교섭권이 정당한 이유 없이 방해되는 경우, 민법은 그 보호방안에 관하여 침묵하고 있으므로, 가사소송법(제64조·제67조)을 유추 적용할 수밖에 없다 할 것이다. 첫째, 자와의 면접교섭 허용의무를 이행하여야 할 자가 정당한 이유 없이 이를 이행하지 않을 경우, 가정법원은 당사자의 신청에 의하여 일정한 기간 내에 그 의무이행을 명할 수 있다(가사소송법 제64조). 둘째, 정당한 이유 없이 그 명령을 위반한 경우, 가정법원은 직권 또는 권리자의 신청에 의하여 1000만원 이하의 과태료를 부과할 수 있다(가사소송법 제67조). 그러나 그 이행 시까지 의무자를 30일 범위 내에서 감치할 수 있다는 견해가 있으나(김용한, 앞의 책, 156면), 그 감치가 오히려 자녀의 양육·복리에 저해가 될 수 있다는 점에서 감치명령신청(가사소송법 제68조)을 할 수는 없다고 생각한다.

판 례

■ 이혼 시의 약정이 민법 제103조에 의하여 무효로 되는 반사회질서 행위에 해당하는지 여부(소극)

"법률상 부부인 갑과 을이 협의이혼하면서 자녀들의 친권자 및 양육자를 을로 지정하되, 갑이 을에게 자녀 양육비로 매월 일정액을 지급하기로 약정하고, 갑이 지급을 지체하는 경우 을에게 장래 발생분까지 포함한 나머지 양육비 등 전액을 일시 지급하며, 지체된 금액에 대한 지연손해금을 가산하여 지급하기로 하고, 채무불이행시 갑이 즉시 강제집행을 당하여도 이의가 없음을 인낙한다는 취지의 공정증서를 작성한 사안에서, 기한의 이익 상실 사유가 있을 때 갑으로 하여금 장래 발생분까지 포함한 양육비 등 전액과 이에 대한 지연손해금을 일시 지급하도록 정한 약정이 선량한 풍속 기타 사회질서에 반한다고 단정할 수 없다."고 한 사례가 있다(대판 2017. 4. 13. 2016다275433, 275440).

■ 구민법(1991. 1. 13. 법률 제4199호로 개정되기 전의 것)상 법원이 이혼 당사자 간의 양육자를 지정함에 있어 친권자가 될 부에게 우선권을 주어야 하는지 여부(소극)

"이혼 시 자의 양육에 대한 협정이 없어 법원에 그 사항을 정할 것을 청구한 때에는, 친권자가 누구인가에 관계없이 법원은 자의 연령, 부모의 재산상황 기타 모든 사정을 고려하여 부모 중 누구 한편을 양육자로 지정하거나 또는 쌍방 모두에게 양육사항을 나누어 부담케 할 수 있다고 할 것이고, 이때에 제일 우선적으로 고려되어야 할 사항은 부모의 권리 아닌, 자의 복지이므로, 구민법(1991. 1. 13. 법률 제4199호로 개정되기 전의 것)상 부부가 이혼한 경우에 아버지만이 자의 친권자가 된다고 하는 사정은 법원이 양육자를 정함에 있어서 고려할 여러 가지 사정 중 하나가 될 수는 있겠지만, 그러한 사정이 양육자를 선택함에 있어서 아버지 쪽에 어떤 우선권을 주어야 하는 사유라고는 할 수 없다."(대판 1991. 7. 23. 90므828)

■ 재판상 이혼의 경우, 당사자의 청구가 없더라도 법원이 직권으로 미성년자인 자녀에 대한 친권자 및 양육자를 정하여야 하는지 여부(적극) / 법원이 이혼 판결을 선고하면서 미성년자인 자녀에 대한 친권자 및 양육자를 정하지 않은 경우, 재판의 누락이 있는지 여부(적극)

"이혼 과정에서 친권자 및 자녀의 양육책임에 관한 사항을 의무적으로 정하도록 한 민법 제837조 제1항, 제2항, 제4항 전문, 제843조, 제909조 제5항의 문언 내용 및 이혼 과정에서 자녀의 복리를 보장하기 위한 위 규정들의 취지와 아울러, 이혼 시 친권자 지정 및 양육에 관한 사항의 결정에 관한 민법 규정의 개정 경위와 변천 과정, 친권과 양육권의 관계 등을 종합하면, 재판상 이혼의 경우에 당사자의 청구가 없다 하더라도 법원은 직권으로 미성년자인 자녀에 대한 친권자 및 양육자를 정하여야 하며, 따라서 법원이 이혼 판결을 선고하면서 미성년자인 자녀에 대한 친권자 및 양육자를 정하지 아니하였다면 재판의 누락이 있다."(대판 2015. 6. 23. 2013므2397)

■ 자녀의 친권자 및 양육자 지정에 관한 조정이 성립된 후 양육권이 없는 청구인이 임의로 자녀를 양육한 경우, 상대방에게 임의적 양육에 관하여 양육비를 청구할 수 있는지 여부(소극)

"청구인과 상대방이 이혼하면서 사건본인의 친권자 및 양육자를 상대방으로 지정하는 내용의 조정이 성립된 경우, 그 조정조항상의 양육방법이 그 후 다른 협정이나 재판에 의하여 변경되지 않는 한 청구인에게 자녀를 양육할 권리가 없고, 그럼에도 불구하고 청구인이 법원으로부터 위 조정조항을 임시로 변경하는 가사소송법 제62조 소정의 사전처분 등을 받지 아니한 채 임의로 자녀를 양육하였다면 이는 상대방에 대한 관계에서는 상대적으로 위법한 양육이라고 할 것이니, 이러한 청구인의 임의적 양육에 관하여 상대방이 청구인에게 양육비를 지급할 의무가 있다고 할 수는 없다."(대판 1992. 1. 21. 91므689)

이혼하면서 처가 자녀의 양육을 맡기로 하되 자녀들에 대한 부양료로서 남편은 자녀들에게 그가 받는 봉급의 80퍼센트와 700퍼센트의 상여금을 막내인 자녀가 대학을 졸업할 때까지 매월 지급하기로 한 협정이 현저히 형평을 잃은 불공정한 법률행위가 아니라고 한 사례

"부부간에 이혼하면서 당초에는 남편이 자녀의 양육을 맡기로 협정하였으나 사정이 바뀌어 처가 자녀의 양육을 맡기로 양육에 관한 협정을 변경하면서 자녀들에 대한 부양료로서 남편은 자녀들에게 그가 받는 봉급의 80퍼센트와 700퍼센트의 상여금을 막내인 자녀가 대학을 졸업할 때까지 매월 지급하기로 한 협정이 현저히 형평을 잃은 불공정한 것이어서 무효이거나 그 이행을 강요함이 형평에 반한다고 할 수 없다"고 한 사례가 있다(대판 1992. 3. 21. 90므651, 668).

수년간 별거해 온 갑과 을의 이혼에 있어, 별거 이후 갑(父)이 양육해 온 9세 남짓의 여아인 병에 대한 현재의 양육상태를 변경하여 을(母)을 친권행사자 및 양육자로 지정한 원심에 대하여, 단지 어린 여아의 양육에는 어머니가 아버지보다 더 적합할 것이라는 일반적 고려만으로는 위와 같은 양육상태 변경의 정당성을 인정하기에 충분하지 아니하다는 이유로 원심판결을 파기한 사례

"수년간 별거해 온 갑과 을의 이혼에 있어, 별거 이후 갑(부)이 양육해 온 9세 남짓의 여아인 병에 대한 현재의 양육상태를 변경하여 을(母)을 친권행사자 및 양육자로 지정한 원심에 대하여, 현재의 양육상태에 변경을 가하여 을(母)을 병에 대한 친권행사자 및 양육자로 지정하는 것이 정당화되기 위하여는 그러한 변경이 현재의 양육상태를 유지하는 경우보다 병의 건전한 성장과 복지에 더 도움이 된다는 점이 명백하여야 함에도, 단지 어린 여아의 양육에는 어머니가 아버지보다 더 적합할 것이라는 일반적 고려만으로는 위와 같은 양육상태 변경의 정당성을 인정하기에 충분하지 아니하다."고 한 사례가 있다(대판 2010. 5. 13. 2009므1458).

법원의 결정이나 조정을 통하여 자의 양육에 관한 사항이 정해진 후 특별한 사정변경이 없더라도 그 사항이 민법 제837조 제2항에 정한 제반 사정에 비추어 부당하다고 인정되는 경우에는 가정법원이 그 사항을 변경할 수 있는지 여부(적극)

"민법 제837조 제2항의 규정에 의하여 가정법원이 일단 결정한 양육에 필요한 사항을 그 후 변경하는 것은 당초의 결정 후에 특별한 사정변경이 있는 경우뿐만 아니라, 당초의 결정이 위 법률규정 소정의 제반 사정에 비추어 부당하게 되었다고 인정될 경우에도 가능한 것이며, 당사자가 조정을 통하여 그 자의 양육에 관한 사항을 정한 후 가정법원에 그 사항의 변경을 청구한 경우에 있어서도 가정법원은 심리를 거쳐서 그 조정조항에서 정한 사항이 위 법률규정 소정의 제반 사정에 비추어 부당하다고 인정되는 경우에는 언제든지 그 사항을 변경할 수 있고 조정의 성립 이후에 특별한 사정변경이 있는 때에 한하여 이를 변경할 수 있는 것은 아니다."(대판 1992. 1. 21. 91므689)

부모 중 한 쪽만이 자녀를 양육하게 된 경우, 양육비 청구 이전의 과거의 양육비의 상환을 청구할 수 있는지 여부

"어떠한 사정으로 인하여 부모 중 어느 한 쪽만이 자녀를 양육하게 된 경우에, 그와 같은 일방에 의한 양육이 그 양육자의 일방적이고 이기적인 목적이나 동기에서 비롯한 것이라거나 자녀의 이익을 위하여 도움이 되지 아니하거나 그 양육비를 상대방에게 부담시키는 것이 오히려 형평에 어긋나게 되는 등 특별한 사정이 있는 경우를 제외하고는, 양육하는 일방은 상대방에 대하여 현재 및 장래에 있어서의 양육비 중 적정 금액의 분담을 청구할 수 있음은 물론이고, 부모의 자녀양육의무는 특별한 사정이 없는 한 자녀의 출생과 동시에 발생하는 것이므로 과거의 양육비에 대하여도 상대방이 분담함이 상당하다고 인정되는 경우에는 그 비용의 상환을 청구할 수 있다."(대결 1994. 5. 13.자 전원합의체(다수의견), 92스21)

■ 위의 과거의 양육비의 분담범위를 정하는 기준

"한 쪽의 양육자가 양육비를 청구하기 이전의 과거의 양육비 모두를 상대방에게 부담시키게 되면 상대방은 예상하지 못하였던 양육비를 일시에 부담하게 되어 지나치고 가혹하며 신의성실의 원칙이나 형평의 원칙에 어긋날 수도 있으므로, 이와 같은 경우에는 반드시 이행청구 이후의 양육비와 동일한 기준에서 정할 필요는 없고, 부모 중 한 쪽이 자녀를 양육하게 된 경위와 그에 소요된 비용의 액수, 그 상대방이 부양의무를 인식한 것인지 여부와 그 시기, 그것이 양육에 소요된 통상의 생활비인지 아니면 이례적이고 불가피하게 소요된 다액의 특별한 비용(치료비 등)인지 여부와 당사자들의 재산 상황이나 경제적 능력과 부담의 형평성 등 여러 사정을 고려하여 적절하다고 인정되는 분담의 범위를 정할 수 있다."(대결 1994. 5. 13.자 전원합의체(다수의견), 92스21)

■ 가정법원의 심판에 의하여 구체적인 청구권의 내용과 범위가 확정된 후의 양육비 채권 중 이미 이행기에 도달한 양육비채권의 처분 가능 여부(적극)

"이혼한 부부 사이에서 자(자)에 대한 양육비의 지급을 구할 권리는 당사자의 협의 또는 가정법원의 심판에 의하여 구체적인 청구권의 내용과 범위가 확정되기 전에는 '상대방에 대하여 양육비의 분담액을 구할 권리를 가진다.'라는 추상적인 청구권에 불과하고 당사자의 협의나 가정법원이 당해 양육비의 범위 등을 재량적·형성적으로 정하는 심판에 의하여 비로소 구체적인 액수만큼의 지급청구권이 발생한다고 보아야 하므로, 당사자의 협의 또는 가정법원의 심판에 의하여 구체적인 청구권의 내용과 범위가 확정되기 전에는 그 내용이 극히 불확정하여 상계할 수 없지만, 가정법원의 심판에 의하여 구체적인 청구권의 내용과 범위가 확정된 후의 양육비채권 중 이미 이행기에 도달한 후의 양육비채권은 완전한 재산권(손해배상청구권)으로서 친족법상의 신분으로부터 독립하여 처분이 가능하고, 권리자의 의사에 따라 포기, 양도 또는 상계의 자동채권으로 하는 것도 가능하다."(대판 2006. 7. 4. 2006므751)

■ 부모가 이혼하는 경우에 부모 중 누구를 미성년인 자의 양육자로 지정할 것인가를 정함에 있어서 고려하여야 할 요소

"자의 양육은 부모의 권리이자 의무로서 미성년인 자의 복지에 직접적인 영향을 미친다. 따라서 부모가 이혼하는 경우에 미성년인 자의 양육자를 정할 때에는, 미성년인 자의 성별과 연령, 그에 대한 부모의 애정과 양육의사의 유무는 물론, 양육에 필요한 경제적 능력의 유무, 부와 모가 제공하려는 양육방식의 내용과 합리성·적합성 및 상호간의 조화 가능성, 부 또는 모와 미성년인 자 사이의 친밀도, 미성년인 자의 의사 등의 모든 요소를 종합적으로 고려하여, 미성년인 자의 성장과 복지에 가장 도움이 되고 적합한 방향으로 판단하여야 한다."(대판 2013. 12. 26. 2013므3383 등)

▪ 당사자의 협의 또는 가정법원의 심판에 의하여 구체적인 지급청구권으로 성립하기 전의 과거 양육비에 관한 권리에 대하여 소멸시효가 진행하는지 여부(적극)

"미성년의 자녀를 양육한 자가 공동 양육의무자인 다른 쪽 상대방에 대하여 과거 양육비의 지급을 구하는 권리는 당초에는 기본적으로 친족관계를 바탕으로 하여 인정되는 하나의 추상적인 법적 지위이었던 것이 당사자의 협의 또는 당해 양육비의 내용 등을 재량적·형성적으로 정하는 가정법원의 심판에 의하여 구체적인 청구권으로 전환됨으로써 비로소 보다 뚜렷하게 독립한 재산적 권리로서의 성질을 가지게 되는 것으로서, 당사자의 협의 또는 가정법원의 심판에 의하여 구체적인 지급청구권으로 성립하기 전에는 과거 양육비에 관한 권리는 양육자가 그 권리를 행사할 수 있는 재산권에 해당한다고 할 수 없으므로 그 상태에서는 소멸시효가 진행할 여지가 없다고 보아야 한다."(대결 2011. 8. 16.자 2010스85 : 대결 2011. 7. 29.자 2008스67)

▪ 이혼 등 사건의 항소심판결에서 항소인의 나머지 항소를 기각한다는 내용의 주문과 이유가 누락되고, 이유 부분에 친권자 및 양육자지정, 양육비청구에 관한 언급이 누락된 사례

"원심이 판결경정결정을 통하여 재항고인의 나머지 항소를 기각한다는 내용의 주문 및 판결 이유를 추가하고, 판결 이유 부분에 친권자 및 양육자지정, 양육비청구에 관한 언급을 추가한 것은 판결내용을 실질적으로 변경하지 않는 범위 내에서 그 표현상의 기재 잘못이나 이와 유사한 오류를 결정으로써 정정 또는 보충한 것에 불과하다고 할 것이므로, 이러한 원심결정에 판결경정에 관한 법리를 오해하는 등으로 재판에 영향을 미친 헌법·법률·명령 또는 규칙 위반의 잘못이 없다."고 한 사례가 있다(대결 2014. 10. 30.자 2014스123).

▪ 민법 제837조에 따른 이혼 당사자 사이의 양육비 청구사건이 즉시항고와 가집행선고의 대상이 되는지 여부(적극)

"가사소송법 제42조 제1항은 "재산상의 청구 또는 유아의 인도에 관한 심판으로서 즉시항고의 대상이 되는 심판에는 담보를 제공하게 하지 아니하고 가집행할 수 있음을 명하여야 한다"라고 규정하고, 가사소송규칙 제94조 제1항은 마류 가사비송사건의 심판에 대하여는 청구인과 상대방이 즉시항고를 할 수 있다고 규정하고 있는바, 민법 제837조에 따른 이혼 당사자 사이의 양육비 청구사건은 마류 가사비송사건으로서 즉시항고의 대상에 해당하고, 가집행선고의 대상이 된다."(대판 2014. 9. 4. 2012므1656 : 대결(전) 1994. 5. 13.자 92스21)

▪ 갑과 을의 이혼소송에서 갑과 을을 미성년인 자 병 등의 공동양육자로 지정하여 갑이 주중에 을이 주말에 병 등을 직접 양육하게 하도록 한 원심법원의 조치가 자의 성장과 복지에 가장 도움이 되고 적합한 것이라고 보기에 충분하지 않다고 한 사례

"원심이 확정한 사실관계를 앞서 본 법리 및 이 사건 기록에 비추어 살펴보더라도, 원·피고 사이에 사건본인들의 양육방식에 관한 의사나 가치관에 현저한 차이가 있어 서로 첨예하게 대립하고 있고 현재로서는 가까운 장래에 쌍방의 의견을 조율하여 사건본인들의 양육방식에 대한 의사 합치가 이루어질 가능성이 전혀 불투명하여 원심이 의도한 대로의 실현 가능성이 쉽지 아니할 것으로 보이는 이 사건에서, 비록 원심이 주된 양육자와 보조 양육자로 구분하고 있기는 하지만 원·피고가 서로 양육자임을 주장하여 각기 다른 방식과 가치관을 내세워 사건본인들을 양육하려고 할 경우에 예상되는 원·피고 사이의 심각한 분쟁 상황 및 이에 따라 사건본인들에게 초래될 정신적 혼란이나 갈등 등을 고려하여 보면, 원심의 위와 같은 공동양육자 지정 등의 조치가 이 사건에서 사건본인들의 성장과 복지에 가장 도움이 되고 적합한 것이라고 보기에 충분하지 않다. 그런데도 원심은 그 판시와 같은 이유만으로 위와 같이 원·피고를 사건본인들의 공동양육자로 지정하고 공동양육 방법을 정하였으므로, 이러한 원심판결에는 양육자 지정에 관한 법리를 오해하여 필요한 심리를 다하지 아니함으로써 판결에 영향을 미친 위법이 있다."라고 한 사례가 있다(대판 2013. 12. 26. 2013므3383).

협의이혼시 미성년 자녀의 양육자에게 양육비조로 임차보증금 반환채권을 귀속시키기로 하는 협의가 이루어진 후 제기된 양육비 청구가 민법 제837조 제2항 소정의 양육비 부담 부분의 변경을 구하는 취지가 포함된 것으로 볼 수 있는지 여부(적극)

"혼인이 파탄된 상태에서 부부가 협의이혼하기로 하면서 부부 일방이 미성년자인 자녀들의 양육비 조로 임차보증금 반환채권 중 일부를 양육자에게 귀속시키기로 하는 취지의 협정이 이루어진 후 양육비용의 부담에 대한 협의가 되지 아니한 것을 전제로 양육비의 부담에 관한 심판을 구하는 경우, 그와 같은 양육비 부담에 관한 심판 청구는 당사자 사이에 협의에 의하여 정한 자(자)의 양육에 관한 사항 중 양육비 부담 부분의 변경을 구하는 취지로 보아야 할 것이고, 법원으로서는 당사자가 협의하여 정한 사항이 민법 제837조 제2항이 정하는 그 자의 연령, 부모의 재산상황 기타 사정 등 제반 사정에 비추어 부당하게 결정되었는지 여부를 살펴 그와 같이 인정되는 경우에는 언제든지 이를 변경할 수 있다."(대결 1998. 7. 10. 자 98스17)

이혼한 모가 자기가 낳은 아이(6세)에 대한 면접교섭권이 있는지 여부

"부(父)는 아들이 매달 첫째와 셋째 주 토요일 오후 4시부터 다음날 오후 6시까지 모와 함께 지내도록 해야 하며, 이를 위반할 때에는 과태료를 내게 할 수 있다(모에게 면접교섭권이 있음을 인정한다)."(대결 1993. 8. 11. 자 93스4)

이혼 후 어머니가 어린 자식과 함께 살아가고 있는 경우, 면접교섭권의 내용

"그 아이가 성년이 될 때까지 아버지의 집에서 방학기간인 매년 1월과 8월의 첫 일요일부터 1주일간씩 아버지와 함께 살게 하고, 매달 셋째 일요일에는 아버지가 어머니 집으로 그 아이를 방문하며, 매년 설날과 추석에는 어머니가 아이를 아버지 집에 보내어 차례와 성묘에 참례하게 해야 한다."(서울고판 1987. 2. 13. 86르313)

아내(원고)와 남편(피고)이 서로 협의이혼 하면서 남편이 키우기로 한, 어린 딸(중학생)과 아들(초등학생)에 대한 양육자 변경청구소송의 경우

"이 사건 본인 중의 한 명인 아들이 학생(초등학교 5학년)인 점을 감안하여, 원고인 어머니가 매년 1월과 8월 중 원고가 희망하는 1주일간 아들과 원고의 주소지 또는 원고가 책임질 수 있는 장소에서 동거할 수 있도록 함이 상당하다."(서울고판 1990. 6. 15. 89르4147)

여자(21세)가 남편(31세)을 상대로 낸 이혼 및 친권자지정 청구소송의 경우

"아내를 상습적으로 때려서 이혼 당한 남편에게는, 아이의 성장에 나쁜 영향이 인정되므로, 10년간 면접교섭권을 제한하고, 아들이 12살 되는 2003년부터 매년 3월 1일과 9월 1일에 각각 2시간씩만 아들을 만날 수 있다."(서울가정법원 1994. 1. 20. 조정 사건 : 법률신문, 1994. 1. 24. 1면)

기타의 경우

"원고는 사건 본인들(딸 셋)이 成年에 달할 때까지, 매월 첫째 토요일의 오후 4시부터 일요일 오후 6시까지의 시간 동안 원고의 주소지에서 사건 본인들을 만날 수 있고, 겨울방학기간 중 각 15일간 사건 본인들과 동거할 수 있다."(수원지판 1996. 1. 11. 95드144)

■ 면접교섭권의 행사가 제한된 경우

"이 사건 본인이 아주 어릴 때(만 1세) 청구인이 상대방과 이혼한 후 재혼하여 위 청구 외인이 사건 본인을 친딸처럼 사랑하여 주고 사건 본인 또한 청구 외인을 친아버지로 알고 따르며 동거하는 경우, 사건 본인의 심리적인 안정 등 그의 복리를 위하여 생부의 면접교섭을 배제한다."(서울가정법원 90드76647, 양육자지정사건)

5. 자(子)의 신분관계

혼인 중에 처가 임신한 남편의 자녀는 이혼 후에 출생하더라도 부모의 혼인 중 출생자가 된다(제844조 제1항·제3항). 즉 부모의 이혼이 자녀의 신분관계에 영향을 주지 않는다.

6. 재산분할청구권

(1) 의 의

(가) 개 념

이혼하는 부부의 일방이 다른 일방에 대하여 다른 일방의 명의로 되어 있는 혼인 중에 취득한 재산의 분할을 청구할 수 있는 것을 재산분할청구권이라 한다(제839조의2 제1항). 이 제도는 협의이혼과 재판상 이혼의 경우에 적용 또는 준용(제843조)되며, 혼인취소의 경우에도 마찬가지이다(가사소송법 제2조 제1항 마류사건 제4호 참조). 사실혼관계의 경우에 준용 또는 유추 적용 되지만(대판 1995. 3. 28. 94므1584 등), 중혼적 사실혼관계 해소의 경우에는 적용되지 않는다(대결 1995. 7. 3. 자 94스30). 마류 가사비송사건으로 가정법원의 전속관할이다..

(나) 인정이유

제830조 소정의 부부별산제의 원칙에 따를 경우, 혼인생활 중 취득한 남편 명의의 재산이라 하더라도 아내의 가사노동·가계운영의 공헌과 같은 그 재산형성·유지에 대한 아내의 기여도에 대한 경제적 평가가 반영되지 않음으로써 아내는 무일푼의 상태로 갈라서는 경우가 있을 수 있었다. 재산분할청구권은 부부 일방, 특히 여성에게 이혼의 자유를 보장하고 헌법상의 양성평등의 이념을 이혼법의 영역에서 실현하기 위한 제도이다(대판 2013. 6. 20. 전원합의체(반대의견), 2010므4071, 40998). 한편 재산분할청구권은 부부라는 신분관계의 해소를 기초로 법률의 규정에 의해 발생하는 일종의 법정채권이다. 다만, 이 제도의 인정근거와 관련하여 공유이론(대판 2003. 11. 14. 2002두6422)이나 명의신탁이 주장될 수도 있다(김주수·김상용, 앞의 책, 244면).

(다) 법적 성질

재산분할청구권의 법적 성질은 그 표준에 따라 다르다. 재산분할청구권의 의미·인정근거가 무엇인지에 따라 혼인 중의 부부재산의 청산 내지 잠재적 지분의 반환적 성질을 갖는다는 청산설(배경숙·최금숙, 앞의 책, 197면)·부부공동재산의 청산을 중심적 요소로 하고 보충적으로 전 배우자의 부양적 요소를 포함한다고 새기는 청산 및 부양설(한정설 ; 김용한, 앞의 책, 158면 등 다수설)로 나뉘고, 재산분할청구권의 성립시기를 어디에 둘 것이냐에 따라 재산분할청구권은 구체적으로 그 분할에 관한 합의의 성립 또는 심판의 확정에 의하여 비로소 이뤄진다는 형성설·이혼이라는 사실과 혼인 중 재산의 청산 및 이혼 후 부양의 요건을 충족시키는 사실의 존재에 의하여 재산분할청구권은 당연히 발생하고, 협의·심판은 그 내용을 확인하는 절차에 지나지 않는다는 확인설·추상적 재산분할청구권은 이혼의 상립만으로 당연히 발생하지만 구체적 재산분할청구권은 재산분할에 관한 그 협의·심판에 의하여 비로소 형성된다는 절충설(다수설)(대판 2001. 9. 25. 2001므725, 732 등 판례)로 나뉜다. 그 인정근거의 경우, 판례는 대체로 청산 및 부양설을 취하고 있으나(대판 2013. 6. 20. 전원합의체(다수의견). 2010므4071, 4088 등), 청산설(대결 2009. 6. 9.자 2008스111 ; 대판 1995. 3. 28. 94므1584)을 취하는 등 일정하지 않다.

생각건대 재산분할청구권은 부부별산제 하에서 혼인 중에 부부 일방의 명의로 되어 있는 재산의 형성·유지에 대한 상대방 배우자의 기여도를 인정함으로써 이혼당사자 쌍방의 이해관계의 공평을 꾀하기 위한 제도이다. 그렇다면, 재산분할청구권은 혼인 중에 형성된 그 재산을 청산·분배하는 것으로 새겨야 한다. 부부 사이의 부양의무는 혼인 중에만 인정될 뿐 이혼 후에까지 지속되는 것이 아니다(제826조 제1항 참조). 청산·분배의 결과로서 부양적 요소라는 부수적인 효과가 기대될 수 있을 뿐이다. 이러한 점에서 청산설이 타당하다. 재산분할청구권의 발생시기와 관련해서는, 재산분할청구권은 이혼당사자 쌍방의 협의가 없는 한 법원의 심판에 의해 구체적으로 발생한다고 새기는 절충설이 타당하다. 왜냐하면, 이렇게 해석하는 것이 가사비송사건인 재산분할사건에 부합하는 해석이 되기 때문이다(가사소송법 제2조 제1항 마류사건 제4호 참조).

(2) 재산분할청구권의 상속성 여부

(가) 상속성 인정 여부

첫째, 채권으로서의 재산분할청구권은 그 청구의 의사와 관계없이 당연히 승계되는 것으로 보면서도, 그 성질 중 부양적 요소에 해당하는 부분의 상속성을 부정하는 견해가 있이다(김주수·김상용, 앞의 책, 263면 ; 박동섭, 앞의 책, 209면 ; 한봉희, 「가족법」, 푸른세상, 2007, 177면). 둘째, 절충설을 취할 경우에 협의 또는 심판에 의해 재산분할청구권이 형성된 경우, 이는 구체적인 재산권으로서 당연히 상속성이 인정된다(대결 2009. 2. 9.자 2008스105).

생각건대 그 법적 성질에 관한 청산설을 취할 경우, 이혼 시부터 2년이 지나지 않은 시점에서 피상속인이 재산분할의 의사를 표시하였다면, 재산권으로서의 재산분할청구권은 당연히 상속인에게 승계되는 것으로 해석하여야 한다(같은 견해 지원림, 「제12판 민법강의」, 홍문사, 2014, 1909면).

(나) 상속성이 부정되는 경우

첫째, 이혼소송과 재산분할청구가 병합된 이혼소송 계속 중에 당사자 일방이 사망하면, 이혼청구권은 부부의 일신전속권이므로 상속인이 소송을 수계할 수 없으며 재산분할청구도 이를 유지할 실익이 상실되어 소송은 종료된다(대판 1994. 10. 28. 94므246, 253). 둘째, 그 법적 성질에 관한 절충설을 취할 경우, 재산분할청구권은 협의 또는 심판에 의해 구체적 내용이 형성되기까지는 그 범위와 내용이 불명확·불확정하기 때문에 구체적인 권리로서 성립된 것이라고 할 수 없다. 따라서 이혼 후에 전배우자가 재산분할을 청구하여 심판 계속 중 사망하였다면, 그 상속성은 논리적으로 부정될 수밖에 없다. 그런데 판례는, 사실혼관계의 당사자 중 일방(甲)이 의식불명이 된 상태에서 상대방(乙)이 사실혼관계의 해소를 주장하면서 재산분할심판청구를 한 사안에서, 위 사실혼관계는 상대방의 의사에 의하여 해소되었고 그에 따라 상대방에게는 여전히 재산분할청구권이 인정되는데, 재산분할심판청구 소송 계속 중 당사자 일방(甲)이 사망하였다면 그 상속인들은 재산분할의무상속에 따른 소송수계를 하는 것이 타당하다고 한다(대결 2009. 2. 9.자 2008스105). 이는 현재 우리 판례가 당사자의 사망으로 사실혼관계가 해소되는 경우에는 재산분할청구권을 부인하는 태도를 취하고 있는데(대판 2006. 3. 24. 2005두15595), 이러한 법상태를 전제로 하더라도 재산분할청구제도의 제반 취지를 살릴 방도를 고민한 것으로 평가할 수 있다. 셋째, 재산분할청구권의 양도성은 어떻게 볼 것인가? 판례는, 이혼으로 인한 재산분할청구권은 이혼을 한 당사자의 일방이 다른 일방에 대하여 재산분할을 청구할 수 있는 권리로서, 이혼이 성립한 때에 법적 효과로서 비로소 발생하며, 또한 협의 또는 심판에 의하여 구체적 내용이 형성되기 전까지는 범위 및 내용이 불명확·불확정하기 때문에 구체적으로 권리가 발생하였다고 할 수 없다고 판시하면서, 당사자가 이혼이 성립하기 전에 이혼소송과 병합하여 재산분할의 청구를 한 경우에, 아직 발생하지 아니하였고 구체적 내용이 형성되지 아니한 재산분할청구권을 미리 양도하는 것은 성질상 허용되지 아니하고 법원이 이혼과 동시에 재산분할로서 금전의 지급을 명하는 판결이 확정된 이후부터 채권 양도의 대상이 될 수 있다고 한다(대판 2017. 9. 21. 2015다61286).

(3) 청구권자

第839조의2·제843조의 규정상 재산분할청구권은 이혼책임에 대한 유책성 여부에 관계없이 이혼당사자 일방이 혼인 중에 취득한 실질적인 공동재산에 대한 재산분할청구권을 갖는다(대결 1993. 5. 11.자 93스6). 그런데 부부가 협의이혼을 전제로 재산분할약정을 하였으나 그 후 혼인관계가 존속하거나 재판상 이혼이 이루어진 경우에는 재산분할협의의 효력은 발생하지 않는다(대판 2003. 8. 19. 2001다14061 ; 대판 2001. 5. 8. 2000다58804 ; 대판 1995. 10. 12. 95다23156). 또한 혼인이 해소되기 전에 미리 재산분할청구권을 포기하는 것은 성질상 허용되지 않는다(대결 2016. 1. 25.자 2015스451; 대판 2003. 3. 25. 2002므1787, 1794, 1800).

(4) 재산분할의 대상인 재산

(가) 개 설

첫째, 재판상 이혼을 전제로 한 재산분할에서 분할의 대상이 되는 재산과 그 액수는 이혼소송의 사실심 변론종결일을 기준으로 하여 정하여야 하는데(대판 2011. 7. 14. 2009므2628, 2635), 원칙적으로 혼인 중 부부 쌍방의 협력으로 이룩한 재산은 모두 청산의 대상이 된다(대판 2000. 8. 18. 99므1855). 둘째, 부부의 일방이 별거 후에 취득한 재산이라 하더라도 그것이 별거 전에 쌍방의 협력에 의해 형성된 유형·무형의 자원에 기한 것이라면 분할의 대상이 된다(대판 1999. 6. 11. 96므1397). 제3자 명의의 재산이라 하더라도 부부 쌍방의 협력 등이 인정되는 경우, 그 대상이 된다(대결 2009. 6. 9.자 2008스111; 대판 1998. 4. 10. 96므1434). 재산분할재판에서 분할대상인지 여부가 전혀 심리된 바 없는 재산이 재판확정 후 추가로 발견된 경우에는 이에 대하여 추가로 재산분할청구를 할 수 있다(대판 2003. 2. 28. 2000므582). 셋째, 부부의 일방이 혼인 전부터 갖고 있었던 특유재산, 그 특유재산으로부터 출자하여 취득한 재산, 혼인 중에 상속이나 증여를 받은 재산과 그 수익 등은 분할대상이 아니다. 다만 특유재산이라 하더라도 다른 일방이 적극적으로 특유재산의 유지에 협력하여 감소를 방지하였거나 증식에 협력하였다고 인정되는 경우에는 분할 대상이 되며(대판 1993. 5. 25. 92므501), 부부 중 일방이 상속받은 재산의 경우에도 마찬가지이다(대결 2009. 6. 9.자 2008스111; 대판 1998. 4. 10. 96므1434). 이러한 예외적인 경우, 그 협력·기여도 등에 대한 증명책임은 재산분할청구권자가 부담한다고 하여야 한다.

(나) 채무의 재산분할 대상 여부

학설은 다툼이 있으나, 판례는, 이른바 제한적 긍정설(필자 주)로 견해를 변경하였다(대판 2013. 6. 20. 전원합의체(다수의견), 2010므4071, 4088). 첫째, 부부가 이혼할 때 쌍방의 소극재산 총액이 적극재산 총액을 초과하여 재산분할을 한 결과가 결국 채무의 분담을 정하는 것이 되는 경우에도 재산분할청구를 받아들여야 하고, 이때에는 채무부담의 경위·용처·채무의 내용과 금액·혼인생활의 과정·당사자의 경제적 활동능력과 장래의 전망 등 제반사정을 종합적으로 고려하여 채무를 분담하게 할지 여부 및 분담의 방법 등을 정할 것이고, 적극재산을 분할할 때처럼 재산형성에 대한 기여도 등을 중심으로 일률적인 비율을 정하여 당연히 분할·귀속하게 하여야 한다는 취지는 아니다. 둘째, 채무의 분담을 정하는 것이 되는 경우에도 법원은 채무의 성질, 채권자와의 관계, 물적 담보의 존부 등 일체의 사정을 참작하여 이를 분담하게 하는 것이 적합하다고 인정되면 구체적인 분담의 방법 등을 정하여 재산분할 청구를 받아들일 수 있다 할 것이다. 셋째, 그것(필자 주 : 채무의 분담을 제한적으로 인정하는 것)이 부부가 혼인 중 형성한 재산관계를 이혼에 즈음하여 청산하는 것을 본질로 하는 재산분할 제도의 취지에 맞고, 당사자 사이의 실질적 공평에도 부합한다는 것이다.

생각건대 ① 부부의 혼인생활에서 형성된 채무인 경우에는 그 청산의 대상이 되어 채무분담을 허용하는 것이 이혼당사자 사이의 이해관계의 공평을 꾀할 수 있다는 점, ② 채무의 분할을 원칙적으로 허용하지 않았던 종래 대법원의 판례 아래에서도 순재산이 부(-)의 상태인 것으로 밝혀졌음에도 채무의 재산분할을 인정한 하급심판결이 적지 않음은 무엇을 말해주는가? 재산분할심판에서 채무의 분할을 일률적 거부해온 법리적 잣대에서 벗어날 필요가 있다는 사회현실의 가치관의 변화를 반영한 것이라고 생각한다. ③ 그렇다면, 부부가 이혼한 때 쌍방의 소극재산 총액이 적극재산 총액을 초과하여 재산분할을 한 결과가 결국 채무의 분담을 정하는 것이 되는 경우에도 재산분할 청구를 받아들일 수 있다는 다수의견은, 재산분할청구권 제도의 취지와 법적 성질 등에 부합하는 합리적인 해석으로서 구체적 타당성의 실현이라는 점에서도 정당하다. 다만, 재산분할 판결의 실효성 측면에서 볼 때, 반대의견이 지적하는 바와 같이, 재산분할 청구인의 권리실현을 기대하기 어려운 소송실무상의 한계가 있다 할 것이다(한삼인, "채무의 분담이 재산분할의 대상이 되는지 여부", 「법학연구」, 충남대 법학연구소, 2014. 4., 323, 350면 참조).

(다) 퇴직금과 연금

첫째, 이혼 당시 이미 받은 퇴직금은 청산대상이 되며(대판 1995. 3. 28. 94므1584), 명예퇴직금도 일정한 전제하에 분할대상이 된다(대판 2011. 7. 14. 2009므2628, 2635). 둘째, 공무원 퇴직연금수급권(퇴직연금의 경우, 그 지급이 이미 개시된 사안에 있어서 향후 수령할 퇴직연금)도 재산분할의 대상이 되고, 다만 연금수급권자인 배우자의 여명을 알 수 없어 가액을 특정할 수 없는 등의 특성상 전체 재산에 대한 하나의 분할비율을 정하는 것이 형평에 부합하지 않는 경우에는 공무원 퇴직연금수급권과 다른 일반재산을 구별하여 개별적으로 분할비율을 정하는 것이 타당하고, 그 결과 실제로 분할비율이 달리 정하여지더라도 이는 분할비율을 달리 정할 수 있는 합리적 근거가 있는 경우에 해당한다(대판 2014. 7. 16. 전원합의체. 2012므2888). 그런데 별거나 가출 등으로 실질적인 혼인관계가 존재하지 아니하여 연금 형성에 기여가 없는 이혼배우자에 대해서까지 법률혼 기간을 기준으로 분할연금 수급권을 인정하는 국민연금법 제64조 제1항은, 재산권을 침해하였다는 이유로 헌법재판소가 헌법불합치결정을 하였다는 점은 유의하여야 할 것이다(헌재 2016. 12. 29. 2015헌바182). 셋째, 장래의 퇴직급여채권도 재산분할의 대상이 되는데, 구체적으로는 이혼소송의 사실심 변론종결 시를 기준으로 그 시점에서 퇴직할 경우 수령할 수 있을 것으로 예상되는 퇴직급여 상당액의 채권이 그 대상이 된다(대판 2014. 7. 16. 전원합의체. 2013므2250).

(라) 법원의 직권조사사항

첫째, 법원은 당사자의 주장에 구애받지 않고 재산분할의 대상이 무엇인지 직권으로 조사하여 포함시키거나 제외시킬 수가 있다(대판 1996. 12. 23. 95므1192). 둘째, 재산분할의 대상이 되는 재산과 그 가액은 원칙적으로 이혼소송의 사실심 변론종결시를 기준으로 하여(대판 2000. 9. 22. 99므906), 당사자 쌍방의 재산 상태와 그 밖의 사정을 참작하여 정하게 된다(제839조의2 제2항). 다만 이혼소송 후에 재산분할청구권을 행사하였다면 청산적 요소부분에 대하여는 이혼소송 사실심 변론종결 후의 사정도 참작할 수 있다(대결 2000. 5. 2. 자 2000스13).

(마) 재산분할과 과세

재산분할로 취득한 재산에 대하여는 증여세를 부과하지 못하며(대판 1997. 11. 28. 96누4725 등; 96헌바14), 재산분할에 의한 자산의 이전에 양도소득세를 부과할 수도 없다(대판 2003. 11. 14. 2002두6422).

(5) 재산분할의 방법

첫째, 법에 정해진 구체적인 기준이 없으므로, 재산분할 여부 · 그 방법 및 액수나 비율 등은 원칙적으로 당사자의 협의나 조정에 의해 정해지게 된다(제839조의2 제2항 전단, 가사소송법 제2조 제1항 마류사건 4호 · 제50조 참조). 둘째, 그 협의가 없거나 불가능한 경우, 당사자의 청구에 의하여 가정법원이 당사자 쌍방의 협력에 의하여 이룩한 재산의 액수와 기타 사정을 참작하여 그 액수와 방법을 정하게 되며(제839조의2 제2항 후단; 대판 2006. 9. 14. 2005다74900; 대판 2003. 3. 14. 2002므2230), 이 경우에 법원은 재산분할액 산정의 기초가 되는 재산의 가액을 객관성과 합리성이 있는 자료에 의하여 평가하여야 한다(대결 2009. 6. 9. 자 2008스111). 한편 재산분할 비율은 개별재산에 대한 기여도를 일컫는 것이 아니라 기여도 기타 모든 사정을 고려하여 전체로서의 형성된 재산에 대하여 상대방 배우자로부터 받을 수 있는 비율을 말하는데(대판 2002. 9. 4. 2001므718; 대판 1997. 12. 26. 96므1076, 1083; 대판 1993. 5. 25. 92므501), 법원이 재산분할을 함에 있어 방법 · 비율 또는 액수는 당사자 쌍방의 협력으로 이룩한 재산의 액수 기타의 사정을 참작하여 정하면 되고 기타의 사정 중 중요한 것은 명시하여야 하지만 그 모두를 개별적 · 구체적으로 특정하여 설시할 필요는 없다(대판 1993. 5. 25. 92므501; 대결 1993. 5. 11.자 93스6). 셋째, 법원이 명하는 구체적인 재산분할의 방법으로는 재산의 전부 또는 일부에 대한 현물분할의 방법(대판 1997. 7. 22. 96므318, 325), 금전에 대한 일시불 또는 정기금 지급방법 등이 있다(가사소송법 제64조; 제67조 · 제68조 참조). 정기금 지급방법으로 결정한 경우, 의무자가 이를 이행하지 않으면 민사집행법에 따른 강제집행 외에 가사소송법이 정한 이행명령을 이용할 수 있을 것이다(대결 2016. 2. 11.자 2015으26).

(6) 다른 제도와의 관계

(가) 위자료청구권과의 관계

재산분할청구권과 위자료청구권은 목적(전자는 부부공동재산의 청산 · 분배, 후자는 이혼에 따른 손해배상), 유책배우자의 청구 가능 여부(전자는 가능, 후자는 불가능), 권리행사기간(전자는 이혼 시부터 2년의 제척기간, 후자는 제766조 소정의 3년 또는 10년의 소멸시효기간), 사건의 성격(전자는 가사비송사건, 후자는 가사소송사건. 다만, 가정법원의 전속관할 · 조정전치주의의 적용대상이라는 점은 같다), 이혼소송 계속 중 소제기자의 사망 시에 소송종료 여부(전자는 종료, 후자는 상반된 판례가 있지만 상속인의 승계로 보는 것이 옳다) 등에서 구별되는 별개의 독립한 권리이다. 그렇다면 유책배우자에 대하여는 재산분할청구 외에 별도로 위자료청구도 할 수 있다(같은 견해 송덕수, 앞의 책, 1505면; 대판 2005. 1. 28. 2004다58963).

(나) 채권자대위권과의 관계

재산분할청구권은 권리의 성질상 이혼당사자의 의사를 존중하여야 하므로 원칙적으로 대위권의 대상이 되지 못한다. 다만 당사자의 협의·심판에 의하여 구체적인 금전채권 또는 급부청구권으로 확정된 때에는 채권자대위권의 대상이 된다 할 것이다(같은 견해 송덕수, 앞의 책, 1506면; 대판 1999. 4. 9. 98다58016의 취지도 같다).

(다) 채권자취소권과의 관계

첫째, 2007년 민법의 일부개정(2007. 12. 21. 법 8720호)에 의하여 재산분할청구권을 보전하기 위한 사해행위취소권 제도가 신설되었다. 즉, 부부의 일방이 다른 일방의 재산분할청구권 행사를 해함을 알면서도 재산권을 목적으로 하는 법률행위를 한 경우, 다른 일방은 제406조 제1항을 준용하여 그 취소 및 원상회복을 가정법원에 청구할 수 있다(제839조의3의 제1항·제843조). 이 경우, 그 사해행위취소의 소는 제406조 제2항의 기간 내에 제기하여야 한다(제839조의3의 제2항·제843조). 둘째, 그렇다면 재산분할 그 자체는 채권자취소권의 대상인 사해행위가 될 수 있는가? 판례는, 이미 채무초과 상태에 있는 채무자가 이혼을 하면서 그 배우자에게 재산분할로 일정한 재산을 양도함으로써 일반 채권자에 대한 공동담보를 감소시키는 결과가 된다고 하더라도, 이러한 재산분할이 제839조의2 제2항의 규정 취지에 따른 상당한 정도를 벗어나는 과대한 것이라고 인정할 만한 특별한 사정이 없는 한 사해행위로서 채권자에 의한 취소의 대상으로 되는 것은 아니라고 한다(대판 2006. 9. 14. 2006다33258 등). 또한 상당한 정도를 벗어나는 초과 부분에 한하여 적법한 재산분할이라고 할 수 없어 취소의 대상으로 될 수 있을 것이나, 이처럼 상당한 정도를 벗어나는 과대한 재산분할이라고 볼 특별한 사정이 있다는 점에 관한 증명책임은 채권자에게 있다고 판시하였다(대판 2016. 12. 29. 2016다249816). 셋째, 가장이혼에 나타난 재산분할의 경우에도 위 판례 법리가 적용되는가? 앞서 살펴보았듯이 이혼의 효력발생 여부에 관한 형식주의에 따른 이혼신고의 법률상 중대성에 비추어, 협의이혼에 있어서의 이혼의 의사는 법률상의 부부관계를 해소하려는 의사를 말한다 할 것이므로, 일시적으로나마 그 법률상의 부부관계를 해소하려는 당사자간 합의하에 협의이혼신고가 된 이상, 그 협의이혼에 다른 목적이 있다 하더라도 양자간 이혼의 의사가 없다고는 할 수 없으므로 그 협의이혼을 무효로 볼 수 없는 다음에야 위 판례 법리를 그대로 원용할 수 있을 것이다(대판 2016. 12. 29. 2016다249816).

판 례

■ 제3자 명의의 재산이 재산분할의 대상이 되는지 여부(적극)

"제3자 명의의 재산도 그것이 부부 중 일방에 의하여 명의신탁된 재산 또는 부부의 일방이 실질적으로 지배하고 있는 재산으로서 부부 쌍방의 협력에 의하여 형성된 유형, 무형의 자원에 기한 것이라면 그와 같은 사정도 참작하여야 한다는 의미에서 재산분할의 대상이 된다."(대판 2013. 7. 12. 2011므1116 등)

■ 부부 일방이 혼인 중 제3자에게 부담한 임대차보증금반환채무가 재산분할의 대상이 되는지 여부(적극)

"부부 일방이 혼인 중 제3자에 대하여 채무를 부담한 경우에 그 채무 중에서 공동재산의 형성 또는 유지에 수반하여 부담하게 된 채무는 그 이혼에 있어서 재산분할의 대상이 된다. 그리고 혼인생활 중 쌍방의 협력으로 취득한 부동산에 관하여 부부의 일방이 부담하는 임대차보증금반환채무는 특별한 사정이 없는 한 혼인 중 재산의 형성에 수반한 채무로서 재산분할의 대상이 된다."(대판 2011. 3. 10. 2010므4699 등)

■ 혼인관계가 파탄된 이후 변론종결일 사이에 생긴 재산관계의 변동이 혼인 중 공동으로 형성한 재산관계와 무관한 경우, 변동된 재산이 재산분할 대상에 포함되는지 여부(소극)

"재산분할 제도는 이혼 등의 경우에 부부가 혼인 중 공동으로 형성한 재산을 청산·분배하는 것을 주된 목적으로 하는 것으로서, 부부 쌍방의 협력으로 이룩한 적극재산 및 그 형성에 수반하여 부담하거나 부부 공동생활관계에서 필요한 비용 등을 조달하는 과정에서 부담한 채무를 분할하여 각자에게 귀속될 몫을 정하기 위한 것이므로, 부부 일방에 의하여 생긴 적극재산이나 채무로서 상대방은 그 형성이나 유지 또는 부담과 무관한 경우에는 이를 재산분할 대상인 재산에 포함할 것이 아니다. 그러므로 재판상 이혼에 따른 재산분할에 있어 분할의 대상이 되는 재산과 그 액수는 이혼소송의 사실심 변론종결일을 기준으로 하여 정하는 것이 원칙이지만, 혼인관계가 파탄된 이후 변론종결일 사이에 생긴 재산관계의 변동이 부부 중 일방에 의한 후발적 사정에 의한 것으로서 혼인 중 공동으로 형성한 재산관계와 무관하다는 등 특별한 사정이 있는 경우에는 그 변동된 재산은 재산분할 대상에서 제외하여야 할 것이다."(대판 2013. 11. 28. 2013므1455 ; 대판(전) 2013. 6. 20. 2010므4071, 4088 ; 대결 2000. 5. 2.자 2000스13)

■ 1인 회사 소유의 적극재산을 바로 1인 주주 개인의 적극재산으로 평가하여 재산분할의 대상으로 포함시킬 수 있는지 여부(소극)

"부부의 일방이 실질적으로 혼자서 지배하고 있는 주식회사(이른바 '1인 회사')라고 하더라도 그 회사 소유의 재산을 바로 그 개인의 재산으로 평가하여 재산분할의 대상에 포함시킬 수는 없다. 주식회사와 같은 기업의 재산은 다양한 자산 및 부채 등으로 구성되는 것으로서, 그 회사의 재산에 대하여는 일반적으로 이를 종합적으로 평가한 후에야 1인 주주에 개인적으로 귀속되고 있는 재산가치를 산정할 수 있을 것이다. 따라서 그의 이혼에 있어서 재산분할에 의한 청산을 함에 있어서는 특별한 사정이 없는 한 회사의 개별적인 적극재산의 가치가 그대로 1인 주주의 적극재산으로서 재산분할의 대상이 된다고 할 수 없다."(대판 2011. 3. 10. 2010므4699)

■ 당사자가 재산분할 소송 중에 일부 재산의 분할방법에 관한 합의를 한 경우, 법원은 그대로 분할하여야 하는지 여부(소극)

"재산분할사건은 가사비송사건에 해당하고, 가사비송절차에 관하여는 가사소송법에 특별한 규정이 없는 한 비송사건절차법 제1편의 규정을 준용하고 있으며[구 가사소송법(2010. 3. 31. 법률 제10212호로 개정되기 전의 것) 제34조], 비송사건절차는 민사소송절차와 달리 당사자의 변론에만 의존하는 것이 아니고, 법원이 자기의 권능과 책임으로 재판의 기초가 되는 자료를 수집하는, 이른바 직권탐지주의에 의하고 있으므로(비송사건절차법 제11조), 법원으로서는 당사자의 주장에 구애되지 아니하고 재산분할의 대상이 무엇인지 직권으로 사실조사를 하여 포함시키거나 제외시킬 수 있다. 따라서 당사자가 소송 중에 일부 재산에 관한 분할방법에 관한 합의를 하였다고 하더라도, 법원으로서는 당사

자가 합의한 대로 분할을 하여야 하는 것은 아니다."(대판 2013. 7. 12. 2011므1116 등)

■ 가사소송법 제64조에서 정한 이행명령으로 판결 등에 따라 확정되어 있는 의무의 내용을 변경하거나 새로운 의무를 창설할 수 있는지 여부(소극)

"가사소송법 제64조 제1항, 제67조 제1항, 제68조 제1항을 종합하면, 가사소송법 제64조에 규정된 이행명령은 과태료 또는 감치와 같은 제재를 통하여 판결, 심판, 조정조서 등에 따라 확정되어 있는 금전의 지급의무 등의 이행을 촉구하는 가사소송법상의 이행확보제도로서, 권리의 존부를 확정하는 기관과 확정된 권리를 실현하는 기관을 엄격히 분리시키지 아니하고 권리의 존부를 확정한 판단기관 자신이 의무의 이행을 촉구하는 것이기는 하지만, 권리의 존부를 확정하기 위한 절차가 아니라 이미 확정되어 있는 권리를 실현하기 위한 절차의 일부라는 점에서는 민사집행법에 따른 강제집행과 다르지 아니하다. 따라서 가사소송법 제64조에 규정된 이행명령으로 판결, 심판, 조정조서 등에 따라 확정되어 있는 의무의 내용을 변경하거나 의무자에게 새로운 의무를 창설할 수 있는 것은 아니다."(대결 2016. 2. 11.자 2015으26)

■ 부부가 이혼할 때 쌍방의 소극재산 총액이 적극재산 총액을 초과하여 재산분할을 한 결과가 결국 채무의 분담을 정하는 것이 되는 경우에도 재산분할 청구를 받아들일 수 있는지 여부 및 이 경우 채무를 분담하게 할지 여부와 분담의 방법 등을 정하는 기준

"이혼 당사자 각자가 보유한 적극재산에서 소극재산을 공제하는 등으로 재산상태를 따져 본 결과 재산분할 청구의 상대방이 그에게 귀속되어야 할 몫보다 더 많은 적극재산을 보유하고 있거나 소극재산의 부담이 더 적은 경우에는 적극재산을 분배하거나 소극재산을 분담하도록 하는 재산분할은 어느 것이나 가능하다고 보아야 하고, 후자의 경우라고 하여 당연히 재산분할 청구가 배척되어야 한다고 할 것은 아니다. 그러므로 소극재산의 총액이 적극재산의 총액을 초과하여 재산분할을 한 결과가 결국 채무의 분담을 정하는 것이 되는 경우에도 법원은 채무의 성질, 채권자와의 관계, 물적 담보의 존부 등 일체의 사정을 참작하여 이를 분담하게 하는 것이 적합하다고 인정되면 구체적인 분담의 방법 등을 정하여 재산분할 청구를 받아들일 수 있다 할 것이다. 그것이 부부가 혼인 중 형성한 재산관계를 이혼에 즈음하여 청산하는 것을 본질로 하는 재산분할 제도의 취지에 맞고, 당사자 사이의 실질적 공평에도 부합한다. 다만 재산분할 청구 사건에 있어서는 혼인 중에 이룩한 재산관계의 청산뿐 아니라 이혼 이후 당사자들의 생활보장에 대한 배려 등 부양적 요소 등도 함께 고려할 대상이 되므로, 재산분할에 의하여 채무를 분담하게 되면 그로써 채무초과 상태가 되거나 기존의 채무초과 상태가 더욱 악화되는 것과 같은 경우에는 채무부담의 경위, 용처, 채무의 내용과 금액, 혼인생활의 과정, 당사자의 경제적 활동능력과 장래의 전망 등 제반 사정을 종합적으로 고려하여 채무를 분담하게 할지 여부 및 분담의 방법 등을 정할 것이고, 적극재산을 분할할 때처럼 재산형성에 대한 기여도 등을 중심으로 일률적인 비율을 정하여 당연히 분할 귀속되게 하여야 한다는 취지는 아니라는 점을 덧붙여 밝혀 둔다."(대판 2013. 6. 20. 전원합의체. 2010므4071 등)

■ 민법 제837조에 따른 이혼 당사자 사이의 양육비 청구사건이 즉시항고와 가집행선고의 대상이 되는지 여부(적극)

"가사소송법 제42조 제1항은 '재산상의 청구 또는 유아의 인도에 관한 심판으로서 즉시항고의 대상이 되는 심판에는 담보를 제공하게 하지 아니하고 가집행할 수 있음을 명하여야 한다.'라고 규정하고, 가사소송규칙 제94조 제1항은 마류 가사비송사건의 심판에 대하여는 청구인과 상대방이 즉시항고를 할 수 있다고 규정하고 있는바, 민법 제837조에 따른 이혼 당사자 사이의 양육비 청구사건은 마류 가사비송사건으로서 즉시항고의 대상에 해당하고, 가집행선고의 대상이 된다."(대판 2014. 9. 4. 2012므1656)

■ 민법 제839조의2에 따라 재산분할의 방법으로 금전의 지급을 명하는 부분이 가집행선고의 대상이 되는지 여부(소극) 및 이는 이혼이 먼저 성립한 후에 재산분할로 금전의 지급을 명하는 경우에도 마찬가지인지 여부(적극)

"민법 제839조의2에 따른 재산분할 청구사건은 마류 가사비송사건으로서 즉시항고의 대상에 해당하기는 하지만, 재산분할은 부부가 혼인 중에 취득한 실질적인 공동재산을 청산 분배하는 것을 주된 목적으로 하고, 법원이 당사자 쌍방의 협력으로 이룩한 재산의 액수 기타 사정을 참작하여 분할의 액수와 방법을 정하는 것이므로, 재산분할로 금전의 지급을 명하는 경우에도 판결 또는 심판이 확정되기 전에는 금전지급의무의 이행기가 도래하지 아니할 뿐만 아니라 금전채권의 발생조차 확정되지 아니한 상태에 있다고 할 것이어서, 재산분할의 방법으로 금전의 지급을 명한 부분은 가집행선고의 대상이 될 수 없다. 그리고 이는 이혼이 먼저 성립한 후에 재산분할로 금전의 지급을 명하는 경우라고 하더라도 마찬가지이다."(대판 2014. 9. 4. 2012므1656)

■ 당사자가 이혼 성립 후에 재산분할 등을 청구하고 법원이 재산분할로서 금전의 지급을 명하는 판결이나 심판을 하는 경우, 금전지급의무의 이행지체책임을 지는 시기 및 그 지연손해금의 이율에 관하여 소송촉진 등에 관한 특례법 제3조 제1항 본문이 정한 이율이 적용되는지 여부(소극)

"이혼으로 인한 재산분할청구권은 이혼이 성립한 때에 법적 효과로서 발생하는 것이지만 협의 또는 심판에 의하여 구체적 내용이 형성되기까지는 범위 및 내용이 불명확하기 때문에 구체적으로 권리가 발생하였다고 할 수 없다. 따라서 당사자가 이혼 성립 후에 재산분할 등을 청구하고 법원이 재산분할로서 금전의 지급을 명하는 판결이나 심판을 하는 경우에도, 이는 장래의 이행을 청구하는 것으로서 분할의무자는 금전지급의무에 관하여 판결이나 심판이 확정된 다음 날부터 이행지체책임을 지고, 그 지연손해금의 이율에 관하여는 소송촉진 등에 관한 특례법 제3조 제1항 본문이 정한 이율도 적용되지 아니한다."(대판 2014. 9. 4. 2012므1656)

■ 채무자의 무자력 여부를 판단함에 있어서 부동산이나 채권 등이 적극재산으로 산정되기 위한 요건 및 압류금지재산을 적극재산에 포함시킬 수 있는지 여부(소극)

"채무자의 재산처분행위가 사해행위가 되기 위해서는 그 행위로 말미암아 채무자의 총재산의 감소가 초래되어 채권의 공동담보에 부족이 생기게 되는 것, 즉 채무자의 소극재산이 적극재산보다 많아져야 하는 것인바, 채무자가 재산처분행위를 할 당시 그의 적극재산 중 부동산과 채권이 있어 그 재산의 합계가 채무액을 초과한다고 하더라도 그 적극재산을 산정함에 있어서는 다른 특별한 사정이 없는 한 실질적으로 재산적 가치가 없어 채권의 공동담보로서의 역할을 할 수 없는 재산은 이를 제외하여야 할 것이고, 그 재산이 채권인 경우에는 그것이 용이하게 변제를 받을 수 있는 확실성이 있는 것인지 여부를 합리적으로 판정하여 그것이 긍정되는 경우에 한하여 적극재산에 포함시켜야 할 것이며, 압류금지재산은 공동담보가 될 수 없으므로 이를 적극재산에 포함시켜서는 아니된다."(대판 2005. 1. 28. 2004다58963)

■ 위 재산분할이 사해행위로서 채권자취소권의 대상이 되기 위한 요건 및 그 취소의 범위

"전략(前略) … 재산분할자가 이미 채무초과의 상태에 있다거나 또는 어떤 재산을 분할한다면 무자력이 되는 경우에도 분할자가 부담하는 채무액 및 그것이 공동재산의 형성에 어느 정도 기여하고 있는지 여부를 포함하여 재산분할의 액수와 방법을 정할 수 있다고 할 것이고, 재산분할자가 당해 재산분할에 의하여 무자력이 되어 일반채권자에 대한 공동담보를 감소시키는 결과가 된다고 하더라도 그러한 재산분할이 민법 제839조의2 제2항의 규정 취지에 반하여 상당하다고 할 수 없을 정도로 과대하고, 재산분할을 구실로 이루어진 재산처분이라고 인정할 만한 특별한 사정이 없는 한 사해행위로서 채권자취소권의 대상이 되지 아니하고, 위와 같은 특별한 사정이 있어 사해행위로서 채권자취소권의 대상이 되는 경우에도 취소되는 범위는 그 상당한 부분을 초과하는 부분에 한정된다고 할 것이다."(대판 2005. 1. 28. 2004다58963)

■ 재산분할청구권을 혼인이 해소되기 전에 미리 포기하는 것이 허용되는지 여부(소극) 및 아직 이혼하지 않은 당사자가 장차 협의상 이혼할 것을 합의하는 과정에서 이를 전제로 재산분할청구권을 포기하는 서면을 작성한 경우, 재산분할에 관한 협의로서의 포기약정이라고 볼 수 있는지 여부(원칙적 소극)

"민법 제839조의2에 규정된 재산분할제도는 혼인 중에 부부 쌍방의 협력으로 이룩한 실질적인 공동재산을 청산·분배하는 것을 주된 목적으로 하는 것이고, 이혼으로 인한 재산분할청구권은 이혼이 성립한 때에 법적 효과로서 비로소 발생하는 것일 뿐만 아니라 협의 또는 심판에 따라 구체적 내용이 형성되기까지는 범위 및 내용이 불명확·불확정하기 때문에 구체적으로 권리가 발생하였다고 할 수 없으므로, 협의 또는 심판에 따라 구체화되지 않은 재산분할청구권을 혼인이 해소되기 전에 미리 포기하는 것은 성질상 허용되지 아니한다. 아직 이혼하지 않은 당사자가 장차 협의상 이혼할 것을 합의하는 과정에서 이를 전제로 재산분할청구권을 포기하는 서면을 작성한 경우, 부부 쌍방의 협력으로 형성된 공동재산 전부를 청산·분배하려는 의도로 재산분할의 대상이 되는 재산액, 이에 대한 쌍방의 기여도와 재산분할 방법 등에 관하여 협의한 결과 부부 일방이 재산분할청구권을 포기하기에 이르렀다는 등의 사정이 없는 한 성질상 허용되지 아니하는 '재산분할청구권의 사전포기'에 불과할 뿐이므로 쉽사리 '재산분할에 관한 협의'로서의 '포기약정'이라고 보아서는 아니 된다."(대결 2016. 1. 25. 자 2015스451)

■ 이혼에 따른 재산분할청구권에 의하여 재산을 취득하는 것이 사해행위로서 채권자취소의 대상이 되기 위한 요건 및 그 입증책임의 소재(=채권자)

"이미 채무초과 상태에 있는 채무자가 이혼을 함에 있어 자신의 배우자에게 재산분할로 일정한 재산을 양도함으로써 결과적으로 일반 채권자에 대한 공동담보를 감소시키는 결과로 되어도, 위 재산분할이 민법 제839조의2 제2항 규정의 취지에 따른 상당한 정도를 벗어나는 과대한 것이라고 인정할 만한 특별한 사정이 없는 한 사해행위로서 채권자에 의한 취소의 대상으로 되는 것은 아니라고 할 것이고, 다만 위와 같은 상당한 정도를 벗어나는 초과부분에 관한 한 적법한 재산분할이라고 할 수 없기 때문에 그 취소의 대상으로 될 수 있다고 할 것인바, 위와 같이 상당한 정도를 벗어나는 과대한 재산분할이라고 볼 만한 특별한 사정이 있다는 점에 관한 입증책임은 채권자에게 있다."(대판 2000. 7. 28. 2000다14101)

협의 또는 심판에 의하여 구체화되지 않은 이혼에 따른 재산분할청구권을 포기하는 행위가 채권자취소권의 대상이 되는지 여부(소극)

"이혼으로 인한 재산분할청구권은 이혼을 한 당사자의 일방이 다른 일방에 대하여 재산분할을 청구할 수 있는 권리로서 이혼이 성립한 때에 그 법적 효과로서 비로소 발생하는 것일 뿐만 아니라, 협의 또는 심판에 의하여 구체적 내용이 형성되기까지는 그 범위 및 내용이 불명확·불확정하기 때문에 구체적으로 권리가 발생하였다고 할 수 없으므로 협의 또는 심판에 의하여 구체화되지 않은 재산분할청구권은 채무자의 책임재산에 해당하지 아니하고, 이를 포기하는 행위 또한 채권자취소권의 대상이 될 수 없다."(대판 2013. 10. 11. 2013다7936 등)

이혼으로 인한 재산분할청구권을 보전하기 위하여 채권자대위권을 행사할 수 있는지 여부(소극)

"이혼으로 인한 재산분할청구권은 협의 또는 심판에 의하여 그 구체적 내용이 형성되기까지는 그 범위 및 내용이 불명확·불확정하기 때문에 구체적으로 권리가 발생하였다고 할 수 없으므로 이를 보전하기 위하여 채권자대위권을 행사할 수 없다."(대판 1999. 4. 9. 98다58016)

심화학습

공무원 퇴직연금수급권의 재산분할청구 사건(대판 2014. 7. 16. 전원합의체, 2012므2888)

1. 사건의 개요

원고(女)와 피고(男)는 1993년 혼인하였으나, 2008년경부터 별거에 들어갔다. 원고는 혼인기간 동안 주로 가사를 전담하였고, 피고는 1977년 경찰공무원으로 임용되어 근무하다 2006년 퇴직하고 현재 매월 2,128,600원의 퇴직연금을 받고 있다. 제1심은 기존 대법원 판례에 따라 공무원 퇴직연금수급권을 재산분할의 대상으로 인정하지 않았다. 그러나 원심은 이를 재산분할의 대상으로 인정하고, 그에 따라 피고는 원고에게 이 판결 확정일 다음날부터 피고가 사망하기 전날까지 피고가 매월 지급받는 공무원연금액 중 30%의 비율에 의한 돈을 매월 말일에 지급할 것을 명하자, 쌍방이 상고하였다(원고는 위자료 청구에 관하여 상고하였고, 한편 공무원 퇴직연금수급권이 재산분할의 대상이 될 수 없다는 것은 피고의 상고이유 중 하나이다).

2. 사건의 쟁점(판시사항)

① 이혼 당시 부부 일방이 이미 퇴직하여 실제로 공무원 퇴직연금을 수령하고 있는 경우, 그가 향후 계속 수령할 퇴직연금을 재산분할의 대상으로 할 수 있는지, ② 공무원 퇴직연금수급권을 재산분할의 대상으로 할 수 있는지 여부이다.

3. 판결요지

"부부 중 일방이 공무원 퇴직연금을 실제로 수령하고 있는 경우에, 위 공무원 퇴직연금에는 사회보장적 급여로서의 성격 외에 임금의 후불적 성격이 불가분적으로 혼재되어 있으므로, 혼인기간 중의 근무에 대하여 상대방 배우자의 협력이 인정되는 이상 공무원 퇴직연금수급권 중 적어도 그 기간에 해당하는 부분은 부부 쌍방의 협력으로 이룩한 재산으로 볼 수 있음. 따라서 재산분할

제도의 취지에 비추어 허용될 수 없는 경우가 아니라면, 이미 발생한 공무원 퇴직연금수급권도 부동산 등과 마찬가지로 재산분할의 대상에 포함될 수 있다고 봄이 상당하다. 그리고 구체적으로는 연금수급권자인 배우자가 매월 수령할 퇴직연금액 중 일정 비율에 해당하는 금액을 상대방 배우자에게 정기적으로 지급하는 방식의 재산분할도 가능하다고 할 것이다. 이때 분할권리자가 분할의무자에 대하여 가지게 되는 정기금채권은 비록 공무원 퇴직연금수급권 그 자체는 아니더라도 그 일부를 취득하는 것과 경제적으로 동일한 의미를 가지는 권리인 점, 재산분할의 대상인 공무원 퇴직연금수급권이 사회보장적 급여로서의 성격이 강하여 일신전속적 권리에 해당하여서 상속의 대상도 되지 아니하는 점 등을 고려하면, 분할권리자의 위와 같은 정기금채권 역시 제3자에게 양도되거나 분할권리자의 상속인에게 상속될 수 없다고 봄이 상당하다. 위와 같은 정기금 방식의 재산분할의 경우에는 강제집행의 불편함과 어려움이 예상된다고 할는지 모르나, 분할의무자가 정당한 이유 없이 정기금을 지급하지 아니하면 가정법원은 가사소송법 제64조에 의하여 이행명령을 내릴 수 있고, 정당한 이유 없이 위 이행명령을 위반할 경우에는 같은 법 제67조 제1항에 의하여 1천만 원 이하의 과태료를 부과할 수 있으며, 정기금의 지급을 명령받고도 3기 이상 그 의무를 이행하지 아니한 경우에는

같은 법 제68조에 의하여 30일의 범위에서 그 의무를 이행할 때까지 분할의무자를 감치할 수 있는등으로, 간접적으로 그 이행을 강제할 수 있는 방법도 있다. 그럼에도 연금수급권자인 배우자의 여명을 확정할 수 없다는 등의 이유만으로 공무원 퇴직연금수급권을 재산분할의 대상에서 제외하고 분할의 액수와 방법을 정하기 위한 '기타 사정'으로만 참작한다면, ① 공무원인 배우자가 퇴직급여를 연금이 아닌 일시금의 형태로 수령한 경우와 비교하여 현저히 불공평한 결과가 초래되고, ② '기타 사정'으로 참작한다고 하더라도 어느 정도로 참작하여야 하는지 명확한 기준이 없고, 분할할 다른 재산이 얼마나 있는지 등에 따라 기타 사정으로도 충분히 참작할 수 없거나 아예 참작할 수 없는 결과가 초래될 수 있으며, ③ 국민연금법 제64조가 혼인기간이 5년 이상인 경우 이혼한 배우자의 노령연금액 중 혼인기간에 해당하는 연금액의 절반을 지급받을 수 있도록 규정하고 있는 것과도 균형이 맞지 아니하므로, 혼인 중에 취득한 부부의 공동재산을 공평하게 청산·분배하기 위한 재산분할제도의 취지에 반하게 된다. 다만, 위와 같은 정기금 방식의 재산분할에서 예상되는 이행 내지 집행의 어려움 등을 고려하여 보면, 분할권리자가 공무원 퇴직연금수급권에 대한 재산분할을 원하지 아니하거나, 혼인기간이 너무 단기간이어서 매월 지급할 금액이 극히 소액인 경우 등 퇴직연금 자체를 재산분할의 대상으로 하는 것이 적절하지 아니한 특별한 사정이 있는 경우에는 당사자들의 자력 등을 고려하여 이를 재산분할의 대상에서 제외하고 기타 사정으로만 고려하는 것도 허용될 수 있다고 할 것이다. 이와 달리 공무원 퇴직연금은 수급권자의 사망으로 그 지급이 종료되는데 수급권자의 여명을 확정할 수 없으므로 그 자체를 재산분할의 대상으로 할 수 없고, 다만 이를 분할액수와 방법을 정함에 있어서 참작되는 '기타의 사정'으로 삼는 것으로 족하다는 취지의 대법원 1997. 3. 14. 선고 96므1533, 1540 판결 등을 비롯하여 그러한 취지의 재판들은 이 판결의 견해에 배치되는 범위 내에서 이를 모두 변경하기로 한다." (대법원 판례공보 2014 하, 1583면 참조)

4. 판결의 의의

부부 일방이 퇴직하여 이미 공무원 퇴직연금을 수령하고 있는 경우, 비록 그의 여명을 확정할 수 없더라도 그가 가진 공무원 퇴직연금수급권은 부부 쌍방의 협력으로 이룩한 재산에 해당하므로 재산분할의 대상이 될 수 있고, 구체적으로는 그가 매월 수령하는 연금액 중 일정 비율에 해당하는 금액을 상대방에게 정기적으로 지급하는 방식의 재산분할도 가능하다고 함으로써 이에 반하는 기존 대법원 판례(공무원 퇴직연금은 수급권자의 사망으로 그 지급이 종료되는데 수급권자의 여명을 확정할 수 없으므로 그 자체를 재산분할의 대상으로 할 수 없고, 다만 이를 분할액수와 방법을 정함에 있어서 참작되는 '기타의 사정'으로 삼는 것으로 족하다는 취지의 대판 1997. 3. 14. 96므1533, 1540 : 대판 2006. 7. 13. 2005므1245, 1252 : 대결 2009. 6. 9.자 2008스111)를 변경한 것이다. 한편 위와 같이 공무원 퇴직연금수급권에 대한 재산분할을 하는 경우, 가액을 특정할 수 없는 공무원 퇴직연금수급권의 특성 등을 고려하여 공무원 퇴직연금수급권과 일반재산을 구분하여 개별적으로 분할비율을 정할 수 있음을 밝혔다는 데 그 의의가 있다.

제7절 사 실 혼

Ⅰ. 의 의

사실상 부부로서의 혼인생활을 하고 있으면서 법률상의 방식, 즉 혼인신고가 없기 때문에 법률상 혼인으로 인정되지 않는 부부관계를 사실혼(事實婚)이라 한다. 우리나라는 1923년 7월 1일부터 법률혼주의(신고혼주의)로 전환하여 오늘에 이르고 있기 때문에 사실상 부부공동생활을 영위하고 있어도 혼인신고를 하지 않음으로써(하지 못한 경우를 포함한다) 사실혼이 발생하게 되는 것이다. 과거의 판례는 사실혼을 혼인예약(대판 1960. 8. 18. 4292민상995) 또는 내연관계(대판 1967. 1. 31. 66다2216)로 부르기도 하였고, 일부 판례는 준혼관계(혼인에 준하는 관계 : 대판 1997. 11. 11. 97다34273)로 파악·이해하기도 한다.

Ⅱ. 성립요건

●● 사례

A남은 1985년 5월경 B녀를 만나 교제하다 한 달 후부터 혼인신고를 하지 않은 채, B녀의 전세방에서 동거생활을 시작했다. 그러던 중에 A는 B의 편직공장 운영자금 등을 임의로 소비하거나 행패를 부려 공장운영에 지장을 초래했고, 동거하는 동안에도 수시로 외박하고 전처를 만나는

등 불성실한 동거생활을 계속해 오다가, 1992년 8월경 그 집을 나온 이래 별거하게 되었다. 한편 A남은 사실혼관계의 해소를 이유로, B녀에게 그녀의 이름으로 되어 있는 재산을 분할해 달라는 취지의 소송을 제기하였다. A의 재산분할청구는 인용될 것인가?

●● 사안의 쟁점:

첫째, 사실혼의 성립요건은 무엇인지, 둘째, 사실혼해소의 효력으로 재산분할청구가 가능한지 등이다.

당사자 사이에 주관적으로 혼인의사의 합치(주관적 요건)가 있고, 객관적으로 부부공동생활의 실체(객관적 요건)가 있어야 한다(대판 2001. 4. 13. 2000다52943 ; 대판 1987. 2. 10. 86므70). 위의 요건 외에 혼인의 장애사유(제807조-제810조)가 없어야 하는가에 관하여는 다툼이 있으나, 사실혼의 성립이 인정되기 위해서는 법률혼의 장애사유가 없어야 한다고 하여야 한다. 판례의 취지도 이와 같다(대판 1995. 9. 26. 94므1638).

Ⅲ. 사실혼의 효과

민법은 사실혼에 관한 규정을 두고 있지 않으나(가사소송법 제2조 제1항 나류사건 제1호와 가족관계의 등록 등에 관한 법률 제72조에 사실상혼인관계존부확인청구와 관련된 규정이 있을 뿐이다), 학설·판례는 사실혼에 관하여 일정한 법적 효과를 인정하고 있다.

1. 일반적 효과

첫째, 사실혼부부 사이에도 동거·부양·협조의무가 있고(대판 1998. 8. 21. 297므544, 551), 정조의무도 인정된다(대판 1967. 1. 24. 66므39). 한편 제3자에 대한 경우, 사실혼관계는 보호되어야 한다. 따라서 제3자가 사실혼배우자를 살해·상해를 입힌 경우, 제3자는 상대방 배우자에 대하여 불법행위를 이유로 한 위자료지급의무를 부담한다(대판 1969. 7. 22. 69다684). 제3자가 사실혼배우자와 정교관계를 맺거나(대판 1970. 4. 28. 69므37 등), 사실혼관계의 부당파기(대판 1983. 9. 27. 83므26) 등의 경우에는 불법행위를 이유로 한 손해배상책임을 부담한다. 둘째, 혼인신고를 전제로 하는 효력은 인정되지 않는다(사실혼배우자 및 그 혈족과의 사이에 친족관계가 발생하지 않고, 사실혼부부는 서로 후견인이 될 권리·의무가 없다. 사실혼배우자가 혼인하더라도 법률상 중혼이 성립하지 않고, 미성년자의 사실혼관계는 성년의제로 취급되지 않는다). 중요한 점은 제1003조 소정의 배우자의 상속권이 인정되지 않는다는 점이다(대판 1991. 4. 26. 90누6897 등). 셋째, 사실혼관계의 출생자는 혼인 외의 출생자가 된다. 따라서 부(父)가 인지하지 않는 한 자(子)는 모(母)의 성과 본을 따르며(제781조 제3항), 모가 자의 친권자가 된다(제909조 제1항). 한편 사실혼부부가 혼인신고를 하면 준정(準正)이 되어, 그때부터 혼인 중의 출생자로 보게 된다(제855조 제2항).

2. 재산적 효과

혼인의 재산적 효과는 사실혼의 경우에 그대로 인정된다. 즉, 사실혼부부 사이에도 일상가사대리권과 일상가사채무의 연대책임(제827조·제832조 ; 대판 1980. 12. 23. 80다2077)이 인정되며, 부부재산의 귀속에 관한 규정(제830조·제831조)이 유추 적용된다(대판 1994. 12. 22. 93다52068). 혼인생활비용은 특별한 약정이 없으면 공동으로 부담하여야 한다(제833조). 부부재산계약체결 여부에 관하여는 다툼이 있으나, 그 계약을 체결할 수는 있지만 등기를 할 수 없어 제3자에게 대항할 수 없다고 하여야 한다(같은 견해 김주수·김상용, 앞의 책, 276면).

3. 특별법상의 효과

각종 사회보장법(근로기준법 시행령 제48조 제1항 제1호, 고용보험법 제57조 제1항, 공무원연금법 제3조 제1항 제3호 가목 등 각종 연금법에서 연금수급권자에 사실혼배우자를 포함시키고 있다. 특히 대판 2010. 11. 25. 2010두14091 참조)과 주택임대차보호법(동법 제9조 제1항·제12조·제9조 제2항) 등에서 사실혼배우자를 법률혼의 경우와 거의 동일하게 보호를 하고 있다. 즉, 주택임차인이 상속인 없이 사망한 경우에는 그 주택에서 가정공동생활을 하던 사실상의 혼인관계에 있는 자가 임차인의 권리와 의무를 승계하며(동법 제9조 제1항), 임차인이 사망한 때에 사망 당시 상속인이 그 주택에서 가정공동생활을 하고 있지 않은 때에는 그 주택에서 가정공동생활을 하던 사실상의 혼인관계에 있는 자와 2촌 이내의 친족이 공동으로 임차인의 권리와 의무를 승계한다(동법 제9조 제2항). 판례 역시 구 지방세법상 재산분할로 인한 취득에 대한 취득세율 감액 규정은 사실혼 해소의 경우에도 적용된다고 판시하고 있다(대판 2016. 8. 30. 2016두36864).

Ⅳ. 사실혼의 해소

1. 일방 당사자의 사망에 의한 해소

사실혼부부 한쪽의 사망으로 사실혼은 해소된다. 이 경우, 사실혼배우자의 상속권은 인정되지 않지만 그 사망에 따른 상속인 부재일 경우에 사실혼배우자는 특별연고자로서 상속재산의 분여청구를 할 수 있다(제1057조의2). 한편 그 한쪽의 사망으로 사실혼관계가 종료되는 경우에 판례는 사실혼배우자의 재산분할청구권을 부정하고 있으나(대판 2006. 3. 24. 2005두15595), 사실혼부부의 실질적인 공유재산이 있다면 사실혼배우자는 망인의 상속인을 상대로 그 재산에 대한 공유지분확인소송을 제기할 수 있다 할 것이다(같은 견해 박동섭, 앞의 책, 223면).

2. 합의에 의한 해소

사실혼관계는 당사자의 합의에 의하여 해소할 수 있다. 이 경우, 사실혼관계 중에 형성된 재산은 공유재산의 청산이나 재산분할청구를 통해 해결할 수 있다.

3. 당사자의 일방적 해소

첫째, 사실혼관계는 사실상의 관계에 그 바탕을 두고 있으므로 당사자 한쪽의 의사에 의해 해소될 수 있고, 그 한쪽의 파기로 인하여 공동생활의 사실이 없게 되면 사실혼관계도 해소되는데, 정당한 사유 없는 해소일 경우에 유책자는 상대방에게 손해배상책임을 부담하는 데 그친다(대결 2009. 2. 9 자. 2008스105). 둘째, 사실혼의 해소에 정당한 이유가 존재하는지 여부에 대한 판단은 어떻게 하는가? 재판상 이혼원인 규정(제840조)과 혼인취소사유에 관한 규정(제816조)을 참고로 하여 양당사자의 행위를 종합적으로 고려하여 판단할 일이다(같은 견해 박동섭, 앞의 책, 224면). 판례는 부정행위(대판 1967. 1. 24. 66므39)·악의의 유기(대판 1998. 8. 21. 97므544, 551)·폭행(대판 1984. 9. 25. 84므77) 등은 정당한 사유로 파악하나, 임신불능(대판 1960. 8. 18. 4292민상995)·단순한 불화에 기한 가출(대판 1966. 7. 26. 66므10) 등은 정당한 사유에 해당하지 않는 것으로 새긴다. 사실혼의 부당파기를 야기한 자는 불법행위에 기한 손해배상책임을 부담하는데, 그 부당파기에 관여한 제3자의 경우에도 마찬가지이다. 이 경우, 그 배상하여야 할 손해에는 재산적 손해·정신적 손해가 당연히 포함되고, 재산적 손해는 사실혼관계의 성립·유지와 인과관계가 인정되는 모든 손해를 말한다(대판 1989. 2. 14. 88므146). 셋째, 앞의 사안에서 보았지만, 사실혼관계 해소의 경우에 부부재산의 청산적 의미를 갖는 재산분할청구권이 인정된다(다만, 중혼적 사실혼의 경우에는 인정되지 않는다. 대결 1995. 7. 3. 94스30). 넷째, 사실혼관계의 해소의 경우, 미성년자의 양육은 어떻게 되는가? 학설은 제837조를 유추 적용하자는 견해(김주수·김상용, 앞의 책, 285면)와 제909조 제4항·제6항의 친권자 문제로서 처리하자는 견해(배경숙·최금숙, 「친족상속법 강의」, 제일법규, 2006, 233면)로 나뉘어 있으나, 판례는 제837조의 유추 적용을 부정한다(대판 1979. 5. 8. 79므3).

V. 사실상 혼인관계존부확인의 소

몇 가지 주요 내용을 본다. 첫째, 사실혼부부의 한쪽이 혼인신고에 협력하지 않을 경우에 상대방은 사실혼관계존부확인의 소를 통하여 법률혼으로 만들 수 있다(가사소송법 제2조 제1항 나류사건 제1호). 먼저 조정신청을 하여(가사소송법 제50조), 조정성립 시 당사자는 그 조정조서로 혼인신고를 하고, 조정불성립 시에는 소송으로 이송되어 승소판결을 받아 그 판결확정일부터 1개월 이내에 혼인신고를 하여야 한다(가족관계의 등록 등에 관한 법률 제72조). 둘째, 사실혼부부의 한쪽이 사망한 경우, 다른 한쪽이 사실상혼인관계존재확인의 소를 제기할 수 있는가? 학설은 다툼이 있고, 판례는 그 심판청구가 현재적·잠재적 분쟁해결을 위한 유효하고 적절한 수단이라 할 수 있는가 여부에 따라 그 허용 여부를 결정해야 한다는 태도를 취한다(대판 1995. 11. 14. 95므694). 다만, 사망한 사실혼 배우자와의 혼인신고를 목적으로 하는 그 존재확인의 심판청구는 소의 이익이 없다 한다(대결 1991. 8. 13. 자 91스6). 셋째, 이 제도의 존재이유에 대하여는 의문이 생길 수 있다. 왜냐하면, 과거에 사실혼관계가 존재하였으나, 현재(사실심 변론종결 시)는 파탄되어 사실혼의 실체가 존재하지 않는 경우에는 그 확인청구는 인용될 수 없고(대판 1998. 11. 30. 97므18), 사실심 변론종결 시까지도 그 실체는 존재하고 있으나 한쪽이 혼인신고에 협력하지 않는 경우에만 소의 실익이 있고, 나아가 그 실체의 존속 중에는 한쪽이 단독으로 혼인신고를 함으로써 법률혼으로 전환될 수 있기 때문이다(대판 1973. 1. 16. 72므25). 그러나 확인판결에 기한 혼인신고에 의하여 혼인 외의 출생자가 혼인 중의 출생자로 되고(제855조 제2항), 일방 배우자가 사망한 경우에 상대방은 배우자 상속권을 갖는다는 점에서는 여전히 실익이 있다.

●● 사례의 해결:

첫째, 사실혼이 성립하려면 혼인의사의 합치, 부부공동생활의 실체와 함께 혼인의 장애사유가 없어야 한다. 둘째, 이 사안을 살피면 A와 B 사이의 사실혼관계는 해소에 이르렀다고 평가되고 법률혼에 대한 민법의 규정 중 부부재산의 청산적 의미를 갖는 재산분할에 관한 규정은 부부의 생활공동체라는 실질에 비추어 인정되는 것이므로 사실혼관계에도 유추·적용할 수 있다. 따라서 A가 위 재산을 형성하는 데 기여한 정도·그 사실혼관계가 깨어지게 된 경위 등 여러 사정을 참작하여, A남의 재산분할금 액수가 정해질 것이다.

(대판 1995. 3. 10. 94므1379의 사실관계와 판결요지 등 참조)

판 례

사실혼의 성립요건

"사실혼이 성립하기 위하여는 그 당사자 사이에 주관적으로 혼인의사의 합치가 있고, 객관적으로 부부공동생활이라고 인정할 만한 혼인생활의 실체가 존재하여야 한다."(대판 2001. 1. 30. 2000도4942)

사실상 배우자 외에 법률상 배우자가 따로 있는 경우, 그 사실상 배우자와의 관계가 군인연금법 제3조 제1항 제4호에서 말하는 '사실혼'에 해당하는지 여부(소극)

"법률혼주의 및 중혼금지 원칙을 대전제로 하고 있는 우리 가족법 체계를 고려하여 보면, 군인연금법 제3조 제1항 제4호가 '사실상 혼인관계에 있던 자'를 유족연금을 받을 수 있는 배우자에 포함하고 있는 취지는, 사실상 혼인생활을 하여 혼인의 실체는 갖추고 있으면서도 단지 혼인신고가 없기 때문에 법률상 혼인으로 인정되지 아니하는 경우에 그 사실상 배우자를 보호하려는 것이지, 법률혼 관계와 경합하고 있는 사실상의 동거관계를 보호하려는 것은 아니다. 만약 사실상 배우자 외에 법률상 배우자가 따로 있는 경우라면, 이혼의사의 합치가 있었는데도 형식상의 절차미비 등으로 법률혼이 남아 있는 등의 예외적인 경우를 제외하고는, 그 사실상 배우자와의 관계는 군인연금법상의 '사실혼'에 해당한다고 볼 수 없다."(대판 2007. 2. 22. 2006두18584)

■ 간헐적 정교관계에서 자식이 생긴 경우, 혼인예약 또는 사실혼관계의 성부(소극)

"청구인과 피청구인 사이에 있었던 간헐적 정교관계만으로는 그들 사이에 자식이 태어났다 하더라도 서로 혼인의사의 합치가 있었거나 혼인생활의 실체가 존재한다고 보여지지 아니하여 사실상 혼인관계가 성립되었다고 볼 수 없고 또 혼인예약이 있었다고도 볼 수 없다."(대판 1986. 3. 11. 85므89)

■ 2005. 3. 31. 법률 제7427호로 개정된 민법 시행 후 1990. 1. 13. 법률 제4199호로 개정된 민법이 시행되던 당시의 형부와 처제 사이의 사실혼관계에 대하여 이를 무효사유 있는 사실혼관계라고 주장할 수 있는지 여부(소극)

"2005. 3. 31. 법률 제7427호로 개정된 민법은 부칙 제4조에서 혼인의 무효·취소에 관한 경과조치로 "이 법 시행 전의 혼인에 종전의 규정에 의하여 혼인의 무효 또는 취소의 원인이 되는 사유가 있는 경우에도 이 법의 규정에 의하여 혼인의 무효 또는 취소의 원인이 되지 아니하는 경우에는 이 법 시행 후에는 혼인의 무효를 주장하거나 취소를 청구하지 못한다."고 정하고 있고, 이 경과규정의 취지는 특별한 사정이 없는 한 사실혼관계에 대하여도 미친다. 따라서 2005년 개정된 민법 시행 이후에는 1990년 1. 13. 법률 제4199호로 개정된 민법이 시행되던 당시의 형부와 처제 사이의 사실혼관계에 대하여 이를 무효사유 있는 사실혼관계라고 주장할 수 없다."(대판 2010. 11. 25. 2010두14091)

■ 사실혼 배우자의 일방이 민법 제826조 제1항 소정의 의무를 포기한 경우, 손해배상책임의 존부(한정 적극)

"사실혼관계에 있어서도 부부는 민법 제826조 제1항 소정의 동거하며 서로 부양하고 협조하여야 할 의무가 있으므로 혼인생활을 함에 있어 부부는 서로 협조하고 애정과 인내로써 상대방을 이해하며 보호하여 혼인생활의 유지를 위한 최선의 노력을 기울여야 하는 것인바, 사실혼 배우자의 일방이 정당한 이유 없이 서로 동거, 부양, 협조하여야 할 부부로서의 의무를 포기한 경우에는 그 배우자는 악의의 유기에 의하여 사실혼관계를 부당하게 파기한 것이 된다고 할 것이므로 상대방 배우자에게 재판상 이혼원인에 상당하는 귀책사유 있음이 밝혀지지 아니하는 한 원칙적으로 사실혼관계 부당파기로 인한 손해배상책임을 면할 수 없다."(대판 1998. 8. 21. 97므544, 551)

■ 사실혼 파탄의 유책자의 위자료 지급의무 유무

"남편인 피청구인의 학대, 폭행, 강제축출행위와 시모인 피청구인의 이에 대한 가담에 따라 사실혼 관계가 파탄된 것이라면 이 양인은 청구인에게 사실혼 파탄으로 인한 정신적 고통에 대한 위자료를 지급할 의무가 있다."(대판 1983. 9. 27. 83므26)

■ 사실혼관계 부당파기로 인한 위자료 산정 기준

"사실혼관계의 부당파기로 인한 위자료의 액수산정은 반드시 이를 증거에 의하여 입증할 수 있는 성질의 것이 아니므로 법원은 유책행위에 이르게 된 경위와 정도, 파탄의 원인과 책임, 당사자의 연령·직업·가족상황과 재산상태 등 여러 가지 사정을 참작하여 경험칙에 반하지 않는 범위 내에서 그 직권에 의하여 액수를 결정할 것이다."(대판 1998. 8. 21. 97므544, 551)

■ 사실혼관계존재확인의 소에서 패소한 자가 사실혼관계 부당파기를 이유로 위자료를 청구하는 경우, 위자료청구권의 소멸시효 기산점

"주민등록상 부부로 등재되어 혼인신고가 있었던 것으로 오인하고 있던 중 부(夫)의 부정행위에 의하여 사실혼관계가 파기되고 처가 사실상 혼인관계 존재확인의 소에서 패소한 경우, 처의 사실혼관계 부당파기로 인한 위자료 청구권의 소멸시효 기산점이 부의 부정행위가 있었던 시점이라고 본 원심판결을 파기하고 위 패소판결 선고시를 그 기산점으로 보아야 한다고 한 사례."가 있다(대판 1998. 7. 24. 97므18).

■ 사망자와 사이의 사실상혼인관계존부확인청구에 있어서 확인의 이익 유무

"사실혼 배우자의 일방이 사망한 경우 생존하는 당사자가 혼인신고를 하기 위한 목적으로서는 사망자와의 과거의 사실혼관계 존재확인을 구할 소의 이익이 있다고는 할 수 없고, 이러한 과거의 사실혼관계가 생존하는 당사자와 사망자와 제3자 사이의 현재적 또는 잠재적 분쟁의 전제가 되어 있어 그 존부확인청구가 이들 수많은 분쟁을 일거에 해결하는 유효 적절한 수단일 수 있는 경우에는 확인의 이익이 인정될 수 있는 것이지만, 그러한 유효 적절한 수단이라고 할 수 없는 경우에는 확인의 이익이 부정되어야 한다."(대판 1995. 11. 14. 95므694)

■ '가족운전자 한정운전 특별약관'에 규정된 가족의 범위에 기명피보험자의 자녀와 사실혼관계에 있는 사람이 포함되는지 여부(소극)

"약관의 해석에 관한 법리 및 가족운전자 한정운전 특별약관은 가족의 범위에 관하여 기명피보험자의 배우자, 자녀는 사실혼관계에 기초한 경우도 포함된다는 규정을 두고 있으나 기명피보험자의 사위나 며느리는 사실혼관계에 기초한 경우가 포함되는지에 관하여 아무런 규정을 두고 있지 않은 점 등을 종합하여 보면, 위 약관에 규정된 기명피보험자의 사위나 며느리는 기명피보험자의 자녀와 법률상 혼인관계에 있는 사람을 의미한다."(대판 2014. 9. 4. 2013다66966 ; 대판 2009. 1. 30. 2008다68944)

■ 구 지방세법 제15조 제1항 제6호의 취지 및 위 조항이 사실혼 해소 시 재산분할로 인한 취득에 대해서 적용되는지 여부(적극)

"구 지방세법(2015. 7. 24. 법률 제13427호로 개정되기 전의 것) 제15조 제1항 제6호(이하 '법률조항'이라고 한다)는 민법 제834조 및 제839조의2에 따른 재산분할로 인한 취득에 대하여 같은 법 제11조 등에 따른 표준세율에서 중과기준세율인 1000분의 20을 뺀 세율을 적용하도록 규정하고 있다. 이는 부부가 혼인 중 공동의 노력으로 이룩한 재산을 부부관계 해소에 따라 분할하는 것에 대하여 통상보다 낮은 취득세율을 적용함으로써 실질적 부부공동재산의 청산으로서의 성격을 반영하는 취지이다. 그리고 법률조항에서의 민법 제834조 및 제839조의2는 협의상 이혼 시 재산분할에 관한 규정이지만, 민법 제839조의2는 민법 제843조에 따라 재판상 이혼 시 준용되고 있고, 혼인 취소는 물론 사실혼 해소의 경우에도 해석상 준용되거나 유추적용되는데, 이는 부부공동재산의 청산의 의미를 갖는 재산분할은 부부의 생활공동체라는 실질에 비추어 인정되는 것이라는 점에 근거한다.

위 각 법률조항의 내용 및 체계, 입법 취지, 사실혼 해소의 경우에도 민법상 재산분할에 관한 규정이 준용되는 점, 법률혼과 사실혼이 혼재된 경우 재산분할은 특별한 사정이 없는 한 전체 기간 중에 쌍방의 협력에 의하여 이룩한 재산을 모두 청산 대상으로 하는 점, 실질적으로 부부의 생활공동체로 인정되는 경우에는 혼인신고의 유무와 상관없이 재산분할에 관하여 단일한 법리가 적용됨에도 세법을 적용할 때 혼인신고의 유무에 따라 다르게 과세하는 것은 합리적이라고 보기 어려운 점, 사실혼 여부에 관하여 과세관청으로서는 이를 쉽게 파악하기 어렵더라도 객관적 자료에 의해 이를 증명한 사람에 대해서는 그에 따른 법률효과를 부여함이 상당한 점 등을 더하여 보면, 법률조항은 사실혼 해소 시 재산분할로 인한 취득에 대해서도 적용된다."(대판 2016. 8. 30. 2016두36864)

■ 자동차종합보험계약의 보험자가 기명피보험자의 자녀와 사실혼관계에 있는 사람은 위 특별약관에서 정한 가족의 범위에 포함되지 않는다고까지 약관을 명시·설명할 의무가 있는지 여부(소극)

"자동차종합보험의 가족운전자 한정운전 특별약관은 보험자의 면책과 관련되는 중요한 내용에 해당하는 사항으로서 일반적으로 보험자의 구체적이고 상세한 명시·설명의무의 대상이 된다. 그러나 보험계약자가 기명피보험자의 사위나 며느리가 될 자가 자동차를 운전하다가 발생하는 사고에 대하여도 종합보험을 적용받기 원하는 의사를 표시하는 등의 특별한 사정이 없는 한, 보험자가 기명피보험자의 자녀가 사실혼관계에 있을 경우를 상정하여 그 자녀와 사실혼관계에 있는 사람은 기명피보험자의 사위나 며느리로서 가족의 범위에 포함되지 않는다고까지 위 약관을 명시·설명할 의무가 있다고 볼 수는 없다."(대판 2014. 9. 4. 2013다66966 ; 대판 2003. 8. 22. 2003다27054)

제 3 장 친자관계

제 1 절 친생자관계

Ⅰ. 혼인 중의 출생자

1. 의 의

첫째, 부모와 자 사이의 신분관계를 친자관계라고 하는데, 이는 혈연에 기초하는 친생친자관계와 법률에 의한 법정친자관계(양자관계)로 구분된다. 둘째, 친생친자관계에서의 자(子)인 친생자로, 혼인신고가 되어 있는 부부 사이에서 출생하였다고 법률이 인정하는 자(子)를 '혼인 중의 출생자'라고 한다. ① 그런데 모자관계는 출산이라는 외형적 사실로 확정 가능하지만(mater semper certa est ; 모는 항상 확실하다), 부자관계는 그러한 외형적인 사실을 인정하기가 쉽지 않다. ② 따라서 이러한 문제를 인식하고 법률상 부자관계를 조속히 확정하기 위한 목적으로 일정한 요건을 부여하여 자를 모의 부(夫)의 친생자로 추정하는 것을 '친생자 추정'이라고 한다(영미에서도 Lord Mansfield's rule이란 동일한 원리가 있다). 셋째, 결국 혼인 중의 출생자는 ① 친생자 추정을 받는 자, ② 친생자 추정을 받지 아니하는 자, ③ 준정에 의한 혼인 중의 출생자로 나눌 수 있다.

2. 친생자 추정을 받는 혼인 중의 출생자

●● 사례

A(피고)와 소외 망 C(이 사건 소 제기 이후인 1999. 5. 26. 사망)는 1953. 8. 25. 혼인신고를 마친 법률상 부부로 있었고, D(피고)는 C가 혼인 중에 포태하여 1957. 7. 21. 출생한 자이다. 그런데 A의 딸로서 제3자인 B(원고)는 A와 D를 상대로, A와 D사이에는 친생자관계가 존재하지 아니한다는 취지의 친생자관계부존재확인의 소를 제기하였다(C가 D를 포태할 당시 A가 장기간에 걸쳐 해외에 나가 있었거나, 사실상 이혼하여 별거하고 있었다는 등 동거의 결여로 A의 자를 포태할 수 없다는 것이 외관상 명백한 사정이 있었다는 점에 관한 아무런 주장·증명이 사실관계에서 없었다). 이러한 친생자관계부존재확인의 소의 주문은 무엇인가?

●● 사안의 쟁점:

첫째, A에게 친생자추정이 미치는지? 둘째, 친생자추정이 미치는 자에 대하여 어떠한 소로 그 추정의 번복이 가능한지? 셋째, 추정을 번복하기 위한 소의 형식을 잘못 택한 경우 그 주문은 무엇인지 등이다.

(1) 요 건

첫째, 혼인 중의 출생자는, 이론적으로 ① 부모의 혼인(법률혼 · 사실혼) 사실, ② 부(夫)의 자일 것, ③ 처가 혼인생활 중에 자를 포태하였을 것 등의 요건을 갖추면 친생자 추정이 될 것이다. 그러나 부모의 혼인 사실을 제외하고는 진실을 밝히기가 쉽지 않다(특히 앞서 살펴본 바와 같이 부를 명백히 가리는 것은 쉬운 일이 아니다). 이에 우리 법은 혼인당사자의 정조준수를 신뢰하고 의학상의 통계적 기준을 토대로 하여, 일정한 기간을 요건으로 부의 친생자로 추정하는 다음과 같은 규정을 두었다. ① 아내가 혼인 중에 임신한 자녀는 남편의 자녀로 추정한다(제844조 제1항). 이것은 혼인당사자의 정조준수를 신뢰한 친생자 추정요건이다(제844조 제2항). ② 혼인이 성립한 날부터 200일 후에 출생한 자녀는 혼인 중에 임신한 것으로 추정한다. ③ 혼인관계가 종료된 날부터 300일 이내에 출생한 자녀는 혼인 중에 임신한 것으로 추정한다(제844조 제3항). 이것은 포태기간의 최단과 최장을 의학상 통계적 기준에 따라 규정한 친생자 추정요건이다. 동 규정은 헌법재판소가 혼인 종료 후 300일 이내에 출생한 자녀를 전남편(夫)의 친생자로 추정한 개정전 제844조 제2항 중 '혼인관계종료의 날로부터 300일 내에 출생한 자'에 관한 부분이 입법재량의 한계를 일탈하여 모가 가정생활과 신분관계에서 누려야 할 인격권, 혼인과 가족생활에 관한 기본권을 침해하여 헌법에 합치되지 아니한다는 이유로 헌법불합치결정(헌재결 2015. 4. 30. 2013헌마623)을 함에 따라 개정된 것이다. 다만, 헌법재판소는 친생자 추정제도 자체의 합헌성은 인정한 뒤, 그 예외를 인정하지 아니하고 일률적으로 시기로만 규정한 동 규정 부분이 헌법에 합치되지 아니한다고 판단하였고, 입법개정이 되기 전까지는 동 규정 부분을 계속 적용할 것을 주문으로 결정하였다. 따라서 친생자 추정 자체에 관한 기존 논의는 여전히 의미가 있다고 할 것이다.

민법개정법률은 헌법재판소 결정 취지에 따라 친생부인의 소보다 절차가 간단하고 비용도 적게 들여 친생추정을 번복할 수 있는 방법으로, 친생부인의 허가 청구(제854조 의2)와 인지의 허가 청구(제855조 의2)를 도입하여 가사비송사건으로 규정(가사소송법 제2조 제1항 라류사건 제7호의2 · 제7호의3)하고 해당 사건의 재판관할을 자녀의 주소지 가정법원(가사소송법 제44조 제1항 제3호의2)으로 하였다. 개정법률에 따라 ① 모는, 태어난 자를 전남편의 자로 출생신고를 하지 않고 법원으로부터 친생부인의 허가를 받아 자신의 혼인외의 자로 출생신고할 수 있게 되었고, ② 생부 역시 자의 출생신고가 있기 전까지는 법원의 인지허가를 받아 인지할 수 있게 되었다. 이러한 청구가 있는 경우, 가정법원은 혈액채취에 의한 혈액형 검사, 유전인자의 검사 등 과학적 방법에 따른 검사 결과 또는 장기간의 별거 등 그 밖의 사정을 고려하여 허가 여부를 정한다. ①의 경우는 가정법원의 허가를 받으면 친생자 추정이 미치지 않고, ②의 경우는 가정법원의 허가를 받은 생부가 가족관계의 등록 등에 관한 법률 제57조 제1항에 따른 신고를 하면 친생자 추정이 미치지 않는다. 가정법원은 위 두 청구에 대한 허가 심판을 하는 경우 어머니의 배우자와 그 성년후견인(성년후견인이 있는 경우에 한정한다)에게 의견을 진술할 기회를 줄 수 있다(가사소송법 제45조의8). 그러나 위 ①의 경우, 가족관계의 등록 등에 관한 법률 제44조 제1항이 정한 출생 후 1개월 이내에 출생신고를 하는 것이 사실상 불가능하게 될 것이라는 우려(정현수, "개정 친생추정제도에 대한 평가", 「법학연구」 제28권 제2호, 충북대학교 법학연구소, 2017, 50면), 위 ②의 경우에도 민법상 친생자 추정을 받는 혼인 중의 출생자를 생부가 인지하는 것이 허용되지 않을 뿐만 아니라(우리민법은 생부가 임의로 인지할 수 있는 자는 혼인외의 자로 엄격하게 제한되어 있다(제855조 제1항)), 친생자 추정을 받는 혼인 중의 출생자가 생부에 대해 인지청구를 하지도 못한다는 점에서 위 인지제도는 혼인외의 자에 대한 우리민법의 체계와 조화를 꾀하기 어렵다는 등의 비판이 있다(김상용, "법무부 친생추정조항 개정안에 대한 비판적 고찰", 「중앙법학」 제19집 제3호, 중앙법학회, 2017, 102면 이하). 둘째, 이때 혼인성립일의 의미는 무엇인가? 이에 관하여 혼인신고의 날을 의미한다는 견해(박동섭, 앞의 책, 240면)도 있으나 우리 법이 사실혼을 거의 법률혼과 마찬가지의 혼인형태로 다루고 있는 점을 살피면, 사실혼이 성립한 날을 포함하는 것으로 해석하는 것도 가능하다(같은 견해로는 김주수 · 김상용, 앞의 책, 296면 등 다수설 : 판례로 대판 1963. 6. 13. 63다228이 있으나 구민법에 따른 것으로 그대로 인용하기는 어렵다).

(2) 효 과

첫째, 이러한 친생자 추정을 받는 자는 모와 부 사이에서 생긴 친생자로 다루어진다(가족관계등록부라는 공부상의 기재 여부는 물론, 타인의 아이로 신고되어 있거나 반대로 출생신고가 되어 있지 아니하였다고 하더라도 관계없다 : 대판 1983. 6. 28. 83도996). 둘째, 친생자 추정이 미치는 경우, 이를 다투기 위해서는 원칙적으로 친생부인의 소를 제기하여야 하고, 친생자관계부존재확인의 소로는 가능하지 않다(제846조-제854조 참조 : 대판 2000. 8. 22. 2000므292 : 대판 1997. 2. 25. 96므1663 등). 다만 출생신고가 되어 있지 아니한 경우 개정법률에 따른 친생부인의 허가와 인지의 허가제도를 이용할 수 있을 것이다. 셋째, 친생자 추정이 친생부인의 소에 의하여 복멸되기 전에는 누구도 인지할 수 없다(대판 1992. 7. 24. 91므566 등). 다만 앞서 살핀 인지의 허가제도를 이용할 수 있음은 별론이다.

3. 친생자 추정을 받지 아니하는 혼인 중의 출생자

친생자 추정을 받지 아니하는 자는, 예를 들어 혼인이 성립한 날로부터 200일이 되기 전에 처가 출산한 자를 말하는데, 이 경우에는 제865조의 친생자관계부존재확인의 소로써 친생자가 아님을 다투어야 한다.

4. 준정에 의한 혼인 중의 출생자

혼인 외의 출생자가 그 부모의 혼인에 따라 그때부터 혼인 중의 출생자가 되는 경우로서 '후혼인지'라고도 한다. 준정의 효력은 부모의 혼인 시부터 발생하고, 그 출생 시에 소급하는 것은 아니다(제855조 제2항).

5. 친생자 추정의 제한과 그 기준

(1) 학 설

개정된 제844조 역시 친생자 추정에 있어서 부부의 별거 등으로 처가 부의 자를 포태할 가능성이 전혀 없는 경우 등에 관한 예외를 명문으로 두고 있지 않다. 따라서 어떠한 경우에도 제844조의 친생자 추정규정을 무제한적으로 인정하고, 다만 친생부인의 소로 해결하여야 하는가 아니면 어떠한 기준에 따라 친생자 추정을 제한적으로 인정할 것인가에 관하여 견해가 나누어져 있다.

(가) 무제한설

첫째, 무제한설은 처가 자를 임신할 당시 남편과 법률상 형식적인 혼인상태에 있기만 하면 처가 출산한 자는 제844조의 친생추정을 받아 부의 친생자로 추정한다는 견해이다. 둘째, 부부간의 정조의무는 가정의 평화와 가족제도의 유지에 필수불가결한 것이고 처가 혼인 중에 포태한 자는 당연히 부의 자일 수밖에 없다는 것을 전제한다. 셋째, 따라서 일률적으로 부의 자로 추정하고 있는 다음에야 부가 가정의 비밀을 들추면서까지 부자관계를 부인하려면 친생부인의 소로써 이를 복멸할 수 있으므로, 굳이 제844조의 명문에 반하면서까지 제한적으로 해석할 이유가 없다는 것이 논거이다(대판 1983. 7. 12. 전원합의체. 82므59 소수의견).

(나) 제한설

이에 반하여 제한설은 처가 남편의 자를 임신할 수 없는 이유가 있는 때에는 친생자 추정의 효력을 제한하는 견해이다. 그 사유에 관하여는 다소 이견이 있는데 첫째, 남편이 외국에 거주하거나 교도소에 수용되는 등 장기 부재를 통하여 명백한 동서의 결여가 있어 처가 부의 자를 임신하였다고 인정하기 불가능한 경우에만 친생자 추정을 배제하자는 입장(외관설 : 我妻榮, 「親族法」, 有斐閣, 1961, 221面 ; 島津一郎, 「家族法入門」, 有斐閣, 1981, 191面), 둘째, 부의 생식불능이나 혈액형, 인종적 특징에 따라 부의 자가 될 수 없는 사정이 있으면 친생자로 추정하는 것은 제한하여야 한다는 입장(혈연설 : 박동섭, 앞의 책, 244면)과 함께 셋째, 절충설로 분류되는 합의설, 가정파탄설 등이 있다. ① 합의설은 친생부인의 소의 제기요건을 엄격하게 한 근거는 가정의 평온과 부부의 사생활에 대한 비공개 등의 이유가 있는 것인데, 관련 당사자인 부부와 자의 합의가 있다면 보호의 필요성이 없고, 조기에 적출자(嫡出子)를 확정시키는 것이 자의 복리에도 부합하므로, 당사자의 합의가 있으면 친생자

추정은 배제되어 친생자관계존부확인의 소를 제기할 수 있다는 견해이다(福永有利, "摘出推定と父子關係不存在確認", 「家族法の理論と実務—家庭裁判所の30年・別冊判例タイムズ」8号, 判例タイムズ社, 1980, 254面). ② 가정파탄설은, 외관설과 혈연설이 가정의 평온과 혈연주의에 대한 양자택일적 사고로 친생자 추정 문제에 접근하는 것을 비판하면서 두 가치의 조화를 강조하는데, 가정의 평온과 함께 부와 자의 복리보호, 혈연주의 등 친생자 추정과 친생부인제도의 근저에 놓여 있는 이념을 종합적으로 살펴 추정의 예외를 결정하여야 한다는 입장이다(松倉耕作, "嫡出推定と子の幸福", 「民商法雜誌」78巻 2号, 有斐閣, 1978, 84面 : 김주수 · 김상용, 앞의 책, 301면 : 양수산, 「친족상속법」, 한국외국어대학교 출판부, 1998, 349면). ③ 사회적 친자관계설은, 거론된 학설의 맹점을 비판하면서 자의 이익과 법적 부자관계를 부인하려는 부의 이익을 조화롭게 해석하기 위하여 '혈연관계가 없는 부와 자 사이에 부자로서의 정서적 유대가 형성되어 있고, 부가 부로서의 역할을 수행할 의사를 가지고 자를 양육하는 등 생활의 실태가 형성되어 있으며, 사회적으로도 친자관계로 인식되고 있는 상태'를 지칭하는 사회적 친자관계를 그 기준으로 제시한다(정구태, "친생추정의 한계 및 친생부인의 소의 원고적격-대법원 2012. 10. 11. 선고 2012므1892 판결 및 대법원 2014. 12. 11. 선고 2013므4591 판결-", 「법학연구」 제26권 제1호, 충북대학교 법학연구소, 2015, 131면).

(다) 소 결

생각건대 헌법불합치결정의 판시이유처럼 그 예외를 인정하지 않고 친생자 추정규정을 적용하는 것은 무리가 있다는 점에서 무제한설은 타당하지 않다. 또한 제한설 중 합의설은 당사자의 합의만으로 법이 정한 제소요건을 변경할 수 있다는 생각은 지나치다는 점에서, 가정파탄설은 가정파탄의 기준은 객관적으로 판단하기 어렵고 가정의 평온이라는 개념은 극히 유동적이라 일단 그 평온이 깨어지고도 얼마든지 회복될 여지가 있어 친생자 추정문제를 확정하는 기준으로 사용하는 것이 타당한지 의문이 있다는 점에서, 혈연설은 모든 자에 대하여 혈연을 이유로 복멸이 가능하다는 점에서 평온한 가정을 위태롭게 할 위험이 있어 친생자 추정제도의 취지에 반할 수 있다는 이론적 난점이 있다. 마지막으로 사회적 친자관계설은 오늘날의 부자관계를 반영하는 학설이라고 할 수 있지만, 친생자 추정문제에 원용하기에는 사회적 친자관계를 증명하고 판단할 심리기간의 여유가 충분한지에 관하여 의문이 있고 그 개념에 관하여도 아직 충분한 논의가 이루어지지 않았다. 그러나 사회적 친자관계설은 이른 시일 내에 제소형태를 결정하는 제한설의 사유로는 부적절할지 모르나 부자관계 그 자체를 인정하는 사유로는 일응 경청할 이론이라고 할 것이다. 따라서 외관만으로 남편의 자인지 판단할 수 있다면 진실한 친자관계를 밝힐 수 있는 과정을 허용하지만, 이러한 정도에 이르지 않아 특별한 조사과정이 필요하다면 친생자 추정효력은 미친다는 외관설이 가장 명확하고 친생자 추정제도의 입법 취지에 부합한다(이러한 논의가 친생부인의 소의 제소기간이 지나치게 짧은 까닭에 기인한 것이었는데, 2002년 민법개정으로 그 문제점이 사실상 해소되었고, 2017년 개정된 제854조의2 제2항에서 장기간의 별거가 있는 경우에도 가정법원이 친생부인이 아니라 친생부인의 허가를 할 수 있도록 하였으므로 그 실익 여부에 회의적인 입장이 있다. 그러나 친생부인의 허가가 출생신고 후에는 가능하지 않은 점, 친생추정이 성립하였다가 그 추정이 번복되는 것과 친생추정이 미치지 않는 것과의 구분은 필요하다는 점에서 여전히 유의미하다고 할 것이다).

(2) 판 례

첫째, 종전 판례는 동 규정을 형식적으로 해석하여 부부가 사실상 이혼상태로 여러 해 동안 생활하던 중에 임신한 경우에도 친생추정을 인정한 바가 있다(대판 1968. 2. 27. 선고 67므34). 이에 대하여 형식적인 해석에만 기울어져 구체적인 진실 발견을 도외시한다는 비판이 있었다. 둘째, 그 후 판례를 변경하여 현재는 동서의 결여로 처가 부의 자를 포태할 수 없는 것이 외관상 명백한 경우에는 그 추정이 미치지 않는다는 내용으로 일관되게 판시하고 있다(대판 1983. 7. 12. 전원합의체. 82므59 ; 대판 1984. 9. 25. 전원합의체. 84므84 ; 대판 2000. 8. 22. 2000므292 등). ① 이러한 판례의 태도는 위 친생자 추정의 범위에 대하여 외국 거주, 교도소 수감, 사실상 이혼 등 동서의 결여가 명백한 경우에만 이를 제한하는 것으로 외관설 기준에 따른 것으로 평가받고 있다. ② 다만 부와 자가 혈액형이 배치되는 경우 등에 대한 대법원 판결은 없다(그러나 서울가법 1994. 7. 15. 93드89828 등 일부 하급심은 혈연설에 기초하여 판결하였고, 서울고판 1991. 7. 23. 91르483은 부부가 동거하고 있는 이상 그 부가 생식불능이라고 하더라도 그 추정은 유지된다고 판시한 바가 있다). 셋째, 친생자 추정이 미치지 않는 경우에는 부 또는 모가 제846조의 친생부인의 소를 제기할 수 있음은 물론, 가족관계등록부상의 부자관계의 존재를 부인하기 위하여 친생자관계부존재확인의 소도 제기할 수도 있다(대판 1983. 7. 12. 전원합의체. 82므59).

●● 사례의 해결:

첫째, 민법 제844조 제1항의 친생추정은, 처가 혼인 중에 포태한 이상 그 부부의 한쪽이 장기간에 걸쳐 해외에 나가 있거나, 사실상의 이혼으로 부부가 별거하고 있는 경우 등, 동거의 결여로 처가 부의 자를 포태할 수 없는 것이 외관상 명백한 사정이 있는 경우에만 그 추정이 미치지 않을 뿐이다. 따라서 이러한 예외적인 사유가 없는 한 A에게 친생자추정은 미친다. 둘째, 친생자추정이 미치는 경우, 누구든지 그 子가 부의 친생자가 아님을 주장할 수 없게 할 수는 없고, 이와 같은 추정을 번복하기 위하여는, 친생부인의 허가 또는 인지의 허가제도를 이용하지 아니하는 한, 부가 민법 제846조, 제847조에서 규정하는 친생부인의 소를 제기하여 그 확정판결을 받아야 한다. 셋째, 이러한 친생부인의 소가 아닌 민법 제865조 소정의 친생자관계부존재확인의 소에 의하여 그 친생자관계의 부존재확인을 구하는 것은 부적법하므로 이 사건 소를 각하하여야 한다.

(대판 2000. 8. 22. 2000므292의 사실관계와 판결요지 등 참조)

6. 부를 정하는 소

(1) 의 의

재혼한 여자가 해산한 경우, 자녀의 출생한 날이 후혼성립의 날로부터 200일 후이고 동시에 전혼종료의 날로부터 300일 이내일 수 있다. 이 경우 태어난 자는 전혼의 남편과 후혼의 남편의 자로 동시에 추정받는 지위에 이르게 된다. 이때 당사자의 청구에 따라 가정법원이 자의 부를 결정한다(제845조 참조).

(2) 요 건

첫째, 부를 정하는 소는 먼저 가정법원에 조정을 신청하여야 한다(가사소송법 제2조 제1항 나류사건 제5호·제50조). 조정이 성립하지 않으면 조정신청을 한 때에 소를 제기한 것으로 간주되어 소송절차로 진행된다(가사소송법 제49조·민사조정법 제36조). 둘째, 조정이 성립하더라도 이는 당사자가 임의로 처분할 수 없는 사항이므로 조정의 발생하는 것은 아니다(가사소송법 제59조 제2항 단서 참조). 셋째, 부를 정하는 소의 청구권자 및 상대방은 아래와 같다(가사소송법 제27조 제1항 참조). 부를 정하는 소를 제기할 수 있는 사람은 자녀, 어머니, 어머니의 배우자 또는 어머니의 전배우자이다. 자녀가 제기하는 경우에는 어머니, 어머니의 배우자 및 어머니의 전배우자를 상대방으로 하고, 어머니가 제기하는 경우에는 그 배우자 및 전배우자를 상대방으로 한다. 어머니의 배우자가 제기하는 경우에는 어머니 및 어머니의 전배우자를 상대방으로 하고, 어머니의 전배우자가 제기하는 경우에는 어머니 및 어머니의 배우자를 상대방으로 한다. 상대방이 될 사람 중에 사망한 자가 있는 경우에는 생존자를 상대방으로 하고, 생존자가 없을 때에는 검사를 상대방으로 한다.

(3) 효 력

첫째, 동 판결은 형성판결로 제3자에게도 효력이 있다(가사소송법 제21조 제1항). 둘째, 따라서 확정판결 후에는 친생부인의 소를 제기할 수 없다.

7. 친생부인의 소

(1) 의 의

첫째, 제844조의 친생추정을 받는 자에 대하여 그 추정을 번복하여 부자관계를 단절하기 위하여 제기하는 소가 친생부인의 소이다(제846조 참조). 이는 가정의 평화보호목적과 함께 자의 복리를 위한 제도이다(같은 견해 김주수·김상용, 앞의 책, 303면). 그러나 그 본래의 존재 이유는 혈연진실주의에 근거함을 부정할 수는 없을 것이다(박동섭, 앞의 책, 248면). 둘째, 친생부인의 소의 성격은 친생자 추정을 소급적으로 복멸시키는 내용의 형성의 소이다. 셋째, 부인권을 행사할 수 있는 사유로는 친생자 추정을 받는 자가 혼인 중에 포태되지 아니하였다든지 혼인 중에 포태된 자이지만 부가 그 자의 생물학적인 의미에서의 부가 아니라는 것 등을 거론할 수 있고, 이를 주장·증명하면 그 소는 인용되어 친생자 추정을 복멸할 수 있다.

(2) 요 건

(가) 절 차

첫째, 친생부인의 소는 소로서만 제기할 수 있다. 둘째, 친생부인사건은 조정사건인가? ① 가사소송법에는 친생부인을 하기 위해서는 먼저 가정법원에 조정을 신청하여야 한다고 규정하였다(가사소송법 제2조 제1항 나류사건 제6호·제50조). 조정이 성립하지 않으면 조정신청을 한 때에 소를 제기한 것으로 간주되어 소송절차로 진행된다(가사소송법 제49조·민사조정법 제36조). ② 친생자를 부인하는 조정이 성립하더라도 이는 당사자가 임의로 처분할 수 없는 사항이므로 친생부인의 효력이 발생하는 것은 아니다(가사소송법 제59조 제2항 단서 참조 : 대판 1968. 2. 27. 67므34). 이러한 이유로 친생부인의 조정이란 가능하지 않은 것으로 해석하는 견해가 있다(박동섭, 앞의 책, 248면). ③ 그러나 친생자를 승인하는 조정이 성립하면 조정조서작성이 가능하고, 이때 자는 부의 친생자로 확정된다(가사소송법 제59조 제1항). 따라서 친생부인사건이 조정의 대상이 되지 않는다기보다는 친생자를 부인하는 조정이 가능하지 않다고 하는 것이 보다 정확할 것이다. 셋째, 친생부인의 소를 심리하는 법원은 남편의 생식능력, 혈액형, 임신 중 부부의 동거 여부 등 모든 사실조사 등을 직권으로 하여야 한다(가사소송법 제17조).

(나) 부인권자 및 소의 상대방

친생부인의 소의 경우, 부인권자 및 그 상대방은 엄격하게 정해져 있다.

① 부인권자

첫째, 친생부인의 소는 부뿐만 아니라 처(자의 생모만이 가능하다 : 대판 2014. 12. 11. 2013므4591)도 제기할 수 있다(제846조). 둘째, 다만 부 또는 처가 피성년후견인인 경우에는 그의 성년후견인이 성년후견감독인의 동의를 받아 친생부인의 소를 제기할 수 있다(제848조 제1항 제1문). 성년후견감독인이 없거나 동의할 수 없을 때에는 가정법원에 그 동의에 갈음하는 허가를 청구할 수 있다(제848조 제1항 제2문). 성년후견인이 친생부인의 소를 제기하지 않은 경우에는 피성년후견인은 성년후견종료의 심판이 있은 날로부터 2년 내에 친생부인의 소를 제기할 수 있다(제848조 제2항). 셋째, 부 또는 처가 유언으로 부인의 의사를 표시한 때에는 유언집행자가 부인의 소를 제기하여야 한다(제850조). 유언한 날부터 2년이 지나 유언자가 사망한 경우에는 가정의 평화를 위하여 소를 제기할 수 없다고 보는 것이 타당할 것이다(같은 견해 박동섭, 앞의 책, 249면). 넷째, 부가 자의 출생 전에 사망하거나 부 또는 처가 그 사유 있음을 안 날부터 2년 내에 사망한 경우에는 부 또는 처의 직계존속이나 직계비속에 한하여 그 사망을 안 날로부터 2년 내에 친생부인의 소를 제기할 수 있다(제851조).

② 소의 상대방

첫째, 소의 상대방은 다른 일방(남편 또는 아내) 또는 자이다(제847조 제1항). 미성년인 자에게 그 친권자인 부나 모가 없는 경우에는 지정 후견인(제931조 제1항)이나 선임 후견인(제932조)를 상대로 하여야 할 것이다. 상대방이 될 자가 모두 사망한 때에는 그 사망을 안 날부터 2년 내에 검사를 상대로 하여 친생부인의 소를 제기할 수 있다(제847조 제2항). 둘째, 자가 사망한 후에도 직계비속이 있는 때에는 그 모를 상대로, 그 모가 없으면 검사를 상대로 하여 부인의 소를 제기할 수 있다(제849조). 처에게도 친생부인권이 인정되었으므로 혈연관계 및 상속순위를 명확하게 하기 위하여 이때 소의 상대방으로 '부'도 추가하는 것이 입법론적으로 타당할 것이다(같은 견해 김주수·김상용, 앞의 책, 306면).

(3) 소 멸

첫째, 친생부인의 소는 그 사유가 있음을 안 날부터 2년 내에 제기하여야 한다(제847조 제1항 ; 헌법재판소는 개정 전 "자의 출생을 안 날로부터 1년 내"라고 규정한 민법 제847조 제1항에 대하여 부의 인격권 및 행복추구권 등을 침해한다는 이유로 헌법불합치결정을 한 바가 있다(헌재결 1997. 3. 27. 95헌가14(병합))). 이는 제척기간이라고 할 것이다. 둘째, 원고가 피성년후견인인 경우에는 성년후견종료의 심판이 있은 날부터 2년 안에 제소하고, 원고 또는 피고가 사망한 경우는 원고의 직계존비속이 사망을 안 날부터 2년 이내에 검사를 상대로 제소하여야 함은 앞서 살펴보았다(제847조·제848조·제851조). 셋째, 자의 출생 후에 친생자임을 승인한 자는 다시 친생부인의 소를 제기하지 못한다(제852조). 승인은 묵시적으로도 할 수 있으나 친생부인의 소를 제기하려는 경우에도 출생신고는 하여야 하므로, 출생신고를 한 것만으로는 승인하였다고 할 수 없다(가족관계의 등록 등에 관한 법률 제47조 참조). 승인이 사기 또는 강박에 따른 것인 경우 이를 취소할 수 있다(제854조).

(4) 효 력

첫째, 친생부인의 판결이 확정되면 자는 모의 부(夫)와는 인척관계로 변경되고, 모의 혼인 외의 출생자가 된다. 이러한 친생자관계의 소멸은 상속·부양 등에 영향을 끼친다. 둘째, 동 판결은 형성판결로 제3자에게도 효력이 있다(가사소송법 제21조 제1항). 그 결과 확정판결 전 자를 인지할 수 없었던 생부도 이때부터 자를 인지할 수 있다(대판 1978. 10. 10. 78므29). 다만 친생부인판결의 기판력은 인지청구의 소에는 영향을 미치지 못하여, 비록 친생부인판결이 확정되었더라도 자녀는 다시 인지청구를 할 수 있다(부산지판 2005. 8. 19. 2004르501 ; 박동섭, 앞의 책, 254면). 셋째, 친생부인의 소를 제기한 자는 그 판결 확정일로부터 1개월 이내에 친생부인판결의 등본과 확정증명서를 첨부하여 시·읍·면 사무소에 가족관계등록부 정정신청을 하여야 한다(가족관계의 등록 등에 관한 법률 제107조, 가족관계등록예규 제239호).

판 례

■ **부부 사이에 동서의 결여로 처가 부의 자를 포태할 수 없는 사정이 있는 경우 친생자 추정이 미치는지 여부(소극)**

"민법 제844조는 친생자(혼인중의 출생자)의 추정에 관하여 ① 처가 혼인중에 포태한 자는 부의 자로 추정한다. ② 혼인성립의 날로부터 200일 후 또는 혼인관계 종료의 날로부터 300일 내에 출생한 자는 혼인중에 포태한 것으로 추정한다고 규정하고 제846조 이하에 그 추정을 받는 경우의 친생부인의 소를 규정하고 있으나 위 제844조는 부부가 동거하여 처가 부의 자를 포태할 수 있는 상태에서 자를 포태한 경우에 적용되는 것이고 부부의 한쪽이 장기간에 걸쳐 해외에 나가 있거나 사실상의 이혼으로 부부가 별거하고 있는 경우등 동서의 결여로 처가 부의 자를 포태할 수 없는 것이 외관상 명백한 사정이 있는 경우에는 그 추정이 미치지 않는다고 할 것이다."(대판 1983. 7. 12. 전원합의체. 82므59)

■ 혼인중 처가 포태한 자에 대하여 부의 자로 추정시키는 민법 제844조 제1항의 친생추정을 번복시킬 수 있는 적법한 소(=친생부인의 소)

"민법 제844조 제1항의 친생자 추정의 규정 즉 혼인중 처가 포태한 자에 대한 부의 자로서의 친생추정은 다른 반증을 허용하지 않는 강한 추정이므로, 처가 혼인 중에 포태한 이상 그 부부의 한쪽이 장기간에 걸쳐 해외에 나가 있거나 사실상의 이혼으로 부부가 별거하고 있는 경우 등 동서의 결여로 처가 부의 자를 포태할 수 없는 것이 외관상 명백한 사정이 있는 경우에만 그러한 추정이 미치지 않을 뿐, 이러한 예외적인 사유가 없는 한 아무도 그 자가 부의 친생자가 아님을 주장할 수 없고, 따라서 이와 같은 추정을 받고 있는 상태에서는 위 추정과 달리 다른 남자의 친생자라고 주장하여 인지를 청구할 수 없으며, 그리고 이와 같은 추정을 번복하기 위하여서는 부측에서 민법 제846조, 제847조가 규정하는 친생부인의 소를 제기하여 그 확정판결을 받아야 하며, 친생부인의 소의 방법이 아닌 민법 제865조 소정의 친생자관계부존재확인의 소의 방법에 의하여 그 친생자관계의 부존재확인을 소구하는 것은 부적법하다."고 한 사례가 있다(대판 1992. 7. 24. 91므566).

■ 생부모가 호적상의 부모와 다른 사실이 객관적으로 명백한 경우, 친생추정을 깨뜨리지 않고도 생부모를 상대로 인지청구를 할 수 있는지 여부(적극)

"민법 제844조의 친생추정을 받는 자는 친생부인의 소에 의하여 그 친생추정을 깨뜨리지 않고서는 다른 사람을 상대로 인지청구를 할 수 없으나, 호적상의 부모의 혼인중의 자로 등재되어 있는 자라 하더라도 그의 생부모가 호적상의 부모와 다른 사실이 객관적으로 명백한 경우에는 그 친생추정이 미치지 아니하므로, 그와 같은 경우에는 곧바로 생부모를 상대로 인지청구를 할 수 있다."(대판 2000. 1. 28. 99므1817 ; 대판 1988. 5. 10. 88므85)

■ 친생부인의 소가 아닌 친생자관계부존재확인의 심판을 선고받아 확정된 경우 그 심판의 효력 및 그 확정심판의 효과로서 친생자로서의 추정이 깨어지는지 여부(적극)

"부적법한 청구일지라도 법원이 그 잘못을 간과하고 청구를 받아들여 친생자관계가 존재하지 않는다는 확인의 심판을 선고하고 그 심판이 확정된 이상 이 심판이 당연무효라고 할 수는 없는 것이며, 구 인사소송법(1990. 12. 31. 법률 제4300호 가사소송법에 의하여 폐지) 제35조, 제32조에 의하여 위 확정심판의 기판력은 제3자에게도 미친다고 할 것이어서 위 심판의 확정으로 누구도 소송상으로나 소송 외에서 친생자임을 주장할 수 없게 되었다고 할 것이니 이제는 위 확정심판의 기판력과 충돌되는 친생자로서의 추정의 효력은 사라져버렸다."(대판 1992. 7. 24. 91므566)

■ 민법 제846조, 제847조 제1항에서 정한 친생부인의 소의 원고적격이 있는 '부, 처'는 자의 생모에 한정되는지 여부(적극) 및 여기에 '재혼한 처'가 포함되는지 여부(소극)

"민법 제846조에서의 '부부의 일방'은 제844조의 경우에 해당하는 '부부의 일방', 즉 제844조 제1

항에서의 '부'와 '자를 혼인 중에 포태한 처'를 가리키고, 그렇다면 이 경우의 처는 '자의 생모'를 의미하며, 제847조 제1항에서의 '처'도 제846조에 규정된 '부부의 일방으로서의 처'를 의미한다고 해석되므로, 결국 친생부인의 소를 제기할 수 있는 처는 자의 생모를 의미한다. 우리 민법은 부자관계를 결정함에 있어 '가정의 평화' 또는 '자의 복리'를 위하여 혼인 중 출생자를 부의 친생자로 강하게 추정하면서도, '혈연진실주의'를 채택하여 일정한 경우에 친생자임을 부인하는 소를 제기할 수 있도록 하고 있다. 구 민법(2005. 3. 31. 법률 제7427호로 개정되기 전의 것) 당시에는 부만 친생부인의 소를 제기할 수 있도록 규정하였으나, 위 민법 개정으로 부 외에 처도 친생부인의 소를 제기할 수 있게 되었는데, 개정 이유는 부만 친생부인의 소를 제기할 수 있도록 하는 것은 혈연진실주의 및 부부평등의 이념에 부합되지 아니한다는 취지에서였다. 즉 부부가 이혼하여 처가 자의 생부와 혼인한 경우, 부부가 화해의 전망 없이 상당한 기간 별거하고 있는 경우, 부가 친생부인은 하지 않은 채 단지 보복적 감정에서 자를 학대하는 경우 등에는 생모도 친생부인을 할 수 있도록 하는 것이 주된 개정 이유였다. 이러한 개정 이유에 비추어 보아도 친생부인의 소를 제기할 수 있는 '처'는 '자의 생모'만을 의미한다. 위와 같은 민법 규정의 입법 취지, 개정 연혁과 체계 등에 비추어 보면, 민법 제846조, 제847조 제1항에서 정한 친생부인의 소의 원고적격이 있는 '부, 처'는 자의 생모에 한정되고, 여기에 친생부인이 주장되는 대상자의 법률상 부와 '재혼한 처'는 포함되지 않는다."(대판 2014. 12. 11. 2013므4591)

■ 부의 친생부인의 확정판결과 인지와의 관계

"법률상타인의 친생자로 추정되는 자에 대하여서는 그 부로부터 친생부인의 소에서의 판결이 확정되기 전에는 아무도 인지를 할 수 없는 것이고, 또 법률상 부부관계가 계속 중에 처가 포태한 자는 부의 자로 추정된다 함이 민법 제844조 제1항에서 규정하고 있는 바이고, 이러한 자의 친생을 부인하려면 민법 제847조 제1항의 규정에 의하여 확정판결을 받는 도리밖에 없다."(대판 1978. 10. 10. 78므29 ; 대판 1968. 2. 27. 67므34)

심화학습

민법 제844조 제2항 등 위헌확인 사건(헌재결 2015. 4. 30. 전원재판부, 2013헌마623)

1. 사건의 개요

청구인은 2005. 4. 25. Y와 혼인하였다가 2011. 12. 19. 이혼에 합의하고 서울가정법원으로부터 협의이혼의사 확인을 받은 다음 2012. 2. 28. 관할 구청에 이혼신고를 하였다. 이후 청구인은 S와 동거하면서 2012. 10. 22. 딸을 출산하였다. 청구인은 2013. 5. 6. 관할 구청을 방문하여 S1이라는 이름으로 딸의 출생신고를 하려고 하였다. 그런데 담당 공무원으로부터 민법 제844조에 따라 혼인관계종료의 날로부터 300일 내에 출생한 자녀는 전남편의 친생자로 가족관계등록부에 기재되므로 전남편의 성(姓)에 따라 Y1으로 기재되며, 이를 해소하기 위하여는 친생부인의 소를 제기하여야 한다는 말을 듣고 출생신고를 보류하였다. 한편, 2013. 5. 8. 서울의대 법의학교실의 유전자 검사 결과 S1은 S의 친생자로 확인되었고, S는 S1을 자신의 친생자로 인지하려고 한다. 이에 청구인은 민법 제844조 및 제845조가 청구인의 기본권을 침해한다고 주장하면서, 2013. 9. 5. 이 사건 헌법소원심판을 청구하였다.

2. 판시사항

가. 혼인 종료 후 300일 이내에 출생한 자를 전남편의 친생자로 추정하는 민법(1958. 2. 22. 법률 제471호로 제정된 것) 제844조 제2항 중 '혼인관계종료의 날로부터 300일 내에 출생한 자'에 관한 부분(이하 '심판대상조항'이라 한다)이 모가 가정생활과 신분관계에서 누려야 할 인격권, 혼인과 가족생활에 관한 기본권을 침해하는지 여부(적극)

나. 잠정적용을 명하는 헌법불합치결정을 한 사례

3. 결정요지

"오늘날 이혼 및 재혼이 크게 증가하였고, 여성의 재혼금지기간이 2005년 민법개정으로 삭제되었으며, 이혼숙려기간 및 조정전치주의가 도입됨에 따라 혼인 파탄으로부터 법률상 이혼까지의 시간간격이 크게 늘어나게 됨에 따라, 여성이 전남편 아닌 생부의 자를 포태하여 혼인 종료일로부터 300일 이내에 그 자를 출산할 가능성이 과거에 비하여 크게 증가하게 되었으며, 유전자검사 기술의 발달로 부자관계를 의학적으로 확인하는 것이 쉽게 되었다. 그런데 심판대상조항에 따르면, 혼인 종료 후 300일 내에 출생한 자녀가 전남편의 친생자가 아님이 명백하고, 전남편이 친생추정을 원하지도 않으며, 생부가 그 자를 인지하려는 경우에도, 그 자녀는 전남편의 친생자로 추정되어 가족관계등록부에 전남편의 친생자로 등록되고, 이는 엄격한 친생부인의 소를 통해서만 번복될 수 있다. 그 결과 심판대상조항은 이혼한 모와 전남편이 새로운 가정을 꾸리는 데 부담이 되고, 자녀와 생부가 진실한 혈연관계를 회복하는 데 장애가 되고 있다. 이와 같이 민법 제정 이후의 사회적·법률적·의학적 사정변경을 전혀 반영하지 아니한 채, 이미 혼인관계가 해소된 이후에 자가 출생하고 생부가 출생한 자를 인지하려는 경우마저도, 아무런 예외 없이 그 자를 전남편의 친생자로 추정함으로써 친생부인의 소를 거치도록 하는 심판대상조항은 입법형성의 한계를 벗어나 모가 가정생활과 신분관계에서 누려야 할 인격권, 혼인과 가족생활에 관한 기본권을 침해한다. 심판대상조항을 위헌으로 선언하면 친생추정의 효력이 즉시 상실되어 혼인 종료 후 300일 이내에 출생한 자의 법적 지위에 공백이 발생할 우려가 있고, 심판대상조항의 위헌상태를 어떤 기준과 요건에 따라 개선할 것인지는 원칙적으로 입법자의 형성재량에 속하므로, 헌법불합치결정을 선고하되 입법자의 개선입법이 있을 때까지 계속 적용을 명한다."

〈재판관 이진성, 재판관 김창종, 재판관 안창호의 반대의견〉

"심판대상조항은 자녀의 출생과 동시에 안정된 법적 지위를 갖추게 함으로써 법적 보호의 공백을 방지하는 기능을 수행한다는 점에서 합리성이 인정되므로, 입법재량의 한계를 준수한 것으로서 모의 기본권을 침해하지 아니한다. 친생추정은 친생부인의 소와 유기적으로 작용하는 것이므로, 다수의견이 지적하는 문제점을 해결하는 길은 친생부인의 소를 규정한 민법 제846조 및 제847조로 심판대상을 확장하여, 그 규정들이 추정을 번복할 보다 합리적인 방법을 규정하지 아니한 부진정입법부작위가 위헌인지 여부를 논하는 것이 타당하다."

4. 검 토

가. 이 사건의 쟁점

이 사건 법률조항이, 모(母)가 가정생활과 신분관계에서 누려야 할 인격권, 혼인과 가족생활에 관한 기본권(헌법 제36조 제1항)을 침해하는지 여부이다.

나. 판단의 근거 · 이유

첫째, 이 사건 법률조항의 내용 중 '혼인종료 후 300일'이란 친생추정의 합리성 여부를 살펴본다. ① 심판대상조항은, 모와 부의 혼인관계가 종료된 이후에 자(子)가 출생하였고 그 자의 생부임이 명백한 자가 그 자를 인지하려는 경우마저도, 아무런 예외 없이 혼인 종료 후 300일 이내에 출생한 자를 전남편인 부(夫)의 친생자로 추정함으로써, 오직 친생부인의 소를 통해서만 그 친생추정을 번복하도록 하고 있다. ② 이러한 심판대상조항으로 인하여, 혼인종료 후 300일 이내에 출생한 자(子)의 출생신고와 관련하여 다양한 편법행위가 발생하고 있다. 가령 모가 자에 대한 전남편의 친생추정을 회피하기 위하여 이미 출생한 자의 출생신고를 무기한 연기함으로써, 자의 입장에서는 부(夫) 또는 생부에 대한 친생자로서의 권리와 국민으로서 마땅히 누릴 수 있는 건강보험 등 사회보장급여에 관한 법적 지위에 공백이 생기는 경우도 발생하고 있다. ③ 나아가 병원 등 의료기관에서 출생하지 아니하고 출생 당시 분만에 관여한 사람도 없는 경우에는 출생사실을 아는 사람 2인이 작성한 출생증명서만 있으면 출생신고가 가능하다는 점을 이용하여, 모가 공정증서원본부실기재죄로 처벌될 위험성을 감수하면서까지 그 출생사실을 아는 2인과 공모하여 자의 출생일을 혼인 종료 후 300일 이후로 변경하여 허위로 출생신고 하는 경우마저 발생하고 있다. ④ 이러한 문제는 1958년 민법 제정 당시의 기준에서 만들어진 '혼인종료 후 300일'이란 친생추정의 기준이 그동안의 근본적인 시대변화에 따라가지 못하여 그 합리성을 상실하였기 때문에 발생된 것이므로, 이를 해결하기 위하여는 변화된 현실과 시대적 상황을 법의 테두리 안에 넣을 필요성이 제기되었다. ⑤ 다만, 헌법재판소는 '혼인종료 후 300일 이내에 출생한 자'를 아무런 법률상 예외 없이 전 남편의 친생자로 추정하는 부분이 위헌성이 있다고 한 것이지, 친생추정제도 자체를 부인하는 것은 아니라는 것이다. ⑥ 특히 헌법재판소는 오늘날에 유전자검사를 통하여 친자감정이 가능하더라도 친생추정제도는 필요하다고 하였고, 다만 혼인관계가 파탄된 경우에는 우리 법의 이혼숙려제도와 사회 전반의 변화된 이혼에 대한 사고 등으로 예전처럼 그 기간을 통하여 일률적인 적용이 어렵다는 판시로, 이러한 과정에서 유전자검사 등을 통한 친자확인 또한 간편해졌다는 뜻으로 해석된다. 그런데 이러한 위헌성으로 쉽게 단순위헌이라고 결정할 수 없었던 이유는 매우 복잡한 입법형성에 관한 문제가 있기 때문이다.

다. 결정의 의의

첫째, 헌법재판소는 유전자검사를 통하여 자와 생부 그리고 법률상 부의 친자관계가 확인 가능하다는 뜻을 피력하였는데, 이는 자의 DNA와 같은 유전자를 마음대로 취득 가능한지에 관한 법률상 쟁점을 불러일으킨다(독일의 BVerfG, 1 BvR 421/05 vom 13. 2. 2007, Absatz-Nr. (1-102) 판결 참조). ① 따라서 이러한 절차상의 문제를 살피면 이것이 매우 어려운 해결 과정을 거쳐야 함을 알 수 있다. ② 또한 헌법재판소 결정을 유심히 살펴보면, 종래 우리 대법원이 민법 제844조 해석과 관련하여 외관설을 취하면서 그 예외적 사유를 판례법상 인정한 것을 일부 인정하면서 이러한 예외적인 사항이 민법 제844조에 반영되지 아니한 점을 지적한 것을 알 수 있다. 즉 부부 간에 동서가 없는 경우에는 남편 혈연의 자가 출생하기는 어려우므로 그 예외적 사유를 인정하는 판례 및 학설은 여전히 유효하다는 것이다. 둘째, 헌법재판소는 동 결정의 의의를 설명하면서 외국 입법례를 소개하였는데, ① 일본 민법의 경우에는 혼인종료 후 300일 이내에 출생한 자를 전 남편의 친생자로 추정하는 것이 실태에 맞지 아니함을 고려하여, 2007년 법무성 지침을 통하여 혼인종료 후 300일 이내에 출생한 자라도 의사의 증명서에 의하여 그 포태가 혼인 중에 이루어지지 않았음이 의학적으로 증명되면 그 친생추정을 제한하도록 하고 있다는 점을 가미하였다. ② 그러나 일본 최고재판소는 최근까지도 친생추정규정을 적용함에 여전히 혈연주의적인 요소도 고려하지만, 그 적용의 예외적인 사유는 엄격한 외관설에 근거하여 판시하고 있다(最高裁判所 2014. 7. 17. 第1小法廷 平成24年 (受) 第1402号 判決 ; 最高裁判所 2014. 7. 17. 第1小法廷 平成25年 (受) 第233号 判決 참조). ③ 그러므로 헌법재판소결정은 혼인종료 후 300일이라는 시기의 일률적인 적용의 위헌성을 지적하면서 그 입법개정의 필요성을 말한 것이지, 친생추정제도 전반에 대한 판례 법리를 부정한 것은 아니라는 것이다. ④ 그러나 동 규정 부분이 입법형성의 한계를 벗어난 것으로서 모가 가정생활과 신분관계에서 누려야 할 인격권 및 행복추구권, 개인의 존엄과 양성의 평등에 기초한 혼인과 가족생활에 관한 기본권을 침해하였다고 결정한 것은 우리 헌법재판소가 모권 및 양성평등에 깊은 관심을 두고 그 보호를 위하여 진력하고 있다는 것을 보여주는 것으로 일본과 비교하더라도 진일보한 면이 크다.

Ⅱ. 혼인 외의 출생자

1. 혼인 외의 출생자의 의의

법률상의 부부가 아닌 남녀 사이(사실혼 · 사통 · 부첩관계 등)에서 출생한 자(子)를 혼인 외의 출생자라 한다(미국의 경우, 출생자의 1/3이 혼인 외의 출생자(nonmarital child)라고 한다(Ralph C. Brashier, Inheritance Law and the Evolving Family, 2004, p. 69). 부모의 혼인이 무효인 경우, 그 출생자도 혼인 외의 출생자로 본다(제855조 제1항 제2문). 이 외에 친생부인의 소 · 친자관계부존재확인의 소에서 친생자 아닌 자로 판결이 확정된 경우, 그 자(子)는 혼인 외의 출생자가 된다. 혼인 외의 출생자는 그 부모가 나중에 혼인을 할 경우, 그 때부터 혼인 중의 출생자(친생자)로 보게 되는데(제855조 제2항), 이를 준정(準正)이라 한다.

2. 인 지

(1) 인지의 의의

혼인 외의 출생자의 부모(특히 생부. 모자간의 친자관계는 혼인 중의 출생자이든 혼인 외의 출생자이든, 출산으로 인하여 당연히 발생하고 생모의 인지나 출생신고는 필요하지 않다. 대판 1980. 9. 9. 80도1731)가 혼인 외의 출생자를 자기의 자로 인정하여 법률상의 친자관계를 발생시키는 일방적인 의사표시이다. 혼인 외의 출생자와 생부모 사이의 법률상의 친자관계(특히 부자관계)는 인지만으로 확인·형성된다(인지가 없으면 생부와 혼인 외의 출생자 사이에는 법률상의 부자관계도 발생하지 않고(대판 1984. 9. 25. 84므73), 부양·친권·상속 등 친자관계에서 생기는 효력이 발생하지 않는다(대판 1981. 5. 26. 80다2515)). 주의할 점은, 인지에 의해 형성된 부자관계는 자연혈족관계이지 법정혈족관계(양친자)가 아니라는 것이다. 인지에는 임의인지, 강제인지, 유언에 의한 인지 등이 있다.

(2) 인지에 관한 입법주의

(가) 주관주의(의사주의)

오직 인지자의 의사에 의해서만 인지를 할 수 있고, 인지를 함으로써 부자간·모자간의 법률상의 친자관계가 발생하게 된다는 것을 말한다. 이 견해를 취할 경우, 인지(임의인지)는 특히 생부가 혼인 외의 출생자에 대하여 자기의 자라고 인정함으로써 법률상의 친자관계의 발생을 목적으로 하는 일방적 의사표시로 새기게 된다.

(나) 객관주의(혈연주의)

자연적 혈연관계가 존재하면 혼인 외의 출생자의 인지는 허용된다는 것이다. 이에 따를 경우, 인지(임의인지)는 자연적 부자관계 또는 생물학적 부자관계의 존재사실에 대한 관념의 통지로 파악하게 된다. 위의 두 가지의 입법주의 중 우리 민법의 태도와 관련해서는 다툼이 있다.

생각건대 한편으로는 임의인지 과정에 피인지자는 전혀 관여할 수 없다는 점(피인지자의 동의·승낙은 필요하지 않다)에서 주관주의에 서 있으면서도, 다른 한편으로는 인지청구의 소(제863조)와 사후인지(생부모 사망 후의 인지, 제864조)를 인정하고 있는 점은 객관주의를 취하고 있다는 점에서 우리 민법은 절충형입법주의라 할 것이다(같은 견해 박동섭, 앞의 책, 260면). 인지는 관청의 수령을 요하는 단독행위인데, 가족관계등록부에 인지신고(가족관계의 등록 등에 관한 법률 제55조) 또는 친생자출생신고(동법 제57조)를 해야 하는 요식행위이다.

(3) 임의인지

임의인지는 생부 또는 생모가 스스로 하는 인지를 말하는데, 그 주요 사항을 보기로 한다.

(가) 인지자

인지를 할 수 있는 자는 생부 또는 생모이다(제855조 제1항). 인지는 자연적 혈연관계를 승인하는 것이므로, 인지를 하려면 의사능력이 있어야 한다. 인지자는 비록 행위능력이 없어도 의사능력만 있으면 법정대리인의 동의가 필요 없이 임의인지를 할 수 있다. 그러나 인지자가 피성년후견인일 경우에는 성년후견인의 동의를 얻어야만 인지할 수 있다(제856조).

(나) 피인지자

인지의 대상자는 혼인 외의 출생자이다. 혼인 외의 출생자인 이상 미성년자이든 성년자이든 가리지 않는다. 포태 중인 자, 즉 태아도 인지할 수 있다(제858조, 가족관계의 등록 등에 관한 법률 제56조). 혼인 외의 출생자가 사망한 경우에는 그 자의 직계비속이 있는 경우에만 인지할 수 있다(제857조). 타인의 친생자로 추정되는 자는 누구도 인지할 수 없으며, 친생부인의 소에 기한 확정판결로 그 친자관계가 부인되는 경우에만 가능하였다(대판 1987. 10. 13. 86므129 등). 그러나 앞서 살핀 개정법률 제855조의2 인지의 허가제도를 통하여 출생신고가 있기 전 생부가 가정법원에 인지 허가를 청구할 수 있게 되었다. 친생자 추정을 받지 않는 혼인 중의 출생자의 경우, 친자관계부존재확인의 소에 기한 친자관계부존재확인판결이 확정된 후가 아니면 인지할 수 없다. 타인이 먼저 인지한 경우에는 그 인지이의의 소에 기한 판결확정 후에만 인지할 수 있다.

(다) 인지의 방식

첫째, 생전인지(生前認知)는 요식행위이므로, 가족관계의 등록 등에 관한 법률의 규정(동법 제55조-제60조)에 따라 인지신고를 하여야 하고, 그 신고함으로써 효력이 생긴다(제859조 제1항). 이는 창설적 신고이다. 그 신고를 하여 수리가 되면 혼인신고의 경우처럼, 가족관계등록부에 등재되지 않아도, 인지의 효력은 발생한다. 둘째, 혼인 외의 출생자를 본처와의 혼인 중 출생자(친생자) 또는 혼인 외의 출생자로 출생신고를 하면, 인지의 효력이 생긴다(가족관계의 등록 등에 관한 법률 제57조, 대판 1976. 10. 26. 76다2189). 그러나 생부가 출생신고를 한 경우에만 인지의 효력이 생기므로, 생모가 생부의 사망 후에 그들 사이의 친생자 출생신고를 한 경우(대판 1985. 10. 22. 84다카1165 등)·생모가 타인의 인장을 위조하여 혼인신고와 함께 친생자 출생신고를 한 경우(대판 1984. 9. 25. 84므73)·조부가 출생신고를 한 경우(대판 1976. 4. 13. 75다948)에는 인지의 효력이 생기지 않는다. 셋째, 생부는 유언으로도 인지를 할 수 있는데, 이 경우에는 유언집행자가 그 취임일부터 1개월 이내에 인지신고를 하여야 한다(제859조 제2항, 가족관계의 등록 등에 관한 법률 제59조). 이 경우의 신고는 보고적 신고에 지나지 않지만, 그 인지의 효력은 유언의 효력이 생긴 때(인지자의 사망 시)에 발생하게 된다(제1073조 제1항).

(4) 인지의 무효와 취소

(가) 인지의 무효

민법에는 이에 관한 규정이 없고, 가사소송법에서 이를 규정하고 있다(동법 제2조 제1항 가류사건 제3호·제26조 제1항·제28조·제24조). 인지의 무효원인에 관하여 통설은 인지가 사실에 반하는 경우(인지자와 피인지자 사이에 자연적 친자관계·생물학적 친자관계가 없는 경우)·의사능력이 없는 상태에서 인지한 경우·인지자인 생부의 의사에 기하지 않고 타인이 인지자의 명의를 모용하여 임의로 인지신고를 한 경우·타인의 친생자로 추정되는 자를 인지한 경우(친생부인의 소에 따라 친생자 추정을 번복시키지 않은 상태에서의 인지 ; 대판 1987. 10. 13. 86므129; 다만 앞서 살핀 인지의 허가제도는 별론이다.)의 인지는 무효로 파악한다. 인지무효의 소(임의인지가 무효라는 이유로 인지로 생긴 법률상의 부자관계의 효력을 소멸시킬 것을 목적으로 하는 소)의 법률적 성질에 관하여는 다툼이 있다(인지의 무효는 혼인의 무효와 마찬가지로 그 무효판결에 의해서만 비로소 무효가 된다고 함으로써 형성의 소로 이해하는 견해로는 송덕수, 앞의 책, 1523면). 인지의 무효는 당연무효이므로, 누구든지 소 기타의 절차에 의하지 않고 그 무효를 주장할 수 있고 상속회복청구·친생자관계부존재확인의 소 등 다른 소송에서 선결문제로 주장할 수 있다는 점에서 확인의 소라 할 것이다(대판 1992. 10. 23. 92다29399).

(나) 인지에 대한 이의

첫째, 혼인 외의 자 기타 이해관계인이 인지의 신고가 있음을 안날부터 1년 내에 임의인지의 효력을 다투는 소를 제기할 수 있는 것을 인지에 대한 이의라 한다(제862조). 둘째, 생부 또는 생모가 사망한 때에는 그 사망을 안 날부터 2년 내에 검사를 상대로 그 이의의 소를 제기할 수 있다(제864조). 셋째, 소의 대상은 임의인지에 한하고, 강제인지의 경우는 재심의 소로써만 다툴 수 있다(대판 1981. 6. 23. 80므109). 한편 그 이의의 소를 제기하려는 자는 먼저 가정법원에 조정을 신청하여야 하나(가사소송법 제2조 제1항 나류사건 제8호·제50조), 그 조정의 성립만으로 가족관계등록부를 정정하지는 못한다(가사소송법 제59조 제2항 단서). 넷째, 인지무효의 소와 인지 이의의 소는 그 주장의 내용이 인지의 무효라는 점에서는 같다. 그러나 전자는 가사소송사건 중 가류사건 제3호이나(조정전치주의가 적용되지 않는다) 후자는 나류사건 제8호인 점, 전자는 당사자(인지자 포함)·법정대리인 또는 4촌 이내의 친족이 소를 제기할 수 있으나 후자의 경우는 인지자는 제외되고 혼인 외의 출생자 기타의 이해관계인이 소의 주체가 된다는 점에서 차이가 있다.

(다) 인지의 취소

사기·강박 또는 중대한 착오로 인하여 인지를 한 경우, 사기·착오를 안 날 또는 강박을 면한 날부터 6개월 내에 가정법원에 그 취소를 청구할 수 있는 것을 인지의 취소라 한다(제861조). 이 경우, 조정전치주의가 적용되나(가사소송법 제2조 제1항 나류사건 제7호·제50조), 조정의 성립만으로 인지취소의 효력이 생기지는 않고(가사소송법 제59조 제2항 단서), 가족관계등록부를 정정하여야 한다(가족관계의 등록 등에 관한 법률 제107조). 인지취소판결이 확정되면 인지는 소급하여 무효로 되고, 제3자에게도 그 효력이 미친다(가사소송법 제21조 제1항).

(5) 재판상 인지(강제인지)

●● 사례

A(원고)의 생모인 소외 C는 1997년 9월 30일 교통사고로 사망한 소외 B(망인)와의 사실상 혼인관계 중에 A를 수태하고, 1997년 12월 5일 A를 출산하였다. A는 그 제소기간이 경과하기 전에 자신은 망인의 친생자라는 이유로, 인지청구소송을 제기하려고 한다. 동 청구가 인용되기 위하여 A가 취하여야 할 유의점은 무엇인가?

●● 사안의 쟁점:

첫째, 생부가 사망한 경우 어떠한 자를 피고로 하여야 하는지, 둘째, 혈연상의 친자관계를 증명하기 위한 방법이 어떠한 것이 있는지 등이다.

(가) 의 의

임의인지가 없는 경우에 혼인 외의 출생자와 그 직계비속 또는 그 법정대리인이 생부 또는 생모를 상대로 가정법원에 인지청구의 소를 제기할 수 있는데(제863조), 이 같은 인지청구의 소에 기한 판결의 확정으로 혼인 외의 출생자가 일방적으로 인지신고를 하는 것을 강제인지라 한다. 인지청구의 소의 경우, 그 생부 또는 생모가 사망한 때에는 그 사망을 안 날부터 2년 내에 검사를 상대로 그 소를 제기할 수 있다(제864조).

(나) 소의 성질

인지청구의 소는 혼인 외의 출생자와 생부 사이의 사실상 혈연관계의 존재를 확인하는 판결에 의해 법률상 친자관계의 형성을 의욕하는 소송이므로, 이는 전형적인 형성의 소이다(통설). 다만, 생모에 대한 인지청구의 소는 확인의 소이다(대판 1967. 10. 4. 67다1791).

(다) 당사자

소의 원고가 될 수 있는 자는 누구인가? 혼인 외의 출생자와 그 직계비속(직계비속은 그 혼인 외의 자의 사망 후에만 인지를 청구할 수 있는지 여부에 관하여 다툼이 있으나, 그러한 제한을 둘 필요는 없다) 또는 법정대리인이다(제863조). 보통은 생모가 그 자의 법정대리인으로서 생부를 상대로 인지청구를 한다. 만약 생모가 미성년자일 경우, 그 생모의 친권자나 후견인이 법정대리인으로서 소를 제기할 수 있다(제910조). 태아는 인지청구권이 없으므로, 그 생모도 태아를 대리하여 소를 제기할 수는 없다(같은 견해 김주수·김상용, 앞의 책, 317면). 소의 피고는 누구인가? 생부 또는 생모가 피고가 되며(제863조), 생부모가 사망한 경우에는 사망사실을 안 날부터 2년 내에 검사를 상대로 그 청구를 하여야 한다(제864조).

몇 가지 의문점을 판례이론을 통해 살펴본다. 첫째, 인지청구소송에 있어서 피고가 의사무능력자인 경우에는 어떻게 해야 하는가? 이 경우에는 법정대리인의 대리를 인정해야 하며, 그 법정대리인이 없거나 대리권을 행할 수 없는 때에는 당사자는 민사소송법 제58조의 규정에 의해 특별대리인을 신청할 수 있다(대결 1984. 5. 30. 자 84스12). 둘째, 가족관계등록부상 타인들 사이의 친생자로 허위 등재된 자가 실부모를 상대로 인지청구를 할 수 있는가? 이 경우, 그 자(子)는 실부모를 상대로 인지청구의 소를 제기할 수 있으며, 그 인지를 구하기 전에 먼저 가족관계등록부상 부모로 기재되어 있는 사람을 상대로 친자관계부존재 확인의 소를 제기하여야 하는 것이 아니다(대판 1981. 12. 22. 80므103). 셋째, 생부모가 가족관계등록부상의 부모와 다른 사실이 객관적으로 명백한 경우, 친생추정을 깨뜨리지 않고도 생부모를 상대로 인지청구를 할 수 있는가? 제844조의 친생추정을 받는 자는 친생부인의 소에 의하여 그 친생추정을 깨뜨리지 않고서는 다른 사람을 상대로 인지청구를 할 수 없으나, 가족관계등록부상 부모의 혼인중의 자로 등재되어 있는 자라 하더라도 그의 생부모가 가족관계등록부상 부모와 다른 사실이 객관적으로 명백한 경우에는 그 친생추정이 미치지 아니하므로, 그와 같은 경우에는 곧바로 생부모를 상대로 인지청구를 할 수 있다(대판 2000. 1. 28. 99므1817)

(라) 제소기간

첫째, 인지청구의 경우에는 제소기간의 제한이 없다. 생부가 생존하는 동안 그 자는 언제든지 소를 제기할 수 있다. 다만, 부모가 사망한 경우에는 그 자가 부모의 사망사실을 안 날부터 2년 내에 검사를 상대로 제기하여야 하는데(제864조). 둘째, 그 기산점은 언제인가? 원고가 혼인 외의 출생자인 경우, 그 연령이나 능력여하를 불문하는 것이 아니고 사망사실을 알고서 인지청구 등 자기의 신분행위를 할 수 있는 의사능력이 있는 자가 사망사실을 안 날부터 기산된다(대판 1977. 5. 24. 77므7 참조). 한편 생부가 사망한 경우에는 제소권자가 제소기간 내에 검사를 상대로 인지청구의 소를 제기하여야 하고, 생모가 혼인 외의 출생자를 상대로 사망한 생부와 혼인 외의 출생자 사이의 친자관계부존재확인의 소를 제기하지는 못한다(대판 1997. 2. 14. 96므738).

(마) 인지청구권의 포기

인지청구권은 귀속상의 일신전속권으로서 권리의 성질상 포기할 수 없고, 비록 포기했다 하더라도 그 효력이 발생하지 않는다(대판 1999. 10. 8. 98므1698). 또한 그 포기가 허용되지 않으므로, 인지청구권의 행사에 실효의 법리도 적용되지 않는다(대판 2001. 11. 27. 2001므1353).

(바) 부자관계의 증명

첫째, 혼인 외의 출생자와 생부 사이에 부자관계(친자관계)가 존재한다는 점(혼인 외의 자의 포태가 생부와 생모 사이의 성적교섭에 기한 것)에 대한 증명책임은 원고에게 있다. 사실혼관계의 경우가 아닌 한 그 증명은 쉽지 않다. 비록 원고가 그 증명을 할 경우에도, 피고측에서 생모가 임신할 무렵 자기 외의 다수의 의심스러운 아버지들(doubtful fathers)이 있었다고 하면서, 편지·일기·그 외의 사실에 바탕을 둔 부정(不貞)의 항변·증명을 해올 경우, 인지청구는 인정되지 않는다. 둘째, 당사자의 증명이 충분하지 못할 경우, 법원이 가능한 한 직권으로 사실조사 및 필요한 증거조사를 하여야 한다(가사소송법 제17조. 대판 2015. 6. 11. 2014므8217; 대판 2005. 6. 10. 2005므365). 셋째, 친자관계사건 심리의 경우, 가정법원은 당사자 또는 관계인 사이의 혈족관계의 존부를 확정할 필요가 있는 경우에는 다른 증거조사에 의하여 심증을 얻지 못한 때에는 당사자의 인격·건강을 해치지 않는 범위 내에서 당사자 또는 관계인에게 혈액형의 검사 등 유전인자의 검사, 기타 상당한 방법에 의한 검사를 받을 것을 명령할 수 있다(가사소송법 제29조 제1항)(부자관계의 증명은 혈액형검사나 유전자검사 등 과학적 증명방법이 가장 유력한 간접증명의 방법이 될 것이다(대판 2013. 12. 26. 2012므5269; 대판 2002. 6. 14. 2001므1537)).

(사) 인지청구의 절차

인지청구를 할 경우, 반드시 먼저 조정신청을 하여야 한다(가사소송법 제2조 제1항 나류사건 제9호·제50조). 조정절차에서 조정이 성립되면 조정신청자가 1개월 이내에 그 조서로 인지신고를 하여야 한다(가족관계의 등록 등에 관한 법률 제58조). 조정이 성립하지 않으면 조정신청 시에 그 소의 제기가 있는 것으로 보게 되는데(가사소송법 제49조, 민사조정법 제36조 제1항), 인지의 재판이 확정되면 소를 제기한 자가 재판의 확정일부터 1개월 이내에 신고를 하여야 한다(가족관계의 등록 등에 관한 법률 제58조). 이 신고는 모두 보고적 신고이다.

(6) 인지의 효력

인지판결이 확정되면 혼인 외의 출생자와 생부 사이에 법률상 친자관계의 효력이 발생한다. 임의인지·유언인지의 효력도 마찬가지이다. 주요 사항 몇 가지를 본다.

(가) 인지의 소급효

인지의 효력은 소급효가 있다(제860조 본문). 인지의 시점이 아니라, 혼인 외의 출생자가 출생한 때부터 친자관계의 효력이 발생한다. 따라서 인지된 그 자와 생부 사이의 부양·상속의 권리의무도 그 자의 출생 시부터 생긴다. 만약 인지 시까지 생모가 혼자서 그 자를 양육한 경우, 생부에 대하여 과거의 양육비의 상환을 청구할 수 있다(대결 1994. 5. 13.자 전원합의체(다수의견). 92스21). 생부의 사망으로 상속개시 후에 인지판결을 받은 자는 새로운 상속인으로서 상속재산의 분할을 청구할 수 있다. 공동상속인들이 이미 상속재산을 분할·처분한 경우에는 자신의 상속분에 상당한 가액의 지급을 청구할 수 있다(제1014조).

(나) 소급효의 제한

인지의 소급효는 제3자의 권리를 해치지 못한다(제860조 단서). 법률관계의 번잡을 피하고 제3자를 보호함으로써 거래의 안전을 꾀하기 위한 조치이다. 가령 공동상속재산의 분할에 기하여 제3자가 그 상속부동산을 매수한 후에 행해진 인지에 의해 이미 행해진 상속분할과 그 처분은 무효가 됨으로써 제3자에게 뜻하지 않은 손해를 끼칠 수 있기 때문에 인지의 소급효를 제한할 필요가 있는 것이다. 상속재산분할 후의 피인지자 등의 청구권에 관한 제1014조는 관련 당사자들 사이의 이해관계의 조화를 꾀하고 거래안전을 도모하기 위한 규정이라 할 것이다. 그러나 피인지자보다 후순위 상속인들은 제860조 단서의 제3자에 해당하지 않기 때문에 그 후순위 상속인인 망인(생부)의 직계존속·형제자매는 피인지자(원고)의 출현으로 인하여 자신이 취득한 상속재산을 소급하여 잃게 된다(대판 1993. 3. 12. 92다48512). 다만, 이 경우에도 후순위 상속인들의 상속재산의 양수인은 제3자의 범위에 포함된다.

(다) 피인지자의 성과 본, 친권자 등의 문제

첫째, 피인지자는 부모의 협의에 따라 종전의 성과 본을 계속 사용할 수 있다(제781조 제5항 본문). 다만, 그 협의를 할 수 없거나 협의가 이루어지지 않은 경우에는 자는 법원의 허가를 받아 종전의 성과 본을 계속 사용할 수 있다(제781조 제5항 단서). 둘째, 피인지자의 친권자는 부모의 협의로 정하고, 협의를 할 수 없거나 협의가 이루어지지 않는 때에는 가정법원은 직권 또는 당사자의 청구에 따라 친권자를 정하여야 한다(제909조 제4항 본문). 다만, 그 협의가 자의 복리에 반하는 경우에는 가정법원은 보정을 명하거나 직권으로 친권자를 정한다(제909조 제4항 단서). 한편 자가 인지된 경우, 양육책임·면접교섭권에 대하여는 이혼의 경우에 관한 제837조·제837조의2를 준용한다(제864조의2). 셋째, 피인지자는 인지한 부 또는 모의 8촌 이내의 혈족과 4촌 이내의 인척과의 사이에 친족관계가 발생한다(제777조 참조).

●● 사례의 해결:

첫째, 생부가 사망한 경우에는 소재지 관할검찰청 검사(피고)를 상대로 인지청구소송을 제기하여야 한다. 둘째, 혈연상의 친자관계라는 주요사실의 존재를 증명함에 있어서는, 부와 친모 사이의 정교관계의 존재 여부·다른 남자와의 정교의 가능성이 존재하는지 여부·부가 자를 자기의 자로 믿은 것을 추측하게 하는 언동의 존재 여부·부와 자 사이에 인류학적 검사나 혈액검사, 또는 유전자검사를 한 결과 친자관계를 배제하거나 긍정하는 요소가 있는지 여부 등 주요사실의 존재나 부존재를 추인시키는 간접사실을 통하여 경험칙에 의한 사실상의 추정에 의하여 주요사실을 추인하는 간접증명의 방법에 의할 수밖에 없다. 특히 혈액형검사나 유전자검사 등 과학적 증명방법이 그 전제로 하는 사실이 모두 진실임이 증명되고 그 추론의 방법이 과학적으로 정당하여 오류의 가능성이 전무 하거나 무시할 정도로 극소한 것으로 인정되는 경우라면 그와 같은 증명방법은 가장 유력한 간접증명의 방법이 될 수 있으므로, A는 이에 집중하여야 할 것이다.

(대판 2002. 6. 14. 2001므1537의 사실관계와 판결요지 등 참조)

3. 준 정

(1) 의 의

혼인 외의 출생자가 그를 낳은 부모(생부·생모)의 혼인에 의하여 혼인 중의 출생자의 지위를 취득하는 준정(準正) 또는 후혼인지(後婚認知)라 한다. 준정의 형태를 살펴본다. 첫째, 인지가 혼인에 선행하는 혼인으로 인한 준정(부모의 혼인 전에 출생하여 생부로부터 인지를 받은 자가 그 부모의 혼인에 의해 혼인 중의 출생자로 되는 것)만을 규정하고 있다(제855조 제2항). 둘째, 민법에는 규정이 없으나, 통설은 혼인이 인지에 선행하는 혼인 중의 준정(부모의 혼인 전에 출생하여 인지를 받지 못하고 있던 혼인 외의 출생자가 그 부모의 혼인 후에 인지를 하면 인지신고 시부터 준정이 생기는 것. 가족관계의 등록 등에 관한 법률 제57조)·혼인 해소 후의 준정(부모의 혼인 중에 인지를 받지 못하고 있던 혼인 외의 출생자가 부모의 사망·이혼으로 혼인이 해소되거나 또는 혼인이 취소된 후에 인지가 되어 준정이 되는 것)·사망한 자에 대한 준정(직계비속을 남긴 채 사망한 혼인 외의 출생자를 그 부모가 혼인 중에 인지한 경우(제857조)·사망한 혼인 외의 출생자를 인지한 후 그 부모가 혼인한 경우·인지된 혼인 외의 출생자가 직계비속을 남긴 채 사망한 후 그 부모가 혼인한 경우 등) 등도 인정한다.

(2) 준정의 효력

혼인 외의 출생자는 그 부모가 혼인한 때부터 혼인 중의 출생자로 취급된다(제855조 제2항). 그 밖의 준정의 효력도 마찬가지이다(통설). 인지의 효력은 혼인 외의 출생자의 출생 시부터 발생하는 데 비해 준정의 효력은 그 부모가 혼인신고를 한 때부터 발생한다는 점을 주의하여야 한다.

(3) 이 제도의 실효성 여부

준정제도는 다음과 같은 이유에서 그 실효성은 미미하다고 생각한다. 첫째, 혼인 외의 출생자는 비록 그를 낳은 부모가 혼인하지 않을 경우에도 생부로부터 인지를 받게 되면 부자관계가 발생하게 됨으로써 그 자가 특별히 불이익을 받을 우려는 없다. 둘째, 재산상속의 경우에 가족관계등록부상의 자녀이면 혼인 중 출생자·혼인 외의 출생자에 관계없이 상속순위나 상속분에 아무런 차이가 없다는 점에서 이 제도는 혼인 외의 출생자의 호주승계의 순위확보와 그 상승에 그 의미가 있었다 할 것이다. 그렇다면, 호주제도가 폐지된 2008. 1. 1. 이후 이 제도의 존재의의는 매우 미미하다 할 것이다.

〈혼인 중의 출생자와 혼인 외의 출생자의 비교·구별〉

구분 사항	혼인 중의 출생자	혼인 외의 출생자
부모	혼인신고를 마친 부부	사실혼, 무효혼의 부부 (부가 출생신고를 하면 인지효력 발생)
가족관계등록부	부모의 성명이 모두 기록됨	생부의 성명이 공란으로 됨
친자관계 발생시점과 그 존부	출생과 동시	생모와는 출생 시부터, 생부와는 인지 후(인지의 소급효에 의해 출생 시부터)
상속권의 존부	당연히 인정	생모의 사망 시 당연히 인정, 생부의 사망 시 인지의 경우에만 인정
상속권 균분	균분상속	균분상속
부 양 의 무	부모쌍방	생모의 의무, 생부는 인지 시부터
친권자·양육자	부모공동	1차: 생모, 2차: 생부 인지 후 부모 공동
출생신고 (의무자)	혼인 중의 출생자로 기재 (부 또는 모)(가등법 제44조·제46조)	모가 혼인 외의 출생자로 기재(가등법 제44조), 부의 친생자 출생신

		고 시에는 인지의 효력 생김(가등법 제57조)
성과 본	원칙 : 부의 성과 본(제781조 제1항) 예외 : 모의 성과 본(협의 시)(제781조 제1항)	모의 성과 본, 생부의 성과 본을 알면 그대로 신고(인지 후에도 유지 가능)
준정	해당 없음	생부모의 혼인 시부터 혼인 중의 출생자로 의제(제855조 제2항)
친자관계 부인방법	친생부인의 소(제846조 이하), 친생부인의 허가 청구(제854조의2), 인지의 허가 청구(제855조의2)	친생자관계부존재 확인의 소(제865조)
친생자 추정	첫째, 처의 혼인 중에 임신한 자(제844조 제1항) 둘째, 혼인성립일부터 200일 후 출생자(제844조 제2항) 셋째, 혼인종료일부터 300일 내 출생자(제844조 제3항)	해당 없음

판 례

■ 생모의 인지나 출생신고를 기다리지 아니하여도 성립되는 혼인 외의 출생자와 생모와 법률상 친족관계

"혼인 외의 출생자와 생모 간에는 그 생모의 인지나 출생신고를 기다리지 않고 자의 출생으로 당연히 법률상의 친족관계가 생긴다고 해석하는 것이 타당하다."(대판 1967. 10. 4. 67다1791)

■ 생부모가 호적상의 부모와 다른 사실이 객관적으로 명백한 경우, 친생추정을 깨뜨리지 않고도 생부모를 상대로 인지청구를 할 수 있는지 여부(적극)

"민법 제844조의 친생추정을 받는 자는 친생부인의 소에 의하여 그 친생추정을 깨뜨리지 않고서는 다른 사람을 상대로 인지청구를 할 수 없으나, 호적상의 부모의 혼인중의 자로 등재되어 있는 자라 하더라도 그의 생부모가 호적상의 부모와 다른 사실이 객관적으로 명백한 경우에는 그 친생추정이 미치지 아니하므로, 그와 같은 경우에는 곧바로 생부모를 상대로 인지청구를 할 수 있다."(대판 2000. 1. 28. 99므1817)

■ 생부의 인지 없이 생모에 의해 임의로 생부의 친생자로 출생신고 되었다는 것을 이유로 한 인지무효확인심판의 기판력이 재판상 인지청구에 미치는지 여부(소극)

"생부의 인지 없이 생모에 의해 임의로 생부의 친생자로 출생신고 되었다는 것을 이유로 한 인지무효확인의 확정심판은 생부 스스로 자(子)를 그의 친생자로 인정하여 출생신고를 한 바 없는데도 생모에 의해 그러한 행위를 한 것처럼 호적상 기재가 되어 있으니 그 출생신고에 의한 임의 인지가 무효임을 확인한다는 것이 심판대상임이 명백하고, 따라서 그 기판력 역시 생부의 출생신고에 의한 임의 인지가 무효라는 점에 한하여 발생할 뿐이며, 나아가 생부와 자(子) 사이에 친생자관계가 존재하는지의 여부에 대해서까지 그 확정심판의 효력이 미치는 것은 아니므로, 그 확정심판의 효력은 자(子)와 생부 사이에 친생자관계가 존재함을 전제로 하여 재판상 인지를 구하는 청구에는 미치지 아니 한다."(대판 1999. 10. 8. 98므1698)

■ 민법 제864조 중 '민법 제863조의 경우에' '부 또는 모가 사망한 때에는 그 사망을 안 날로부터 1년 내' 부분이 헌법 제10조에 규정된 인간의 존엄과 가치 및 행복추구권을 침해하는지 여부(소극)

"혼인 외 출생자는 생부 또는 생모가 살아 있는 동안에는 제소기간의 제한 없이, 그리고 자신의 연령에 관계없이, 부 또는 모를 상대로 언제든지 인지청구의 소를 제기할 수 있는 것이고(민법 제863조), 혼인 외 출생자가 부 또는 모와의 사이에 친자관계가 존재함을 아는 것은 그렇게 어렵지 않으므로, 이 사건 법률조항이 인지청구의 제소기간을 정함에 있어 혼인 외 출생자가 부 또는 모와의 사이에 친자관계가 존재함을 알았는지 여부를 고려하지 아니하고 단순히 '사망한 사실을 안 날로부터 1년 내'라고 규정한 것은 혼인 외 출생자의 인지청구 자체가 현저히 곤란하게 되거나 사실상 불가능하게 되는 것은 아니다. 부 또는 모가 사망한 경우 인지청구의 제소기간을 너무 장기간으로 설정하는 것은 법률관계를 불안정하게 하여 다른 상속인들의 이익이나 공익을 위하여 바람직하지 않으므로 인지청구의 제소기간을 부 또는 모의 사망을 알게 된 때로부터 1년으로 제한하여 법률관계를 조속히 안정시키는 것은 혼인 외 출생자의 이익과 공동상속인 등 이해관계인의 이익을 조화시킨 것이다. 따라서 이 사건 법률조항이 인지청구의 소의 제소기간을 부 또는 모의 사망을 안 날로부터 1년 내로 규정한 것은 과잉금지원칙에 위배되지 아니하므로 인지청구를 하고자 하는 국민의 인간으로서의 존엄과 가치 그리고 행복을 추구하는 기본권을 침해하는 것은 아니다."(헌재결 2001. 5. 31. 전원재판부, 98헌바9)

■ 인지소송에서 혈연상의 친자관계를 증명하는 방법

"혈연상의 친자관계라는 주요사실의 존재를 증명함에 있어서는, 부와 친모 사이의 정교관계의 존재 여부, 다른 남자와의 정교의 가능성이 존재하는지 여부, 부가 자를 자기의 자로 믿은 것을 추측하게 하는 언동이 존재하는지 여부, 부와 자 사이에 인류학적 검사나 혈액형검사 또는 유전자검사를 한 결과 친자관계를 배제하거나 긍정하는 요소가 있는지 여부 등 주요사실의 존재나 부존재를 추인시키는 간접사실을 통하여 경험칙에 의한 사실상의 추정에 의하여 주요사실을 추인하는 간접증명의 방법에 의할 수밖에 없는데, 여기에서 혈액형검사나 유전자검사 등 과학적 증명방법이 그 전제로 하는 사실이 모두 진실임이 증명되고 그 추론의 방법이 과학적으로 정당하여 오류의 가능성이 전무하거나 무시할 정도로 극소한 것으로 인정되는 경우라면 그와 같은 증명방법은 가장 유력한 간접증명의 방법이 된다."(대판 2002. 6. 14. 2001므1537)

■ 혼인 외 출생자를 양육 및 교육한 자가 동 혼인 외 출생자의 생부에 대하여 하는 부당이득반환 또는 사무관리 비용상환청구의 가부(소극)

"제3자인 원고가 피고의 혼인 외 출생자를 양육 및 교육하면서 그 비용을 지출하였다고 하여도 피고가 동 혼인 외 출생자를 인지하거나 부모의 결혼으로 그 혼인 중의 출생자로 간주되지 않는 한 실부인 피고는 동 혼인 외 출생자를 부양할 법률상 의무는 없으므로 피고가 원고의 위 행위로 인하여 부당이득을 하였다거나 원고가 피고의 사무를 관리하였다고 볼 수 없다."(대판 1981. 5. 26. 80다2515)

■ 위법된 단순한 법원의 호적정정허가만으로 인지된 자의 호적부상의 등재가 말소된 경우, 친자관계에 영향이 미치는지 여부

"소외 망인의 혼인 외 출생자 '갑' 등이 위 망인에 의하여 혼인중의 친생자로 신고되어 호적부에 그대로 등재되었다면 인지로서의 효력이 발생하였다 할 것이고 그 후 적법한 정정판결에 의한 말소절차 없이 위법된 단순한 법원의 호적정정허가만으로 '갑' 등의 호적부상의 등재가 말소된 사실만으로 위 망인과 '갑' 등의 친자관계에 영향이 미칠 수 없다."(대판 1976. 10. 26. 76다2189)

■ 인지판결이 확정되기 전의 정당한 상속인이 채무자에 대하여 소를 제기하고 승소판결까지 받았다면, 그러한 표현상속인에 대한 채무자의 변제는 채권의 준점유자에 대한 변제로서 적법하다고 본 사례

"혼인 외의 자의 생부가 사망한 경우, 혼인 외의 출생자는 그가 인지청구의 소를 제기하였다고 하더라도 그 인지판결이 확정되기 전에는 상속인으로서의 권리를 행사할 수 없고, 그러한 인지판결이 확정되기 전의 정당한 상속인이 채무자에 대하여 소를 제기하고, 나아가 승소판결까지 받았다면, 채무자로서는 그 상속인이 장래 혼인 외의 자에 대한 인지판결이 확정됨으로 인하여 소급하여 상속인으로서의 지위를 상실하게 될 수 있음을 들어 그 권리행사를 거부할 수 없으므로, 그러한 표현상속인에 대한 채무자의 변제는, 특별한 사정이 없는 한, 채무자가 표현상속인이 정당한 권리자라고 믿은 데에 과실이 있다 할 수 없으므로, 채권의 준점유자에 대한 변제로서 적법하다고 본 사례."가 있다(대판 1995. 1. 24. 93다32200).

■ 친생자관계 부존재확인의 소의 기판력이 인지청구의 소에도 미치는지 여부(소극)

"친생자관계 부존재확인청구사건에서 이 사건 인지청구사건 청구인과 소외 망 (갑)간에는 친생자 관계가 없는데도 친생자 관계가 있는 것처럼 호적상 기재되어 있다는 이유를 들어 이해관계 있는 소외 (을)이 청구인을 상대로 친생자관계 부존재확인의 소를 제기하여 그 친생자관계 부존재의 판결이 확정된 바 있다 하더라도 동 판결의 기판력은 이 사건 인지청구에는 미치지 아니한다." (대판 1982. 12. 14. 82므46)

■ 혼인 외의 자가 친생자관계의 부존재를 확인하는 대가로 금원 등을 지급받으면서 추가적인 금전적 청구를 포기하기로 합의하고도 이에 반하여 인지청구를 하고 그 확정판결에 기한 상속분상당가액지급청구의 신의칙 위반 여부의 사례

"혼인 외의 자가 친생자관계의 부존재를 확인하는 대가로 금원 등을 지급받으면서 추가적인 금전적 청구를 포기하기로 합의하였다 하더라도 이러한 합의는 당사자가 임의로 처분할 수 없는 사항에 관한 처분을 전제로 한 것이므로, 이에 반하여 인지청구를 하고 그 확정판결에 따라 상속분상당가액지급청구를 하더라도 신의칙 위반으로 보기 어렵다고 한 사례."가 있다(대판 2007. 7. 26. 2006므2757, 2764).

■ 민법 제1014조에 의한 피인지자 등의 상속분상당가액지급청구권에 대하여 같은 법 제999조 제2항에 정한 제척기간이 적용되는지 여부(적극) 및 혼인 외의 자가 인지판결 확정으로 공동상속인이 된 경우, 위 제척기간의 기산일(=인지판결 확정일)

"민법 제1014조에 의한 피인지자 등의 상속분상당가액지급청구권은 그 성질상 상속회복청구권의 일종이므로 같은 법 제999조 제2항에 정한 제척기간이 적용되고, 같은 항에서 3년의 제척기간의 기산일로 규정한 '그 침해를 안 날'이라 함은 피인지자가 자신이 진정상속인인 사실과 자신이 상속에서 제외된 사실을 안 때를 가리키는 것으로 혼인 외의 자가 법원의 인지판결 확정으로 공동상속인이 된 때에는 그 인지판결이 확정된 날에 상속권이 침해되었음을 알았다고 할 것이다."(대판 2007. 7. 26. 2006므2757, 2764)

인지청구의 소와 친생자관계부존재확인의 소에서 제소기간의 기산점이 되는 '사망을 안 날'의 의미

"인지청구의 소와 친생자관계부존재확인의 소(이하 '인지청구 등의 소'라고 한다)에서 제소기간을 둔 것은 친생자관계를 진실에 부합시키고자 하는 사람의 이익과 친생자관계의 신속한 확정을 통하여 법적 안정을 찾고자 하는 사람의 이익을 조화시킨다는 의미가 있는데, 당사자가 사망함과 동시에 상속이 개시되어 신분과 재산에 대한 새로운 법률관계가 형성되는데, 오랜 시간이 지난 후에 인지청구 등의 소를 허용하게 되면 상속에 따라 형성된 법률관계를 불안정하게 할 우려가 있는 점, 친생자관계의 존부에 관하여 알게 된 때를 제소기간의 시점으로 삼을 경우에는 사실상 이해관계인이 주장하는 시기가 제소기간의 기산점이 되어 제소기간을 두는 취지를 살리기 어렵게 되는 점 등을 고려할 때, 인지청구 등의 소에서 제소기간의 기산점이 되는 '사망을 안 날'은 사망이라는 객관적 사실을 아는 것을 의미하고, 사망자와 친생자관계에 있다는 사실까지 알아야 하는 것은 아니라고 해석함이 타당하다."(대판 2015. 2. 12. 2014므4871)

Ⅲ. 친생자관계존부확인의 소

1. 의 의

특정인 사이에 법률상의 친생자관계가 존재하는지 여부를 확인해 달라고 청구하는 것을 친생자관계존부확인의 소(訴)라 한다(제865조). 친생자관계존재확인의 소와 친생자관계부존재확인의 소로 나누어지나, 후자가 소송실무상의 주류를 차지한다(전자는 인지청구로 해결되기 때문이다). 친생자관계는 부양·상속 등 친족상속법상의 중요한 이해관계 형성의 바탕이 된다. 따라서 친생자관계의 기재가 가족관계등록부의 기재와 다를 경우, 이를 바로 잡을 수 있는 방안의 하나로 이 소가 인정되고 있다. 이 소에 기한 판결은 현재의 법률관계의 존부를 확정하는 확인판결이다. 따라서 이 소는 기존의 법률관계의 존부를 주장하는 확인의 소이다. 장래에 향하여 새로운 친자관계의 발생이나 기존의 친자관계의 소멸을 목적으로 하는 형성의 소(제845조의 아버지를 정하는 소, 제863조의 인지청구의 소, 제846조·제848조·제850조·제851조의 친생부인의 소, 제862조의 인지에 대한 이의의 소 등)와 구별된다.

●● 사례

A(원고)는 망 소외 1과 소외 2 사이에서 태어난 망 소외 3의 아들이고, 망 소외 4내지 7(이하 '망 소외 4 등')은 각 호적상 부가 소외 1, 모가 소외 2로 기재되어 있다(이 점은 사실관계에서 확인되었다). A는, 망 소외 4 등은 망 소외 1과 소외 2 사이에서 태어난 것이 아니라, 소외 8·9 사이에서 출생한 자들로서 망 소외 4 등과 소외 1·2가 모두 사망하였으므로, 검사인 B(피고)를 상대로 망 소외 4 등과 소외 1·2 사이에 각 친생자관계가 존재하지 아니한다는 확인을 구하는 소송을 제기하였다. A는 친생자관계존부확인의 소의 요건을 갖추었는가?

●● 사안의 쟁점:

첫째, A가 친생자관계존부확인의 소를 청구할 당사자적격이 있는지, 둘째, A가 제소기간을 준수하였는지 등이다.

2. 친생자관계부존재확인의 소를 제기할 수 있는 경우

판례이론을 중심으로 소의 제기가 가능한 경우를 살핀다. 첫째, 남편이 혼인 외의 출생자를 본처와의 사이에 낳은 친생자로 출생신고를 한 경우, 그 신고에는 인지의 효력이 생긴다(가족관계의 등록 등에 관한 법률 제57조. 대결 1967. 7. 18. 67마332). 이 경우, 그 친자관계의 외관을 배제하려고 한다면 인지에 대한 이의의 소가 아니라, 친생자관계부존재확인의 소를 제기하여야 한다(대판 1993. 7. 27. 91므306). 둘째, 혼인 중의 출생자이면서 친생자추정을 받지 못하는 자, 즉 혼인 후 200일 후 또는 혼인 종료 후 300일 내에 출생한 자의 경우, 친생자관계부존재확인의 소를 제기할 수 있다. 나아가, 친생자추정을 할 수 없는 분명한 사정이 있는 경우(혼인 중 남편의 해외출장, 병원입원, 교도소 수감, 실종선고 기타 사정으로 아내가 남편의 아이를 포태할 수 없음이 외관상 분명한 사정 하에서 아내가 자를 출산한 경우)(외관설), 그 자(子)를 상대로 친생자관계부존재확인의 소를 제기할 수 있다(대판 1988. 5. 10. 88므85; 대판 1983. 7. 12. 전원합의체(다수의견). 82므59). 셋째, 입양신고 대신 출생신고를 한 경우, 친생자관계존부확인의 소의 제기 가능 여부를 본다. 그 신고에도 불구하고 입양의 효력이 발생할 수 없는 경우, 친생자관계부존재확인의 소로써 그 친자관계를 부정할 수 있다(대판 1995. 1. 24. 93므1242 등). 한편 A 부부 사이의 혼인 중의 출생자를 B 부부 사이의 친생자로 가족관계등록부에 기록한 경우, A 부부에 대하여 친생자관계존재확인의 소를 제기할 수 있다(대판 1981. 12. 22. 80므103). 넷째, 입양신고 대신 출생신고를 한 경우로서 입양의 효력이 생기는 경우, 그 가능 여부를 살핀다. 당사자 사이에 양친자관계 형성의 명백한 의사가 존재하는 등 입양의 실질적 요건을 갖추었으나 입양신고를 하지 않고 친생자출생신고를 하였다면, 입양의 효력이 생긴다는 것이 판례의 입장이다(대판 1977. 7. 26. 전원합의체. 77다492; 그러나 후술할 2012년 민법개정에 따라 미성년자 입양은 법원의 허가가 필요하게 되었으므로 개정법이 적용되는 시점에서의 미성년자 입양에 동 판결이 그대로 유지될지는 의문이다). 따라서 이 경우에는 파양사유에 기한 파양청구를 통하여 친생자관계의 효력을 부정할 수 있다. 다만, 파양사유가 존재할 경우에는 파양에 갈음하는 친생자관계부존재확인의 소를 제기할 수 있으나(대판 2001. 8. 21. 99므2230), 그 밖에는 그 친자관계의 효력을 부정하지 못한다. 확인의 이익이 없기 때문이다(대판 1977. 7. 26. 전원합의체. 77다492 이후 대법원의 태도이다). 다섯째, 혼인 외의 출생자와 생부 사이의 부자관계는 생부의 인지에 의해서만 발생할 수 있고, 친생자관계존재확인의 소에 의할 수는 없다(대판 1997. 2. 14. 96므738 참조).

3. 소의 제기절차

친생자관계존부를 확인하려면 가정법원에 소를 제기하여야 한다(가사소송법 제2조 제1항 가류사건 제4호). 소를 제기하기 전에 조정을 거치지 않으며(조정전치주의의 대상이 아니다), 제소기간에는 아무런 제한이 없다. 다만, 당사자 일방이 사망한 때에는 그 사망을 안 날부터 2년 내에 검사를 상대로 소를 제기하여야 한다(제865조 제1항). 이 소의 대상이 되는 당사자 쌍방이 모두 사망한 경우, 당사자 쌍방 모두가 사망한 사실을 안 날부터 2년 내에 소를 제기하여야 한다(대판 2004. 2. 12. 2003므2503).

4. 당사자 적격

(1) 원 고

구체적으로 보면, 자녀, 자녀의 직계비속·법정대리인, 생모, 남편, 남편의 직계존속·비속, 후견인·유언집행자, 기타 이해관계인이다(제865조). 이때의 이해관계인은 확인의 소에 의하여 일정한 타인들 사에 친생자관계가 존재하지 않는 것이 확정됨으로써 특정한 권리의 취득·의무를 면하게 되는 등의 직접적인 이해관계가 있는 제3자를 말한다(대판 1990. 7. 13. 90므88 등). 한편 제777조 소정의 친족은 이해관계인으로서 친생자관계존부의 확인이 필요한 당사자 쌍방을 상대로 친생자관계존부확인의 소를 구할 수 있다(대판 2004. 2. 12. 2003므2503).

(2) 피 고

친생자관계가 있는 당사자 중 어느 일방(가령 부모)이 소를 제기하는 경우에는 다른 일방(가령 자)이 피고가 된다(가사소송법 제28조·제24조 제1항). 자가 부모를 상대로 소를 제기하는 경우, 부모 중 어느 한쪽과 친자관계가 있으면 부모 중 다른 쪽만이 피고가 된다. 친족 등 제3자가 소를 제기하는 경우, 부모와 자녀 모두가 피고가 된다(가사소송법 제24조 제2항. 대판 19070. 3. 10. 70므1). 결국 피고적격자는 자녀, 부모, 친·자를 공동으로 하는 필수적 공동소송이 된다(대결 1983. 9. 15. 자 83즈2). 이 경우, 부모 중 어느 한쪽이 사망한 경우에는 생존자인 다른 한쪽이 피고가 되고, 양쪽 모두 사망한 때에는 검사를 상대방으로 한다(가사소송법 제28조·제24조 제3항. 대판 1971. 7. 27. 71므13).

●● 사례의 해결:

첫째, 친생자관계존부확인의 소의 경우, 제865조에 따른 이해관계인으로서 친생자관계존부확인이 필요한 당사자 쌍방을 상대로 친생자관계존부확인의 소를 구할 수 있는데, A는 망 소외 1과 소외 2 사이에서 태어난 망 소외 3의 아들이므로 자녀의 직계비속으로 당사자저격이 있고, 둘째, 상대방이 될 당사자 쌍방이 사망한 때에는 검사를 상대로 그 소를 제기할 수 있으며 이 경우, 민법 소정의 규정을 유추·적용하여 그 제소기간을 준수해야 한다고 할 것이어서 결국 민법 제865조 제2항에서 규정하고 있는 '당사자 일방이 사망한 때에는 그 사망을 안 날로부터 2년내에'

라고 함은 제3자가 친생자관계존부확인의 소를 제기하는 경우는 당사자 일방이 사망하는 경우 남은 생존자를 상대로 그 소를 제기할 수 있고, 그 생존자도 사망하여 상대방 될 자 모두가 사망한 경우는 검사를 상대로 할 수 있다는 가사소송법 제24조의 규정에 비추어, 친생자관계존부확인의 대상이 되는 당사자 쌍방이 모두 사망한 경우에는 '당사자 쌍방 모두가 사망한 사실을 안 날로부터 2년내에' 라는 의미라고 해석하여 제소기간 준수 여부를 판단하여야 한다(즉 A가 소외 4 등의 사망 사실을 알게 된 때가 언제인지 여부를 따져봐야 한다).

(대판 2004. 2. 12. 2003므2503의 사실관계와 판결요지 등 참조)

5. 판결의 효력

첫째, 판결에 의해 친생자관계의 존부가 확정되면, 가족관계등록부상의 부(父) 또는 모와 자녀 사이의 친생자관계의 부존재 또는 그 존재가 확인되는 효력이 발생한다. 그 부존재가 확인되면, 친자관계의 효력은 그 자의 출생 시로 소급하여 소멸한다. 따라서 부양·상속 등의 권리·의무도 소멸하게 된다. 그 판결 확정 전에 그 자가 그 부·모로부터 재산상속을 받았다면, 그 상속은 무효가 됨으로써 그 자는 부당이득반환의무를 부담하게 된다. 둘째, 그 판결의 효력은 제3자에게 미친다(가사소송법 제21조 제1항). 셋째, 판결이 확정되면 승소판결을 받은 원고는 그 확정일부터 1개월 이내에 가족관계등록부의 정정을 신청하여야 한다(가족관계의 등록 등에 관한 법률 제107조).

판 례

■ 처가 부의 자를 포태할 수 없음이 외관상 명백한 경우 부가 그 출생자의 친자관계를 부인하는 방법

"민법 제 844조는 부부가 동거하여 처가 부의 자를 포태할 수 있는 상태에서 자를 포태한 경우에 적용되는 것이고 부부의 한쪽이 장기간에 걸쳐 해외에 나가 있거나 사실상의 이혼으로 부부가 별거하고 있는 경우등 동서의 결여로 처가 부의 자를 포태할 수 없는 것이 외관상 명백한 사정이 있는 경우에는 그 추정이 미치지 아니하므로 이 사건에 있어서 처가 가출하여 부와 별거한지 약 2년 2개월 후에 자를 출산하였다면 이에는 동조의 추정이 미치지 아니하여 부는 친생부인의 소에 의하지 않고 친자관계부존재확인소송을 제기할 수 있다."(대판 1983. 7. 12. 전원합의체(다수의견), 82므59)

■ 처가 부의 자를 포태할 수 없음이 외관상 명백한 경우, 자의 친자관계부존재확인소의 제기 가부

"민법 제844조는 부부가 동거하여 처가 부의 자를 포태할 수 있는 상태에서 자를 포태한 경우에 적용되는 것이지 부부의 한 쪽이 사실상의 이혼으로 별거하고 있는 경우 등 동서의 결여로 처가 부의 자를 포태할 수 없는 것이 외관상 명백한 사정이 있는 경우에는 그 추정이 미치지 않는다고 새겨야 할 것이므로 이때는 민법 제865조, 제863조에 의하여 자도 친자관계부존재확인소송을 제기할 수 있다."(대판 1988. 5. 10. 88므85)

■ 입양의 의사로 친생자출생신고를 하고 거기에 입양의 실질적 요건이 모두 구비되어 있는 경우, 입양의 효력발생 여부(적극) 및 이 경우 친생자관계부존재확인청구의 가능 여부(한정 소극)

"당사자가 양친자관계를 창설할 의사로 친생자출생신고를 하고 거기에 입양의 실질적 요건이 모두 구비되어 있다면 그 형식에 다소 잘못이 있더라도 입양의 효력이 발생하고, 양친자관계는 파양에 의하여 해소될 수 있는 점을 제외하고는 법률적으로 친생자관계와 똑같은 내용을 갖게 되므로 이 경우의 허위의 친생자출생신고는 법률상의 친자관계인 양친자관계를 공시하는 입양신고의 기능을 발휘하게 되는 것이며, 이와 같은 경우 파양에 의하여 그 양친자관계를 해소할 필요가 있는 등 특별한 사정이 없는 한 그 호적기재 자체를 말소하여 법률상 친자관계의 존재를 부인하게 하는 친생자관계부존재확인청구는 허용될 수 없는 것이다."(대판 2001. 5. 24. 전원합의체, 2000므1493)

■ 민법 제777조 소정의 친족이 친자관계 부존재확인의 소를 제기함에 있어 확인의 이익 유무(적극)

"민법 제777조 소정의 친족은 특단의 사정이 없는 한, 그와 같은 신분관계를 가졌다는 사실만으로써 당연히 친자관계존부 확인의 소를 제기할 소송상의 이익이 있다."(대판 1981. 10. 13. 전원합의체, 80므60)

■ 성씨관계를 바로잡기 위하여 제3자가 타인간에 친자관계부존재확인을 소구할 이익이 이는지 여부

"제3자가 타인간에 친자관계가 존재하지 않는 것을 주장하고 그 확인을 구하는 소를 제기할 법률상의 이익이 있으려면 그 타인간에 친자관계의 존재하지 아니함을 확정함으로 인하여 자기의 권리관계에 직접 이해관계가 미치는 경우라야 할 것이고 청구인이 그 성씨관계를 바로잡기 위한 타인간의 친자관계부존재확인의 청구는 즉시 그 확인을 구함에 관하여 이익을 가졌다 할 수 없다."(대판 1976. 7. 27. 76므3)

■ 갑의 혼인 외의 자로 출생 신고된 피청구인의 호적부상 부모란에 청구인이 모로 기재되어 있으나 갑과 피청구인 사이에 친생자관계부존재의 확인을 구할 수 있는 당사자적격이 없다고 본 사례

"타인들 사이에 친생자관계가 존재하지 않는 것을 주장하여 그 확인의 소를 제기할 수 있는 이해관계인이라 함은, 확인의 소에 의하여 그 타인들 사이에 친생자관계가 존재하지 않는 것이 확정됨으로써 특정한 권리를 얻게 되거나 특정한 의무를 면하게 되는 등의 직접적인 이해관계가 있는 제3자를 말하는 것인바, 청구인이 청구 외 망 갑과 법률상 혼인을 한 일이 없는데, 호적부상 갑의 혼인 외의 자로 출생신고가 된 피청구인의 부모란에 청구인이 그의 모로 기재되어 있는 경우에 있어서, 청구인 스스로 피청구인의 생모가 아님을 주장하고 있음은 물론, 청구인이 당초 청구인과 피청구인 사이에 친생자관계가 존재하지 아니함의 확인을 구하는 청구까지 병합하여 이 사건 소를 제기하여 제1심법원이 그 청구를 인용하자 피청구인이 항소를 하지 아니함으로써 제1심 판결이 그대로 확정된 바 있다면, 청구인은 갑과 피청구인 사이에 친생자관계가 존재하지 아니함의 확인을 구할 수 있는 이해관계인이라고 할 수 없다."고 한 사례가 있다(대판 1990. 7. 13. 90므88).

■ 친생자관계존부 판단의 자료와 정도

"간접적으로 전문한 것이거나 정황증거들인 증언은 친생관계 여부를 판단하기 위한 자료로는 부족하고, 혈액형 등을 조사·감정하여 그 감정결과 최소한 청구인과 피청구인 간의 친생관계 인정이 의학적으로 불가능한 일이 아니라는 정도의 사실이 밝혀진 다음에 그 조사결과를 합쳐서 위 증언에 대한 신빙성을 가려야 할 것이다."(대판 1983. 11. 8. 82므16)

■ 친자 쌍방이 생존하는 경우, 친생자관계부존재확인의 소의 소송형태(=필요적 공동소송)

"이해관계 있는 제 3 자가 친생자관계부존재확인을 구하는 심판청구에 있어서는 친·자 쌍방이 피심판청구인의 적격이 있다 할 것이므로 친·자 쌍방이 다 생존하고 있는 경우에는 필요적 공동소송의 경우에 해당된다."(대결 1983. 9. 15. 자 83스2)

■ 가사소송법상의 가류 가사소송사건에 대한 재판상 화해나 조정의 가부(소극)

"친생자관계의 존부확인과 같이 현행 가사소송법상의 가류 가사소송사건에 해당하는 청구는 성질상 당사자가 임의로 처분할 수 없는 사항을 대상으로 하는 것으로서 이에 관하여 조정이나 재판상 화해가 성립되더라도 효력이 있을 수 없다."(대판 1999. 10. 8. 98므1698)

■ 여성인 갑과 동성애관계에 있던 을이 입양의 의사로 병을 자신의 친생자로 출생신고하고 갑과 함께 병을 양육하였는데, 이후 병이 갑의 양자로 입양신고를 마치고도 갑, 을과 함께 생활한 경우 을과 병의 친생자관계부존재확인

"여성인 갑과 동성애관계에 있던 을이 입양의 의사로 병을 자신의 친생자로 출생신고하고 갑과 함께 병을 양육하였는데, 이후 병이 갑의 양자로 입양신고를 마치고도 갑, 을과 함께 생활한 사안에서, 병이 갑의 양자로 입양신고를 마쳤다는 사정만으로 을과 병 사이의 양친자관계가 파양되었다고 보기 어려워 뒤에 이루어진 갑과 병 사이의 입양의 효력이 문제 될 뿐이므로, 을과 병의 친생자관계부존재확인을 구하는 소는 확인의 이익이 없어 부적법하다."(대판 2014. 7. 24. 2012므806)

■ 혈연상 친생자관계가 인정된 확정판결의 효과(=친자관계 창설) 및 확정판결에 반하여 친생자관계부존재확인의 소로써 친자관계가 존재하지 않는다고 다툴 수 있는지 여부(소극)

"친생자관계가 인정되어 확정판결을 받으면 당사자 사이에 친자관계가 창설된다. 이와 같은 인지청구의 소의 목적, 심리절차와 증명방법 및 법률적 효과 등을 고려할 때, 인지의 소의 확정판결에 의하여 일단 부와 자 사이에 친자관계가 창설된 이상, 재심의 소로 다투는 것은 별론으로 하고, 확정판결에 반하여 친생자관계부존재확인의 소로써 당사자 사이에 친자관계가 존재하지 않는다고 다툴 수는 없다."(대판 2015. 6. 11. 2014므8217; 대판 2013. 12. 26. 2012므5269 등)

■ 친생자관계존부 확인소송 계속 중 피고가 사망한 경우, 검사로 하여금 피고의 지위를 수계하도록 소송수계를 신청할 수 있는지 여부 및 실종선고가 확정된 경우에도 마찬가지로 적용되는지 여부(적극)

"친생자관계존부 확인소송은 소송물이 일신전속적인 것이지만, 당사자 일방이 사망한 때에는 일정한 기간 내에 검사를 상대로 하여 그 소를 제기할 수 있으므로(민법 제865조 제2항), 당초에는 원래의 피고적격자를 상대로 친생자관계존부 확인소송을 제기하였으나 소송 계속 중 피고가 사망한 경우 원고의 수계신청이 있으면 검사로 하여금 사망한 피고의 지위를 수계하게 하여야 한다. 그러나 그 경우에도 가사소송법 제16조 제2항을 유추적용하여 원고는 피고가 사망한 때로부터 6개월 이내에 수계신청을 하여야 하고, 그 기간 내에 수계신청을 하지 않으면 그 소송절차는 종료된다고 보아야 한다. 이와 같은 법리는 친생자관계존부 확인소송 계속 중 피고에 대하여 실종선고가 확정되어 피고가 사망한 것으로 간주되는 경우에도 마찬가지로 적용된다."(대판 2014. 9. 4. 2013므4201; 대판 1983. 2. 22. 82사18)

■ 친생자관계부존재확인소송에서 당사자의 입증이 충분하지 못할 경우, 법원이 직권으로 사실조사 및 증거조사를 하여야 하는지 여부(적극)

"친생자관계부존재확인소송은 가족관계등록부상의 부 또는 모와 자 사이에 친생자 관계가 존재하지 아니함을 확인하는 소송으로서 친족법상 중대한 영향을 미침은 물론이고 공익에도 관련된다. 그리하여 가사소송법 제17조는 이러한 소송에 대하여 직권주의를 채용하고 있으므로, 법원은 당사자의 입증이 충분하지 못할 때에는 가능한 한 직권으로라도 필요한 사실조사 및 증거조사를 하여야 한다."(대판 2010. 2. 25. 2009므4198; 대판 2002. 6. 14. 2001므1537)

심화학습

민법 제865조 제2항 위헌소원 사건(헌재결 2014. 3. 27. 전원재판부. 2010헌바397)

1. 사건의 개요

청구인은 단 아무개의 아들이고, 가족관계등록부에 단 아무개는 단○길의 아들로 기재되어 있다. 단○길은 1930. 10. 28.에 사망하였고, 단 아무개는 1960. 2. 15.에 사망하였다. 청구인은, 아버지인 단 아무개는 실제로는 석 아무개의 아들이었는데 단 아무개의 어머니가 단○길과 재혼하면서 단 아무개가 단○길의 친생자로 호적에 기재되었다고 주장하면서, 2009. 10. 9. 검사를 상대로 단○길과 단 아무개 사이에 친생자관계가 존재하지 아니한다는 확인을 구하는 소를 제기하였다. 청구인은 이 소송 계속 중 민법 제865조 제2항에 대한 위헌법률심판제청을 신청하였으나, 2010. 9. 14. 위 소가 청구기간이 지나 제기되었다는 이유로 각하되면서 위헌법률심판제청신청도 기각되었다. 이에 청구인은 친생자관계부존재확인의 소의 제척기간을 '사망한 사실을 안 날로부터 2년 내'로 정하고 있는 민법(2005. 3. 31. 법률 제7428호로 개정된 것) 제865조 제2항이 헌법에 위반된다며 2010. 10. 11. 그 위헌확인을 구하는 이 사건 헌법소원심판을 청구하였다.

2. 판시사항 · 결정요지

가. 친생자관계 존부의 당사자가 사망한 경우 이해관계인이 그 사망을 안 날로부터 2년 내에 검사를 상대로 친생자관계부존재확인의 소를 제기할 수 있도록 한 민법(2005. 3. 31. 법률 제7428호로 개정된 것) 제865조 제2항 중 이해관계인이 검사를 상대로 친생자관계부존재확인의 소를 제기하는 경우에 관한 부분(이하 '심판대상조항'이라 한다)이 청구인의 행복추구권, 재판청구권 등을 침해하는지 여부(소극)

"심판대상조항은 친생자관계존부확인의 소의 제소기간을 제한하여 당사자가 사망한 때로부터 시간이 지날수록 당사자 사이의 친생자관계를 증명할 수 있는 자료가 사라져 진실한 사실관계를 확정하기 어렵고, 당사자의 사망과 동시에 개시된 상속에 따라 형성된 법률관계의 확정이 미루어지는 것을 방지하기 위한 것으로서 그 입법목적이 정당하고 방법도 적절하다. 이해관계인이 당사자의 사망을 알았는지 여부는 객관적인 자료에 의해 판단할 수 있으므로 이를 기준으로 제소기간을 기산하는 것은 합리적이고, 당사자가 살아 있는 동안에는 제소기간의 제한 없이 친생자관계존부확인의 소를 제기할 수 있으므로 당사자가 사망한 뒤 이해관계인의 제소기간을 장기간 확보해 줄 필요성이 크지 않고, 2년이라는 제소기간은 가족법상 다른 제소기간 규정과 비교해 보아도 특별히 단기간이라 볼 수 없다. 아울러 법률관계의 조속한 안정이라는 공익과 비교해 볼 때 제소기간 제한에 따른 이해관계인의 기본권 제한은 합리적인 범위 안에 머물고 있다고 인정되므로, 심판대상조항이 과잉금지원칙을 위배하여 청구인의 인간의 존엄과 가치, 행복추구권, 재판청구권을 침해한다거나 혼인과 가족생활에 관한 기본권을 제한한다고 볼 수 없다."

3. 검 토

가. 이 사건의 쟁점

이 사건의 심판대상조항으로 말미암아 청구인은 인간의 존엄성, 행복추구권, 평등권, 혼인과 가족생활보장, 그리고 재판받을 권리를 침해당하고 있다고 볼 수 있는지 여부이다.

나. 판단의 근거 · 이유

첫째, 심판대상조항으로 말미암아 제한되는 기본권을 살핀다. ① 자신의 혈통을 확인하고 진실한 혈연관계에 부합되는 법률상의 가족관계를 형성하고 유지하는 것은 헌법 제10조가 보장하는 인간으로서의 존엄과 가치를 보존하고 행복을 추구하는 권리를 실현함에 있어 매우 중요한 의미를 가진다(헌재결 2001. 5. 31. 98헌바9 참조). 따라서 친생자관계부존재확인의 소의 제소기간을 제한하여 그 출소를 막는 것은 인간으로서의 존엄과 가치를 보존하고 행복을 추구하는 권리를 제한한다고 할 수 있다. ② 또한 친자관계는 원칙적으로 자연적인 혈연관계를 바탕으로 성립되는 것이기 때문에 법률상의 친자관계를 진실한 혈연관계에 부합시키는 것이 헌법이 보장하고 있는 혼인과 가족제도의 원칙이라고 할 수 있다(헌재결 1997. 3. 27. 95헌가14 참조). 그런데 심판대상조항은 친생자관계존부확인의 소의 제소기간을 당사자의 사망사실을 안 날을 기준으로 정함으로써 이해관계인이 친생자관계의 존부를 알았는지 여부와 관계없이 사망사실을 알았다는 이유로 진실한 혈연관계에 부합하지 아니하는 친자관계를 확인할 기회를 제한하고 있다. 이는 헌법이 보장하는 혼인과 가족제도의 원칙에 맞지 않으며 개인의 존엄에 기초한 혼인과 가족생활에 관한 기본권을 제한하는 것이다. ③ 아울러 심판대상조항은 제소기간을 정하여 청구인의 재판청구권을 제한하고 있다. 청구인은 심판대상조항이 평등권도 침해한다고 주장하지만 구체적으로 어떤 이유에서 평등권이 침해된다는 것인지 아무런 설명이 없다. 심판대상조항은 이해관계인의 제소기간을 일률적으로 정하고 있어 그 자체만으로는 평등원칙에 위배된다고 볼 여지가 없다. 둘째, 심판대상조항이 행복추구권 등 청구인의 기본권을 침해하는지 여부를 본다. ① 당사자가 사망한 뒤 이해관계인이 친생자관계존부확인의 소를 제기하는 경우에는 당사자가 사망한 때로부터 시간이 지날수록 그에 비례하여 당사자 사이의 친생자관계를 증명할 수 있는 자료가 사라져 진실한 사실관계를 확정하기 어렵게 된다. 따라서 당사자가 사망한 경우에는 되도록 빠른 시일 안에 친생자관계존부확인의 소를 제기하도록 할 필요가 있다. ② 당사자가 사망함과 동시에 상속이 개시되어 신분과 재산에 대한 새로운 법률관계가 형성되는데, 이해관계 있는 제3자가 개입하여 당사자 사이의 친생자관계존부를 확인하여 신분관계에 변동이 생기게 되면 새롭게 형성된 법률관계가 바뀌게 된다. 따라서 당사자가 사망한 뒤 이해관계인이 친생자관계존부확인의 소를 제기할 수 있는 기간이 길어지면 길어질수록 상속에 따라 형성된 법률관계의 확정이 미루어지는 불안정이 초래될 수 있다. 이러한 불안정 상태가 오래 지속되는 것은 상속인들의 이익이나 공익을 위해 바람직하지 아니하므로 법률관계의 조속한 확정을 위하여 이해관계인에 의한 친생자관계존부확인의 소는 되도록 빠른 기간 안에 제소되도록 할 필요가 있다. 심판대상조항이 친생자관계존부확인의 소의 제소기간을 정하고 있는 것은 이러한 필요에 따른 것으로 그 정당성과 합리성을 인정할 수 있다. ③ 당사자가 사망한 뒤 친생자관계 존부확인 청구의 제소기간을 너무 장기간으로 설정하면 상당기간에 걸쳐 이루어진 신분 및 재산관계를 불안정하게 하는 원인이 된다. 따라서 이해관계인에 의한 친생자관계존부확인청구의 제소기간을 당사자의 사망을 알게 된 때로부터 2년으로 제한하여 법률관계를 조속히 안정시키는 것은, 친생자관계존부의 확인을 구할 이익과 공동상속인 등 이해관계인의 이익을 조화시킨다는 의미도 있다. ④ 그런데 심판대상조항은 그 입법목적의 정당성과 수단의 적합성이 인정되고, 법률관계의 조속한 안정이라는 공익과 비교해 볼 때 제소기간 제한에 따른 이해관계인의 기본권 제한은 합리적인 범위 안에 머물고 있다고 인정된다. 따라서 심판대상조항이 과잉금지원칙을 위배하여 청구인의 인간의 존엄과 가치, 행복추구권, 재판청구권을 침해한다거나 혼인과 가족생활에 관한 기본권을 제한하여 헌법에 위반된다고 볼 수 없다(헌법재판소판례집 26-1상, 369 참조).

다. 결정의 의의

친생자관계를 진실에 부합시키고자 하는 사람의 이익과 친생자관계의 신속한 확정을 통하여 법적 안정을 찾고자 하는 사람의 이익을 어떻게 그 사회의 실정과 맞게 조화시킬 것인가에 관한 문제는 이해관계인들의 기본권적 지위 및 가족생활에 관한 헌법적 결단을 고려하여 결정할 문제로서 원칙적으로 입법권자의 재량에 맡겨져 있다(헌재결 1997. 3. 27. 95헌가14 참조)는 점에 비춰볼 때 심판대상조항에 대한 합헌결정은 정당하다.

Ⅳ. 인공수정 및 대리모

1. 서 설

(1) 의 의

첫째, 인공수정이란 남녀 사이의 자연적 성행위에 의하지 않고 인위적인 시술에 의하여 수태하게 하는 것으로, 이러한 방법에 따라 낳은 아이를 인공수정자라 한다. 이 방법이 행해진 초기 단계에는 정자를 여자의 체내에 삽입시키는 체내수정에 한정(① 배우자간 체내 인공수정에 대한 최초의 보고는 1785년 런던으로부터 온 스코틀랜드인인 외과의사 John Hunter가 사고로 요도하열증(hypospadia)이 된 남성의 정액을 받아 부인의 질 내에 주입하여 임신에 성공한 것이다. ② 최초의 비배우자간 체내 인공수정의 성공은 1884년 미국 필라델피아 제퍼슨 의과대학의 William Pancoast 교수가 무정자증의 남편을 둔 여성에게 제3자인 의대생으로부터 기증받은 정자를 주입하여 시술한 것으로 당시에는 비밀로 하였고, 25년 후에야 보고된 바 있다)하였으나, 최근 들어서는 정자와 난자를 체외에서 시험관 등에 의하여 수정시켜 여자의 자궁에 착상시키는 체외수정(영국 생리학자인 에드워즈와 산부인과 의사인 패트릭 스텝토우가 1978년 7월 25일 최초의 시험관 아기인 루이스 브라운을 탄생시킨 바가 있다)도 행하여지고 있어, 인공수정의 의미는 넓게 사용되고 있다. 둘째, 인공수정은 생식기능의 결함으로 임신이 불가능하거나, 부부 중의 어느 한쪽이 치명적인 유전병을 가지고 있어서 그의 자녀를 포기할 수밖에 없을 때 또는 독신자인 미혼여성이 남자와의 관계없이 자기의 아이를 낳고 싶어하는 등의 경우에 유용한 수단이 되고 있으나, 민법이 예상하지 못한 것이어서 법률적인 문제가 많다.

(2) 입법례

앞서 살핀 이유로 외국에서는 인공수정문제를 입법으로 해결하기 위한 시도를 하였다. 첫째, 미국은 1964년 조지아주에서 인공수정에 관한 법안이 최초로 통과된 이후, 여러 주에서 인공수정 관련법을 제정하게 되었는데, 1973년에 이르러 통일법전국위원협의회(the National Conference of Commissioners on Uniform State Laws)는 통일친자법(the Uniform Parentage Act)을 입법하였다. 통일친자법은 친자관계나 유아양육 등에 획기적인 전환을 가져왔다. 또한 미국은 1988년 인공수정을 통한 대리모 문제를 포함하여 다루고 통일법전국위원회에서 보조적 임신에 따른 자의 지위에 관한 통일법(Uniform Status of Children of Assisted Conception Act)을 제정하여 대리모계약까지 자세히 규율하게 되었다. 둘째, 영국은 의회에서 1982년 생명윤리에 관한 영국생명윤리위원회(Committee on Bioethical Issues)를 설립하여 인간의 생명을 다루는 생식의학 및 유전공학의 법적·윤리적 논의를 공식화하였다. 그 후 1984년 위 위원회의 입법보고서를 기초로 1990년 인간 수정 및 배아 발생에 관한 법률(Human Fertilisation and Embryology Act 1990)을 제정하였다. 동법은 일정한 상황에서 아이의 법적 부모로 다룰 수 있는 사람에 관한 조항을 규정하기 위하여 대리모계약법(the Surrogacy Arrangements Act 1985)의 내용을 수정·포함한 결과를 2008년 개정에 반영하였다. 셋째, 독일은 1984년 연방법무성에 벤다위원회(Benda-Kommission)를 설치하여 체외수정 등의 문제점을 검토한 뒤, 그 결과인 벤다보고서(Benda-Bericht)의 법안을 수정, 배아보호법(Embryonenschutzgesetzes)을 제정하였다. 동법은 2011년 최종 수정되어 현재도 시행되고 있다. 또한 독일은 1989년 입양중개법(Adoptions vermittelungsgesetz)을 개정하여 대리모에 관하여도 규율하고 있다. 이러한 외국의 입법례는 우리의 인공수정자 문제를 다루는 데에 참조할 만한 내용을 담고 있다.

2. 인공수정자의 종류

첫째, 인공수정자는 남편의 정자에 의한, 이른바 '배우자 사이의 인공수정자'와 남편의 정자 · 아내의 난자가 아닌 제3자의 것을 빌려 오는 방법에 의한, '비배우자 사이의 인공수정자'로 크게 나눌 수 있다. 둘째, 비배우자간 인공수정자는 네 가지 형태가 있는데, ① 남편 이외의 제3자의 정자에 의한 인공수정(Artificial Insemination by Donor ; AID)자, ② 아내 아닌 제3의 여자의 난자를 빌려 체외수정을 한 후 수정란을 아내의 자궁에 착상시키는 이른바 제3자의 난자에 의한 인공수정자, ③ 제3자의 정자 · 난자를 체외수정한 수정란을 아내의 자궁에 착상시켜 출생한 인공수정자, ④ 남편과 아내의 체외수정란을 제3자인 대리모의 자궁에 착상시켜 분만하는 이른바 대리모에 의한 인공수정(Artificial Insemination by the Surrogate, AIS)자를 말한다.

3. 인공수정자의 법적 지위

●● 사례

원고 A와 망 B는 2009. 7. 7. 혼인신고를 마친 법률상 부부였고 자녀로 C를 두었다. B는 2013. 12. 3. 사망하였고, 원고 A는 불임 시술을 위해 냉동해 두었던 B의 정자를 해동하여 시험관 시술로 D를 출산하였다. 이에 원고 A는 D가 B의 자라는 이유로 인지청구의 소를 제기하였다. C와 D는 유전자검사를 통하여 동일부계에 따른 혈연관계가 있음이 밝혀졌다. 원고 A의 인지청구는 인용될 것인가?

●● 사안의 쟁점:

첫째, 인공수정자에게도 제844조의 친생자추정이 적용되는지, 둘째, 부자관계를 결정하는 기준이 무엇인지, 셋째, 인공수정을 할 당시 부가 존재하지 않았을 때에도 부자관계인정이 가능한지 등이다.

(1) 배우자간의 인공수정자

(가) 친생추정 등의 문제

배우자간의 인공수정(Artificial insemination by the husband ; AIH)자는, 체내수정 · 체외수정을 묻지 않고, 서로의 동의가 있었는가에 관계없이 그 친자관계는 자연적인 성결합 대신에 인공적인 기술이 사용되었을 뿐이어서 통상의 자와 마찬가지로서 제844조에 의해 부의 친생자로 추정받는다고 할 것이다. 또한 사실혼 부부 사이에 AIH에 의한 출생자가 있으면 그 출생자는 모의 혼인 외의 자가 되나, 그 후 부부가 혼인신고를 하게 되면 민법 제855조 제2항에 기해 준정에 의한 혼인 중의 자가 되는 등 법적으로 큰 문제가 없다.

(나) 사후수정의 문제

남편이 사망한 후에 냉동 보존된 남편의 정액을 이용하여 인공수정한 경우인 사후수정은 남편이 사망 후 인공수정하였으므로 명백히 혼인 기간 내에 포태하지 아니하였음이

분명한데, 이러한 경우 그 친자관계를 어떻게 보아야 하는가? 우리나라에서는 활발한 논의가 없지만, 우리 법제와 유사한 일본의 경우는, ① 사후수정에 따라 태어난 자와 부 사이의 부자관계를 적극적으로 인정하려는 혼인 중 출생자설(野村豊弘, "人工生殖と親子の決定", 「家族法改正への課題」, 日本加除出版, 1993, 315面), ② 사후수정을 시행한 아내는 남편의 정자를 이용하여 아이를 낳더라도 혼인 외 출생자의 지위만을 얻을 것이라는 의사만이 있었다는 점을 근거로 하는 혼인 외 출생자설(人見康子, "体外受精をめぐる法律問題", 「ジュリスト」 828号, 有斐閣, 1985, 44面), ③ 임신 시 존재하지 아니하는 부와 자의 관계를 법적으로 연결시키는 것은 불가능한 일이라는 이유에서 비롯된 부자관계 부정설(松川正毅, "フランスに於ける人工生殖と法(2完)·人工授精をめぐる問題", 「民商法雑誌」 105巻 3号, 有斐閣, 1991, 340面)의 견해대립이 있다(일본의 경우는 最高裁判所 第二小法廷 平成16年 (受) 第1748号 判決을 통하여 부자관계가 성립하지 않는 것으로 판시한 바가 있다). 생각건대 심정적으로는 혼인 중 출생자설을 지지하고 싶지만, 해석론으로 사후수정자를 '혼인 중에 임신한 자'로 해석하는 것은 무리가 있다. 따라서 입법론으로 해결해야 할 문제이다. 우리 하급심 판례는 혈연관계만을 이유로 사후수정자의 인지청구를 인정하여 사망자와 적어도 친자관계가 있음을 밝힌 바가 있다(서울가판 2015. 7. 3. 2015드단21748).

●● 사례의 해결:

첫째, 인공수정자 역시 자연적인 성결합 대신 인공적인 기술을 사용하였을 뿐이라는 점에서 제844조에 따른 친생자추정규정은 적용된다. 다만 사례는 제844조 요건에 충족되지 않아 원고 A가 인지청구를 한 것으로 보인다. 둘째, 부자관계를 인정하기 위한 기준으로는 대표적으로 혈연관계의 인정, 양자관계 등 법적인 부자관계설정의 요건충족을 들 수 있고 최근에는 사회적 친자관계설에 따른 부자관계인정론도 주장되고 있다. 셋째, 하급심 판례는 인공수정 당시 부가 존재하지 않았더라도 유전자검사 등을 통하여 혈연관계가 확인된다면, D가 B의 친생자임이 인정되므로, 원고의 이 사건 청구를 인용하였다.

(서울가정법원 2015. 7. 3. 2015드단21748의 사실관계와 판결요지 등 참조)

(2) 비배우자간의 인공수정자

첫째, 비배우자간 인공수정자 역시 제844조 제1항에 의하여 부의 친생자로 추정된다 할 것이다. 둘째, 이때 부는 친생부인의 소를 제기할 수 있는가? 학설은, 부가 처의 인공수정 시술에 동의하였다면, 금반언의 원칙상 친생부인의 소를 제기할 수 없다는 견해(김주수·김상용, 앞의 책, 335면 등 다수설)와 부와 인공수정자 사이의 친생자관계는 부부의 합의에 의하여 좌우될 성질의 것은 아니므로, 그 시술에 대한 부의 동의 여부와 관계없이, 부는 친생부인의 소를 제기할 수 있다는 견해(배경숙·최금숙, 앞의 책, 288면; 양수산, 앞의 책, 380면)로 나누어진다. 생각건대 불임부부의 문제를 합리적으로 해결하기 위한 방법으로 부부가 인공수정을 하기로 사전에 합의하였다면, 신의칙상 또는 그 자의 복리를 위해서라도 부는 친생부인의 소를 제기할 수 없다고 보는 것이 타당하다(대구지법 가정지판 2007. 8. 23. 2006드단22397; 서울가판 2016. 9. 21. 2015르1490). 반대로 처의 인공수정 시술에 부의 동의가 없었다면 부는 친생부인의 소를 제기할 수 있을 것이다.

(3) 대리모에 의한 인공수정자

(가) 대리모계약의 유효 여부

대리모계약의 유효성에 관하여는, 제103조를 이유로 부정하는 견해가 다수설이다(박동섭, 앞의 책, 297면 등). 이와 반대로 현행법상 대리모계약을 명시적으로 금지하는 법규가 없고 인간에게 부여된 가장 숭고한 본능이며 천부적인 권리가 혈통계승이라는 이유로 이를 긍정하는 견해도 있다. 이에 관한 대법원 판결은 없으나 하급심은 대리모계약이 선량한 풍속 기타 사회질서에 위반한 것으로 제103조에 따라 무효라고 판시한 바 있다(서울가결 2018. 5. 18.자 2018브15). 오늘날의 사회사정, 사람들의 가치관에 비춰볼 때 유상・무상의 대리모계약을 제103조에 위반하는 계약으로서 무효라고 단정하기는 어렵다. 결국 민법이 예상하지 못한 대리모에 의한 인공수정자의 문제는 특별법제정을 통하여 합리적인 해결을 기대할 수밖에 없다.

㈏ 법률상 모의 결정기준

대리모에 의한 인공수정자뿐만 아니라 제3자의 난자에 의한 인공수정자, 제3자의 정자・난자를 체외수정한 수정란을 아내의 자궁에 착상시켜 출생한 인공수정자 모두 그 아이의 어머니가 누구인지에 관한 문제가 있다. 이에 관하여 ① 난자제공자설(염색체기준설이라고도 하며 난자에 기재되어 있는 염색체야말로 친자관계를 결정하는 가장 중요한 요소라고 평가한다 ; Brahams D, "The Hasty British Ban on Commercial Surrogacy", 17 Hastings Center Report 16, 1987, pp.18-19), ② 자궁분만자설(출산기준설이라고도 하며 출산모를 전통적인 가족법원리에 따라 자의 법률상 모로 인정한다 ; 吉田邦彦, "人工生殖に關する最近の最高裁裁判例(凍結精子による死後生殖事例及び代理母事例)について: 札幌身分法・家事實務研究會の紹介を兼ねて", 「判例タイムズ」 1371号, 判例タイムズ社, 2012, 70-71 面 등), ③ 의도기준설(부모와 자 관계의 핵심은 생물학적 연관성이 아니라 자녀를 출생케 하려는 의도라고 한다 ; Richard F. Storrow, "Parenthood By Pure Intention: Assisted Reproduction And The Functional Approach To Parentage", 53 Hastings Law Journal 597, 2002, pp.603-622)의 대립이 있다. 생각건대 모자관계의 기준은 가족법의 특성상 명확한 기준을 제시하는 것이 필요하므로 일의적인 판단 기준이 요구되는 점, 우리 법이 출산주의를 취하고 있고(제844조 참조), 여성인권적 관점과 출산모의 자에 대한 사회적 연대감 등을 고려하면 자궁분만자설이 타당하다(서울가결 2018. 5. 18.자 2018브15 판시 역시 같은 취지이다). 물론 대리모에 의한 인공수정자의 경우 부부와 자궁제공자인 대리모 사이에 우선 대리모계약이 체결되어 있어야 할 것이다.

(4) 기 타

첫째, 독신여성이 정자제공자를 통하여 아이를 낳게 되면, 그 아이는 그녀의 '혼인 외 출생자'가 될 것이다(제781조 제3항). 둘째, 이러한 인공수정에 있어서 정자제공자의 법적 지위는 어떠한가? ① 친자관계를 단순히 혈연관계만을 기준으로 판단한다면 인공수정자와 정자제공자 사이에 친자관계는 존재한다고 하여야 한다. 그러나 부자관계는 혈연적인 요소와 함께 제반 사정을 살펴 판단하여야 할 것이다. ② 부가 되려는 의사가 전혀 없는 정자제공자에게 이를 인정하는 것은, 자를 보호하는 결과가 되지 못하고 모 및 그 부에 대해서도 불이익이 되며, 이에 더하여 정자제공자에게도 다수의 인공수정자로부터 인지청구를 받는 것이 이익이 된다고 보기 어렵다(같은 견해 임정평, "친자관계의 인부에 관한 특수문제", 「법학논총」 제15집, 단국대학교 법학연구소, 1989, 91면 등) 따라서 인공수정자와 정자제공자 사이에는 법률상 부자관계가 존재하지 아니한다고 보는 것이 타당하다. 부자관계를 인정하는 것은 자를 보호하는 결과가 되지 못하고 모에 대해서도 불이익이 되며 정자제공자는 오히려 타인의 치료를 위하여 의료기관에 혈액을 제공하는 자의 법적 지위와 비슷하다고 보는 것이 타당할 것이다. 셋째, 최근에는 성전환자와 자의 관계에 대하여도 친생자 추정의 법리를 적용할 수 있는지에 관한 논의가 있다(일본의 경우는 最高裁判所第三小法廷 平成 25年 (許) 第5号 決定으로 그 적용을 인정하였다). 우리 판례가 친생자 추정규정을 적용함에 외관설에 따르고 있는 점을 살피면, 성전환자 부부 사이의 인공수정에 따라 부자관계가 문제 되는 경우에도, 부부의 실태가 없다는 사정이 명백하다는 등의 예외사유에 해당하지 아니하는 한 제844조 친생자 추정규정을 그대로 적용할 수 있을 것이다.

판 례

■ 무정자증인 남편이 처가 다른 사람의 정자를 공여받아 인공수정을 통하여 자를 출산하는 것에 동의한 경우, 그 후 처와 이혼하였다고 하여 그 자에 대한 친생을 부인하는 것은 신의칙에 반한다고 한 사례

"비록 원고와 피고 사이에 혈연에 의한 부자관계가 성립되지 않는다고 하더라도, 원고는 처인 A가 다른 사람의 정자를 공여받아 인공수정을 통하여 피고를 출산하는 것에 동의하면서 법적 문제를 포함한 모든 책임을 지기로 하여 피고를 자신의 자로 인정하였다고 봄이 상당하므로, 그 후 A와 이혼하였다고 하여 다시 피고에 대한 친생을 부인하는 것은 신의칙에 반한다."고 한 사례가 있다(대구지법 가정지판 2007. 8. 23. 2006드단22397).

■ 갑과 사실혼관계에 있던 을이 갑에게 출산·양육 등과 관련한 일체의 책임을 묻지 않기로 하는 각서를 작성하고 갑에게서 정자를 공여받아 인공수정을 통하여 병, 정을 출산한 사안에서, 갑이 을에게 정자를 제공하면서 각서를 받은 사실만으로는 갑을 불특정다수를 위해 정자를 정자은행에 기증한 사람과 동일하게 보기 어렵다고 하며 병, 정의 인지청구를 인정한 사례

"갑과 사실혼관계에 있던 을이 갑에게 출산·양육 등과 관련한 일체의 책임을 묻지 않기로 하는 각서를 작성하고 갑에게서 정자를 공여받아 인공수정을 통하여 병, 정을 출산한 사안에서, 정자제공자가 갑으로 특정되어 있는 점, 갑이 배우자로서 선택유산 및 양수검사에도 동의한 점, 을이 만약 갑과 혼인신고를 하게 되면 병, 정은 민법 제855조 제2항에 기해 준정에 의한 혼인중의 자가 되는 법률상의 지위에 있다는 점, 그럼에도 갑에게 병, 정의 부가 될 의사가 없었다는 이유만으로 병, 정의 인지청구를 허용하지 않는다면 이는 부의 일방적인 의사에 기해 사전에 자의 신분적 이익을 박탈하는 것은 물론 자의 인격의 독립성을 침해하는 것으로서 허용될 수 없다는 점 등을 종합하여 고려하면, 갑이 을에게 정자를 제공하면서 각서를 받은 사실만으로는 갑을 불특정다수를 위해 정자를 정자은행에 기증한 사람과 동일하게 보기 어렵다고 하며, 병, 정의 인지청구를 인정한 사례."가 있다(서울가판 2011. 6. 22. 2009드합13538 : 대판 1998. 12. 8. 98므961).

▣ 사후수정을 통한 인공수정자와 사망한 부와의 부자관계인정 여부(적극)

"처가 불임 시술을 위해 냉동해두었던 사망한 남편의 정자를 해동하여 시험관 시술로 자를 출산하였고, 유전자검사를 통하여 동일부계에 의한 혈연관계가 성립한다면, 그 자는 사망한 남편의 친생자임이 인정된다."(서울가판 2015. 7. 3. 2015드단21748)

제 2 절 양 자

Ⅰ. 양자법 서설

1. 의 의

사실상 핏줄이 연결되어 있지 않은 자를 법률상 혈연관계가 있는 것으로 의제함으로써 법률상 친자관계를 발생시키는 것을 양자제도라 한다(부모가 없는 사람에게 부모를, 자식이 없는 사람에게 자식을 맺어주는 인위적인 제도이다).

2. 양자제도의 변천사 개관

역사적으로 보면, 이 제도는 가(家)를 위한 양자로부터 양친을 위한 양자를 거쳐 양자를 위한 양자의 단계로 진화・발전해왔다. 현대의 양자법은 입양의 성립과정에 있어서 양친과 양자 사이의 양친자관계의 창설을 목적으로 하는 의사의 합의로 보는 계약형 양자제도의 단계에서 양자의 복리를 위하여 입양의 성립에 국가가 적극적으로 관여하는(법원 등 국가기관의 허가를 받아야 하는) 복지형 양자제도로 변천하고 있다. 입양의 효과면에서 볼 때 불완전양자제(양자와 친생부모와의 친족관계를 존속시키는 형태)에서 완전양자제(입양 후에는 친생부모와의 친족관계는 단절되고, 파양도 불가능한 형태)로 발전하고 있다.

3. 친양자제도의 도입

2008년 1월 1일부터 친양자제도(제908조의2-제908조의8)가 시행되면서, 민법상의 양자제도는 보통양자(2005년 개정 전의 양자제도)와 친양자(서구의 완전양자제도에 해당된다)로 이원화 되고 있다. 두 가지 제도는 성립요건・효력면에서 많은 차이가 있는데, 당사자는 두 가지 제도 중 어느 하나의 방식을 선택할 수 있다.

Ⅱ. 입양의 성립요건

양친자관계의 창설을 목적으로 하는 양친과 양자 사이의 합의인 입양은 친족법상의 계약이며, 가족관계의 등록 등에 관한 법률에 정한 방식에 따라 신고하여야 하는 요식행위(요식계약)이다(제878조). 그 성립요건을 살핀다.

●● 사례

A남(이 사건의 청구인)은 1965년 10월 중순경부터 청구 외 망 D녀와 동거생활을 시작하면서, 위 D가 1960년 11월 하순경 성명미상의 남자와 사이에서 출산하여 데리고 들어온 B(피청구인)를 양육하여 왔다. A는 B가 초등학교에 입학할 나이가 되자 호적을 만들어 주어 입학시키고자, 1967년 3월 초 B를 A와 그의 본처인 C(이 사건의 공동청구인) 사이에 출생한 것처럼 출생신고를 한 바 있다(이 점은 사실관계에서 확인되었다). 그 후 A와 동거하던 D가 사망하자 A와 C는 B를 상대로, 그들과 B 사이에는 친생자관계가 없다는 친생자관계부존재확인심판을 청구하였다. 이에 B는 이미 자기가 A와 C 사이의 친생자로 출생신고가 되어 있으므로, 입양의 효력이 인정되어야 한다고 항변하였다. B의 주장이 받아들여지기 위하여 B가 앞으로 증명하여야 할 사항은 무엇인가?

●● 사안의 쟁점:

첫째, 출생신고만으로 입양의 효력을 인정할 수 있는지, 둘째, 출생신고로써 입양의 효력을 인정하기 위하여 필요한 요건은 무엇인지 등이다.

1. 실질적 요건

주요 사항을 살펴본다.

(1) 당사자 사이의 입양의 합의

민법은 입양의 성립요건으로 입양신고만을 규정하고 있으나(제878조), 계약의 일종인 입양이 성립하기 위해서는 당사자(양친과 양자) 사이에 입양의 합의가 있어야 한다. 그 합의란 무엇인가? 양친자관계의 창설을 목적으로 하는 당사자 사이의 입양의사의 합치를 말한다(실질적 의사설). 따라서 어떠한 방편만을 위한 입양(가장입양)은 입양의사의 합의가 없는 것으로서 무효이다(대판 1995. 9. 29. 94므1553, 1560). 한편 입양의사는 그 성질상 조건 · 기한을 붙일 수 없고, 그 신고서 작성 · 제출 · 접수 · 수리 시까지 존속하고 있어야 한다. 따라서 가족관계등록공무원에 의한 그 수리가 있기 전에 당사자 일방이 입양의사를 철회하면, 비록 신고서가 수리되더라도 그 입양은 무효가 된다.

(2) 양친의 요건

첫째, 양친이 될 수 있는 자는 입양의 능력이 있는 자, 즉 성년자라야 한다(제866조). 혼인한 미성년자는 성년으로 취급되는데(제826조의2), 이 경우에 입양능력을 인정할 수 있는가? 다툼이 있으나, 제866조의 규정상 혼인한 미성년자의 입양능력은 부정된다 할 것이다. 둘째, 배우자 있는 사람의 경우에 부부는 공동으로 양친이 되어야 한다(부부공동입양, 제874조 제1항). 부부공동입양에서의 부부는 법률혼 부부만을 의미하고, 사실혼·부첩관계·내연관계·동성혼 부부는 그 대상이 아니다(대판 1984. 11. 27. 84다458 참조). 셋째, 부부 일방의 단독입양(단독양친)이 가능한가? 다툼이 있으나, 부부 일방의 심신상실·행방불명(일방의 부재) 기타 사유로 인하여 공동입양을 할 수 없는 경우로 인정할 수 있다면, 이를 긍정하여야 한다(대판 1998. 5. 26. 97므25 참조). 넷째, 피성년후견인은 성년후견인의 동의를 받아 입양을 할 수 있는데, 이 경우에는 제867조를 준용한다(제873조 제1항·제2항). 이 경우, 가정법원은 성년후견인 또는 피성년후견인의 부모가 정당한 이유 없이 그 동의를 거부하는 경우에는 그 동의가 없어도 입양을 허가할 수 있다(제873조 제3항 제1문).

(3) 양자의 요건

첫째, 양친의 존속이나 연장자는 양자가 될 수 없다(제877조). 즉, 양자는 양부모보다 나이가 어려야 하고, 연장자이면 비속(卑屬)이어도 양자로 할 수 없다. 다만, 양자로 될 자가 존속이 아니면 같은 항렬이어도 무방하고, 아래 항렬에 있는 자도 연장자가 아니면 양자로 할 수 있다(연장자가 아닌 한 동갑인 자라도 양친보다 출생일이 늦으면 양자로 할 수 있다). 부부 공동입양의 경우, 이와 같은 요건을 모두 갖추어야 한다. 둘째, 부부 일방의 혼인 외의 출생자·전혼(前婚)부부의 출생자도 양자가 될 수 있다 할 것이다. 이 경우, 부부공동입양의 원칙에 따라야 하는지 여부에 대하여는 다툼이 있다. 생각건대 생부모와 출생자 사이에 혼인 중의 출생자관계가 없는 부나 모 사이(전처의 자녀와 계모 사이 또는 전남편의 자녀와 계부 사이)의 경우에만 양자로 삼을 수 있으며, 단독입양이 가능하다 할 것이다(같은 견해 박동섭, 앞의 책, 316면). 셋째, 배우자 있는 사람은 그 배우자의 동의를 받아야만 양자가 될 수 있다(제874조 제2항). 넷째, 양자가 될 사람이 13세 미만인 경우에는 법정대리인의 동의 또는 입양승낙을 받아야 한다(제869조 제1항·제2항). 이 경우, 가정법원은 제869조 제3항 제1호·제2호에 해당하는 경우에는 법정대리인의 동의·승낙이 없더라도, 제867조 제1항에 따른 입양의 허가를 할 수 있다(제869조 제3항). 다섯째, 양자가 될 미성년자는 제870조 제1항 제1호-제3호에 해당하는 경우가 아닌 한 부모의 입양동의를 받아야 한다(제870조 제1항). 이 경우, 가정법원은 동조 제2항 제1호·제2호에 해당하는 사유가 있는 때에는 부모가 동의를 거부하더라도 제867조 제1항에 따른 입양의 허가를 할 수 있다. 한편 부모의 그 동의는 제867조 제1항에 따른 가정법원의 입양허가가 있기 전까지 철회할 수 있다(제870조 제3항). 여섯째, 양자가 될 사람이 성년인 경우에는 부모의 소재를 알 수 없는 등의 사유로 동의를 받을 수 없는 경우가 아닌 한 부모의 입양동의를 받아야 한다(제871조 제1항). 이 경우, 가정법원은 부모가 정당한 사유 없이 동의를 거부하는 경우에는 양친자관계 일방의 청구에 따라 그 동의에 갈음하는 심판을 할 수 있다(제871조 제2항 제1문). 일곱째, 피성년후견인은 성년후견인의 동의를 받아 양자가 될 수 있는데, 이 경우에는 제867조를 준용한다(제873조 제1항·제2항). 이 경우, 가정법원은 성년후견인 또는 피성년후견인의 부모가 정당한 이유 없이 그 동의를 거부하는 경우에는 그 동의가 없어도 입양을 허가할 수 있다(제873조 제3항 제1문).

(4) 가정법원의 허가

미성년자를 입양하려는 사람은 가정법원의 허가를 받아야 한다(제867조 제1항). 이 경우, 가정법원은 미성년자의 복리를 위하여 양부모의 양육능력 등을 고려하여 입양의 허가를 하지 않을 수도 있다(제867조 제2항).

2. 형식적 요건

(1) 입양신고

입양은 가족관계의 등록 등에 관한 법률의 규정에 따라 신고함으로써 효력이 생긴다(제878조). 양자가 될 자가 13세 미만인 경우, 그를 갈음하여 입양의 승낙을 한 법정대리인이 신고하여야 한다(제869조 제2항 참조, 가족관계의 등록 등에 관한 법률 제62조 제1항).

(2) 입양신고의 방식

첫째, 입양신고는 말(구술)로도 할 수 있고(가족관계의 등록 등에 관한 법률 제23조 제1항), 서면신고의 경우에는 우송(동법 제41조 참조) 또는 타인에 의한 제출이 허용되나(동법 제31조 제3항 본문), 구술신고는 타인이 대리할 수 없다(동법 제31조 제3항 단서·제61조). 둘째, 재외국민은 가족관계의 등록 등에 관한 법률에서 정하는 바에 따라 그 지역을 관할하는 대한민국재외공관의 장에게 신고하거나 신청을 할 수 있다(제882조·제814조, 가족관계의 등록 등에 관한 법률 제34조). 셋째, 가족관계등록 담당공무원은 입양신고가 제866조·제867조·제869조-제871조·제873조·제874조·제877조(이상의 규정은 입양의 실질적 요건), 그 밖의 법령에 위반하지 않으면 이를 수리하여야 한다(제881조).

(3) 허위의 친생자 출생신고의 경우, 입양의 유효성 여부

종래 우리나라에서는 입양사실을 외부에 드러내지 않기 위해 입양을 하면서 입양신고 대신에 친생자 출생신고를 하는 경우가 많았다. 이러한 경우, 그 입양의 효력을 인정할 수 있는가? 과거의 판례는 입양이 요식행위라는 이유로 그 효력을 부정하였다(대판 1967. 7. 18. 67다1004). 그러나 판례변경을 통하여 당사자 사이에 양친자관계를 창설하려는 명백한 의사가 있고, 나

아가 입양의 실질적 성립요건을 모두 갖춘 경우에 입양의 효력을 인정하고 있다(대판 1977. 7. 26. 전원합의체. 77다492 등). 한편 친생자 출생신고 당시에 입양의 실질적 요건을 갖추지 못하여 입양신고로서의 효력이 생기지 않았다 하더라도, 그 후 입양의 실질적 요건을 갖추었다면 무효인 친생자 출생신고는 소급하여 입양신고로서의 효력을 발생하게 된다(대판 2009. 10. 29. 2009다4862 등). 그러나 당사자 사이에 무효인 신고행위에 상응하는 신분관계(양친자관계)가 실질적으로 형성되지 않은 경우에는 추인의 의사표시만으로 그 무효행위의 효력을 인정할 수 없게 된다(대판 2000. 6. 9. 99므1633, 1640). 그런데 미성년자를 입양하려는 사람은 가정법원의 허가를 받아야 하는 것으로 개정된 현행법하에서는 현행법이 적용되는 시점 이후에 출생신고된 사안에 관하여 위 판결 법리를 그대로 유지하기는 어려울 것이다(다만 구민법(2012. 2. 10. 법률 제11300호로 개정되기 전의 것)상 입양규정이 적용되는 사안의 경우에는 여전히 위와 같은 판결 법리를 그대로 적용 가능할 것이다(대판 2018. 5. 15. 2014므4963 참조)).

●● 사례의 역할:

첫째, A(청구인)가 소외 D(망인)와 동거하면서 소외 망인이 다른 남자와의 사이에 출산하여 데리고 들어온 딸인 B(피청구인)가 취학연령에 이르게 되자, 호적을 만들어 입학시키고자 본처인 C(청구인)와의 사이에서 출생한 것처럼 신고한 것만으로써는, 청구인들이 피청구인을 입양하려는 의사가 있었고, 출생신고 당시 15세 미만의 미성년이었던 피청구인의 생모인 소외 망인의 승낙 등 입양에 관한 요건이 갖추어졌다고 할 수 없다. 둘째, 그러므로 B가 자신의 주장을 인정받기 위해서는, 청구인들이 피청구인을 양자로 하려는 의사가 존재하였고 위 출생신고 시 피청구인이 15세 미만이었으므로 생모인 위 망인이 입양승낙 등을 하였다는 증명을 하여야 할 것이다.

(대판 1984. 5. 15. 84므4의 사실관계와 판결요지 등 참조)

Ⅲ. 입양의 무효와 취소

1. 입양의 무효

(1) 무효원인

첫째, 당사자 사이에 입양의 합의가 없는 경우이다(제883조 제1호). 당사자들이 모르게 제3자가 임의로 입양신고나 친생자 출생신고를 한 경우에는 어떤가? 입양의 실질적 요건이 구비되고, 그 신고행위에 상응하는 양친자관계가 형성되어 있지 않고 장래에도 그 형성가능성이 없다면, 이는 무효가 된다(대판 1991. 12. 27. 91므30 등). 당사자는 입양 당시에 생존하고 있어야 하므로, 사망자와 생존자 사이의 사후양자도 무효이다(대판 2002. 6. 28. 2000므1363). 둘째, 양자가 양친의 존속이나 연장자인 경우, 그 입양은 무효이다(제883조 제2호 · 제877조). 셋째, 미성년자를 입양하려는 사람이 가정법원의 허가를 받지 않고 입양한 경우(제883조 제2호 · 제867조 제1항) · 피성년후견인이 입양을 하거나 양자가 되면서 가정법원의 허가를 받지 않은 경우(제883조 제2호 · 제873조 제2항 · 제867조 제1항), 그 입양은 무효이다. 넷째, 양자가 될 사람이 13세 미만인 경우에 법정대리인의 입양승낙이 없는 때에는 입양은 무효가 된다(제883조 제2호 · 제869조 제2항).

(2) 입양무효의 소

첫째, 그 무효사유가 있는 입양은 당연무효이다. 소의 성질은 혼인무효의 경우와 마찬가지로 확인의 소로 보아야 할 것이다. 따라서 당사자와 제3자는 그 무효판결이 없어도 다른 소에서 선결문제로서 입양의 무효를 주장할 수 있다(확인의 소, 당연무효설)(같은 취지 대판 2004. 11. 11. 2004므1484). 물론 입양무효확인의 소를 제기하는 것도 무방하다. 둘째, 입양무효의 소는 당사자 · 법정대리인 또는 4촌 이내의 친족이 제기할 수 있다(가사소송법 제31조 · 제23조 · 제2조 제1항 가류사건 제5호. 조정전치주의의 대상은 아니다). 이 소송의 당사자적격은 무효소송 제기 당시에 존재하면 되고, 입양신고 당시에도 존재할 필요는 없다(대판 1985. 12. 10. 85무28).

(3) 입양무효의 효과

첫째, 입양무효판결이 확정되면 입양으로 발생한 양친자관계 및 기타 친족관계는 소급하여 소멸된다(제776조 참조). 또한 입양무효판결의 효력은 제3자에게도 미친다(가사소송법 제21조 제1항). 둘째, 소를 제기한 자는 판결확정일부터 1개월 이내에 가족관계등록부의 정정신청을 하여야 한다(가족관계의 등록 등에 관한 법률 제107조). 셋째, 입양무효의 경우에 당사자는 과실 있는 상대방에 대하여 재산상 · 정신상의 손해배상을 청구할 수 있다(제897조 · 제806조).

2. 입양의 취소

(1) 취소원인

첫째, 미성년자가 입양을 한 경우이다(제884조 제1항 제1호 · 제866조). 이 경우, 양부모 · 양자와 그 법정대리인 또는 직계혈족이 그 취소를 청구할 수 있으나(제885조), 양부모가 성년이 되면 취소를 청구하지 못한다(제889조). 둘째, 양자가 될 사람이 13세 이상의 미성년자인 경우에 법정대리인의 동의를 받지 않고 입양승낙을 한 경우이다(제884조 제1항 제1호 · 제869조 제1항). 이 경우, 양자나 동의권자가 취소를 청구할 수 있다(제886조). ① 그러나 양자가 성년이 된 후 3개월의 경과 · 사망하면 취소청구를 할 수 없고(제891조 제1항), ② 또한 그 사유가 있음을 안 날부터 6개월 · 그 사유가 있었던 날부터 1년이 지나면 그 취소를 청구하지 못한다(제894조). 셋째, 법정대리인의 소재를 알 수 있는데도 알 수 없다고 하는 등의 사유로 가정법원으로부터 입양의 허가를 받아 양자가 된 경우(제884조 제1항 제1호 · 제869조 제3항 제2호), 양자나 동의권자가 취소를 청구할 수 있다(제886조). ① 그러나 양자가 성년이 된 후 3개월의 경과 · 사망하면 취소청구를 할 수 없고(제891조 제1항), ② 또한 그 사유가 있음을 안 날부터 6개월 · 그 사유가 있었던 날부터 1년이 지나면 그 취소를 청구하지 못한다(제894조). 넷째, 양자가 될 미성년자가 부모의 동의를 받지 않은 경우(제884조 제1항 제1호·제870조 제1항), 양자나 동의권자가 취소를 청구할 수 있다(제886조). ① 그러나 양자가 성년이 된 후 3개월의 경과·사망하면 취소청구를 할 수 없고(제891조 제1항), ② 또한 그 사유가 있음을 안 날부터 6개월·그 사유가 있었던 날부터 1년이 지나면 취소를 청구하지 못한다(제894조). 다섯째, 양자가 될 성년자가 부모의 동의를 받지 못한 경우(제884조 제1항 제1호·제871조 제1항), 동의권자가 취소를 청구할 수 있다(제886조). ① 그러나 양자가 사망하면 취소청구를 할 수 없고(제891조 제2항), ② 또한 그 사유가 있음을 안 날부터 6개월·그 사유가 있었던 날부터 1년이 지나면 취소를 청구하지 못한다(제894조). 여섯째, 피성년후견인이 입양을 하거나 양자가 되면서 성년후견인의 동의를 받지 못한 경우(제884조 제1항 제1호·제873조 제1항), 피성년후견인이나 성년후견인이 취소를 청구할 수 있다(제887조). ① 그러나 성년후견개시의 심판이 취소된 후 3개월이 지나면 취소를 청구하지 못하고(제893조), ② 그 사유가 있음을 안 날부터 6개월·그 사유가 있었던 날부터 1년이 지나면 취소를 청구하지 못한다(제894조). 일곱째, 배우자가 있는 사람이 배우자와 공동으로 입양하지 않았거나 배우자가 있는 사람이 양자가 되면서 배우자의 동의를 받지 않는 경우(제884조 제1항 제1호·제874조), 배우자가 취소를 청구할 수 있으나(제888조), 그 사유가 있음을 안 날부터 6개월·그 사유가 있었던 날부터 1년이 지나면 취소를 청구하지 못한다(제894조). 여덟째, 입양 당시 양부모와 양자 중 어느 한쪽에게 악질(惡疾)이나 그 밖에 중대한 사유가 있음을 알지 못한 경우(제884조 제1항 제2호), 중대한 사유가 있음을 알지 못했던 양부모나 양자가 취소를 청구할 수 있으나, 그 사유가 있음을 안 날부터 6개월이 지나면 취소를 청구하지 못한다(제896조). 아홉째, 사기 또는 강박으로 인하여 입양의 의사표시를 한 경우(제884조 제1항 제3호), 사기 또는 강박으로 인하여 의사표시를 한 자가 취소를 청구할 수 있으나, 사기를 안 날 또는 강박을 면한 날부터 3개월이 경과하면 취소를 청구하지 못한다(제897조·제823조).

(2) 가정법원의 취소 불허

위에서 살핀 입양의 취소원인이 존재할 경우에도 가정법원은 양자가 된 미성년자의 복리를 위하여 양부모의 양육능력 등 여러 사정을 고려하여 입양을 취소하지 않을 수도 있다(제884조 제2항·제867조 제2항).

(3) 입양취소의 소

형성의 소인 입양취소의 소를 제기하려면 먼저 가정법원에 조정을 신청하여야 한다(가사소송법 제2조 제1항 나류사건 제10호·제50조).

(4) 입양취소의 효과

첫째, 입양취소의 효력은 그 무효의 경우와는 달리, 기왕에 소급하지 않는다(제897조·제824조).

취소판결의 확정 시부터 입양의 효력이 소멸되어 입양으로 발생한 친족관계도 그때부터 종료한다(제776조). 또한 입양취소판결의 효력은 제3자에게도 미친다(가사소송법 제21조 제1항). 둘째, 소를 제기한 자는 판결확정일부터 1개월 이내에 신고하여야 한다(가족관계의 등록 등에 관한 법률 제65조·제58조). 셋째, 입양취소의 경우에 당사자는 과실 있는 상대방에 대하여 재산적·정신적 손해배상을 청구할 수 있다(제897조·제806조).

3. 기 타

첫째, 양친자관계존부확인의 소를 제기할 수 있는가? 판례는 이를 긍정한다. 즉, 신분관계소송의 경우는 재산관계분쟁의 경우와는 달리, 위법한 신분관계가 존속함에도 이를 다툴 구체적 상대방이 없다는 이유로 방치하는 것은 공익에 반하므로, 공익의 대표자인 검사를 상대로 그 소의 제기가 가능하다(대판 1992. 5. 26. 90므1135). 이 경우, 친생자관계존부확인의 소를 유추적용하게 된다(대판 1993. 7. 16. 92므372). 둘째, 당사자 사이에 입양의사의 합의가 있고, 실제로 양친자관계가 형성되어 있으나 입양신고가 되지 않아 법률상의 입양이 성립하지 않는 것을 사실상의 양자라 한다. 사실혼이 성립하는 경우와 비슷하다. 사실상의 입양의 경우, 가족관계등록부상의 기재를 전제로 하는 효력(양부모의 친생자와 같은 지위, 상속권 등)은 인정할 수 없다. 그러나 특별연고자로서 재산분여청구를 할 수 있고(제1057조의2), 그 사망이 타인의 불법행위로 인한 경우에는 위자료청구도 할 수 있다 할 것이다(대판 1969. 7. 22. 69다684 참조).

Ⅳ. 입양의 효과

1. 법정혈족관계의 발생

입양신고일부터 양자는 양부모의 친생자와 같은 지위를 취득한다(제882조의2 제1항). 또한 양부모의 혈족·인척과의 사이에 친족관계가 발생한다(제772조 제1항). 따라서 양자와 양부모 및 그 혈족 사이에는 서로 부양·상속관계가 생기고, 양자가 미성년자인 경우에 친권자는 양부모가 된다(제909조 제1항 제2문).

2. 양자의 생가친족관계의 존속 여부

보통양자의 입양의 경우, 양자의 입양 전의 친족관계는 존속한다(제882조의2 제2항). 즉, 양자의 친생부모·그 혈족·인척 사이의 친족관계에는 아무런 변함이 없다. 따라서 생가의 친족에 대한 부양·상속관계의 효력도 그대로 유지된다.

3. 양자의 성(姓)

입양 후에도 양자의 성에는 변함이 없다. 민법은 부자동성(父子同姓)의 원칙을 규정하고 있기 때문이다(제781조 제1항 본문). 요컨대 양자는 양부모의 성과 본을 따를 수 없다. 다만, 자의 복리를 위하여 필요한 때에는 가정법원의 허가를 받아 자의 성과 본을 변경할 수 있다(제781조 제6항). 다만, 입양특례법에 따른 입양의 경우, 입양된 아동은 민법상 친양자와 동일한 지위를 가지므로 양부 또는 양모의 성과 본에 따를 것이다(동법 제14조 참조).

판 례

■ 당사자가 입양의 의사로 친생자 출생신고를 한 경우 입양신고로서 효력이 발생하기 위한 요건

"당사자가 입양의 의사로 친생자 출생신고를 하고 거기에 '입양의 실질적 요건'이 모두 구비되어 있다면 그 형식에 다소 잘못이 있더라도 입양의 효력이 발생하고, 양친자관계는 파양에 의하여 해소될 수 있는 점을 제외하고는 법률적으로 친생자관계와 똑같은 내용을 갖게 되므로, 이 경우 허위의 친생자 출생신고는 법률상의 친자관계인 양친자관계를 공시하는 입양신고의 기능을 발휘한다. 그리고 '입양의 실질적 요건'이 구비되어 있다고 하기 위해서는 입양의 합의가 있을 것, 15세 미만자는 법정대리인의 대낙이 있을 것, 양자는 양부모의 존속 또는 연장자가 아닐 것 등 민법 제883조 각 호 소정의 입양 무효사유가 없어야 함은 물론 감호·양육 등 양친자로서의 신분적 생활사실이 반드시 수반되어야 한다."(대판 2011. 9. 8. 2009므2321 ; 대판 2010. 3. 11. 2009므4099 등)

■ 입양 신고 대신 친생자 출생신고를 한 후, 가족관계등록제도 시행으로 모자 관계가 개별적으로 공시된 후의 입양의 효력

"입양은 기본적으로 입양 당사자 개인 간의 법률행위이다(대법원 1998. 5. 26. 선고 97므25 판결 참조). 구 민법(2012. 2. 10. 법률 제11300호로 개정되기 전의 것)상 입양의 경우 입양의 실질적 요건이 모두 구비되어 있다면 입양신고 대신 친생자출생신고를 한 형식상 잘못이 있어도 입양의 효력은 인정할 수 있다. 원심이 인정한 것처럼 망인과 피고 사이에는 개별적인 입양의 실질적 요건이 모두 갖추어져 있다. 망인에게 원고 1과 공동으로 양부모가 되는 것이 아니라면 단독으로는 양모도 되지 않았을 것이란 의사, 즉, 원고 1과 피고 사이의 입양이 불성립, 무효, 취소, 혹은 파양되는 경우에는 망인도 피고를 입양할 의사가 없었을 것이라고 볼 특별한 사정도 찾아볼 수 없다. 입양 신고 대신 피고에 대한 위 친생자 출생신고가 이루어진 후, 2008. 1. 1. 호적제도가 폐지되고 가족관계등록제도가 시행됨으로써 망인의 가족관계등록부에는 피고가 망인의 자녀로 기록되었고, 피고의 가족관계증명서에도 망인이 피고의 모로 기록되었다. 그럼에도 원심은 그 판시와 같은 이유만으로, 망인과 피고 사이에는 양친자관계가 성립할 수 없다고 판단하였다. 이러한 원심판결에는 개인간의 법률행위인 입양의 효력, 입양의 의사로 한 친생자 출생신고의 효력 등에 관한 법리를 오해하여 판결에 영향을 미친 잘못이 있다."(대판 2018. 5. 15. 2014므4963)

■ 친생자 아닌 자를 자신과 내연관계에 있는 남자의 호적에 자신을 생모로 하는 혼인 외의 자로 출생신고를 하게 한 경우, 양친자관계의 성립을 인정할 수 있는지 여부

"호적상 모로 기재되어 있는 자가 자신의 호적에 호적상의 자를 친생자로 출생신고를 한 것이 아니라 자신과 내연관계에 있는 남자로 하여금 그의 호적에 자신을 생모로 하는 혼인 외의 자로 출생신고를 하게 한 때에는, 설사 호적상의 모와 호적상의 자 사이에 다른 입양의 실질적 요건이 구비되었다 하더라도 이로써 호적상의 모와 호적상의 자 사이에 양친자관계가 성립된 것이라고는 볼 수 없다. 왜냐하면, 이러한 경우 호적상의 부와 호적상의 자 사이에 입양의 실질적 요건이 갖추어지지 않았다면 호적상 부가 호적상 자를 혼인 외의 자로 출생신고를 한 것은 아무런 효력이 없는 것이어서 그 출생신고에 관한 호적상의 기재는 두 사람 사이의 친생자관계부존재를 확인하는 판결에 의하여 말소되어야 하므로, 이처럼 무효인 호적상 부의 출생신고에 기하여 호적상의 모와 호적상의 자 사이에서만 양친자관계를 인정할 수는 없고, 호적상의 부와 호적상의 자 사이에 입양의 실질적 요건이 갖추어진 경우라 하더라도 우리 민법이 부부공동입양의 원칙을 채택하고 있는 점에 비추어 보면, 법률상 부부가 아닌 사람들이 공동으로 양부모가 되는 것은 허용될 수 없다고 보아야 하기 때문이다."(대판 1995. 1. 24. 93므1242)

■ 부부의 공동의사에 기하지 아니하고 출생신고의 방식으로 한 입양의 효력

"입양이 개인 간의 법률행위임에 비추어 보면 부부의 공동입양이라고 하여도 부부 각자에 대하여 별개의 입양행위가 존재하여 부부 각자와 양자 사이에 각각 양친자관계가 성립한다고 할 것이므로, 부부의 공동입양에 있어서도 부부 각자가 양자와의 사이에 민법이 규정한 입양의 일반 요건을 갖추는 외에 나아가 위와 같은 부부 공동입양의 요건을 갖추어야 하는 것으로 풀이함이 상당하므로, 처가 있는 자가 입양을 함에 있어서 혼자만의 의사로 부부 쌍방 명의의 입양신고를 하여 수리된 경우, 처의 부재 기타 사유로 인하여 공동으로 할 수 없는 때에 해당하는 경우를 제외하고는, 처와 양자가 될 자 사이에서는 입양의 일반요건 중 하나인 당사자 간의 입양합의가 없으므로 입양이 무효가 되고, 한편 처가 있는 자와 양자가 될 자 사이에서는 입양의 일반 요건을 모두 갖추었어도 부부 공동입양의 요건을 갖추지 못하였으므로 처가 그 입양의 취소를 청구할 수 있으나, 그 취소가 이루어지지 않는 한 그들 사이의 입양은 유효하게 존속한다."(대판 1998. 5. 26. 97므25)

■ 구 민법 시행 당시 입양신고가 이루어졌으나, 입양자가 그 후 실종선고 심판의 확정으로 위 입양일자 이전에 사망한 것으로 간주됨으로써 입양신고가 무효가 된 경우, 무효행위전환에 의한 사후양자 신고로서의 효력 여부

"구 민법 시행 당시 입양신고가 이루어졌으나, 입양자가 그 후 실종선고 심판의 확정으로 위 입양일자 이전에 사망한 것으로 간주됨으로써 입양신고가 무효가 된 경우, 입양 당시 입양자가 호주의 장남에 불과하여 사후양자 선정의 실질적 요건을 갖추지 못하였으므로 무효행위전환에 의한 사후양자 신고로서의 효력을 인정할 수 없다고 한 사례."가 있다(대판 2002. 6. 28. 2000므1363).

■ 양부모가 이혼하여 양모가 양부의 가를 떠났을 경우, 양모자관계가 소멸하는지 여부(소극)

"민법 제776조는 '입양으로 인한 친족관계는 입양의 취소 또는 파양으로 인하여 종료한다.'라고 규정하고 있을 뿐 '양부모의 이혼'을 입양으로 인한 친족관계의 종료사유로 들고 있지 않고, 구관습시대에는 오로지 가계계승(가계계승)을 위하여만 양자가 인정되었기 때문에 입양을 할 때 처는 전

혀 입양당사자가 되지 못하였으므로 양부모가 이혼하여 양모가 부(부)의 가(가)를 떠났을 때에는 입양당사자가 아니었던 양모와 양자의 친족관계가 소멸하는 것은 논리상 가능하였으나, 처를 부와 함께 입양당사자로 하는 현행 민법 아래에서는(1990. 1. 13. 개정 전 민법 제874조 제1항은 '처가 있는 자는 공동으로 함이 아니면 양자를 할 수 없고 양자가 되지 못한다.'고 규정하였고, 개정 후 현행 민법 제874조 제1항은 '배우자 있는 자가 양자를 할 때에는 배우자와 공동으로 하여야 한다.'고 규정하고 있다) 부부공동입양제가 되어 처도 부와 마찬가지로 입양당사자가 되기 때문에 양부모가 이혼하였다고 하여 양모를 양부와 다르게 취급하여 양모자관계만 소멸한다고 볼 수는 없는 것이다."(대판 2001. 5. 24. 전원합의체. 2000므1493)

■ 당시의 민법 규정에 따라 적법하게 입양신고를 마친 사람이 동성애자로서 자신의 성과 다른 성 역할을 하는 사람이라는 이유만으로 입양이 무효라고 할 수 있는지 여부(소극)

"2013. 7. 1. 민법 개정으로 입양허가제도가 도입되기 전에는 성년에 달한 사람은 성별, 혼인 여부 등을 불문하고 당사자들의 입양 합의와 부모의 동의 등만 있으면 입양을 할 수 있었으므로, 당시의 민법 규정에 따라 적법하게 입양신고를 마친 사람이 단지 동성애자로서 동성과 동거하면서 자신의 성과 다른 성 역할을 하는 사람이라는 이유만으로는 입양이 선량한 풍속에 반하여 무효라고 할 수 없고, 이는 그가 입양의 의사로 친생자 출생신고를 한 경우에도 마찬가지이다."(대판 2014. 7. 24. 2012므806)

■ 조선민사령이 1922. 12. 7. 개정되어 시행되기 전 차양자(次養子)의 출생자는 당연히 망 장남의 양자가 되는지 여부(적극)

"민법 시행 전의 관습상 기혼 장남이 사망한 경우에 가통을 유지하기 위하여 망 장남을 위하여 그 장남의 자의 항렬에 있는 혈족 남자를 입양시켜 사자(嗣子)로 하는 것이 통례라 하더라도 망 장남과 동렬에 있는 혈족 남자를 입양시켜 장래 그자가 낳은 남자를 장남의 사자로 하는 것도 무방하며 후자를 일컬어 이른바 차양자제도라 하는데, 차양자의 출생자는 조선민사령이 입양에 관하여 신고주의를 취하는 내용으로 1922. 12. 7. 개정되어 시행되기 전에는 당연히 망 장남의 양자가 되는 것이 관습이라 할 것이므로 호적에 양자로 입양하였다고 기재되었는지는 입양의 효력발생에 아무런 영향이 없다. 한편 민법 시행 전에 호주가 사망한 경우 그 유산은 호주 상속인이 상속하는 것이 그 당시의 관습인데, 호주인 지위는 그 가(家)에서 조상의 제사자인 지위를 승계하는 자(남자에 한함)가 승계하고, 만일 제사자인 지위를 승계하는 자가 없는 때에는 특별한 경우(차양자가 있는 때)를 제외하고는 그 가에 있는 여자 중에서 가장 선순위에 있는 자가 호주인 지위를 승계한다."(대판 2012. 3. 15. 2010다79053; 대판 1991. 10. 25. 91다25987 등)

V. 파 양

1. 의 의

유효하게 성립한 양친자관계를 당사자 사이의 의사의 합의 또는 입양 성립 후 발생한 일정한 사유로 인하여 이를 해소하는 것을 파양(罷養)이라 한다. 입양은 파양에 의해서만 해소되며, 혼인과는 달리 입양당사자 일방의 사망・실종선고로는 해소되지 않는다. 파양에는 협의상 파양과 재판상 파양의 두 가지가 있다.

●● 사례

소외 망 C와 A(피고) 사이에 혈연적인 친생자관계는 없다. 그러나 망 C와 그의 아내인 B(원고)는 A를 친생자로 출생신고를 하였다. 둘은 그 당시 A를 입양할 의사가 있었고, A가 15세가 된 이후 위 입양에 갈음하는 출생신고를 묵시적으로 추인함으로써 입양의 실질적 요건을 모두 갖추게 되었다(이 점은 사실관계에서 밝혀졌다). 남편인 C의 사망 후에 B는 A를 상대로, 자기와 A 사이에는 친생자관계가 존재하지 않는다는 취지(친생자관계부존재확인)의 소송을 제기하였다. B의 소에 대한 법원의 주문은 무엇인가?

●● 사안의 쟁점:

첫째, 파양에 있어서도 부부공동의 원칙을 지켜야 하는지, 둘째, 부부공동파양의 원칙에 대한 예외는 있는지, 셋째, 파양에 갈음하여 친생자관계부존재확인청구로 대신할 수 있는지 등이다.

2. 협의상 파양

(1) 의 의

양친자는 서로 협의하여 파양할 수 있는데(제898조 본문), 이를 협의상 파양이라 한다. 협의상 파양은 가족법상의 계약으로서 일정한 방식에 따라 신고해야 하는 요식행위이다(제904조·제878조). 협의상 파양은 보통양자에서만 인정됨을 주의하여야 한다. 친양자 파양의 경우에는 협의상 파양이 인정되지 않고(제908조의5 제2항·제898조), 보통양자에 있어서의 재판상 파양원인에 관한 규정도 적용되지 않기 때문이다(제908조의5 제2항·제905조).

(2) 성립요건

(가) 실질적 요건

첫째, 당사자 사이에 양친자관계의 해소를 목적으로 하는 파양의 합의(파양의사의 합치)가 있어야 한다. 따라서 어떠한 방편만을 위한 파양(가장파양)은 파양의사의 합의가 없는 것으로서 무효이다. 한편 파양의사는 그 성질상 조건·기한을 붙일 수 없고, 그 신고서 작성 시부터 수리 시까지 존속하고 있어야 한다. 따라서 그 수리가 있기 전에 당사자 일방이 파양의사를 철회하면, 파양의 효력은 발생하지 않는다. 둘째, 양부모가 피성년후견인인 경우, 성년후견인의 동의를 받아야 파양을 협의할 수 있다(제902조). 셋째, 협의파양의 당사자인 양친의 경우, 입양의 경우처럼 부부공동으로 하여야 하는지가 의문이다. 생각건대 파양의 경우에도 부부가 공동으로 해야 하는 것이 원칙이라고 하여야 한다(제874조 제1항의 유추)(대판 2001. 8. 21, 99므2230의 취지도 같다). 넷째, 양자가 미성년자 또는 피성년후견인인 경우에는 협의상 파양이 인정되지 않고

(제898조 단서), 재판상 파양이 허용될 뿐이다.

(나) 형식적 요건

첫째, 협의상 파양은 가족관계의 등록 등에 관한 법률에 정한 바에 따라 신고함으로써 그 효력이 생긴다(제904조·제878조). 이 신고는 창설적 신고이다. 둘째, 이 신고는 말(구술)로도 할 수 있고(가족관계의 등록 등에 관한 법률 제23조 제1항), 서면신고의 경우에는 우송(동법 제41조 참조)·타인에 의한 제출도 가능하다(동법 제31조 제3항 본문). 다만, 구술신고는 타인이 대리하지 못한다(동법 제31조 제3항 단서·제63조). 셋째, 가족관계등록 담당공무원은 파양신고가 제898조·제902조, 그 밖의 법령에 위반하지 않으면 이를 수리하여야 한다(제903조).

(3) 협의상 파양의 무효와 취소

(가) 협의상 파양의 무효

첫째, 민법에는 협의상 파양의 무효에 관한 규정이 없고, 가사소송법에만 그 규정이 있다(가사소송법 제2조 제1항 가류사건 제6호). 가사소송법상의 그 규정은 협의상 파양에만 적용된다. 재판상 파양의 경우에는 그 무효가 있을 수 없기 때문이다. 둘째, 당사자 사이에 협의가 없는 파양은 무효이다(제883조의 유추). 즉, 의사무능력자의 파양·가장파양·조건부 또는 기한부 파양·당사자 일방의 파양의사의 철회가 있었음에도 상대방이 일방적으로 파양신고를 한 경우, 그 파양은 무효이다. 셋째, 양자가 미성년자 또는 피성년후견인인 경우, 그 협의상 파양은 무효라고 하여야 한다(제898조 단서 참조. 같은 견해 송덕수, 앞의 책, 1544면).

(나) 협의상 파양의 취소

첫째, 사기 또는 강박으로 인하여 파양의 의사표시를 한 자는 사기를 안 날 또는 강박을 면한 날부터 3개월 이내에 그 취소를 청구할 수 있다(제904조·제823조). 둘째, 피성년후견인인 양부모가 성년후견인의 동의를 받지 않고 파양협의를 한 경우(제902조 위반의 경우)에는 어떻게 되는가? 다툼이 있으나, 일반적으로 동의 없는 법률행위는 취소의 대상이 된다는 점에서 피성년후견인 등은 협의상 파양의 취소를 청구할 수 있다 할 것이다. 셋째, 협의상 파양의 취소는 반드시 가정법원에 소를 제기하여야 한다. 즉, 그 취소사건은 조정전치주의 대상이다(가사소송법 제2조 제1항 나류사건 제11호·제50조). 한편 파양이 취소되면 파양의 효력은 소급적으로 소멸한다.

3. 재판상 파양

(1) 의 의

일정한 법정사유가 있는 경우, 파양청구의 소에 기한 가정법원의 판결로써 양친자관계를 종료·해소시키는 것을 재판상 파양이라 한다.

(2) 파양청구의 당사자

첫째, 양부모와 양자이며(제905조), 제3자는 원칙적으로 파양을 청구할 수 없다(대판 1983. 9. 123. 83므16). 둘째, 그러나 민법은 제906조에서 파양 청구권자에 관한 특별규정을 두고 있는데, 즉 양자가 13세 미만인 경우에는 대락자가 양자를 대신하여 파양을 청구할 수 있고, 대락자가 없는 경우에는 양자의 친족이나 이해관계인이 가정법원의 허가를 받아 파양을 청구할 수 있다(제906조 제1항). 양자가 13세 이상의 미성년자인 경우에는 입양에 따른 동의를 한 부모의 동의를 받아 파양을 청구할 수 있다. 다만, 부모가 사망하거나 그 밖의 사유로 동의할 수 없는 경우에는 동의 없이 파양을 청구할 수 있다(제906조 제2항). 또 양부모나 양자가 피성년후견인인 경우에는 성년후견인의 동의를 받아 파양을 청구할 수 있다(제906조 제3항). 또한 검사는 미성년자나 피성년후견인인 양자를 위하여 파양을 청구할 수 있다(제906조 제4항).셋째, 양부모가 부부인 경우, 파양도 공동으로 하여야 하는가? 명문의 규정이 없는 민법의 경우, 일방의 사망·이혼 등의 사유가 없는 한, 부부공동으로 취소청구를 해야 한다고 새겨야 한다(제874조 제1항의 유추)(대판 2001. 8. 21. 99므2230의 취지도 같다).

(3) 파양원인

첫째, 양부모가 양자를 학대 또는 유기하거나 그 밖에 양자의 복리를 현저히 해친 경우이다(제905호 제1호). 둘째, 양부모가 양자로부터 심히 부당한 대우를 받은 경우이다(제905호 제2호). 셋째, 양부모나 양자의 생사가 3년 이상 분명하지 않은 경우이다(제905호 제3호). 넷째, 그 밖에 양친자관계를 계속하기 어려운 중대한 사유가 있는 경우이다(제905호 제4호). 재판상 파양사유는 재판상 이혼사유와 유사하다. 따라서 각각의 의미·내용은 재판상 이혼사유에서 살핀 해석을 참고하면 된다. 유책당사자의 파양청구 가능 여부도 마찬가지이다.

(4) 재판상 파양의 절차

첫째, 재판상 파양은 재판상 이혼의 경우와 마찬가지로 당사자의 임의처분이 가능하다. 따라서 가사소송법상의 조정전치주의의 대상이 된다(가사소송법 제2조 제1항 나류사건 제12호·제50조). 조정이 성립하면 파양의 효력이 생긴다(가사소송법 제59조). 둘째, 파양청구권자는 위의 파양원인 중 제905조 제3호의 경우를 제외한 나머지 경우에는 그 사유가 있음을 안 날부터 6개월·그 사유가 있었던 날부터 3년이 지나면 파양을 청구할 수 없다(제907조). 이 6개월·3년의 기간은 제척기간이므로 그 기간이 지나면 파양청구권은 소멸된다. 그러나 재판상 파양원인이 계속 존재할 경우, 그 기간의 경과에 관계없이 파양소송을 제기할 수 있다(대판 1965. 6. 1. 65므11). 셋째, 파양판결의 확정으로 그 효력이 발생하는데(가사소송법 제12조, 민사소송법 제205조), 소급효는 없다. 그 판결의 효력은 제3자에게도 미친다(가사소송법 제21조 제1항). 한편 소를 제기한 자는 재판확정일부터 1개월 내에 신고하여 한다

(가족관계의 등록 등에 관한 법률 제66조 · 제58조). 이는 보고적 신고이다.

4. 파양의 효과

(1) 일반적 효과

협의상 파양이든 재판상 파양이든 파양의 성립으로 당사자 사이의 양친자관계는 소멸한다. 입양으로 인한 친족관계도 종료 · 소멸한다(제776조).

(2) 손해배상의 청구

재판상 파양의 경우, 과실 있는 당사자는 상대방에 대하여 이로 인한 재산적 · 정신적 손해배상책임을 부담한다(제908조 · 제806조).

●● 사례의 해결:

첫째, 민법 제874조 제1항은 '배우자 있는 자가 양자를 할 때에는 배우자와 공동으로 하여야 한다.'고 규정함으로써 부부의 공동입양원칙을 선언하고 있는바, 파양에 관하여는 별도의 규정을 두고 있지 않으나 부부의 공동입양원칙의 규정 취지에 비춰보면, 양친이 부부인 경우 파양을 할 때에도 부부가 공동으로 하여야 한다고 해석할 여지가 없지 아니하다(양자가 미성년자인 경우에는 양자제도를 둔 취지에 비춰 그와 같이 해석해야 할 필요성이 크다). 둘째, 그러나 이렇게 해석한다고 하더라도 양친 부부 중 일방이 사망하거나 또는 양친이 이혼한 때에는 부부의 공동파양의 원칙이 적용될 여지가 없다고 할 것이다. 셋째, 따라서 양부가 사망한 때에는 양모는 단독으로 양자와 협의상 또는 재판상 파양을 할 수 있다. 넷째, 다만 이러한 파양은 양부와 양자 사이의 양친자관계에 영향을 미칠 수 없는 것이고 또 양모가 사망한 양부에 갈음하거나 또는 양부를 위하여 파양을 할 수는 없다. 이러한 법리는 친생자관계부존재확인을 구하는 청구에 있어서 입양의 효력은 있으나 재판상 파양 사유가 있어 양친자관계를 해소할 필요성이 있는 이른바 파양에 갈음하는 친생자관계부존재확인청구에 관하여도 마찬가지이다. 다섯째, 그렇다면 이 사안과 같이 양부가 사망한 경우 양모가 사망한 양부에 갈음하여 또는 양부를 위하여 파양하는 형식에 갈음한 친생자관계부존재확인을 구하는 소는 확인의 이익이 없다고 보아 각하하여야 할 것이다.

(대판 2001. 8. 21. 99므2230의 사실관계와 판결요지 등 참조)

판 례

■ 양조부의 재판상 파양청구권 유무(소극)

"인사소송법 제37조에 의하여 준용되는 같은 법 제26조는 혼인무효의 소의 당사자에 관한 규정으로서 입양무효에 관한 소에는 준용될 수 있으나 이와 성질을 달리하는 파양의 소에는 준용할 수 없으므로 양조부는 재판상 파양청구권이 없다."(대판 1983. 9. 13. 83므16)

■ 구 관습상 양친이 양자를 파양할 수 있는 사유 및 그 파양 절차

"우리나라의 구 관습상 1921년 이전에는 양자가 가산을 탕진할 우려가 있을 때, 양친에 대하여 심히 불효한 행위가 있을 때 또는 중죄를 범하여 처벌을 받았을 때 등의 사유가 있는 경우에는 양친이 양자에 대하여 재판 외에서 파양의 의사표시만으로 파양하는 것이 인정되었으나, 그 이후에는 우리나라 사람들 사이에 파양에 관하여도 법원에 이를 청구할 수 있다고 하는 법적 신념이 생겨 양친이 일방적으로 재판 외에서의 의사표시로써 파양할 수 있다고 하는 구 관습은 폐멸되기에 이르렀고, 1922년 이후에는 파양을 청구할 수 있는 사유가 있는 때에는 당사자 일방이 소로써 법원에 파양의 재판을 구하고, 이에 대하여 법원이 파양을 선언하는 판결을 선고하여 그 판결이 확정된 때 파양의 효력이 생기는 것으로 하는 관습이 형성되었다고 할 것이다."(대판 1999. 9. 3. 98다34485)

■ 갑이 을을 입양할 목적으로 허위로 친생자 출생신고를 한 후 양육하다가 을을 상대로 친생자관계부존재확인소송을 제기하여 '갑과 을이 파양한다'는 내용의 조정이 성립되었는데, 을이 친생자관계를 양친자관계로 정정하기 위한 절차 없이 파양신고를 하여 가족관계등록부상 제적 당시의 주민등록정보가 여전히 남아 있는 사례

"제반 사정에 비추어 갑이 입양의 의사로 친생자 출생신고를 하고 입양의 실질적 요건이 구비되었으므로 갑과 을 사이의 양친자관계가 성립되어 파양조정 시까지 계속되었고, 나아가 파양신고는 장래효만 있는 신고이고 양친자관계의 존부는 파양조정의 선결문제에 불과하므로 파양조정 자체만으로는 등록부정정신청을 할 수 없고 다시 친생자관계를 양친자관계로 정정하기 위한 절차가 필요한데, 양친자관계의 존부는 친족법상 또는 상속법상 중대한 영향을 미치는 사항으로서 친생자관계를 양친자관계로 정정하기 위해서는 양친자관계존재확인판결이 필요하므로, 갑과 을 사이에 조정에 의한 파양이 이루어져 양친자관계가 종료하였다고 하더라도 을로서는 가족관계 등록내용을 정정하기 위하여 갑과 을 사이에 양친자관계가 존재하였다는 과거의 법률관계에 대한 확인을 구할 법률상 이익이 있다고 한 사례."가 있다(대구지판 2012. 4. 27. 2011르1534).

Ⅵ. 친 양 자

1. 친양자 입양의 의의 및 특징

첫째, 친양자 입양은 입양의 형식뿐만 아니라 효과에서 양자를 양부모의 친생자로 보아 생부모와의 관계를 단절하도록 하는 양자제도의 한 형태이다. 둘째, 친양자 입양의 도입취지를 살펴본다. ① 종래의 양자제도는 과거 입양촉진 및 절차에 관한 특례법(현재의 입양특례법이다)이 적용되지 아니하는 한 이성양자의 성과 본에 대하여 민법상 명문규정이 없어 양자는 양부의 성을 따를 수 없었고 양자라는 사실 또한 호적에 그대로 공시되었다. ② 이러한 이유로 사회 전반에 입양하면서 입양신고를 하는 대신 허위의 친생자 출생신고를 하는 경향이 빈번하여 가족관계등록부의 신뢰성에 의문을 제기하는 의견이 있었고, 이에 더하여 생부모와의 관계 또한 공시되지 못하여 근친혼의 위험도 있었다. ③ 판례 역시

문제를 인식하고 입양의 의사가 있는 친생자 출생신고는 입양의 효력을 인정하는 법리로 발전시켰는데, 민법은 양자의 복리에 더 이바지하는 양자제도를 활성화하고자 서구의 완전양자성격을 가지는 친양자제도를 도입하였다. 셋째, 종래의 양자제도와 비교하여 특징을 간단히 살펴본다. ① 종래의 양자는 양자와 양부모의 사적인 신분계약에 따라 성립함에 반하여(이를 보통양자라고 한다), 친양자 입양은 가정법원의 선고에 따라 성립이 인정되는 선고형 양자제도라고 할 것이다(다만 현행법상 보통양자도 미성년자가 입양되는 경우에는 가정법원의 허가를 받아야 한다. 제867조 제1항). ② 보통양자는 종래의 친족관계가 유지되고 성 역시 원칙적으로 변경되지 않지만, 친양자는 종전의 친족관계는 근친혼의 문제를 제외하고는 완전히 소멸하고 양부의 성과 본을 따르고 가족관계등록부에도 양부모의 친생자로 기재되는 등 완전양자제도를 취하고 있는 점, ③ 친양자로 될 사람은 미성년자일 것을 요구하는 점, ④ 양부모가 3년 이상 혼인 중인 부부로서 공동으로 입양할 것을 요구하는 점 등에서 보통양자와 구별된다.

2. 친양자 입양의 요건

(1) 일반요건

첫째, 3년 이상 혼인 중인 부부로서 공동으로 입양하여야 한다. ① 다만, 1년 이상 혼인 중인 부부의 일방이 그 배우자의 친생자를 친양자로 하는 경우에는 3년이라는 제한을 받지 아니한다(제908조의2 제1항 제1호 단서). ② 3년이라는 기간이 일종의 시험동거기간과 같은 성격이 있음을 살핀다면(외국의 경우는 미리 상당한 양육기간을 거친 후 입양여부를 결정하도록 하고 있다 : 독일민법 제1744조 · 프랑스민법 제345조 제1항 등), 전혼의 자를 혼인한 지 3년이 지나서야 비로소 친양자 입양을 할 수 있도록 하는 것은 가혹한 면이 있다는 점을 고려한 것이다. ③ 또한 일방 배우자와 자 사이에는 이미 친생자관계가 있어서 공동입양이 필요 없다(제908조의2 제1항 제1호 단서). 둘째, 친양자로 될 자는 미성년자일 것을 요한다(제908조의2 제1항 제2호). 셋째, 친생부모의 동의가 있어야 한다. 다만, 부모가 친권상실의 선고를 받거나 소재를 알 수 없거나 그 밖의 사유로 동의할 수 없는 경우에는 그러하지 아니하다(제908조의2 제1항 제3호 단서). 넷째, 친양자가 될 사람이 13세 이상인 경우에는 법정대리인의 동의를 받아 입양을 승낙하여야 하고(제908조의2 제1항 제4호), 친양자가 될 사람이 13세 미만인 경우에는 법정대리인이 그를 갈음하여 입양을 승낙하여야 한다(제908조의2 제1항 제5호).

(2) 가정법원의 허락결정

첫째, 위 일반요건을 충족한 친양자 입양의 청구가 있는 경우(제908조의2 제1항 · 가사소송법 제2조 제1항 라류사건 제12호), 가정법원의 허락결정이 있어야 한다(제908조의2 제2항). 가정법원은, ① 법정대리인이 정당한 이유 없이 동의 또는 승낙을 거부하는 경우(다만 법정대리인이 친권자인 경우에는 아래 ② 또는 ③의 사유를 요한다 ; 제908조의2 제1항 제1호 단서)(제908조의2 제1항 제1호 본문), ② 친생부모가 자신에게 책임이 있는 사유로 3년 이상 자녀에 대한 부양의무를 이행하지 아니하고 면접교섭을 하지 아니한 경우(제908조의2 제2항 제2호), ③ 친생부모가 자녀를 학대 또는 유기하거나 그 밖에 자녀의 복리를 현저히 해친 경우(제908조의2 제2항 제3호) 중 어느 하나에 해당하는 경우에는 친생부모의 동의나 법정대리인의 동의 또는 승낙이 없어도 친양자 입양청구를 인용할 수 있다(제908조의2 제2항 제1문). 이 경우, 가정법원은 동의권자 또는 승낙권자를 심문하여야 한다(제908조의2 제2항 제2문). 둘째, 다만, 가정법원은 친양자가 될 사람의 복리를 위하여 그 양육상황, 친양자 입양의 동기, 양부모의 양육능력, 그 밖의 사정을 고려하여 친양자 입양이 적당하지 아니하다고 인정하는 경우에는 친양자 입양청구를 기각할 수 있다(제908조의2 제3항). 셋째, 가정법원의 친양자 입양청구의 인용이 확정되면 청구자는 재판의 확정일부터 1개월 이내에 재판서의 등본 및 확정증명서를 첨부하여 입양신고를 하여야 한다(가족관계의 등록 등에 관한 법률 제67조). 신고서에는 재판확정일을 기재하여야 한다. 이 신고는 민법에 신고하여야 효력이 생긴다는 규정이 없는 점을 살피면, 보고적 신고로 보는 것이 옳을 것이다(같은 견해 김주수·김상용, 앞의 책, 397면 ; 박동섭, 같은 책, 313면).

3. 친양자 입양의 취소

첫째, 친양자는 가정법원의 심판에 따르기 때문에 보통양자의 입양 무효·취소에 관한 규정인 제883조 및 제884조의 규정은 친양자 입양에 적용되지 않는다(제908조의4 제2항). ① 친양자로 될 자의 친생부 또는 모는 자신에게 책임 없는 사유로 친양자 입양의 동의(제908조의2 제1항 제3호 단서)를 할 수 없었던 경우에 친양자 입양의 사실을 안 날부터 6월 내에 가정법원에 친양자 입양의 취소를 청구할 수 있다(제908조의4 제1항). ② 그러나 가정법원은 입양취소사유가 존재하더라도 친양자로 될 자의 복리를 위하여 그 양육상황, 친양자 입양의 동기, 양부모의 양육능력, 그 밖의 사정을 고려하여 친양자 입양의 취소가 적당하지 아니하다고 인정하는 경우에는 입양취소청구를 기각할 수 있다(제908조의6·제908조의2 제3항). 둘째, 취소판결이 확정되면 친양자관계는 소멸하고, 입양 전의 친족관계는 부활한다(제908조의7 제1항). ① 그러나 친생부모의 친권이 자동으로 부활하지는 않고, 가정법원의 심판을 통하여 친권자로 지정될 수 있다(제909조의2 제2항). ② 친양자 입양의 취소 효력은 취소의 재판이 확정한 때 발생하고 소급하지 아니한다(제908조의7 제2항). 셋째, 친양자 입양취소 재판이 확정된 경우, 소를 제기한 자는 재판의 확정일부터 1개월 이내에 재판서의 등본 및 확정증명서를 첨부하여 입양취소의 신고를 하여야 한다(가족관계의 등록 등에 관한 법률 제70조).

4. 친양자 입양의 효과

첫째, 친양자는 양부모의 혼인 중의 출생자가 되고(제908조의3 제2항 단서), 양부의 성과 본을 따르게 되며(제908조의8·제781조 제1항) 양부모가 친양자의 친권자가 된다(제909조 제1항). 이에 따라 친양자 입양이 되면 입양 전 친족관계는 친양자 입양이 확정된 때에 종료한다(제908조의3 제2항 본문). 둘째, 다만 부부 일방이 그 배우자의 친생자를 단독으로 입양한 경우 배우자 및 그 친족과 친생자 사이의 친족관계는 그러하지 아니하다(제908조의3 제2항 단서). 셋째, 친족관계의 소멸은 장래효만 있으므로, 입양 전의 상속이나 부양관계에는 영향을 미치지 않는다. 넷째, 제809조 제1항의 규정상 근친혼금지는 친양자 입양에서도 여전히 유지된다. 다섯째, 친양자는 가족관계증명서에 양친의 친생자로 기재되는 등 외부에 양자라는 사실이 공지되지 않고, 친양자입양관계증명서를 통해서만 그 사실을 알 수 있다. 그렇다면 동증명서의 교부청구는 어떠한 경우에 할 수 있는가? ① 친양자가 성년이 되어 신청하는 경우(가족관계의 등록 등에 관한 법률 제14조 제2항 제1호), ② 혼인당사자가 근친혼관계를 확인하고자 하는 경우(가족관계의 등록 등에 관한 법률 제14조 제2항 제2호), ③ 법원의 사실조회촉탁이나 수사기관의 수사상 필요에 따른 문서신청이 있는 경우(가족관계의 등록 등에 관한 법률 제14조 제2항 제3호), ④ 제908조의4와 제908조의5에 따라 입양의 취소 또는 파양을 하는 경우(가족관계의 등록 등에 관한 규칙 제23조 제3항 제1호), ⑤ 친양자의 복리를 위하여 필요함을 구체적으로 소명하여 신청하는 경우(가족관계의 등록 등에 관한 규칙 제23조 제3항 제2호), ⑥ 그밖에 대법원예규가 정하는 정당한 이유가 있는 경우(가족관계의 등록 등에 관한 규칙 제23조 제3항 제3호)로 그 사유를 엄격히 제한하고 있다.

5. 친양자 입양의 파양

(1) 양부모를 위한 파양사유 인정 여부

친양자 입양은 완전양자제도로 이해되고 있으므로 그 본질상 파양은 허용되지 않는 것이 자연스럽다. 완전양자제도를 도입한 외국의 경우, 파양을 전혀 인정하지 않는 나라가 적지 않고, 독일은 자녀의 복리를 위하여 아주 예외적인 경우에만 파양이 가능하도록 하고 있다(독일민법 제1763조). 따라서 양친을 위한 파양은 더욱 인정하지 않는 것이 타당하다고 할 것인데, 우리 법은 친자관계에 대한 우리 사회의 정서를 고려하여 이를 도입하고 있다.

(2) 친양자 입양의 파양사유

친양자 입양의 파양원인은 다음과 같다. 첫째, 양친이 친양자를 학대 또는 유기하거나 그 밖에 친양자의 복리를 현저히 해하는 때(제908조의5 제1항 제1호). 둘째, 친양자의 양친에 대한 패륜행위로 인하여 친양자관계를 유지할 수 없게 된 때(제908조의5 제1항 제2호)이다. 셋째, 양부모 중 일방에게만 파양사유가 있는 경우, 그 일방에게만 파양청구가 가능한가? 양부모 중 다른 일방이 양육하는 데 문제가 없다면 파양사유가 있는 일방에게 파양청구가 가능하다고 보는 것이 옳다(같은 견해, 김주수·김상용, 앞의 책, 404면).

(3) 협의파양의 배제 및 파양심사기준

첫째, 친양자 입양과 같은 선고형양자제도는 당사자들의 합의만으로 성립할 수 없다는 점에서 협의상 파양(제898조)은 인정되지 않으며, 파양사유의 엄격성에 기초하여 보통입양의 재판상 파양(제905조) 역시 배제된다(제908조의5 제2항). 즉 친양자 입양의 파양은 친양자의 본질에 비추어 협의파양은 가능하지 않고, 앞서 살펴본 친양자제도가 규정한 특별한 재판상 파양만이 허용된다는 것이다. 둘째, 양친, 친양자, 친생부 또는 모, 검사의 가정법원에 대한 친양자 파양의 청구가 있고(제908조의5 제1항), 가정법원이 파양사유가 있다고 인정하면 파양청구는 인용된다. 그러나 친양자의 패륜행위로 인한 파양사유가 있다고 하더라도 가정법원은 친양자로 될 자의 복리를 위하여 그 양육상황, 친양자 입양의 동기, 양친의 양육능력 그 밖의 사정을 고려하여 친양자 파양이 적당하지 아니하다고 인정되는 경우에는 파양청구를 기각할 수 있다(제908조의6 · 제908조의2 제3항).

(4) 효 과

첫째, 가정법원의 파양 결정이 확정되면 친양자관계는 소멸하고 입양 전 친족관계가 부활한다(제908조의7 제1항). ① 이 때 그 효력으로 자의 성도 친생부모를 따라 변경될 것인데, 파양 후 친생부모로부터 양육된다면 크게 문제 될 것은 없으나, 우리 입양 현실에 비추어 이는 매우 어려운 사정이 있다. ② 따라서 가정법원이 자의 의사 등을 고려한 제반 사정에 비추어 양친의 성을 그대로 사용하는 것이 자의 복리에 부합하는 면이 있다면 이를 허용해주는 방안의 검토가 필요하다(독일민법 제1765조 제2항 참조 : 같은 견해 김주수 · 김상용, 앞의 책, 408면). 둘째, 친양자 입양이 취소된 경우와 마찬가지로 파양의 경우에도 친생부모의 친권은 자동으로 부활하지 않으며, 친생부모는 가정법원의 심판을 거쳐 친권자로 지정 가능하다(제909조의2 제2항). 친양자 파양의 효과 역시 친양자 취소의 효과와 마찬가지로 소급하지 아니한다. 셋째, 친양자 파양의 재판이 확정된 경우, 소를 제기한 자는 재판의 확정일부터 1개월 이내에 재판서의 등본 및 확정증명서를 첨부하여 파양의 신고를 하여야 한다(가족관계의 등록 등에 관한 법률 제69조).

6. 준용규정 및 부칙

친양자는 특별한 규정이 있는 경우를 제외하고는 그 성질에 반하지 아니하는 범위 안에서 양자에 관한 규정을 준용한다(제908조의8). 종전의 규정에 따라 입양된 자를 친양자로 하려는 자는 2012. 2. 10.에 개정되기 전 법 제908조의2 제1항 제1호 내지 제4호의 요건을 갖춘 경우에 친양자 입양을 청구할 수 있도록 하여, 다시 친양자로 입양할 기회를 허용하고 있다(2005. 3. 31. 개정 민법 부칙 제5조).

[보통양자와 친양자의 비교 · 구별]

〈보통양자〉

양친의 요건	성년인 부부의 공동입양(제874조 제1항)
일반적 요건	① 당사자의 입양의 합의 + ② 입양신고(제878조)(창설적 신고)
양자의 요건	1) 13세 이상의 미성년자의 입양 → 법정대리인의 동의(제869조 제1항) 2) 13세 미만의 미성년자의 입양 → 법정대리인의 입양대락(제869조 제2항) 3) 미성년자의 입양 → 부모의 입양동의(제870조 제1항) 4) 미성년자의 입양 → 위 1) · 2) · 3)의 그 동의 · 승낙 득한 후 가정법원의 입양허가(제867조 제1항) 5) 성년자 입양 → 부모의 동의(제871조 제1항 본문)(원칙) 5) 피성년후견인의 입양 →성년후견인의 동의(제873조 제1항) 6) 배우자 있는 자의 입양 → 배우자의 동의 · 배우자와 공동입양(제874조) 7) 양자는 양친의 존속 · 연장자 아닐 것(제877조)
입양의 효과	① 법정혈족관계의 창설(양부모의 친생자 지위)(제882조의2 제1항) * 양모의 이혼 → 양모자관계 유지(대판 2001. 5. 24. 전원합의체 2000므1493) ② 양자의 성과 본 → 불변(친생부모의 성과 본)(원칙)(반대견해 있음) → 가정법원의 허가 얻어 변경가능(제781조 제6항)(예외) → 양부모의 성과 본(입양특례법상의 입양) ③ 입양 전의 친족관계 → 존속(제882조의2 제2항)(불완전양자제)

〈친양자〉

양친의 요건	① 3년 이상 혼인 중인 성년의 부부 공동입양(제908조의2 제1항 제1호)(원칙) ② 혼외자 · 전 혼인에서의 출생자 입양 → 1년 이상 혼인 중인 부부(성년) 일방의 단독입양(동조 동호 단서)(예외)
일반적 요건	① 일정한 요건을 갖춘 친양자 입양청구 + ② 가정법원의 입양재판 + ③ 입양신고(보고적 신고)(창설적 신고라는 견해 있음)
양자의 요건	(1) 일반적 요건 1) 친양자는 미성년자일 것(제908조의2 제1항 제2호) 2) 친양자의 친생부모의 입양동의(제908조의2 제3호 본문)(원칙) 3) 13세 이상의 친양자 입양 → 법정대리인의 동의 득한 입양승낙(동항 제4호) 4) 13세 미만의 친양자 입양 → 법정대리인의 입양대락(동항 제5호) (2) 가정법원의 입양재판: 제908조의2 제2항 각호의 사유가 있는 경우, 위 2) · 3)의 동의 또는 4)의 대락 없어도 그 입양청구 인용가능 (제908조의2 제2항 제1문)
입양의 효과	① 부부의 혼인 중 출생자로 의제(제908조의3 제1항) ② 친양자의 성과 본 → 양부의 성과 본(부모의 혼인신고 시 모의 성과 본을 따르기로 하는 협의 없는 경우)(제781조 제1항) ③ 입양 전의 친족관계 → 종료 · 소멸(제908조의3 제2항 본문)(완전양자제)

판 례

■ 갑이 을과 결혼하여 태어난 병을 그들의 자로 출생신고를 하였다가, 을과 협의이혼을 하면서 병을 갑의 부모의 친양자로 입양시켰는데, 이후 갑과 정이 결혼하고 법원에 병을 그들의 양자로 입양하는 것에 대한 허가를 신청한 사안에서, 위 신청을 받아들이기 어렵다고 한 사례

"갑이 을과 결혼하여 태어난 병을 그들의 자로 출생신고를 하였다가, 을과 협의이혼을 하면서 양육의 어려움 등을 이유로 병을 갑의 부모의 친양자로 입양시켰는데, 이후 갑과 정이 결혼하고 장차 외국에서의 생활을 계획하면서 법원에 병을 그들의 양자로 입양하는 것에 대한 허가를 신청한 사안에서, 친양자 관계를 그대로 둔 채 갑이 병을 입양하는 것은 가족관계등록부상 언니가 동생을 입양하는 것이고 사실상으로도 생모가 친자의 양모가 되는 것이어서 합리성을 크게 벗어나며, 재판상 파양을 통해 갑이 병의 친모 지위를 되찾고, 정이 병을 입양 또는 친양자로 입양하는 절차도 있으므로, 청구인들의 신청을 받아들이기 어렵다고 한 사례."가 있다(대전가법심판 2014. 4. 1. 자 2014느단225).

■ 외조부모가 외손녀를 친양자로 입양하고자 한 사안에서, 비록 친양자 입양의 형식적인 요건은 모두 갖추고 있지만, 양육상황, 친양자 입양의 동기, 그 밖의 모든 사정을 고려하여 볼 때 친양자로 될 자의 복리를 위하여 친양자 입양이 적당하지 아니하다고 한 사례

"외조부모가 외손녀를 친양자로 입양하고자 한 사안에서, 비록 친양자 입양의 형식적 요건은 모두 갖추고 있지만 가족질서의 혼란이 초래될 것이 분명하고, 친양자 입양의 동기가 사건본인의 복리보다는 생모의 복리를 실현하기 위한 것이라는 등 양육상황·친양자 입양의 동기·그 밖의 모든 사정을 고려하여 볼 때 친양자로 될 자의 복리를 위하여 친양자 입양이 적당하지 아니하다고 한 사례."가 있다(울산지법결정 2010. 9. 16.자 2010브21).

심화학습

민법 제908조의2 제1항 제1호 위헌제청 사건(헌재결 2013. 9. 26. 전원재판부. 2011헌가42)

1. 사건의 개요

미혼 여성으로 의사인 제청신청인은 가족처럼 가깝게 지내던 PS가 2005년 사망하자, 그의 처인 YD와 자녀인 PE, YE에게 생활비를 지급하는 등 그 자녀들의 양육에 적극적으로 참여하며 가족 같은 관계를 유지하였다. 제청신청인은 YD 및 그 자녀들과 상의하여 자녀들의 복리를 위해서 제청신청인이 자녀들을 양육하는 것이 바람직하다고 결정하고 PE와 YE에 대하여 친양자 입양청구를 하였다. 그러나 제청신청인이 미혼이라는 이유로 2009. 11. 13. 그 청구가 각하되었다(서울가정법원 2009느단9821). 제청신청인은 다시 2010. 11. 11. YE(1995. 12. 23.생)에 대하여 친양자 입양 청구를 하고(서울가정법원 2010느단9938), 그 사건 계속 중 구 민법 제908조의2 제1항 제1호가 독신자는 친양자 입양을 할 수 없도록 규정하여 독신자의 평등권 및 행복추구권을 침해한다고 주장하면서 2010. 12. 31. 위헌법률심판제청신청을 하였다. 제청법원은 이 신청을 받아들여 2011. 12. 5. 이 사건 위헌법률심판을 제청하였다(서울가정법원 2010즈기1832).

2. 판시사항

가. 원칙적으로 3년 이상 혼인 중인 부부만이 친양자 입양을 할 수 있도록 규정하여 독신자는 친양자 입양을 할 수 없도록 한 구 민법(2005. 3. 31. 법률 제7427호로 개정되고, 2012. 2. 10. 법률 제11300호로 개정되기 전의 것) 제908조의2 제1항 제1호(이하 '심판대상조항'이라 한다)가 독신자의 평등권을 침해하는지 여부(소극)

나. 심판대상조항이 독신자가 가족생활을 스스로 결정하고 형성할 수 있는 자유(이하 '가족생활의 자유'라 한다)를 침해하는지 여부(소극)

3. 결정요지

"심판대상조항은 친양자가 안정된 양육환경을 제공할 수 있는 가정에 입양되도록 하여 양자의 복리를 증진시키기 위해, 친양자의 양친을 기혼자로 한정하였다. 독신자 가정은 기혼자 가정과 달리 기본적으로 양부 또는 양모 혼자서 양육을 담당해야 하며, 독신자를 친양자의 양친으로 하면 처음부터 편친가정을 이루게 하고 사실상 혼인 외의 자를 만드는 결과가 발생하므로, 독신자 가정은 기혼자 가정에 비하여 양자의 양육에 있어 불리할 가능성이 높다. 나아가 독신자가 친양자를 입양하게 되면 그 친양자는 아버지 또는 어머니가 없는 자녀로 가족관계등록부에 공시되어, 친양자의 친생자로서의 공시가 사실상 의미를 잃게 될 수 있다. 한편, 입양특례법에서는 독신자도 일정한 요건을 갖추면 양친이 될 수 있도록 규정하고 있으나, 입양의 대상, 요건, 절차 등에서 민법상의 친양자 입양과 다른 점이 있으므로, 입양특례법과 달리 민법에서 독신자의 친양자 입양을 허용하지 않는 것에는 합리적인 이유가 있다. 따라서 심판대상조항은 독신자의 평등권을 침해한다고 볼 수 없다. 심판대상조항은 친양자가 안정된 양육환경을 제공할 수 있는 가정에 입양되도록 하여 양자의 복리를 증진하는 것을 목적으로 한다. 독신자 가정은 기혼자 가정에 비하여 양자의 양육에 있어 불리할 가능성이 높으므로, 독신자를 친양자의 양친에서 제외하는 것은 위 입법목적을 달성하기 위한 적절한 수단이다. 아울러 성년의 독신자는 비록 친양자 입양을 할 수는 없지만 일반입양에 의하여 가족을 형성할 수 있고, 민법 제781조에 따라 법원의 허가를 얻어 양자의 성·본을 양친의 것과 동일하게 변경할 수 있을 뿐만 아니라, 일반입양 사실은 가족관계증명서만으로는 외부에 드러나지 않는다. 비록 일반입양의 경우 양자의 입양 전 친족관계가 유지되지만, 일반입양을 통해서도 양자가 가족구성원으로서 동질감과 소속감을 느낄 수 있는 가정환경의 외관을 조성하는 것이 가능하다. 심판대상조항으로 인하여 양자가 혼인관계를 바탕으로 한 안정된 가정에 입양되어 더 나은 양육조건에서 성장할 수 있게 되므로 양자의 복리가 증진되는 반면, 독신자는 친양자 입양을 할 수 없게 되어 가족생활의 자유가 다소 제한되지만 여전히 일반입양은 할 수 있으므로 제한되는 사익이 위 공익보다 결코 크다고 할 수 없다. 결국 심판대상조항은 과잉금지원칙에 위반하여 독신자의 가족생활의 자유를 침해한다고 볼 수 없다."

〈재판관 이정미, 재판관 김이수, 재판관 이진성, 재판관 서기석, 재판관 조용호의 위헌의견〉

"기혼자 중 친양자의 양친에 적합하지 아니한 사람이 있을 수 있듯이, 독신자 중에서도 양자의 복리에 도움을 주는 양육환경을 제공할 수 있는 사람이 있을 수 있으며, 친양자 입양 당시의 혼인관계는 입양 후 이혼 등으로 인하여 변경될 수 있으므로, 친양자 입양 당시 기혼이라는 점이 양자의 복리증진에 적합한 양육환경을 절대적으로 담보해 주는 것은 아니다. 현행 친양자제도는 아동의 복리를 확보할 수 있도록 법원의 허가 절차를 두고 있으므로, 독신자가 친양자 입양을 신청하더라도 법원이 여러 가지 사정을 고려하여 친양자 입양의 허가 여부를 결정할 수 있다. 편친가정에 대한 사회적 편견은 타파되어야 할 대상인바, 이를 이유로 독신자의 친양자 입양을 봉쇄하는 것은 오히려 이러한 사회적 편견을 강화시키는 것이어서 타당하지 않다. 가족관계등록부에 아버지 또는 어머니만 기재하는 것 또한 친생자 관계를 공시하는 방법이므로, 독신자에게 친양자 입양을 허용한다고 하여 가족관계등록부에 입양사실이 공시되는 것은 아니다. 입양특례법상의 입양과 민법상의 친양자 입양은 법원이 양친이 될 사람의 입양 동기와 양육능력 등을 고려하여 허가 여부를 결정한다는 점에서 동일하므로, 민법상의 친양자 입양에서만 독신자를 양친에서 제외하여야 할 만큼 입양특례법과 민법 사이에 본질적인 차이가 있다고 할 수 없다. 이러한 사정을 종합하면 독신자라는 이유만으로 친양자 입양을 원천적으로 봉쇄하는 것은 양자의 복리실현에 적절한 수단이라고 볼 수 없다. 독신자가 일반입양을 할 수 있다 하더라도, 친양자 입양이 일반입양보다 양자와 양친 사이에 보다 견고하고 안정된 친자관계를 발생시킬 수 있고, 일반입양의 경우 양자의 성과 본의 변경이 이루어지지 않을 수 있으며, 일반입양이 친양자 입양보다 가족관계등록법상의 증명서를 통해 외부에 드러날 가능성이 더 크므로, 입양가정에 완전히 동화되어 양친과 양자 사이에 친부모, 자녀와 다름없는 관계가 형성될 수 있는 최상의 양육환경을 만들어 주고자 하는 독신자에게, 일반입양이 친양자 입양을 대신할 수 있다고 할 수 없다. 따라서 심판대상조항은 독신자의 평등권 및 가족생활의 자유를 침해한다."

4. 검 토

가. 이 사건의 쟁점

이 사건 심판조항이 독신자의 평등권 및 가족생활의 자유 침해 여부이다.

나. 판단의 근거 · 이유

첫째, 민법에 따르면 기혼자는 원칙적으로 혼인기간이 3년 이상이면 나머지 친양자 요건을 구비하여 가정법원에 친양자 입양청구를 할 수 있고 친양자 입양이 적당한지 여부에 대하여 법원의 심리를 받게 된다. ① 독신자는 다른 친양자 요건을 구비하여 가정법원에 친양자 입양 청구를 하더라도 친양자 입양이 적당한지 여부에 대한 심리를 받지 못한 채 독신이라는 이유만으로 청구가 각하된다. ② 따라서 심판대상조항은 독신자를 기혼자에 비해 차별취급하고 있고, 독신자의 친양자 입양을 봉쇄하여 독신자가 가족생활을 스스로 결정하고 형성할 수 있는 자유('가족생활의 자유'라 한다)를 제한하고 있으므로, 독신자의 평등권 및 가족생활의 자유 침해 여부가 쟁점이다.
둘째, 친양자를 입양하고자 하는 독신자의 평등권과 가족생활의 자유 침해 여부를 판단함에 있어서는 친양자로 입양되는 사람의 권익을 반드시 고려하여야 한다. ① 혼인관계를 바탕으로 부와 모가 함께 양육을 담당하는 기혼자 가정에 비하여, 독신자 가정은 기본적으로 양부 또는 양모 혼자서 양육을 담당하고, 양자를 양육함에 있어 조부모, 외조부모 등 친족의 도움을 받는다 하더라도 기혼자 가정보다 양육에 있어 불리할 가능성이 크다. ② 친양자제도의 주된 기능의 하나가 가족관계등록부에 양자가 아닌 친생자로 공시하고 친생부모와의 친족관계도 단절시켜 양자에게 친생자와 동일한 법적 환경을 만들어 주는 데 있는데, 미혼 남성이나 여성이 친생자를 입양할 수 있게 되면 가족관계등록부의 친생자 공시 기능은 사실상 의미가 없어질 가능성도 배제할 수 없다. ③ 헌법재판소 역시 친양자의 양친을 기혼자로 한정하고 있는 심판대상조항은 양자에게 보다 나은 양육환경을 제공하여 양자의 복리를 보다 확실하게 도모하기 위한 것으로 독신자를 기혼자에 비하여 차별 취급하는 것에는 합리적인 이유가 있다고 인정하였다. ④ 한편 입양특례법은 독신자도 일정한 요건을 갖추면 양친이 될 수 있도록 규정하고 있지만, 입양특례법에서 입양의 대상으로 삼고 있는 사람은 보호자가 없거나 보호자로부터 이탈되어 보장시설 또는 입양기관에 보호 의뢰된 요보호아동으로서 건강하게 자랄 수 있는 환경을 마련해 주어야 할 필요성이 절실한 아동이라는 점에서, 심판대상조항과 단순하게 비교할 수 없다. 따라서 심판대상조항은 독신자의 평등권을 침해한다고 할 수 없다고 보는 것이 옳다.

다. 결정의 의의

헌법재판소는 독신자의 가족생활의 자유를 침해하는지 여부에 관하여, 심판대상조항이 기혼자만 친양자 입양을 할 수 있도록 한 것은 친양자가 안정된 양육환경을 제공할 수 있는 가정에 입양되도록 하여 양자의 복리를 증진하기 위한 것이므로 그 입법목적의 정당성이 인정되고, 독신자를 친양자의 양친에서 제외하는 것은 친양자제도의 입법목적을 달성하기 위한 적절한 수단이라 할 것이며, 독신자는 비록 친양자 입양을 할 수는 없지만 일반입양에 의하여 가족을 형성할 수 있다는 점에서 침해의 최소성 요건도 충족한다고 판시하였다. 법익의 균형성 측면을 보더라도, 친양자의 양친을 기혼자로 한정함으로써 양자는 혼인관계를 바탕으로 한 안정된 가정에 입양되어 더 나은 양육조건하에서 성장할 수 있게 되므로, 결국 심판대상조항은 과잉금지원칙에 위반하지 아니하였다고 최종적으로 판단하였다. 현대사회는 독신자들을 비롯한 다양한 가족형태가 있다는 점을 부인할 수 없다(변화순 · 조은희, 다양한 가족 출현에 따른 쟁점과 가족관련법의 방향 정립에 관한 연구, 한국여성개발원, 2003 등 참조). ① 그러나 동 결정은 친양자제도가 기존의 양자제도와 다른 점을 적시하고, ② 독신자의 친양자제도의 이용은 친양자제도의 취지에 근거한 합리적인 범위 내에서 제한이 가능하다는 점을 밝혀주었다 할 것이다.

제3절 친 권

Ⅰ. 서 설

부모가 미성년의 자를 보호하고 교양하는 권리이자 의무를 친권이라 한다(제913조). 친권에 따르는 사람은 미성년의 자이다(제909조 제1항). 그러나 혼인한 미성년자는 성년자로 취급되어

(제826조의2), 그 부모의 친권에 따르지 않는다.

Ⅱ. 친권관계 및 친권의 내용

1. 친권관계

(1) 혼인 중의 출생자의 경우

첫째, 그 자의 친권자는 부모이다(제909조 제1항 제1문). 그 친권자는 공동으로 친권을 행사하여야 하는데(제909조 제2항 본문), 그 공동행사의 의미는 친권의 행사에 따른 의사결정을 부모가 공동으로 하여야 한다는 것이다. ① 친권의 행사 그 자체를 반드시 부모가 공동으로 하거나 또는 부모의 공동명의로 해야 한다는 의미는 아니다(같은 견해 김주수·김상용, 앞의 책, 412면). 따라서 공동친권자인 부모 일방이 혼자서 친권을 행사한 경우에도 다른 일방의 사전 동의를 얻었다면(그 증명책임은 일방에게 있다), 그에 기한 동의권·대리권의 행사는 유효하다 할 것이다. ② 부모의 공동친권은 공동대리의 의미이므로, 공동친권자 일방의 친권의 행사는 적법한 공동대리행위가 아니다. 따라서 다른 일방의 추인이 없는 한 친권행사(동의권·대리권)의 효력은 발생하지 않는다. 다만, 민법은 공동친권자 일방에 의한 공동명의의 친권의 행사(동의권·대리권)일 경우에도 상대방이 선의인 때에는 비록 그 친권의 행사가 다른 일방의 의사에 반할 경우에도 효력이 있다(제920조의2)고 함으로써 그 예외를 허용한다. 이는 선의의 상대방을 보호함으로써 거래의 안전을 도모하기 위한 조치이다(상대방의 악의에 대한 증명책임은 그 효력을 부정하려는 공동친권자 일방에게 있다). 둘째, 부모의 의견이 일치하는 않는 경우에는 당사자의 청구에 의하여 가정법원이 친권 행사의 방법을 정하게 된다(제909조 제2항 단서). 셋째, 부모의 일방이 친권을 행사할 수 없을 경우, 다른 일방이 이를 행사한다(제909조 제3항). 그 친권을 행사할 수 없을 때란, 사실상의 행사불능(심신상실·중병·생사불명 등)과 법률상의 행사불능(성년후견의 개시·친권상실의 선고·친권행사금지가처분결정 등)을 포함한다. 넷째, 부모 중 일방이 사망한 경우에는 어떤가? 제909조 제3항의 범위에 포함(사실상의 행사불능에 해당)되는지 여부에 관계없이 생존하고 있는 부 또는 모가 당연히 친권자가 된다.

(2) 혼인 외의 출생자의 경우

첫째, 생부의 인지가 없는 한 생모가 친권자가 된다(대판 1982. 4. 13. 81므85). 둘째, 임의인지의 경우에 친권자는 부모의 협의에 따라 정하고, 그 협의를 할 수 없거나 협의가 이루어지지 않는 때에는 가정법원은 직권으로 또는 당사자의 청구에 따라 친권자를 지정하여야 한다(제909조 제4항 본문). 다만, 부모의 협의가 자의 복리에 반하는 경우에는 가정법원은 보정을 명하거나 직권으로 친권자를 정한다(제909조 제4항 단서). 셋째, 강제인지의 경우에는 법원이 직권으로 친권자를 정한다(제909조 제5항).

(3) 양자의 경우

첫째, 양부모가 친권자가 된다(제909조 제1항 제2문). 이는 친양자의 경우에도 마찬가지이다. 둘째, 친권의 행사방법은 혼인 중의 출생자의 경우와 같다(제909조 제2항·제3항).

(4) 부모의 이혼 등의 경우

첫째, 협의이혼의 경우에는 위에서 살핀 임의인지의 경우와 같다(제909조 제4항 참조). ① 재판상 이혼의 경우에는 가정법원이 직권으로 친권자를 정한다(제909조 제5항 본문). ② 가정법원은 친권자를 정함에 있어서 미성년인 자(子)의 성별과 연령, 그에 대한 부모의 애정과 친권을 행사할 의사, 경제적 능력의 유무, 부 또는 모와 그 자 사이의 친밀도, 그 자의 의사 등의 모든 요소를 고려하여 그 자의 성장과 복지에 가장 도움이 되고 적합한 방향에서 판단하여야 한다(대판 2012. 4. 13. 2011므4719; 대판 2010. 5. 13. 2009므1458, 1465). 둘째, 부모의 혼인이 취소된 경우에는 가정법원이 직권으로 친권자를 정한다(제909조 제5항). 혼인무효의 경우에는 민법에 규정이 없으나, 혼인취소의 경우와 같은 것으로 새겨야 한다(가사소송법 제25조 참조).

(5) 친권자의 변경

민법은 종전과는 달리 가정법원의 조정·심판을 통하여 친권자를 변경할 수 있도록 하였다. 즉, 가정법원은 자(子)의 복리를 위하여 필요하다고 인정되는 때에는 자의 4촌 이내의 친족의 청구에 의하여 정하여진 친권자를 다른 일방으로 변경할 수 있다(제909조 제6항, 가사소송법 제2조 제1항 마류사건 제5호). 이는 가사소송법상의 조정전치주의의 대상이다(가사소송법 제50조). 이 경우의 정하여진 친권자란, 혼인 외의 출생자의 인지, 부모의 이혼, 혼인의 무효·취소 등으로 부모 중 일방이 친권자로 결정된 경우를 말한다.

(6) 정해진 친권자가 없게 된 경우

(가) 문제의 소재

가령 이혼에 의해 단독 친권자로 되었던 부모 중 일방이 사망한 경우, 누가 그 자의 친권자가 되는가? 민법 개정(2011. 5. 19. 법 10645호) 전까지는 민법에 규정이 없어서, 다른 일방의 친권이 자동으로 부활된다는 판례(대판 1994. 4. 29. 94다1302)만 있었다. 그 결과 다른 일방의 친권자로서의 적격여부는 전혀 고려되지 않음으로써 자의 복리에 반할 수 있는 문제점이 있었다. 친권자의 지정 등을 내용으로 하는 개정 민법(2013. 7. 1.부터 시행. 속칭 최진실 법으로 불린다)은 제909조의2를 도입·신설함으로써 그 불합리한 점의 개선이 가능하게 되었다. 개정 민법은 이혼의 경우 외에 인지된 경우, 혼인의 취소로 정하여진 친권자가 없게 된 경우, 입양의 취소·파양의 경우, 양부모가 모두 사망한 경우 등을 그 적용대상으로 하고 있다.

(나) 정해진 단독 친권자가 사망한 경우

첫째, 앞에서 살핀 제909조 제4항부터 제6항까지의 규정에 따라 단독 친권자로 정하여진 부모의 일방이 사망한 경우에는 생존한 부 또는 모, 미성년자, 미성년자의 친족은 그 사실을 안 날부터 1개월, 사망한 날부터 6개월 내에 가정법원에 생존하는 부 또는 모를 친권자로 지정할 것을 청구할 수 있다(제909조의2 제1항). ① 이 기간 내에 친권자 지정 청구가 없을 경우, 가정법원은 직권으로 또는 미성년자·미성년자의 친족·이해관계인·검사·지방자치단체의 장의 청구에 의하여 미성년후견인을 선임할 수 있다(제909조의2 제3항 제1문). 그러나 제909조의2의 도입취지가 부적격의 부 또는 모가 당연히 친권자가 되어 미성년자의 복리에 부정적인 영향을 미치는 것을 방지하고, 미성년자에게 친권자나 후견인이 존재하지 않는 공백을 최소화하기 위하여 신속하게 친권자를 지정하거나 후견이 개시되도록 하는 절차를 규정한 것으로 궁극적으로 미성년자의 복리를 증진하기 위해 마련된 규정이란 점을 살피면, 법문에 나타난 1개월 또는 6개월의 기간이 지난 다음 친권자의 지정 청구가 있는 경우에도 가정법원은 미성년자의 복리를 위하여 필요하다면 생존하는 부 또는 모를 친권자로 지정할 수 있다고 해석하여야 할 것이다(대결 2017. 5. 2. 자 2016스107). ② 이 경우, 생존하는 부 또는 모, 친생부모 일방 또는 쌍방의 소재를 모르거나 그가 정당한 사유 없이 소환에 응하지 아니하는 경우를 제외하고 그에게 의견진술 기회를 주어야 한다(제909조의2 제3항 제2문). 둘째, 가정법원은 제909조의2 제1항에 따른 친권자 지정청구나 제3항에 따른 후견인 선임청구가 부 또는 모, 친생부모 일방 또는 쌍방의 양육의사 및 양육능력, 청구의 동기, 미성년자의 의사, 그 밖의 사정을 고려하여 미성년자의 복리를 위하여 적절하지 않다고 인정하면 그 청구를 기각할 수 있다(제909조의2 제4항 제1문). 이 경우, 가정법원은 직권으로 미성년후견인을 선임하거나 생존하는 부 또는 모, 친생부모 일방 또는 쌍방을 친권자로 지정하여야 한다(제909조의2 제4항 제2문). 셋째, 가정법원은 제909조의2 제3항·제4항에 따라 미성년후견인이 선임된 경우라도 그 선임 후 양육상황·양육능력의 변동·미성년자의 의사·그 밖의 사정을 고려하여 미성년자의 복리를 위하여 필요하면 생존하는 부 또는 모, 친생부모 일방 또는 쌍방, 미성년자의 청구에 의하여 후견을 종료하고 생존하는 부 또는 모, 친생부모 일방 또는 쌍방을 친권자로 지정할 수 있다(제909조의2 제6항). 이는 후견 개시 후 사정변화에 따른 친권자의 변경 규정이다.

(다) 입양의 취소·파양·양부모가 모두 사망한 경우

이 경우, 친생부모 일방 또는 쌍방, 미성년자, 미성년자의 친족은 그 사실을 안 날부터 1개월, 입양의 취소·파양된 날·양부모가 모두 사망한 날부터 6개월 내에 가정법원에 친생부모 일방 또는 쌍방을 친권자로 지정할 것을 청구할 수 있다(제909조의2 제2항 본문). 다만, 친양자의 양부모가 사망한 경우에는 그 청구가 인정되지 않는다(제909조의2 제2항 단서). 둘째, 위의 (나)에서 기술한 제909조의2 제3항 및 제909조의2 제4항·제6항의 내용은 입양취소·파양·양부모가 모두 사망한 경우의 친권자 지정청구에 동일하게 적용된다.

(라) 후견인 임무 대행자 선임

첫째, 가정법원은 단독 친권자가 사망한 경우 · 입양의 취소 또는 파양의 경우 · 양부모가 모두 사망한 경우, 직권으로 미성년자, 미성년자의 친족, 이해관계인, 검사, 지방자치단체의 장의 청구에 의하여 제909조의2 제1항부터 제4항까지의 규정에 따라 친권자가 지정되거나 미성년후견인이 선임될 때까지 그 임무 대행자를 선임할 수 있다(제909조의2 제5항 제1문). 이 경우, 그 임무 대행자에 대하여는 부재자의 재산관리인에 관한 제25조 및 가정법원의 후견사무 처분에 관한 제954조를 준용한다(제909조의2 제5항 제2문).

(7) 친권을 행사할 수 있는 능력

친권의 내용은 미성년자의 신분과 재산에 두루 인정되기 때문에 친권자는 재산행위능력자이어야 한다. 따라서 미성년자 · 피성년후견인 · 피한정후견인 등의 제한능력자는 친권자가 될 수 없다. 다만, 혼인한 미성년자는 친권행사능력이 있다(제826조의2 참조).

(8) 친권의 행사 · 친권자지정 기준

첫째, 친권을 행사함에 있어서는 자의 복리를 우선적으로 고려하여야 한다(제912조 제1항). 둘째, 가정법원이 친권자를 지정함에 있어서는 자의 복리를 우선적으로 고려하여야 하며, 이를 위하여 가정법원은 관련 분야의 전문가 · 사회복지기관으로부터 자문을 받을 수 있다(제912조 제2항). 현대친자법의 이념인 자의 최선의 이익(best interest of the child ; 복리)을 반영한 조치이다.

2. 친권의 내용

(1) 자의 신분에 관한 친권자의 권리 · 의무

(가) 보호 · 교양의 권리 · 의무

첫째, 친권자는 미성년자를 보호하고 교양할 권리 · 의무가 있다(제913조). ① 그 자(子)가 정신적 · 육체적으로 건전하게 성장할 수 있도록 양육 · 감호 · 교육하는 것으로서 이는 친권의 본질적인 내용이다. ② 따라서 그 구체적 실현을 위하여 거소지정권 · 징계권 · 자의 인도청구권 등의 권리 · 의무가 친권자에게 주어진다. 둘째, 자의 보호 · 교양에 필요한 비용은 부부의 혼인공동생활에 필요한 비용으로서 특별한 약정이 없으면 부부가 공동으로 부담한다(제833조). 셋째, 책임능력이 없는 미성년자의 타인에 대한 불법행위의 경우, 친권자는 원칙적으로 감독자의 손해배상책임을 부담한다(제755조 제1항 · 제753조 참조).

(나) 거소지정권

친권자는 그 자의 거소를 지정할 수 있고, 자는 그 장소에 거주하여야 한다(제914조).

(다) 징계권

친권자는 그 자를 보호 · 교양을 위하여 필요한 징계를 할 수 있고, 가정법원의 허가를 얻어 감화 · 교정기관에 위탁할 수 있다(제915조, 가사소송법 제2조 제1항 나류사건 제14호). 징계의 정도 · 방법은 그 자의 보호 · 교양에 필요한 범위이어야 하고, 이를 위반하면 친권상실의 원인이 된다(제924조).

(라) 자의 인도청구권

제3자가 그 자의 자유의사에 반하여 부당하게 억류(抑留)하고 있는 경우, 친권자는 자의 인도를 청구를 할 수 있다(자의 인도청구소송에 기한 승소판결을 받은 경우에도 직접강제(강제집행)의 방법은 허용되지 않고, 간접강제의 방법만 허용된다. 가사소송법 제64조 제1항 제2호 참조).

(마) 가족법상의 법률행위(신분행위)에 대한 대리권·동의권

신분행위는 당사자 본인의 진의가 절대적으로 존중된다. 따라서 친권자는 그 자의 신분행위를 대리할 수 없는 것이 원칙이다. 다만, 법률에 특별규정이 있는 경우에 한하여 그 자의 신분행위를 대리할 수 있다. 첫째, 인지청구(제863조) · 13세 미만의 자에 대한 입양승낙(제869조 제2항) · 성년에 달하지 않은 자의 입양에 대한 취소청구(제885조) · 부모 등의 동의 없는 양자에 대한 입양의 취소청구(제886조) · 13세 미만의 양자가 파양하는 경우에 그를 갈음한 재판상 파양청구(제906조) · 상속의 승인 또는 포기(제1019조 · 제1020조) 등의 경우에 친권자의 대리가 허용된다. 또한 미성년의 자가 낳은 혼인 외의 출생자에 대한 친권의 대행이 허용된다(제910조). 둘째, 혼인 · 이혼 · 인지 · 입양 · 파양의 경우에 각각 그 무효의 소에 대한 대리가 허용된다(가사소송법 제23조 · 제28조 · 제31조). 셋째, 그 자의 약혼 · 혼인 · 입양 · 파양 등의 신분행위에 대한 친권자의 동의는 법정대리인으로서 보다는 부모의 자격에서 하는 것이다.

(2) 자의 재산에 관한 친권자의 권리 · 의무

(가) 영업허락권

친권자는 미성년자에게 특정한 영업을 허락(동의)할 수 있고(제8조 제1항), 그 허락을 취소 · 제한할 수 있다(제8조 제2항 본문).

(나) 재산관리권

첫째, 그 자가 상속 · 증여 · 근로 등에 의해 자기 명의로 취득한 재산은 그 자의 특유재산이 되는데, 이 재산의 관리는 법정대리인인 친권자가 한다(제916조). 그 관리에는 보존 · 이용 · 개량 등의 관리행위만 포함되고, 처분행위는 그 대상이 아니다. 다만, 관리목적에 필요한 범위 내의 처분행위는 할 수 있다(통설). 둘째, 친권자의 재산관리권 행사의 경우, 그는 자기 재산에 관한 행위와 동일한 주의의무를 부담한다(제922조). 이를 강학상 주관적 주의의무(개인차가 인정되는 주의로서 제374조의 선관주의의무보다 그 주의력이 낮고, 이를 위반하면 구체적 과실이 된다)라 한다. 셋째, 제3자가 그 자(子)에게 무상으로 재산을 수여하면서 그 재산에 대한 친권자의 관리 배제의 의사표시를 한 경우, 친권자는 그 재산을 관리하지

못한다(제918조 제1항). ① 이 경우, 제3자가 관리인을 지정하지 않은 때에는 가정법원은 그 자 또는 제777조의 규정에 의한 친족의 청구에 의하여 관리인을 선정한다(제918조 제2항). ② 제3자가 지정한 관리인의 권한 소멸·관리인 개임 필요가 있는 경우, 제3자가 다시 관리인을 지정하지 않은 때에도 마찬가지이다(제918조 제3항). ③ 한편 가정법원이 선임한 관리인에 대하여는 부재자의 재산관리에 관한 규정(제24조-제26조)이 준용되고(제918조 제4항), 그 권한 종료 시의 사무처리의무와 대항요건에 관하여는 위임에 관한 규정(제691조·제692조)이 준용된다(제919조).

(3) 재산상의 법률행위(재산행위)에 대한 대리권·동의권·취소권

첫째, 제911조에 기한 법정대리인인 친권자는 자의 재산에 관한 법률행위에 대하여 그 자를 대리한다(제920조 본문). 다만, 제6조(허락받은 재산의 처분)·제8조(허락받은 영업행위)·제918조 제1항(앞에서 살핀 내용)·근로기준법 제67조 제1항(근로계약의 체결)·근로기준법 제68조(임금의 청구) 등의 경우에는 그 행위를 대리하지 못한다. 한편 제920조 본문에 기한 대리행위의 경우, 친권자는 자기의 재산에 대한 행위와 동일한 주의의무를 부담한다(제922조). 둘째, 제920조 본문에 따라 허용된 대리행위라 하더라도, 친권자가 오직 자기 자신 또는 제3자의 이익을 위하여 대리행위를 한 경우에도 대리행위의 유효성을 인정한다면, 그 자에게 막대한 손해를 끼치게 된다. 이와 관련하여, ① 판례는 대체로 비진의표시설(대리권남용의 법률효과는 원칙적으로 본인(그 자)에게 귀속하지만, 상대방이 대리권남용자(친권자)의 대리행위에 대리의사(본인인 그 자를 위하여 한다는 의사)가 없음을 알았거나(악의) 또는 알 수 있었을 경우(과실), 그 대리행위는 제107조 제1항 단서의 규정상 무효가 된다(대판 1988. 8. 9. 86다카1858 등. 권리남용설을 취한 판례로는 대판 1987. 10. 13. 86다카1522 등))을 취함으로써 본인(그 자)을 보호하려 하는데, 이는 타당하다. ② 주의할 점은, 대리행위가 친권자 자신의 이익 또는 제3자의 이익을 도모하는 것만을 목적으로 하여 이루어졌다고 하는 등 친권자에게 대리권을 수여한 법의 취지에 반한다고 인정되는 사정이 존재할 경우에만 대리권남용에 해당한다는 것이다(대판 2009. 1. 30. 2008다73731). 셋째, 친권자가 그 자를 대리하여 그 자의 행위를 목적으로 하는 채무를 부담하는 계약을 체결하는 경우, 본인인 자의 사전 동의를 얻어야 한다(제920조 단서). ① 그러나 그 자의 근로계약은 비록 그 자의 동의가 있더라도, 대리하여 체결하지 못한다(근로기준법 제67조 제1항. 미성년자가 친권자의 동의를 얻어 직접 체결하게 된다). ② 한편 친권자가 그 자의 동의를 얻어 대리권을 행사해야 하는 경우, 그 동의는 없었지만 그 자의 동의를 얻은 것으로 믿을 만한 정당한 이유가 존재한다면, 제126조 소정의 대리권한을 넘은 표현대리의 성립을 인정할 수 있는가? 학설은 다툼이 있고, 판례는 그 성립을 인정하는 것으로 보인다(대판 1997. 6. 27. 97다3828). 생각건대 거래의 안전보다는 제한능력자의 보호라는 제한능력자제도의 취지에 비춰볼 때(제920조 단서의 취지도 그 자의 보호에 있다) 제126조의 적용을 부정하는 것이 타당하다(같은 견해 송덕수, 앞의 책, 1556면). 넷째, 친권자는 그 자가 재산행위를 하는 데 대하여 동의권을 갖는다(제5조 제1항 본문). 다만, 자가 권리만을 얻거나 의무만을 면하는 행위는 그 자가 단독으로 할 수 있다(제5조 제1항 단서). 다섯째, 친권자의 사전 동의를 얻어야 하는 재산행위를 그 자가 친권자의 동의 없이 단독으로 한 경우, 친권자는 이를 취소할 수 있다(제5조 제2항 · 제140조).

(4) 친권자의 동의를 갈음하는 재판

첫째, 가정법원은, 친권자의 동의가 필요한 행위에 대하여 친권자가 정당한 이유 없이 동의하지 않아 자녀의 생명, 신체 또는 재산에 중대한 손해가 발생할 위험이 있는 경우, 자녀, 자녀의 친족, 검사 또는 지방자치단체의 장의 청구에 의하여 친권자의 동의를 갈음하는 재판을 할 수 있다(제922조의2). 예를 들어 친권자의 동의를 필요로 하는 자녀의 수술 등에 친권자가 정당한 이유 없이 동의하지 않는 경우를 생각할 수 있다. 이는 실질적으로 부모의 친권에 대한 제한으로서의 성격을 지닌다(윤진수, 「친족상속법강의」, 2018, 박영사, 247면). 둘째, 친권자의 동의를 갈음하는 재판은 그 조치로 자녀의 복리를 충분히 보호할 수 있다면 친권상실이나 일시정지, 일부 제한 또는 대리권, 재산관리권의 상실선고에 우선하여 고려되어야 한다(제925조의2 제2항 참조).

Ⅲ. 이해상반행위

1. 서 설

친권자의 미성년자에 대한 대리권 · 동의권 등 친권의 행사가 제한되는 경우가 있다. 친권자에게는 이익이 되고 미성년자에게는 손해가 되는 이해상반행위의 경우가 그렇다. 가령 친권자인 부와 미성년인 자가 부동산을 매매하는 경우와 같이, 당사자 사이에 이해가 상충되는 행위에 대해서까지 친권자의 미성년자에 대한 대리권 · 동의권의 행사를 그대로 허용할 경우, 친권의 공정한 행사를 기대할 수 없기 때문(자의 이익을 해칠 수 있기 때문)에 친권의 행사를 제한할 필요가 있다. 이해상반행위의 경우에는 가정법원이 선임한 특별대리인으로 하여금 대행하도록 하는 것(제921조)이 자의 이익보호에 보다 부합할 수 있다는 것이다.

●● 사례

이 사건 토지는 원래 소외 C의 소유였는데, C가 1990년 4월 20일 사망하여 그 처인 소외 D, 자녀인 A(원고)와 소외 E · F가 이를 공동상속하였다. D는 고철도매업을 경영하면서 1995년 5월경부터 B(피고)로부터 금원을 차용하였는데, 1998년 10월경까지 차용금 합계액이 1억 2천만원에 이르렀다. D는 1998년 10월 15일 당시 성년이던 E의 동의를 얻어 B와 사이에, 위 채무에 관하여 주채무자를 E로 하고 C를 연대보증인으로 하는 채무인수계약을 체결하였고, 같은 날 E의 위 1억 2천만원의 채무를 담보하기 위하여 B와 사이에, 이 사건 토지 중 자신의 공유지분에 관하여는 공유지분권자로서, 이 사건 토지 중 미성년자이던 A의 공유지분에 관하여는 그 법정대리인의 자격으로, 각각 근저당권설정계약을 함으로써 이 사건 토지 중 A의 공유지분에 이 사건 근저당권설정등기가 마쳐졌다. 그러자, A는 B를 상대로 D의 이해상반행위에 기한 채무부존재확인 소송을 제기하였다. 이 청구는 인용될 것인가?

●● 사안의 쟁점:

첫째, 이해상반행위에 해당하는지에 관한 판단기준이 무엇인지, 둘째, 이해상반행위에 해당하는 경우 그 효력은 어떻게 되는지 등이다.

2. 이해상반행위의 유형 및 판단기준

(1) 유 형

첫째, 친권자와 그 자 사이에 이해관계가 상반되는 경우(제921조 제1항)를 들 수 있다. 가령 친권자와 미성년인 자가 각각 당사자 일방이 되어 법률행위를 하는 경우뿐만 아니라, 친권자가 금전을 차용하면서 미성년자 소유의 부동산에 저당권을 설정하는 경우와 같이 친권자에게는 이익이 되고 미성년자에게 불이익이 되는 행위(대판 1971. 7. 27. 71다1113)를 말한다. 둘째, 친권자의 친권에 따르는 수인의 자(子) 사이에 이해관계가 서로 상반되는 경우를 포함한다(제921조 제2항). ① 가령 친권자의 친권에 따르는 미성년의 자들이 각각 당사자 일방이 되는 법률행위를 쌍방대리하는 경우뿐만 아니라, 친권자가 미성년의 자 일방을 위한 금전을 차용하면서 다른 미성년의 자 소유의 부동산에 저당권을 설정하는 경우와 같이 미성년의 자 일방에게는 이익이 되고 다른 미성년의 자 일방에게는 불이익이 되는 행위(대판 1976. 3. 9. 75다2340)를 포함한다. ② 이 경우의 그 행위는 양당사자 모두가 친권에 따르는 미성년의 자 사이어야 하고, 성년이 된 자와 미성년의 자 사이의 행위는 자녀 상호간에 이해관계가 상반되더라도 이해상반행위가 되지 않음을 주의할 필요가 있다(대판 1989. 9. 12. 88다카28044 등 참조). 셋째, 이해상반행위는 상속의 포기와 같은 상대방 없는 단독행위이든, 계약이든 그 종류와는 무관하다. 또 재산행위・신분행위의 구별이 없다. 또한 친자 사이의 소송행위도 이해상반행위에 해당한다(대판 1991. 4. 12. 90다17491).

(2) 판단기준

이해상반행위에 해당하는지 여부는 법률행위의 종류・형식에 관계없이 그 행위 자체가 친권자와 자녀 사이 또는 자녀들 사이에 이해관계의 대립이 생길 우려가 있는지 여부를 객관적으로 관찰하여 판단하여야 하며, 그 행위의 동기・연유 등은 고려사항이 아니다

(대판 2002. 1. 11. 2001다65960). 또 그 행위가 실제로 이해관계 대립의 결과를 야기했는지 여부는 묻지 않는다(대판 1996. 11. 22. 96다10270 등)(형식적·외형적 판단설).

(3) 이해상반행위의 당사자

그 행위가 상속의 포기와 같은 단독행위일 경우, 그 당사자는 특별대리인이 된다. 그 행위가 계약(친권자의 쌍방대리)일 경우, 그 당사자는 친권자와 특별대리인이다.

(4) 이해상반행위의 해당 여부

판례를 중심으로 두 가지로 나누어 살핀다.

(가) 이해상반행위에 해당하는 경우

친권자가 자신을 위한 금전을 차용하면서 미성년자 소유의 부동산에 저당권을 설정한 행위(대판 1971. 7. 27. 71다1113)·친권자가 미성년의 자와 동순위로 공동상속인이 된 경우에 그 자의 친권자로서 행한 공동상속재산의 분할협의(대판 2011. 3. 10. 2007다17482 등)·양모가 미성년의 양자를 상대로 소유권이전등기청구소송을 제기하는 행위(대판 1991. 4. 12. 90다17491)·친권자인 모가 자신이 연대보증한 채무의 담보로 자신과 자의 공유인 토지 중 자의 공유지분에 관하여 법정대리인의 자격으로 근저당권설정계약을 체결한 행위(대판 2002. 1. 11. 2001다65960)·외국에 체류 중인 아들로부터 그 아들 소유의 국내재산의 관리에 관한 포괄적 위임을 받은 아버지가 자신의 채무를 위하여 자신이 발행한 어음에 아들을 공동발행인으로 기명날인한 행위(대판 1971. 2. 23. 70다2916) 등을 들 수 있다.

(나) 이해상반행위에 해당하지 않는 경우

법정대리인인 친권자가 부동산을 매수한 후 이를 그 자에게 증여한 행위(대판 1981. 10. 13. 81다649)·친권자가 자신의 재산을 미성년의 자에게 명의신탁한 행위(대판 1998. 4. 10. 97다4005)·친권자인 모가 친정 오빠의 채무담보를 위하여 미성년의 자 소유의 부동산에 근저당권을 설정한 행위(대판 1991. 11. 26. 91다32466)·친권자인 모가 자신이 대표이사로 있는 주식회사의 채무담보를 위하여 자신과 미성년의 자의 공유재산에 대하여 자의 법정대리인 겸 본인의 자격으로 그 공유재산에 근저당권을 설정한 행위(대판 1996. 11. 22. 96다10270)·공동상속인인 친권자인 모가 자신의 상속재산을 포기하면서 동시에 공동상속인이면서 미성년의 자 3인의 친권자로서 그 3인을 대리하여 다른 성년의 자를 위하여 그 3인의 재산상속을 포기한 행위(대판 1989. 9. 12. 88다카28044) 등을 들 수 있다.

3. 특별대리인의 선임 등

(1) 특별대리인제도의 취지

이 제도는 친권자와 그 친권에 복종하는 자 사이 또는 친권에 복종하는 자들 사이에 서로 이해가 충돌하는 경우에는 친권자에게 친권의 공정한 행사를 기대하기 어려우므로 친권자의 대리권 및 동의권을 제한하여 법원이 선임한 특별대리인으로 하여금 이들 권리를 행사하게 함으로써 친권의 남용을 방지하고 미성년인 자의 이익을 보호하려는 데 그 취지가 있다(대판 1996. 4. 9. 96다1139).

(2) 그 선임

첫째, 법정대리인인 친권자와 미성년의 자 사이에 이해상반되는 행위를 하는 경우, 친권자는 가정법원에 그 자의 특별대리인의 선임을 청구하여야 한다(제921조 제1항). ① 이 경우, 친권자와 미성년인 수인(數人)의 자 사이의 이해상반행위인 경우에는 수인의 자 각각에 대한 특별대리인의 선임을 청구하여야 한다(대판 2001. 6. 29. 2001다28299 등). ② 가령 피상속인의 사망으로 인하여 1차 상속이 개시되고 그 1차 상속인 중 1인이 다시 사망하여 2차 상속이 개시된 후 1차 상속의 상속인들과 2차 상속의 상속인들이 1차 상속의 상속재산에 관하여 분할협의를 하는 경우, 2차 상속인 중에 수인의 미성년자가 있다면 이들 미성년자 각자마다 특별대리인을 선임하여 그 각 특별대리인이 각 미성년자를 대리하여 상속재산 분할협의를 하여야 하고, 만약 2차 상속의 공동상속인인 친권자가 그 수인의 미성년자의 법정대리인으로서 상속재산 분할협의를 한다면 이는 민법 제921조에 위배되는 것이며, 이러한 대리행위에 의하여 성립된 상속재산 분할협의는 피대리자 전원에 의한 추인이 없는 한 그 전체가 무효가 된다(대판 2011. 3. 10. 2007다17482). 둘째, 법정대리인인 친권자가 그의 친권에 따르는 수인의 자(子) 사이에 이해상반되는 행위를 하는 경우, 친권자는 가정법원에 그 자 일방의 특별대리인의 선임을 청구하여야 한다(제921조 제2항). ① 이 경우, 수인의 자 각각에 대한 특별대리인의 선임을 청구할 필요가 없고, 그 중 하나의 자는 친권자가 대리하고 다른 자를 위한 특별대리인의 선임을 청구하면 된다. ② 가령 혼인한 부부인 갑과 을이 병·정을 낳은 후 병·정이 성년이 되기 전에 이혼하였고, 그 후 갑의 사망으로 병·정의 상속이 개시되어 그 상속재산의 분할협의를 하는 경우에 병·정 중 어느 1인을 을이 대리하고 나머지 1인을 위한 특별대리인의 선임을 청구하면 되고, 병·정 각각에 대한 특별대리인의 선임을 청구하지 않아도 된다.

(3) 특별대리인의 권한

특별대리인은 사건 선임신청서에서 신청의 원인으로 적시한 특정의 법률행위에 한정되는 것이며 그 밖의 다른 법률행위를 할 수 있는 포괄적인 대리권한은 없다(대판 1996. 4. 9. 96다1139).

4. 이해상반행위의 효력

첫째, 친권자가 미성년의 자와 이해상반행위를 하면서 특별대리인 선임절차 없이 스스로 대리한 경우, 이는 대리권 없는 자의 대리행위로서 무권대리가 된다. 따라서 적법한 추인이 없는 한 그 무권대리행위의 효력은 미성년의 자에게 미치지 않는다(제130조, 대판 2001. 6. 29. 2001다28299 등). 둘째, 위의 경우에 그 추인은 본인인 미성년의 자가 성년이 된 후에 하여야 한다(제144조 제1항). 한편 미성년의 자가 성년이 되기 전에도 특별대리인이 추인할 수 있는지 여부에 대하여는 다툼이 있다. 생각건대 가정법원이 선임한 특별대리인은 일종의 법정대리인이라는 점에서 이를 긍정하는 것이 타당하다(제144조 제2항의 유추).

●● 사례의 해결:

첫째, 이해상반행위에 해당하는지는 법률행위의 종류·형식에 관계없이 그 행위 자체가 친권자와 자녀 사이 또는 자녀들 사이에 이해관계의 대립이 생길 우려가 있는지를 객관적으로 관찰하여 판단하여야 하고 그 행위의 동기·연유 등은 고려사항이 아니다. 둘째, 친권자인 모가 자신이 연대보증한 차용금 채무의 담보로 자신과 자의 공유인 토지 중 자신의 공유지분에 관하여는 공유지분권자로서, 자의 공유지분에 관하여는 그 법정대리인의 자격으로 각각 근저당권설정계약을 체결한 경우, 위 채권의 만족을 얻기 위하여 채권자가 위 토지 중 자의 공유지분에 관한 저당권의 실행을 선택한 때에는 그 경매대금이 변제에 충당되는 한도에 있어서 모의 책임이 경감되고, 또한 채권자가 모에 대한 연대보증책임의 추구를 선택하여 변제를 받은 때에는 모는 채권자를 대위하여 위 토지 중 자의 공유지분에 대한 저당권을 실행할 수 있는 것으로 되는바 위와 같이 친권자인 모와 자 사이에 이해의 충돌이 발생할 수 있는 것이, 친권자인 모가 한 행위 자체의 외형상 객관적으로 당연히 예상되는 것이어서, 모가 자를 대리하여 위 토지 중 자의 공유지분에 관하여 위 근저당권설정계약을 체결한 행위는 이해상반행위로서 무효가 된다.

(대판 2002. 1. 11. 2001다65960의 사실관계와 판결요지 등 참조)

판 례

■ 민법 제921조 소정의 '이해상반행위'의 의미

"민법 제921조의 이해상반행위란 행위의 객관적 성질상 친권자와 그 자(子) 사이 또는 친권에 복종하는 수인의 자 사이에 이해의 대립이 생길 우려가 있는 행위를 가리키는 것으로서, 친권자의 의도나 그 행위의 결과 실제로 이해의 대립이 생겼는지의 여부는 묻지 않는다."(대판 1996. 11. 22. 96다10270 등)

■ 공동상속인인 친권자와 미성년인 수인의 자 사이의 상속재산 분할협의의 이해상반행위 해당 여부

"상속재산에 대하여 그 소유의 범위를 정하는 내용의 공동상속재산 분할협의는 그 행위의 객관적 성질상 상속인 상호간의 이해의 대립이 생길 우려가 있는 민법 제921조 소정의 이해상반되는 행위에 해당하므로 … 후략(後略)."(대판 2001. 6. 29. 2001다28299 등)

■ 성년인 자와 미성년인 자 사이에 이해가 상반되는 경우 민법 제921조 제2항의 적용 여부(소극)

"민법 제921조 제2항의 경우 이해상반행위의 당사자는 쌍방이 모두 친권에 복종하는 미성년자일 경우이어야 하고, 이때에는 친권자가 미성년자 쌍방을 대리할 수는 없는 것이므로 그 어느 미성년자를 위하여 특별대리인을 선임하여야 한다는 것이지 성년이 되어 친권자의 친권에 복종하지 아니하는 자와 친권에 복종하는 미성년자인 자 사이에 이해상반이 되는 경우가 있다 하여도 친권자는

미성년자를 위한 법정대리인으로서 그 고유의 권리를 행사할 수 있으므로 그러한 친권자의 법률행위는 같은 조항 소정의 이해상반행위에 해당한다 할 수 없다."(대판 1989. 9. 12. 88다카28044)

■ **특별대리인 선임 심판의 주문에 특별대리인이 처리할 법률행위의 적시가 없는 경우, 그 선임 심판의 효력 및 특별대리인의 권한**

"법원이 특별대리인 선임 심판을 함에 있어서 그 주문에 특별대리인이 처리할 법률행위를 적시하지 아니한 채 단지 특정인을 미성년자를 위한 특별대리인으로 선임한다는 내용만 기재하는 것은 바람직하지 아니한 것이나, 이러한 내용의 심판이 있는 경우에도 그 특별대리인의 권한은 그 사건 선임신청서에서 신청의 원인으로 적시한 특정의 법률행위에 한정되는 것이며 그 밖의 다른 법률행위에 대하여는 그 처리 권한이 없다."(대판 1996. 4. 9. 96다1139)

■ **전 등기명의인이 미성년자이고 당해 부동산을 친권자에게 증여하는 행위가 이해상반행위라 하더라도 친권자에게 이전등기가 경료된 이상, 그 이전등기에 관하여 필요한 절차를 적법하게 거친 것으로 추정된다고 한 사례**

"어느 부동산에 관하여 등기가 경료되어 있는 경우 특별한 사정이 없는 한 그 원인과 절차에 있어서 적법하게 경료된 것으로 추정되므로, 전 등기명의인인 원고 1이 미성년자이고 이 사건 지분을 친권자인 피고에게 증여하는 행위가 이해상반행위라 하더라도 일단 이 사건 이전등기가 경료되어 있는 이상, 특별한 사정이 없는 한, 그 이전등기에 관하여 필요한 절차를 적법하게 거친 것으로 추정된다고 할 것이다."(대판 2002. 2. 5. 2001다72029)

Ⅳ. 친권의 소멸과 회복

1. 친권의 소멸원인

일정한 사유의 발생으로 친권자가 친권을 상실하게 되는 것을 친권의 소멸이라 한다.

(1) 절대적 소멸원인

자의 사망, 자가 성년이 된 경우, 자가 혼인한 경우(제826조의2) 등이 있다.

(2) 상대적 소멸원인

친권자의 사망·실종선고, 자가 타인의 양자가 된 경우(제909조 제1항 제2문), 입양의 무효·취소 또는 파양의 경우, 부모의 이혼 또는 혼인의 무효·취소로 부모 일방이 친권자가 된 경우(제909조 제4항·제5항), 법원의 심판에 의하여 친권자가 변경된 경우(제909조 제6항), 친권상실의 선고(제924조), 친권의 일부 제한 선고(제924조의2)친권자가 성년후견·한정후견 개시의 심판을 받거나 또는 중병을 앓거나 행방불명이 된 경우 등이 있다.

2. 친권의 상실선고

부 또는 모가 친권을 남용하여 자녀의 복리를 현저히 해치거나 해칠 우려가 있는 경우 가정법원은 자녀, 자녀의 친족, 검사 또는 지방자치단체장의 청구에 의하여 그 친권의 상실을 선고할 수 있다(제924조 제1항).

(1) 친권상실의 원인

첫째, 친권의 남용이란 친권의 취지인 자의 복리실현에 현저하게 어긋나는 방식으로 친권을 행사하는 것을 말한다. ① 친권자의 이익을 위한 그 자(子)의 재산의 처분, 부적당한 거소지정, 가혹한 징계・학대・유기 등을 들 수 있다. ② 친권의 남용에 해당하는지 여부는 자에 대한 보호・교양・복리 등 친권의 본질을 토대로 구체적 사정에 따라 개별적으로 판단할 일이다. ③ 이러한 이유로, 남편과의 불화로 가출한 생모가 교통사고로 사망한 남편의 보상금을 수령하여 소비하여 버리는 등 자녀의 부양에 전혀 노력하지 않은 경우(대판 1991. 12. 10. 91므641)・친권자인 아버지가 부정행위를 저질러 어머니와 이혼하여 자녀를 돌보지 않다가 자녀 소유의 가옥과 대지를 매각하려 하는 경우(대판 1968. 9. 17. 68므27) 등도 친권의 남용에 해당할 것이다. 그런데 친권상실선고를 하기 위해서는 친권의 남용으로 인하여 자녀의 복리를 '현저히' 해치거나 해칠 우려가 있어야 한다는 점을 유의하여야 할 것이다. 둘째, 친권자의 품행이 심히 불량하여 자의 건전한 성장에 나쁜 영향을 줄 수 있는 경우 또한 친권상실의 사유가 될 것인가? ① 이는 2014년 개정 전 친권상실 사유로 규정된 것으로, 상습도박・알코올중독・범죄・비정상적인 남녀관계 등을 들 수 있다. ② 판례는, 개정법 전에도 복리보호를 토대로 자녀의 나이・건강상태・관계인들의 구체적 사정을 고려하여 친권자의 변경 또는 후견의 개시와 비행을 저지른 친권자의 친권행사 중 어느 쪽이 더 자녀의 복리실현에 부합하는지를 비교형량(比較衡量)하여 판단하여야 한다고 하면서 신중한 태도를 취하였다(대결 1993. 3. 4. 자 93스3 참조). 현행법상 친권자의 품행 불량은 적어도 민법상 독립적인 친권상실사유로 보기는 어려울 것이다.

(2) 친권상실선고의 청구

첫째, 친권상실의 원인이 있을 경우, 자녀, 자녀의 친족, 검사 또는 지방자치단체장이 가정법원에 그 상실선고를 청구하여야 한다(제924조 제1항, 가사소송법 제2조 제1항 마류사건 제7호). 그 청구에 앞서 조정신청을 하여야 하나(가사소송법 제50조), 친권・법률행위대리권・재산관리권의 상실(또는 회복)선고는 당사자가 임의로 처분할 수 없는 사항이므로, 조정의 성립으로 친권상실의 효력이 발생하지 않는다(가사소송법 제59조 제2항 단서). 둘째, 친권상실의 재판(이는 형성판결이다)이 확정되면 재판을 청구한 사람은 재판확정일부터 1개월 이내에 그 취지를 신고하여야 하는데(가족관계의 등록 등에 관한 법률 제79조 제2항 제3호・제58조),

이는 보고적 신고이다. 셋째, 아동·청소년의 성보호에 관한 법률에는 친권상실선고와 후견인의 변경결정에 관한 특별규정이 있다(동법 제23조·제24조). 또한 아동복지법에도 친권행사의 제한과 친권상실의 선고에 관한 특별규정을 두고 있다(동법 제18조 참조).

(3) 친권상실선고의 효과

첫째, 그 판결이 확정되면 친권자는 친권을 상실한다. 따라서 친권의 일시 정지나 일부 제한 등과 같은 좀 더 가벼운 수단으로 자녀의 복리를 충분히 보호할 수 없는 경우 등을 고려하여 신중하게 허용되어야 할 것이다(제924조의2·제925조의2 참조). 그러나 친권의 상실은 부모 또는 직계혈족으로서 가지는 권리, 즉 자녀의 혼인동의권(제808조 제1항·제2항)·입양에 대한 대락권(제869조 제2항) 등에는 변함이 없다(제925조의3 참조). 또한 친자관계에서 오는 부양이나 상속의 권리·의무에는 아무런 영향이 없다. 그러나 입양에 대한 동의권은 상실된다는 점을 유의하여야 할 것이다(제870조 제1항 제2호). 둘째, 공동친권자인 부모 중 일방이 그 상실선고를 받으면 다른 일방이 친권자로 되고, 부모 모두가 그 상실선고를 받거나 또는 단독 친권자가 그 상실선고를 받은 경우, 후견이 개시된다(제928조). 셋째, 이혼에 의하여 친권자로 지정된 부 또는 모가 그 상실선고를 받은 경우, 부모의 다른 일방이 생존해 있는 경우에는 일정한 자(생존하는 부 또는 모, 미성년자, 미성년자의 친족)가 일정한 기간(그 친권상실선고의 사실을 안 날부터 1개월, 그 상실선고 시부터 6개월) 내에 가정법원에 생존하는 부나 모를 친권자로 지정할 것을 청구할 수 있고(제927조의2 제1항·제909조의2 제1항), 그 기간 내에 친권자 지정청구가 없을 때에는 가정법원은 직권으로 또는 일정한 자(미성년자, 미성년자의 친족, 이해관계인, 검사, 지방자치단체의 장)의 청구에 의하여 미성년후견인을 선임할 수 있다(제927조2 제1항·제909조의2 제3항). 이 내용 외에도, 개정 민법(2014.10.15. 법 12777호)은 친권 상실, 일시 정지 또는 일부 제한과 친권자의 지정 등에 관한 특별규정(제927조의2 제1항·제2항)을 두고 있다.

3. 대리권과 재산관리권의 상실

첫째, 법정대리인인 친권자가 부적당한 관리로 인하여 자녀의 재산을 위태롭게 한 경우, 자녀의 친족, 검사 또는 지방자치단체장의 청구에 기하여 가정법원은 그 친권자의 법률행위의 대리권과 재산관리권의 상실을 선고할 수 있다(제925조). 이 사건은 가사소송법상의 조정전치주의의 대상으로 규정되어 있으나(가사소송법 제1조 제1항 마류사건 제7호·제50조), 앞에서 본 바와 같이 이는 임의처분의 대상이 아니어서 조정의 성립만으로 대리권 등이 상실되지는 않는다(가사소송법 제59조 제2항 단서 참조). 둘째, 그 재판이 확정되면 친권자는 대리권과 재산관리권을 상실한다. ① 이는 친권의 일부 상실에 지나지 않으므로, 자의 신분상 행위에 대하여는 여전히 친권자의 지위에서 친권을 행사할 수 있다. ② 공동친권자 중 일방이 대리권·재산관리권의 상실선고를 받은 경우, 다른 일방이 단독으로 이를 행사하고, 공동친권자인 부모 쌍방 또는 단독친권자가 그 상실선고를 받으면 대리권·재산관리권만을 행사하는 후견이 개시되어 후견인이 재산을 관리하고 법률행위를 대리하게 된다(제928조).

4. 친권의 일시 정지와 일부 제한

첫째, 친권의 남용이 있으나 친권상실만을 하기에는 적절하지 않은 경우에 대비하여, 2014년 개정민법은 친권상실 외에도 친권의 일시 정지 및 일부 제한을 도입하였다(제924조·제924조의2). ① 친권의 일시 정지의 사유는 친권상실의 사유와 같다(제924조 제1항). 청구권자는 자녀, 자녀의 친족, 검사 또는 지방자치단체의 장이다(제924조 제1항). ② 민법은 친권 일시 정지에 의하여 자녀의 복리를 충분히 보호할 수 있다면 친권상실선고를 할 수 없다고 규정하여 그 우선순위를 정하고 있다(제925조의2 제1항). 친권의 일시 정지 역시 친권자의 동의를 갈음하는 재판에 의하여 자녀의 복리를 충분히 보호할 수 있다면 친권의 일시 정지를 할 수 없다고 규정하여 그 판단기준을 제시하고 있다(제925조의2 제2항). ③ 친권의 일시 정지 기간은 2년을 도과할 수 없고, 자녀, 자녀의 친족, 검사 또는 지방자치단체의 장, 미성년후견인 또는 미성년후견감독인의 청구에 따라 2년의 범위 안에서 한 차례만 연장가능하다(제924조 제2항·제3항). 둘째, 가정법원은 거소의 지정이나 징계, 그 밖의 신상에 관한 결정 등 특정한 사항에 관하여 친권자가 친권을 행사하는 것이 곤란하거나 부적당한 사유가 있어 자녀의 복리를 해치거나 해칠 우려가 있는 경우에는 구체적인 범위를 정하여 친권의 일부 제한을 선고할 수 있다(제924조의2). ① 청구권자는 자녀, 자녀의 친족, 검사 또는 지방자치단체의 장이다(제924조의2). ② 친권의 일부 제한 역시 자녀의 복리를 충분히 보호할 수 있으면 친권상실을 선고하여서는 안 된다(제925조의2 제1항). 친권의 일시 정지와 마찬가지로 친권자의 동의를 갈음하는 재판에 의하여 자녀의 복리를 충분히 보호할 수 있으면 친권의 일부 제한은 받아들여지지 아니할 것이다(제925조의2 제2항). 친권의 일부 제한과 친권의 일시 정지 사이에는 그 우선순위가 없다.

5. 실권회복

첫째, 친권자가 친권상실선고, 친권의 일시 정지, 일부 제한 선고 또는 대리권, 재산관리권의 상실선고를 받은 후 그 선고의 원인이 소멸한 경우, 가정법원은 본인, 자녀, 자녀의 친족, 검사 또는 지방자치단체의 장의 청구에 의하여 실권(失權)의 회복을 선고할 수 있다(제926조). 이 사건도 가사소송법상의 조정전치주의의 대상으로 규정되어 있으나(가사소송법 제1조 제1항 마류사건 제7호·제50조), 앞에서 본 바와 같이 이는 임의처분의 대상이 아니어서 조정의 성립만으로 상실된 친권 등이 회복되지는 않는다(가사소송법 제59조 제2항 단서 참조). 둘째, 그 재판의 확정 시부터 친권자의 친권 등은 회복되고, 후견이 개시되어 있는 경우에는 그 후견도 종료된다. 또한 재판을 청구한 사람은 재판확정일부터 1개월 이내에 그 취지를 신고하여야 하는데(가족관계의 등록 등에 관한 법률 제79조 제2항 제3호 · 제58조), 이는 보고적 신고이다.

6. 대리권 · 재산관리권의 사퇴와 그 회복

첫째, 법정대리인인 친권자는 정당한 사유가 있을 경우, 가정법원의 허가를 얻어 친권 내용의 일부인 법률행위의 대리권 · 재산관리권을 사퇴할 수 있다(제927조 제1항). ① 정당한 사유란 장기간의 해외여행 · 중병 · 군입대 등으로 친권의 본질에 부합하는 정상적인 친권의 행사가 불가능하다고 여겨질 정도의 객관적 사정을 말한다 할 것이다. ② 법원의 허가에 기한 사퇴의 경우, 그 대리권 등을 행사하게 될 자는 대리권 등 상실의 경우와 같다. 둘째, 그 사퇴의 사유가 소멸한 경우, 친권자는 법원의 허가를 얻어 사퇴한 권리를 회복할 수 있다(제927조 제2항).

판 례

■ 친권을 행사할 수 있는 부(父)의 의미

"민법 제909조 제1항 및 제2항에서 말하는 친권을 행사할 수 있는 부는 법률상의 부를 뜻하고 생부라 하더라도 혼인 외의 출생자에 대하여 인지를 한 바 없다면 그의 친권자가 될 수 없다." (대판 1982. 4. 13. 81므85)

■ 주민등록상 미성년자의 동거인으로 등재되었으나 동일 호적 내에 있지 아니한 생모가 구 민법 제909조 제3항 소정의 보충적 친권자가 될 수 있는 생모에 해당하는지 여부(소극)

"구 민법(1977. 12. 31. 법률 제3051호로 개정되기 전의 것) 제909조 제3항은 혼인 외 출생자에 대하여 친권을 행사할 자가 없을 때에는 그 생모가 친권자가 된다고 규정하였는바, 같은 조 제1항, 제4항, 제5항의 각 규정이 모두 미성년자에게 대한 부친 또는 모친은 미성년자와 호적을 같이 하는 것을 전제조건으로 하여 그 친권자가 된다고 규정하고 있는 입법취지에 비추어 볼 때, 여기서 보충적으로 친권자가 될 수 있는 생모라 함은 당해 미성년자와 같은 호적에 취적되어 있는 생모에 한하고, 설사 생모가 주민등록상으로는 그 미성년자의 동거인으로 등재되어 있다고 할지라도 동일 호적 내에 있지 아니하다면 친권자가 될 수 없다."(대판 1999. 3. 9. 98다49364)

■ 모(母)가 미성년자인 딸의 의사표시에 대하여 법정대리인으로서 묵시적으로 동의한 것으로 본 사례

"모와 미성년자인 딸이 함께 있는 자리에서 주민등록등본을 첨부하여 도피 중이던 부(父)의 채무를 연대하여 지급하기로 하는 지불각서를 작성 · 교부해 준 경우, 모가 딸의 위 의사표시에 대하여 법정대리인으로서 묵시적으로 동의한 것으로 본 사례."가 있다(대판 2000. 4. 11. 2000다3095).

■ 부의 유아인도청구를 친권남용이라고 본 사례

"부와 생모 사이에 유아가 출생된 후 부가 생모와 유아를 유기하여 생모가 부를 상대로 혼인빙자간음죄로 고소를 제기하자 그 부가 생모와 혼인하기로 약속하였음에도 불구하고 생모가 고소를 취소한 후에는 유아만 혼인외 자로 입적시키고 다른 여자와 혼인신고를 하여, 계속 생모와 유아를 유기하면서 그 처와 미국으로 이민을 가려고 하다가 생모의 진정으로 인하여 이주허가신청이 보류되고, 생모가 부를 상대로 위자료 및 양육비 청구를 하자 이에 대항하기 위하여 부가 유아인도 청구를 하는 경우에는 친권남용이라고 볼 수 있다."고 한 사례가 있다(대판 1979. 7. 10. 79므5).

■ 친권자인 모가 자기 오빠의 사업을 위하여 미성년자 소유의 부동산을 제3자에게 담보로 제공하고, 제3자도 그와 같은 사정을 잘 알고 있었다 하여 모의 근저당권 설정행위가 바로 "친권을 남용한 경우"에 해당하는지 여부(소극)

"미성년자의 친권자인 모가 미성년자에게는 오로지 불이익만을 주는데도 자기 오빠의 사업을 위하여 미성년자 소유의 부동산을 제3자에게 담보로 제공하였고, 제3자도 그와 같은 사정을 잘 알고 있었다고 하더라도, 그와 같은 사실만으로 모의 근저당권 설정행위가 바로 '친권을 남용한 경우'에 해당한다고는 볼 수 없다."(대판 1991. 11. 26. 91다32466)

■ 친권자로서 친권을 행사시킬 수 없는 중대한 사유가 있다고 인정된 사례

"피청구인은 호적상으로는 청구외 망인의 처로서 사건 본인의 친권자이나, 사실상으로는 사건 본인이 출생하기 전에 이미 위 망인과 별거하여 그 친권자의 지위를 상실한 것이나 다를 바 없고 또한 피청구인에게 사건 본인의 부양, 교육을 맡기는 것이 현재는 물론 장래에도 적당하다고 사료되지 아니한 경우에는 이는 민법 제924조 소정의 친권자로서 친권을 행사시킬 수 없는 중대한 사유가 있는 때에 해당한다."고 한 사례가 있다(대판 1979. 9. 11. 79므34).

■ 친권상실선고에 있어 고려하여야 할 요소

"친권은 미성년인 자의 양육과 감호 및 재산관리를 적절히 함으로써 그의 복리를 확보하도록 하기 위한 부모의 권리이자 의무의 성격을 갖는 것으로서, 민법 제924조에 의한 친권상실선고사유의 해당 여부를 판단함에 있어서도 친권의 목적이 자녀의 복리보호에 있다는 점이 판단의 기초가 되어야 하고, 설사 친권자에게 간통 등의 비행이 있어 자녀들의 정서나 교육 등에 악영향을 줄 여지가 있다 하더라도 친권의 대상인 자녀의 나이나 건강상태를 비롯하여 관계인들이 처해 있는 여러 구체적 사정을 고려하여 비행을 저지른 친권자를 대신하여 다른 사람으로 하여금 친권을 행사하거나 후견을 하게 하는 것이 자녀의 복리를 위하여 보다 낫다고 인정되는 경우가 아니라면 섣불리 친권상실을 인정하여서는 안 된다."(대결 1993. 3. 4. 자 93스3)

■ 개정 민법 시행에 따른 이혼한 모의 친권의 부활과 후견인의 임무 종료

"1991. 1. 1.부터 개정된 민법이 시행되면서 이혼한 모의 친권제한에 관한 구 민법(1990. 1. 13. 법률 제4199호로 개정되기 전의 것) 제909조 제5항이 삭제되고, 부칙(1990. 1. 13.) 제9조가 규정됨으로써 이혼으로 인하여 모가 친권을 상실하고 후견이 개시된 경우라도 개정된 민법의 시행일부터는 모의 친권이 부활되어 모가 전혼인 중의 자에 대하여 친권자로 되고 후견인의 임무는 종료된다." (대판 1994. 4. 29. 94다1302)

■ 성전환자가 혼인 중에 있거나 미성년자인 자녀가 있는 경우 성별정정을 허가할 것인지 여부(소극)

"성전환수술에 의하여 출생 시의 성과 다른 반대의 성으로 성전환이 이미 이루어졌고, 정신과 등 의학적 측면에서도 이미 전환된 성으로 인식되고 있다면, 전환된 성으로 개인적 행동과 사회적 활동을 하는 데에까지 법이 관여할 방법은 없다. 그러나 성전환자가 혼인 중에 있거나 미성년자인 자녀

가 있는 경우에는, 가족관계등록부에 기재된 성별을 정정하여, 배우자나 미성년자인 자녀의 법적 지위와 그에 대한 사회적 인식에 곤란을 초래하는 것까지 허용할 수는 없으므로, 현재 혼인 중에 있거나 미성년자인 자녀를 둔 성전환자의 성별정정은 허용되지 않는다."(대결 2011. 9. 2. 자 전원합의체. 2009스117; 대결 2006. 6. 22. 자 전원합의체. 2004스42)

■ 갑이 을과 혼인을 하여 미성년자인 자녀 병을 두고 있었는데 성전환수술 등을 받고 가족관계등록부상의 성별란 정정이 가능한지 여부(소극)

"가족관계등록부상 남성으로 등재되어 있는 갑이 을과 혼인을 하여 미성년자인 자녀 병을 두고 있었는데 심한 성정체성 장애 때문에 수차례 정신과 치료를 받아오다가 결국 성전환수술 등을 받았고 이에 가족관계등록부상의 성별란 정정을 신청한 사안에서, 성전환자가 혼인 중에 있거나 미성년자인 자녀가 있는 경우에는 가족관계등록부에 기재된 성별을 정정하여 배우자나 미성년자인 자녀의 법적 지위와 그에 대한 사회적 인식에 곤란을 초래하는 것까지 허용할 수는 없으므로, 현재 혼인 중에 있거나 미성년자인 자녀를 둔 성전환자의 성별정정은 허용되지 않는다."(대결 2011. 9. 2. 자 전원합의체. 2009스117)

■ 재판상 이혼의 경우, 당사자의 청구가 없더라도 법원이 직권으로 미성년자인 자녀에 대한 친권자 및 양육자를 정하여야 하는지 여부(적극)

"이혼 과정에서 친권자 및 자녀의 양육책임에 관한 사항을 의무적으로 정하도록 한 민법 제837조 제1항, 제2항, 제4항 전문, 제843조, 제909조 제5항의 문언 내용 및 이혼 과정에서 자녀의 복리를 보장하기 위한 위 규정들의 취지와 아울러, 이혼 시 친권자 지정 및 양육에 관한 사항의 결정에 관한 민법 규정의 개정 경위와 변천 과정, 친권과 양육권의 관계 등을 종합하면, 재판상 이혼의 경우에 당사자의 청구가 없다 하더라도 법원은 직권으로 미성년자인 자녀에 대한 친권자 및 양육자를 정하여야 하며, 따라서 법원이 이혼 판결을 선고하면서 미성년자인 자녀에 대한 친권자 및 양육자를 정하지 아니하였다면 재판의 누락이 있다."(대판 2015. 6. 23. 2013므2397)

■ 이혼 후 부모와 자녀의 관계에서 친권과 양육권이 항상 동일인에게 귀속되어야 하는지 및 일정한 조건을 충족하는 경우 이혼 후 자(子)에 대한 양육권이 부모 중 어느 일방에, 친권이 다른 일방에 또는 부모에 공동으로 귀속되는 것으로 정할 수 있는지 여부(적극)

"민법 제837조, 제909조 제4항, 가사소송법 제2조 제1항 제2호 나목의 3) 및 5) 등이 부부의 이혼 후 그 자의 친권자와 그 양육에 관한 사항을 각기 다른 조항에서 규정하고 있는 점 등에 비추어 보면, 이혼 후 부모와 자녀의 관계에 있어서 친권과 양육권이 항상 같은 사람에게 돌아가야 하는 것은 아니며, 이혼 후 자에 대한 양육권이 부모 중 어느 일방에, 친권이 다른 일방에 또는 부모에 공동으로 귀속되는 것으로 정하는 것은, 비록 신중한 판단이 필요하다고 하더라도, 일정한 기준을 충족하는 한 허용된다고 할 것이다."(대판 2012. 4. 13. 2011므4719)

제4장 그 밖의 관계

제1절 후견인제도

Ⅰ. 서 설

1. 의의 및 종류

미성년자를 비롯한 제한능력자나 그 밖에 보호가 필요한 사람을 보호하는 것이 후견인제도이다. 우리 민법은 기존의 금치산·한정치산제도의 문제점을 인식하고 이를 폐지한 뒤, 능동적이고 적극적인 형태의 성년후견인제도를 도입하였다(이러한 후견인제도는 2013. 7. 1.부터 시행되었다). 종전 후견인제도가 후견인이 될 사람의 자질과 능력을 전혀 고려하지 않은 형태로 운영된 점을 반성하고, 보호가 필요한 피후견인의 능력을 전면적으로 제한하지 않고 그 복리에 위해가 되지 않는 방향으로 전환한 것이다. 따라서 개정된 민법에 따른 후견인제도는 ① 미성년에 대한 후견, ② 질병, 장애, 노령, 그 밖의 사유에 따른 정신적인 제약으로 사무처리능력이 지속적으로 결여된 경우의 성년후견, ③ 사무를 처리할 능력이 부족한 경우의 한정후견, ④ 일시적 후원 또는 특정한 사무에 관한 후원이 필요한 경우의 특정후견으로 나눌 수 있다. 이는 후견의 기본목적이라고 할 수 있는 사회 복지적 측면을 폭넓게 받아들인 것으로 후견인제도를 내실화한 것으로 평가받는다. 한편 이러한 후견인 유형은 법정후견과 임의후견으로 구분할 수도 있다. 법정후견은 미성년후견·성년후견·한정후견·특정후견이라 할 것이고, 임의후견은 후견계약에 의한 후견을 말한다. 후견과 관련된 사건은 라류 가사비송사건으로 각 피후견인(피후견인이 될 사람을 포함한다)의 주소지의 가정법원이 관할인데, 다만, 성년후견·한정후견개시의 심판, 특정후견의 심판, 미성년후견인·임의후견감독인 선임 심판이 각각 확정된 이후의 후견에 관한 사건은 후견개시 등의 심판을 한 가정법원(항고법원이 후견개시 등의 심판을 한 경우에는 그 제1심 법원인 가정법원)이 관할이다(가사소송법 제44조 제1항 제1호의2). 그러나 가사소송법 제44조 제1항 제1호의2 단서의 가정법원의 관할은 피후견인의 이익을 위하여 필요한 경우 직권 또는 후견인, 후견감독인, 피후견인, 피후견인의 배우자, 4촌 이내의 친족, 검사, 지방자치단체의 장의 신청에 따라 피후견인의 주소지의 가정법원으로 변경할 수 있다(가사소송법 제44조 제2항). 변경신청을 기각하는 결정에 대하여는 신청인이, 변경결정에 대하여는 후견인, 후견감독인, 피후견인이 즉시항고를 할 수 있고 변경결정의 즉시항고는 집행정지의 효력을 부여한다(가사소송법 제44조 제3항).

2. 특 징

새로운 후견인제도의 특징은 다음과 같다. 첫째, 후견인이 피후견인의 재산뿐만 아니라 신상 역시 보호할 의무를 규정하였다. 둘째, 제3자 보호를 위하여 성년후견 등에 관한 사항을 등기를 통하여 공시하도록 하였다(후견등기에 관한 법률). 아래에서는 법정후견으로서의 미성년후견과 성년후견을 비교하면서 설명한 뒤, 넓은 의미의 성년후견유형이라고 할 수 있는 한정후견, 특정후견을 각 다루고 임의후견으로서의 후견계약에 대하여 차례로 살펴본다.

Ⅱ. 미성년후견과 성년후견

1. 후견의 개시

(1) 미성년후견 개시사유

첫째, 미성년후견은 먼저 친권자가 없는 경우 개시된다(제928조). ① 공동친권자인 부모 중 일방이 사망하거나 친권을 상실한 때에는 다른 일방이 단독친권자가 되므로 후견이 개시되지 않는다. ② 그러나 공동친권자(부모)가 동시에 사망하거나 친권을 상실한 경우, 단독친권자가 사망하거나 친권을 상실하거나 성년후견개시의 심판을 받은 경우(미성년자인 경우에 성년후견이 가능한지에 관하여 견해의 대립이 있으나 법문상 성년후견청구를 제한할 근거가 없고 성년후견의 개시가 필요함에도 미성년자라는 이유로 성년후견을 할 수 없다는 것은 타당하지 않다)는 후견개시사유가 된다. ③ 그러나 이혼 등으로 단독친권자가 정해진 부모의 일방이 사망하거나 친권상실선고를 받은 경우(성년후견개시의 심판을 받은 경우도 포함되는 것으로 해석된다)에 부모의 다른 일방이 생존해 있을 때에는 일정한 기간 내에 친권자 지정청구를 할 수 있으므로(제909조의2 제1항·제927조의2 제1항), 당연히 후견이 개시되는 것은 아니다. 이 기간 내에 친권자 지정청구가 없는 경우 가정법원은 미성년후견인을 선임할 수 있다(제909조의2 제3항·제927조의2 제1항). 둘째, 공동친권자 쌍방 또는 단독친권자가 장기부재, 심신상실 등으로 사실상 친권을 행사할 수 없는 경우도 이에 해당한다. ① 이때에도 부모의 다른 일방이 생존해 있을 때에는 일정한 기간 내에 친권자 지정청구를 할 수 있으므로(제909조의2 제1항·제927조의2 제1항), 당연히 후견이 개시되는 것은 아니고 이 기간 내에 그 청구가 없는 경우라야만 가정법원이 미성년후견인을 선임할 수 있을 것이다. ② 미성년자의 친권자가 친권을 행사할 수 없는 경우에도 친권대행자가 있는 때에는 후견이 개시되지 않는다(제910조). 셋째, 친권자가 친권의 전부 또는 일부를 행사할 수 없을 때에도 후견개시사유가 된다(제928조). ① 예를 들어 단독친권자가 친권의 일시 정지의 선고를 받은 경우에는 친권을 보유하고 있으나 정지기간에는 친권을 행사할 수 없는 상태가 될 것인데, 이 경우 가정법원은 직권으로 미성년후견인을 선임하여야 한다(제924조·제932조 제2항). ② 다만, 이혼 등으로 단독친권자로 정해진 부모의 일방이 친권의 일시 정지 선고를 받은 경우에는 앞서 살펴보았듯이 친권자 지정청구 여부를 기다린 후 미성년후견인 선임을 할 수 있다(제909조의2 제1항, 제3항·제927조의2 제1항). ③ 단독친권자가 친권의 일부 제한의 선고를 받은 경우에는 친권이 제한된 범위에 한정하여 후견이 개시되고, 이때 가정법원은 직권으로 미성년후견인을 선임한다(제924조의2·제932조 제2항). ④ 마찬가지로 이혼 등으로 단독친권자로 정해진 부모의 일방이 친권의 일부 제한의 선고를 받은 경우에는 친권자 지정청구 여부를 기다린 후 미성년후견인 선임을 하여야 할 것이다(제909조의2 제1항, 제3항·제927조의2 제1항). 넷째, 단독친권자가 법률행위의 대리권과 재산관리권을 상실하였거나(제925조) 사퇴한 경우(제927조 제1항)에는 그 부분에 대하여 후견이 개시된다. 이혼 등으로 단독친권자로 정해진 부모의 일방이 대리권 및 재산관리권을 상실하였거나 사퇴한 경우, 다른 일방이 생존해 있을 때에는 그 친권자 지정청구 여부를 기다려 미성년후견인을 선임할 수 있는 점은 위와 같다(제909조의2 제1항, 제3항·제927조의2 제1항). 미성년후견 개시의 신고는 미성년후견인이 그 취임일부터 1개월 이내에 하여야 한다(가족관계의 등록 등에 관한 법률 제80조 제1항).

(2) 성년후견 개시사유

성년후견은 가정법원의 성년후견개시 심판이 있는 경우에 개시된다(제929조). 미성년자에게 성년후견이 개시되면 친권은 소멸한다.

2. 후 견 인

(1) 개 설

첫째, 미성년후견인의 수는 한 명으로 하고, 자연인에 한하여 할 수 있다(제930조 제1항, 제3항). 둘째, 성년후견인은 여러 명이 될 수 있고, 법인도 가능하다(제930조 제2항·제3항·가사소송법 제2조 제1항 라류사건 제21호의3·후견등기에 관한 법률 제25조 제1항 제8호). 여러 명의 성년후견인을 두는 경우, 권한의 범위 및 권한분장에 관한 사항은 후견인별로 따로 만들어 등기한다. 성년후견인을 복수로 둘 수 있다는 규정은 한 명의 후견인이 모든 후견사무를 할 수 없는 상황 등을 대비한 것으로, 예를 들어 재산관리사무에 대하여는 법률전문가를, 신상보호사무에 대하여는 복지전문가를 두는 경우를 말한다. 한편 법인후견은 개인후견과 달리 후견인의 사망 등에 따른 변동사유 없이 지속적인 후견업무수행이 가능하고, 후견업무의 전문화가 가능하다는 장점이 있다.

(2) 미성년후견

미성년후견인은 지정 미성년후견인, 선임 미성년후견인 순으로 후견인이 된다. 첫째,

지정 미성년후견인은 미성년자에게 친권을 행사하는 부모가 유언으로 후견인을 지정한 경우이다(제931조 제1항 본문). ① 미성년자에 대하여 친권을 행사하는 부모만이 유언으로 미성년후견인을 지정할 수 있으므로, 친권상실, 일시 정지, 일부 제한의 선고를 받은 경우, 법률행위의 대리권과 재산관리권을 상실하였거나 사퇴한 경우, 성년후견개시의 심판을 받은 경우의 부모는 유언으로 후견인을 지정할 수 없다고 해석된다(제931조 제1항 단서). ② 다만, 이혼 후 부모 중 일방이 단독으로 친권을 행사하다가 사망한 경우, 부모의 다른 일방이 생존해 있는 경우에도 일단 친권자가 없는 상태가 되므로, 사망한 단독친권자의 지정은 그 효력이 있다(제909조의2 참조). ③ 가정법원은 미성년후견인이 지정된 경우에도 미성년자의 복리를 위해서 필요하면, 생존하는 부 또는 모, 미성년자의 청구에 의하여 후견을 종료하고 생존하는 부 또는 모를 친권자로 지정할 수 있다(제931조 제2항). 사망한 친권자의 유언에 따른 지정은 일단 유효한 것으로 본 뒤, 구체적인 사정을 살펴 자녀에게 유리한 쪽을 선택할 기회를 주려는 취지이다. 둘째, 선임 미성년후견인은 제931조 제1항에 따른 지정 미성년후견이 없는 경우나 존재하던 미성년후견인이 없게 된 경우, 가정법원이 직권으로 또는 미성년자, 친족, 이해관계인, 검사, 지방자치단체의 장의 청구에 의하여 후견인으로 선임된 자(법 제932조 제1항 제1문·제2문·가사소송법 제2조 제1항 라류사건 제18호)이다. ① 다만, 단독친권자가 사망한 때에도 부모 일방이 생존해 있는 경우에는 일정한 기간 내에 가정법원에 친권자 지정 청구를 할 수 있으므로, 이 기간에 청구가 없는 경우에 비로소 가정법원은 미성년후견인을 선임하게 된다(제909조의2 제1항, 제3항). ② 특별법인 아동복지법은 시·도지사, 시장·군수·구청장, 아동복지시설의 장 및 학교의 장은 친권자 또는 후견인이 없는 아동을 발견한 경우, 그 복지를 위하여 필요하다고 인정할 때에는 법원에 후견인의 선임을 청구하여야 하는 것으로 규정하고 있다(아동복지법 제19조 제1항).

(3) 성년후견

성년후견인은 가정법원이 성년후견개시의 심판이 있는 경우, 직권으로 선임한다(제936조 제1항·가사소송법 제2조 제1항 라류사건 제18호·후견등기에 관한 법률 제25조 제1항 제3호). ① 가정법원의 직권선임은, 과거 금치산·한정치산제도에서는 후견인 순위가 법정되어 실질적인 관계보다는 형식적인 촌수관계에 따라 후견인이 결정되는 이유로 실질적 후견을 받지 못한 사례에 대한 반성으로 개정된 것이다. ② 선임된 성년후견인이 사망, 결격, 그 밖의 사유로 없게 된 경우에도 가정법원은 직권으로 또는 피성년후견인, 친족, 이해관계인, 검사, 지방자치단체의 장의 청구에 의하여 성년후견인을 선임한다(제936조 제2항). 가정법원이 성년후견인을 선임할 때에는 피성년후견인의 의사를 존중하여야 하며, 그 밖에 피성년후견인의 건강, 생활관계, 재산상황, 성년후견인이 될 사람의 직업과 경험, 피성년후견인과의 이해관계의 유무 등 제반 사정도 고려하여야 한다(제936조 제4항). ③ 이처럼 성년후견인 선임의 가장 중요한 기준은 피성년후견인의 의사이다. 가정법원은 선임 심판을 하는 경우, 원칙적으로 피성년후견인(피성년후견인이 될 사람 포함)의 진술을 들어야 한다고 규정하고 있다(가사소송법 제45조의3 제1항 제3호).

(4) 후견인의 결격

미성년자, 피성년후견인·피한정후견인·피특정후견인·피임의후견인, 회생절차개시결정 또는 파산선고를 받은 자, 자격정지 이상의 형의 선고를 받고 그 형기 중에 있는 사람, 법원에서 해임된 법정대리인, 법원에서 해임된 성년후견인, 한정후견인, 특정후견인, 임의후견인과 그 감독인, 행방이 불명한 사람, 피후견인을 상대로 소송을 하였거나 하고 있는 사람, 피후견인을 상대로 소송을 하였거나 하고 있는 사람의 배우자와 직계혈족(다만, 피후견인의 직계비속은 제외한다)(제937조 제1호-제9호), 외국인(가족관계 등록예규 제184호)은 후견인이 되지 못한다.

(5) 후견인의 사임 및 변경

후견인은 정당한 사유가 있는 경우에는 가정법원의 허가를 받아 사임할 수 있다(제939조 제1문·가사소송법 제2조 제1항 라류사건 제19호). 정당한 사유는 후견인의 개인적인 사유라고 할 수 있는 노령, 질병, 피성년후견인과의 관계 악화, 장기간의 후견기간 경과, 업무부담 과중 등도 가능하다. 후견인은 사임청구와 함께 가정법원에 새로운 후견인의 선임을 청구하여야 한다(제939조 제2문). 가정법원은 피후견인의 복리를 위하여 후견인을 변경할 필요가 있다고 인정하면 직권으로 또는 피후견인, 친족, 후견감독인, 검사, 지방자치단체의 장의 청구에 의하여 후견인을 변경할 수 있다(제940조·가사소송법 제2조 제1항 라류사건 제18호).

3. 후견사무

후견사무는 크게 신분에 관한 직무와 재산에 관한 직무로 나눌 수 있다. 후견인은 피후견인의 법정대리인이 되고(제938조), 친권자와 달리 선량한 관리자로서 그 임무를 수행하여야 한다(제956조, 제681조).

(1) 신분에 관한 직무

① 미성년후견

미성년후견은 친권의 성질을 가지고 있다고 할 것이므로 이와 유사한 직무가 인정된다. 첫째, 미성년후견인은 보호·교양의 권리의무(제913조), 거소지정권(제914조), 징계권(제915조)에 있어서 친권자와 동일한 권리와 의무가 있다(제945조 본문). 그러나 ① 친권자가 정한 교육방법, 양육방법 또는 거소를 변경하는 경우, ② 미성년자를 감화기관이나 교정기관에 위탁하는 경우, ③ 친권자가 허락한 영업을 취소하거나 제한하는 경우에는 미성년후견감독인이 있으면 그의 동의를 받아야 한다(제945조 단서). 둘째, 미성년자의 친권자가 제924조의2, 제925조 또는 제927조 제1항에 따라 친권 중 일부에 한정하여 행사할 수 없는 경우에 미성년후견인의 임무는 제한된 친권의 범위에 속하는 행위에 한정된다(제946조). 셋째, 미성년후견인은 미성년자의 신분행위에 대하여 동의권을 가진다. ① 약혼(제801조), ② 혼인(제808조 제1항), ③ 13세 이상인 미성년자의 입양(제871조), ④ 13세 이상인 미성년자의 친양자 입양(제908조의2 제1항 제4호)이 그 예이다. 넷째, ① 혼인적령에 달하지 아니한 자의 혼인 및 미성년자가 동의권자의 동의 없이 한 혼인에 대한 취소(제817조), ② 인지청구의 소제기(제863조), ③ 13세 미만인 미성년자의 입양에 대한 승낙(제869조 제2항), ④ 미성년자가 한 입양의 취소(제885조), ⑤ 13세 이상의 미성년자가 동의권자의 동의 없이 양자가 된 경우의 입양의 취소(제886조), ⑥ 13세 미만인 미성년자의 재판상 파양의 청구(제906조 제1항), ⑦ 친양자 입양에 대한 승낙(제908조의2 제1항 제5호), ⑧ 상속의 승인・포기(제1019조・제1020조) 등과 같은 신분행위에 관한 대리권이 있다. 다섯째, 미성년자인 피후견인에게 혼인 외의 자가 있는 경우에는 미성년후견인은 미성년자를 갈음하여 미성년자의 자녀에 대한 친권을 행사한다(제948조 제1항). 이러한 친권행사에는 미성년후견인의 임무에 관한 규정을 준용한다(제948조 제2항).

② 성년후견

(ㄱ) **복수 성년후견인의 권한행사방법** 가정법원은 성년후견인이 여러 명인 경우에 복수의 성년후견인이 공동으로 또는 사무를 분장하여 그 권한을 행사하도록 정할 수 있다(제949조의2 제1항・가사소송법 제2조 제1항 라류사건 제21호의3・후견등기에 관한 법률 제25조 제1항 제3호). 이처럼 권한행사방법을 필요적으로 정해야 하는 것은 아니지만, 여러 명의 성년후견인을 선임하는 경우, 그 권한행사 방법의 혼선을 막기 위해서 특별한 경우가 아닌 한 명확하게 정하는 것이 좋을 것이다. 그리고 가정법원은 이 결정을 변경하거나 취소할 수 있다(제949조의2 제2항・가사소송법 제2조 제1항 라류사건 제21호의3). 여러 명의 성년후견인이 공동으로 권한을 행사하여야 하는 경우에, 어느 성년후견인이 피성년후견인의 이익이 침해될 우려가 있음에도 법률행위의 대리 등 필요한 권한행사에 협력하지 않을 때에는, 가정법원은 피성년후견인, 성년후견인, 후견감독인 또는 이해관계인의 청구에 의하여 그 성년후견인의 의사표시를 갈음하는 재판을 할 수 있다(제949조의2 제3항). 가정법원은 이러한 재판절차를 통하여 피성년후견인의 후견상태나 성년후견인의 후견사무처리의 적절성 등을 직접 점검, 감독할 수 있는 기회를 얻는다.

(ㄴ) **후견사무처리방법** 성년후견인은 피성년후견인의 재산관리와 신상보호를 할 때 여러 사정을 고려하여 그의 복리에 부합하는 방법으로 사무를 처리하여야 한다(제947조 제1문). 특히 신상보호사무는 피후견인의 프라이버시와 자기결정권이 중요시되는 신체적, 정신적 복리에 관한 사항을 말한다. 이 경우 성년후견인은 피성년후견인의 복리에 반하지 않으면 피성년후견인의 의사를 존중하여야 한다(제947조 제2문). 가정법원은 성년후견인이 피성년후견인의 복리와 의사를 존중하지 않아 후견인을 변경할 필요가 있다고 인정되면 후견인을 변경

할 수 있고(제940조), 후견인의 임무수행에 관하여 필요한 처분을 명할 수 있다(제954조 참조).

(ㄷ) **신상결정의 원칙과 예외** 첫째, 피성년후견인은 자신의 신상에 관하여 그의 상태가 허락하는 범위에서 단독으로 결정하는 것이 원칙이다(제947조의2 제1항). 즉 신상결정의 유형이라고 할 수 있는 의료행위의 동의, 주소나 거소의 결정, 면접교섭, 사회복지서비스의 선택 등에서 피성년후견인 스스로 결정할 수 있는 상태라면 그 의사를 거스르는 결정을 할 수는 없다. 둘째, 피성년후견인으로 하여금 스스로 신상에 관하여 결정할 수 있는 상태가 아닌 경우에는, 성년후견인이 보충적으로 이를 결정할 수 있다. 그러나 신상결정은 법률행위가 아니므로 성년후견인의 포괄적인 법률행위 대리권에 근거할 수 없고, 가정법원으로부터 권한을 부여받아야 함을 유의하여야 한다. 즉 가정법원은 성년후견인이 피성년후견인의 신상에 관하여 결정을 할 수 있는 권한의 범위를 정할 수 있고(제938조 제3항·가사소송법 제2조 제1항 라류사건 제18호의2·후견등기에 관한 법률 제25조 제1항 제5호 다), 그 범위가 적절하지 않게 된 경우에는 본인, 배우자, 4촌 이내의 친족, 성년후견인, 성년후견감독인, 검사 또는 지방자치단체의 장의 청구에 의하여 그 범위를 변경할 수 있다(제938조 제4항). 따라서 성년후견개시 심판 시에 피성년후견인의 신상에 관한 결정능력을 적극적으로 심리할 필요가 있다.

(ㄹ) **가정법원의 허가사항** 성년후견인이 신상에 관한 결정권한을 가지게 되는 경우에도, 성년후견인의 권한남용을 막기 위하여 그 중 중요한 사항에 대하여는 가정법원의 허가를 받아야 한다. 첫째, 성년후견인이 피성년후견인을 치료 등의 목적으로 정신병원이나 그 밖의 다른 장소에 격리하는 경우에는, 가정법원의 허가를 받아야 한다(제947조의2 제2항·가사소송법 제2조 제1항 라류사건 제21호). 치료 등이라고 규정되어 있으므로, 치료에만 국한하지 않고 피후견인의 자살, 자해방지 등의 경우도 포함할 것이다(박인환, "새로운 성년후견제도에 있어서 신상보호", 「가족법연구」 제25권 제2호, 한국가족법학회, 2011, 185면). 따라서 피성년후견인의 생명과 신체에 대한 응급조치와는 관련성이 적으므로 반드시 사전허가만이 가능하다. 둘째, 피성년후견인의 신체를 침해하는 의료행위에 대하여 피성년후견인이 동의할 수 없는 경우에는 성년후견인이 그를 대신하여 동의할 수 있으나(제947조의2 제3항), 피성년후견인이 의료행위의 직접적인 결과로 사망하거나 상당한 장애를 입을 위험이 있을 때에는, 가정법원의 허가를 받아야 한다(제947조의2 제4항 본문). 신체를 침해하는 의료행위 대부분이 후유증 등을 발생시키고 사망에 이를 수 있는 위험성이 있지만, 가정법원의 허가는 의료행위의 '직접적인' 결과로 사망하거나 상당한 장애를 입을 위험이 있는 경우로 한정하였다. 다만 허가절차로 의료행위가 지체되어 피성년후견인의 생명에 위험을 초래하거나 심신상의 중대한 장애를 초래할 때에는, 사후에 허가를 청구할 수 있도록 하였다(제947조의2 제4항 단서·가사소송법 제2조 제1항 라류사건 제21호). 셋째, 성년후견인이 피성년후견인을 대리하여 피성년후견인이 거주하고 있는 건물 또는 그 대지에 대하여 매도, 임대, 전세권설정, 저당권설정, 임대차의 해지, 전세권의 소멸, 그 밖에 이에 준하는 행위를 하는 경우에는, 가정법원의 허가를 받아야 한다(제947조의2 제5항·가사소송법 제2조 제1항 라류사건 제21호의2). '준하는 행위'로

는 증여, 사용대차, 가등기담보의 설정 등을 들 수 있다. 엄밀한 의미의 신상결정과 관련된 부분은 아니나, 피성년후견인의 주거에 영향을 미치는 중요한 재산관리행위이면서도 신상과 관련된 부분이 있다는 점에서 신상결정에 관한 제947조의2 부분에 규정되었다(김형석, "민법개정안에 따른 성년후견법제", 「가족법연구」 제24권 제2호, 한국가족법학회, 2010, 142-143면).

(ㅁ) **동의권 및 대리권** 성년후견인은, ① 약혼(제802조), ② 혼인(제808조 제2항), ③ 협의이혼(제835조), ④ 인지(제856조), ⑤ 입양(제873조 제1항), ⑥ 협의상 및 재판상 파양(제902조 · 제906조 제3항) 등에 관하여 동의권과 ① 혼인취소(제817조), ② 인지청구의 소제기(제863조), ③ 입양취소(제887조), ④ 상속의 승인, 포기(제1019조 · 제1020조), ⑤ 가사소송법에 의한 신분관계의 소제기(가사소송법 제23조 · 제28조 · 제31조) 등에 관한 대리권이 있다.

(2) 재산에 관한 직무

① 재산조사 및 재산목록작성 등

재산조사 및 재산목록작성 등은 성년후견인이 후견사무를 적정하게 수행하기 위한 전제적인 임무이다. 첫째, 후견인은 취임 후 지체없이 피후견인의 재산을 조사하여 2개월 이내에 그 목록을 작성하여야 한다(제941조 제1항 본문). 다만 정당한 사유가 있는 경우에는 가정법원의 허가를 얻어 그 기간을 연장할 수 있다(제941조 제1항 단서 · 가사소송법 제2조 제1항 라류사건 제20호). 후견감독인이 있는 경우 재산조사와 목록작성은 후견감독인의 참여가 없으면 효력이 없다(제941조 제2항). 후견인은 이와 같은 재산조사와 목록작성을 완료하기까지는 긴급히 필요한 경우(예 : 소멸시효의 중단, 채무자 재산의 압류)가 아니면 그 재산에 관한 권한을 행사하지 못한다(제943조 본문). 이에 위반한 후견인의 행위는 무권대리행위로 되어 효력이 발생하지 않는다(대판 1997. 11. 28. 97도1368). 다만, 이 무효로써 선의의 제3자에게 대항하지 못한다(제943조 단서). 둘째, 성년후견인이 피성년후견인의 현금이나 예금을 자기 또는 제3자를 위하여 사용한 경우라면 권한 외의 행위이므로, 형사상 책임을 질 수 있다. 그런데 성년후견인이 피성년후견인의 친족이라면 어떻게 될까? 성년후견인이 그 사무와 관련하여 배임죄 또는 횡령죄를 범하였더라도 피성년후견인의 배우자, 직계혈족, 동거친족, 동거가족 또는 그 배우자에 해당하는 경우에는 범죄가 성립하여도 형이 면제되고(형법 제361조 · 제328조 제1항), 그 이외의 친족인 경우에는 친고죄로 해석될 것이다(형법 제361조 · 제328조 제2항). 이러한 친족상도례 규정은 후견감독을 수행함에 지장을 줄 수 있고, 후견사무의 공적 성격에 비추어 입법론적 검토가 필요하다(일본의 경우는 미성년후견과 성년후견에 있어서는 그 사무의 공적 성격에 비추어 친족상도례가 적용되지 아니한다는 결정(最高裁判所 2008. 2. 18. 平成19年 1230号 決定 ; 最高裁判所 2012. 10. 9. 平成24年 878号 決定)이 있었는데 이는 참고할 만하다). 최근 비록 확정되지 않았지만 우리나라에서도 하급심 판결(제주지판 2017. 11. 8. 2017고단284)이 후견에 있어서는 친족상도례가 적용되지 않는다는 취지의 판시를 한 것은 주목할 만하다. 셋째, 후견인과 피후견인 사이에 채권 · 채무의 관계가 있고 후견감독인이 있는 경우에는, 후견인은 재산목록의 작성을 완료하기 전에 그 내용을 후견감독인에게 제시하여야 한다(제942조 제1항). 후견인이 피후견인에 대한 채권이 있음을 알고도 그 제시를 게을리한 경우에는 그 채권을 포기한 것으로 본다(제942조 제2항). 후견인이 취임한 후에 피후견인이 포괄적 재산을 취득한 경우(상속, 포괄적 유증)에도 이상의 내용이 준용된다(제944조).

② 재산관리 및 법정대리

(ㄱ) **개 설** 성년후견인은 피성년후견인의 재산을 관리하고 그 재산에 관한 법률행위에 대하여 피후견인을 대리한다(제949조 제1항 · 가사소송법 제2조 제1항 라류사건 제20호). 여기서 '재산관리'는 보존, 관리, 처분행위 모두를 포함한 의미이다(법원행정처, 「성년후견제도 해설」, 경성문화사, 2013, 60면). 후견인이 피후견인의 행위를 목적으로 하는 채무를 부담할 경우에는 피후견인의 동의를 얻어야 한다(제949조 제2항 · 제920조 단서). 후견인이 피후견인의 재산을 관리함에 있어서는 선량한 관리자의 주의로써 하여야 한다(제956조 · 제681조). 이처럼 후견인은 피후견인의 법정대리인으로서(제938조 제1항) 포괄적인 재산관리권과 법정대리권을 가진다. 다만 가정법원은 성년후견인에 대한 법정대리권의 범위를 줄여서 정할 수 있고(제938조 제2항), 그 범위가 적절하지 아니하게 된 경우에는 본인, 배우자, 4촌 이내의 친족, 성년후견인, 성년후견감독인, 검사 또는 지방자치단체의 장의 청구에 의하여 그 범위를 변경할 수 있다(제938조 제4항 · 가사소송법 제2조 제1항 라류사건 제18호의2 · 후견등기에 관한 법률 제25조 제1항 제5호 나 · 제28조 제1항). 미성년후견인은 법정대리인(제938조)으로서 재산행위에 대한 대리권 외에 동의권(제5조 제1항)이 있는데, 성년후견인은 동의권이 없다(제10조 제1항 참조).

(ㄴ) **내 용** 첫째, 무상으로 피후견인에게 재산을 수여한 제3자가 후견인의 관리에 반대하는 의사를 표시한 때에는 후견인은 그 재산을 관리하지 못하고, 제3자가 재산관리인을 지정하지 않은 때에는 가정법원이 재산을 수여받은 자, 제777조의 규정에 따른 친족의 청구에 의하여 관리인을 선임한다(제956조 · 제918조). 둘째, 후견인이 피후견인을 대리하여 다음과 같은 행위를 하거나 미성년자의 다음과 같은 행위에 동의할 경우, 후견감독인이 있으면 그의 동의를 받아야 한다(제950조 제1항). ① 영업에 관한 행위, ② 금전을 빌리는 행위, ③ 의무만을 부담하는 행위, ④ 부동산 또는 중요한 재산에 관한 권리의 득실변경을 목적으로 하는 행위, ⑤ 소송행위, ⑥ 상속의 승인 · 한정승인 또는 포기 및 상속재산의 분할에 관한 협의를 할 때를 말한다(제950조 제1항 제1호-제6호). 후견감독인의 동의가 필요한 행위에 대하여 후견감독인이 피후견인의 이익이 침해될 우려가 있음에도 동의를 하지 않는 경우에는, 가정법원은 후견인의 청구에 의하여 후견감독인의 동의를 갈음하는 허가를 할 수 있다(제950조 제2항 · 가사소송법 제2조 제1항 라류사건 제21호의4). 그리고 후견감독인의 동의가 필요한 법률행위를 후견인이 후견감독인의 동의 없이 하였을 때에는, 당연무효가 되는 것은 아니고 피후견인 또는 후견감독인이 그 행위를 취소할 수 있을 뿐이다(제950조 제3항). 이때 상대방은 후견감독인에게 제15조에 따른 추인 여부의 확답을 최고할 수 있다(제952조). 셋째, 후견인이 피후견인에 대한 제3자의 권리를 양수하는 경우에는, 피후견인은 이를 취소할 수 있다(제951조 제1항). 제1항에 따른 권리의 양수의 경우 후견감독인이

있으면 후견인은 후견감독인의 동의를 받아야 하고, 후견감독인의 동의가 없는 경우에는 피후견인 또는 후견감독인이 이를 취소할 수 있다(제951조 제2항). 제950조의 경우와 마찬가지로 이때에도 상대방은 후견감독인에 대하여 제15조에 따라 추인 여부의 확답을 촉구할 수 있다(제952조). 넷째, 이해상반행위에 관한 규정(제921조)은 후견인(미성년후견인, 성년후견인)에 대하여도 준용된다(제949조의3·가사소송법 제2조 제1항 라류사건 제16호 참조). 후견인과 피후견인 사이에 이해상반행위가 있는 경우, 후견인은 법원에 피후견인의 특별대리인의 선임을 청구하여야 하고(제921조 제1항 참조), 후견인이 그의 후견을 받는 수인의 피후견인 사이에 이해상반되는 행위를 하는 경우에는 법원에 피후견인 일방의 특별대리인의 선임을 청구하여야 한다(제921조 제2항 참조). 그러나 후견감독인이 있는 경우에는, 그가 피후견인을 대리하므로(제940조의6 제3항), 특별대리인의 선임의 필요성이 없다(제949조의3 단서).

③ 기 타

첫째, 후견감독인은 언제든지 후견인에게 그의 임무수행에 관한 보고와 재산목록의 제출을 요구할 수 있고 피후견인의 재산상황을 조사할 수 있다(제953조). 또한 가정법원은 직권으로 또는 피후견인·후견감독인·제777조에 따른 친족·그 밖의 이해관계인·검사·지방자치단체의 장의 청구에 의하여 피후견인의 재산상황을 조사하고, 후견인에게 재산관리 등 후견임무 수행에 관하여 필요한 처분을 명할 수도 있다(제954조·가사소송법 제2조 제1항 라류사건 제22호). 따라서 후견인은 이러한 감독기관의 요구·조사 등에 응하여야 한다. 둘째, 가정법원은 후견인의 청구에 의하여 피후견인의 재산상황 기타 사정을 참작하여 피후견인의 재산 중에서 상당한 보수를 후견인에게 수여할 수 있다(제955조·가사소송법 제2조 제1항 라류사건 제23호). 또한 후견인이 후견사무를 수행하는 데 필요한 비용은 피후견인의 재산 중에서 지출한다(제955조의2).

(3) 소송행위에 관한 권한

첫째, 미성년자는 원칙적으로 법정대리인에 의하여 소송행위를 할 수 있으므로, 미성년후견인은 미성년자의 소송행위를 대리할 수 있으나 미성년자가 독립하여 법률행위를 할 수 있는 경우에는 미성년자 스스로 소송행위를 할 수 있다(민사소송법 제55조 제1항 제1호). 미성년자가 독립하여 법률행위를 할 수 있는 경우에는 그에 관한 소송능력도 인정된다는 뜻이다. 예를 들어 영업의 허락을 받은 미성년자는 그 범위 내에서는 소송능력이 있고 미성년자는 단독으로 임금청구가 가능하므로 임금청구에 관한 소송능력 또한 있다. 둘째, 피성년후견인 역시 미성년자처럼 원칙적으로 법정대리인인 성년후견인이 피성년후견인의 소송행위를 대리한다(민사소송법 제55조 제1항). 다만 피성년후견인이 제10조 제2항에 따른 취소할 수 없는 법률행위를 할 수 있는 경우에는 그 범위 내에서 소송행위를 할 수 있으므로 성년후견인은 이러한 경우 소송대리권이 없다(민사소송법 제55조 제1항 제2호). 셋째, 미성년후견인, 대리권 있는 성년후견인이 상대방의 소 또는 상소 제기에 관하여 소송행위를 하는 경우에는 그 후견감독인으로부터 특별한 권한을 받을 필요가 없다(민사소송법 제56조 제1항). 다만, 미성년후견인, 대리권 있는 성년후견인이 소의 취하, 청구의 포기·인낙 또는 민사소송법 제80조에 따른 탈퇴를 하기 위해서는 후견감독인으로부터 특별한 권한을 받아야 한다(민사소송법 제56조 제2항). 후견감독인이 없다면 가정법원으로부터 특별한 권한을 받아야 한다(민사소송법 제56조 제2항 단서).

4. 후견사무감독

(1) 개 설

현행 후견제도 역시 종전제도와 마찬가지로 후견인의 횡령, 배임 등 불법적인 행위나 신상보호의무 불이행의 문제가 발생할 수 있다. 다만 종전의 후견인은 대체로 친족이므로 가족 내 문제로 치부될 수 있었으나 현행법하에서의 후견사무는 가정법원의 후견인 선임을 통한 공적 기능이 강화되었으므로, 후견감독의 역할이 중요하게 되었다. 미성년후견과 성년후견의 경우 후견감독기관으로는 후견감독인과 가정법원이 있다. 후견감독인은 개정법을 통하여 친족회제도를 폐지하고 새롭게 도입한 것이다. 후견감독인은 미성년후견감독인과 성년후견감독인으로 나눌 수 있다. 이러한 후견감독인은 반드시 선임하여야만 하는 것은 아닌데, 이는 가정법원에 의하여 전문적이고 소양 있는 성년후견인이 선임될 수 있고, 후견감독인의 보수가 피후견인의 재산에서 지출되므로 그 부담을 줄이기 위한 취지가 있다. 따라서 현실적으로 가정법원의 후견업무에 대한 감독역할이 중요하다.

(2) 후견감독인

① 후견감독인의 선임

첫째, 미성년후견인을 지정할 수 있는 사람은 유언으로 미성년후견감독인을 지정할 수 있다(제940조의2). 이를 지정 미성년후견감독인이라 한다. 또한 가정법원은 제940조의2에 따라 지정된 미성년후견감독인이 없는 경우에 필요하다고 인정되거나 미성년후견감독인이 없게 된 경우에는 직권으로 또는 미성년자, 친족, 미성년후견인, 검사, 지방자치단체의 장의 청구에 의하여 미성년후견감독인을 선임할 수 있다(제940조의3 제1항·제2항·가사소송법 제2조 제1항 라류사건 제18호의3·후견등기에 관한 법률 제25조 제1항 제4호). 이를 선임 미성년후견감독인이라 한다. 둘째, 성년후견감독인 역시 가정법원은 필요하다고 인정하면 직권으로 또는 피성년후견인, 친족, 성년후견인, 검사, 지방자치단체의 장의 청구에 의하여 성년후견감독인을 선임할 수 있다(제940조의4 제1항·가사소송법 제2조 제1항 라류사건 제18호의3). 또한 가정법원은 성년후견감독인이 사망, 결격, 그 밖의 사유로 없게 된 경우에는 직권으로 또는 피성년후견인, 친족, 성년후견인, 검사, 지방자치단체의 장의 청구에 의하여 성년후견감독인을 선임한다(제940조의4 제2항·가사소송법 제2조 제1항 라류사건 제18호의3). 셋째, 이러한 후견감독인은 미성년후견감독인, 성년후견감독인 모두 여러 명을 둘 수 있다. 미성년후견인은 한 명만 두게 되어 있는 점에 비추어 입법론적 검

토를 요한다는 견해(송덕수, 앞의 책, 1849면)도 있지만, 후견감독강화를 위한 취지로 이해하여야 할 것이다. 넷째, 가정법원은 후견인을 선임할 때와 마찬가지로 후견감독인을 선임하는 경우 피성년후견인의 의사를 존중하여야 하며, 그 밖에 여러 사정을 고려하여야 한다(제940조의7·제936조 제4항). 넷째, 후견감독인은 후견인 결격사유에 해당하면 후견감독인이 되지 못하며(제940조의7·제937조), 제779조에 따른 후견인의 가족 또한 후견감독인이 될 수 없다(제940조의5).

② 후견감독인의 직무

첫째, 후견감독인의 최초 직무는 명문의 규정은 없으나, 후견인에게 후견사무에 관한 설명을 하는 것이 될 것이다(법원행정처, 앞의 책, 74면). 특히 공식적으로는 재산조사와 재산목록 작성에 참여하는 하는 것으로 후견개시 업무에 관여하게 된다(제941조 제2항). 둘째, 후견사무의 감독으로, ① 후견인과 피후견인 사이의 채권·채무를 제시받음(제942조 제1항), ② 후견인이 피후견인에 대한 제3자의 권리를 양수하는 데 대한 동의와 그 위반행위의 취소(제951조), ③ 후견인의 임무수행에 관한 보고와 재산목록의 제출요구, 피후견인의 재산상황 조사(제953조), ④ 후견사무 종료시의 관리계산에 대한 참여(제957조 제2항) 등의 권한이 있다. 셋째, 후견감독인은 긴급한 경우 후견사무의 처리도 하는데, 피후견인의 신상이나 재산에 대하여 급박한 사정이 있는 경우 그의 보호를 위하여 필요한 행위 또는 처분을 할 수 있다(제940조의6 제2항). 넷째, 후견인과 피후견인 사이에 이해가 상반되는 행위에 관하여는 후견감독인이 피후견인을 대리한다(제940조의 6 제3항·제949조의3·제921조). 후견인과 피후견인간의 이해를 조절하는 권한이라고 할 것이나, 만일 후견인과 후견감독인이 공모하는 일이 발생한다면 피후견인의 재산 등을 보호할 방법이 거의 없을 것이므로, 가정법원의 성년후견감독인에 대한 감독이 중요시되는 부분이다(가사소송법 제45조의4 제1항·가사소송규칙 제38조의2 참조). 다섯째, 미성년후견감독인의 경우는 미성년자의 보호·교양방법 등에 관한 동의(제945조)를 통하여, 미성년·성년후견감독인 모두는, 후견인이 피후견인을 대리하여 ① 영업에 관한 행위, ② 금전을 빌리는 행위, ③ 의무만을 부담하는 행위, ④ 부동산 또는 중요한 재산에 관한 권리의 득실변경을 목적으로 하는 행위, ⑤ 소송행위, ⑥ 상속의 승인·한정승인 또는 포기 및 상속재산의 분할에 관한 협의를 할 때에는 앞서 살핀 바와 같이 후견감독인의 동의를 받아야 하고(제950조 제1항 제1호-제6호), 동의가 필요한 법률행위를 후견인이 후견감독인의 동의 없이 하였을 때에는 피후견인 또는 후견감독인이 그 행위를 취소할 수 있도록(제950조 제1항·제3항)하여, 후견인을 견제할 권한이 있다. 여섯째, 이처럼 후견감독인은 후견인의 사무를 감독하는 것을 주요 업무로 하여, 후견인이 없는 경우 지체없이 가정법원에 후견인의 선임을 청구하여야 한다(제940조의6 제1항). 후견감독인에 대하여는 위임에 관한 제681조·제691조·제692조가 준용된다(제940조의7).

③ 사임 및 보수 등

후견감독인은 사임과 변경에 있어서 후견인의 규정을 준용한다(제940조의7·제939조·제940조·가사소송법 제2조 제1항 라류사건 제19호 · 가사소송법 제2조 제1항 라류사건 제18호의3 · 후견감독에 관한 법률 제28조). 가정법원은 후견감독인의 청구에 의하여 피후견인의 재산 중에서 상당한 보수를 후견감독인에게 수여할 수 있고(제940조의7 · 제955조), 후견감독인이 후견감독사무를 수행하는 데 필요한 비용은 피후견인의 재산 중에서 지출한다(제940조의7 · 제955조의2).

(3) 가정법원

가정법원은 직권으로 또는 청구권자의 청구에 의하여 피후견인의 재산상황을 조사하고, 후견인에게 재산관리 등 후견임무 수행에 관하여 필요한 처분을 명할 수 있다(제954조 · 가사소송법 제2조 제1항 라류사건 제23호). 가정법원의 직권에 의해서도 후견사무에 관한 처분을 할 수 있다는 것은 그 감독기능을 강화한 것이다. 가정법원이 미성년 · 성년후견사무의 감독과 관련하여 관여하는 사항은 다음과 같다. 즉 ① 미성년후견인 · 성년후견인의 선임 또는 추가선임(제932조 · 제936조), ② 후견인의 사임 허가(제939조), ③ 후견인의 변경(제940조), ④ 재산조사 및 목록작성의 기간의 연장 허가(제941조 제1항 단서), ⑤ 후견임무 수행에 필요한 처분명령(제945조), ⑥ 후견인 또는 후견감독인에 대한 보수 수여(제955조 · 제940조의7), ⑦ 후견사무 종료시 관리계산기간의 연장 허가(제957조 제1항 단서), ⑧ 미성년후견감독인 · 성년후견감독인의 변경(제940조의7 · 제940조), ⑨ 성년후견인의 법정대리권 범위결정과 변경(제938조 제2항 · 제4항), ⑩ 성년후견인이 피성년후견인을 정신병원 등에 격리하려는 경우의 허가(제947조의2 제2항), ⑪ 피성년후견인이 의료행위의 직접적인 결과로 사망하거나 상당한 장애를 입을 위험이 있을 때의 허가(제947조의2 제4항 · 가사소송법 제2조 제1항 라류사건 제21호), ⑫ 성년후견인이 피성년후견인을 대리하여 피성년후견인이 거주하고 있는 건물 또는 그 대지에 대하여 매도 등을 하는 경우의 허가(제947조의2 제5항 · 가사소송법 제2조 제1항 라류사건 제21호의2), ⑬ 성년후견인이 여러 명인 경우의 그들의 권한행사방법 결정과 그 변경 · 취소(제949조의2 제1항 · 제2항 · 가사소송법 제2조 제1항 라류사건 제21호의3 · 후견등기에 관한 법률 제25조 제1항 제8호), ⑭ 여러 명의 성년후견인이 공동으로 권한을 행사하여야 하는 경우, 권한행사에 협력하지 않는 성년후견인의 의사표시를 갈음하는 재판(제949조의2 제3항 · 가사소송법 제2조 제1항 라류사건 제21호의3), ⑮ 미성년후견감독인 · 성년후견감독인의 선임 또는 추가선임(제940조의3 · 940조의4 · 940조의7 · 제936조 제3항), ⑯ 피성년후견인의 신상결정에 대한 성년후견인의 권한범위 결정 및 변경(제938조 제3항 · 제4항) 등이다. 성년후견의 경우는, 전문성과 공정성을 갖추었다고 인정할 수 있는 사람에게 성년후견사무의 실태 또는 피성년후견인의 재산상황을 조사하게 하거나 임시로 재산관리를 하게 할 수 있고, 이 경우 법원사무관 등이나 가사조사관에게 사무의 실태나 재산상황을 조사하게 하는 방법을 택할 수 있다(가사소송법 제45조의4 제1항).

5. 후견의 종료

(1) 종료원인

미성년후견 · 성년후견 그 자체가 종료하는 절대적 종료원인은 ① 피후견인의 사망, ② 미성년자의 성년도달 또는 혼인, ③ 입양이나 인지에 따라 미성년자에 대하여 새로이 친권자가 생기는 경우, ④ 미성년자에 대하여 종전의 친권으로 이행하는 경우를 들 수 있다. 특히 가정법원이 피성년후견인에 대하여 한정후견개시의 심판을 하거나(제14조의3 제2항), 임의후견감독인을 선임할 때(제959조의20 제2항 본문)에는 성년후견종료의 심판을 하므로 이 경우에도 성년후견 그 자체는 종료된다고 할 것이다. 현재 후견인의 임무만이 종료하는 상대적 종료원인은 ① 후견인의 사망, ② 후견인의 결격·사임·변경, ③ 배우자가 후견인인 경우 혼인의 해소 등이다.

(2) 후견사무의 종료와 계산

첫째, 후견인의 임무가 종료된 때에는 후견인 또는 그 상속인은 1개월 내에 피후견인의 재산에 관한 계산을 하여야 한다(제957조 제1항 본문). 다만 정당한 사유가 있는 경우에는 가정법원의 허가를 받아 그 기간을 연장할 수 있다(제957조 제1항 단서·가사소송법 제2조 제1항 라류사건 제24호). 후견감독인이 있는 경우에는 그가 그 계산에 참여하지 않으면 효력이 없다(제957조 제2항). 둘째, 이자의 부가와 금전소비에 대한 책임은 다음과 같다. 후견인이 피후견인에게 지급할 금액이나 피후견인이 후견인에게 지급할 금액에는 계산종료의 날부터 이자를 부가하여야 한다(제958조 제1항). 후견인이 자기를 위하여 피후견인의 금전을 소비한 때에는 그 소비한 날부터 이자를 부가하고 피후견인에게 손해가 있으면 이를 배상하여야 한다(제958조 제2항). 셋째, 후견종료의 경우에 급박한 사정이 있는 때에는 후견인, 그 상속인이나 법정대리인은 피후견인, 그 상속인이나 법정대리인이 스스로 그 사무를 처리할 수 있을 때까지 그 사무의 처리를 계속하여야 하며, 이 경우에는 후견의 존속과 동일한 효력이 있다(제959조·제691조). 넷째, 미성년후견이 종료한 때(미성년자가 성년으로 된 경우 제외)에는 미성년후견인이 1개월 이내에 후견종료의 신고를 하여야 한다(가족관계의 등록 등에 관한 법률 제83조). 성년후견인은 피성년후견인의 사망이나 그 밖의 사유로 성년후견이 종료되었음을 알았을 때에는 이를 안 날부터 3개월 이내에 종료등기를 신청하여야 한다(후견등기에 관한 법률 제29조 제1항 본문). 다만 촉탁에 의하여 등기가 이루어지는 경우에는 그러하지 아니하다(후견등기에 관한 법률 제29조 제1항 단서).

Ⅲ. 한정후견과 특정후견

1. 한정후견

(1) 후견의 개시

성년후견보다 경미한 정신적 제약이 있는 자가 한정후견의 대상자가 될 것인데, 가정법원의 한정후견개시의 심판이 있는 경우에는 그 심판을 받은 사람, 즉 피한정후견인의 한정후견인을 두어야 한다(제959조의2).

(2) 후견인

한정후견개시의 심판이 있는 경우에 한정후견인은 가정법원이 직권으로 선임한다(제959조의3 제1항). 한정후견인은 성년후견인과 마찬가지로 여러 명을 둘 수 있고(제959조의3 제2항 · 제930조 제2항), 법인도 한정후견인이 될 수 있다(제959조의3 제2항 · 제936조 제3항). 성년후견인에 관한 제936조 제2항(성년후견인이 없게 된 경우의 선임) · 제936조 제3항(성년후견인의 추가선임) · 제936조 제4항(성년후견인 선임시 피성년후견인의 의사존중과 여러 사정 고려)은 한정후견인에 대하여도 준용한다(제959조의3 제2항). 후견인의 결격사유에 관한 제937조, 후견인의 사임에 관한 제939조, 후견인의 변경에 관한 제940조, 이해상반행위의 경우 특별대리인 선임에 관한 제949조의3도 준용된다(제959조의3 제2항).

(3) 한정후견사무

① 재산관리 및 법정대리

첫째, 한정후견인도 성년후견인과 마찬가지로 재산관리나 신상보호를 할 수 있는데, 성년후견인이 당연히 피성년후견인의 법정대리인이 되어 주로 대리권행사를 통한 직무수행을 하는 것과 달리 한정후견인은 동의권행사가 주요 직무수행이며, 대리권행사는 가정법원이 한정후견인에게 대리권을 수여하는 심판이 있어야 할 수 있다(제959조의4 제1항). 다만 그 대리권의 범위가 적절하지 않게 된 경우에는 본인 · 배우자 · 4촌 이내의 친족 · 한정후견인 · 한정후견감독인 · 검사 또는 지방자치단체장의 청구에 의하여 그 범위를 변경할 수 있다(제959조의4 제2항 · 제938조 제4항). 둘째, 한정후견인이 대리권을 수여받은 경우에는 그 범위에서 피한정후견인의 법정대리인이 될 것이다. 후술할 특정후견은 가정법원이 특정후견인에게 기간과 범위가 특정된 대리권을 부여할 수 있도록 한 것에 반하여(제959조의11), 한정후견은 가정법원이 부동산거래나 예금거래 등과 같이 사무의 범위는 정하지만 그 사무의 범위 안에서는 포괄적인 대리권이 부여되어있다는 점에서 다른 성격을 가진다(김형석, 앞의 논문, 144면 참조). 셋째, 피한정후견인은 한정후견인의 동의가 필요한 행위에 관하여는 대리권 있는 한정후견인에 의해서만 소송행위가 가능하므로, 이때 한정후견인에게 소송대리권이 있다(민사소송법 제55조 제2항). 미성년자 또는 피성년후견인이 원칙적으로 법정대리인에 의해서만 소송행위를 할 수 있는 것과 구별된다. 대리권 있는 한정후견인이 상대방의 소 또는 상소 제기에 관하여 소송행위를 하는 경우에는 그 후견감독인으로부터 특별한 권한을 받을 필요가 없다(민사소송법 제56조 제1항). 다만, 대리권 있는 한정후견인이 소의 취하, 청구의 포기 · 인낙 또는 민사소송법 제80조에 따른 탈퇴를 하기 위해서는 후견감독인으로부터 특별한 권한을 받아야 하고, 후견감독인이 없는 경우에는 가정법원으로부터 특별한 권한을 받아야 한다(민사소송법 제56조 제2항).

② 준용규정

한정후견의 사무는 성년후견에 관한 제681조·제920조 단서·제947조·제947조의2·제949조·제949조의2·제949조의3·제950조 내지 제955조·제955조의2를 준용한다(제959조의6). 그 내용은 앞서 살펴보았으므로 생략한다.

(4) 후견사무감독

① 개 설

피한정후견인은 피성년후견인에 비하여 정신적 능력이 높고, 가정법원이 한정후견인의 동의를 받도록 정한 행위에서만 행위능력이 제한된다(제13조 제1항). 따라서 한정후견인의 후견사무의 감독범위 역시 제한적이라고 할 것이다. 한정후견도 후견감독기관으로 가정법원과 한정후견감독인이 있다. 한정후견감독인은 가정법원이 필요하다고 인정하면 직권으로 또는 피한정후견인·친족·한정후견인·검사·지방자치단체의 장의 청구에 의하여 선임하는 것이다(제959조의5 제1항). 또한 한정후견감독인이 사망·결격·그 밖의 사유로 없게 된 경우에도, 가정법원은 직권으로 또는 일정한 자의 청구에 의하여 한정후견감독인을 선임한다(제959조의5 제2항·제940조의3 제2항).

② 한정후견감독인

한정후견감독인 역시 성년후견감독인과 유사하다. 즉 복수성년후견감독인에 관한 제930조 제2항, 법인성년후견감독인에 관한 제930조 제2항, 성년후견감독인의 추가선임에 관한 제936조 제3항, 성년후견감독인 선임시의 고려사항에 관한 제936조 제4항, 후견감독인의 결격사유에 관한 제937조, 제779조에 따른 후견인의 가족이 후견감독인이 될 수 없다는 제940조의5, 후견감독인의 사임에 관한 제939조, 후견감독인의 변경에 관한 제940조를 그대로 준용한다(제959조의5 제2항). 그리고 미성년후견인·성년후견인의 후견감독인의 직무에 관한 제940조의6도 한정후견감독인에 준용된다(제959조의5 제2항). 또한 위임 및 성년후견에 관한 규정 중 피성년후견인의 신상결정 등에 관한 제947조의2 제3항 내지 제5항, 성년후견인이 여러 명인 경우에 관한 제949조의2, 후견인의 보수에 관한 제955조, 후견인의 비용에 관한 제955조의2, 위임에 관한 제681조(수임인의 선관의무)·제691조(위임종료시의 긴급처리)·제692조(위임종료의 대항요건)도 준용된다(제959조의5 제2항).

③ 가정법원

(i) 한정후견인의 선임 또는 추가선임(제959조의3 제1항·제2항·제936조 제2항-제4항), (ii) 한정후견인의 사임허가(제959조의3 제2항·제939조), (iii) 한정후견인의 변경(제959조의3 제2항·제940조), (iv) 한정후견감독인의 선임 또는 추가선임(제959조의3 제2항·제939조), (v) 한정후견감독인의 사임허가 및 변경(제959조의5 제2항·제939조·제940조), (vi) 성년후견의 경우 가정법원의 후견감독 내용 중 일부(제956조의6·제947조의2·제949조의2 등)에 해당하는 사항 등에서 감독사무를 수

행한다. 실질적으로 성년후견의 감독기능과 같다(법원행정처, 앞의 책, 118면).

(5) 한정후견의 종료

한정후견인의 임무종료는 제691조·제692조·제957조·제958조를 준용한다(제959조의7). 따라서 성년후견의 경우와 유사하다.

2. 특정후견

(1) 특정후견의 개시 및 후견인

첫째, 특정후견은 성년후견, 한정후견이 피후견인에 대한 계속적인 보호를 목적으로 하는 것인 데 반하여, 일시적 보호 또는 특정한 사무에 한정한 보호를 목적으로 하는 것이다. 둘째, 특정후견의 심판을 하는 경우 성년후견, 한정후견의 경우와 달리 특정후견인 선임이 필수적인 것은 아니다. 다만 대부분 특정후견인을 선임할 것으로 보인다. 셋째, 특정후견이 되더라도 피특정후견인의 행위능력에는 어떠한 영향이 없다. 이러한 이유로 민법은 그 법적 지원을 '후원'이라는 말을 사용한다. 따라서 특정후견심판이 있는 경우, 가정법원은 피특정후견인의 후원을 위하여 필요한 처분을 명할 수 있다(제959조의8). 넷째, 가정법원의 후원을 위한 처분에 피특정후견인의 재산관리가 포함된다는 점은 명백하다고 할 것이나, 신상보호에 관한 결정은 가능할 것인가? 학설은 특정후견인을 선임하여 특정후견인으로 하여금 결정하도록 하는 것이 타당하다는 견해(김형석, 앞의 논문, 149면)와 재산에 관한 처분으로 한정할 이유가 없다는 점에서 신상에 관한 처분도 가능하다는 견해(김주수·김상용, 앞의 책, 541면)로 나누어진다. 생각건대, 신상에 관한 처분이 불가능하지는 않겠으나, 피특정후견인은 스스로 자신의 신상에 관한 결정을 할 수 있는 능력이 있다는 점에서, 법원의 심판으로 신상결정을 하는 것은 신중한 접근이 필요하다고 할 것이다. 다섯째, 가정법원은 이러한 처분으로 피특정후견인을 후원하거나 대리하기 위한 특정후견인을 선임할 수 있다(제959조의9 제1항). ① 성년후견과 마찬가지로 특정후견인 역시 여러 명을 둘 수 있고(제959조의9 제2항·제930조 제2항), 법인도 가능하다(제959조의9 제2항·제930조 제3항). ② 성년후견인에 관한 제936조 제2항 내지 제4항·제937조·제939조·제940조도 특정후견인에 준용된다(제959조의9 제2항).

(2) 특정후견사무

첫째, 피특정후견인의 후원을 위하여 필요하다고 인정하면, 가정법원은 기간이나 범위를 정하여 특정후견인에게 대리권을 수여하는 심판을 할 수 있다(제959조의11 제1항). ① 대리권수여시에는 가정법원은 특정후견인의 대리권행사에 가정법원이나 특정후견감독인의 동의를 받도록 명할 수 있다(제959조의11 제2항). ② 특정후견의 사무에 관하여는 제681조·제920조 단서·제947조·제949조의2·제953조 내지 제955조·제955조의2가 준용된다(제959조의12). 둘째, 한정후견의 경우와 달리, 준용되는 규정 중에 신상보호에 관한 것은 없다. 그렇다면 특정후견인은 신상보호에 관한 결정을 할 수 있는가? 이에 대하여 신상보호의무의 도출근거가 되는 제947조를 준용하고 있다는 점 등을 이유로 특정후견인이 신상결정을 할 수 있다는 견해(현소혜, "의료행위동의권자의 결정", 「홍익법학」 제13권 제2호, 2012, 193-194면)가 있으나, 신상보호의무와 신상결정권한은 달리 볼 수 있다는 점, 특정후견인이 신상결정을 할 수 있다고 하면 성년후견제도를 잠탈할 우려도 있는 점을 고려하면 부정하는 것이 타당하다.

(3) 후견사무감독

특정후견의 후견감독은 그 사무 범위에 비추어 매우 제한적이다. 후견감독기관으로는 가정법원과 특정후견감독인이 있다.

① 특정후견감독인

특정후견감독인의 감독사무 등에도 제681조 · 제691조 · 제692조 · 제930조 제2항 · 제3항 · 제936조 제3항 · 제4항 · 제937조 · 제939조 · 제940조 · 제940조의5 · 제940조의6 · 제949조의2 · 제955조 · 제955조의2를 준용한다(제959조의10 제2항).

② 가정법원

가정법원의 감독내용은 (i) 피특정후견인의 후원을 위한 처분명령(제959조의8), (ii) 특정후견인의 선임 또는 추가선임(제959조의3 제1항 · 제2항, 제936조 제2항-제4항), (iii) 특정후견인에 대한 사임허가(제959조의9 제2항 · 제939조), (iv) 특정후견인의 변경(제959조의9 제2항 · 제940조), (v) 특정후견감독인의 선임 또는 추가선임(제959조의10 제1항 · 제2항, 제936조 제3항), (vi) 특정후견감독인의 사임허가 및 변경(제959조의10 제2항 · 제939조 · 제940조), (vii) 성년후견의 경우 가정법원의 후견감독 내용 중 일부 사항(제959조의10 제2항 · 제949조의2), (viii) 특정후견인 또는 특정후견감독인에 대한 보수(제959조의12 · 제959조의10 제2항 · 제955조), (ix) 대리권수여의 심판에서 특정후견인의 대리권행사에 가정법원이나 특정후견감독인의 동의를 받도록 명하는 것(제959조의11 제2항) 등이다. 가정법원은 필요하다고 인정하면 직권으로 또는 피특정후견인 · 친족 · 특정후견인 · 검사 · 지방자치단체의 장의 청구에 의하여 특정후견감독인을 선임할 수 있다(제959조의10 제1항).

(4) 특정후견의 종료

특정후견은 처음부터 기간이나 대상이 한정되므로 종료심판에 관한 규정이 따로 없다. 다만 특정후견인의 임무 종료는 제691조 · 제692조 · 제957조 · 제958조를 준용한다(제959조의13).

Ⅳ. 후견계약(임의후견)

1. 후견계약의 의의 및 성질

첫째, 후견계약은 질병 · 장애 · 노령 · 그 밖의 사유로 인한 정신적 제약으로 사무를 처리할 능력이 부족한 상황에 있거나 부족하게 될 상황에 대비하여 자신의 재산관리 및 신상보호에 관한 사무의 전부 또는 일부를 다른 자에게 위탁하고 그 위탁사무에 관하여 대리권을 수여하는 것을 내용으로 하는 계약이다(제959조의 14 제1항). ① 이와 같이 계약에 의하여 행하여지는 후견이라는 의미에서 법정절차에 따라 가정법원의 심판으로 개시되는 미성년후견 · 성년후견 · 한정후견 등의 법정후견과 비교하여 임의후견이라고 한다. ② 우리 민법은 과거에는 법정후견제도만 두고 있었는데, 개정을 통하여 임의후견제도를 신설한 것이다. 둘째, 후견계약은 후견을 받을 자의 자기결정권을 존중하면서도 후견계약의 이행에 대하여 공적인 감독을 받게 하여 실효성이 보장된다는 장점이 있고, 안락사 · 존엄사와 같은 의료문제 등에 많이 쓰일 것으로 예상한다. 셋째, 후견계약은 위임계약의 성질을 가지므로, 원칙적으로 무상 · 편무계약이지만, 보수지급이 약정되어 있다면 유상 · 쌍무계약이 된다.

2. 후견계약의 체결과 효력발생 등

(1) 후견계약의 체결

첫째, 후견계약은 피임의후견인의 생활에 미치는 영향이 크고, 후견계약과 관련된 분쟁에 대비하여 미리 그 내용을 명확하게 하여야 할 것이다. ① 이러한 이유로 우리 법은 후견계약을 공정증서로 체결하도록 하고 있다(제959조의14 제2항 : 요식계약이라고 할 것이다). ② 따라서 공정증서를 작성하지 아니한 후견계약은 무효이다. 공정증서로 체결된 후견계약은 등기되어야 한다(제959조의15 제1항 참조). 둘째, 후견계약의 당사자는 임의후견을 받을 자와 임의후견인이 될 상대방이다. 임의후견인은 여러 명이거나 법인이어도 가능하다. 셋째, 계약의 내용인 재산관리 또는 신상보호에 관한 사무 등의 범위는 당사자가 결정하고, 대리권 또는 신상에 관한 결정권도 수권할 수 있다. 따라서 임의후견의 내용은 후견계약에서 약정한 바에 따른다. 임의후견인은 일종의 수임인으로서 선량한 관리자의 주의로써 후견계약을 이행해야 하며, 그때 본인의 의사를 최대한 존중하여야 한다(제959조의 14 제4항). 넷째, 후견계약은 대리의 방법으로 체결할 수 있는가? 이에 관하여는 명문규정이 없다. ① 임의후견의 특성상 본인의 의사가 중요할 것인데, 대리에 따른 후견계약이 가능하다고 하면 그 본래 취지에 맞지 않는 결과가 될 수도 있다. ② 그러나 법정대리인인 부모가 정신적 제약이 있는 미성년 자녀를 위하여 후견계약을 체결하는 경우처럼 현실적인 필요성을 외면하기 어렵다. ③ 결론적으로 대리에 의한 후견계약체결은 가능하지만, 가정법원은 이러한 형태의 후견계약 체결의 경우 그 남용을 방지하기 위하여 임의후견감독인의 선임절차를 보다 신중하게 수행하여야 할 것이다. ④ 따라서 피한정후견인도 의사능력이 있으면 후견계약을 체결하여 법정후견에서 임의후견으로 전환할 수 있다(제959조의 20 제2항).

(2) 후견계약의 효력발생

첫째, 후견계약의 효력발생시기는 가정법원이 임의후견감독인을 선임한 때이다(제959조의14 제3항). 이에 대하여 후견계약의 효력발생시기는 원칙적으로 당사자들이 후견계약에서 정한 바에 따른다는 견해(송덕수, 앞의 책, 1582면)가 있으나, 효력발생시기는 법정되어 있으므로, 적어도 이를 배제하는 취지의 약정은 효력이 없다고 할 것이다(구상엽, "개정 민법상 성년후견제도에 대한 연구", 「서울대학교 대학원 박사학위논문」, 2012, 153면). 둘째, 임의후견인이 제937조 각호에 해당하는 자 또는 그 밖에 현저한 비행을 하거나 후견계약에서 정한 임무에 적합하지 않은 사유가 있는 자인 경우에는, 가정법원은 임의후견감독인을 선임하지 않는다(제959조의17 제1항). 즉 가정법원은 임의후견감독인을 선임하지 않는 방법으로 후견계약의 효력발생을 막는 것이다. 셋째, 후견계약의 효력이 발생하더라도 피임의후견인의 행위능력에는 아무런 영향이 없다.

3. 임의후견감독인

(1) 임의후견감독인의 선임

첫째, 가정법원은, 후견계약이 등기되어 있고 본인이 사무를 처리할 능력이 부족한 상황에 있다고 인정한 때에는, 본인·배우자·4촌 이내의 친족·임의후견인·검사 또는 지방자치단체의 장의 청구에 의하여 임의후견감독인을 선임한다(제959조의15 제1항). ① 따라서 임의후견에 있어서의 후견감독인은 필수기관이라고 할 것이다. ② 이 경우, 본인이 아닌 자의 청구에 의하여 가정법원이 임의후견감독인을 선임할 때에는, 미리 본인의 동의를 받아야 한다(제959조의15 제2항 본문). 다만 본인이 의사를 표시할 수 없는 때에는 그럴 필요가 없다(제959조의15 제2항 단서). 둘째, 가정법원은 임의후견감독인이 없게 된 경우에는, 직권으로 또는 본인·친족·임의후견인·검사 또는 지방자치단체의 장의 청구에 의하여 임의후견감독인을 선임한다(제959조의15 제3항). 셋째, 가정법원은 임의후견감독인이 선임된 경우에도 필요하다고 인정하면, 직권으로 또는 제959조의15 제3항의 청구권자의 청구에 의하여 임의후견감독인을 추가로 선임할 수 있다(제959조의15 제4항). 넷째, 우리 법은 법정후견감독인과 마찬가지로 임의후견감독인의 결격사유로 제779조에 따른 임의후견인의 가족을 들고 있다(제959조의15 제5항·제940조의5).

(2) 임의후견감독인의 임무

첫째, 임의후견감독인은 임의후견사무를 감독하는 역할이 주임무이다. 이때에도 본인의 의사를 최대한 존중하여 감독사무를 하여야 할 것이다(제959조의14 제4항). 둘째, 임의후견감독인은 그 감독사무에 관하여 가정법원에 정기적으로 보고하여야 한다(제959조의16 제1항). ① 가정법원은, 필요하다고 인정하면, 임의후견감독인에게 감독사무에 관한 보고를 요구할 수 있고, 임의후견인의 사무 또는 본인의 재산상황에 대한 조사를 명하거나 그 밖에 임의후견감독인의 직무에 관하여 필요한 처분을 명할 수 있다(제959조의16 제2항; 또한 가정법원은 임의후견인에 대하여 후견사무 또는 후견감독사무에 관하여 필요하다고 인정되는 사항을 지시할 수도 있다(가사소송규칙 제38조의2)). ② 현실적으로 당사자의 후견계약에 따라 선임된 임의후견인은 그 신뢰도가 떨어지는 경우가 많을 것이어서 임의후견감독인의 역할은 법정후견감독인보다 더 중요하다. 셋째, 임의후견감독인에 관하여는 성년후견감독인에 관한 규정이 거의 그대로 준용된다. 예를 들어 임의후견인에게 임무수행에 관한 보고와 재산목록의 제출을 요구 및 피후견인의 재산상황조사에 관한 규정(제959조의16 제3항·제953조), 피후견인 본인의 신상이나 재산에 대하여 급박한 사정이 있는 경우 필요한 처분에 관한 규정(제959조의16 제3항·940조의6 제2항), 이해상반행위에 관한 규정(제959조의16 제3항·제940조의6 제3항)을 비롯한 제681조·제691조·제692조·제930조 제2항 내지 제3항·제936조 제3항 내지 제4항·제937조·제939조·제940조·제947조의2 제3항 내지 제5항·제949조의 2·제955조·제955조의2가 준용된다(제959조의16 제3항·제940조의7).

4. 후견계약의 종료

(1) 종료의 원인

첫째, 임의후견감독인이 선임되기 전에는 본인 또는 임의후견인은 언제든지 공증인의 인증을 받은 서면으로 후견계약의 의사표시를 철회하여 종료시킬 수 있다(제959조의18 제1항). 이는 당사자들이 후견계약의 효력이 발생하기 전에 한하여 이미 체결한 후견계약에 구속되지 않겠다는 의사가 있는 경우 이를 존중하겠다는 뜻이다. 둘째, 후견계약의 효력이 발생한 후에는 일방의 의사표시로 계약을 해소할 수 없다. 후견계약은 본인의 재산관리와 신상보호에 그 목적이 있으므로 임의의 해지는 본인의 복리에 반할 수 있기 때문이다. ① 이러한 이유로 우리 법은 임의후견감독인이 선임된 후에는, 본인 또는 임의후견인은 '정당한 사유'가 있는 때에만 '가정법원의 허가'를 받아 후견계약을 종료할 수 있도록 그 요건을 제한하였다(제959조의18 제2항 : 이를 가정법원의 허가에 의한 후견계약의 종료라고 한다). 여기의 정당한 사유로는 임의후견인의 중병이나 국외이주 등을 들 수 있다. ② 임의후견인을 선임한 이후 임의후견인이 현저한 비행을 하거나 그 밖에 그 임무에 적합하지 않은 사유가 있게 된 경우에도, 가정법원은 임의후견감독인, 본인, 친족, 검사 또는 지방자치단체의 장의 청구에 의하여 임의후견인을 해임할 수 있다(제959조의17 제2항 ; 이를 임의후견인의 해임에 따른 종료라고 한다). ③ 임의후견인 또는 임의후견감독인의 청구에 의하여 본인이 성년후견 또는 한정후견개시의 심판을 받은 때에도 후견계약은 종료한다(제959조의20 제1항).

(2) 종료의 효과

첫째, 후견계약이 종료되면 후견계약에 기초하여 본인이 임의후견인에게 수여한 대리권은 소멸한다. 둘째, 대리권소멸 후 임의후견인이 대리행위를 한 경우 제3자 보호가 문제된다. ① 우리 법은 임의후견인의 대리권 소멸은 등기하지 아니하면 선의의 제3자에게 대항할 수 없다고 밝혔다(제959조의19). ② 따라서 본인은 대리권의 소멸을 등기함으로써 표현대리의 성립을 방지하고, 상대방은 대리권소멸등기 전에는 임의후견인의 대리권존재에 대하여 선의라면 대리행위의 유효를 주장할 수 있다. ③ 이 규정은 제129조의 특칙이라고 할 것이다.

5. 법정후견의 보충성

첫째, 우리 법은 후견계약이 등기된 경우에는 가정법원은 원칙적으로 성년후견, 한정후견 또는 특정후견의 심판을 할 수 없도록 하고 있다(제959조의20 제1항 제1문). 동규정은 본인에 대해 한정후견개시심판 청구가 제기된 후 심판이 확정되기 전에 후견계약이 등기된 경우에도 적용된다(대결 2017. 6. 1.자 2017스515). 또한 본인이 피성년후견인, 피한정후견인 또는 피특정후견인인 경우에, 가정법원이 임의후견감독인을 선임함에 있어서 종전의 성년후견, 한정후견 또는 특정후견의 종료심판을 하여야 한다고 규정하였다(제959조의20 제2항 본문). 이것은 임의후견인 후견계약이 본인의 의사에 기초하여 이루어졌다는 점을 고려하여 이를 우선시하는 태도이다. 즉 본인의 복리의 관점에서 볼 때 법정후견이 매우 필요한 경우가 아닌 다음에야 사적 자치의 원칙을 존중한다는 것이다. 둘째, 물론 법정후견이 본인 보호에 더 도움이 되는 경우에는 이러한 보충성 원칙을 포기하고 법정후견을 개시하여야 할 것이다. 후견계약이 등기된 경우에도, 가정법원은 본인의 이익을 위하여 특별히 필요한 때에는 임의후견인 또는 임의후견감독인의 청구에 의하여 성년후견, 한정후견 또는 특정후견의 심판을 할 수 있다(제959조의20 제1항 제1문). 이러한 경우 후견계약은 본인이 성년후견 또는 한정후견개시의 심판을 받은 때 종료된다(제959조의20 제1항 제2문). 셋째, 본인이 피성년후견인, 피한정후견인 또는 피특정후견인인 경우에, 그 본인이 임의후견감독인의 선임을 청구하더라도, 성년후견 또는 한정후견 조치의 계속이 본인의 이익을 위하여 특별히 필요하다고 인정되면 가정법원은 임의후견감독인을 선임하지 않도록 하여(제959조의20 제2항 단서), 본인의 보호 흠결을 방지하고 있다.

판 례

민법 제949조 제1항에 의한 후견인의 재산관리권과 소송 실시권

"후견인이 피후견인 소유의 재산에 관한 법률행위나 소송행위를 피후견인을 위하여 한다 하더라도 후견인은 그 법정대리인으로서 피후견인 명의로 하여야 한다."(대판 1965. 7. 6. 65다919)

한정치산자의 후견인이 친족회의 동의 없이 소를 제기한 후 소송행위를 한 경우, 후견인이 한 제소 등 일련의 소송행위가 무효인지 여부(적극)

"한정치산자의 후견인이 한정치산자의 이름으로 소송을 제기하는 등의 소송행위를 함에는 친족회의 동의를 얻어야 하며 친족회의 동의를 얻지 아니한 채 제소하여 사실심의 변론종결시까지 그 동의가 보정되지 아니하였다면 그 제소 등 일련의 소송행위는 그에 필요한 수권이 흠결된 법정대리인에 의한 것으로서 절차적 안정이 요구되는 소송행위의 성격상 민법 제950조 제2항의 규정에도 불구하고 무효이다."(대판 2001. 7. 27. 2001다5937 ; 대판 1962. 6. 21. 61다1570)

■ 한정치산자의 법정대리인의 소송행위에 필요한 친족회의 동의를 상고심에서 보정할 수 있는지 여부(적극)

"한정치산자의 법정대리인의 소송행위에 필요한 친족회의 동의는 보정되면 행위시에 소급하여 그의 효력이 생기고 그 보정은 상고심에서도 할 수 있다."(대판 2001. 7. 27. 2001다5937; 대판 1997. 3. 14. 96다25227 등)

■ 후견인이 친족회의 동의 없이 피후견인의 부동산을 매도한 경우, 그 취소권의 행사방법

"미성년자 또는 친족회가 민법 제950조 제2항에 따라 제1항의 규정에 위반한 법률행위를 취소할 수 있는 권리는 형성권으로서 민법 제146조에 규정된 취소권의 존속기간은 제척기간이라고 보아야 할 것이지만, 그 제척기간 내에 소를 제기하는 방법으로 권리를 재판상 행사하여야만 되는 것은 아니고, 재판 외에서 의사표시를 하는 방법으로도 권리를 행사할 수 있다고 보아야 한다."(대판 1993. 7. 27. 92다52795 ; 대판 1992. 4. 24. 92다4673 등)

■ 민법 제126조의 표현대리 규정이 법정대리에도 적용되는지 여부(적극)

"민법 제126조 소정의 권한을 넘는 표현대리 규정은 거래의 안전을 도모하여 거래상대방의 이익을 보호하려는 데에 그 취지가 있으므로 법정대리라고 하여 임의대리와는 달리 그 적용이 없다고 할 수 없고, 따라서 한정치산자의 후견인이 친족회의 동의를 얻지 않고 피후견인의 부동산을 처분하는 행위를 한 경우에도 상대방이 친족회의 동의가 있다고 믿은 데에 정당한 사유가 있는 때에는 본인인 한정치산자에게 그 효력이 미친다."(대판 1997. 6. 27. 97다3828 ; 대판 1976. 12. 21. 75마551)

■ 식물인간 상태의 의사무능력자인 금치산자의 어머니가 민사소송법상 특별대리인으로 선임되어 금치산자를 대리하여 후견인인 금치산자의 배우자를 상대로 이혼소송을 제기하고, 그 후 후견인으로 개임되자 친족회의 동의를 얻어 그 소송을 수행하는 것은 적법하다고 한 사례

"원심은, 원고의 특별대리인에 의해 제기된 이 사건 소는 부적법하다는 피고의 주장에 대하여, 원고가 식물인간 상태의 의사무능력자인 금치산자이고 이 사건 소 제기 당시에 배우자인 피고가 원고의 후견인인 상태에서 원고의 어머니가 민사소송법상 특별대리인으로 선임되어 이 사건 이혼소송을 제기하였고, 그 후 제1심 변론종결 후에 원고의 후견인으로 개임된 후 친족회의 동의를 얻어 원심에서 원고를 대리하여 이 사건 소송을 수행하고 있음을 이유로 이 사건 소는 적법하다고 판단하였다. 앞서 본 법리와 기록에 비추어 살펴보면, 원심의 위와 같은 판단은 정당하여 수긍할 수 있고, 거기에 상고이유 주장과 같은 금치산자의 특별대리인 또는 후견인에 의한 이혼심판 청구에 관한 법리오해 등의 위법은 없다."고 한 사례가 있다(대판 2010. 4. 8. 2009므3652).

■ 친족회의의 동의 없는 후견인의 행위에 대한 취소권이 채권자대위권의 목적이 될 수 있는지 여부(소극)

"후견인이 민법 제950조 제1항 각호의 행위를 하면서 친족회의 동의를 얻지 아니한 경우, 제2항의 규정에 의하여 피후견인 또는 친족회가 그 후견인의 행위를 취소할 수 있는 권리(취소권)는 행사상의 일신전속권이므로 채권자대위권의 목적이 될 수 없다."(대판 1996. 5. 31. 94다35985).

■ 민법 제959조의20 제1항이 본인에 대해 한정후견개시심판 청구가 제기된 후 심판이 확정되기 전에 후견계약이 등기된 경우에도 적용되는지 여부(적극) 및 이때 가정법원은 본인의 이익을 위하여 특별히 필요하다고 인정할 때에만 한정후견개시심판을 할 수 있는지 여부(적극) 위 규정에서 정한 '본인의 이익을 위하여 특별히 필요할 때'의 의미

"민법 제959조의20 제1항은 "후견계약이 등기되어 있는 경우에는 가정법원은 본인의 이익을 위하여 특별히 필요할 때에만 임의후견인 또는 임의후견감독인의 청구에 의하여 성년후견, 한정후견 또는 특정후견의 심판을 할 수 있다. 이 경우 후견계약은 본인이 성년후견 또는 한정후견 개시의 심판을 받은 때 종료된다."라고 규정하고, 같은 조 제2항은 "본인이 피성년후견인, 피한정후견인 또는 피특정후견인인 경우에 가정법원은 임의후견감독인을 선임함에 있어서 종전의 성년후견, 한정후견 또는 특정후견의 종료 심판을 하여야 한다. 다만 성년후견 또는 한정후견 조치의 계속이 본인의 이익을 위하여 특별히 필요하다고 인정하면 가정법원은 임의후견감독인을 선임하지 아니한다."라고 규정하고 있다. 이와 같은 민법 규정은 후견계약이 등기된 경우에는 사적자치의 원칙에 따라 본인의 의사를 존중하여 후견계약을 우선하도록 하고, 예외적으로 본인의 이익을 위하여 특별히 필요할 때에 한하여 법정후견에 의할 수 있도록 한 것으로서, 민법 제959조의20 제1항에서 후견계약의 등기 시점에 특별한 제한을 두지 않고 있고, 같은 조 제2항 본문이 본인에 대해 이미 한정후견이 개시된 경우에는 임의후견감독인을 선임하면서 종전 한정후견의 종료 심판을 하도록 한 점 등에 비추어 보면, 위 제1항은 본인에 대해 한정후견개시심판 청구가 제기된 후 심판이 확정되기 전에 후견계약이 등기된 경우에도 적용이 있다고 보아야 하므로, 그와 같은 경우 가정법원은 본인의 이익을 위하여 특별히 필요하다고 인정할 때에만 한정후견개시심판을 할 수 있다. 그리고 위 규정에서 정하는 후견계약의 등기에 불구하고 한정후견 등의 심판을 할 수 있는 '본인의 이익을 위하여 특별히 필요할 때'란 후견계약의 내용, 후견계약에서 정한 임의후견인이 임무에 적합하지 아니한 사유가 있는지, 본인의 정신적 제약의 정도, 기타 후견계약과 본인을 둘러싼 제반 사정 등을 종합하여, 후견계약에 따른 후견이 본인의 보호에 충분하지 아니하여 법정후견에 의한 보호가 필요하다고 인정되는 경우를 말한다."(대결 2017. 6. 1.자 2017스515)

제 2 절 친족관계

Ⅰ. 친족관계 일반

1. 친계와 촌수

(1) 친계의 의의 · 종류

(가) 친계의 의미

세대적(世代的)인 혈통연결의 관계를 친계(親系)라고 하며, 이는 혈족의 혈연적 연결을 파악하는 기준이 된다. 혈연관계가 없는 배우자는 친계가 없고, 인척의 친계는 배우자의

친계를 기준으로 판단하게 된다.

(나) 종 류

첫째, 직계친(直系親 ; 자기를 기준으로 할 때, 부모 · 조부모 · 증조부모, 자 · 손 · 증손 등과 같이 혈통이 상하 · 수직으로 연결되는 친계) · 방계친(傍系親; 자기를 기준으로 할 때, 형제자매, 백숙부 · 고모 등과 같이 공동시조로부터 갈라진 혈통이 좌우로 연결되는 친계)이 있다. ① 혈족은 모두 직계친과 방계친으로 나뉜다(직계혈족, 방계혈족). ② 인척의 경우, 배우자 일방의 직계혈족 · 방계혈족은 다른 배우자의 직계인척 · 방계인척이 된다. 둘째, 존속친(尊屬親 ; 부모 또는 부모와 같은 항렬(行列) 이상의 친계) · 비속친(卑屬親; 자 또는 자와 같은 항렬 이하의 친계)이 있다. ① 존속에는 직계존속(부모 · 조부모 등)과 방계존속(백숙부 · 고모 등)이 있고, ② 비속에는 직계비속(자 · 손 등)과 방계비속(조카 · 생질 등)이 있다. 셋째, 부계친(父系親 ; 아버지와 그의 혈족) · 모계친(母系親 ; 어머니와 그의 혈족)이 있다. 넷째, 남계친(男系親 ; 혈통이 남자만으로 연결되어 있는 친계) · 여계친(女系親 ; 혈통이 부계에 의하여 연결되지만, 그 중간에 여자가 개입되어 혈통이 연결되는 경우의 친계)은 부계 · 모계와는 다른 개념이다. ① 가령 아버지의 형제자매의 자(고모의 자)는 부계이지만, 중간에 여자(고모)가 개입되어 있어서, 여계친일 뿐 남계친이 아니다. ② 한편 남계혈족의 배우자와의 혼인을 금지하던 제809조 제2항이 개정됨으로써(2005. 3. 31. 법 7427호) 남계친 · 여계친의 구별은 의미가 없게 되었다.

(2) 촌 수

(가) 촌수의 의의

친족관계의 멀고 가까운 정도를 측정하는 척도의 단위를 촌수(寸數)라 하고, 친등(親等)의 용어가 쓰이기도 한다(제1000조 제2항).

(나) 촌수의 계산방법

첫째, 직계혈족의 경우에는 자기를 중심으로 하는 세대수(世代數) 그 자체를 촌수로 한다(제770조 제1항). 가령 X와 그의 부모 · 조부모 사이는 각각 1촌 · 2촌이 되고, X의 자 · 증손 사이는 각각 1촌 · 3촌이 된다. 둘째, 방계혈족의 경우에는 자기로부터 동원(同源 ; 같은 뿌리)의 직계존속(공동시조)에 이르는 세대수와 그 동원의 직계존속으로부터 그 직계비속에 이르는 세대수를 합한 것이 촌수가 된다(제770조 제2항). ① 가령 Y와 그의 백숙부 사이의 촌수는, 공동시조인 조부모와 백숙부 사이의 세대수(1)에다 Y와 조부모 사이의 세대수(2)를 합한, 3촌이 된다. ② Z와 형제자매의 경우는 2촌, ③ Z와 종형제자매 사이는 4촌이 된다. 셋째, 인척의 경우에는 배우자의 혈족에 대하여는 배우자의 그 혈족에 대한 촌수에 따르고(아내 · 남편의 부모는 인척 1촌, 아내 · 남편의 형제자매는 인척 2촌), 혈족의 배우자에 대하여는 그 혈족에 대한 촌수(형수 · 제수는 인척 2촌, 백숙모는 인척 3촌)에 따른다(제771조). 넷째, 양자와 양부모 및 그 혈족, 인척 사이의 친계와 촌수는 입양된 때부터 혼인 중의 출생자와 동일한 것으로 본다(제772조 제1항). 양자의 배우자·직계비속과 그 배우자는 양자의 친계를 기준으로 하여 촌수를 정한다(제772조 제2항). 다섯째, 배우자의 경우에는 촌수 개념이 없고, 민법은 친족의 범위에 배우자를 포함시키면서도 배우자에 대한 법률효과를 부여할 때에는 배우자라는 표현을 특별히 사용한다(다만, 그 예외가 있다. 가령 887조·936조·제940조·제940조의4·제954조·제959조의5·제959조의10·제959조의15 제3항·제959조의17 제2항 등 참조. 송덕수, 앞의 책, 1871면).

2. 친족의 의의·종류 — 친족의 개념

자기를 중심으로 일정한 혈연관계가 있거나 혼인·양자관계에 있는 사람들을 친족이라 한다. 민법상의 친족은 배우자·혈족·인척을 총칭하는 말이다(제767조).

(1) 친족의 종류

(가) 배우자

혼인한 남녀를 서로 배우자라 한다. 사실혼의 배우자나 첩은 친족으로서의 배우자가 아니다(사실혼의 배우자는 특별법·판례 등에 의해 배우자에 준하는 보호를 받는 경우가 있을 뿐이다). 한편 배우자 사이에서 발생하는 법률효과는 친족이라는 지위에서가 아니라 배우자라는 지위에서 생긴다는 이유로, 배우자를 친족으로 새기는 것은 무의미하다는 견해가 있으나(김주수·김상용, 앞의 책, 565면 ; 박병호, 앞의 책, 40면 ; 이경희, 앞의 책, 307면 등), 제777조의 규정에 따른 친족(배우자를 포함한다)에게 일정한 법률효과를 부여하는 경우가 있다(가령 제887조·제936조·제940조·제940조의4·제954조·제959조의5·제959조의10·제959조의15 제3항·제959조의17 제2항)는 점에서 친족의 정의에 배우자를 포함시킨 민법의 태도는 온당하다. 배우자관계는 혼인의 성립에서 비롯되고, 그 혼인의 해소(일방의 사망, 혼인의 무효·취소, 이혼)에 의하여 소멸한다.

(나) 혈 족

이는 혈연관계가 있는 친족을 말하는데, 자연혈족과 법정혈족의 두 가지로 나뉜다. 첫째, 자연혈족은 혈연으로 연결되는 친족으로서 그 범위는 부계·모계 8촌까지이다(제777조 제1호). ① 자연혈족관계는 사람의 출생이라는 사실로 발생한다. 다만, 혼인 외의 출생자는 모와의 관계에서는 출생이라는 사실로 자연혈족관계가 생기지만, 생부와의 관계에서는 인지가 없는 한 그 혈족관계가 생기지는 않고, 인지를 하면 출생한 때로 소급하여 혈족관계가 생긴다(제855조 제1항·제860조). ② 자연혈족관계는 당사자 일방의 사망으로 소멸한다(다만, 망인을 통하여 연결된 생존자(망인의 부와 망인의 자) 사이의 혈족관계에는 영향을 미치지 않는다). 한편 혼인 외의 출생자와 부 사이의 경우, 이와는 별도로 인지의 무효·인지의 취소(제861조)·인지에 대한 이의(제862조) 등에 의하여 부계혈족관계는 소멸한다(같은 견해 송덕수, 앞의 책, 1594면). 둘째, 법정혈족은 양친자관계에 의해 성립하는 친족관계이다. ① 입양신고로써 발생하고(제878조), 그 신고 시부터 양자와 양친 및 양친의 혈족 사이, 양친과 양자의 직계비속(출생시기의 입양 전후 불문) 사이에 법정혈족관계에 놓이게 된다(제882조의2 제1항). ② 입양의 경우, 양자와 그의 친생부모 및 그 혈족·인척과의 친족관계는 소멸하지 않는다(제882의2 제2항)(불완전양자제). ③ 친양자의 경우, 친양자와 그의 친생부모 및 그 혈족·인척과의 친족관계는 원칙적으로 소멸한다(제908조의3 제2항)(완전양자제). ④ 입양으로 인한 친족관계는 양친자 중 일방의 사망으로 종료할 뿐 아니라, 그 취소·파양 등에 의하여 종료한다(제776조).

(다) 인 척

혼인에 의해 발생하는 친족관계를 말한다. 첫째, 인척(姻戚)의 범위는 남편·아내의 4촌 이내로서 친가(부계혈족)냐 외가(모계혈족)냐의 구별은 없다. 둘째, 인척관계는 혼인으로 발생하고 그 무효·취소 또는 이혼으로 종료한다(제775조 제1항). 한편 배우자 일방의 사망 시에는 살아 있는 배우자의 재혼이 있어야 친족관계가 소멸한다(제775조 제2항).

3. 친족의 범위

(1) 친족에 관한 민법의 규율 태도

제767조 소정의 친족의 정의규정은 개별적인 법률관계(가령 근친혼의 금지, 친족간의 부양, 상속인의 범위 등)에 대한 법률효과의 발생과 관련되어 있을 뿐 가족법 전반의 법률효과와 관련되어 있지는 않다. 또한 친족관계에 관한 법률효과의 발생에 관한 보충규정으로서 제777조를 두고 있다.

(2) 친족의 범위

민법 또는 다른 법률에 특별한 규정이 없는 한 친족관계로 인한 법률상 효력이 미치게 되는 친족의 범위는, ① 8촌 이내의 혈족(제777조 제1호), ② 4촌 이내의 인척(제777조 제2호), ③ 배우자(제777조 제3호)이다.

(3) 몇 가지 관련 내용의 검토

① 처제와 형부는 인척간이므로 혼인을 하지 못한다(제809조 제2항). ② 처제와 형부의 형제자매 사이(사돈이라 한다)에는 인척간이 아니므로 혼인이 가능하다(겹사돈이 가능하였던 관습을 고려하여, 1991년 1월 1일부터 혈족의 배우자의 혈족을 인척의 범위에서 제외시켰기 때문이다). ③ 형수의 동생이나 여동생의 시동생, 시누이도 친족이 아니다.

4. 친족관계의 효과

(1) 민법상의 효과

(가) 제777조 소정의 친족 모두에게 두루 인정되는 일반적 효과

① 제873조 제1항을 위반한 입양의 경우, 일정한 자의 입양취소청구(제887조), ② 제874조를 위반한 입양의 경우, 배우자의 입양취소청구(제888조), ③ 일정한 경우의 친권자 지정청구

(제909조의2 제1항·제2항, 제927조의2 제1항·제2항), ④ 친권상실선고의 청구(제924조), ⑤ 미성년자에 대한 친권자의 대리권과 재산관리권 상실의 선고청구(제925조), ⑥ 피후견인의 재산상황에 대한 조사청구(제954조), ⑦ 일정한 경우의 임의후견감독인의 해임청구(제959조의17 제2항), ⑧ 상속인 없는 재산에 대한 상속재산관리인 선임청구(제1053조 제1항) 등이다.

(나) 일정한 범위의 친족에게만 인정되는 개별적 효과

① 성년후견·한정후견·특정후견심판의 청구 및 성년후견·한정후견의 종료심판청구(제9조·제11조·제12조·제14조·제14조의2), ② 증여계약의 해제사유(제556조 제1항 제1호), ③ 혼인이 금지되는 범위(제809조), ④ 양친이 미성년자인 경우, 입양취소청구(제885조), ⑤ 존속양자의 금지(제877조 제1항), ⑥ 부양의무(제974조), ⑦ 상속권(제1000조·제1003조), ⑧ 유언 증인의 결격사유(제1071조 제1항 제3호), ⑨ 유류분권리자(제1112조) 등이다.

(2) 형법상의 효과

(가) 친족 사이의 범죄의 불성립 또는 형벌이 면제·감경되는 경우

전자에 속하는 경우로서, ① 범인은닉죄(형법 제151조 제2항), ② 증거인멸죄(형법 제155조 제4항) 등이 있고, 후자에 속하는 경우로는, ① 권리행사방해죄(형법 제328조·제323조), ② 절도죄(형법 제344조·제329조-제332조), ③ 사기죄와 공갈죄(형법 제354조·제347조-352조), ④ 횡령죄와 배임죄(형법 제361조·제355조-제360조) 등의 피해자와 본범(本犯) 사이에 직계혈족, 배우자, 동거친족, 가족 또는 그 배우자관계가 있고, 그들 사이의 위와 같은 범죄이면 형을 면제하고(이른바, 친족상도례(親族相盜例)), 그 외의 친족 사이의 범죄이면 고소가 있어야 공소를 제기할 수 있다(즉, 친고죄(親告罪)로 규정). ⑤ 장물죄(형법 제365조·제362조-제364조)의 경우에는 그 형이 감경 또는 면제된다.

(나) 친족 사이의 형벌이 가중되는 경우

① 살인죄(형법 제250조 제2항), ② 상해죄(형법 제257조 제2항), ③ 중상해죄(형법 제258조 제3항), ④ 상해치사죄(형법 제259조 제2항), ⑤ 폭행죄(제260조 제2항), ⑥ 유기죄(형법 제271조 제2항·제4항), ⑦ 학대죄(형법 제273조 제2항), ⑧ 체포감금죄(형법 제276조 제2항), ⑨ 중체포감금죄(형법 제277조 제2항), ⑩ 협박죄(형법 제283조 제2항) 등이 있다(그 형이 가중되는 경우는 자기 또는 배우자의 직계존속에 대한 범죄이다).

(3) 소송법상의 효과

첫째, 민사소송법상의 효과로서 법관 또는 법원사무관 등의 제척사유(동법 제41조 제1호·제2호·제50조), 증언거부권(동법 제314조 제1호), 감정인의 결격사유(동법 334조 제2항) 등이 있다. 둘째, 형사소송법상의 효과로서 법관, 법원서기관·법원사무관·법원주사·법원주사보, 서기, 통역인의 제척·기피 또는 회피원인(동법 제17조 제2호·제18조 제1항 제1호·제24조 제1항·제25조 제1항), 증언거부권(동법 제148조), 감정·통역·번역거부권(동법 제177조-제183조) 등이 있다.

(4) 특별법상의 효과

이 밖에도 가사소송법, 비송사건절차법, 가족관계의 등록 등에 관한 법률, 각종 연금법 등 많은 법률과 그 시행령에는 친족 사이의 특별한 효과를 부여하는 규정들이 있다(그 상세는 생략).

판 례

■ 양부모가 이혼하여 양모가 양부의 가를 떠났을 경우, 양모자관계가 소멸하는지 여부(소극)

"민법 제776조는 '입양으로 인한 친족관계는 입양의 취소 또는 파양으로 인하여 종료한다.'라고 규정하고 있을 뿐 '양부모의 이혼'을 입양으로 인한 친족관계의 종료사유로 들고 있지 않고, 구관습시대에는 오로지 가계계승(家系繼承)을 위하여만 양자가 인정되었기 때문에 입양을 할 때 처는 전혀 입양당사자가 되지 못하였으므로 양부모가 이혼하여 양모가 부(父)의 가(家)를 떠났을 때에는 입양당사자가 아니었던 양모와 양자의 친족관계가 소멸하는 것은 논리상 가능하였으나, 처를 부와 함께 입양당사자로 하는 현행 민법 아래에서는(1990. 1. 13. 개정 전 민법 제874조 제1항은 '처가 있는 자는 공동으로 함이 아니면 양자를 할 수 없고 양자가 되지 못한다.'고 규정하였고, 개정 후 현행 민법 제874조 제1항은 '배우자 있는 자가 양자를 할 때에는 배우자와 공동으로 하여야 한다.'는 부부공동입양제가 되어 처도 부와 마찬가지로 입양당사자가 되기 때문에 양부모가 이혼하였다고 하여 양모를 양부와 다르게 취급하여 양모자관계만 소멸한다고 볼 수는 없다."(대판 2001. 5. 24. 전원합의체. 2000므1493)

■ 자동차종합보험의 가족운전자 한정운전 특별약관에서 규정하고 있는 부모에 계모가 포함되는지 여부(적극)

"1990. 1. 13. 법률 제4199호로 민법이 개정됨으로써 계모는 더 이상 법률상의 모(母)는 아닌 것으로 되었으나, 피보험자의 계모가 부(父)의 배우자로 실질적으로 가족의 구성원으로 가족공동체를 이루어 생계를 같이 하고 피보험자의 어머니의 역할을 하면서 피보험자동차를 이용하고 있다면, 위 특별약관조항을 둔 취지에 비추어 볼 때 이러한 경우의 계모는 자동차종합보험의 가족운전자 한정운전 특별약관상의 모에 포함된다."(대판 1997. 2. 28. 96다53857)

■ 이성동복(異姓同腹)의 형제자매도 상속인의 범위에 포함되는지 여부(적극)

"민법 제1000조 제1항 제3호 소정의 '피상속인의 형제자매'라 함은, 민법 개정 시 친족의 범위에서 부계와 모계의 차별을 없애고, 상속의 순위나 상속분에 관하여도 남녀 간 또는 부계와 모계 간의 차별을 없앤 점 등에 비추어 볼 때, 부계 및 모계의 형제자매를 모두 포함하는 것으로 해석하는 것이 상당하다."(대판 1997. 11. 28. 96다5421)

■ 인지의 소급효가 친족상도례 규정에 미치는지 여부(적극)

"형법 제344조, 제328조 제1항 소정의 친족간의 범행에 관한 규정이 적용되기 위한 친족관계는 원칙적으로 범행 당시에 존재하여야 하는 것이지만, 부가 혼인 외의 출생자를 인지하는 경우에 있어서는 민법 제860조에 의하여 그 자의 출생 시에 소급하여 인지의 효력이 생기는 것이며, 이와 같은 인지의 소급효는 친족상도례에 관한 규정의 적용에도 미친다고 보아야 할 것이므로, 인지가 범행 후에 이루어진 경우라고 하더라도 그 소급효에 따라 형성되는 친족관계를 기초로 하여 친족상

도례의 규정이 적용된다."(대판 1997. 1. 24. 96도1731)

▪ 혼인 외의 출생자와 생모의 친족관계

"혼인 외의 출생자와 그 생모의 경우. 혼인 외 출생자와 그 생모간에는 그 생모의 인지나 출생신고를 기다리지 않고 혼인 외의 자의 출생으로 당연히 법률상의 친족관계가 발생하므로, 혼인 외의 출생자가 그 생모를 살해한 것은, 직계존속살해죄에 해당한다."(대판 1980. 9. 9. 80도1731; 대판 1967. 10. 4. 67다1791)

▪ 피고인이 피해자의 종고모의 손자인 경우 구 민법(1990. 1. 13. 법률 제4199호로 개정되기 전의 것) 제777조 제1호 소정의 친족관계에 있는지 여부(소극)

"피고인이 피해자의 아버지의 사촌누나의 손자인 경우 피고인은 피해자와 구 민법(1990. 1. 13. 법률 제4199호로 개정되기 전의 것) 제777조 제1호 소정의 8촌 이내의 부계혈족의 친족관계에 있다고 할 수 없어 피해자의 고소가 있어야만 죄를 논할 수 있는 경우라고 할 수 없다."(대판 1991. 8. 27. 90도2857)

Ⅱ. 친족적 부양

1. 부양제도

(1) 의 의

스스로 생활을 꾸려나가지 못하는 사람들을 정신적·경제적으로 도와서 생계를 보장해 주는 제도를 부양이라 한다. 스스로 생활할 능력이 없는 사람의 부양은 1차적으로 가족 또는 친족에게 맡겨져 있으나, 그 가족·친족에게도 부양능력이 없는 경우에는 최종적으로 국가 또는 지방자치단체가 사회보장의 문제로서 해결하여야 하는데, 이를 공적 부양(부조)라 한다. 이와 관련하여, 생활이 어려운 사람에게 필요한 급여를 실시하여 이들의 최저생활을 보장하고 자활을 돕는 것을 목적으로 하는 국민기초생활보장법이 만들어져 시행되고 있는데(1999. 9. 7. 제정, 2014. 12. 30. 개정), 그 공적 부양은 피부양자를 사적으로 부양하는 사람이 없거나 다른 법령에 의한 보호가 없는 경우에 보충적으로 행해지게 된다(동법 제3조 제2항 참조).

●● 사례

B(피청구인)의 혼인 외의 출생자인 A(청구인)는 그의 생모인 C(미성년자인 A의 특별대리인)가 부양하고 있었다. 점차 생활이 어려워진 A는 생부인 B를 상대로, 부양료를 지급하라는 취지의 소송을 제기하였다(B와 C녀 사이에서 출생한 A를 피청구인이 인지한 사실은 있다). 그러자, B는 C가 A의 부양을 위한 자신의 인도요청을 거절하고 있으며, A의 생모에게 주택을 마련해 주어 그 임대보증금으로 청구인을 부양하도록 한 바 있으므로, 자신은 부양료 지급의무가 없다고 항변하였다(주택의 임대보증금으로 청구인을 부양토록 한 것이 아니라, 이미 주택에 세 들어 살고 있는 사람들의 임대보증금을 인수하여 매매대금에서 공제하고 주택을 매수하여 A와 A의 생모인 C를 거주하게 한 사실만 있을 뿐 임대수입은 없는 것으로 사실관계에서 밝혀졌다). B의 항변은 타당한가?

●● 사안의 쟁점:

첫째, 부양의 당사자 범위는 어디까지인지, 둘째, 부양의 정도는 어느 정도인지 등이다.

(2) 민법상의 부양

민법상의 부양의무에는 두 가지가 있다. 첫째, 친자(부모와 미성년의 자) 및 부부 사이에서 볼 수 있는 부양관계로서 이를 제1차적 부양의무(생활유지의 부양의무)라 할 수 있다(제826조 제1항·제913조). 둘째, 일정한 친족 사이의 부양관계로서 이를 제2차적 부양의무(생활부조의 부양의무)라 할 수 있다(제974조·제975조)(성년의 자에 대한 부양의무 포함). 셋째, 부양의무는 피부양자가 자기의 자력 또는 근로에 의하여 생활을 유지할 수 없어야 하고(특히 부모에게는 독립할 생활능력이 없는 어린 자녀가 성년이 될 때까지 보호·양육해야 할 부양의무가 있다), 그 의무자는 피부양자를 부양할 경제적 능력이 있어야 그 의무를 이행할 책임이 있다(제975조). 넷째, 부양의무는 부양의 필요성이 없거나 그 의무자의 부양능력이 없게 되면 소멸한다. 다만, 제1차적 부양의무는 그 의무자가 국민기초생활보장법에 따른 보호를 받아야 할 정도의 극빈자가 아닌 한 소멸하지는 않는다.

(3) 부양청구권의 성질

첫째, 부양청구권은 채권에 유사한 가족법상의 재산권이다. 그러나 일정한 친족관계를 기초로 하여 발생하는 일신전속적(귀속상·행사상의 일신전속권)·신분적 재산권(대판 1983. 9. 13. 81므78 참조)이라는 점에서 보통의 재산권과는 그 성질이 다르다. ① 그 권리는 양도·포기(제979조)의 대상도 아니고, 상속(제1005조 단서)·채권자대위권(제404조 제1항 단서)·상계(제497조)의 대상이 되지 않는다. ② 강제집행상의 압류대상이 아니므로(민사집행법 제246조 제1항 제1호), 그 권리자의 파산 시에도 파단재단에 속하지 않는다(채무자 회생 및 파산에 관한 법률 제383조 제1항). 둘째, 제3자가 부양청구권을 위법하게 침해한 경우, 그는 권리자에게 불법행위책임을 부담한다(제750조). 셋째, 부의 자에 대한 부양의무불이행으로 인한 회복할 수 없는 정신적 손해는 특별사정으로 인한 손해이다(대판 1983. 9. 13. 81므78).

2. 부양의 당사자

(1) 부양당사자의 범위

직계혈족 및 배우자 사이, 기타 생계를 같이 하는 친족들 사이에는 서로가 서로를 부양할 의무가 있다(제974조).

(가) 직계혈족 및 그 배우자 사이의 부양

첫째, 부양의무가 있는 직계혈족으로는 부모와 자녀(미성년의 자인 경우, 제1차적 부양의무의 범위에 속하기 때문에 제974조의 범위에 해당하지 않는다), 조부모와 손자녀 등이 있다. 둘째, 시부모와 며느리, 장인·장모와 사위, 계부(繼父)와 처의 자녀, 계모와 부(父)의 자녀 등은 직계혈족의 배우자 사이로서 부양의무가 있다. 부부는 제1차적 부양의무의 범위에 속하기 때문에 제974조의 범위에 해당하지 않는다(그 상세는 앞에서 살핀 혼인의 요건 참조).

(나) 기타 생계를 같이 하는 친족 사이의 부양

생계를 같이 하는 형제자매 기타 제777조가 정하는 바에 따른 친족 사이에는 부양의무가 있다. 생계를 같이 하는 경우란 동거하며 생활공동체관계에 놓여 있는 경우는 물론 반드시 동거하지 않더라도 공동의 가계(家系)에 놓여 있는 경우를 포함한다 할 것이다.

(2) 부양당사자의 순위

(가) 부양의무자가 수인인 경우

첫째, 부양의무의 순위는 당사자 사이의 협의로 정하고, 당사자 사이에 협정이 없는 때에는 가정법원이 당사자의 청구에 의하여 이를 정한다(제976조 제1항 제1문, 가사소송법 제2조 제1항 마류사건 제8호). ① 부양을 받을 권리자가 수인인 경우에 부양의무자의 자력이 그 권리자 전원을 부양할 수 없는 때에도 마찬가지이다(제976조 제1항 제2문). ② 부양의무자·부양권리자가 수인인 경우, 가정법원은 수인의 부양의무자 또는 수인의 부양권리자를 선정할 수 있다(제976조 제2항). 부양의무자·부양권리자 선정사건은 조정전치주의의 대상이 된다(가사소송법 제50조). 둘째, 부양의무자 또는 부양권리자의 순위에 관한 당사자의 협정·가정법원의 판결이 있은 후 이에 관한 사정변경이 있는 경우, 가정법원은 당사자의 청구에 의하여 그 협정이나 판결을 취소 또는 변경할 수 있는데(제978조, 가사소송법 제2조 제1항 마류사건 제8호), 이 사건도 조정전치주의의 대상이다(가사소송법 제50조).

(나) 제1차적 부양의무자와 제2차적 부양의무자 사이의 부양순위(판례이론)

첫째, 부부간의 상호부양의무는 제1차적 부양의무이고, 부모가 성년의 자에 대하여 직계혈족으로서 부담하는 부양의무는 제2차적 부양의무가 된다. 둘째, 제2차 부양의무자는 제1차 부양의무자보다 후순위로 부양의무를 부담한다. 따라서 제1차적·제2차적 부양의무자가 공존하는 경우, 특별한 사정이 없는 한 제1차적 부양의무자의 부양의무가 우선하므로, 제2차 부양의무자가 부양받을 자를 부양한 경우에는 그 소요된 비용을 제1차 부양의무자에 대하여 상환청구할 수 있다(대판 2012. 12. 27. 2011다96932). 생각건대 제1차·제2차 부양의무는 의무이행의 정도와 순위까지를 포함한 의미라는 점에서 판례이론에는 모순이 없다.

3. 부양의 정도와 방법

(1) 그 결정과 결정의 취소·변경

첫째, 부양의 정도 또는 방법은 당사자 사이의 협의로 정하고, 그 협정이 없는 때에는 가정법원은 당사자의 청구에 의하여 부양을 받을 자의 생활 정도와 부양의무자의 자력 기타 제반사정을 참작하여 이를 정한다(제877조, 가사소송법 제2조 제1항 마류사건 제8호). 판례는, 특별한 사정이 없는 한 통상적인 생활필요비라고 보기 어려운 유학비용의 충당을 위해 성년의 자녀가 부모를 상대로 부양료를 청구할 수는 없다고 한다(대결 2017. 8. 25.자 2017스5). 둘째, 부양의 정도 또는 방법에 관한 당사자의 협정 · 가정법원의 판결이 있은 후에 사정변경이 생긴 경우, 가정법원은 당사자의 청구에 의하여 그 협정 · 판결을 취소하거나 변경할 수 있다(제877조, 가사소송법 제2조 제1항 마류사건 제8호). 이들 사건은 조정전치주의의 대상이다(가사소송법 제50조).

(2) 구체적인 부양의 방법

첫째, 그 의무자가 피부양자를 모시고 동거하면서 그 생활을 보살피는 동거부양 내지 인수부양(引受扶養)이 있다. 둘째, 그 의무자가 매월 정기적으로 피부양자에게 생활비를 금전이나 현물로 지급하는 급부(급여)부양이 있다. 그 구체적인 방법은 당사자의 협정 · 법원의 판결 등에 의해 정해질 문제이나, 금전 급부부양이 일반적인 방법이다. 금전 급부부양의 경우, 부양의 성질상 그 급부는 선급이어야 한다.

(3) 부양의무불이행에 대한 조치(부양의무이행의 확보와 그 불이행의 구제방법)

첫째, 부양료의 지급은 피부양자의 생존과 직결되므로, 그 의무자의 신속한 이행을 필요로 한다. 이를 위하여 가정법원은 부양료청구의 심판을 본안사건으로 하여 담보를 제공하게 하지 않고도 가압류 · 가처분을 할 수 있도록 하고(가사소송법 제63조 제1항 · 제2항), 그 지급을 명하는 심판을 할 때 담보를 제공하게 하지 않고 가집행할 수 있음을 명하도록 하며(가사소송법 제42조 제1항), 그 심판 선고 전에도 가정법원이 필요한 사전처분을 명할 수 있다(가사소송법 제62조). 둘째, 그 지급을 명하는 심판에도 불구하고 부양의무자가 정당한 이유 없이 그 의무를 이행하지 않을 경우, 가정법원은 당사자의 신청에 의하여 일정한 기간 내에 그 의무이행을 명령하고(가사소송법 제64조 제1항), 이 이행명령을 위반한 때에는 1천만원 이하의 과태료에 처할 수 있다(가사소송법 제67조 제1항). 한편 금전의 정기적 지급을 명령받은 자가 정당한 이유 없이 3기 이상 그 의무를 이행하지 않을 경우, 가정법원은 권리자의 신청에 의하여 30일의 범위 내에서 의무자를 감치에 처할 수 있다(가사소송법 제68조 제1항). 셋째, 부양의무이행의 확보와 관련하여, 민법은 침묵을 지키고 있고, 위에서 살핀 바와 같이 가사소송법에 몇 가지 규정이 있을 뿐이다. 이 점은 그 불이행의 경우도 마찬가지이다. 부양의무이행의 확보와 그 불이행에 대한 구제의 법리로서 어떤 방법이 있을까? ① 부양의무(법정부양)는 일신전속적 작위채무이고, 부양청구권은 신분적 재산권의 성질을 갖고 있으므로, 강제이행방법의 하나인 간접강제의 방법을 생각해 볼 수 있다(제389조 제1항 단서의 유추). 나아가, 가사소송법 제63조의2 제1항을 유추적용함으로써 가정법원에 의한 부양료 직접 지급명령제도를 활용하는 것도 그 방안의 하나가 될 수 있다고 본다. ② 이상의 해석론과는 달리, 입법론으로서 제974조에 의하여 부양의무를 부담하는 자가 그 의무를 이행하지 않았을 경우, 제1004조 소정의 상속인의 결격사유에 포함시키는 내용의 민법개정을 통해 부양의무이행의 확보에 일조할 수 있다 할 것이다. 넷째, 제974조에 기한 부양의무는 일종의 법정채무이므로, 그 불이행의 경우에 피부양자는 부양의무자를 상대로 채무불이행을 이유로 한 손해배상을 청구할 수 있다(제390조의 유추).

4. 과거의 부양료 · 체당부양료(替當扶養料)의 구상청구

(1) 과거의 부양료

과거의 부양료를 청구할 수 있는가? 학설은 다툼은 있으나, 부양의무는 부양의 필요성이 생긴 때부터 발생하는 것이어서 피부양자의 부양을 위한 부양의무자의 부양료채무는 현재에도 계속 존속한다고 새겨야 한다. 따라서 과거의 부양료도 원칙적으로 청구할 수 있다(다수설). 판례는 어떤가? 첫째, 자녀의 양육비는 자녀의 출생과 동시에 발생한다는 점에서 과거의 양육비도 원칙적으로 청구할 수 있다(대결 1994. 5. 13. 자 92스21). 둘째, 부부 사이의 과거의 부양료는 이행청구를 받았음에도 이행하지 않음으로써 이행지체에 빠진 이후의 것이거나, 그렇지 않은 경우에는 부양의무의 성질이나 형평의 관념상 이를 허용해야 할 특별한 사정이 있는 경우에 한하여 이행청구 이전의 과거 부양료를 청구할 수 있을 뿐 그 이행을 청구받기 이전의 것은 청구할 수 없다(대판 2012. 12. 27. 2011다96932). 셋째, 과거의 부양료 청구의 경우, 상환의무의 범위를 정할 때 고려하여야 할 사항은 무엇인가? ① 과거의 양육비의 경우에는 과거의 양육에 관하여 부모 쌍방이 기여한 정도 · 자의 연령 및 부모의 재산상황 · 자력 등 기타 제반사정을 참작하여 적절하다고 인정되는 범위에서 이를 정하여야 하고(대결 1994. 5. 13. 자 92스21), ② 그 부부의 일방을 상대로 상대방의 친족이 과거의 부양료 상환청구를 하는 경우, 부부 사이의 과거의 부양료 청구의 경우에는 당사자 쌍방의 재산상태와 수입액 · 생활 정도 및 경제적 능력 · 사회적 지위 등에 따라 부양이 필요한 정도, 그에 따른 부양의무의 이행 정도, 혼인생활 파탄의 경위와 정도 등을 종합적으로 고려하여 판단하여야 한다. ③ 상대방의 친족이 부부의 일방을 상대로 한 과거의 부양료 상환청구를 심리 · 판단함에 있어서도 이러한 점을 모두 고려하여 상환의무의 존부 및 범위를 정하여야 한다(대판 2012. 12. 27. 2011다96932).

(2) 체당부양료의 구상청구 문제

(가) 제3자의 구상

첫째, 법률상의 부양의무 없는 제3자가 부양의무가 있는 것으로 오신하여 부양한 경우, 이는 착오에 의한 부양으로서 그 변제(부양의무의 이행)는 유효한 것이 아니다. ① 이 경우의 변제는 제469조 소정의 타인을 위한 변제가 아니므로, 부양의무자의 부양의무는 그대로 존속하기 때문에 부양의무자에 대한 구상의 문제는 생기지 않는다. ② 다만, 제3자는 부양을 받은 자에게 부당이득을 이유로 그 반환을 청구할 수 있다(그러나 제744조의 도의관념에 적합한 변제로서 반환청구를 할 수 없다는 반대의 견해도 있다. 송덕수, 앞의 책, 1590면). 둘째, 제3자가 부양의무 있는 자의 부양임을 알면서 변제(부양의무의 이행)한 경우, 이는 제469조 소정의 타인을 위한 변제로서 유효하다. 따라서 부양의무자의 부양의무는 소멸한다. ① 이 경우, 제3자는 부양의무자에게 구상권을 행사할 수 있다. ② 다만, 제3자가 부양의무자의 위임을 받아 수임사무의 처리로서 부양한 경우에는 수임인의 비용상환청구권을 근거로(제688조), 위임을 받지 않은 경우에는 사무관리를 이유로 한 비용상환청구권(제739조)이나 부당이득을 이유로 그 반환을 청구할 수 있게 된다(제741조).

(나) 부양의무자 사이의 구상

부양의무자가 수인인 경우, 그 중 어느 1인이 전적으로 부양료를 부담하였다면 그는 다른 의무자가 분담하였을 비율의 범위 내에서 이를 구상할 수 있다(대결 1994. 6. 2. 자 93스11 참조). 다만, 부양능력이 없어 부양의무가 없는 자에게는 구상하지 못한다.

(다) 기 타

첫째, 성년인 자(子)가 장기간 부모와 동거하면서 생계유지의 수준을 넘는 부양자 자신과 같은 생활수준을 유지하는 부양을 한 경우, 제1008조의2 소정의 특별부양자에 해당함으로써 상속재산에 관하여 기여분을 인정받게 된다(대판 1998. 12. 8. 97므513). 둘째, 부양청구권은 3년의 단기소멸시효에 걸리지만(제163조 제1호), 수인의 부양의무자 사이에서 일방이 이행한 체당부양료·법률상 의무 없는 제3자의 체당부양료의 구상권은 보통의 채권으로서 10년의 소멸시효에 걸린다 할 것이다(제162조 제1항).

●● 사례의 해결:

첫째, B와 C녀 사이에서 출생한 A를 피청구인이 인지한 사실이 있으므로 비록 혼인 외의 출생자가 생모에 의하여 양육·부양되고 있다고 하더라도, 그 아버지인 피청구인의 부양의무가 소멸되는 것은 아니다. 따라서 B의 항변은 타당하지 않다. 둘째, 부양의 정도나 방법은 당사자간의 협정이 없는 한, 부양을 받을 자의 생활 정도와 부양의무자의 자력·기타 제반 사정을 참작하여 정하게 되어 있는바, 부양을 받을 자의 연령·재능·신분·지위 등에 따른 교육을 받는 데 필요한 비용도 포함된다고 할 것이므로, 미성년자인 청구인에게 그가 성년에 이를 때까지 교육비를 포함한 부양료 상당을 B가 부담하여야 할 것이다.

(대판 1986. 6. 10. 86므46의 사실관계와 판결요지 등 참조)

판 례

▪ 부모 중 한 쪽만이 자녀를 양육하게 된 경우 양육비 청구 이전의 과거의 양육비의 상환을 청구할 수 있는지 여부(적극)

"어떠한 사정으로 인하여 부모 중 어느 한 쪽만이 자녀를 양육하게 된 경우에, 그와 같은 일방에 의한 양육이 그 양육자의 일방적이고 이기적인 목적이나 동기에서 비롯한 것이라거나 자녀의 이익을 위하여 도움이 되지 아니하거나 그 양육비를 상대방에게 부담시키는 것이 오히려 형평에 어긋나게 되는 등 특별한 사정이 있는 경우를 제외하고는, 양육하는 일방은 상대방에 대하여 현재 및 장래에 있어서의 양육비 중 적정 금액의 분담을 청구할 수 있음은 물론이고, 부모의 자녀양육의무는 특별한 사정이 없는 한 자녀의 출생과 동시에 발생하는 것이므로 과거의 양육비에 대하여도 상대방이 분담함이 상당하다고 인정되는 경우에는 그 비용의 상환을 청구할 수 있다."(대결 1994. 5. 13.자 전원합의체(다수의견). 92스21)

▪ 위의 경우, 과거의 양육비의 분담범위를 정하는 기준

"한 쪽의 양육자가 양육비를 청구하기 이전의 과거의 양육비 모두를 상대방에게 부담시키게 되면 상대방은 예상하지 못하였던 양육비를 일시에 부담하게 되어 지나치고 가혹하며 신의성실의 원칙이나 형평의 원칙에 어긋날 수도 있으므로, 이와 같은 경우에는 반드시 이행청구 이후의 양육비와 동일한 기준에서 정할 필요는 없고, 부모 중 한 쪽이 자녀를 양육하게 된 경위와 그에 소요된 비용의 액수, 그 상대방이 부양의무를 인식한 것인지 여부와 그 시기, 그것이 양육에 소요된 통상의 생활비인지 아니면 이례적이고 불가피하게 소요된 다액의 특별한 비용(치료비 등)인지 여부와 당사자들의 재산상황이나 경제적 능력과 부담의 형평성 등 여러 사정을 고려하여 적절하다고 인정되는 분담의 범위를 정할 수 있다."(대결 1994. 5. 13. 자 전원합의체. 92스21)

▪ 부양권리자들이 부양의 방법과 정도에 관하여 당사자 사이에 이루어진 협정에 따라 그 협정의 이행을 구하는 사건에서 법원이 임의로 협정의 내용을 가감하여 부양의무자의 부양의무를 조절할 수 있는지 여부(소극)

"부양권리자와 부양의무자 사이에 부양의 방법과 정도에 관하여 협정이 이루어지면 당사자 사이에 다시 협의에 의하여 이를 변경하거나, 법원의 심판에 의하여 위 협정이 변경, 취소되지 않는 한 부양의무자는 그 협정에 따른 의무를 이행하여야 하는 것이고, 법원이 그 협정을 변경, 취소하려면 그럴 만한 사정의 변경이 있어야 하는 것이므로, 부양권리자들이 위 협정의 이행을 구하는 사건에서 법원이 임의로 협정의 내용을 가감하여 부양의무자의 부양의무를 조절할 수는 없다."(대판 1992. 3. 31. 90므651)

▪ 부의 부양의무 불이행으로 인한 자의 정신적 고통이 특별손해인지 여부

"부양받을 권리는 일종의 신분적 재산권이므로 그 권리가 충족되지 않음에 관련되는 일반적인 정신상의 고통은 그 재산권의 실현에 의하여 회복되는 것이라고 봄이 상당하고 부의 자에 대한 부양의무불이행으로 인한 회복할 수 없는 정신적 손해는 특별사정으로 인한 손해이다."(대판 1983. 9. 13. 81므78)

▪ 부부간의 부양의무를 이행하지 않은 부부의 일방에 대하여 상대방의 친족이 구하는 부양료의 상환청구가 민사소송사건에 해당하는지 여부(적극)

"가사소송법 제2조 제1항 제2호 나. 마류사건 제1호는 민법 제826조에 따른 부부의 부양에 관한 처분을, 같은 법 제2조 제1항 제2호 나. 마류사건 제8호는 민법 제976조부터 제978조까지의 규정에 따른 부양에 관한 처분을 각각 별개의 가사비송사건으로 규정하고 있다. 따라서 부부간의 부양의무를 이행하지 않은 부부의 일방에 대한 상대방의 부양료 청구는 위 마류사건 제1호의 가사비송사건에 해당하고, 친족간의 부양의무를 이행하지 않은 친족의 일방에 대한 상대방의 부양료 청구는 위 마류사건 제8호의 가사비송사건에 해당한다 할 것이나, 부부간의 부양의무를 이행하지 않은 부부의 일방에 대하여 상대방의 친족이 구하는 부양료의 상환청구는 같은 법 제2조 제1항 제2호 나. 마류사건의 어디에도 해당하지 아니하여 이를 가사비송사건으로 가정법원의 전속관할에 속하는 것이라고 할 수는 없고, 이는 민사소송사건에 해당한다고 봄이 타당하다."(대판 2012. 12. 27. 2011다96932)

■ 성년의 자녀가 부모를 상대로 부양료를 청구할 수 있는 경우 및 범위, 통상적인 생활필요비라고 보기 어려운 유학비용의 충당을 위해 성년의 자녀가 부모를 상대로 부양료를 청구할 수 있는지 여부(원칙적 소극)

"민법 제826조 제1항에서 규정하는 미성년 자녀의 양육·교육 등을 포함한 부부간 상호부양의무는 혼인관계의 본질적 의무로서 부양을 받을 자의 생활을 부양의무자의 생활과 같은 정도로 보장하여 부부공동생활의 유지를 가능하게 하는 것을 내용으로 하는 제1차 부양의무이고, 반면 부모가 성년의 자녀에 대하여 직계혈족으로서 민법 제974조 제1호, 제975조에 따라 부담하는 부양의무는 부양의무자가 자기의 사회적 지위에 상응하는 생활을 하면서 생활에 여유가 있음을 전제로 하여 부양을 받을 자가 자력 또는 근로에 의하여 생활을 유지할 수 없는 경우에 한하여 그의 생활을 지원하는 것을 내용으로 하는 제2차 부양의무이다. 따라서 성년의 자녀는 요부양상태, 즉 객관적으로 보아 생활비 수요가 자기의 자력 또는 근로에 의하여 충당할 수 없는 곤궁한 상태인 경우에 한하여, 부모를 상대로 그 부모가 부양할 수 있을 한도 내에서 생활부조로서 생활필요비에 해당하는 부양료를 청구할 수 있을 뿐이다. 나아가 이러한 부양료는 부양을 받을 자의 생활 정도와 부양의무자의 자력 기타 제반 사정을 참작하여 부양을 받을 자의 통상적인 생활에 필요한 비용의 범위로 한정됨이 원칙이므로, 특별한 사정이 없는 한 통상적인 생활필요비라고 보기 어려운 유학비용의 충당을 위해 성년의 자녀가 부모를 상대로 부양료를 청구할 수는 없다."(대결 2017. 8. 25.자 2017스5)

■ 부부 일방의 부모 등 그 직계혈족과 상대방 사이에 직계혈족이 사망하고 생존한 상대방이 재혼하지 않은 경우에 부양의무가 인정되는 경우

"민법 제775조 제2항에 의하면 부부의 일방이 사망한 경우에 혼인으로 인하여 발생한 그 직계혈족과 생존한 상대방 사이의 인척관계는 일단 그대로 유지되다가 상대방이 재혼한 때에 비로소 종료하게 되어 있으므로 부부의 일방이 사망하여도 그 부모 등 직계혈족과 생존한 상대방 사이의 친족관계는 그대로 유지되나, 그들 사이의 관계는 민법 제974조 제1호의 '직계혈족 및 그 배우자 간'에 해당한다고 볼 수 없다. 배우자관계는 혼인의 성립에 의하여 발생하여 당사자 일방의 사망, 혼인의 무효·취소, 이혼으로 인하여 소멸하는 것이므로, 그 부모의 직계혈족인 부부 일방이 사망함으로써 그와 생존한 상대방 사이의 배우자관계가 소멸하였기 때문이다. 따라서 부부 일방의 부모 등 그 직계혈족과 상대방 사이에서는, 직계혈족이 생존해 있다면 민법 제974조 제1호에 의하여 생계를 같이 하는지와 관계없이 부양의무가 인정되지만, 직계혈족이 사망하면 생존한 상대방이 재혼하지 않았더라도 민법 제974조 제3호에 의하여 생계를 같이 하는 경우에 한하여 부양의무가 인정된다."
(대결 2013. 8. 30. 자 2013스96 등)

■ 부모와 성년의 자녀 · 그 배우자 사이에 과거 부양료를 청구할 수 있는 경우

"민법 제826조 제1항에 규정된 부부 사이의 상호부양의무는 혼인관계의 본질적 의무로서 부양을 받을 자의 생활을 부양의무자의 생활과 같은 정도로 보장하여 부부공동생활의 유지를 가능하게 하는 것을 내용으로 하는 제1차 부양의무이고, 반면 부모와 성년의 자녀 · 그 배우자 사이에 민법 제974조 제1호, 제975조에 따라 부담하는 부양의무는 부양의무자가 자기의 사회적 지위에 상응하는 생활을 하면서 생활에 여유가 있음을 전제로 하여 부양을 받을 자가 자력 또는 근로에 의하여 생활을 유지할 수 없는 경우에 한하여 그의 생활을 지원하는 것을 내용으로 하는 제2차 부양의무이다. 그런데 부부 사이의 부양의무 중 과거의 부양료에 관하여는 특별한 사정이 없는 한 부양을 받을 사람이 부양의무자에게 부양의무의 이행을 청구하였음에도 불구하고 부양의무자가 부양의무를 이행하지 아니함으로써 이행지체에 빠진 후의 것에 관하여만 부양료의 지급을 청구할 수 있을 뿐이므로, 부모와 성년의 자녀 · 그 배우자 사이의 경우에도 이와 마찬가지로 과거의 부양료에 관하여는 부양의무 이행청구에도 불구하고 그 부양의무자가 부양의무를 이행하지 아니함으로써 이행지체에 빠진 후의 것이거나, 그렇지 않은 경우에는 부양의무의 성질이나 형평의 관념상 이를 허용해야 할 특별한 사정이 있는 경우에 한하여 이행청구 이전의 과거 부양료를 청구할 수 있다."(대결 2013. 8. 30. 자 2013스96 ; 대판 2012. 12. 27. 2011다96932 등)

■ 부양료청구권의 침해를 이유로 채권자취소권을 행사하는 경우, 제척기간의 기산일

"민법 제974조, 제975조에 의하여 부양의 의무 있는 사람이 여러 사람인 경우에 그 중 부양의무를 이행한 1인이 다른 부양의무자에 대하여 이미 지출한 과거 부양료의 지급을 구하는 권리는 당사자의 협의 또는 가정법원의 심판 확정에 의하여 비로소 구체적이고 독립한 재산적 권리로 성립하게 되지만, 그러한 부양료청구권의 침해를 이유로 채권자취소권을 행사하는 경우의 제척기간은 부양료청구권이 구체적인 권리로서 성립한 시기가 아니라 민법 제406조 제2항이 정한 '취소원인을 안 날' 또는 '법률행위가 있은 날'로부터 진행한다."(대판 2015. 1. 29. 2013다79870)

제 3 편
상속법

제 1 장 상속법 서설

Ⅰ. 상속의 의의

1. 개 념

사람이 유언 없이 사망한 경우, 그의 재산(또는 재산에 관한 권리·의무)이 법률에 정해진 순위와 비율에 따라 특정인에게 승계되는 것을 상속이라 한다(제1005조 본문 참조). 이 경우, 그 사망에 의하여 재산의 승계를 당하는 자를 피상속인이라 하고, 그 재산을 승계하는 자를 상속인이라 한다.

2. 상속의 인정근거

상속의 인정근거가 무엇인지에 대하여는 다툼이 있다. 유족의 부양과 생활보장에 있다고 보는 생활보장설(박병호, 앞의 책, 296면)·상속재산에 대한 가족원의 기여분 청산과 피상속인 사망 후 가족원의 생활보장에서 찾는 지분청산 및 공동생활설(김주수·김상용, 앞의 책, 595면)·유언이 없는 경우, 법률이 그 망인의 의사를 추정하여 법정상속이 행해진다는 의사추정설(곽윤직, 「개정판 상속법」, 박영사, 2004, 17면)·상속은 망인의 사유재산을 일반상식에 따라 가장 합리적으로 처리하기 위한 법질서라는 전제 아래 그 근거는 공동생활·생활보장·의사의 추정·기타 여러 가지 개인적·사회적 요소에 의하여 복합적으로 제공되는 것이라는 복합근거설(김용한, 앞의 책, 275면)·민법이 상속을 인정하고 있으므로 상속제도는 존재한다는 법정상속설(박동섭, 앞의 책, 445면) 등이 그것이다.

생각건대 의사추정설은 상속인의 유류분권을 인정하는 민법의 태도와 조화되기 어렵고, 공동생활설은 피상속인과 공동생활관계에 있지 않았던 친족의 상속권 인정근거를 제대로 설명하지 못하는 어려움이 있다. 이렇듯 위의 학설은 상속의 기능·효과 등 어느 일면만을 설명함으로써 그 제도인정의 종합적인 해석으로서는 미흡하다 할 것이다. 그러나 망인의 유언이 있으면 그 유언에 기한 유언자(피상속인)의 재산처분이 행해지는 것이라는 점에 비춰볼 때 의사추정설이 비교적 타당하다.

3. 상속권의 의의

네 가지 견해가 있다. 첫째, 상속개시 전에 추정상속인이 일종의 기대권으로서 상속권을 갖게 되는데, 이를 기대권적 상속권이라 한다. 둘째, 상속개시 후 3개월 동안 상속의 승인·포기가 있기 전에 상속인이 갖는 권리로서 이를 형성권적 상속권이라 한다. 셋째, 상속개시 후 상속인이 상속의 효과를 승인·포기한 후에 상속인이 갖는 권리로서 이를 기득권적 상속권이라 한다. 넷째, 상속의 개시로 피상속인의 상속재산을 승계한 상속인의 법적 지위를 상속권이라 한다(우리 민법상 상속권의 개념 논의가 필요하지 않다는 견해로는 곽윤직, 앞의 책, 8면). 상속의 일반원칙을 규정한 제1005조 본문에 비춰볼 때 넷째의 견해가 상속권의 의미를 가장 간명하게 설명하고 있다 할 것이다.

Ⅱ. 상속의 형태

1. 호주상속·재산상속

호주상속(신분상속)은 호주 내지 가장의 사망으로 그 지위를 승계하는 상속을 말하는데, 1990년 민법 개정으로 호주승계로 명칭이 바뀌어 민법 제4편 친족편으로 편제되었으나 2005년 민법개정에 따른 호주제 폐지로 호주승계제도도 삭제되었다. 한편 조상의 제사를 주재하는 지위의 승계인 제사상속이 구관습상 인정되었었다. 현행 민법 하의 상속은 피상속인의 사망으로 그의 재산이 법정상속인에게 승계되는 재산상속만을 의미한다.

2. 생전상속·사후상속

전자는 피상속인의 생존 중에 상속의 개시가 인정되는 경우이고, 후자는 피상속인의 사망 시에 상속이 개시되는 경우이다. 민법은 사후상속(사망상속)의 원칙을 취한다(제997조).

3. 법정상속·유언상속

전자는 법률의 규정에 따라 상속인의 범위와 순위가 정해지는 경우를 말하고, 후자는 피상속인의 유언으로 상속인이 지정되는 경우를 말한다. 민법은 법정상속만을 규정하고 있고(제1000조·제1003조 등), 유언상속을 규정하고 있지는 않다. 다만, 유언·유증의 자유가 인정되기 때문에 포괄적 유증을 하면 상속인을 지정한 것과 같은 효력이 생긴다(제1078조). 민법이 유언상속을 인정하고 있는지 여부에 대하여는 다툼이 있다. 제1078조를 근거로 민법이 유언상속을 허용한 것이라는 견해(김주수·김상용·앞의 책, 597면)와 포괄유증은 여러 측면에서 상속과 다르다는 점에서 민법이 이를 인정한 것은 아니라는 견해(송덕수, 앞의 책, 1599면)가 있다. 생각건대 법정상속에 관한 민법의 규정은 유언이 없거나 또는 유언이 무효인 경우를 전제로 하고 있다는 점에서 유언상속의 원칙을 취하고 있는 것으로 해석하여야 한다.

4. 단독상속·공동상속

상속인의 숫자에 따른 구별이다. 전자는 상속인이 1인으로 한정되어 있는 경우이고,

후자는 2인 이상의 상속인이 공동으로 피상속인의 재산을 승계하는 경우이다. 민법은 과거에 호주상속(호주승계도 동일)을 단독상속으로 하였으나, 재산상속은 과거부터 공동상속의 원칙을 취하고 있다(제1000조 제2항 참조. 다만, 상속인이 1인밖에 없는 경우에는 단독상속이다).

5. 강제상속 · 임의상속

전자는 상속의 포기가 허용되지 않는 경우이고, 후자는 상속의 포기가 허용되는 것을 말한다. 민법은 종전의 호주상속을 강제상속으로 하였으나(호주승계는 그 포기가 가능하였다), 재산상속은 종래부터 임의상속제를 취하고 있다(제1019조 이하 참조).

6. 균분상속 · 불균분상속

전자는 공동상속인 사이에 상속분(상속재산의 비율)이 평등한 경우이고, 후자는 그렇지 않은 경우이다. 민법은 균분상속의 원칙을 취하고 있다(제1009조 제1항).

판 례

■ 상속에 의한 점유 승계시 점유 태양의 승계 여부(적극)

"상속에 의하여 점유권을 취득한 경우에는 상속인이 새로운 권원에 의하여 자기 고유의 점유를 시작하지 않는 한 피상속인의 점유를 떠나 자기만의 점유를 주장할 수 없고, 또 선대의 점유가 타주점유인 경우 선대로부터 상속에 의하여 점유를 승계한 자의 점유도 그 성질 내지 태양을 달리하는 것이 아니어서 특별한 사정이 없는 한 그 점유가 자주점유로 될 수 없고, 그 점유가 자주점유가 되기 위하여는 점유자가 소유자에 대하여 소유의 의사가 있는 것을 표시하거나 새로운 권원에 의하여 다시 소유의 의사로써 점유를 시작하여야 한다."(대판 1997. 12. 12. 97다40100)

제2장 상　　속

제1절　상속의 개시

Ⅰ. 상속개시의 원인

피상속인이 사망하면 상속은 개시된다(제997조). 그 사망에는 자연적 사망과 법원의 실종선고에 의한 의제사망과 인정사망의 경우가 있다.

1. 자연인의 사망시기

호흡과 맥박이 멈추고 생활기능이 절대적·영구적으로 멈춘 상태를 사망으로 본다(통설인 심장사설). 다만, 장기 등 이식에 관한 법률의 시행으로 장기이식을 위한 경우, 뇌사(뇌사판정기준과 뇌사판정절차에 따라 뇌의 기능이 되살아날 수 없는 상태로 정지되었다고 판정된 자를 뇌사자라 한다)가 인정되고 있다(동법 제4조 제5호).

2. 실종선고

그 요건을 구비하여 법원으로부터 실종선고를 받은 자(실종자)는 실종기간만료 시에 사망한 것으로 취급된다(제28조 제1항). 그러나 실종자의 생존사실 등 그 선고가 사실에 반할 경우, 그 취소심판을 통하여 실종선고는 소급하여 무효로 된다(제29조 제1항 본문·제141조 본문). 다만, 그 선고 후 취소 전에 선의로 한 행위는 그 취소에 영향을 받지 않는다(제29조 제1항 단서). 또한 그 취소 시에는, 그 선고로 실종자의 재산을 상속받은 자가 선의인 경우에는 현존이익의 한도 내에서 반환할 의무가 있고, 악의인 경우에는 그 받은 이익에 이자를 붙여서 반환하고 손해가 있으면 이를 배상하여야 한다(제29조 제2항).

3. 인정사망의 경우

사망의 개연성이 큰 재난이 발생한 경우에 관공서의 사망사실의 통보에 따라 가족관계등록부에 사망의 기록을 하는 인정사망의 경우(가족관계의 등록 등에 관한 법률 제87조), 관공서가 인정한 시기(등록부에 기재한 사망일)에 상속이 개시된다(이는 사망의 강한 추정력만 있으므로, 반증을 통해 효력이 상실될 수 있다).

Ⅱ. 상속개시의 장소

상속은 피상속인의 주소지에서 개시된다(제998조). 그런데 주소는 동시에 두 곳 이상 둘 수 있다는 민법의 규정상(제18조 제2항) 피상속인의 주소가 복수인 경우에는 어떻게 되는가? 학설은 그 장소는 최후의 주소지로 보아야 한다는 견해(김용한, 앞의 책, 284면 등)와 관할법원이 복수로 된다는 견해(곽윤직, 앞의 책, 34면 등)가 있다. 생각건대 특별규정이 없는 한 민사소송사건은 복수의 관할법원 중 상속에 관한 소가 최초로 제기된 법원이 관할법원이 된다고 해석하는 것이 합리적이다. 다만, 가사비송사건은 최초의 사건의 신청을 받은 법원이 관할법원이 되고(가사소송법 제34조, 비송사건절차법 제3조), 상속세의 경우에는 주민등록법의 규정에 의하여 등록된 곳이 주소지가 된다(상속세 및 증여세법 시행령 제2조 제2항). 한편 피상속인의 주소를 알 수 없으면 거소에서(제19조), 국내에 주소가 없는 자는 국내에 있는 거소에서(제20조), 주소·거소도 알 수 없으면 현재지(사망지)에서 상속이 개시된다.

Ⅲ. 상속에 관한 비용

첫째, 이는 상속에 의하여 상속인이 승계할 재산에 관한 비용을 말한다. ① 상속재산에 대한 조세 기타의 공과금, 상속재산의 재산목록작성비용·관리비용(제1022조)·경매비용(제1037조)·소송비용, 상속채무에 관한 공고·최고 또는 변제비용(제1032조 이하), 유언의 집행비용 등을 말한다. ② 장례비용(대판 2003. 11. 14. 2003다30968 등)과 상속세(이는 상속재산 자체에 대한 조세와는 다르다)도 그 비용에 포함된다. 둘째, 상속비용은 상속재산 중에서 지급한다(제998조의2). 이 규정은 상속의 한정승인(제1028조 이하)·상속의 포기(제1041조 이하)·재산분리(제1045조 이하)·상속재산의 파산(채무자 회생 및 파산에 관한 법률 제389조) 등의 경우에 실익이 있다.

Ⅳ. 상속회복청구권

1. 의 의

(1) 개 념

상속인이 아닌 자(상속결격자·후순위 상속인 등)가 진정한 상속인이라고 주장하면서 상속재산에 대한 사실상의 지배를 계속하게 되는 경우, 진정한 상속인이 일정한 기간 내에 참칭상속인에 대하여 외관상의 상속권을 배제하여 상속권 내용의 회복을 주장할 수 있는 권리를 상속회복청구권이라 한다(제999조). 진정한 상속인의 보호를 도모하고 다른 한편 권리 행사기간의 일정한 제한을 통한 상속재산관계의 확정과 거래의 안전을 도모하기 위한 취지이다.

●● 사례

이 사건의 부동산은 원래 A와 C(원고들)의 증조부이자 B(피고)의 조부인 소외 Z의 소유였다. B가 1985년 4월경 춘천지방법원으로부터 관련 법률에 따른 소유권보존등기를 마치고, 그 후 D(피고)가 이에 터 잡아 1986년 7월경 소유권이전등기를 마쳤다. 그런데, 위의 소외인이 1935년 12월경 사망하자 그의 상속인(호주상속인)으로는 장남인 소외 X가 있었으며, 위 X가 1965년 3월에 사망하자, X의 장남인 Y가 이를 상속하였다. 1969년 12월에 이르러 Y가 사망하자 Y의 상속인으로는 장남인 A와 동일가적 내의 딸인 C 등이 있었다(한편 B는 이 사건 부동산을 자신의 부친이자 위 소외 Z의 차남인 소외 M으로부터 상속받은 사실이 없음에도 불구하고, 자신이 1950년 4월경에 위 M으로부터 상속받아 사실상 소유하고 있다는 내용의 '허위보증서'를 발급받아, 이에 기하여 앞서 본 바와 같은 그 명의의 소유권보존등기를 마쳤던 사실이 사실관계에서 확인되었다). 원고들은, 1994년 4월경 이 사건 부동산에 관한 지분권이 상속을 원인으로 하여 원고들에게 귀속되었음을 주장하고, 원고들의 상속권을 침해한 B(참칭상속인인 피고)와 그로부터 소유권을 취득한 D(피고)를 상대로, 원고들의 상속재산에 관한 피고 명의의 소유권이전등기를 말소하라는 취지의 소송을 제기하였다. 동 소송의 결과는 어떻게 될 것인가?

●● 사안의 쟁점:

첫째, 원고들의 청구가 상속회복청구에 해당한다면 10년의 제척기간이 경과한 것이 아닌지, 둘째, 이 사건처럼 진정상속인이 주장하는 피상속인과 참칭상속인이 주장하는 피상속인이 서로 다른 사람인 경우에도 상속회복청구로 볼 수 있는지 등이다.

(2) 법적 성질

상속이 개시되면 상속인은 특별한 의사표시나 절차 없이 상속재산을 포괄승계하게 된다. 따라서 상속인 아닌 자가 상속재산을 침해하고 있을 경우, 상속인은 물권적 청구권을 행사하여 그 상속재산의 회복을 꾀할 수 있다. 그럼에도 불구하고 민법이 상복회복청구권을 두고 있는 이유가 무엇인지, 그리고 개별적인 권리와 어떤 관계에 놓여있는지가 의문이다. 그 본질을 어떻게 보느냐에 따라 상속회복청구권과 물권적 청구권과의 경합의 인정 여부가 달라진다는 점에서 논의의 실익이 있다.

(가) 상속자격확정설

상속회복청구권은 개개의 상속재산에 대한 청구권이 아니라, 진정상속인의 상속권 유무의 확정을 청구하는 권리라는 견해이다(박영식, "상속회복청구권의 성질", 「민사판례연구」 3, 114면 이하)(그 청구는 상속권의 확인을 구하는 확인의 소로서 판결의 기판력은 상속권 유무에 한정된다). 이에 따르면, 진정상속인은 별도의 소유물반환의 소를 통하여 상속재산의 회복을 꾀할 수 있다. 다만, 전자의 경우와는 달리 물권적 청구권 행사의 경우에는 제척기간의 제한을 받지 않게 된다.

(나) 독립권리설

상속회복청구권은 개별적 청구권(소유물반환청구권)과 구별되는 독립된 포괄적 권리로 보는 견해이다(김용한, 앞의 책, 293면 등). 이에 따르면, 상속회복청구권과 개별적 권리의 경합을 인정함으로써 전자의 소에서 패소·제척기간 경과 후에도 진정상속인은 개별적인 소유물반환청구의 소를 제기할 수 있다.

(다) 집합권리설

상속회복청구권은 단일·독립의 권리가 아니라, 상속재산을 구성하는 개개의 재산에 관하여 생기는 개별적인 청구권의 집합에 지나지 않는 것으로 이해하는 견해이다(김주수·김상용, 앞의 책, 617면). 이에 따르면, 상속재산의 반환을 구하는 소는 그 명칭이 무엇이든 상속을 원인으로 하는 것이면(상속재산에 대한 포괄적이든 개별적이든, 그 소의 피고를 참칭상속인으로 하든 제3자로 하든 관계없다), 상속회복청구권의 행사로 파악함으로써 물권적 청구권과의 경합을 인정하지 않는다.

(라) 소권설

상속회복청구권은 진정상속인과 참칭상속인 사이의 재산상의 분쟁을 해결하기 위한 특별한 소권이라는 견해이다(이경희, 앞의 책, 459면). 이에 따르면, 소권의 배후에 있는 권리가 청구권인지 형성권인지 여부는 상속회복청구권의 성질과는 무관하므로, 상속권의 확인을 구하는 소가 제척기간의 경과로 소멸하더라도 개개의 상속재산에 대한 개개의 소는 제척기간의 적용을 받지 않게 된다.

(마) 판례는 어떤가?

'자신이 진정한 상속인임을 전제로 그 상속으로 인한 소유권 또는 지분권 등 재산권의 귀속을 주장하면서 참칭상속인 또는 참칭상속인으로부터 상속재산에 관한 권리를 취득하거나 새로운 이해관계를 맺은 제3자를 상대로 상속재산인 부동산에 관한 등기의 말소 등을 청구하는 경우에는, 그 소유권 또는 지분권이 귀속되었다는 주장이 상속을 원인으로 하는 것인 이상 그 청구원인 여하에 관계없이 이는 민법 제999조 소정의 상속회복청구의 소에 해당하고(대판 1991. 12. 24. 전원합의체. 90다5740 등 참조), 상속회복청구권의 제척기간에 관한 민법 제999조 제2항은 이 경우에도 적용된다(대판 1981. 1. 27. 전원합의체. 79다854 참조).'고 함으로써(대판 2010. 1. 14. 2009다41199) 집합권리설을 취하는 것으로 보인다.

(바) 검　토

상속회복청구권의 소를 확인의 소로 새기는 상속자격확정설에 따르면, 상속권존부확인의 이익의 존재가 분명할 경우에는 통상의 확인소송에 의할 수 있다는 점에서 이 제도의 존재이유를 설명하기 어렵다. 독립권리설은 상속회복청구권과 개별적인 권리의 경합을 인정함으로써 진정상속인의 보호를 꾀할 수 있는 장점이 있으나, 개별적인 권리행사의 경우에 제척기간의 적용을 받지 않게 됨으로써 권리행사기간의 제한을 둔 민법의 취지에 어긋난다. 소권설은 상속회복청구의 소가 소유권 등 권원의 존부에 대한 다툼이 아니라 상속관계의 분쟁처리를 위한 특수한 소권으로 파악하고 있으나, 실체법상의 권리인 상속회복청구권의 본질을 설명하는 데는 미흡하다 할 것이다.

생각건대 상속회복청구권은 포괄승계한 상속재산의 귀속자인 진정상속인이 자신의 점유에서 이탈한 상속재산을 둘러싼 물권적 청구권의 집합적 지위에 놓여 있는 것으로 보아야 한다. 그렇다면, 상속회복청구권은, 원고의 주장이 상속에 기한 것이면 그 청구원인 여하에 관계없이 하나의 소로써 이를 행사할 수 있도록 함으로써 피고로부터 상속재산의 회복을 꾀할 수 있다는 점에서 집합권리설이 타당하다.

2. 상속회복청구의 당사자

(1) 회복청구권자

첫째, 상속회복청구권자는 진정상속인 또는 그 법정대리인이다(제999조 제1항). 제999조는 포괄적 유증의 경우에 유추 적용되므로, 포괄적 수증자도 그 청구권자에 포함된다(대판 2001. 10. 12. 2000다22942 참조). 둘째, 상속인의 지위를 포괄적으로 승계한 상속분의 양수인은 그 청구권을 행사할 수 있다. 그러나 상속인의 특정승계인은 그 청구권자가 아니다(통설). 셋째, 상속권을 침해당한 진정상속인이 이를 행사하지 않고 사망한 경우, 그 상속성(상속회복청구권의 상속성) 인정 여부가 의문이다. 상속회복청구권은 재산권이고 귀속상의 일신전속권이 아니므로, 당연히 상속된다는 긍정설(김용한, 앞의 책, 294면)과 일신전속권인 상속회복청구권은 권리자의 사망으로 소멸하여 상속인에게 승계되지는 않고, 진정상속인의 상속인이 자기의 상속권 침해를 이유로 고유의 상속회복청구권을 행사할 수 있다는 부정설(곽윤직, 앞의 책, 165면 등 다수설)로 나뉜다. 보다 더 진정상속인의 권리보호에 충실을 기할 수 있다(제척기간의 기산점이 늦어진다)는 점에서 부정설이 타당하다.

(2) 상대방

첫째, 상속회복청구의 상대방은 참칭상속인이다. ① 참칭상속인이란 거래사회의 일반인으로 하여금 진정상속인임을 신뢰하게 하는 외관(가족관계등록부에 상속인으로 기재되거나 상속을 원인으로 등기가 행하여진 경우 등)을 갖추거나 또는 상속인이라고 참칭(僭稱 : 자신의 처지에 걸맞지 않는 분수에 넘치는 칭호를 스스로 사용하는 것)하여 상속재산의 전부・일부를 점유하는 등의 방법으로 상속권을 불법으로 침해하는 자를 말한다(통설, 대판 1998. 3. 27. 96다37398 등). ② 중요한 점은 상속인이라는 주장만으로는 부족하고 반드시 상속재산에 대한 점유가 있어야 참칭상속인이 된다는 것이다(대판 1994. 11. 18. 92다33701 등). 또한 상속재산을 점유하고 있는 한 참칭상속인의 상속인도 참칭상속인이다(통설). ③ 이들 참칭상속인은 선의·과실 여부에 관계없이 상속회복청구의 상대방이 된다. 둘째, 다른 상속인의 상속분을 침해하는 공동상속인을 참칭상속인이라 할 수 있는가? ① 판례는 공동상속인 중 1인이 자기명의로 상속재산인 부동산에 대한 소유권이전등기를 마친 경우, 그 등기가 상속을 원인으로 행해진 것이라면 그 등기명의인은 재산상속인임을 신뢰하게 하는 외관을 갖춘 자로서 참칭상속인에 해당한다는 견해를 취한다(대판 2010. 1. 14. 2009다41199). ② 상속을 포기한 공동상속인 중 1인이 그 포기 사실을 숨기고 공동상속인의 지위에 있는 것처럼 참칭하여 그 상속지분에 따른 등기를 한 경우에도 참칭상속인에 해당하나, 비록 상속을 원인으로 한 등기라 하더라도 그 등기명의인의 의사에 기하지 않고 제3자에 의하여 상속 참칭의 의도와 무관하게 행해진 등기의 경우에는 그 등기명의인은 참칭상속인에 해당하지 않는다(대판 1997. 1. 21. 96다4688 등 참조). ③ 제사용 재산도 상속회복청구와 관련해서는 일반 상속재산과 구별할 이유가 없으므로, 제사를 주재하는 자 아닌 자가 제사용 재산을 일반 상속재산으로 공동상속한 경우에는 그 공동상속인을 상대로 회복청구를 할 수 있다(대판 2006. 7. 4. 2005다45452 참조). 셋째, 자기의 상속권을 주장하지 않고 다른 권원을 주장하는 자가 상속회복청구의 상대방이 될 수 있는가? ① 독립권리설의 입장에서 이를 부정하는 견해(김용한, 앞의 책, 295면 등), ② 집합권리설의 입장에서 이를 긍정하는 견해(김주수·김상용, 앞의 책, 629면)로 나뉜다. ①에 따르면, 그 자는 보통의 재산권 침해자이므로, 단기의 제척기간이 적용되는 상속회복청구의 상대방이 될 수 없고, 물권적 청구권의 상대방이 될 뿐이다. ②는 우리 민법의 경우에 그 상대방은, 자기의 상속권을 주장하지 않고 청구자의 상속권만을 다투는 상속재산의 점유자이든 아무런 상속권을 다투지 않고 자기의 점유에 있는 재산이 상속재산에 속하지 않는 것만을 주장하는 자이든 가리지 않게 된다는 점을 이유로 든다. ③ 판례는 전자의 입장을 취하고 있는 것으로 보인다(대판 1998. 10. 27. 97다38176 등 참조). 생각건대 그 법적 성질을 집합권리설로 이해하는 한 자기의 상속권 대신 다른 권원을 주장하는 자도 그 청구의 상대방이 된다고 하여야 한다. 한편 상속재산을 점유하고 있는 자가 상속을 원인으로 타인명의의 등기의 말소를 주장하더라도, 피상속인이 다른 사람인 경우에는 그 등기명의인은 상속회복청구의 상대방이 아니다(대판 1995. 7. 11. 95다9945 등 참조). 넷째, 참칭상속인으로부터 상속재산을 취득한 제3자도 상대방이 되는가? 이 경우, 그 상속재산을 전득(양수)한 제3자도 상속회복청구의 소의 상대방이 되어 단기의 제척기간의 적용을 받는다(통설, 대판 1981. 1. 27. 전원합의체, 79다854 등). 다섯째, 제1014조 소정의 가액지급의무자도 그 상대방이 되는가? 제1014조 소정의 피인지자 등의 가액지급청구권을 상속회복청구권의 일종으로 파악하는 한 가액지급의무자도 그 청구의 상대방이 된다(대판 1981. 2. 10. 79다2052 등 참조).

3. 상속회복청구권의 행사

(1) 행사방법과 증명책임의 소재

첫째, 상속회복청구는 반드시 소의 제기에 의할 필요는 없고, 재판 외의 청구도 가능하다. 만약 소의 제기로 할 경우에는 일정한 제척기간(제소기간)을 정하고 있는바, 상속회복청구의 소에 있어서는 법원이 위 제척기간의 준수 여부에 관하여 직권으로 조사한 후 그 기간을 도과한 후에 제기된 소는 부적법한 소로서 그 흠결을 보정할 수 없으므로 이를 각하하여야 한다(대판 1993. 2. 26. 92다3083). 둘째, 상속회복청구소송의 경우, 원고는 상속권의 존재 사실과 청구 목적물이 상속개시 당시에 피상속인의 점유에 속하였던 사실의 증명만으로 족하고, 그 목적물의 권원이 피상속인에게 있었음을 증명하지 않아도 된다. 반대로 피고가 원고의 청구를 배척하려면, 자신에게 당해 목적물에 관한 특정의 권원이 존재한다는 사실을 반증을 통해 증명하지 않으면 안 된다.

(2) 행사의 효과

첫째, 소 제기의 결과 원고승소판결이 확정되면 피고는 원고에게 그가 점유하고 있던 상속재산을 반환하여야 한다. 그런데 그 판결의 기판력은 청구된 목적물에 한정된다(집합권리설의 입장, 대판 1981. 6. 9. 80므84-87). ① 이 경우, 피고가 악의이면 취득한 재산의 전부에 대한 반환의무를 부담하게 된다(제201조-제203조의 유추). ② 다만, 상속재산으로부터 생긴 과실이나 사용이익은 상속재산에 포함된다 할 것이어서 피고가 선의인 경우에도 그것이 현존하는 한 반환의무를 부담한다고 하여야 한다(같은 견해 송덕수, 앞의 책, 1645면). 둘째, 그 판결의 효력은 제3자에도 미친다. 따라서 피고로부터 상속재산을 양수한 제3자의 보호가 문제된다. ① 제3자가 취득한 재산이 동산이거나 또는 증권적 채권(지시채권 · 무기명채권 · 지명소지인 출급채권 등)이면 선의취득의 법리(제249조 · 제514조 · 제524조 · 제525조, 어음법 제16조, 수표법 제21조 등)에 따라 일정한 요건 아래 보호된다. 만약 선의취득에 의해 보호를 받지 못하는 양수인은 그 재산의 양도인에게 매도인의 담보책임(제569조-제584조)을 물을 수 있다. ② 피상속인의 채무자가 선의이며 과실 없이 참칭상속인에게 변제한 경우, 그 변제는 채권의 준점유자에 대한 변제로서 유효하다(제470조, 대판 1995. 3. 17. 93다32996). 이 경우, 진정상속인은 상속에 기한 자신의 채권을 침해한 참칭상속인에게 부당이득반환청구 또는 불법행위를 이유로 한 손해배상을 청구할 수 있다.

4. 상속회복청구권의 소멸

첫째, 상속회복청구권은 그 침해를 안 날부터 3년, 상속권의 침해행위가 있은 날부터 10년이 경과하면 소멸된다(제999조 제2항). ① 이 경우, 상속권의 침해를 안 날이란 자기가 진정상속인임을 알고 또 자기가 상속에서 제외된 사실을 안 때를 말하며(대판 2007. 10. 25. 2007다36233 등), 이 3년 또는 10년의 기간은 제척기간이다(통설, 대판 1978. 12. 13. 78다1811 등)(현행 규정의 침해를 안 날부터 3년, 상속권의 침해가 있은 날부터 10년은 위헌이 아니라 한다(헌재결 2004. 4. 29. 2003헌바5 등)). 판례는, 상속회복청구에 관한 제척기간의 취지, 남북가족특례법의 입법 목적 및 관련 규정들의 내용, 가족관계와 재산적 법률관계의 차이, 법률해석의 한계 및 입법적 처리 필요성 등의 여러 사정에 따라 남북가족특례법 제11조 제1항은 피상속인인 남한주민으로부터 상속을 받지 못한 북한주민의 상속회복청구에 관한 법률관계에 관하여도 민법 제999조 제2항의 제척기간이 적용됨을 전제로 한 규정이므로, 남한주민과 마찬가지로 북한주민의 경우에도 다른 특별한 사정이 없는 한 상속권이 침해된 날부터 10년이 경과하면 민법 제999조 제2항에 따라 상속회복청구권이 소멸한다고 판시하였다(대판 2016. 10. 19. 전원합의체. 2014다46648). ② 상속회복청구권이 제척기간의 경과로 소멸한 경우, 참칭상속인의 지위는 어떻게 되는가? 진정상속인은 상속개시 시부터 상속인의 지위를 포괄적으로 상실하게 된다. 따라서 참칭상속인은 반사적으로 상속개시 시에 소급하여 상속인의 지위를 확정적으로 취득하게 되므로(대판 1998. 3. 27. 96다37398), 상속재산은 상속개시일부터 참칭상속인의 소유였던 것으로 된다. 둘째, 진정상속인은 자유로운 의사에 기하여 상속회복청구권을 포기할 수 있다.

●● 사례의 해결:

첫째, 원고들의 이 사건 청구를 상속회복청구의 소로 본다면, 피상속인인 소외 M이 사망한 후 10년의 제척기간이 경과한 후에 제기한 이 사건의 소는 부적법하여 각하될 것이다. 둘째, 그러나 상속회복청구의 소는 진정상속인과 참칭상속인이 주장하는 그 피상속인이 동일인임을 전제로 한다고 할 것인데, 진정상속인이 주장하는 피상속인(Z)과 참칭상속인이 주장하는 피상속인(M)이 서로 다른 사람인 경우에는, 진정상속인의 청구원인이 진정상속인이 상속을 원인으로 부동산에 관한 소유권을 취득하였음을 전제로 한다고 하더라도, 이를 상속회복청구의 소라고 할 수 없다. 따라서 원고들의 청구는 피고들의 등기가 원인무효임을 이유로 말소를 구하는 것이므로 볼 수 있으므로 그 사실관계에 비추어 인용될 것이다.

(대판 1995. 4. 14. 93다5840의 사실관계 및 판결요지 등 참조)

판 례

■ 공동상속인 중 1인이 협의분할에 의한 상속을 원인으로 상속부동산에 관한 소유권이전등기를 마친 경우, 협의분할이 무효라는 이유로 다른 공동상속인이 구하는 소유권이전등기 말소등기청구의 소가 상속회복청구의 소에 해당하는지 여부(적극)

"공동상속인 중 1인이 협의분할에 의한 상속을 원인으로 하여 상속부동산에 관한 소유권이전등기를 마친 경우에, 협의분할이 다른 공동상속인의 동의 없이 이루어진 것이어서 무효라는 이유로 다른 공동상속인이 위 등기의 말소를 청구하는 소는 상속회복청구의 소에 해당한다."(대판 2011. 3. 10. 2007다17482)

■ 부동산에 관한 상속등기의 명의인에 상속을 포기한 공동상속인이 포함된 경우, 상속을 포기한 공동상속인이 참칭상속인에 해당한다고 단정할 수 있는지 여부(소극)

"상속회복청구의 상대방이 되는 참칭상속인이란 정당한 상속권이 없음에도 재산상속인인 것을 신뢰케 하는 외관을 갖추고 있는 자나 상속인이라고 참칭하여 상속재산의 전부 또는 일부를 점유하는 자를 가리키는 것으로서, 공동상속인의 한 사람이 다른 상속인의 상속권을 부정하고 자기만이 상속권이 있다고 참칭하여 상속재산인 부동산에 관하여 단독 명의로 소유권이전등기를 한 경우는 물론이고, 상속을 유효하게 포기한 공동상속인 중 한 사람이 그 사실을 숨기고 여전히 공동상속인의 지위에 남아 있는 것처럼 참칭하여 상속지분에 따른 소유권이전등기를 한 경우에도 참칭상속인에 해당할 수 있으나, 이러한 상속을 원인으로 하는 등기가 명의인의 의사에 기하지 않고 제3자에 의하여 상속 참칭의 의도와 무관하게 이루어진 것일 때에는 위 등기명의인을 상속회복청구의 소에서 말하는 참칭상속인이라고 할 수 없다. 그리고 수인의 상속인이 부동산을 공동으로 상속하는 경우 그와 같이 공동상속을 받은 사람 중 한 사람이 공유물의 보존행위로서 공동상속인 모두를 위하여 상속등기를 신청하는 것도 가능하므로, 부동산에 관한 상속등기의 명의인에 상속을 포기한 공동상속인이 포함되어 있다고 하더라도 상속을 포기한 공동상속인 명의의 지분등기가 그의 신청에 기한 것으로서 상속 참칭의 의도를 가지고 한 것이라고 쉽게 단정하여서는 아니 된다."(대판 2012. 5. 24. 2010다33392)

■ 진정상속인이 참칭상속인으로 부터 상속재산을 양수한 제3자에 대한 말소등기청구와 상속회복청구권의 제척기간의 적용여부

"진정상속인이 참칭상속인으로 부터 상속재산을 양수한 제3자를 상대로 등기말소 청구를 하는 경우에도 상속회복청구권의 단기의 제척기간이 적용되는 것으로 풀이하여야 할 것이다. 왜냐하면 상속회복청구권의 단기의 제척기간이 참칭상속인에게만 인정되고 참칭상속인으로부터 양수한 제3자에게는 인정되지 않는다면 거래관계의 조기안정을 의도하는 단기의 제척기간 제도가 무의미하게 될 뿐만 아니라 참칭상속인에 대한 관계에 있어서는 제척기간의 경과로 참칭상속인이 상속재산상의 정당한 권원을 취득하였다고 보면서 같은 상속재산을 참칭상속인으로부터 전득한 제3자는 진정상속인의 물권적 청구를 감수하여야 한다는 이론적 모순이 생기기 때문이다."(대판 1981. 1. 27. 전원합의체, 79다854)

■ 진정상속인이 참칭상속인의 최초 침해행위가 있은 날로부터 10년의 제척기간이 경과하기 전에 참칭상속인에 대한 상속회복청구 소송에서 승소의 확정판결을 받았다고 하더라도 위 제척기간이 경과한 후에는 제3자를 상대로 상속회복청구 소송을 제기하여 상속재산에 관한 등기의 말소 등을 구할 수 있는지 여부

"참칭상속인의 최초 침해행위가 있은 날로부터 10년이 경과한 이후에는 비록 제3자가 참칭상속인으로부터 상속재산에 관한 권리를 취득하는 등의 새로운 침해행위가 최초 침해행위시로부터 10년이 경과한 후에 이루어졌다 하더라도 상속회복청구권은 제척기간의 경과로 소멸되어 진정상속인은 더 이상 제3자를 상대로 그 등기의 말소 등을 구할 수 없다 할 것이며, 이는 진정상속인이 참칭상속인을 상대로 제척기간 내에 상속회복청구의 소를 제기하여 승소의 확정판결을 받았다고 하여 달리 볼 것은 아니라 할 것이다."(대판 2006. 9. 8. 2006다26694)

■ 상속회복청구의 소의 제척기간의 기산점이 되는 '상속권의 침해행위가 있은 날'의 의미 및 제척기간의 준수 여부의 판단 기준

"민법 제999조 제2항은 '상속회복청구권은 그 침해를 안 날부터 3년, 상속권의 침해행위가 있은 날부터 10년을 경과하면 소멸한다.'고 규정하고 있는바, 여기서 그 제척기간의 기산점이 되는 '상속권의 침해행위가 있은 날'이라 함은 참칭상속인이 상속재산의 전부 또는 일부를 점유하거나 상속재산인 부동산에 관하여 소유권이전등기를 마치는 등의 방법에 의하여 진정한 상속인의 상속권을 침해하는 행위를 한 날을 의미한다. 또한, 제척기간의 준수 여부는 상속회복청구의 상대방별로 각각 판단하여야 할 것이어서, 진정한 상속인이 참칭상속인으로부터 상속재산에 관한 권리를 취득한 제3자를 상대로 제척기간 내에 상속회복청구의 소를 제기한 이상 그 제3자에 대하여는 민법 제999조에서 정하는 상속회복청구권의 기간이 준수되었으므로, 참칭상속인에 대하여 그 기간 내에 상속회복청구권을 행사한 일이 없다고 하더라도 그것이 진정한 상속인의 제3자에 대한 권리행사에 장애가 될 수는 없다."(대판 2009. 10. 15. 2009다42321)

■ 제정 민법 시행 전에 개시된 상속에 관한 구 관습법상 상속회복청구권의 행사기간(=상속인이 상속권의 침해 사실을 안 때로부터 6년)

"제정 민법(1958. 2. 22. 법률 제471호로 공포되어 1960. 1. 1.부터 시행된 것) 부칙 제25조 제1항은 '본법 시행일 전에 개시된 상속에 관하여는 본법 시행일 후에도 구법의 규정을 적용한다.'라고 규정하고 있는바, 제정 민법 시행 전에 개시된 상속에 관한 상속회복청구권은 위 부칙 제25조 제1항에 의하여 제정 민법 시행 전의 구법인 구 관습법의 적용을 받고, 구 관습법상 상속회복청구권은 상속인이 상속권의 침해 사실을 안 때로부터 6년이 경과하면 소멸한다고 할 것이다."(대판 2007. 4. 26. 2004다5570)

■ 상속회복청구권의 제척기간을 상속권의 침해를 안 날로부터 3년, 상속권의 침해행위가 있은 날부터 10년으로 정하고 있는 민법(2002. 1. 14. 법률 제6591호로 개정된 것) 제999조 제2항(이하 '이 사건 법률조항')이 청구인들의 재산권 및 평등권을 침해하는지 여부

"상속제도나 상속권의 내용은 입법자가 입법정책적으로 결정하여야 할 사항으로서 원칙적으로 입법자의 입법형성의 자유에 속한다고 할 것인바, 이 사건 법률조항이 정하는 상속회복청구권의 제척기간은 상속인이 자신의 상속재산을 회복하기 위하여 권리를 행사하기에 충분한 기간으로서 입법재량의 범위를 일탈한 것으로 볼 수 없고, 이 사건 법률조항이 정하는 상속회복청구권의 단기제척기간은 참칭상속인 자체를 보호하기 위한 것이 아니라, 일정한 상속회복청구의 기간이 지난 경우 진정한 상속인이 더 이상 자기의 권리를 주장할 수 없도록 하여 참칭상속인이 상속재산에 대하여 가지고 있는 외관을 믿고 전득한 제3자를 보호함으로써 궁극적으로는 상속을 둘러싼 법률관계를 조기에 확정하여 거래의 안전을 도모하기 위한 것이므로 이 사건 법률조항은 청구인들의 재산권이나 평등권을 침해한다고도 볼 수 없다."(헌재결 2010. 11. 25. 전원재판부(다수의견). 2010헌바253)

〈재판관 조대현의 각하의견〉

"이 사건의 심판대상 법률조항과 쟁점은 헌법재판소가 이미 헌법에 위반되지 아니한다고 심판한 2006헌바110 사건 및 2008헌바2 사건의 그것과 동일하므로, 이 사건과 이미 심판한 사건들의 당사자와 당해사건이 다르다고 하더라도, 헌법재판소법 제39조의 동일한 사건에 해당된다고 보아야 한다. 따라서 이 사건 법률조항의 위헌 여부에 대하여 특별히 다시 심판할 필요가 없는 이상, 이 사

건 법률조항의 위헌 여부 심판을 구하는 이 사건 심판청구는 헌법재판소법 제39조를 적용하여 각하하여야 한다."(헌재결 2010. 11. 25. 전원재판부, 2010헌바253)

■ **피상속인인 남한주민으로부터 상속을 받지 못한 북한주민의 경우, 상속권이 침해된 날부터 10년이 경과하면 민법 제999조 제2항에 따라 상속회복청구권이 소멸하는지 여부(원칙적 적극)**

"[다수의견] 남북 주민 사이의 가족관계와 상속 등에 관한 특례법(이하 '남북가족특례법'이라 한다)은 상속회복청구와 관련하여서는, 제11조 제1항에서 남북이산으로 인하여 피상속인인 남한주민으로부터 상속을 받지 못한 북한주민(북한주민이었던 사람을 포함한다) 또는 그 법정대리인은 민법 제999조 제1항에 따라 상속회복청구를 할 수 있다고 규정하고 있을 뿐, 친생자관계존재확인의 소나 인지청구의 소의 경우와 달리 민법 제999조 제2항에서 정한 제척기간에 관하여 특례를 인정하는 규정을 두고 있지 아니하다. 상속회복청구의 경우에도 친생자관계존재확인이나 인지청구의 경우와 마찬가지로 남북 분단의 장기화·고착화로 인하여 북한주민의 권리행사에 상당한 장애가 있음을 충분히 예측할 수 있음에도, 이들 법률관계를 구분하여 상속회복청구에 관하여 제척기간의 특례를 인정하지 아니한 것은 입법적인 선택이다. 남·북한주민 사이의 상속과 관련된 분쟁에서 북한주민을 배려할 필요가 있더라도, 이는 민법상 상속회복청구권의 행사에 제척기간을 둔 취지나 남북가족특례법의 입법 목적 및 관련 규정들을 감안하여 해당 규정에 관한 합리적인 법률해석의 범위 내에서 이루어져야 한다. 상속의 회복은 해당 상속인들 사이뿐 아니라 상속재산을 전득한 제3자에게까지 영향을 미치므로, 민법에서 정한 제척기간이 상당히 지났음에도 그에 대한 예외를 인정하는 것은 법률관계의 안정을 크게 해칠 우려가 있다. 상속회복청구의 제척기간이 훨씬 지났음에도 특례를 인정할 경우에는 그로 인한 혼란이 발생하지 않도록 예외적으로 제척기간의 연장이 인정되는 사유 및 기간 등에 관하여 구체적이고 명확하게 규정할 필요가 있고, 또한 법률관계의 불안정을 해소하고 여러 당사자들의 이해관계를 합리적으로 조정할 수 있는 제도의 보완이 수반되어야 하며, 결국 이는 법률해석의 한계를 넘는 것으로서 입법에 의한 통일적인 처리가 필요하다. 상속회복청구에 관한 제척기간의 취지, 남북가족특례법의 입법 목적 및 관련 규정들의 내용, 가족관계와 재산적 법률관계의 차이, 법률해석의 한계 및 입법적 처리 필요성 등의 여러 사정을 종합하여 보면, 남북가족특례법 제11조 제1항은 피상속인인 남한주민으로부터 상속을 받지 못한 북한주민의 상속회복청구에 관한 법률관계에 관하여도 민법 제999조 제2항의 제척기간이 적용됨을 전제로 한 규정이며, 따라서 남한주민과 마찬가지로 북한주민의 경우에도 다른 특별한 사정이 없는 한 상속권이 침해된 날부터 10년이 경과하면 민법 제999조 제2항에 따라 상속회복청구권이 소멸한다."(대판 2016. 10. 19. 전원합의체, 2014다46648)

■ **동일한 부동산에 관하여 등기명의인을 달리하여 중복된 소유권보존등기가 마쳐져, 선행 보존등기로부터 소유권이전등기를 한 소유자의 상속인이 후행 보존등기나 그에 기하여 순차로 이루어진 소유권이전등기 등 후속등기가 모두 무효라는 이유로 등기의 말소를 구하는 경우, 그 소가 상속회복청구의 소에 해당하는지 여부(소극)**

"동일한 부동산에 관하여 등기명의인을 달리하여 중복된 소유권보존등기가 마쳐진 경우 먼저 이루어진 소유권보존등기가 원인무효로 되지 않는 한 뒤에 된 소유권보존등기는 그것이 실체관계에 부합하는지를 가릴 것 없이 1부동산 1등기용지주의의 법리에 비추어 무효이므로, 선행 보존등기로부터 소유권이전등기를 한 소유자의 상속인이 후행 보존등기나 그에 기하여 순차로 이루어진 소유권이전등기 등의 후속등기가 모두 무효라는 이유로 등기의 말소를 구하는 소는, 후행 보존등기로부터 이루어진 소유권이전등기가 참칭상속인에 의한 것이어서 무효이고 따라서 후속등기도 무효임을 이유로 하는 것이 아니라 후행 보존등기 자체가 무효임을 이유로 하는 것이므로 상속회복청구의 소에 해당하지 않는다."(대판 2011. 7. 14. 2010다107064 ; 대판 2008. 2. 14. 2007다63690)

■ 상속회복청구의 상대방이 되는 참칭상속인의 의미 및 상속회복청구권의 요건사실에 관한 주장・증명책임의 소재

"상속회복청구는 자신이 진정한 상속인임을 전제로 그 상속으로 인한 소유권 또는 지분권 등 재산권의 귀속을 주장하면서 참칭상속인 또는 참칭상속인으로부터 상속재산에 관한 권리를 취득하거나 새로운 이해관계를 맺은 제3자를 상대로 상속재산의 반환을 청구하는 것이고, 여기서 참칭상속인이란 정당한 상속권이 없음에도 재산상속인임을 신뢰케 하는 외관을 갖추거나 상속인이라고 참칭하면서 상속재산의 전부 또는 일부를 점유함으로써 진정한 상속인의 재산상속권을 침해하는 자를 말한다. 따라서 상속회복을 청구하는 자는 자신이 상속권을 가지는 사실과 청구의 목적물이 상속개시 당시 피상속인의 점유에 속하였던 사실뿐만 아니라, 나아가 참칭상속인에 의하여 그의 재산상속권이 침해되었음을 주장・증명하여야 한다."(대판 2011. 7. 28. 2009다64635 ; 대판 2009. 7. 23. 2007다91855)

■ 진정한 상속인임을 전제로 참칭상속인 등을 상대로 상속재산인 부동산에 관한 등기의 말소 등을 청구하는 경우, 상속을 원인으로 하는 것인 이상 그 청구원인에 관계없이 상속회복청구의 소에 해당하는지 여부(적극)

"자신이 진정한 상속인임을 전제로 그 상속으로 인한 소유권 또는 지분권 등 재산권의 귀속을 주장하면서 참칭상속인 또는 참칭상속인으로부터 상속재산에 관한 권리를 취득하거나 새로운 이해관계를 맺은 제3자를 상대로 상속재산인 부동산에 관한 등기의 말소 등을 청구하는 경우에는, 그 소유권 또는 지분권이 귀속되었다는 주장이 상속을 원인으로 하는 것인 이상 그 청구원인 여하에 관계없이 이는 민법 제999조 소정의 상속회복청구의 소에 해당하고, 상속회복청구권의 제척기간에 관한 민법 제999조 제2항은 이 경우에도 적용된다."(대판 2010. 1. 14. 2009다41199 ; 대판 2009. 10. 15. 2009다42321)

■ 공동상속인 중 1인이 상속등기에 갈음하여 구 부동산소유권 이전등기 등에 관한 특별조치법에 따라 그 명의의 소유권이전등기를 경료한 경우, 다른 공동상속인이 그 등기의 말소를 청구하는 소가 상속회복청구의 소에 해당하는지 여부(적극)

"상속회복청구의 상대방이 되는 참칭상속인은 정당한 상속권이 없음에도 재산상속인임을 신뢰케 하는 외관을 갖추고 있는 사람이나 상속인이라고 참칭하여 상속재산의 전부 또는 일부를 점유하고 있는 사람을 가리키는 것으로서, 상속재산인 부동산에 관하여 공동상속인 중 1인 명의로 소유권이전등기가 경료된 경우 그 등기가 상속을 원인으로 경료된 것이라면 그 등기명의인은 재산상속인임을 신뢰케 하는 외관을 갖추고 있는 사람으로서 참칭상속인에 해당한다고 할 것이다. 따라서 공동상속인 중 1인이 상속등기에 갈음하여 구 부동산소유권 이전등기 등에 관한 특별조치법(법률 제4502호)에 따라 그 명의의 소유권이전등기를 경료한 경우에 그 이전등기가 무효라는 이유로 다른 공동상속인이 그 등기의 말소를 청구하는 소는 상속회복청구의 소에 해당한다."(대판 2010. 1. 14. 2009다41199 ; 대판 1984. 2. 14. 83다600, 83다카2056)

■ 상속회복청구의 소에서 제척기간의 준수 여부가 법원의 직권조사사항인지 여부 및 제척기간 도과 후 제기된 소에 대한 법원의 조치

"상속회복청구의 소에서는 법원이 제척기간의 준수 여부에 관하여 직권으로 조사한 후 기간도과 후에 제기된 것으로 판명되면 부적법한 소로 각하하여야 한다."(대판 2010. 1. 14. 2009다41199 ; 대판 1993. 2. 26. 92다3083)

심화학습

민법 제999조 등 위헌소원 사건(헌재결 2010. 7. 29. 전원재판부. 2005헌바89)

1. 사건의 개요

1993. 7. 21. S가 사망하여 그 처 Y, 자 S1·S2·S3가 망인 소유이던 부동산을 공동 상속하고, 1994. 3. 15. 그 상속분에 따라 각 소유권이전등기를 경료하였으며, 다시 1994. 8. 6. Y 또한 사망하여 그 자 S1·S2·S3가 망인 소유이던 부동산 지분을 공동 상속하고, 그 상속분에 따라 각 소유권이전등기를 경료하였다. 청구인들은 S가 사망한 때부터 10년이 경과한 2004. 10.경 검사를 상대로 친생자존재확인의 소를 제기하여 2005. 1. 18. 승소판결을 받고, 2005. 2. 17. 확정되었다(부산지방법원 가정지원 2004드단29275). 이에 청구인들은 2005. 4. 26. 위 S1·S2·S3를 상대로 민법 제1014조에 기하여 그들이 이미 처분한 상속분에 상당한 가액의 지급을 구하는 소를 제기하고(서울중앙지방법원 2005가합36293 당해 사건), 그 소송계속중 민법 제1014조에 민법 제999조 제2항 중 '상속권의 침해가 있은 날부터 10년' 부분을 적용하는 것은, 상속권 침해행위가 있은 날부터 10년이 경과한 후에 인지나 재판의 확정에 의하여 공동상속인이 된 자는 공동상속인이 되기 전에 이미 위 청구권이 소멸하는 결과가 되어, 그들의 재산권행사와 재판청구권을 과도하게 제한하고, 다른 원인에 의하여 소유권을 취득한 자에 비하여 합리적인 이유 없이 불평등하게 취급하는 결과가 되며, 더욱이 민법 제999조 제2항 중 '상속권의 침해가 있은 날부터 10년' 부분은 상속관계의 조속한 확정을 기한다는 이유로 상속회복청구권에 단기간의 제척기간을 두어 진정상속인의 재산권행사를 과도하게 제한할 뿐만 아니라, 상속에 의하여 소유권을 취득한 자를 그 밖의 원인에 의하여 소유권을 취득한 자에 비하여 합리적인 이유 없이 불평등하게 취급하고, 진정상속인의 상속회복을 위한 재판청구권을 과도하게 제한하여 헌법에 위반된다며 위헌법률심판 제청신청을 하였으나 기각되자, 이 사건 헌법소원심판을 청구하였다. 한편 당해 사건은 2005. 9. 30. 청구인들이 상속권의 침해행위가 있은 날, 즉 상속재산에 대한 상속등기 등 처분행위가 있은 날부터 10년의 제척기간이 도과되었다는 이유로 각하되었고, 청구인들은 이에 항소하여 2006. 9. 7. 제척기간이 도과되지 않은 부분에 대하여 일부 승소판결을 받고(서울고등법원 2005나89423), 다시 상고하였으나 2007. 1. 12. 심리불속행으로 기각되었다(대판 2006다65927).

2. 판시사항

가. 민법(1958. 2. 22. 법률 제471호로 제정된 것) 제1014조의 가액지급청구권에 상속회복청구권의 제척기간인 민법(2002. 1. 14. 법률 제6591호로 개정된 것) 제999조 제2항 중 '상속권의 침해행위가 있은 날부터 10년' 부분(이하 '이 사건 법률조항'이라 한다)을 적용하는 것이 헌법재판소에 의한 규범통제의 대상이 되는지 여부(적극)

나. 민법 제1014조의 가액지급청구권에 이 사건 법률조항을 적용하는 경우에 제척기간의 기산일인 '상속권의 침해행위가 있은 날'의 의미

다. 민법 제1014조의 가액지급청구권에 이 사건 법률조항을 적용하는 것이 상속개시 후에 공동

상속인으로 확정된 자의 재산권, 재판청구권을 침해하거나 평등원칙에 위배되는지 여부(소극)

3. 결정요지

〈재판관 이강국, 재판관 이공현, 재판관 민형기의 의견〉

"법원이 민법 제1014조의 가액지급청구권에 이 사건 법률조항을 적용하는 것은 민법 제1014조 및 이 사건 법률조항의 적용 영역을 구체화하는 것으로서 헌법재판소에 의한 규범통제의 대상이 된다. 민법 제1014조의 가액지급청구권에 이 사건 법률조항을 적용함에 있어 그 기산점에 관하여 이를 '상속재산에 관한 등기 기타 처분이 있은 날'로 볼 것인지, 아니면 '인지 또는 재판이 확정된 날'로 볼 것인지 법문상 분명하지 않으나, 당해 사건에 관하여 법원은 전자의 해석에 입각하여 판단한 바 있으므로, 이 사건에 있어서도 법원의 그러한 법률적인 견해를 존중하여 그 전제 아래 위헌 여부를 검토한다. 민법 제1014조의 가액지급청구권에 이 사건 법률조항을 적용하는 것은 상속을 둘러싼 법률관계를 조기에 확정함으로써 거래의 안전을 도모하고, 상속개시 당시 법적으로 진정한 상속권자의 지위에 있던 기존의 공동상속인들의 신뢰를 보호하려는 정당한 입법목적을 위한 효과적인 수단으로서 상속개시 후에 공동상속인으로 확정된 자의 상속권 행사를 애초부터 박탈하는 것이 아니라 권리행사의 기간만을 제한하는 것이고, 상속권 침해행위가 있은 날부터 10년이 경과하도록 인지되거나 재판이 확정되지 아니하여 가액지급청구권을 행사할 수 없는 경우는 사실상 예상하기 어려울 뿐만 아니라 가액지급청구권 행사의 상대방인 다른 공동상속인은 일반적으로 진정한 권리자일 것이므로 그들의 상속재산 내지 그 상당 가액에 대한 법적 안정성과 신뢰를 보호할 필요성이 크다는 점에서 상속개시 후에 공동상속인으로 확정된 자의 재산권을 침해하는 것으로 볼 수 없고, 가액지급청구권의 행사기간을 여타의 채권적 청구권 등과 달리 설정한 데에는 합리적 이유가 있으므로 평등원칙에 위배된다거나 재판청구권을 침해한다고도 볼 수 없다."

〈재판관 이동흡, 재판관 송두환의 의견〉

"대법원은 민법 제1014조의 가액지급청구권은 그 성질상 상속회복청구권의 일종이므로 민법 제999조 제2항 소정의 제척기간의 적용이 있다고 일관되게 판시해 오고 있는바, 이와 같이 상당기간에 걸쳐 형성·집적되어 온 법원의 해석에 의하여 이 사건 법률조항은 민법 제1014조의 가액지급청구권에도 적용된다고 할 것이고, 결국 이 사건 법률조항을 민법 제1014조의 가액지급청구권에 적용하는 것의 위헌 여부는 법원의 해석에 의하여 구체화된, 이 사건 법률조항 중 가액지급청구권에 적용되는 부분의 위헌 여부의 문제로 귀착된다. 법률규정의 해석에 관하여 법원의 견해가 확립되어 있지 않은 경우에는 헌법재판소가 법률규정을 독자적으로 해석하고, 이에 기초하여 그 법률규정의 위헌 여부를 판단하여야 할 것인데, 이 사건 법률조항이 민법 제1014조의 가액지급청구권에 적용되는 경우에 제척기간의 기산일인 '상속권의 침해행위가 있은 날'을 '다른 공동상속인이 상속재산을 분할 기타 처분한 날'로 보게 되면, 그날로부터 10년이 지난 이후에 인지 또는 재판의 확정으로 공동상속인이 된 자는 진정상속인의 지위를 회복하였음에도 이미 10년의 제척기간이 경과되어 가액지급청구권의 행사가능성 자체를 박탈당하게 되는바, 이는 인지의 소급효와 사후인지제도 등을 규정한 우리 민법의 체계나 가액지급청구권 제도의 취지에도 반하는 것이므로, '상속권의 침해행위가 있은 날'은 헌법합치적 법률해석의 원칙에 따라 '인지 또는 재판의 확정일'로 보아야 한다. '인지 또는 재판의 확정일'을 제척기간의 기산일로 보는 이상 뒤늦게 인지 또는 재판의 확정으로 공동상속인이 된 자라 하더라도 그 권리의 행사기회 자체가 배제되는 경우는 상정할 수 없으므로, 이 사건 법률조항이 민법 제1014조의 가액지급청구권에 적용되는 경우와 그 외의 다른 상속회복청구권에 적용되는 경우에 그 위헌성 심사의 기준이나 결론에 유의미한 차이가 존재한다고 볼 수 없을 것인바, 이 사건 법률조항 중 가액지급청구권에 적용되는 부분은 거래의 안전과 기존의 공동상속인들의 신뢰보호라는 입법목적을 위한 효과적인 수단으로서, 인지 또는 재판의 확정에 의하여 공동상속인이 된 자의 가액지급청구권의 행사기회를 보장하면서도 그 행사기간을 상당한 범위 내로 제한하여 가액지급청구권자와 다른 공동상속인 및 제3자의 이해관계를 합리적으로 조화시킨 것이라 할 것이므로, 헌법 제37조 제2항에서 정하는 기본권 제한의 한계내의 정당한 입법권의 행사로서 피인지자 등의 재산권, 재판청구권을 침해하는 것이 아님은 물론 평등원칙에도 위배되지 아니한다."

〈재판관 조대현, 재판관 김희옥, 재판관 김종대, 재판관 목영준의 반대의견〉

"민법 제1014조에 규정된 가액지급청구권은 상속자격을 갖춘 진정한 공동상속인 사이에서 상속분을 적절하게 분할하고 배분하기 위하여 인정된 상속재산분할청구권으로서, 권리의 상대방이 참칭상속인이 아니라 진정한 공동상속인인 점, 권리의 구제방식이 민사소송절차가 아닌 가사소송절차인 점, 제3자의 법률적 지위 및 거래의 안전을 위하여 진정상속인의 권리행사를 제한할 필요가 없다는 점에서, 상속회복청구권과 명백히 구별된다. '민법 제1014조에 이 사건 법률조항이 적용된다.'고 해석하여 10년의 제척기간을 적용하면, 인지 또는 재판의 확정이 상속권의 침해가 있은 날로부터 10년이 지난 후에 이루어진 경우에는 가액지급청구를 원천적으로 할 수 없게 되는 결과가 발생하는데, 이는 가액지급청구권이라는 우회적·절충적 형태를 통해서라도 피인지자 등의 상속권을 뒤늦게나마 보상하여 주겠다는 입법취지와 피해의 최소성원칙에 반하고 법익의 균형성도 갖추지 못한 것으로, 결국 과잉금지원칙에 위반하여 청구인들의 재산권과 재판청구권을 침해하므로 헌법에 위반된다."

4. 검 토

가. 이 사건의 쟁점

① 이 사건 법률조항이 헌법재판소에 의한 규범통제 대상이 되는지 여부, ② 민법 제1014조의 가액지급청구권에 이 사건 법률조항을 적용하는 경우에 제척기간 기간일의 의미는 무엇인지? ③ 민법 제1014조의 가액지급청구권에 이 사건 법률조항을 적용하는 것이 공동상속인으로 확정된 자의 재산권(헌법 제23조)·재판청구권(헌법 제27조)의 침해 여부 및 평등의 원칙(헌법 제11조)에 위반되는지 여부이다.

나. 판단의 근거·이유

첫째, 이 사건의 쟁점 첫 번째의 경우를 살핀다. ① 민법 제1014조에 정한 가액지급청구권의 성격에 관하여 헌법재판관들의 의견이 통일되지 않고 민법이 가액지급청구권 행사의 요건이나 효과 등에 관하여 상세한 규정을 두고 있지 않지만, 상속회복청구권의 일종으로 보는 것이 타당하다(대판 2006므2757, 2764 등 참조). 그렇다면 그 행사에 관하여 상속회복청구권의 제척기간에 관한 민법 제999조 제2항이 적용된다 할 것이므로, 가액지급청구권은 '그 침해를 안 날부터 3년' 또는 '상속권의 침해행위가 있은 날부터 10년'이 경과하면 소멸된다. ② 이처럼 법원이 민법 제1014조의 가액지급청구권에 이 사건 법률조항을 적용하는 것(이하 '이 사건 제척기간 규정'이라 한다)은 민법 제1014조 및 이 사건 법률조항의 적용 영역을 구체화하는 것으로서, 헌법재판소에 의한 규범통제의 대상이 된다. 둘째, 이 사건의 쟁점 나머지의 경우를 본다. ① 이 사건 제척기간 규정을 적용함에 있어 그 기산점에 관하여 이를 '상속재산에 관한 등기 기타 처분이 있은 날'로 볼 것인지, 아니면 '인지 또는 재판이 확정된 날'로 볼 것인지는 상속회복청구권의 제척기간규정의 취지에 비추어 전자가 타당하다(대판 2007. 7. 26. 2006므2757 · 2764, 대판 1993. 8. 24. 93다12). ② 그렇다면 이 사건 제척기간 규정은 사후 확정 공동상속인으로 하여금 상속권의 침해행위가 있은 날부터 10년을 경과하면 가액지급청구권을 행사할 수 없게 하므로 다른 상속인들과 비교하여 이들의 평등권, 재판청구권, 상속권(재산권) 행사를 제한하고 있는지가 이 사건의 쟁점이라고 할 것이다. ③ 헌법재판소(재판관 이강국, 이공현, 민형기, 이동흡, 송두환의 다수의견)는, 먼저 이 사건 제척기간 규정은 상속을 둘러싼 법률관계를 조기에 확정함으로써 거래의 안전을 도모하고, 기존의 공동상속인들의 신뢰를 보호한다는 데 그 목적이 있고, 이러한 입법목적은 공공복리를 위한 것으로서 그 정당성이 인정된다고 판시하였다. ④ 또한 이러한 제척기간 규정은 그 입법목적을 달성하기 위한 효과적인 수단이 되고, 가액지급청구권의 행사기간을 상속권의 침해행위가 있은 날부터 10년으로 한정함에 따라 사후 확정 공동상속인에게 초래되는 불이익은 앞서 살펴본 공익보다 더 중대한 것이라고 단정할 수 없으므로, 법익균형의 원칙에 위배된다고 볼 수 없다는 이유로, 이 사건 제척기간 규정은 가액지급청구권을 지니는 이들의 재산권 및 재판청구권을 침해하지 않는다고 하였다. ⑤ 이에 더하여 상속으로 인한 권리관계의 변동은 공시되지 않는 경우가 많고, 특히 사후 확정 공동상속인이 가액지급청구권을 행사하는 때에는 다른 공동상속인이 이들의 존재를 알지 못하는 경우가 많으므로, 상당한 기간 내에 법률관계의 확정을 통하여 법적 안정성을 추구할 필요가 있다는 것이다.

다. 결정의 의의

첫째, 위의 검토에 비춰볼 때 이 사건 제척기간 규정이 가액지급청구권의 행사기간을 여타의 채권적 청구권 등과 달리 설정한 것은 합리적 이유가 있다고 볼 것이어서 평등원칙에 위배되지 않는다고 보는 것이 타당하다. 헌법재판소의 다수의견 역시 마찬가지다. 둘째, 민법 제1014조 자체가 피인지자 등의 상속권 보장 이외에도 제3자의 법률적 지위 및 거래의 안전 보호 목적도 있고, 피인지자 등에게 가액지급청구라는 우회적인 형태를 통해서라도 상속권을 뒤늦게나마 보장하여 주겠다는 취지 또한 담고 있으므로, 가액지급청구권의 행사기간을 지나치게 제한하는 것이 아닌 다음에야 최소한의 상속권 행사의 기회를 보장하고 있는 이 사건 제척기간 규정은 상속개시 후에 공동상속인으로 확정된 자의 재산권, 재판청구권을 침해하거나 평등원칙에 위배되지 않는다는 것을 밝혔다는 점에서 의미가 있다.

제2절 상 속 인

I. 개 설

사람이 사망하였을 때에 일정한 자가 사망자의 재산에 관한 포괄적인 권리·의무를 포괄적으로 승계하는 상속제도는 제사상속·신분상속(호주상속)·재산상속의 단계로 발달해 왔으나, 오늘날 문명국가에서는 재산상속만을 채용하고 있음은 이미 살핀 바와 같다. 상속에서는 피상속인의 의사가 존중된다. 피상속인은 생전에 재산을 증여하거나 유언으로 증여할 수 있고, 각 상속인의 상속분을 정할 수도 있다. 이러한 사전 조치 없이 피상속인이 사망하는 경우, 법정상속이 행해지게 된다. 법정상속인이 될 수 있는 일정한 사람들(피상속인의 직계비속·직계존속·형제자매 · 4촌 이내의 방계혈족 및 배우자)을 상속인의 범위라고 한다. 친족의 구성단위의 하나인 인척은 법정상속인의 범주에 포함되지 않는다(다만, 유증을 받음으로써 상속을 받는 것과 같은 결과를 낳을 수 있다). 한편 피상속인의 사망에 앞서 상속인의 지위에 놓여 있는 피상속인의 직계비속·형제자매가 사망하거나 상속결격자가 된 경우, 그의 직계비속과 배우자가 그에 갈음하여 상속하게 되는데(제1001조·제1003조 제2항), 이를 대습상속(代襲相續)이라 한다. 결국 법정상속인에는 혈족상속인·배우자상속인·대습상속인으로 나뉜다. 그리고 피상속인 사망 시에 상속인이 없고, 특별연고자로서 상속재산의 분여(分與)청구를 할 수 있는 자(제1057조의2)가 없는 경우, 상속재산은 국고에 귀속한다(제1058조).

●● 사례

소외 C는 1991년 6월 B생명보험주식회사(피고)와 사이에 이 사건 연금보험계약을 체결하면서, 본인 사망 시의 보험수익자를 그 상속인으로 정하였다. 1994년 12월 C는 상속할 배우자나 직계비속·직계존속 없이 사망하였다.

그러자, C(피상속인)의 이성동복의 형제자매인 A외 1인(원고들)은 1995년 1월 B회사를 상대로, '위 보험금을 지급하라'는 취지의 소송을 제기하였다. 원고들의 청구는 인용될 것인가?

●● 사안의 쟁점:

첫째, 상속인의 순위가 어떻게 되는지, 둘째, 민법 제1000조에 나타난 피상속인의 형제자매 해석을 어떻게 하여야 하는지 등이다.

Ⅱ. 상속순위

1. 혈족상속인

(1) 제1순위

첫째, 피상속인의 직계비속이다(제1000조 제1항 제1호). 피상속인의 자녀・손자녀・증손자녀를 포함한다(수인의 직계비속이 있는 경우, 우선순위의 문제만 있다). 부계혈족・모계혈족(외손자녀・외증손자녀)・자연혈족・법정혈족(양자녀 및 그 직계비속) 여부를 가리지 않는다. 둘째, 그 직계비속인 이상 가족관계등록부의 기재 여부, 친권・양육권의 대상 여부, 성별・혼인 여부, 연령의 많고 적음, 혼인 여부, 혼인 외의 출생자 여부(다만, 혼인 외의 출생자의 경우, 인지가 있어야 한다), 피상속인과의 동거 여부 등은 문제가 되지 않는다. 한편 그 직계비속의 존재가 분명하다면 생사불명이라고 해서 제1순위에서 제외되지는 않는다(대판 1982. 12. 28. 81다452, 453 참조). 셋째, 수인의 직계비속이 있는 경우, 피상속인을 기준으로 한 촌수가 다르면 최근친(촌수가 가장 작은 자)이 선순위 상속인이 되고(제1000조 제2항 전단), 그 촌수가 같으면 공동상속인이 된다(제1000조 제2항 단서). 가령 갑이 사망한 경우, 자녀(을・병)와 손자(정)가 있는 경우에는 을・병이 공동상속을 하게 된다. 넷째, 피상속인의 직계비속은 일정한 요건을 갖출 경우에 대습상속인이 될 수 있는데(제1001조・제1003조 제2항), 만약 피상속인의 수인의 직계비속이 피상속인 보다 앞서 사망하거나 상속결격사유가 생긴 경우, 그 직계비속의 자녀(피상속인의 손자녀)는 본래의 고유한 상속인으로서 상속(본위상속)을 하게 되는지 아니면 대습상속을 하게 되는지가 의문이다. 학설은 본위상속설(비대습상속설)과 대습상속설(곽윤직, 앞의 책, 49면 등)로 나뉘고, 판례는 대습상속설을 취한다(대판 2001. 3. 9. 99다13157 등). 생각건대 위의 학설대립은 사망한 직계비속의 생존배우자의 상속권 인정 여부를 중심으로 살피고 있으나(그 대립은 상속순위와 상속분의 결과에 있어서 차이는 없다), 사망한 직계비속의 배우자가 있는 경우에는 그 배우자와 그 직계비속의 자녀가 함께 대습상속을 하게 되고(제1003조 제2항), 그 배우자가 없는 경우에는 그 직계비속의 자녀가 단독으로 대습상속을 하게 된다(제1001조. 이는 제1000조의 특별규정으로 봐야 한다)고 해석하여야 한다(같은 견해 김주수・김상용, 앞의 책, 637면).

(2) 제2순위

첫째, 피상속인의 직계존속이다(제1000조 제1항 제2호). 직계존속이면 부계・모계(외조부모 등) 여부, 가족관계등록부의 기재 여부, 성별・연령・이혼 여부, 친생부모(다만, 제908조의3 제2항 본문의 규정상 친양자 사망의 경우, 친생부모는 그 존속이 아니다) 여부, 양부모 여부(대결 1995. 1. 20. 94마535) 등은 묻지 않는다. 둘째, 수인의 직계존속이 있는 경우에는 최근친이 선순위 상속인이 되고(제1000조 제2항 전단), 그 촌수가 같은 직계존속이 수인이면 공동상속인이 된다(제1000조 제2항 단서). 셋째, 피상속인의 직계존속에게는 대습상속이 인정되지 않는다. 따라서 자녀의 부모가 최우선순위의 상속인인 경우, 피상속인(자녀) 보다 모가 사망하였다면 모의 부모가 생존하고 있어도 모의 재산을 대습상속할 수 없고, 부가 단독상속을 하게 된다(제1003조 제1항). 한편 양부모의 사망으로 양자가 피상속인의 재산을 상속한 후 배우자·직계비속이 없이 사망한 경우, 비록 양조부모가 생존해 있다 하더라도, 양자의 그 재산은 양자의 친생부모가 상속하게 된다(제1000조 제1항 제2호).

(3) 제3순위

첫째, 피상속인의 형제자매이다(제1000조 제1항 제3호). 형제자매는 부계·모계 여부, 혼인 여부, 자연혈족·법정혈족(양자) 여부를 묻지 않는다. 따라서 어머니는 같고 아버지가 다른 이성동복(異姓同腹)의 형제자매를 포함한다(대판 1997. 11. 28. 96다5421). 둘째, 형제자매가 수인이면 동순위의 공동상속인이 된다(제1000조 제2항). 형제자매의 경우, 대습상속이 인정된다(제1001조·제1003조 제2항).

(4) 제4순위

첫째, 피상속인의 4촌 이내의 방계혈족이다(제1000조 제1항 제4호). 방계혈족이면 부계·모계 여부, 혼인·성별 여부 등은 묻지 않는다. 둘째, 방계혈족은 ① 피상속인의 형제자매, ② 피상속인의 형제자매의 직계비속, ③ 피상속인의 직계존속의 형제자매, ④ 피상속인의 직계존속의 형제자매의 직계비속을 말하는데(제768조 후단 참조), 이들 중에 ①은 3순위의 혈족상속인이고, ②는 형제자매를 대습 또는 재대습상속할 수 있으므로, ①과 ②는 제4순위의 상속인이 아니다. ③과 ④ 중의 4촌 이내의 자가 제4순위의 혈족상속인이 된다. 셋째, 4촌 이내의 방계혈족이 수인인 경우, 최근친자(피상속인과 3촌 이내의 자)가 선순위상속인이 되고, 촌수가 같은 자가 수인이면 동순위의 공동상속인이 된다(제1000조 제2항).

2. 배우자상속인

첫째, 피상속인의 배우자는 피상속인의 직계비속이나 그 직계존속이 있는 때에는 그들과 함께 공동상속인이 되고, 그 상속인이 없으면 단독상속을 한다(제1003조 제1항). ① 이 경우의 배우자는 혼인신고를 한 법률혼의 배우자만을 뜻한다. ② 사실혼 배우자는 배우자상속인이 될 수 없고, 특별연고자의 지위에서 보호를 받을 수 있을 뿐이다(제1057조의2 참조). 둘째, 형식상 법률혼이 존속하고 있으나 사실상의 이혼의 경우, 당사자 일방이 사망한 경우에 다른 일방은 배우자 상속권을 갖는다(대판 1969. 7. 8. 69다427). 이 경우, 다른 일방의 상속권 주장은 권리남용으로서 배척해야 한다는 주장(박병호, 앞의 책, 331면)은 경청할 만하다. 셋째, 혼인의 무효사유가 존재하는 경우에는 어떤가? 혼인의 무효를 당연무효로 새길 경우(확인소송설), 그 무효판결확정 전에 배우자 일방의 사망으로 인한 생존배우자의 상속권은 인정되지 않는다. 그러나 무효판결의 확정으로 혼인이 무효로 된다고 새길 경우(형성소송설), 그 판결확정 시까지는 생존배우자의 상속권을 인정하게 된다. 넷째, 혼인취소소송의 계속 중에 배우자 일방이 사망한 경우에는 어떤가? ① 다툼이 있으나, 비록 일방의 사망 후에 소송절차가 승계되어 혼인취소판결이 확정될 경우에도 생존배우자는 상속권을 갖는다 할 것이다(같은 견해 송덕수, 앞의 책, 1607면). ② 중혼취소의 경우에도 마찬가지이다. 즉, 중혼취소의 소송 중에 배우자 일방이 사망하였다면, 그 후 혼인취소판결이 확정되었다 하더라도, 혼인취소의 효력에는 소급효가 없기 때문에 전혼·후혼의 배우자가 모두 상속권을 갖게 된다(대판 1996. 12. 23. 95다48308 참조). 다섯째, 부부의 일방이 이혼소송을 제기한 후 사망한 경우에는 어떻게 되는가? 이혼청구권은 일신전속권으로서 상속의 대상도 아니고(제1005조 단서), 소송승계도 인정되지 않으므로 이혼소송은 종료된다(대판 1994. 10. 28. 94므246, 253 등). 따라서 생존배우자는 혼인파탄의 유책성 여부에 관계없이 상속권을 갖는다.

●● 사례의 해결:

첫째, 민법 소정의 피상속인의 형제자매라 함은, 민법 개정시(1990. 1. 13.) 친족의 범위에서 부계와 모계의 차별을 없애고 상속의 순위나 상속분에 관하여도 남녀간 또는 부계와 모계간의 차별을 없앤 점 등에 비추어 볼 때, 부계 및 모계의 형제자매를 모두 포함하는 것으로 해석하는 것이 상당하다. 둘째, 그렇다면 C(망인)와 모친만을 같이 하는 이성동복의 관계에 있는 원고들은 위에서 본 민법 규정에 따라 망인을 상속할 자격이 있는 피상속인의 형제자매에 해당하므로, 원고들은 이 사건의 보험수익자가 된다. 따라서 원고들의 청구는 인용될 것이다.

(대판 1997. 11. 28. 96다5421의 사실관계와 판결요지 등 참조)

판 례

■ 선순위 상속권자인 피상속인의 처와 자녀가 상속을 포기하여 그 다음의 상속순위에 있는 손자녀가 상속인이 되는 경우, 상속인이 상속개시의 원인사실을 아는 것만으로 자신이 상속인이 된 사실을 알기 어려운 특별한 사정이 있다고 본 사례

"선순위 상속인으로서 피상속인의 처와 자녀들이 모두 적법하게 상속을 포기한 경우에는 피상속인의 손(孫) 등 그 다음의 상속순위에 있는 사람이 상속인이 되는 것이나, 이러한 법리는 상속의 순위에 관한 민법 제1000조 제1항 제1호(1순위 상속인으로 규정된 '피상속인의 직계비속'에는 피상속인의 자녀뿐 아니라 피상속인의 손자녀까지 포함된다.)와 상속포기의 효과에 관한 민법 제1042조 내지 제1044조의 규정들을 모두 종합적으로 해석함으로써 비로소 도출되는 것이지 이에 관한 명시적 규정이 존재하는 것은 아니어서 일반인의 입장에서 피상속인의 처와 자녀가 상속을 포기한 경우 피상속인의 손자녀가 이로써 자신들이 상속인이 되었다는 사실까지 안다는 것은 오히려 이례에 속한다고 할 것이고, 따라서 이와 같은 과정에 의해 피상속인의 손자녀가 상속인이 된 경우에는 상속인이 상속개시의 원인사실을 아는 것만으로 자신이 상속인이 된 사실을 알기 어려운 특별한 사정이 있다고 본 사례."가 있다(대판 2005. 7. 22. 2003다43681).

■ 피상속인의 자녀가 상속개시 전에 전부 사망한 경우 피상속인의 손자녀의 상속의 성격(대습상속)

"피상속인의 자녀가 상속개시 전에 전부 사망한 경우 피상속인의 손자녀는 본위상속이 아니라 대습상속을 한다."(대판 2001. 3. 9. 99다13157)

■ 이혼소송의 계속중 당사자 일방이 사망하면 소송이 종료되는지 여부

"재판상의 이혼청구권은 부부의 일신전속의 권리이므로 이혼소송 계속중 배우자의 일방이 사망한 때에는 상속인이 그 절차를 수계할 수 없음은 물론이고, 또 그러한 경우에 검사가 이를 수계할 수 있는 특별한 규정도 없으므로 이혼소송은 종료된다."(대판 1994. 10. 28. 94므246)

■ 1990. 1. 13. 민법이 개정되면서 법정혈족관계로 인정되던 계모자관계가 폐지되었음에도 제1순위 상속인을 '피상속인의 직계비속'으로만 규정하고 계자를 계모의 상속인으로 규정하지 않고 있는 민법(1958. 2. 22. 법률 제471호로 제정된 것) 제1000조 제1항 제1호(이하 '이 사건 법률조항'이라 한다)가 계자인 청구인의 재산권(상속권)을 침해하는지 여부(소극)

"이 사건 법률조항은 상속의 순위를 법률로써 규정함으로써 피상속인이 사망하여 상속이 이루어지는 경우 발생할 수 있는 상속 순위에 관한 법률적 분쟁을 사전에 예방하고자 하는 규정인 동시에, 우리 민법이 취하고 있는 혈족상속의 원칙을 입법한 것으로서 입법목적의 타당성이 인정되고, 수단의 적정성도 인정할 수 있다. 현행 민법상 계모자관계는 혈족관계가 아닌 인척관계에 불과하고, 대다수 외국의 법제도에서도 인척에게 상속권을 인정하는 경우는 찾아보기 어려우며, 당사자가 법적인 모자관계를 원한다면 입양신고를 함으로써 친생자관계와 똑같은 효과를 얻을 수 있고, 계모와 계자 상호간에 재산의 이전을 원한다면 증여나 유증 등에 의하여 상속에 준하는 효과를 얻을 수 있으며, 사망한 계모에게 상속인이 없는 경우에는 계자가 특별연고자에 대한 분여청구를 통하여 계모의 재산을 분여받을 수 있는 점 등을 종합하여 볼 때 인척관계인 계모자 간에 상속권을 인정하지 않는 것이 피해의 최소성원칙에 반한다고 할 수 없다. 구 민법의 계모자관계는 아무런 혈연관계가 없음에도 당사자의 의사를 전혀 고려하지 않고 법률로써 모자관계로 의제하였는데, 계모자관계는 조선시대부터 내려오던 가부장적 가족제도의 산물이어서 오늘날의 가족생활관계에서는 그 타당성을 인정하기 어려우며, 계부자관계는 인정하지 않으면서 계모자관계만을 인정하는 것은 양성평등의 원칙에 반한다는 비판적 여론에 따라 입법자가 계모자관계를 폐지하고 계모가 사망하는 경우 계자를 상속권자로 규정하지 않은 것으로서, 이 사건 법률조항이 추구하는 이러한 공익이 계자인 청구인의 상속권이라는 사익보다 결코 작다고 할 수 없다."(헌재결 2009. 11. 26. 전원재판부, 2007헌마1424[기각])

■ '차종손상속(次宗孫相續)'의 구 관습이 종손(宗孫)이 미혼인 채 사망하고 그 당시 종손의 부(父)에 대한 사후양자(死後養子)로서 적격이 있는 혈족인 남자가 존재하는 경우에도 당연히 적용되는지 여부(소극)

"종손이 사망하는 등으로 종가(宗家)에 제사상속을 할 후손이 없게 된 경우 차종손(次宗孫)이 종가의 제사상속을 할 수 있다고 하는 구 관습이 존재하였던 것으로 보이기는 하나, 사망 당시 미혼인 채로 사망한 그 종손의 부(父)에 대한 사후양자로서의 적격이 있는 혈족인 남자가 존재하는 경우에도 이러한 차종손상속(次宗孫相續)의 관습이 당연히 적용된다고 하기는 어렵다."(대판 2012. 3. 15. 2009다85090)

부동산 실권리자명의 등기에 관한 법률 제8조 제2호에 따라 부부간 명의신탁이 일단 유효한 것으로 인정된 후 배우자 일방의 사망으로 부부관계가 해소된 경우, 명의신탁약정이 사망한 배우자의 다른 상속인과의 관계에서도 여전히 유효하게 존속하는지 여부(적극)

"부동산 실권리자명의 등기에 관한 법률(이하 '부동산실명법'이라 한다) 제8조 제2호는 '배우자 명의로 부동산에 관한 물권을 등기한 경우'로서 조세포탈, 강제집행의 면탈 또는 법령상 제한의 회피를 목적으로 하지 아니하는 경우에는 그 명의신탁약정과 그 약정에 기하여 행하여진 물권변동을 무효로 보는 위 법률 제4조 등을 적용하지 아니한다고 규정하고 있다. 명의신탁을 받은 사람이 사망하면 그 명의신탁관계는 재산상속인과의 사이에 그대로 존속한다고 할 것인데, 부동산실명법 제8조 제2호의 문언상 명의신탁약정에 따른 명의신탁등기의 성립 시점에 부부관계가 존재할 것을 요구하고 있을 뿐 부부관계의 존속을 그 효력 요건으로 삼고 있지 아니한 점, 부동산실명법상 제8조 제2호에 따라 일단 유효한 것으로 인정된 부부간 명의신탁에 대하여 그 후 배우자 일방의 사망 등으로 부부관계가 해소되었음을 이유로 이를 다시 무효화하는 별도의 규정이 존재하지 아니하는 점, 부부간 명의신탁이라 하더라도 조세포탈 등 목적이 없는 경우에 한하여 위 조항이 적용되는 것이므로 부부관계가 해소된 이후에 이를 그대로 유효로 인정하더라도 새삼 부동산실명법의 입법 취지가 훼손될 위험성은 크지 아니한 점 등에 비추어 보면, 부동산실명법 제8조 제2호에 따라 부부간 명의신탁이 일단 유효한 것으로 인정되었다면 그 후 배우자 일방의 사망으로 부부관계가 해소되었다 하더라도 그 명의신탁약정은 사망한 배우자의 다른 상속인과의 관계에서도 여전히 유효하게 존속한다."(대판 2013. 1. 24. 2011다99498)

갑이 군인으로 재직하던 중 을과 혼인관계에 있다가 이혼하여 병과 혼인하였는데 다시 이혼하고 69세에 을과 혼인한 후 사망하자, 을이 갑의 배우자로서 군인연금법에 정한 유족연금의 지급을 청구하였으나, 갑이 61세 이후에 혼인한 배우자로서 군인연금법에서 정한 유족에 해당하지 않는다는 이유로 유족연금 지급불가 결정을 받은 사례

"갑이 군인으로 재직하던 중 을과 혼인관계에 있다가 이혼하여 병과 혼인하였는데 다시 이혼하고 69세에 을과 혼인한 후 사망하자, 을이 갑의 배우자로서 갑의 사망에 따른 군인연금법에 정한 유족연금의 지급을 청구하였으나, 갑이 61세 이후에 혼인한 배우자로서 군인연금법이 정한 유족에 해당하지 않는다는 이유로 유족연금 지급불가 결정을 받은 사안에서, 관계 법령의 규정 및 취지를 종합해 보면, 위 법 제3조 제1항 제4호 (가)목의 배우자는 군인으로 재직하는 동안 혼인관계가 있었는지를 불문하고 퇴직 후 61세 이후에 혼인한 배우자 전부를 의미하는 것으로 보아야 하고, 갑이 61세가 되기 전부터 을과 사실혼 관계에 있었다고 하더라도 그 기간에는 갑과 병이 법률혼 관계에 있었으므로 이를 군인연금법상의 '사실혼'에 해당한다고 볼 수도 없어, 을이 위 법 제3조 제1항 제4호 (가)목에서 정한 유족에 해당하지 않는다고 한 사례."가 있다(대판 2011. 5. 13. 2010두27264).

Ⅲ. 대습상속

1. 의 의

(1) 개 념

장차 상속인이 될 자(아들 · 딸, 형제자매)가 상속개시 전에 먼저 사망하거나 상속결격이 된 경우, 그의 직계비속(손자)이나 배우자가 사망 또는 결격된 자에 갈음하여 상속인이 되는 것을 대습상속(代襲相續)이라 한다(제1001조 · 제1003조 제2항). 가령 피상속인(갑)에게 아들(A)과 딸(B)이 있고, A에게 자녀(X · Y)가 있는 경우, A가 갑보다 먼저 사망하였다면, 갑이 사망하였을 때 X · Y는 고모인 B와 동순위의 상속인이 된다. 한편 피상속인 사망 시에 상속인이 생존함으로써 피상속인의 재산을 승계하는 것을 본위상속(本位相續)이라 한다. 대습상속제도는 대습자의 상속에 대한 기대를 보호함으로써 공평을 꾀하고 생존 배우자의 생계를 보장하여 주려는 데 그 취지가 있다(대판 2001. 3. 9. 99다13157). 우리나라의 구관습에도 적손승조(嫡孫承祖 ; 적손이 직접 조부의 가계를 계승한다)의 사상에 입각한 대습상속제도가 있었다 한다(대판 1969. 3. 18. 65도1013 등).

●● 사례

L은 S(처)와의 사이에 M(딸)과 아들인 N(처와 딸 1명을 두고 있었다)이 있었고, M은 이 사건의 피고인 A와 혼인하여 자녀 2명을 두고 있었다. 그런데, L 부부와 아들인 N의 가족 전부 및 딸인 M과 그 자녀 등 A를 제외한 L 가족 전원이 1997년 8월 괌의 미니츠 언덕에서 함께 탑승 중이던 비행기의 추락사고로 모두 사망하였고, 사고 당시 L에게 다른 직계비속 · 직계존속은 없었다(L과 그의 가족 전부는 동시에 사망한 것으로 추정된다는 점이 사실관계에서 확인되었다). 한편 A는 L의 소유였던 이 사건 부동산에 관하여 1997년 11월 상속을 원인으로 한 소유권이전등기를 마쳤다. 그러자, L의 형제자매인 B외 6인은, 자기들의 상속권이 우선한다는 이유로 A를 상대로, 소유권이전등기말소를 구하는 소송을 제기하였다. 동 소송은 인용될 것인가?

●● 사안의 쟁점:

첫째, 대습상속의 요건은 무엇인지, 둘째, 민법 제1001조의 '상속인이 될 직계비속이 상속개시전에 사망한 경우'의 해석에 피대습자가 피상속인의 사망, 즉 상속개시와 동시에 사망한 경우도 포함되는지 등이다.

(2) 법적 성질

대습상속인은 피대습자(상속개시 전에 사망 또는 결격된 자)의 상속권을 승계 또는 대위하는 것인가(승계설), 아니면 피상속인을 직접 상속할 수 있는 고유의 권리인지?(고유권설)

가 의문이다. 피대습자는 사망으로 권리능력을 상실하였거나 또는 결격으로 상속인의 자격을 상실하였으므로, 상속권이 인정되지 않는다. 그렇다면 대습상속권은 피대습자의 상속권을 대위하거나 승계하는 것이 아니라, 법률이 인정하는 대습상속인의 고유의 권리이다(고유권설이 맞다).

2. 요 건

(1) 피대습자의 사망·결격

첫째, 피대습자가 상속개시 전에 사망 또는 상속결격 되었어야 한다(제1001조·제1003조 제2항). ① 피대습자의 사망에는 자연사망 외에 실종선고가 포함된다(실종자인 피대습자인 실종기간만료시점이 피상속인의 사망 이전이어야 한다). 인정사망의 경우에도 마찬가지이다. ② 동시사망의 경우에는 어떤가? 통설·판례는 이를 긍정한다. 앞에서 살핀 대습상속제도의 취지와 동시사망제도의 입법취지(2인 이상이 동일한 위난으로 사망한 경우에 사망의 선후를 입증할 수 없다면, 동시에 사망한 것으로 다루는 것이 결과에 있어 가장 공평하고 합리적이다)에 비춰볼 때 대습상속을 인정하는 하는 것이 타당하다. 둘째, 대습상속은 장차 상속인이 될 피대습자가 피상속인의 직계비속 또는 형제자매인 경우에만 인정된다(제1001조). 이 규정상 피상속인의 직계존속, 3촌·4촌인 방계혈족 등은 피대습자가 되지 못한다. 피상속인의 배우자도 피대습자의 지위를 인정받지 못한다(대판 1999. 7. 9. 98다64318, 64325). 셋째, 피대습자에게 제1004조 소정의 상속결격사유가 있어야 한다. 상속개시 전에 피대습자가 결격자이어야 함은 당연하다. 상속개시 후에 결격된 경우는 어떤가? 법문상으로는 부정되어야 할 것이나, 상속결격의 효과는 상속개시 시에 소급한다는 점에서 이를 긍정하여야 한다. 참고로 입법론적 시각에서 보면, 상속결격의 경우에 그의 직계비속의 상속권을 인정하는 것이 바람직한지는 의문이다(가령 부가 조부를 살해하여 상속이 개시되었는데, 그 부의 자인 손자가 조부의 재산을 대습상속하게 되는 결과가 과연 정의의 관점이나 제103조에 비춰볼 때 타당한 것인지?). 넷째, 대습상속의 원인에는 상속의 포기가 포함되는가? 민법의 규정상 상속의 포기는 대습상속의 원인이 아니다. 가령 남편인 A가 B(아내)와 C·D(자녀들, 이들에게는 X·Y의 자녀가 있음)를 남긴 채 유언 없이 사망한 경우, C·D가 상속을 포기했다면 피상속인의 배우자인 B(제1003조 제1항)와 C·D의 직계비속인 X·Y(상속포기의 소급효에 의하여 C·D는 상속인이 아니었던 것이 되므로, X·Y는 제1000조 제1항 제1호에 기해 상속인이 된다)가 공동으로 본위상속을 하게 된다. 판례의 견해도 이와 같다(대판 2015. 5. 14. 2013다48852 등). 그런데 입법론적 시각에서 상속의 포기를 대습상속의 원인에 포함시켜야 하는지 여부에 대하여는 다툼이 있다. 생각건대 대습상속의 원인에 이를 포함시켜야 할 것인지의 문제는 상속포기제도의 남용·악용의 우려를 고려하여 신중하게 결정하여야 한다.

(2) 대습상속인

첫째, 대습상속인은 피대습자의 직계비속과 배우자이다(제1001조·제1003조 제2항). ① 상속개시 당시에 대습상속인은 이미 출생하여 생존하고 있어야 대습상속권을 갖는다는 동시존재의 원칙은 적용된다. 따라서 피대습자의 결격 당시에 대습상속인인 직계비속이 출생하고 있어야만 하는지가 의문이다. 학설은 그 직계비속의 출생을 결격 전후에 따라 다르게 차별하는 것은 부당하다는 점에서 그 직계비속은 상속개시 시에 생존하는 것만으로 충분한 것으로 해석한다. 결격사유 발생 후에 입양된 양자·친양자도 마찬가지이다. ② 태아가 그 직계비속에 포함되는가? 태아는 상속순위의 경우에 이미 출생한 것으로 취급되므로(제1000조 제3항), 상속개시 당시에 포태 중인 태아의 대습상속권이 인정된다 할 것이다. ③ 피대습자의 배우자는 상속개시 당시에 피대습자의 직계비속이 있으면 그들과 같은 순위의 공동 대습상속인이 되고, 그 직계비속이 없으면 단독으로 대습상속을 하게 된다(제1003조 제2항). 이 때의 배우자는 법률혼배우자이어야 하고, 배우자인 이상 남편·아내 여부는 묻지 않는다. 그런데 상속개시 당시에 배우자가 존재하고 있어야만 하는지가 의문이다. 학설은 다툼이 있으나, 앞서 살핀 직계비속의 경우와 차별화할 근거가 없다는 점에서 상속개시 당시에 배우자의 지위에 놓여있다면 대습상속권을 인정하여야 한다(같은 견해 송덕수, 1608면). 둘째, 대습상속인이 되려면 상속인의 자격이 있어야 하므로, 피상속인에 대한 상속결격이 없어야 한다. 그런데 그러한 결격은 피대습자와의 경우에도 마찬가지라고 해야 할 것인지가 의문이다. 학설은 다툼이 있으나, 민법의 규정상 이를 부정하는 것이 타당하다(제1004조 제1호 참조). 가령 부를 살해한 자(子)는 상속결격자이므로, 조부의 사망 시에 피대습자인 망부에 갈음하여 조부의 상속재산을 대습상속하지 못한다. 한편 대습상속인이 피대습자의 유산에 대한 상속포기를 한 경우에는 어떻게 되는가? 그 포기는 대습상속의 장애요인은 아니라 할 것이어서 여전히 대습상속권을 갖는다고 해석하여야 한다. 셋째, 상속인이 될 자 전원이 사망 또는 상속결격된 경우에는 어떻게 되는가? 이 부분은 앞의 혈족상속인 부분에서 살폈으므로, 생략한다.

3. 재대습상속

대습상속인에게 대습원인이 발생한 경우, 그의 직계비속이나 그 배우자가 또 다시 대습상속을 하는 것을 재대습상속이라 한다. 가령 피상속인(조부)의 사망에 앞서 직계비속(자녀)·피대습자의 직계비속(손자녀)가 모두 사망 또는 결격된 경우, 피상속인의 증손자녀(최초 피대습자의 손자녀)가 대습상속을 하는 경우를 말한다. 명문의 규정이 없으나, 제1001조 소정의 직계비속의 법문을 근거로 재대습상속을 인정한다(통설).

4. 대습상속의 효과

대습상속의 요건이 갖추어지면, 대습자는 피대습자가 받았을 상속분을 그대로 상속하게 된다(제1010조 제1항). 수인의 대습자가 있는 경우, 그 상속분의 한도에서 법정상속방법에 따른 균등 공동상속을 한다(제1010조 제2항).

●● 사례의 해결:

첫째, 상속인이 될 직계비속이나 형제자매(피대습자)의 직계비속 또는 배우자(대습자)는 피대습자가 상속개시 전에 사망한 경우에는 대습상속을 하고, 피대습자가 상속개시 후에 사망한 경우에는 피대습자를 거쳐 피상속인의 재산을 본위상속을 하므로 두 경우 모두 상속을 하는데, 만일 피대습자가 피상속인의 사망, 즉 상속개시와 동시에 사망한 것으로 추정되는 경우에만 그 직계비속 또는 배우자가 본위상속과 대습상속의 어느 쪽도 하지 못하게 한다면 동시사망추정 이외의 경우에 비하여 현저히 불공평·불합리한 것이라 할 것이다. 둘째, 그렇다면 민법 제1001조의 '상속인이 될 직계비속이 상속개시 전에 사망한 경우'에는 '상속인이 될 직계비속이 상속개시와 동시에 사망한 것으로 추정되는 경우'도 포함하는 것으로 해석함이 상당하다. 따라서 이 사건 원고들의 주장은 받아들일 수 없으므로 이 사건 청구는 기각될 것이다.

(대판 2001. 3. 9. 99다13157의 사실관계와 판결요지 등 참조)

판 례

■ 구 관습법상 가족이 사망한 경우, 그의 아들이 이미 사망하였을 때는 그의 손녀들이 조부의 유산을 대습상속하는지 여부(적극)

"구 관습법상 가족이 사망한 경우 그의 아들이 이미 사망하였을 때는 그의 손녀들이 조부의 유산을 대습상속 한다."(대판 1969. 3. 18. 65도1013)

■ 피상속인의 사위가 피상속인의 형제자매보다 우선하여 단독으로 대습상속한다는 민법 제1003조 제2항이 위헌인지 여부(소극)

"① 우리나라에서는 전통적으로 오랫동안 며느리의 대습상속이 인정되어 왔고, 1958. 2. 22. 제정된 민법에서도 며느리의 대습상속을 인정하였으며, 1990. 1. 13. 개정된 민법에서 며느리에게만 대습상속을 인정하는 것은 남녀평등·부부평등에 반한다는 것을 근거로 하여 사위에게도 대습상속을 인정하는 것으로 개정한 점, ② 헌법 제11조 제1항이 누구든지 성별에 의하여 정치적·경제적·사회적·문화적 생활의 모든 영역에 있어서 차별을 받지 아니한다고 규정하고 있고, 헌법 제36조 제1항이 혼인과 가족생활은 양성의 평등을 기초로 성립되고 유지되어야 하며 국가는 이를 보장한다고 규정하고 있는 점, ③ 현대 사회에서 딸이나 사위가 친정 부모 내지 장인장모를 봉양, 간호하거나 경제적으로 지원하는 경우가 드물지 아니한 점, ④ 배우자의 대습상속은 혈족상속과 배우자상속이 충돌하는 부분인데 이와 관련한 상속순위와 상속분은 입법자가 입법정책적으로 결정할 사항으로서 원칙적으로 입법자의 입법형성의 재량에 속한다고 할 것인 점, ⑤ 상속순위와 상속분은 그 나라 고유의 전통과 문화에 따라 결정될 사항이지 다른 나라의 입법례에 크게 좌우될 것은 아닌 점, ⑥ 피상속인의 방계혈족에 불과한 피상속인의 형제자매가 피상속인의 재산을 상속받을 것을 기대하는 지위는 피상속인의 직계혈족의 그러한 지위만큼 입법적으로 보호하여야 할 당위성이 강하지 않은 점 등을 종합하여 볼 때, 외국에서 사위의 대습상속권을 인정한 입법례를 찾기 어렵고, 피상속인의 사위가 피상속인의 형제자매보다 우선하여 단독으로 대습상속하는 것이 반드시 공평한 것인지 의문을 가져볼 수는 있다 하더라도, 이를 이유로 곧바로 피상속인의 사위가 피상속인의 형제자매보다 우선하여 단독으로 대습상속할 수 있음이 규정된 민법 제1003조 제2항이 입법형성의 재량의 범위를 일탈하여 행복추구권이나 재산권보장 등에 관한 헌법규정에 위배되는 것이라고 할 수 없다."(대판 2001. 3. 9. 99다13157)

■ 피상속인의 자녀가 상속개시 전에 전부 사망한 경우 피상속인의 손자녀의 상속의 성격(대습상속)

"피상속인의 자녀가 상속개시 전에 전부 사망한 경우 피상속인의 손자녀는 본위상속이 아니라 대습상속을 한다."(대판 2001. 3. 9. 99다13157)

■ 구 조선호적령 시행 이후 처와 혼인식을 거행하고 사실상 동거하였다 하더라도 사망 당시까지 위 호적령에 의한 혼인신고를 하지 아니한 경우 상속에 관한 구 관습상 미혼자로 보아야 하는지 여부(적극)

"구 조선호적령(1922. 12. 8. 총독부령 제15호) 시행 이후 처와 혼인식을 거행하고 사실상 동거를 하였다 하더라도 사망 당시까지 위 호적령에 의한 혼인신고를 한 바 없다면 망인은 상속에 관한 구 관습상 기혼자가 아니라 미혼자로 보아야 할 것이고, 따라서 호주로서 미혼자인 망인이 사망하였다면 상속에 관한 구 관습에 따라 차제(次弟)가 호주상속과 동시에 망인의 재산을 모두 상속한다."(대판 2000. 6. 9. 99다54349)

■ 민법 부칙(1958. 2. 22.) 제25조 제2항에서 정한 '재산상속이 개시되는 경우'에 상속인이던 사람이 실종선고를 받아 대습상속 사유가 발생한 경우도 포함되는지 여부(적극)

"민법 부칙(1958. 2. 22.) 제25조 제2항은 "실종선고로 인하여 호주 또는 재산상속이 개시되는 경우에 그 실종기간이 구법 시행기간 중에 만료하는 때에도 그 실종이 본법 시행일 후에 선고된 때에는 그 상속순위, 상속분 기타 상속에 관하여는 본법의 규정을 적용한다."고 규정하고 있는데, 여기서 '재산상속이 개시되는 경우'란 피상속인의 실종선고로 인하여 재산상속이 개시되는 경우뿐만 아니라 일응 상속인이던 자가 행방불명으로 인하여 실종선고를 받은 결과 재산상속의 개시 내지는 대습상속 사유가 발생한 경우도 포함된다."(대판 2011. 5. 13. 2009다94384 ; 대판 1980. 8. 26. 80다351)

■ 피상속인 갑이 사망하기 이전에 갑의 자녀들 중 을 등이 먼저 사망하였는데, 갑이 을 사망 전에 을의 자녀인 병에게 임야를 증여한 사례

"피상속인 갑이 사망하기 이전에 갑의 자녀들 중 을 등이 먼저 사망하였는데, 갑이 을 사망 전에 을의 자녀인 병에게 임야를 증여한 사안에서, 병이 갑으로부터 임야를 증여받은 것은 상속인의 지위에서 받은 것이 아니므로 상속분의 선급으로 볼 수 없어 특별수익에 해당하지 아니하여 유류분 산정을 위한 기초재산에 포함되지 않는다고 보아야 함에도, 위 임야가 병의 특별수익에 해당하므로 유류분 산정을 위한 기초재산에 포함된다고 본 원심판단에 법리오해의 위법이 있다고 한 사례."가 있다(대판 2014. 5. 29. 2012다31802).

■ 갑이 일제시대 사정받은 토지에 대하여 소유자 미복구를 원인으로 국가 명의의 소유권보존등기가 되어 있는 상태에서, 피고인이 제1심 공동피고인과 공모하여 을이 사정명의인 갑의 소유권을 대습상속한 것처럼 상속인의 사망 시기 등을 조작한 다음 을을 원고로 하여 국가를 상대로 소유권보존등기 말소등기 청구소송을 제기하여 이를 일부 인용하는 취지의 화해권고결정이 확정된 사례

"갑이 일제시대 사정받은 토지에 대하여 소유자 미복구를 원인으로 국가 명의의 소유권보존등기가 되어 있는 상태에서, 피고인이 제1심 공동피고인과 공모하여 을이 사정명의인 갑의 소유권을 대습상속한 것처럼 상속인의 사망 시기 등을 조작한 다음 을을 원고로 하여 국가를 상대로 소유권보존등기 말소등기 청구소송을 제기하여 이를 일부 인용하는 취지의 화해권고결정이 확정된 사안에서, 위 부동산에 대하여 민법 제1053조 이하의 절차에 따른 국가귀속 절차가 이루어지거나 국가가 소유권을 가지게 된 다른 특별한 사정이 있지 않는 한 당연히 국가 소유가 되는 것은 아니라고 할 것이나, 이미 국가 명의로 소유권보존등기가 되어 있는 상태에서 소유권보존등기의 말소 청구를 하고 청구의 일부인용 판결에 준하는 화해권고결정이 확정된 이상, 청구인용 부분에 대하여는 법원을 기망하여 유리한 결정을 받음으로써 '대상 토지의 소유명의를 얻을 수 있는 지위'라는 재산상 이익을 취득하였다고 할 것이고, 이는 사기죄의 대상인 재산상 이익의 편취에 해당한다는 이유로, 위 청구인용 부분에 대하여 사기죄, 그리고 화해권고결정에 의하여 등기말소청구를 포기한 부분에 대하여 사기미수죄를 각 인정한 원심판단은 수긍된다고 한 사례."가 있다(대판 2011. 12. 13. 2011도8873 ; 대판 2006. 4. 7. 전원합의체. 2005도9858).

Ⅳ. 상속인의 자격

1. 서 설

(1) 상속능력

상속인이 될 수 있는 지위 내지 자격을 상속능력이라 한다. 상속인은 상속개시 시에 원칙적으로 피상속인의 재산상의 권리·의무를 포괄승계하게 되므로, 상속능력이 있어야 한다. 권리능력자에게는 당연히 상속능력이 있으나, 법인은 상속능력을 갖지 못한다. 민법은 혈족상속인·배우자상속인·대습상속인 등에게만 상속을 허용하고 있기 때문이다(제1000조·제1001조·제1003조 참조). 다만, 법인은 포괄유증을 받음으로써 상속을 받은 것과 같은 결과를 낳을 수 있을 뿐이다(제1078조 참조).

(2) 동시존재의 원칙

상속개시 당시에 상속인이 출생하여 생존하고 있어야 하는 것을 동시존재의 원칙이라 한다. 다만, 민법은 태아의 경우에 그 예외를 인정함으로써 상속에 관하여는 이미 출생한 것으로 보고 있다(제1000조 제3항). 태아의 법적 지위와 관련해서는 정지조건설(출생을 정지조건으로 하여 상속개시 시에 태아의 상속권을 인정하는 견해)과 해제조건설(태아의 사산을 해제조건으로

하여 상속개시 시에 이미 태아의 상속권을 인정하는 견해)의 대립이 있고, 판례는 정지조건설을 취한다(대판 1976. 9. 14. 76다1365). 생각건대 제1000조 제3항은 태아 자신의 보호를 위한 규정이라는 점, 출산율이 사산율(死産率)보다 압도적으로 높다는 점 등에 비춰볼 때 해제조건설이 타당하다.

2. 상속결격

(1) 의 의

장차 상속인이 될 수 있는 자(이를 추정상속인이라 한다)에게 일정한 법정사유가 발생한 경우, 그 자가 법률상 당연히 상속인의 자격을 잃게 되는 것을 상속결격(相續缺格)이라 한다. 제1004조 소정의 행위로 인해 상속자격을 잃은 사람이 상속결격자이다. 피상속인에 대한 부도덕한 행위를 한 추정상속인을 보호할 필요가 없다는 윤리적 요청을 법률이 받아들인 것이라 할 수 있다. 다만 헌법재판소는, 피상속인에 대한 부양의무를 이행하지 않은 직계존속의 경우를 상속결격사유로 규정하지 않은 제1004조가 청구인의 재산권을 침해하는 것은 아니라고 판단하였다(헌재 2018. 2. 22. 2017헌바59).

●● 사례

소외 망 C는 그 생전인 1989년 3월경 자신의 재산을 자식들에게 분배하는 내용의 유서를 작성하였다. 대강의 내용을 보면, 국한문 혼용의 종서로 된 전문 4장의 유서 내용과 그 마지막장 말미에 서기 1989년 3월 아무날, 서울에서, 부(父) 아무개, 7형제 앞을 넉 줄로 자서(종서)하는 외에 사인(私印)을 한 후 그 이름과 사인의 좌·우에 무인을 했고, 이어 위 망인은 위 유서 전체를 2부 복사한 뒤, 원본과 복사본 각 전문 4장의 연결부분에 자신의 무인으로 간인을 하고, 그 복사본에도 그 마지막 장의 뒷면에 각기 자신의 서명과 무인을 한 다음, 위 3통의 유서를 각기 다른 봉투에 넣고 각 봉투의 앞면에는 유서(遺書)라고 한자로 기재하고, 뒷면에는 자신의 주소를 자필로 쓴 다음 이를 각기 봉함한 것(이 점은 사실관계에서 확인되었다)으로서 망인 사망 후 유언서의 내용은 공동상속인들에게 널리 알려졌다. 위 C 사망 후 6개월이 경과한 시점에서 위 유서를 공개한, 위 망인의 아들 중 한 사람인 A(원고)는, 그 유서 내용에 따라 이 사건 주주명부상의 주주명의인인 B(공동상속인 중의 한 사람인 이 사건의 피고)를 상대로, 자신이 실질적인 주주라고 하면서 주주권의 확인을 구하는 소송을 제기하였다. 그러자, B는 A와 다른 상속인들이 이 사건 유서를 은닉하거나 이를 변조하였으므로, 민법 소정의 상속결격자로서 상속능력을 상실하였다고 항변하였다. B의 항변은 타당한가?

●● 사안의 쟁점:

첫째, 상속인 될 수 있는 자격인 상속능력이 무엇인지, 둘째, 상속결격 사유 중 상속에 관한 유언서를 은닉하거나 변조한 경우의 의미가 무엇인지 등이다.

(2) 결격사유

민법은 그 사유로 다섯 가지를 규정하고 있으나(제1004조), 크게 피상속인 등에 대한 부도덕한 행위와 피상속인의 유언에 대한 부정행위의 둘로 나눌 수 있다.

(가) 피상속인 등에 대한 부도덕한 행위

첫째, 고의로 직계존속, 피상속인, 그 배우자 또는 상속의 선순위나 동순위에 있는 자를 살해하거나 살해하려 한 경우이다(제1004조 제1호). ① 그 살인의 경우, 기수(旣遂)·미수 여부를 묻지 않으며, 예비음모나 정범(正犯)·종범(從犯)·교사범(敎唆犯)을 포함한다. 그리고 그 결격사유로 인정되기 위해서는 살인의 고의가 있으면 되고, 고의 외에 그 살인이 상속에 유리하다는 인식은 필요하지 않다(대판 1992. 5. 22. 92다2127). ② 자살의 교사·방조의 경우, 이를 반대하는 일부 견해가 있으나(이경희, 앞의 책, 364면), 그 교사·방조가 형법 제24장 소정의 살인의 죄 안에 편제되어 있다는 점과 이 제도의 인정취지 등에 비춰볼 때 이를 긍정하여야 한다(같은 견해 송덕수, 앞의 책, 1603면). ③ 선순위 또는 동순위의 상속인이 될 태아를 낙태한 경우, 결격사유에 포함되는지 여부에 대하여는 다툼이 있으나, 이를 긍정하여야 한다(대판 1992. 5. 22. 92다2127). 둘째, 고의로 직계존속, 피상속인과 그 배우자에게 상해를 가하여 사망에 이르게 한 경우이다(제1004조 제2호). 살인의 고의는 없으나 사망의 결과가 생긴 존속상해치사 등의 경우이다. ① 제1호 사유와는 달리, 선순위나 동순위의 상속인을 상해치사한 자는 포함되지 않는다. ② 상해의 고의만으로 족하고, 그 외에 상속에 유리하다는 인식이 필요하지 않음은 제1호 사유의 경우와 같다.

(나) 피상속인의 유언에 대한 부정행위(不正行爲)

첫째, 사기 또는 강박으로 피상속인의 상속에 관한 유언 또는 유언의 철회를 방해한 경우이다(제1004조 제3호). ① 상속재산·상속인의 범위에 관한 유언(유증, 인지에 관한 유언, 재단법인 설립의 유언 등)으로서 그 유언은 유효한 것이어야 한다. ② 행위자의 고의는 사기 또는 강박 사실에 대한 고의와 특정의 유언행위를 방해하여 자신이 유리하게 상속받으려는 고의, 즉 2단계의 고의가 있어야 한다(다수설). ③ 행위자의 사기 또는 강박행위로 인하여 피상속인의 유언행위 또는 유언철회의 행위를 하지 못한 결과가 발생하여야 하며(그 사기·강박행위와 피상속인의 유언의 불가·유언철회의 불가 사이의 인과관계의 존재), 그 미수는 결격사유가 아니다. 둘째, 사기 또는 강박으로 피상속인의 상속에 관한 유언을 하게 한 경우이다(제1004조 제4호). 유언자가 사기 또는 강박에 기하여 유언을 한 경우, 이는 취소사유가 되나(제110조·제1108조), 유언자가 사망한 경우에 그 사기·강박행위자는 상속결격자가 된다는 의미이다. 셋째, 피상속인의 상속에 관한 유언서를 위조·변조·파기 또는 은닉한 경우이다(제1004조 제5호). ① 이때의 은닉자라 함은 유언서의 소재를 불명하게 하여 그 발견을 방해하는 일체의 행위를 한 자를 말한다(대판 1998. 6. 12. 97다38510). 그 은닉행위 일체는 행위자의 2단계의 고의가 필요함은 유언방해행위(제1004조 제3호)의 경우와 같다. ② 그 은닉행위가 있은 후 피상속인이 유언을 철회한 경우에는 유언 그 자체가 없었던 것이 되므로, 상속결격이 되지 않는다 할 것이다(같은 견해 박병호, 앞의 책, 310면).

(다) 기 타

상속결격에 관한 민법의 규정은 제한적 열거라 할 것이므로(같은 견해 대한법률구조공단, 「활법률」, 1998, 374-375면), 위의 사유 외의 경우(추정상속인인 배우자의 가출·불륜행위 등)는 상속결격에 해당하지 않는다(같은 견해 박동섭, 앞의 책, 481면).

(3) 결격의 효과

(가) 상속결격사유의 해당행위자의 상속자격 상실

첫째, 상속결격의 효과는 그 요건을 갖춤으로써 법률상 당연히 발생하고, 이해관계인의 청구나 재판절차를 요하지 않는다. 둘째, 결격의 시점은 상속개시 전후를 묻지 않는다. ① 결격사유가 그 개시 전에 발생한 경우, 상속개시 시에 결격자는 상속을 하지 못한다. ② 그 결격사유(유언서 위조 등)가 개시 후에 생긴 경우, 결격의 효력은 소급하여 무효가 되므로(절대적 효과), 비록 결격자가 상속재산을 처분한 경우에도 선의취득의 경우가 아닌 한 진정상속인의 상속회복청구가 가능하다. ③ 이 경우, 진정상속인이 참칭상속인(상속결격자)으로부터 상속재산을 양수한 제3자를 상대로 그 회복의 소를 청구하는 경우에는 상속회복청구권의 단기의 제척기간(결격사유가 있음을 안 날부터 3년 내에 결격사유 해당행위가 있었던 때부터 10년 내)이 적용된다(대판 1981. 1. 27. 전원합의체, 79다854).

(나) 결격자의 수증능력의 상실

결격자는 수증능력의 상실로 수증결격자가 된다(제1064조·제1004조). 따라서 반대의 견해가 있으나(곽윤직, 앞의 책, 44면) 유증도 받을 수 없다고 해석하여야 한다(같은 견해 김주수·김상용, 앞의 책, 654면).

(다) 결격효과의 범위

첫째, 그 효과는 특정의 피상속인에 대한 관계에만 그 자격을 상실시킬 뿐 다른 피상속인에 대한 상속자격에는 영향이 없다(상대적 효력). 즉, 결격자의 일반적인 상속능력을 완전히 상실시키는 것이 아니다. 둘째, 제1004조의 법문상 고의로 직계존속을 살해하거나 살해하려 한 자 또는 직계존속에게 상해를 끼쳐 사망에 이르게 한 자 등의 상속능력은 절대적으로 상실된다는 견해가 있으나(김주수·김상용, 앞의 책, 654면), 이 경우에도 결격의 효력은 상대적인 범위에만 미친다고 해석하여야 한다. 셋째, 결격의 효과는 결격자 본인에 한정되므로, 그의 직계비속·배우자의 대습상속에는 아무런 지장이 없다.

(라) 기 타

피상속인이 상속결격자를 용서하거나 또는 결격의 효과를 면제할 수 있는지 여부가 의문이다. 학설은 다툼이 있으나, 피상속인의 의사와 무관하게 법률상 당연히 그 결격의 효력이 발생하는 상속결격제도의 공익적 성격에 비춰볼 때 이를 부정하여야 한다.

●● 사례의 해결:

첫째, 상속인의 결격사유의 하나로 규정하고 있는 민법 소정의 '상속에 관한 유언서를 은닉한 자'라 함은, 유언서의 소재를 불명하게 하여 그 발견을 방해하는 일체의 행위를 한 자를 의미한다. 둘째, 그렇다면 단지 공동상속인들 사이에 그 내용이 널리 알려진 유언서에 관하여 피상속인이 사망한 지 6개월이 경과한 시점에서 비로소 그 존재를 주장하였다고 하여, 이를 두고 유언서의 은닉에 해당한다고 볼 수는 없다. 따라서 B의 항변은 타당하지 않다.

(대판 1998. 6. 12. 97다38510의 사실관계와 판결요지 등 참조)

판 례

호주상속의 선순위 또는 재산상속의 선순위나 동순위에 있는 태아를 낙태한 것이 구 민법(1990. 1. 13. 법률 제4199호로 개정되기 전의 것) 제992조 제1호 및 제1004조 제1호 소정의 상속결격사유에 해당하는지 여부(적극)

"태아가 호주상속의 선순위 또는 재산상속의 선순위나 동순위에 있는 경우에 그를 낙태하면 구 민법(1990. 1. 13. 법률 제4199호로 개정되기 전의 것) 제992조 제1호 및 제1004조 제1호 소정의 상속결격사유에 해당한다."(대판 1992. 5. 22. 92다2127)

상속결격사유로서 살해의 고의 외에 상속에 유리하다는 인식을 필요로 하는지 여부(소극)

"상속결격사유로서 살해의 고의 외에 상속에 유리하다는 인식을 필요로 하는지 여부에 관하여는, 우선 같은 법 제992조 제1호 및 제1004조 제1호는 그 규정에 정한 자를 고의로 살해하면 상속결격자에 해당한다고만 규정하고 있을 뿐, 더 나아가 상속에 유리하다는 인식이 있어야 한다고까지는 규정하고 있지 아니하고, 피상속인 또는 호주상속의 선순위자(제992조 제1호)와 피상속인 또는 재산상속의 선순위나 동순위에 있는 자(제1004조 제1호) 외에 직계존속도 피해자에 포함하고 있고, 위 직계존속은 가해자보다도 상속순위가 후순위일 경우가 있는바, 같은 법이 굳이 동인을 살해한 경우에도 그 가해자를 상속결격자에 해당한다고 규정한 이유는, 상속결격요건으로서 살해의 고의 외에 상속에 유리하다는 인식을 요구하지 아니한다는 데에 있다고 해석할 수밖에 없으며, 같은 법 제992조 제2호 및 이를 준용하는 제1004조 제2호는 고의로 직계존속, 피상속인과 그 배우자에게 상해를 가하여 사망에 이르게 한 자도 상속결격자로 규정하고 있는데, 이 경우에는 상해의 고의만 있으면 되고, 이 고의에 상속에 유리하다는 인식이 필요 없음은 당연하므로, 이 규정들의 취지에 비추어 보아도 그 각 제1호의 요건으로서 살해의 고의 외에 상속에 유리하다는 인식은 필요하지 않다."(대판 1992. 5. 22. 92다2127)

민법 제1008조의 규정 취지 및 상속결격사유가 발생한 이후에 결격된 자가 피상속인에게서 직접 증여를 받은 경우, 그 수익이 특별수익에 해당하는지 여부(소극)

"민법 제1008조는 공동상속인 중 피상속인에게서 재산의 증여 또는 유증을 받은 특별수익자가 있는 경우 공동상속인들 사이의 공평을 기하기 위하여 수증재산을 상속분의 선급으로 다루어 구체적인 상속분을 산정할 때 이를 참작하도록 하려는 데 취지가 있는 것이므로, 상속결격사유가 발생한 이후에 결격된 자가 피상속인에게서 직접 증여를 받은 경우, 그 수익은 상속인의 지위에서 받은 것이 아니어서 원칙적으로 상속분의 선급으로 볼 수 없다. 따라서 결격된 자의 수익은 특별한 사정이 없는 한 특별수익에 해당하지 않는다."(대결 2015. 7. 17.자 2014스206 : 대판 1995. 3. 10. 94다16571)

심화학습

민법 제1003조 제1항 위헌소원 사건(헌재결 2014. 8. 28. 전원재판부, 2013헌바119)

1. 사건의 개요

청구인은 2007. 8.경부터 이 아무개와 사실혼관계를 맺어, 그 사실혼관계가 지속되던 중 2011. 3. 21. 이 아무개가 사망하였다. 망인의 모 김 아무개는 2011. 4. 11. 구미시 소재 이 사건 부동산 중 망인 소유의 1/2 지분에 관하여 2011. 3. 21.자 상속을 원인으로 한 소유권이전등기를 경료하였다. 청구인은 2011. 9. 1. 부산지방법원에 위 김 아무개를 상대로 주위적으로, 사실혼기간 동안 생활비로 20,000,000원 상당을 부담하고 망인과 함께 1년 동안 이 사건 부동산에서 아이스크림가게를 운영하는 등 이 사건 부동산의 유지에 기여하였으므로, 망인의 상속인인 위 김 아무개는 청구인에게 재산분할로 30,000,000원 및 이에 대한 지연손해금을 지급할 의무가 있고, 예비적으로, 청구인은 사실혼 배우자로서 민법 제1003조 제1항에 따라 망인의 직계존속인 위 김 아무개와 함께 망인의 공동상속인이 되므로, 위 김 아무개는 참칭상속인으로서 청구인에게 이 사건 부동산 중 청구인의 정당한 상속분의 일부에 해당하는 1/10 지분에 관하여 상속회복을 원인으로 하는 소유권이전등기절차를 이행할 의무가 있다고 주장하면서 소를 제기하였으나, 당해 사건은 2012. 12. 23. 부산가정법원으로 이송되었다. 청구인은 위 심판 계속중 사실혼 배우자를 상속권자로 인정하지 아니하는 민법 제1003조 제1항이 헌법에 위반된다는 취지의 위헌법률심판 제청신청을 하였으나, 같은 법원은 2013. 4. 10. 위 제청신청을 각하하는 결정을 하는 한편 위 심판청구를 기각하였다. 이에 청구인은 2013. 4. 26. 위 법률조항에 대하여 이 사건 헌법소원심판을 청구하였다.

2. 판시사항 · 결정요지

가. 사실혼 배우자에게 상속권을 인정하지 않는 민법(1990. 1. 13. 법률 제4199호로 개정된 것) 제1003조 제1항 중 '배우자' 부분(이하 '이 사건 법률조항'이라 한다)이 청구인의 상속권을 침해하는지 여부(소극)

"이 사건 법률조항이 사실혼 배우자에게 상속권을 인정하지 아니하는 것은 상속인에 해당하는지 여부를 객관적인 기준에 의하여 파악할 수 있도록 함으로써 상속을 둘러싼 분쟁을 방지하고, 상속으로 인한 법률관계를 조속히 확정시키며, 거래의 안전을 도모하기 위한 것이다. 사실혼 배우자는 혼인신고를 함으로써 상속권을 가질 수 있고, 증여나 유증을 받는 방법으로 상속에 준하는 효과를 얻을 수 있으며, 근로기준법, 국민연금법 등에 근거한 급여를 받을 권리 등이 인정된다. 따라서 이 사건 법률조항이 사실혼 배우자의 상속권을 침해한다고 할 수 없다."

나. 이 사건 법률조항이 헌법 제36조 제1항에 위반되는지 여부(소극)

"법적으로 승인되지 아니한 사실혼은 헌법 제36조 제1항의 보호범위에 포함되지 아니하므로, 이 사건 법률조항은 헌법 제36조 제1항에 위반되지 않는다."

〈재판관 조용호의 보충의견〉

"사실혼 배우자의 상속에 관한 권리를 전면적으로 부정하는 것은 생전에 사실혼관계가 해소된 경우 재산분할청구권을 인정하는 것과 비교하여 간과할 수 없는 불균형이 발생하고, 사실혼 배우자의 재산권이나 복리를 침해하는 결과가 초래될 소지 또한 충분하다. 유족의 사후 부양과 상속재산에 대한 기여의 청산이라는 상속제도의 존재의의에 비추어 볼 때 사실혼 배우자와 법률혼 배우자 사이에 본질적인 차이가 없으므로, 사실혼 배우자에 대하여도 일정한 경우 상속에 관한 권리를 인정하도록 입법적 개선을 하는 것이 필요하다."

〈재판관 김창종의 보충의견〉

"배우자의 사망으로 사실혼이 해소되는 경우 상속권과 재산분할청구권을 모두 인정하지 않는 것은 생존 중에 사실혼이 해소된 경우에 비하여 너무 불리한 결과를 초래하게 된다. 입법자로서는 생존 사실혼 배우자에게 재산분할청구권을 인정하는 방안 등을 포함하여 생존 사실혼 배우자의 재산권 보호와 부양과 관련한 각종 제도를 조속히 정비하는 것이 필요하다."

3. 검 토

가. 이 사건의 쟁점

첫째, 이 사건 법률조항으로 인하여 사실혼 배우자는 사실혼 존속 중 공동의 노력으로 이룩한 재산도 반환받을 수 없게 되므로 청구인의 재산권인 상속권이 침해되는지 여부. 둘째, 이 사건 법률조항은 본질적으로 동거·부양·협조의무 등에서 법률혼 배우자와 차이가 없는 사실혼 배우자를 합리적인 이유 없이 차별하는 것으로서 사망으로 인하여 사실혼관계가 해소된 경우 생존한 사실혼 배우자를 일률적으로 헌법적 보호의 대상에서 제외하고 있으므로 헌법 제36조 제1항에 위반되는지 여부이다.

나. 판단의 근거·이유

첫째, 상속권의 침해 여부를 살핀다. ① 헌법 제23조 제1항 소정의 재산권에 관한 규정은 다른 기본권 규정과는 달리 그 내용과 한계가 법률에 의해 구체적으로 형성되는 기본권 형성적 법률유보의 형태를 띠고 있다. 그리하여 헌법이 보장하는 재산권의 내용과 한계는 국회에서 제정되는 형식적 의미의 법률에 의하여 정해지므로 이 헌법상의 재산권보장은 재산권 형성적 법률유보에 의하여 실현되고 구체화하게 된다. 따라서 재산권의 구체적 모습은 재산권의 내용과 한계를 정하는 법률에 의하여 형성된다. 헌법이 보장하는 재산권의 내용과 한계를 정하는 법률은 재산권을 제한한다는 의미가 아니라 재산권을 형성한다는 의미를 갖는다(헌재결 1993. 7. 29. 92헌바20 참조). ② 상속권은 재산권의 일종이고 상속제도나 상속권의 내용은 입법자가 입법정책적으로 결정하여야 할 사항으로서 입법자는 상속권의 내용과 한계를 구체적으로 형성함에 있어서 일반적으로 광범위한 입법형성권을 가진다고 할 것인바(헌재결 2009. 11. 26. 2007헌마1424 등 참조), 이 사건 법률조항은 피상속인의 배우자를 상속인에 포함시키면서 배우자의 상속순위에 관하여 규정한 것으로서 상속권의 내용과 한계를 구체적으로 형성하는 규정이므로, 입법형성권의 한계를 일탈하였는지를 그 위헌심사기준으로 한다. ③ 우리나라는 법률혼주의를 채택하고 있다(민법 제812조 제1항 참조). 법률혼주의를 채택한다는 것은 원칙적으로 혼인신고를 한 자에 대하여만 혼인으로 인한 법적 효과를 귀속시키겠다는 의미이므로, 법률이 특별히 '사실혼 배우자'라고 규정하지 아니하고 단순히 '배우자'라고만 규정한 경우에는 법률혼 배우자만을 의미하는 것으로 해석된다. 이 사건 법률조항 역시 단순히 '배우자'라고만 규정하고 있으므로, 법률혼 배우자에게만 상속권을 인정한 것으로 해석된다. ④ 이 사건 법률조항이 사실혼 배우자에게 상속권을 인정하지 아니하는 것은 상속인에 해당하는지 여부를 객관적인 기준에 의하여 파악할 수 있도록 함으로써 상속을 둘러싼 분쟁을 방지하고, 상속으로 인한 법률관계를 조속히 확정시키며, 거래의 안전을 도모하기 위한 것으로서 입법목적의 정당성과 수단의 적정성이 인정된다. ⑤ 사실혼 부부는 법률에 규정되어 있는 혼인의 효과를 배제하고 부부공동생활의 내용에 관하여 스스로 결정하기 위하여 법률혼 대신 사실혼을 선택한 것이다. 그런데 사실혼 부부에 대하여 획일적으로 법률이 정한 상속권을 인정하게 되면 경우에 따라 당사자들의 의사에 반하게 될 수 있고, 사실혼관계인지 여부는 공시가 이루어지지 않아 당사자 이외의 자가 쉽게 알 수 없으므로, 이에 관하여 다툼이 생겨 상속을 둘러싼 법적 분쟁이 발생할 가능성이 매우 높다. 또한 사실혼 배우자는 혼인신고를 함으로써 상속권을 가질 수 있고, 증여나 유증을 받는 방법으로 상속에 준하는 효과를 얻을 수 있으며, 피상속인 명의의 재산을 취득함에 있어 대가를 부담한 경우에는 소유권 또는 공유지분을 주장할 수 있다. 그 뿐만 아니라 사실혼 배우자는 상속인이 없는 경우에는 민법상 특별연고자에 대한 분여를 받을 수 있고, 피상속인이 상속인 없이 사망한 경우 또는 사망 당시 상속인이 주택에서 가정공동생활을 하고 있지 아니한 경우 일정한 범위 내에서 주택임대차보호법에 따라 임차권을 승계할 수 있으며, 근로기준법, 산업재해보상보험법, 공무원연금법, 군인연금법, 사립학교교직원 연금법, 국민연금법, 독립유공자예우에 관한 법률 등에 따라 유족급여 등을 받을 권리가 인정된다. ⑥ 이러한 사정들을 종합하여 볼 때 사실혼 배우자에게 상속권을 인정하지 않는 것이 현저히 자의적이어서 기본권제한의 한계를 벗어난 것이라고 할 수는 없다. 따라서 이 사건 법률조항이 사실혼 배우자인 청구인의 상속권을 침해한다고 할 수 없다. 둘째, 헌법 제36조 제1항 위반 여부를 살핀다. ① 청구인은 사실혼 배우자에게 상속권을 인정하지 않는 것이 헌법 제36조 제1항의 국가의 혼인제도 보장의무 위반이라고 주장한다. ② 그러나 헌법 제36조 제1항에서 규정하는 '혼인'이란 양성이 평등하고 존엄한 개인으로서 자유로운 의사의 합치에 의하여 생활공동체를 이루는 것으로서 법적으로 승인받은 것을 말하므로, 법적으로 승인되지 아니한 사실혼은 헌법 제36조 제1항의 보호범위에 포함된다고 보기 어렵다. 따라서 이 사건 법률조항은 헌법 제36조 제1항에 위반되지 않는다(헌법재판소 판례집 26-2상, 311 참조).

다. 결정의 의의

첫째, 사실혼배우자의 상속권을 부정하는 것은 법률혼주의를 취하는 민법 아래에서는 어쩔 수 없는 경우로 보아야 한다. 그리고 국가에 의하여 보호를 받을 수 있는 혼인이란 법적으로 승인받은 혼인만을 말한다 할 것이어서 사실혼배우자의 상속권을 부정하는 것 또한 혼인과 가족생활 등에 관한 헌법 제36조 제1항에 어긋나는 것이라고 할 수는 없다. 둘째, 위에서 살핀 논리가 나름의 타당성이 있지만, 배우자가 사망한 경우에 생존한 사실혼 배우자의 상속에 관한 권리를 전면적으로 부정하는 것은, 생전에 사실혼관계가 해소된 경우에 재산분할청구권을 인정하는 것과 비교하여 간과할 수 없는 불균형이 발생하고, 주택임대차보호법이나 각종 연금(보험)관계법령에서 사실혼 배우자를 보호하는 취지와도 배치되며, 사실혼 배우자의 재산권이나 복리를 침해하는 결과가 초래될 소지 또한 충분하므로, 입법을 개선하여 이를 조속히 조정하는 것이 필요하다는 조용호 재판관 등의 보충의견은 경청할 만하다.

제 3 절 상속의 효력

I. 상속재산의 포괄승계원칙

1. 서 설

첫째, 상속인은 피상속인의 사망 시에 피상속인의 재산에 관한 포괄적인 권리·의무를 승계한다(제1005조 본문). ① 적극재산 외에 소극재산(채무)을 포함시킨 것은 부채자환(父債子還; 아버지의 채무는 아들이 이어받는다)이라는 조선시대의 관습을 명문화 시킨 것이다. ② 친족법상의 권리(친권·배우자권 등)는 승계의 대상이 아니며, 비록 재산상의 권리·의무의 경우에도 피상속인의 일신에 전속한 것은 승계되지 않는다(제1005조 단서). 그런데 피상속인의 일신전속권은 귀속상의 일신전속권을 의미한다 할 것이어서 행사상의 일신전속권은 그 대상이 된다(가령 피상속인이 위자료청구소송을 제기한 후에 사망한 경우, 그 위자료청구권은 승계의 대상이 된다. 제806조 제3항 참조). 둘째, 상속재산을 구성하는 개별적인 권리·의무는 포괄적으로 동시에 승계된다(제1008조의3의 예외가 있다). ① 이 경우의 승계는 법률의 규정에 의한 권리변동이므로, 특별한 의사표시(채무인수)나 권리에 대한 이전절차가 필요하지 않다(가령 상속인은 피상속인의 부동산에 대한 소유권이전등기를 하지 않고 당연히 소유권을 취득한다. 제187조 본문 참조). 셋째, 그 승계의 시기는 피상속인이 사망함으로써 상속이 개시된 때이다.

2. 상속재산의 범위

●● 사례

A·B(원고들)의 아들인 육군항공대의 대위로 근무하던 소외 망 C가 1990. 5.경 공무수행 중에 사망하였다. 망인의 처인 D(피고)는 부조금조로 육군본부 항공감실로부터 금 11,550,000원, 항공사령부로부터 금 3,500,000원, 소속부대인 제205항공대로부터 금 700,000원 등 합계 금 15,750,000원을 지급받았다. 그러자 A·B는 각 1/3씩의 지분을 가지고 있으므로, D에게 각자의 지분에 해당하는 돈의 지급을 구한다는 사망보상금 등의 반환을 청구하였다. A·B의 청구는 인용될 것인가?

●● 사안의 쟁점:

첫째, D가 부조금조로 받은 금원이 상속재산에 포함되는지, 둘째, 그 금원이 상속재산에 포함되지 아니한다면 그 성격을 무엇으로 보아야하는 것인지, 셋째, 그 금원의 분배방법은 무엇인지 등이다.

(가) 재산상의 권리

첫째, 물권의 경우에 소유권 · 제한물권은 원칙적으로 상속된다. ① 다만, 부종성 · 수반성이 있는 담보물권은 피담보채권과 분리해서 상속할 수는 없다. 합유자의 합유지분도 마찬가지이다(대판 1996. 12. 10. 96다23238 등). ② 피상속인이 점유하고 있던 물건은 상속개시에 따라 상속인의 점유로 되고(제193조), 그 점유의 성질도 그대로 승계된다(통설, 대판 1997. 12. 12. 97다40100 등). ③ 공동점유의 경우에는 상속분이란 것이 없기 때문에 점유권의 공동상속에 관하여는 상속분에 관한 제1009조 이하의 규정이 적용되지 않는다(대판 1962. 10. 11. 62다460). 둘째, 채권은 일신전속적인 것이 아닌 한 상속된다. 임차권은 상속의 대상이 되나(대판 1966. 9. 20. 66다1238), 주택임차권의 경우에는 임차주택에서 임차인과 가정공동생활을 영위하던 사실혼배우자를 보호하기 위한 특별규정이 있다(주택임대차보호법 제9조 참조). 통상의 손해배상청구권은 당연히 상속되나, 생명침해로 인한 손해배상구권의 경우에는 어떻게 되는가? ① 재산적 손해에 대한 배상청구권의 경우, 학설은 다툼이 있으나, 피살자가 치명상을 입을 때에 그에게 신체침해를 이유로 한 배상청구권이 발생하였다가 피살자가 사망하면 그 청구권이 상속인에게 승계된다는 견해(시간적 간격설)가 다수설이다. 판례는 이 문제를 직접 다룬 것은 아니나, 생명침해로 인한 손해배상사건에서 일실이익의 배상과 관련하여 다수설의 입장을 취하고 있는 것으로 보인다(대판 1969. 4. 15. 69다268). ② 정신적 손해에 대한 손해배상청구권의 경우, 학설은 다툼이 있으나, 판례는 위자료청구권은 피살자가 포기했거나 면제했다고 볼 수 있는 특별한 사정이 없는 한 생전에 청구의 의사를 표시할 필요 없이 원칙적으로 상속인에게 상속되고(대판 1967. 5. 23. 66다1025 등), 이는 피살자가 즉사한 경우에도 마찬가지라고 한다(대판 1969. 4. 15. 69다268). 생명보험청구권의 경우에는 어떤가? ① 보험계약을 체결하면서 피상속인을 피보험자로 하고, 상속인의 전부 · 일부를 보험수익자로 지정한 경우(수익자가 특정인이든 · 상속인이든 불문), 상속인은 보험계약의 효력에 기하여 보험금청구권을 취득하는 것이지 상속에 기한 것이 아니다. 그 청구권은 상속재산이 되지 않고, 귀속자의 고유재산이 될 뿐이다(대판 2001. 12. 28. 2000다31502). ② 보험계약을 체결하면서 피상속인이 자기를 피보험자인 동시에 보험수익자로 지정한 경우, 보험금청구권은 상속재산에 속하며 상속인에게 상속된다(대판 2002. 2. 8. 2000다64502). ③ 보험계약을 체결하면서 피상속인이 자기를 피보험자로 하고 상속인이 아닌 제3자를 보험수익자로 지정한 경우, 보험사고(피상속인의 사망)의 발생에 앞서 수익자가 사망함으로써 보험계약자가 다시 보험수익자를 지정권을 행사하지 않고 사망하였다면 그 수익자의 상속인이 보험수익자로 된다(상법 제733조 제3항). 이 경우, 보험금청구권은 보험계약의 효력에 기한 것으로서 수익자의 고유재산이 될 뿐이다(대판 2004. 7. 9. 2003다29463). 수령권자인 유족의 범위와 순위가 각종 관련 법률(공무원연금법, 군인연금법, 산업재해보상법 등)에 규정되어 있는 공무원의 사망퇴직금·유족연금 등은 모두 유족 고유의 권리로서 취득하는 것이어서 상속재산이 아니다(대판 2009. 5. 21. 전원합의체. 2008다13104 참조). 부의금은 상주를 수증자로 하는 현실증여이고, 상속재산이 아니다. 셋째, 청산적 요소와 부양적 요소가 포함되어 있는 재산분할청구권의 경우, 청산적 요소는 청구의 의사표시 여부에 관계없이 당연히 상속되나, 일신전속적 성질을 갖는 부양적 요소는 상속되지 않는다(통설). 이혼과 재산분할청구의 병합소송 중에 당사자 일방이 사망하면, 이혼소송은 종료되고 따라서 이혼을 전제로 한 재산분할청구도 종료함으로써 그 청구권은 상속되지 않는다(대판 1994. 10. 28. 94므246, 253). 넷째, 부양청구권은 원칙적으로 일신전속권이므로 상속되지 않는다. 그러나 과거양육비 청구권 또는 과거양육비 지급채무가 추상적인 법적 지위에 머물러 있는 경우에는 일신전속권으로서 상속의 대상의 될 수 없으나 당사자의 협의 또는 가정법원 심판의 확정에 의하여 구체적인 지급청구권으로 성립한 후에는 가족법상 신분으로부터 독립한 완전한 재산권으로 전환되어 상속된다고 판시한 하급심 판결이 있다(서울가판 2018. 1. 22. 2016브300088). 다섯째, 지식재산권·광업권·어업권 등은 상속재산에 포함된다. 취소권·해제권·환매권·항변권 등의 형성권도 상속된다. 형성권은 이를 파생시키는 주된 법률관계(법률상의 지위)와 함께 일체로서 상속된다.

(나) 재산상의 의무

첫째, 일신전속적인 것이 아닌 한 채무 기타의 재산상의 의무(손해배상채무 포함)는 모두 상속된다. ① 작위·부작위채무 여부, 사법상·공법상의 채무 여부를 가리지 않는다. ② 다만, 망인(피상속인)의 인격·특수한 기능과 결합된 예술창작채무(일신전속적 작위채무) 등은 상속되지 않는다(제1005조 단서). 둘째, 보증채무의 경우를 본다. ① 채무액수·범위가 확정되어 있는 보증인의 보증채무는 상속된다(제1005조 본문). ② 다만, 장래의 계속적 계약관계(당좌대월계약·어음할인계약)에서 발생하는 불확정한 채무를 보증하는 계속적 보증의 경우에는 신용보증의 한도액이 정해져 있는 경우에는 상속되나(대판 2003. 12. 26. 2003다30784 등), 그 외는 상속되지 않는다(보증인 사망 당시 이미 발생한 보증채무는 상속된다). ③ 신원보증계약은 신원보증인의 사망으로 종료하므로(신원보증법 제7조), 신원보증인의 지위는 상속되지 않는다. 다만, 신원보증인 사망 전에 신원보증계약에 기해 발생한 보증채무는 상속된다(대판 1972. 2. 29. 71다2747 등).

(다) 법률상 지위·계약상 지위

첫째, 사단법인의 사원의 지위(사원권)는 상속될 수 없다는 규정(제56조)은 임의규정에 지나지 않으므로, 정관에 기한 사원권의 상속이 인정된다(대판 1992. 4. 14. 91다26850 등). 그러나 단체의 의사결정기관 구성원으로서의 지위는 일신전속권으로서 상속의 대상이 아니다(대판 2004. 4. 27. 2003다64381). 둘째, 조합원의 사망은 조합의 임의탈퇴사유가 되므로(제717조 제1호), 조합계약에서 상속인이 승계하기로 하는 특약이 없는 한, 조합원의 지위는 상속인에게 승계되지 않는다(대판 1994. 2. 25. 93다39225 등). 셋째, 무권대리인이 무권대리행위를 한 후에 본인의 추인·추인거절이 행해지지 않고 있는 동안에 무권대리인이 본인을 상속(또는 본인이 무권대리인을 상속)한 경우, 그 무권대리행위의 효력은 어떻게 되는가? ① 본인의 사망으로 무권대리인이 단독상속을 하는 경우에는, 지위의 혼동에 의하여 무권대리인의 행위는 유효한 행위가 된다(신의칙상 추인거절권을 행사하지도 못한다). ② 무권대리인이 공동상속을 하는 경우에는, 본인의 지위는 공동상속인 전원에게 공동으로 승계하게 되므로, 공동상속인 전원의 추인이 있어야만 무권대리행위는 유효하게 된다(공동상속인은 추인을 거절할 수 있으나, 무권대리인은 추인거절권을 행사하지 못한다고 해석하여야 한다). ③ 본인이 무권대리인을 상속한 경우에는 상속의 포기 등을 하지 않는 한 상속인은 피상속인의 재산에 관한 포괄적인 권리·의무를 승계하는 것이 원칙이므로, 지위의 혼동에 의하여 피상속인(무권대리인)의 무권대리행위는 유효로 된다(따라서 상속인인 본인은 추인거절권을 행사하지 못한다)(셋째 부분의 상세한 설명은 한삼인·김상헌, 「제3판(신정판) 민법총칙」, 화산미디어, 2017, 495-496면 참조). 넷째, 부동산명의신탁관계의 경우, 명의수탁자가 사망하면 수탁자의 지위는 상속인에게 승계되는데(대판 1996. 5. 31. 94다35985 등), 이는 부동산실명제 하의 명의신탁의 경우에도 같다 할 것이다(같은 견해 송덕수, 앞의 책, 1613면). 다섯째, 소송상의 지위는 어떤가? 소송당사자가 소송 중에 사망하면 소송대리인이 있는 경우(민사소송법 제238조)가 아닌 한 소송절차는 중단된다(민사소송법 제233조 제1항 제1문). 이 경우, 망인의 상속인·상속재산관리인·그 밖에 법률에 의하여 소송을 계속 수행할 자가 소송절차를 수계(受繼)하여야 한다(민사소송법 제233조 제1항 제2문). 다만, 일신전속적 성질의 소송(이혼·파양소송 등)은 당사자의 사망으로 종료한다.

●● 사례의 해결:

첫째, 사망한 경우에 부조금 또는 조위금 등의 명목으로 보내는 부의금은 상호부조의 정신에서 유족의 정신적 고통을 위로하고 장례에 따르는 유족의 경제적 부담을 덜어줌과 아울러 유족의 생활안정에 기여함을 목적으로 한 것으로 상속재산이 아니라 증여되는 것으로 보아야 한다. 둘째, 다만 그 분배방법에 있어서, 조의금이나 조의금의 명목으로 돈을 보낸 사람들이 망인의 처인 D 한 사람을 위하여 지급한 것이라면 D에게 그 금원이 귀속될 것이지만, D에게 지급한 것인지, 아니면 D를 망인의 다른 상속인들을 포함한 유족의 대표자로 보아 D에게 지급한 것인지에 관하여 돈을 보낸 사람들의 의사를 밝혀보지 아니하고는 그 돈을 지급받을 권리가 망인의 처인 D 한 사람에게만 귀속된다고 단정할 수는 없다. 셋째, 따라서 이러한 금원이 장례비용에 충당하고 남는 것에 관하여는 특별한 다른 사정이 없는 한 사망한 사람의 공동상속인들이 각자의 상속분에 응하여 권리를 취득하는 것으로 봄이 우리의 윤리감정이나 경험칙에 합치된다고 할 것이므로 A·B의 청구는 인용될 이다.

(대판 1992. 8. 18. 92다2998의 사실관계와 판결요지 등 참조)

판 례

■ 생명보험의 보험계약자가 보험수익자의 지정권을 행사하기 전에 보험사고가 발생하여 피보험자의 상속인이 보험수익자로 되는 경우, 상속인이 가지는 보험금청구권이 상속재산인지 여부(소극)

"보험계약자가 피보험자의 상속인을 보험수익자로 하여 맺은 생명보험계약에 있어서 피보험자의 상속인은 피보험자의 사망이라는 보험사고가 발생한 때에는 보험수익자의 지위에서 보험자에 대하여 보험금 지급을 청구할 수 있고, 이 권리는 보험계약의 효력으로 당연히 생기는 것으로서 상속재산이 아니라 상속인의 고유재산이라고 할 것인데, 이는 상해의 결과로 사망한 때에 사망보험금이 지급되는 상해보험에 있어서 피보험자의 상속인을 보험수익자로 미리 지정해 놓은 경우는 물론, 생명보험의 보험계약자가 보험수익자의 지정권을 행사하기 전에 보험사고가 발생하여 상법 제733조에 의하여 피보험자의 상속인이 보험수익자가 되는 경우에도 마찬가지라고 보아야 한다."(대판 2004. 7. 9. 2003다29463)

■ 장래에 부담하게 될 채무에 관하여 보증한도액과 보증기간의 정함이 없는 연대보증계약의 경우, 보증인의 사망 후에 생긴 주채무에 대하여 그 상속인이 보증채무를 승계하는지 여부(한정 소극)

"계속적 어음할인거래로 인하여 장래에 부담하게 될 채무에 관하여 보증한도액과 보증기간의 정함이 없는 연대보증계약에 있어서는 보증인의 지위는 특별한 사정이 없는 한 상속인에게 상속된다고 할 수 없으므로 연대보증인의 사망 후에 생긴 주채무에 대하여는 그 상속인이 보증채무를 승계하여 부담하지는 아니한다."(대판 2003. 12. 26. 2003다30784)

■ 망인의 유체·유골의 승계권자 및 피상속인이 생전행위 또는 유언으로 자신의 유체·유골의 처분 방법을 정하거나 매장장소를 지정한 경우, 그 효력

[다수의견] "사람의 유체·유골은 매장·관리·제사·공양의 대상이 될 수 있는 유체물로서, 분묘에 안치되어 있는 선조의 유체·유골은 민법 제1008조의3 소정의 제사용 재산인 분묘와 함께 그 제사주재자에게 승계되고, 피상속인 자신의 유체·유골 역시 위 제사용 재산에 준하여 그 제사주재자에게 승계된다. 피상속인이 생전행위 또는 유언으로 자신의 유체·유골을 처분하거나 매장장소를 지정한 경우에, 선량한 풍속 기타 사회질서에 반하지 않는 이상 그 의사는 존중되어야 하고 이는 제사주재자로서도 마찬가지이지만, 피상속인의 의사를 존중해야 하는 의무는 도의적인 것에 그치고, 제사주재자가 무조건 이에 구속되어야 하는 법률적 의무까지 부담한다고 볼 수는 없다." (대판 2008. 11. 20. 전원합의체. 2007다27670)

Ⅱ. 공동상속

1. 의 의

(1) 개 념

피상속인의 재산을 수인의 상속인이 공동승계 하는 것을 공동상속이라 한다. 공동상속인은 각자의 상속분에 따라 상속재산을 승계하지만, 분할 시까지는 상속재산을 서로 공유하게 된다(제1006조). 부동산의 경우는 등기부에 1/n 등 그 지분으로 표시된다. 그 결과, 공유자의 1인은 다른 공유자와 협의(공유지분 과반수의 결의)를 하지 않는 한 상속재산을 배타적·독점적으로 사용하지 못한다(대판 1982. 12. 28. 81다454).

●● 사례

소외 망 C는 H토지공사의 이주자택지 공급대상자의 선정기준에 따라 그 공급대상자로 확정되었다. 그 후 C의 사망으로 C의 그 공급대상자의 지위는 아들인 B와 D(C의 처)에게 포괄승계 되어 B·D(공동상속인들) 사이에 그 상속지분이 양도되었다. 단독으로 그 준공유지분에 관하여 청약의 의사표시를 한 B(이 사건 토지에 관한 이주자택지 공급계약에 관한 청약권의 준공유자의 한 사람으로서, 이 사건의 원고)는, H토지공사(피고)를 상대로, 그 공급계약에 관한 승낙의 의사표시를 하고, 매매대금을 지급받음과 동시에 매매를 원인으로 한 소유권이전등기절차를 이행하라는 소송을 제기하였다. 동 소송은 인용될 것인가?

●● 사안의 쟁점:

첫째, 민법 제1006조가 규정하고 있는 공유의 의미가 무엇인지, 둘째, 공동상속재산의 관리, 처분은 어떠한 형태로 가능한 것인지, 셋째, 이 사건처럼 피상속인이 청약권을 준공유하는 경우 그 소송은 어떻게 하여야 하는지 등이다.

(2) 그 공유의 법적 성질

제1006조가 규정하고 있는 공유의 의미가 무엇인지에 관하여는 견해가 나뉜다.

(가) 합유설

첫째, 공동상속인은 상속재산 전체 위에 상속분에 따른 권리·의무를 가질 뿐 개개의 상속재산을 공유하는 것은 아니라는 것이다(박병호, 앞의 책, 349면). 이에 따르면, 공동상속인은 전체 상속재산에 대한 추상적 지분을 처분할 수 있지만(제1011조 제1항 전단), 개개의 재산에 대한 상속지분은 처분하지 못한다. 채권·채무는 분할 전까지는 공동상속인 전원에게 불가분적으로 귀속하게 된다. 둘째, 합유설의 근거는 무엇인가? ① 상속재산의 분할에 소급효를 인정하는 것(제1015조 본문)은 상속재산이 분할·청산이라는 공동목적을 위하여 결합된 재단적 조합체의 합유재산이라는 점, ② 민법이 채권을 상속재산 분할의 대상으로 하고 있다는 점(제1017조) 등을 그 이유로 든다.

(나) 공유설

첫째, 상속재산의 공유는 본래 의미의 공유와 다르지 않다는 것이다(곽윤직, 앞의 책, 129면 등 다수설). ① 이에 따르면, 공동상속인은 개개의 상속재산에 대하여 각자의 상속분에 따른 물권적 지분을 갖고 있고(제262조), 상속재산 분할 전이라도 각자의 지분을 자유롭게 처분할 수 있다(제263조). 다만, 상속재산 전체를 처분하려면 공동상속인 전원의 동의가 있어야 한다(제264조). ② 개개의 채권·채무가 불가분의 것이면 공유관계가 성립되지만, 목적이 가분적인 것(가령 6천만원의 예금채권)이면 법률상 당연히 공동상속인 사이에 분할된다(제408조). 둘째, 공유설의 근거는 무엇인가? ① 민법이 상속재산 분할의 소급효를 인정하면서도 그 소급효에 제한을 가하고 있는 점(제1015조 단서), ② 민법이 상속을 가산(家産)의 승계로 보지 않고, 각 상속인의 재산취득 원인으로 규정하고 있는 점(제1005조 본문), ③ 분할금지의 유언·특약이 없는 한 공동상속인은 언제든지 협의분할을 할 수 있다는 점(제1013조 제1항), ④ 분할방법의 경우, 공유물 분할방법의 규정(제269조)을 준용하는 점(제1013조 제2항) 등을 그 이유로 든다.

(다) 판 례

공동상속재산은 상속인들의 공유라고 함으로써 공유설을 취한다(대판 1996. 2. 9. 94다61649 등).

(라) 사 견

제1006조가 공동상속재산의 공동소유를 공유로 규정하고 있고, 위에서 살핀바와 같이 민법은 여러 경우에 공유를 전제로 하고 있는 규정을 두고 있다. 따라서 민법과의 조화를 꾀할 수 있는 공유설이 타당하다.

2. 채권·채무의 공동상속

(1) 채권의 공동상속

첫째, 가분채권은 상속개시와 동시에 당연히 공동상속인 사이에서 각자의 상속분에 따라 분할·승계된다(제408조)(공유적 귀속설, 대판 1962. 5. 3. 4294민상1105. 합유적 귀속설로 박병호, 앞의 책, 350면.). 따라서 금전채권과 같이 급부의 내용이 가분인 채권이 공동상속되는 경우, 상속개시와 동시에 당연히 법정상속분에 따라 공동상속인들에게 분할되어 귀속되므로 상속재산분할의 대상이 될 수는 없을 것이다. 그러나 가분채권을 일률적으로 상속재산분할의 대상에서 제외하면 부당한 결과가 발생할 수도 있다. 예를 들어 공동상속인 중에 초과특별수익자가 있는 경우 초과특별수익자는 초과분을 반환하지 아니하면서도 가분채권은 법정상속분대로 상속받게 된다면 부당한 결과가 나타난다. 이러한 경우에는 공동상속인들 사이의 공평을 도모하려는 제1008조, 제1008조의2의 취지에 따라 이때의 가분채권은 상속재산분할이 대상이 된다고 보아야 할 것이다(대결 2016. 5. 4.자 2014스122). 둘째, 불가분채권은 상속개시 후에도 분할 전까지는 공동상속인 전원에게 불가분적으로 귀속하게 된다. 따라서 각 상속인은 공동으로(또는 단독으로) 모든 상속인을 위하여 전액의 이행을 청구할 수 있으며, 채무자는 그 중 어느 상속인에게 이행함으로써 채무를 면할 수 있다(제409조 참조)(같은 견해 송덕수, 앞의 책, 1626면).

(2) 채무의 공동상속

첫째, 공동상속된 가분채무는 각 공동상속인에게 각자의 법정상속분에 따라 분할 상속된다(대판 2013. 3. 14. 2010다42624, 42631 등. 불가분채무설로 곽윤직, 앞의 책, 130면 등이 있다). 둘째, 불가분채무(연대채무 등)의 경우에는 각 공동상속인에게 불가분적으로 귀속되며, 각자가 그 채무액 전부에 대한 이행책임을 진다(제411조·제414조 참조).

3. 공동상속재산의 관리·처분

(1) 공동상속재산의 관리

첫째, 상속재산의 관리에 대하여는 상속재산의 분할이 종료될 때까지 공유에 관한 규정이 적용된다. ① 상속재산의 현상유지를 위한 보존행위는 공동상속인 각자가 단독으로 할 수 있다(제265조 단서). 따라서 공동상속인 중 1인은 공유물에 대한 원인무효의 등기말소청구를 할 수 있다(대판 1996. 2. 9. 94다61649). 한편 공동상속인중 1인이 상속부동산에 대하여 단독으로 등기를 경료한 경우에는 어떻게 되는가? 각 공동상속인은 명의자 지분을 제외한 나머지 공유지분 전부에 관하여 말소청구를 할 수 있다(대판 1988. 2. 23. 87다카961). ② 이용행위와 개량행위는 제265조 본문 소정의 공유물의 관리에 관한 사항이므로, 각 공동상속인의 법정상속분의 비율의 과반수로 결정한다(제265조 본문).

(2) 상속재산의 처분

첫째, 상속재산의 처분에 대하여는 상속재산의 분할이 종료될 때까지 공유에 관한 규정이 적용된다. ① 상속재산에 속하는 개개의 물건이나 권리의 처분은 공동상속인 전원의 동의를 얻어야 할 수 있다(제264조). ② 상속재산에 속하는 개개의 물건이나 권리에 대한 지분은 각 공동상속인이 단독으로 처분할 수 있는가? 공유설을 취할 경우, 이는 가능하다(제263조). 다만, 지분양수인의 권리는 상속재산의 분할에 아무런 영향을 받지 않는다(제1015조 단서). ③ 상속재산 전체에 대한 상속분의 처분이 가능한가? 명문의 규정은 없으나, 그 양도(처분)를 전제로 한 환수 규정(제1011조)을 근거로 상속분의 처분은 허용되는 것으로 해석하여야 한다. 그런데 이 경우의 상속분에는 적극재산·소극재산 전체를 포함한 상속재산 전부에 관하여 공동상속인이 갖는 일정한 비율, 즉 상속인의 지위를 뜻한다(대판 2006. 3. 24. 2006다2179). 상속분의 일부 처분의 가능 여부에 대하여는 다툼이 있으나, 민법이 이를 금지하고 있지 않으므로, 가능하다 할 것이다.

(3) 상속과 등기

첫째, 상속을 원인으로 한 등기(상속재산을 상속인에게 이전하는 등기)는 등기권리자인 상속인이 단독으로 신청할 수 있다(부동산등기법 제23조 제3항). ① 그러나 공동상속의 경우에는 상속인 전원이 등기권리자가 되어 단독으로 등기를 신청하여야 한다(대결 1995. 2. 22. 자 94마2116). 따라서 공동상속의 경우, 상속등기는 공동상속인 각자의 법정상속분을 지분으로 하는 상속인 전원에 의한 공유의 등기가 된다 할 것이다. ② 한편 공동상속인과 피상속인 사이에 행해지는 상속재산인 부동산에 대한 소유권이전등기절차이행의 소는 필수적 공동소송이 아니다(대판 1964. 12. 29. 64다1054). 공유물의 철거나 반환청구의 소도 마찬가지이다(대판 1980. 6. 24. 80다756 등).

●● 사례의 해결:

첫째, H가 택지개발예정지구내의 이주자택지 공급대상자의 선정기준에 따라 그 공급대상자를 확정하면 그 공급대상자에게 구체적인 수분양권이 발생하고, 그 후 공급대상자에게 신청기간을 정하여 분양신청을 하도록 통지하면 공급대상자는 그 통지에 따라 그 공급계약을 체결할 수 있는 청약권이 발생하게 되고, 그 공급대상자가 사망하여 공동상속인들이 청약권을 공동으로 상속하는 경우에는, 그들이 그 상속지분비율에 따라 피상속인의 청약권을 준공유하게 된다. 둘째, 그렇다면 공동상속인들은 단독으로 청약권 전부는 물론 그 상속지분에 관하여도 이를 행사할 수 없고, 그 청약권을 준공유하고 있는 공동상속인들 전원이 공동으로만 이를 행사할 수 있는 것이므로, 위 청약권에 기하여 청약의 의사표시를 하고 그 승낙의 의사표시를 구하는 소송은 준공유자 전원이 원고가 되어야 하는 고유필수적 공동소송이다. 따라서 원고가 단독으로 제기한 이 사건 소는 부적법하여 각하될 것이다.

(대판 2003. 12. 26. 2003다11738의 사실관계와 판결요지 등 참조)

판 례

■ 공동상속인 사이에 어떤 재산이 상속재산임의 확인을 구하는 소가 확인의 이익이 있는지 여부(적극)

"공동상속인 사이에 어떤 재산이 피상속인의 상속재산에 속하는지 여부에 관하여 다툼이 있어 일부 공동상속인이 다른 공동상속인을 상대로 그 재산이 상속재산임의 확인을 구하는 소를 제기한 경우, 이는 그 재산이 현재 공동상속인들의 상속재산분할 전 공유관계에 있음의 확인을 구하는 소송으로서, 그 승소확정판결에 의하여 그 재산이 상속재산분할의 대상이라는 점이 확정되어 상속재산분할심판 절차 또는 분할심판이 확정된 후에 다시 그 재산이 상속재산분할의 대상이라는 점에 대하여 다툴 수 없게 되고, 그 결과 공동상속인 간의 상속재산분할의 대상인지 여부에 관한 분쟁을 종국적으로 해결할 수 있으므로 확인의 이익이 있다."(대판 2007. 8. 24. 2006다40980)

■ 공동상속인이 다른 공동상속인을 상대로 어떤 재산이 상속재산임의 확인을 구하는 소의 성질(=고유필수적 공동소송) 및 고유필수적 공동소송에서 당사자 일부의 또는 일부에 대한 소 취하의 효력(무효)

"공동상속인이 다른 공동상속인을 상대로 어떤 재산이 상속재산임의 확인을 구하는 소는 이른바 고유필수적 공동소송이라고 할 것이고, 고유필수적 공동소송에서는 원고들 일부의 소 취하 또는 피고들 일부에 대한 소 취하는 특별한 사정이 없는 한 그 효력이 생기지 않는다."(대판 2007. 8. 24. 2006다40980)

■ 가분채권이 상속재산분할의 대상이 될 수 있는지 여부(원칙적 소극) 및 상속재산분할의 대상이 될 수 있는 경우

"금전채권과 같이 급부의 내용이 가분인 채권은 공동상속되는 경우 상속개시와 동시에 당연히

법정상속분에 따라 공동상속인들에게 분할되어 귀속되므로 상속재산분할의 대상이 될 수 없는 것이 원칙이다. 그러나 가분채권을 일률적으로 상속재산분할의 대상에서 제외하면 부당한 결과가 발생할 수 있다. 예를 들어 공동상속인들 중에 초과특별수익자가 있는 경우 초과특별수익자는 초과분을 반환하지 아니하면서도 가분채권은 법정상속분대로 상속받게 되는 부당한 결과가 나타난다. 그 외에도 특별수익이 존재하거나 기여분이 인정되어 구체적인 상속분이 법정상속분과 달라질 수 있는 상황에서 상속재산으로 가분채권만이 있는 경우에는 모든 상속재산이 법정상속분에 따라 승계되므로 수증재산과 기여분을 참작한 구체적 상속분에 따라 상속을 받도록 함으로써 공동상속인들 사이의 공평을 도모하려는 민법 제1008조, 제1008조의2의 취지에 어긋나게 된다."(대결 2016. 5. 4.자 2014스122)

■ 금전채무가 공동상속된 경우, 상속재산 분할의 대상이 될 수 있는지 여부(소극)

"금전채무와 같이 급부의 내용이 가분인 채무가 공동상속된 경우, 이는 상속 개시와 동시에 당연히 법정상속분에 따라 공동상속인에게 분할되어 귀속되는 것이므로, 상속재산 분할의 대상이 될 여지가 없다."(대판 1997. 6. 24. 97다8809)

■ 상속재산 분할의 대상이 될 수 없는 상속채무에 대하여 공동상속인들 사이에 분할의 협의가 있는 경우, 그 협의의 의미

"상속재산 분할의 대상이 될 수 없는 상속채무에 관하여 공동상속인들 사이에 분할의 협의가 있는 경우라면 이러한 협의는 민법 제1013조에서 말하는 상속재산의 협의분할에 해당하는 것은 아니지만, 위 분할의 협의에 따라 공동상속인 중의 1인이 법정상속분을 초과하여 채무를 부담하기로 하는 약정은 면책적 채무인수의 실질을 가진다고 할 것이어서, 채권자에 대한 관계에서 위 약정에 의하여 다른 공동상속인이 법정상속분에 따른 채무의 일부 또는 전부를 면하기 위하여는 민법 제454조의 규정에 따른 채권자의 승낙을 필요로 하고, 여기에 상속재산 분할의 소급효를 규정하고 있는 민법 제1015조가 적용될 여지는 전혀 없다."(대판 1997. 6. 24. 97다8809)

■ 공동상속인 중 1인이 자신의 법정상속분 상당의 상속채무 분담액을 초과하여 유류분권리자의 상속채무 분담액까지 변제한 경우, 그러한 사정을 유류분권리자의 유류분 부족액 산정 시 고려할 것인지 여부(소극)

"금전채무와 같이 급부의 내용이 가분인 채무가 공동상속된 경우, 이는 상속개시와 동시에 당연히 공동상속인들에게 법정상속분에 따라 상속된 것으로 봄이 타당하므로, 법정상속분 상당의 금전채무는 유류분권리자의 유류분 부족액을 산정할 때 고려하여야 할 것이나, 공동상속인 중 1인이 자신의 법정상속분 상당의 상속채무 분담액을 초과하여 유류분권리자의 상속채무 분담액까지 변제한 경우에는 유류분권리자를 상대로 별도로 구상권을 행사하여 지급받거나 상계를 하는 등의 방법으로 만족을 얻는 것은 별론으로 하고, 그러한 사정을 유류분권리자의 유류분 부족액 산정 시 고려할 것은 아니다."(대판 2013. 3. 14. 2010다42624)

■ 민법 제1011조 제1항에 규정된 상속분의 양도의 의미

"민법 제1011조 제1항은 '공동상속인 중 그 상속분을 제3자에게 양도한 자가 있는 때에는 다른 공동상속인은 그 가액과 양도비용을 상환하고 그 상속분을 양수할 수 있다.'고 규정하고 있는바, 여기서 말하는 상속분의 양도란 상속재산분할 전에 적극재산과 소극재산을 모두 포함한 상속재산 전부에 관하여 공동상속인이 가지는 포괄적 상속분, 즉 상속인 지위의 양도를 의미하므로, 상속재산을 구성하는 개개의 물건 또는 권리에 대한 개개의 물권적 양도는 이에 해당하지 아니한다."(대판 2003. 3. 24. 2006다2179)

■ 공동상속인 중 1인이 피상속인과 체결하였다는 매매 등 효력 없는 계약을 원인으로 공동상속한 부동산 전부에 관하여 소유권이전등기를 마친 경우, 다른 공동상속인이 등기명의인의 상속분을 제외한 나머지 공유지분 전부에 관하여 소유권이전등기의 말소등기절차 이행을 구할 수 있는지 여부(적극)

"부동산의 공유자 중 1인은 당해 부동산에 관하여 무효의 소유권이전등기가 경료되어 있는 경우에 민법 제265조 단서에서 정하는 공유물에 관한 보존행위로서 자신의 공유지분을 넘어서 그 무효인 등기 전부의 말소를 청구할 수 있다. 따라서 공동상속에 의하여 여러 사람의 공유로 된 부동산에 관하여 공동상속인 중 1인이 피상속인과의 사이에 행하여졌다는 매매 등 효력 없는 계약을 원인으로 하여 공유물 전부에 관하여 소유권이전등기를 경료한 경우에도, 다른 상속인은 공유물에 관한 보존행위로서 등기명의인의 상속분을 제외한 나머지 공유지분 전부에 관하여 그 소유권이전등기의 말소등기절차를 이행할 것을 청구할 수 있다."(대판 2015. 1. 29. 2014다49425 ; 대판 1988. 2. 23. 87다카961)

■ 공동상속인 중 일부 상속인의 상속등기만을 경료할 수 있는지 여부

"공동상속인 중 일부 상속인의 상속등기만은 경료할 수 없다."(대결 1995. 2. 22. 자 94마2116)

■ 구 국민연금법에 의한 노령연금 수급권자가 타인의 불법행위로 사망함에 따라 발생되는 망인의 일실노령연금 상당 손해배상채권이 공동상속인에게 각자의 상속분 비율에 따라 공동상속되는지 여부(적극) 및 공동상속인들이 위 손해배상채권을 상속하는 한편 유족연금 수급권자가 국민연금공단으로부터 유족연금을 지급받게 되는 경우, 유족연금 수급권자가 지급받는 유족연금은 그 수급권자가 상속한 일실노령연금 상당 손해배상채권을 한도로 그 손해배상채권에서만 공제하여야 하는지 여부(적극)

"구 국민연금법(2011. 12. 31. 법률 제11143호로 개정되기 전의 것. 이하 같다)에 의한 노령연금을 받던 사람이 타인의 불법행위로 인하여 사망한 경우 그 상속인들은 망인이 생존하고 있었으면 그 여명기간 동안 수령할 수 있었던 일실노령연금 상당의 손해배상채권을 상속하여 가해자에 대하여 그 배상을 청구할 수 있다. 한편 구 국민연금법 제72조 내지 제76조의 규정은 유족연금에 관하여 노령연금 수급권자 등이 사망할 당시 그에 의하여 부양되고 있던 유족의 생활보장과 복지향상을 목적으로 하여 민법의 상속제도와는 다른 입장에서 수급권자를 정한 것이므로, 유족연금의 수급권자는 상속인으로서가 아니라 이들 규정에 의하여 직접 자기의 고유의 권리로서 유족연금을 받을 권리를 취득하는 것이고, 그 유족연금의 수급권은 타인의 불법행위로 사망한 노령연금 수급권자 등의 상속재산에 포함되지 아니한다. 그런데 노령연금 수급권자가 타인의 불법행위로 사망함에 따라 그 공동상속인들이 망인의 일실노령연금 상당 손해배상채권을 상속하는 한편 유족연금 수급권자가 국민연금공단으로부터 유족연금을 지급받게 되는 경우, 그 유족연금은 노령연금과 동일한 목적과 성격을 가진 급부이므로 그 유족연금액을 당해 유족연금 수급권자가 상속한 일실노령연금 상당 손해배상채권에서 공제함이 형평의 이념에 맞지만, 이를 넘어서서 법적으로 유족연금을 받을 권리를 가지지 못한 다른 공동상속인들이 상속한 일실노령연금 상당 손해배상채권에 대해서까지 유족연금 수령으로 인한 공제의 효과가 미친다고 볼 수는 없다. 그렇다면 노령연금 수급권자가 타인의 불법행위로 사망함에 따라 발생되는 망인의 일실노령연금 상당 손해배상채권은 모두가 그 공동상속인

들에게 각자의 상속분 비율에 따라 공동상속되고, 유족연금 수급권자가 지급받는 유족연금은 그 수급권자가 상속한 일실노령연금 상당 손해배상채권을 한도로 하여 그 손해배상채권에서만 공제하는 것으로 해석하여야 하고, 이와 달리 망인의 일실노령연금 상당 손해배상채권에서 유족급여를 먼저 공제한 후 그 나머지 손해배상채권을 공동상속인들이 각자의 상속분 비율에 따라 공동상속하는 것으로 해석할 것은 아니다."(대판 2014. 11. 27. 2011다57401)

Ⅲ. 제사용 재산의 특별승계

1. 특별승계의 원칙

제사용 재산의 경우, 민법은 상속인의 포괄승계 대상에서 제외되는 특별재산으로 취급하여 법정상속인이 아닌 특정인이 이를 승계하도록 하고 있다(제1008조의3 참조). 이는 조상숭배나 가통(家統)을 중시하는 우리의 습속이나 국민감정을 고려한 것이다(대판 1997. 11. 28. 96누18069 참조).

2. 제사용 재산

이것은 분묘에 속하는 1정보 이내의 금양임야(禁養林野 : 분묘 또는 그 설치예정지 주위의 벌목이 금지되거나 나무를 기르는 임야로서 종산(宗山)으로도 불린다), 600평 이내의 묘토(墓土 ; 묘지를 둘러싸고 있는 토지로서 그 수익으로 제사비용 · 분묘 수호 비용에 충당하는 농지로서 위토(位土)로도 불린다)인 농지(분묘 1기당 600평 이내를 말한다(대판 1996. 3. 22. 93누19269).), 족보, 제구(분묘의 부속시설인 비석을 포함한다(대판 1993. 8. 27. 93도648).) 등을 말한다.

3. 제사용 재산의 승계자

제사용 재산은 제사를 주재하는 자가 승계한다(제1008조의3). 제사를 주재하는 자가 누구인가? ① 학설은, 사실상 제사를 주재하는 자라는 견해(김주수 · 김상용, 앞의 책, 678면) · 가족의 협의로 결정한다는 견해(곽윤직, 앞의 책, 70면) · 원칙적으로 호주승계인을 뜻한다는 견해(박병호, 앞의 책, 287면) · 피상속인의 의사, 관습, 가정법원의 순으로 결정한다는 견해(이경희, 앞의 책, 387면 이하) 등으로 나뉜다. ② 판례는 망인의 공동상속인들 사이의 협의로 정하되, 그 협의가 이루어지지 않는 경우에는 제사주재자의 지위를 유지할 수 없는 특별한 사정이 없는 한 망인의 장남(그 사망 시에는 장남의 아들인 장손자)이 그 주재자가 되고, 공동상속인들 중에 장남이 없는 경우에는 망인의 장녀가 제사 주재자가 된다(대판 2008. 11. 20. 전원합의체, 2007다27670). 생각건대 조상숭배나 가통(家統)을 중시하는 우리의 습속이나 국민감정을 고려한 판례의 견해가 타당하다. ③ 그런데 위 판례는 사법상 공동상속인들 사이에서 망인의 유체 · 유골 등을 승계할 자를 정하는 법리를 선언한 것으로서 공법인 국립묘지법에 따라 매장 유골의 관리 · 수호권을 취득한 국립묘지관리소장에 대한 관계에서는 곧바로 원용할 수 없다는 점을 유의하여야 한다. 따라서 국립묘지에 안장된 유골 등에 관하여 유족들 사이에 이장 여부를 둘러싼 다툼이 있어 각각 상충되는 요구를 할 경우 국립묘지의 적정한 운영에 장애가 생길 수 있으므로, 유족 중 일부가 국립묘지 외의 장소로 이장하겠다는 신청을 한 경우, 국립묘지를 관리하는 행정청으로서는 망인의 배우자뿐만 아니라 국립묘지의 적정한 운영과 영예성 유지라는 입법 목적에 부합하는 범위 내의 '유족들'로부터 동의가 있는지를 심사하여, 그들 모두의 동의가 없다면 이장 신청을 거부할 수 있다(대판 2017. 9. 26. 2017두50690).

판 례

■ 제사주재자의 지위를 유지할 수 없는 특별한 사정의 의미

"어떤 경우에 제사주재자의 지위를 유지할 수 없는 특별한 사정이 있다고 볼 것인지에 관하여는, 제사제도가 관습에 바탕을 둔 것이므로 관습을 고려하되, 여기에서의 관습은 과거의 관습이 아니라 사회의 변화에 따라 새롭게 형성되어 계속되고 있는 현재의 관습을 말하므로 우리 사회를 지배하는 기본적 이념이나 사회질서의 변화와 그에 따라 새롭게 형성되는 관습을 고려해야 할 것인바, 중대한 질병, 심한 낭비와 방탕한 생활, 장기간의 외국 거주, 생계가 곤란할 정도의 심각한 경제적 궁핍, 평소 부모를 학대하거나 심한 모욕 또는 위해를 가하는 행위, 선조의 분묘에 대한 수호·관리를 하지 않거나 제사를 거부하는 행위, 합리적인 이유 없이 부모의 유지 내지 유훈에 현저히 반하는 행위 등으로 인하여 정상적으로 제사를 주재할 의사나 능력이 없다고 인정되는 경우가 이에 해당하는 것으로 봄이 상당하다."(대판 2008. 11. 20. 전원합의체, 2007다27670)

■ 금양임야 등 제사용 재산의 특별상속을 규정한 민법 제1008조의3이 평등의 원칙 등을 침해하여 위헌인지 여부(소극)

"민법 제1008조의3은 '분묘에 속한 1정보 이내의 금양임야와 600평 이내의 묘토인 농지, 족보와 제구의 소유권은 제사를 주재하는 자가 이를 승계한다.'고 규정하여 일가의 제사를 계속하게 하기 위한 제사용 재산을 일반상속재산과 구별되는 특별재산으로 보아 그 소유권을 제사주재자가 단독상속토록 하고 있으나, 위 규정이 헌법상 재산권보장의 원칙, 평등의 원칙, 인간으로서의 존엄과 가치 및 행복추구권의 본질적인 내용을 침해하는 위헌적인 규정이라고 볼 수 없다."(대판 2008. 3. 13. 2005다5614)

Ⅳ. 상 속 분

1. 개 설

첫째, 민법은 상속분에 관하여 세 가지 규정을 두고 있다. ① 각 공동상속인이 상속재산에 관하여 갖는 권리·의무를 승계하는 비율을 말한다(제1007조·제1009조). ②, 각 공동상속인이 승계할 상속재산의 가액을 뜻한다(제1008조·제1008조의2). ③ 상속재산 분할 전의 각 공동상속인의 지위를 말한다(제1011조). 즉, 상속인 중 1인이 상속재산에 대한 그의 상속분을 양도하였을 때의 상속분을 말한다. 생각건대 상속인이 1인뿐이라면 그가 단독상속을 하게 되므로, 이 경우에는 상속분의 의미는 없다. 그렇다면, 상속분이란 ①의 의미를 말한다. 둘째, 피상속인이 유언으로 상속분을 지정할 수 있는지(법정상속분의 변경이 가능한지)가 의문이다. 학설은 피상속인의 포괄적 유증을 통하여 상속분 지정의 효과가 발생하게 된다는 점을 근거로 이를 긍정하는 견해(김용한, 앞의 책, 329면 등)와 민법에 명문의 규정이 없고, 포괄적 유증에 의한 법정상속분의 변경의 결과를 지정상속분의 인정으로 볼 수 없다는 점 등을 근거를 이를 부정하는 견해(곽윤직, 앞의 책, 86면)로 나뉜다. 생각건대 포괄유증은 상속분지정과 비슷한 결과를 가져온다. 하지만 상속채무의 부담비율을 정하는 유언이 허용되지 않고, 유류분을 침해하는 유언은 유류분권자의 반환청구를 당할 수 있으며(제1115조), 포괄유증은 유언의 방식(제1065조-제1072조)으로만 할 수 있을 뿐 생전행위의 방식이 허용될 수 없다는 점에서 유언에 의한 상속분의 지정은 민법상 허용되지 않는다 할 것이다.

2. 법정상속분

첫째, 동순위의 혈족상속인이 수인인 경우, 그 상속분은 균분으로 한다(제1009조 제1항). 균분상속(均分相續)의 원칙은 상속인의 부계·모계 여부, 혼인 여부, 혼인 중의 출생자인지 여부는 묻지 않는다. 둘째, 배우자상속인의 상속분은 어떻게 되는가? 피상속인의 배우자의 상속분은 직계비속 또는 직계존속과 공동상속을 하는 경우, 그 각각의 상속분의 5할을 가산한다(제1009조 제2항). 가령 A(남편)가 B(아내)·C(장남)·D(차남)·E(출가녀)를 남긴 채 유언 없이 사망한 경우, 혈족상속인(C·D·E)(제1000조 제1항 제1호)과 배우자상속인(B)(제1003조 제1항)은 A의 상속재산을 각각 1:1:1:1.5의 비율로 상속하게 된다. 따라서 B의 상속분은 1.5/4.5가 되고, C·D·E의 상속분은 모두 똑 같이 1/4.5가 된다. 만약 A에게 직계비속은 없고, 부모(X·Y)와 아내만 있는 경우에는 X·Y·B는 각각 1:1:1.5의 비율로 A의 상속재산을 상속하게 된다. 따라서 B의 상속분은 1.5/3.5가 되고, X·Y의 상속분은 각각 1/3.5가 된다. 만약 A에게 직계비속·직계존속도 없고, 아내만 있는 경우에는 배우자인 B가 단독상속을 하게 된다(제1003조 제1항). 셋째, 대습상속인의 상속분은 피대습자(피상속인 사망 전에 사망 또는 상속이 결격된 피상속인의 직계비속·형제자매)의 상속분과 같다(제1010조 제1항). 이 경우, 대습상속을 하는 직계비속이 수인인 경우·대습상속을 하는 배우자(피대습자의 배우자)가 있는 경우, 피대습자의 상속분을 상속재산으로 하여 법정상속분의 방법으로 각자의 상속분을 정한다(제1010조 제2항). 따라서 피대습자의 직계비속의 상속분은 균등하고(제1009조 제1항), 피대습자의 배우자의 상속분은 그 직계비속의 상속분의 5할을 가산한다(제1009조 제2항). 물론 피대습자의 직계비속이 없으면 그 배우자가 단독으로 대습상속을 하게 된다(제1003조 제2항). 넷째, 상해의 결과로 피보험자가 사망한 때에 사망보험금이 지급되는 상해보험에서 보험계약자가 보험수익자를 단지 피보험자의 '법정상속인'이라고만 지정한 경우, 그 상속분은 어떻게 되는가? 판례는 특별한 사정이 없는 한 그와 같은 지정에는 장차 상속인이 취득할 보험금청구권의 비율을 상속분에 의하도록 할 취지가 포함되어 있다고 해석함이 타당하다고 하면서, 보험수익자인 상속인이 여러 명인 경우, 각 상속인은 특별한 사정이 없는 한 자신의 상속분에 상응하는 범위 내에서 보험자에 대하여 보험금을 청구할 수 있다고 판시하였다(대판 2017. 12. 12. 2015다236820, 236837).

3. 특별수익자

(1) 서 설

(가) 개 념

상속인의 사망에 의하여 상속이 개시될 당시에 공동상속인 중에서 이미 피상속인으로부터 생전증여나 유언에 의해 특별히 재산을 받은 사람을 특별수익자(特別受益者)라고 한다. 공동상속인 중에 특별수익자가 있는 경우, 상속재산의 분할에 다시 참가하여 상속을 받는다면 2중의 이익을 취하는 것이 된다. 따라서 특별수익자가 있는 경우, 공동상속인 사이의 공평을 도모하기 위한 제도를 둘 필요가 있다. 그리하며 민법은 특별수익자는 그 수증재산이 상속분에 달하지 못한 때에는 그 부족한 부분의 한도에서 상속분이 있다고 규정한다(제1008조).

●● 사례

C(아버지)에게는 여러 가족(자녀와 배우자 등의 추정상속인)이 있었다. C는 생전에 그의 가족 가운데 B외 2인(피고들)에게 부동산과 현금 등을 증여하였다. C가 사망하여 상속이 개시되었을 때 공동상속인 중의 일부인 A외 3인(원고들)은, 다른 공동상속인(B외 2인)이 생전에 피상속인으로부터 증여받은 위의 재산들은 피고들의 특별수익분으로서 원고들의 유류분을 산정함에 있어서 기초가 되는 재산에 포함되어야 한다는 점을 내세워, B외 2인을 상대로 유류분을 반환하라는 취지의 소송을 제기하였다. 동 소송은 인용될 것인가?

●● 사안의 쟁점:

첫째, 특별수익자가 있는 경우 공동상속인의 상속분의 산정방법은 무엇인지, 둘째, 공동상속인에게 증여한 경우 그 증여시기는 문제 되지 아니한지, 셋째, 특별수익의 평가기준시기는 언제인지 등이다.

(나) 특별수익자가 있는 경우, 공동상속인의 상속분의 산정방법

제1008조의 규정 내용은 매우 미흡하므로, 특별수익자제도의 입법취지를 고려한 해석론으로 해결할 수밖에 없다. 즉, 상속개시 당시의 피상속인의 재산(적극재산만을 뜻한다)의

가액에 생전증여의 가액을 더한 후, 이 가액에 공동상속인 각자의 법정상속분율을 곱한 것(특별수익자의 경우는 여기에다 생전증여의 가액을 제외하여야 한다)이 각 공동상속인의 상속분이다. 구체적으로 보기로 한다. 가령 2남 1녀를 두고 있던 아버지가 생전에 장남에게 결혼비용으로 6천만원을 증여하였다면, 아버지 사망 시에 그 장남은 특별수익자가 된다. 아버지가 남겨 놓은 재산이 1억 8천만원인 경우, 장남의 생전증여액 6천만원을 더한 금액인 2억 4천만원이 산정기준 상속재산이 된다(이를 상정(想定)상속재산으로 표현하는 견해로는 곽윤직, 앞의 책, 97면). 이 가액을 각자의 법정상속분율로 곱한 것, 즉 2억4천 × 1/3=8천만원이 공동상속인 각자의 상속분이 된다. 다만, 특별수익자인 장남은, 산출된 상속분인 8천만원에서 생전증여액 6천만원을 제외한 금액인 2천만원의 상속분을 갖는다.

(2) 반환의무자

(가) 공동상속인

첫째, 공동상속인(혈족상속인 · 배우자상속인 불문) 중 생전증여 · 유증을 받은 자가 특별수익자로서 반환의무를 부담한다. 헌법재판소는, 특별수익자가 배우자인 경우 특별수익 산정에 관한 예외를 두지 아니한 제1008조가 배우자인 상속인의 재산권을 침해하는지는 않는다고 판단하였다(헌재 2017. 4. 27. 2015헌바24). 특별수익자라 하더라도, 상속을 승인(단순승인 · 한정승인 불문)한 자에 한하며, 상속을 포기한 자는 반환의무가 없다(다만, 특별수익이 다른 공동상속인의 유류분을 침해한 경우, 유류분반환청구의 대상이 됨은 별개의 문제이다). 둘째, 공동상속인의 직계비속 · 배우자 · 직계존속이 피상속인으로부터 증여나 유증을 받은 경우에는 어떻게 되는가? 원칙적으로 상속인은 반환의무를 지지 않지만, 사실상 피상속인으로부터 상속인에게 직접 증여된 것과 같다고 인정되는 경우(그 판단에는 증여 · 유증의 경위, 목적물의 가치 · 성질, 수증자와 관계된 상속인이 실제 받은 이익 등을 고려하게 된다)에는 특별수익으로서 반환의무를 부담한다(대결 2007. 8. 28. 자 2006스3, 4).

(나) 대습상속의 경우

첫째, 피대습자가 피상속인으로부터 특별수익을 한 경우, 대습상속인은 언제나 반환의무가 있다고 해석하여야 한다(통설. 대습상속인이 현실적으로 경제적 이익을 얻고 있는 경우에 한한다는 견해로는 김주수 · 김상용, 앞의 책, 692면). 둘째, 대습상속인이 피상속인으로부터 직접 특별수익을 한 경우에도 그 반환의무가 있다. 이 경우, 그 반환의 대상이 되는 대습상속인의 특별수익은 공동상속인의 자격 취득시점 이후에 취득한 것으로 한정하여야 한다. 왜냐하면, 제1008조에 의하여 특별수익 반환의무(조정의무)를 부담하는 특별수익자는 증여 · 유증을 받은 공동상속인이어야 하기 때문이다(같은 견해 곽윤직, 앞의 책, 101면)(그 자격 취득시점 이전 · 이후를 묻지 않는다는 견해로는 김주수 · 김상용, 앞의 책, 692면; 송덕수, 앞의 책, 1618면 등). 따라서 대습상속인이 대습원인의 발생 이전에 피상속인으로부터 증여를 받은 경우, 이는 특별수익이 아니어서(상속인의 지위에서 받은 것이 아니므로, 상속분의 선급이 아니다) 그 반환의 대상이 되지 않는다(대판 2014. 5. 29. 2012다31082 참조).

(다) 혼인·입양에 의하여 상속인이 된 자

수익의 취득 시에는 추정상속인의 지위에 있지 않았으나, 그 후 피상속인(증여자·유증자)의 배우자나 양자로 된 경우, 당연히 특별수익자로서 반환의무를 부담한다.

(라) 포괄적 수증자

법정상속인 이외의 제3자가 피상속인으로부터 포괄적 유증은 받은 경우, 그는 반환의무를 지지 않는다(공동상속인 사이의 이해관계의 공평을 꾀하기 위한 특별수익자제도의 취지상 당연하다).

(3) 특별수익의 범위

(가) 증 여

① 특별수익의 판단기준

첫째, 민법은 반환의 대상이 되는 증여의 범위를 구체적으로 밝히고 있지 않다. 결국 제도적 취지에 근거한 해석론으로 해결할 수밖에 없다. 당해 생전증여가 수증자인 추정상속인에게 귀속될 상속재산 중 그의 몫의 일부를 선급(先給)하는 것인지 여부, 증여자인 피상속인의 생존 당시의 자산·수입·생활수준 등을 토대로 특별수익이라고 하는 것이 적당한지 여부, 공동상속인 사이의 형평성 등을 고려하여 판단하여야 한다(곽윤직, 앞의 책, 105면. 대판 1998. 12. 8. 97므513, 520, 97스12의 취지도 같다). 둘째, 반환의 대상인 증여의 경우, 상속이 개시되기 전에 이미 증여계약의 이행으로 수증자인 특별수익자에게 소유권이 이전된 재산이어야 한다(대판 1996. 8. 20. 96다13682 참조)

② 특별수익의 해당 여부

첫째, 특별수익에 해당하는 것으로는 독립자금·사업자금·주택구입자금의 증여, 혼인자금(혼수감의 준비금·지참금 등의 혼인비용 포함)·생계자본의 증여는 특별수익이 된다(같은 견해 곽윤직, 앞의 책, 105면). ① 예식비용의 경우는 그 비용의 과다 여부를 기준으로 사회통념의 바탕에서 판단하여야 한다. ② 고등교육을 위한 학비의 경우는 어떤가? 공동상속인인 자녀 중 일부만이 고등교육을 받거나 외국유학을 한 경우라면 이는 특별수익이 된다고 해석하여야 한다. 둘째, 부양료·관례적인 선물·용돈 등의 생활보조금·적은 액수의 재산의 양도나 채무면제 등의 출연은 특별수익이 아니다(곽윤직, 앞의 책, 105면). ① 피상속인으로부터 생전증여를 받은 상속인(배우자)이 일생 동안 피상속인의 반려자로서 그와 함께 가정공동체를 형성하고 서로 헌신하며 가족의 경제적 기반인 재산을 획득·유지하고 자녀들에 대한 양육과 지원을 계속해 온 경우, 이는 특별수익에 해당하지 않는다(대판 2011. 12. 8. 2010다66644). ② 대습상속인이 대습원인의 발생 이전에 피상속인으로부터 증여를 받은 경우, 대습상속인의 위와 같은 수익은 특별수익에 해당하지 않는다(대판 2014. 5. 29. 2012다31802).

(나) 유 증

유증은 그 목적에 관계없이 특별수익으로서 반환의 대상이 된다. 다만, 유증의 목적물은 상속개시 시에는 그대로 상속재산에 포함되기 때문에 생전증여처럼 상속분 산정 시 상속재산에 가산하지 않아도 된다.

(다) 기 타

첫째, 생명보험금은 어떤가? 보험계약자인 피상속인이 자신을 피보험자로, 공동상속인 중의 특정인을 보험금수익자로 지정한 경우, 피보험자의 사망이라는 보험사고의 발생으로 보험금수익자는 생명보험금청구권을 취득하게 된다. 따라서 생명보험금은 반환대상인 특별수익이다. 둘째, 사망퇴직금·유족연금 등의 경우, 공동상속인 중의 어느 1인이 수령하였다면 이는 생명보험금의 경우와 같이 특별수익으로 보아야 한다.

(4) 특별수익의 평가

(가) 평가기준시기

특별수익으로서 반환되는 것은 현물이 아니라 특별수익재산을 평가한 가액이다(가액반환주의). 그 명문의 규정이 없는 민법의 경우, 평가기준시기에 관하여는 상속개시시설(김용한, 앞의 책, 335면 등 다수설)·상속재산분할시설(박병호, 앞의 책, 364면)·증여이행시설(증여 당시의 가액으로 평가한 후 이를 다시 물가지수에 따라 상속개시 시의 가액으로 환산하여 평가하는 견해로서 곽윤직, 앞의 책, 108면) 등 다툼이 있다. 판례는 대상분할의 방법이 아닌 한 상속개시 시가 그 기준시기라고 한다(대결 1997. 3. 21. 96스62). 생각건대 상속재산은 피상속인의 사망시점을 기준으로 하여 평가되므로, 증여의 평가도 상속이 개시된 때를 기준으로 평가하는 것이 합리적이다.

(나) 평가방법

이에 관하여 민법이 침묵하고 있어서 해석론으로 해결할 수밖에 없다. ① 따라서 증여의 목적물의 멸실 또는 가격의 증감이 수증자의 행위에 기한 경우, 상속개시 당시의 상태로 존재하는 것으로 보아 평가한다(일본민법 제904조 참조)(목적물이 자연적으로 낡아진 경우에도 마찬가지이다). ② 위 ①의 사유에 수증자의 책임이 없는 경우, 증여목적물의 가액은 상속재산에 가산하지 않는다. ③ 목적물이 금전인 경우에는 상속개시 당시의 화폐가치로 환산·평가하여야 한다.

(다) 특별수익자가 있는 경우, 상속채무의 분담방법

이 경우에는 법정상속분에 따른다(통설, 대판 1995. 3. 10. 94다16571).

(5) 상속분을 초과하는 특별수익자의 처리문제

(가) 특별수익의 가액이 상속분에 부족한 경우

특별수익자는 부족한 부분만큼 상속분을 더 받을 수 있다(제1008조).

(나) 특별수익의 가액이 상속분을 초과하는 경우

첫째, 특별수익자는 상속재산으로부터 자신의 상속분을 추가로 받지 못한다(제1008조, 대판 1973. 5. 8. 71다1554, 법원공보불게재). 둘째, 특별수익자는 그 초과부분에 대한 반환의무를 지는가? 반환하여야 한다는 긍정설

(김주수 · 김상용, 앞의 책, 696면. 반환금지의 제1008조 단서가 1977년 민법개정으로 삭제되었다는 것이 그 근거임) · 부정설(곽윤직, 앞의 책, 109면) · 절충설(공동상속인의 유류분을 침해한 경우, 그 한도 내에서만 반환의무를 부담한다는 견해로 김용한, 앞의 책, 335면 등 다수설) 등으로 나뉜다. 판례는 절충설을 취한다(대판 1996. 2. 9. 95다17885). 생각건대 피상속인(유언자)의 유언의 자유와 공동상속인 사이의 이해관계의 조화를 꾀할 수 있다는 점에서 절충설이 타당하다.

●● 사례의 해결:

첫째, 공동상속인 중에 피상속인으로부터 재산의 증여 또는 유증을 받은 특별수익자가 있는 경우에, 공동상속인들 사이의 공평을 기하기 위하여 그 수증재산을 상속분의 선급으로 다루어 구체적인 상속분을 산정함에 있어 이를 참작하여야 함은 민법의 규정상 당연하다. 둘째, 따라서 B 외 2인이 생전에 C로부터 받은 증여는 그 증여가 상속개시 1년 이전의 것인지 아닌지 또는 당사자 양쪽이 손해를 생기게 할 것을 알고서 했는지 여부에 관계없이, 유류분산정을 위한 기초재산에 산입되어야 하므로 A외 3인의 주장은 옳고 그 청구는 인용될 것이다.

(대판 1996. 2. 9. 95다17885의 사실관계와 판결요지 등 참조)

판 례

특별수익자의 상속분에 관한 민법 제1008조의 취지 및 생전 증여가 특별수익에 해당하는지 여부의 판단 방법

"민법 제1008조는 공동상속인 중에 피상속인으로부터 재산의 증여 또는 유증을 받은 자가 있는 경우에 그 수증재산이 자기의 상속분에 달하지 못한 때에는 그 부족한 부분의 한도에서 상속분이 있다고 규정하고 있는바, 이는 공동상속인 중에 피상속인으로부터 재산의 증여 또는 유증을 받은 특별 수익자가 있는 경우에 공동상속인들 사이의 공평을 기하기 위하여 그 수증재산을 상속분의 선급으로 다루어 구체적인 상속분을 산정함에 있어 이를 참작하도록 하려는 데 그 취지가 있는 것이므로, 어떠한 생전 증여가 특별수익에 해당하는지는 피상속인의 생전의 자산, 수입, 생활수준, 가정상황 등을 참작하고 공동상속인들 사이의 형평을 고려하여 당해 생전 증여가 장차 상속인으로 될 자에게 돌아갈 상속재산 중의 그의 몫의 일부를 미리 주는 것이라고 볼 수 있는지에 의하여 결정하여야 할 것이다."(대판 1998. 12. 8. 97므513)

생전 증여를 받은 상속인이 배우자로서 일생 동안 피상속인의 반려가 되어 그와 함께 가정공동체를 형성하고 서로 헌신하며 가족의 경제적 기반인 재산을 획득 · 유지하고 자녀들에 대한 양육과 지원을 계속해 온 경우, 생전 증여를 특별수익에서 제외하는 것이 자녀인 공동상속인들과의 관계에서 공평에 반하는지 여부(소극)

"민법 제1008조는 '공동상속인 중에 피상속인으로부터 재산의 증여 또는 유증을 받은 자가 있는 경우에 그 수증재산이 자기의 상속분에 달하지 못한 때에는 그 부족한 부분의 한도에서 상속분이 있다.'라고 규정하고 있는데, 이는 공동상속인 중에 피상속인에게서 재산의 증여 또는 유증을 받은 특별수익자가 있는 경우에 공동상속인들 사이의 공평을 기하기 위하여 수증재산을 상속분의 선급으로 다루어 구체적인 상속분을 산정할 때 이를 참작하도록 하려는 데 그 취지가 있다. 여기서 어떠한 생전 증여가 특별수익에 해당하는지는 피상속인의 생전의 자산, 수입, 생활수준, 가정상황 등을 참작하고 공동상속인들 사이의 형평을 고려하여 당해 생전 증여가 장차 상속인으로 될 자에게 돌아갈 상속재산 중 그의 몫의 일부를 미리 주는 것이라고 볼 수 있는지에 의하여 결정하여야 하는데, 생전 증여를 받은 상속인이 배우자로서 일생 동안 피상속인의 반려가 되어 그와 함께 가정공동체를 형성하고 이를 토대로 서로 헌신하며 가족의 경제적 기반인 재산을 획득·유지하고 자녀들에게 양육과 지원을 계속해 온 경우, 생전 증여에는 위와 같은 배우자의 기여나 노력에 대한 보상 내지 평가, 실질적 공동재산의 청산, 배우자 여생에 대한 부양의무 이행 등의 의미도 함께 담겨 있다고 봄이 타당하므로 그러한 한도 내에서는 생전 증여를 특별수익에서 제외하더라도 자녀인 공동상속인들과의 관계에서 공평을 해친다고 말할 수 없다."(대판 2011. 12. 8. 2010다66644)

■ 대습상속인이 대습원인의 발생 이전에 피상속인으로부터 증여를 받은 경우, 대습상속인의 위와 같은 수익이 특별수익에 해당하는지 여부(소극)

"대습상속인이 대습원인의 발생 이전에 피상속인으로부터 증여를 받은 경우 이는 상속인의 지위에서 받은 것이 아니므로 상속분의 선급으로 볼 수 없다. 그렇지 않고 이를 상속분의 선급으로 보게 되면, 피대습인이 사망하기 전에 피상속인이 먼저 사망하여 상속이 이루어진 경우에는 특별수익에 해당하지 아니하던 것이 피대습인이 피상속인보다 먼저 사망하였다는 우연한 사정으로 인하여 특별수익으로 되는 불합리한 결과가 발생한다. 따라서 대습상속인의 위와 같은 수익은 특별수익에 해당하지 않는다."(대판 2014. 5. 29. 2012다31802)

■ 공동상속인 중에 특별수익자가 있는 경우의 구체적 상속분 산정을 위한 재산 평가시점(상속개시일) 및 대상분할의 방법에 의한 상속재산분할시의 정산을 위한 상속재산 평가시점(분할시)

"공동상속인 중에 피상속인으로부터 재산의 증여 또는 유증 등의 특별수익을 받은 자가 있는 경우에는 이러한 특별수익을 고려하여 상속인별로 고유의 법정상속분을 수정하여 구체적인 상속분을 산정하게 되는데, 이러한 구체적 상속분을 산정함에 있어서는 상속개시시를 기준으로 상속재산과 특별수익재산을 평가하여 이를 기초로 하여야 할 것이고, 다만 법원이 실제로 상속재산분할을 함에 있어 분할의 대상이 된 상속재산 중 특정의 재산을 1인 및 수인의 상속인의 소유로 하고 그의 상속분과 그 특정의 재산의 가액과의 차액을 현금으로 정산할 것을 명하는 방법(소위 대상분할의 방법)을 취하는 경우에는, 분할의 대상이 되는 재산을 그 분할시를 기준으로 하여 재평가하여 그 평가액에 의하여 정산을 하여야 한다."(대결 1997. 3. 21. 자 96스62)

■ 공동상속인 및 공동상속인이 아닌 제3자가 피상속인으로부터 각 증여 또는 유증을 받은 경우, 각자의 유류분반환 의무의 범위

"유류분 권리자가 유류분반환청구를 함에 있어 증여 또는 유증을 받은 다른 공동상속인이 수인일 때에는 민법이 정한 유류분 제도의 목적과 민법 제1115조 제2항의 취지에 비추어 다른 공동상속인들 중 각자 증여받은 재산 등의 가액이 자기 고유의 유류분액을 초과하는 상속인만을 상대로 하여 그 유류분액을 초과한 금액의 비율에 따라서 반환청구를 할 수 있다고 하여야 하고, 공동상속인과 공동상속인이 아닌 제3자가 있는 경우에는 그 제3자에게는 유류분이라는 것이 없으므로 공동상속인은 자기 고유의 유류분액을 초과한 금액을 기준으로 하여, 제3자는 그 수증가액을 기준으로 하여 각 그 금액의 비율에 따라 반환청구를 할 수 있다고 하여야 한다."(대판 1996. 2. 9. 95다17885)

■ 특별부양자에 대한 기여분을 정한 민법(2005. 3. 31. 법률 제7427호로 개정된 것) 제1008조의2 제1항 중 '상당한 기간 동거 · 간호 그 밖의 방법으로 피상속인을 특별히 부양한 자'에 관한 부분(이하 '이 사건 법률조항'이라 한다)이 명확성의 원칙에 반하는지 여부(소극)

"이 사건 법률조항이 기여분의 성립요건을 특별한 부양의 유무에 두고 있기는 하지만, 해석을 통해서 그 의미내용을 확인할 수 있고, 그러한 보충적 해석이 해석자에 따라 좌우될 정도는 아니며, 입법기술적으로도 개선 가능성이 있다는 특별한 사정도 보이지 아니하므로 헌법상 명확성의 원칙에 반하지 아니한다."(헌재결 2011. 11. 24. 전원재판부, 2010헌바2)

■ 이 사건 법률조항이 재산권을 침해하여 헌법에 위반되는지 여부(소극)

"이 사건 법률조항은 공동상속인 사이의 실질적 형평을 도모하는 동시에 가족관계의 건전한 가치관을 정립하고자 도입된 것으로 그 입법목적의 정당성이 인정되고, 고유의 법정상속분 이외에 그 기여분만큼의 가액을 추가로 받도록 하는 것은 이를 달성하기 위한 적정한 수단이 된다고 할 것이며, 피상속인을 통상적인 수준으로 부양한 공동상속인은 민법 및 가사소송법상의 부양 법리 또는 구상 법리에 의하여 다른 공동상속인과의 사이에서 이해관계의 조정이 얼마든지 가능하다고 할 것이므로 기본권제한의 입법한계를 일탈하여 재산권을 침해하지 않는다."(헌재결 2011. 11. 24. 전원재판부, 2010헌바2)

■ 이 사건 법률조항이 평등원칙에 위배되는지 여부(소극)

"특별수익자의 상속분제도와 이 사건 법률조항이 규정하는 기여분제도는 그 입법취지 뿐 아니라 요건 및 효과도 상이한 별개의 제도이므로 특별수익자의 상속분제도의 적용을 받는 공동상속인과 이 사건 법률조항의 적용을 받는 공동상속인 사이에 본질적인 동일성이 존재한다고 보기는 어렵고, 또한 민법 및 가사소송법 등 관련법규에 의해서 민법상 부양의무를 이행한 공동상속인과 그렇지 아니한 공동상속인 간의 이해관계 조정이 가능하므로 특별한 수준의 부양을 행한 공동상속인에게만 기여분을 인정하는 것이 현저히 합리성을 결여하였다고 보기도 어렵다. 따라서 이 사건 법률조항은 평등원칙에 위배되지 아니한다."(헌재결 2011. 11. 24. 전원재판부, 2010헌바2)

4. 기 여 분

(1) 의 의

(가) 개 념

공동상속인 중에서 피상속인의 재산의 유지 또는 증가에 관하여 특별히 기여하거나 또는 피상속인을 부양한 상속인이 상속재산 중에서 받게 되는 몫을 기여분(寄與分)이라 한다. 기여분은 법정상속분의 수정요소로 작용한다. 즉, 상속개시 당시의 피상속인의 재산가액에서 기여자(특별기여자로 부르기도 한다)의 기여분을 공제한 잔액을 상속재산으로 하고, 그 액수에다 각자의 상속분율을 곱하여 공동상속인 각자의 상속분을 산정한다. 다만, 기여자의 총상속분은 그 산정된 공동상속인의 상속분에 기여분을 가산한 액이 된다(제1008조의2 제1항). 가령 남편이 2억원의 재산을 남기고 유언 없이 사망했다고 하자. 아내와 아들 둘이 있으나, 작은 아들이 20년 넘게 아버지를 도와 원예업을 해 왔으므로 상속인 3인의 협의로 작은 아들의 기여분을 6천만원 정도로 정하였다. 3인의 상속분을 계산해 본다. 유산

(2억원)에서 기여분(6천만원)을 뺀 1억 4천만원을 상속재산으로 하여 3인의 상속분을 계산해 보면, 아내(1억 4천만원 × 3/7=6천만원) · 형(1억 4천만원 × 2/7=4천만원) · 동생(1억 4천만원 × 2/7=4천만원)으로 된다. 이때 기여자인 동생의 몫(총상속분)은 상속분(4천만원)에서 기여분(6천만원)이 더해진 1억원이 된다는 것이다.

●● 사례

A(원고)는 결혼 전은 물론 이후에도 계속 부모를 모시고 지냈으며 A의 부(父)가 1967년 8월경 사망한 후에는 홀로된 어머니인 S, 여동생들로서 미혼인 B 및 C(공동피고)와 함께 생활하였는데 특히 A의 남편인 L이 독자적으로 화장품 특약점을 경영하기에 이른 1974년 1월경부터는 S의 나이가 61세를 넘어 육체적으로 노약해졌으므로 A 소유 주택에서 모시고 생활하면서 S의 유일한 수입원인 임대주택의 수리 등 관리를 계속하였다. 1977년 7월경 막내딸인 C를 끝으로 딸들이 모두 혼인·분가한 이후에도 S를 계속 부양하여 그의 가사를 도맡아 하면서 선친의 제사를 계속 모셔왔고, S가 81세 되는 1993년 8월경부터 병환으로 입원치료를 받거나 집에서 요양하는 동안 치료비를 체당·선납하고 간호를 계속하는 등 S의 사망 당시까지 노무의 제공 또는 재산상의 급여를 해 왔다(이 점은 사실관계에서 확인되었다). S의 사망 후 A는 B·C 등을 상대로, 기여분을 주장하는 소송을 제기하였다. 동 청구는 인용될 것인가?

●● 사안의 쟁점:

첫째, 기여분을 규정한 취지는 무엇인지, 둘째, 기여행위를 인정하기 위한 요건은 무엇인지, 셋째, 기여분의 산정방법은 무엇인지 등이다.

(나) 취 지

이 제도는 공동상속인 사이의 이해관계의 공평을 꾀하기 위하여 1990년 민법 개정 시에 신설한 것이다. 기여분제도는 특별수익자제도와 존재의의를 같이 하고 있지만, 전자는 기여자가 있을 경우에 그의 총상속분을 기여분만큼 높여주는 반면 후자의 경우는 이미 선급받은 특별수익의 반환의무를 특별수익자에게 지우고 있다는 점에서 다르다.

(2) 기여행위의 요건

(가) 기여자

① 공동상속인

첫째, 상속재산의 분할에 참가할 수 있는 자격이 있는 1인 또는 수인의 공동상속인에 한정된다(제1008조의2 제1항)(후순위 상속인은 피상속인에 대한 특별기여를 한 경우에도 기여분을 청구하지 못한다. 대판 2001. 3. 9. 99다13157 참조). 둘째, 상속결격자·상속포기자·사실혼배우자·포괄적 수유자 등은 기여자가 아니다.

② 대습상속인

첫째, 대습상속인은 자기 자신이 기여한 경우는 물론 피대습자가 기여한 경우에도 기여자라고 해석하여야 한다. 둘째, 대습상속인이 상속재산분할 당시에 상속인 자격을 취득하였다면, 기여의 시기가 대습원인의 발생 전후인가는 묻지 않는다.

(나) 기여의 종류와 정도

민법은 기여행위의 요건으로서 특별한 것일 것(특별기여), 기여행위에 의하여 피상속인의 재산의 유지 또는 증가가 있을 것(재산상의 특별기여)의 두 가지를 규정한다(제1008조의2 제1항). 그 기여행위란, 그 부양 또는 기여가 상속인과 피상속인 사이의 가족관계 내지 친족관계에서 일반적으로 기대되는 공헌의 정도를 넘는 기여로서 상속재산을 분할함에 있어서 이를 무시할 경우, 공동상속인 사이의 형평에 반하는 결과를 초래하게 되는 것을 말한다.

① 특별기여

첫째, 피상속인에 대한 특별한 부양(상당한 기간 동안 동거 · 부양 기타의 방법으로 피상속인을 특별히 부양한 경우)이 특별기여가 됨은 분명하다. ① 특별부양은 친족상호간의 부양의무(제826조 제1항 · 제913조 · 제974조-제979조 참조)의 정도를 넘는 것이어야 한다(교통사고를 당한 남편을 간병한 아내의 경우, 이는 부부간의 부양의무의 이행일 뿐 기여자는 아니라고 한다. 대결 1996. 7. 10. 95스30, 31). 둘째, 특별부양으로 인정될 경우, 그 부양이 피상속인의 재산의 유지나 증가에 기여했음을 필요로 하는가? 이를 부정하는 다수설과 특별한 부양이 결과적으로 피상속인의 재산의 유지에 기여하여야 특별기여에 해당한다는 소수설(곽윤직, 앞의 책, 119면)로 나뉜다. 생각건대 피상속인에 대한 간호 · 요양이 친족상호간의 일반적인 정도를 넘는 것이라면, 기여자의 특별부양이 피상속인의 재산의 유지 · 증가에 기여하는 결과를 가져왔다고 보아야 한다. 따라서 소수설이 타당하다.

② 재산상의 특별기여

첫째, 피상속인의 사업에 대한 노무의 제공 또는 재산의 제공으로 피상속인의 재산의 유지 · 증가에 기여하였어야 한다. 둘째, 이 경우에는 기여자의 기여행위와 상속재산의 유지 · 증가 사이에 인과관계가 있어야 한다. 그 인과관계의 존재에 대한 증명책임은 당연히 특별기여를 주장하는 자가 부담한다.

(3) 기여분의 결정

(가) 공동상속인 사이의 협의

첫째, 기여분의 결정은 우선 모든 공동상속인의 협의로 정한다(제1008조의2 제1항). 둘째, 기여분의 산정은 기여자는 물론 공동상속인 누구든지 발의할 수 있다. 그 협의결정은 상속재산의 분할 전후를 묻지 않는다. 셋째, 기여분 지정은 유언사항이 아니므로, 유언으로 기여분을 정할 수 없다.

(나) 가정법원의 심판

첫째, 그 협의가 되지 않거나 협의를 할 수 없는 경우, 기여자의 청구에 의하여 가정법원이 심판으로 결정한다(제1008조의2 제2항)(기여분의 결정에는 조정전치주의가 적용된다. 가사소송법 제2조 제1항 마류사건 제9호 · 제50조). 둘째, 기여분 결정의 심판청구는 상속재산분할청구(제1013조 제2항)나 그 조정신청이 있는 경우에 한하여 허용된다. 왜냐하면, 기여분의 결정은 상속재산분할심판의 전제가 되는 문제이기 때문이다(다만, 그 분할심판청구와 기여분 결정의 심판청구를 동시에 할 수는 있다). 한편 상속재산의 분할이 행해진 후에도 피인지자나 재판의 확정으로 공동상속인이 된 자의 상속분에 상당한 가액의 지급청구가 있는 경우(제1014조), 예외적으로 기여분 결정의 심판청구를 할 수 있다(제1008조의2 제4항). 그렇다면, 유류분의 반환청구만 있는 경우에는 기여분 결정의 심판청구는 허용되지 않는다(대결 1999. 8. 24. 99스28). 셋째, 기여상속인이 민법 소정의 방식에 따라 기여분이 결정이 되기 전에 유류분반환청구소송에서 상속재산 중 자신의 기여분을 공제할 것을 항변으로 주장할 수는 없다(대판 2015. 10. 29. 2013다60753; 대판 1994. 10. 14. 94다8334).

(4) 기여분의 산정

(가) 산정방법

첫째, 기여분 산정 시에는 기여의 시기·방법 및 정도와 상속재산액 기타의 사정을 참작하여야 한다(제1008조의2 제2항). 둘째, 기여분은 상속이 개시된 때의 피상속인의 재산가액에서 유증의 가액을 공제한 잔액을 넘지 못한다(제1008조의2 제3항). 유증을 기여분보다 우선시키기 위한 제한규정이다. 셋째, 상속채무는 어떻게 되는가? 기여자가 있는 경우에도 상속채무는 법정상속분에 따라 공동상속인이 분담하게 되므로, 기여분의 산정은 상속채무와는 이론상으로는 무관하다. 그러나 상속채무의 고려 없이 기여분을 정할 경우, 기여자 아닌 다른 공동상속인은 상속으로 취득하는 적극재산보다 소극재산(채무)이 많아질 수 있다. 따라서 상속채무는 기여분을 산정함에 있어서 제1008조의2 제2항 소정의 기타의 사정의 하나로 참작하는 것이 합리적이다(같은 견해 곽윤직, 앞의 책, 120면).

(나) 기여분과 특별수익

공동상속인 중에 기여자와 특별수익자가 있는 경우, 상속재산의 가액을 산정함에 있어서 기여분의 공제와 특별수익의 가산 중 우선순위가 무엇인지가 의문이다. 학설은 두 규정의 동시적용설(곽윤직, 앞의 책, 123면)과 기여분 우선공제설(김주수·김상용, 앞의 책, 705면) 등 다툼이 있으나, 어느 견해에 의하든 그 결과가 같다는 점에서 그 다툼은 실익이 없다.

(다) 기여분과 유류분

기여분의 가액은 공동상속인의 유류분을 침해한 것이 아니기에 기여분은 유류분반환청구의 대상이 아니다(대판 2015. 10. 29. 2013다60753)(다만, 기여분 결정 시에 다른 공동상속인의 유류분을 참작하는 것은 무방하다).

(라) 기여분이 있는 경우, 상속분의 결정

이는 앞에서 살핀 바와 같다.

(5) 기여분의 상속 · 양도 · 포기

(가) 상속 · 양도

첫째, 공동상속인 사이의 협의 또는 가정법원의 심판으로 기여분의 결정된 후 기여분의 양도와 상속이 가능하다. 기여분의 결정 전에는 어떤가? 양도는 가능하나 상속은 불가하다는 다수설(김용한, 앞의 책, 339면 등)과 상속개시 후에는 상속과 양도가 모두 가능하다는 소수설(곽윤직, 앞의 책, 124면)로 나뉜다. 기여분은 재산권의 일종이므로, 상속이 개시된 후에는 상속 · 양도의 대상이 된다고 해석하여야 한다.

(나) 포 기

상속이 개시된 후에는 기여분의 포기도 가능하다. 다만, 그 포기의 의사표시는 상속재산분할 종료 시까지 언제든지 할 수 있으나, 공동상속인 전원에게 하여야 하는 것으로 해석하여야 한다. 상속재산분할의 명확성을 꾀하기 위해서이다.

●● 사례의 해결:

첫째, 민법이 친족 사이의 부양에 관하여 그 당사자의 신분관계에 따라 달리 규정하고, 피상속인을 특별히 부양한 자를 기여분을 인정받을 수 있는 자에 포함시키는 제1008조의2 규정을 신설함과 아울러 재산상속인이 동시에 호주상속을 할 경우에 그 고유분의 5할을 가산하도록 한 규정(1990. 1. 13. 법률 제4199호로 개정되기 전 제1009조 제1항 단서)을 삭제한 취지에 비춰볼 때, 성년인 자가 부양의무의 존부나 그 순위에 구애됨이 없이 스스로 장기간 그 부모와 동거하면서 생계유지의 수준을 넘는 부양자 자신과 같은 생활수준을 유지하는 부양을 한 경우에는 부양의 시기 · 방법 및 정도의 면에서 각기 특별한 부양이 된다고 보는 것이 옳다. 둘째, 따라서 각 공동상속인간의 공평을 도모한다는 측면에서 그 부모의 상속재산에 대하여 기여분을 인정함이 상당하므로 A의 청구는 인용될 것이다.

(대판 1998. 12. 8. 97므513, 520, 97스12의 사실관계와 판결요지 등 참조)

판 례

■ 민법 제1008조의2가 정한 기여분을 인정하기 위한 요건

"민법 제1008조의2가 정한 기여분제도는 공동상속인 중에 피상속인을 특별히 부양하였거나 피상속인의 재산 유지 또는 증가에 특별히 기여하였을 경우 이를 상속분 산정에 고려함으로써 공동상속인 간의 실질적 공평을 도모하려는 것인바, 기여분을 인정하기 위해서는 공동상속인 간의 공평을 위하여 상속분을 조정하여야 할 필요가 있을 만큼 피상속인을 특별히 부양하였다거나 피상속인의 상속재산 유지 또는 증가에 특별히 기여하였다는 사실이 인정되어야 한다."(대결 2014. 11. 25. 자 2012스156)

■ 특별수익자의 상속분에 관한 민법 제1008조의 취지 및 생전 증여가 특별수익에 해당하는지의 판단 방법

"민법 제1008조는 "공동상속인 중에 피상속인으로부터 재산의 증여 또는 유증을 받은 자가 있는 경우에 그 수증재산이 자기의 상속분에 달하지 못한 때에는 그 부족한 부분의 한도에서 상속분이 있다."고 규정하고 있는바, 이는 공동상속인 중에 피상속인으로부터 재산의 증여 또는 유증을 받은 특별수익자가 있는 경우에 공동상속인들 간의 공평을 기하기 위하여 그 수증재산을 상속분의 선급으로 다루어 구체적인 상속분 산정 시 참작하도록 하려는 데 그 취지가 있다. 여기에서 어떠한 생전 증여가 특별수익에 해당하는지는 피상속인의 생전의 자산, 수입, 생활 수준, 가정상황 등을 참작하고 공동상속인들 간의 형평을 고려하여 당해 생전 증여가 장차 상속인으로 될 사람에게 돌아갈 상속재산 중의 그의 몫의 일부를 미리 준 것으로 볼 수 있는지에 의하여 결정하여야 한다. 원심은 피상속인 명의의 신한은행계좌에서 인출된 3,794,893원, 상대방의 혼수비용, 상대방의 자녀에게 송금한 유학비용과 국내 체류비용 등은 특별수익으로 볼 수 없거나 피상속인이 증여하였다고 볼 증거가 부족하다는 이유로 이 부분 상대방의 특별수익에 관한 청구인의 주장을 배척하였는바, 위 법리에 비추어 기록을 살펴보면 원심의 위와 같은 사실인정과 판단은 정당한 것으로 수긍할 수 있고, 거기에 논리와 경험의 법칙에 반하여 자유심증주의의 한계를 벗어나거나 민법 제1008조의 특별수익에 관한 법리를 오해한 잘못이 없다."(대결 2014. 11. 25.자 2012스156 : 대판 1998. 12. 8. 97므513, 520, 97스12)

■ 상속재산분할청구 없이 유류분반환청구가 있다는 사유만으로 기여분결정청구가 허용되는지 여부(소극)

"기여분은 상속재산분할의 전제문제로서의 성격을 갖는 것이므로 상속재산분할의 청구나 조정신청이 있는 경우에 한하여 기여분결정청구를 할 수 있고, 다만 예외적으로 상속재산분할 후에라도 피인지자나 재판의 확정에 의하여 공동상속인이 된 자의 상속분에 상당한 가액의 지급청구가 있는 경우에는 기여분의 결정청구를 할 수 있다고 해석되며, 상속재산분할의 심판청구가 없음에도 단지 유류분반환청구가 있다는 사유만으로는 기여분결정청구가 허용된다고 볼 것은 아니다."(대결 1999. 8. 24.자 99스28)

■ 공동상속인 중에 상당한 기간 동거·간호 그 밖의 방법으로 피상속인을 특별히 부양하거나 피상속인의 재산의 유지 또는 증가에 특별히 기여한 사람이 있는 경우, 유류분반환청구소송에서 기여분을 주장할 수 있는지 여부(소극) 공동상속인의 협의 또는 가정법원의 심판으로 기여분이 결정된 경우, 유류분을 산정함에 있어 기여분을 공제할 수 있는지 여부(소극) 및 기여분으로 유류분에 부족이 생겼다고 하여 기여분 반환을 청구할 수 있는지 여부(소극)

"민법 제1008조의2, 제1112조, 제1113조 제1항, 제1118조에 비추어 보면, 기여분은 상속재산분할의 전제 문제로서의 성격을 가지는 것으로서, 상속인들의 상속분을 일정 부분 보장하기 위하여 피상속인의 재산처분의 자유를 제한하는 유류분과는 서로 관계가 없다. 따라서 공동상속인 중에 상당한 기간 동거·간호 그 밖의 방법으로 피상속인을 특별히 부양하거나 피상속인의 재산의 유지 또는 증가에 특별히 기여한 사람이 있을지라도 공동상속인의 협의 또는 가정법원의 심판으로 기여분이 결정되지 않은 이상 유류분반환청구소송에서 기여분을 주장할 수 없음은 물론이거니와, 설령 공동상속인의 협의 또는 가정법원의 심판으로 기여분이 결정되었다고 하더라도 유류분을 산정함에 있어 기여분을 공제할 수 없고, 기여분으로 유류분에 부족이 생겼다고 하여 기여분에 대하여 반환을 청구할 수도 없다."(대판 2015. 10. 29. 2013다60753)

기여상속인이 민법 소정의 방식에 따라 기여분이 결정이 되기 전에 유류분반환청구소송에서 상속재산 중 자신의 기여분에 대한 공제항변을 할 수 있는지 여부

"공동상속인 중 피상속인의 재산의 유지 또는 증가에 관하여 특별히 기여하거나 피상속인을 특별히 부양한 자가 있는 경우 그 기여분의 산정은 공동상속인들의 협의에 의하여 정하도록 되어 있고, 협의가 되지 않거나 협의할 수 없는 때에는 기여자의 신청에 의하여 가정법원이 심판으로 이를 정하도록 되어 있으므로 이와 같은 방법으로 기여분이 결정되기 전에는 유류분반환청구소송에서 피고가 된 기여상속인은 상속재산 중 자신의 기여분을 공제할 것을 항변으로 주장할 수 없다." (대판 1994. 10. 14. 94다8334)

심화학습

민법 제1008조의2 제1항 위헌소원 사건(헌재결 2011. 11. 24. 전원재판부, 2010헌바2)

1. 사건의 개요

피상속인 임 아무개는 2007. 3. 22. 사망하였는데, 청구인 및 임1, 임2, 임3, 임4, 송1, 송2, 송3가 위 피상속인을 공동상속하였다. 피상속인의 배우자 김 아무개는 이미 1998. 9. 20. 사망한 상태였고, 공동상속인들 중 청구인, 임1, 임2, 임3, 임4는 피상속인의 자녀들이며, 송1, 송2, 송3은 피상속인의 자녀 임2(2005. 6. 17. 사망)의 대습상속인들이다. 청구인은 1995. 5. 1.부터 2004. 11. 30.까지 9년 7개월간 피상속인과 동거하면서 그 기간 중이던 1999. 5.경 그로부터 6,700만 원을 증여받았고, 임2는 2005. 10. 1.부터 2006. 3. 31.까지 6개월간 피상속인과 동거하면서 그 기간 중이던 2006. 1.경 그로부터 700만 원을 증여받았다. 청구인과 임2를 제외한 나머지 공동상속인들은 청구인과 임2를 상대로 하여 서울가정법원에 상속재산분할청구를 하였고, 이에 대하여 청구인과 임2는 반심판청구로서 기여분청구를 하였다. 청구인은 소송계속 중 당해 법원에 '특별수익자의 상속분을 규정한 민법 제1008조는 증여에 대하여 별다른 제한을 두지 않고 있는 반면에 기여분을 규정한 민법 제1008조의2 제1항은 특별한 부양을 요건으로 하여 기여분을 인정하고 있어 청구인의 재산권과 평등권이 침해되었다.'고 주장하면서, 민법 제1008조의2 제1항 중 '특별히' 부분에 대한 위헌법률심판제청신청을 하였으나 2009. 11. 20. 기각되어 2009. 12. 17.경 위 기각결정을 송달받자 2010. 1. 6. 헌법재판소법 제68조 제2항에 의한 이 사건 헌법소원심판청구를 하였다.

2. 판시사항 · 결정요지

가. 특별부양자에 대한 기여분을 정한 민법(2005. 3. 31. 법률 제7427호로 개정된 것) 제1008조의2 제1항 중 '상당한 기간 동거 · 간호 그 밖의 방법으로 피상속인을 특별히 부양한 자'에 관한 부분(이하 '이 사건 법률조항'이라 한다)이 명확성의 원칙에 반하는지 여부(소극)

"이 사건 법률조항이 기여분의 성립요건을 특별한 부양의 유무에 두고 있기는 하지만, 해석을 통해서 그 의미내용을 확인할 수 있고, 그러한 보충적 해석이 해석자에 따라 좌우될 정도는 아니며, 입법기술적으로도 개선가능성이 있다는 특별한 사정도 보이지 아니하므로 헌법상 명확성의 원칙에 반하지 아니한다."

나. 이 사건 법률조항이 재산권을 침해하여 헌법에 위반되는지 여부(소극)

“이 사건 법률조항은 공동상속인 사이의 실질적 형평을 도모하는 동시에 가족관계의 건전한 가치관을 정립하고자 도입된 것으로 그 입법목적의 정당성이 인정되고, 고유의 법정상속분 이외에 그 기여분만큼의 가액을 추가로 받도록 하는 것은 이를 달성하기 위한 적정한 수단이 된다고 할 것이며, 피상속인을 통상적인 수준으로 부양한 공동상속인은 민법 및 가사소송법상의 부양 법리 또는 구상 법리에 의하여 다른 공동상속인과의 사이에서 이해관계의 조정이 얼마든지 가능하다고 할 것이므로 기본권제한의 입법한계를 일탈하여 재산권을 침해하지 아니한다.”

3. 검 토

가. 이 사건의 쟁점

첫째, 이 사건 법률조항의 ‘특별히’ 부분이 막연하고 불명확하여 법률의 명확성 원칙에 위배되는지 여부. 둘째, 이 사건 법률조항이 특별한 수준에 이르지는 않은 통상적 수준의 부양을 한 공동상속인의 재산권을 침해하는지 여부이다.

나. 판단의 근거 · 이유

첫째, 이 사건 법률조항의 명확성원칙 위반 여부를 살핀다. ① 명확성원칙은 법치국가원리의 한 표현으로서 기본권을 제한하는 법규범의 내용은 명확하여야 한다는 헌법상의 원칙이다. 명확성의 정도는 모든 법률에 있어서 동일한 정도로 요구되는 것은 아니고 개개의 법률이나 법조항의 성격에 따라 요구되는 정도에 차이가 있을 수 있다. ② 어떠한 규정이 부담적 성격을 가지는 경우에는 수익적 성격을 가지는 경우에 비하여 명확성의 원칙이 더욱 엄격하게 요구되고, 죄형법정주의가 지배하는 형사관련 법률에서는 명확성의 정도가 강화되어 더 엄격한 기준이 적용되지만, 일반적인 법률에서는 명확성의 정도가 그리 강하게 요구되지 않기 때문에 상대적으로 완화된 기준이 적용된다(헌재결 2011. 3. 31. 2008헌바141 등 참조). 그런데 이 사건 법률조항은 부담적 성격을 가지는 경우도 아니고, 형사관련 법률도 아니며, 오히려 입법자의 재량이 폭넓게 인정되는 상속권 관련 규정이므로 상대적으로 완화된 기준이 적용된다. ③ 이 사건 법률조항의 목적은 균분상속제도가 일괄적으로 적용되었을 때 야기될 수 있는 불합리와 불평등을 방지하고, 공동상속인 사이의 실질적 형평을 도모함과 동시에 노친부양을 유도함으로써 가족관계에서의 건전한 가치관 정립을 도모함에 있다. 민법은 공동상속인 중 ‘상당한 기간 동거 · 간호 그 밖의 방법으로’피상속인을 특별히 부양한 경우와 피상속인의 재산의 유지 또는 증가에 특별히 기여한 자가 있는 경우로 나누어 기여분의 성립요건을 규정하고 있고(제1008조의2 제1항), ‘가정법원은 기여자의 청구에 의하여 기여의 시기 · 방법 및 정도와 상속재산의 액 기타의 사정을 참작하여 기여분을 정한다.’고 규정하고 있다(제1008조의2 제2항). 한편 친족 사이의 부양에 관하여 부부 사이에는 ‘부부는 동거하며 서로 부양하고 협조하여야 한다.’고 규정하고(제826조 제1항), 부모의 미성년인 자(子)에 대한 부양에 관하여는 ‘친권자는 자를 보호하고 교양할 권리의무가 있다.’고 규정하면서(제913조), 자녀의 부모부양 등과 같은 그 외의 직계혈족 등 친족 사이의 부양에 관하여는 부양을 받을 자가 자기의 자력 또는 근로에 의하여 생활을 유지할 수 없는 경우에 한하여 부양의무를 부담하는 것으로 규정하고 있다(제974조 · 제975조). ④ 피상속인이 자기의 자력 또는 근로에 의하여 생활을 유지할 수 있는 상태로서 민법상의 요부양상태가 아니었던 경우에도 피상속인과 사이에서 동거·부양·협조의무 등을 부담하고 있는 그 배우자는 다른 직계혈족이 가지는 상속분의 5할을 가산하여 받도록 되어 있다(제1009조 제2항). ⑤ 위와 같은 입법목적, 법조문의 체계 및 열거 방식, 민법상 부양의무와의 관계 등을 종합적으로 고려하여 보았을 때, 기여분의 성립요건 중 피상속인을 '특별히 부양'한 경우라 함은, 피상속인의 재산의 유지 또는 증가와는 직접적인 인과관계가 없더라도 '상당한 기간 동거·간호'와 동일하게 평가될 만한 방법으로 다른 공동상속인의 피상속인에 대한 부양 수준을 초과하면서 동시에 민법이 규정하고 있는 법률상의 일반적인 부양의무를 초과할 정도의 부양을 한 경우이며, 그에 따라 공동상속인이 본래의 상속분에 따라 분할하는 것이 기여자에게 불공평하다는 점이 인식될 정도로 특별한 기여가 있는 경우라는 예측이 가능하다. ⑥ 그렇다면 이 사건 법률조항은 기여분의 성립요건을 일반·추상적 개념인 '특별한 부양'의 유무에 두고 있기는 하지만, 해석을 통해서 그 의미내용을 확인할 수 있고, 그러한 보충적 해석이 해석자의 개인적인 취향에 따라 좌우될 정도는 아니며, 입법기술적으로도 개선가능성이 있다는 특별한 사정도 보이지 아니하므로 헌법상 명확성의 원칙에 반하지 아니한다. 둘째, 재산권 침해 여부를 살펴본다. ① 이 사건 법률조항은 민법상 남녀상속인간의 불평등한 상속분을 규정하는 조항 및 장남자에 대한 우대조항이 삭제되고 공동상속에 있어 혈족상속인들간의 균등상속의 원리가 입법화되면서, 균분상속의 원칙을 일률적으로 관철할 경우 야기될 수 있는 불합리를 제거하고, 공동상속인 사이의 실질적 형평을 도모하는 동시에 가족관계의 건전한 가치관을 정립하고자 도입된 것으로 입법목적의 정당성이 인정된다. ② 위와 같은 입법목적의 달성을 위하여는 피상속인에게 다른 공동상속인들보다 더 큰 기여를 한 공동상속인이 존재할 경우, 그에 상응하는 이익으로 보상하여야 할 것이고, 피상속인을 특별히 부양한 자에 한하여 기여분을 인정하면서 이를 공제한 것을 상속재산으로 보고 고유의 법정상속분 이외에 그 기여분만큼의 가액을 추가로 받도록 하는 것은 위와 같은 입법목적을 달성하기 위한 적정한 수단으로 판단된다. ③ 피상속인에 대한 부양행위로 인정될 모든 경우에 대하여 기여분을 인정할 경우, 전혀 왕래가 없는 상속인을 제외한 거의 모든 공동상속인들이 각자의 기여분을 주장하게 될 것이며 그 결과 기여분의 존부 및 가액 산정 등에 오랜 시일이 소요되어 권리관계의 조속한 안정과 거래의 안전에 큰 지장이 생길 수 있다. 또한, 상속인과 피상속인간의 모든 관계가 일일이 금전으로 환산되는 결과가 초래되어 가족관계의 건전한 가치관 정립이라는 기여분제도의 취지조차 몰각될 우려가 있다. ④ 이 사건 법률조항이 위와 같이 특별한 부양을 한 공동상속인만을 기여분 인정 대상으로 한 것에는 정당성과 합리성이 인정되고, 피상속인을 통상적인 수준으로 부양한 공동상속인은 민법 및 가사소송법상의 부양 법리 또는 구상 법리에 의하여 다른 공동상속인과 이해관계의 조정이 얼마든지 가능하다는 점을 고려해 보면, 통상적인 부양을 한 경우를 기여분의 인정 대상에서 제외하는 것이 현저히 자의적이어서 기본적 제한의 한계를 벗어난 것이라고 할 수는 없다(헌법재판소판례집 23-2하, 278 참조).

다. 결정의 의의

첫째, 법 문언이 해석을 통해서, 즉 법관의 보충적인 가치판단을 통해서 그 의미내용을 확인해 낼 수 있고, 그러한 보충적 해석이 해석자의 개인적인 취향에 따라 좌우될 가능성이 없다면 명확성의 원칙에 반한다고 할 수 없을 것이므로(헌재결 2010. 4. 29. 2009헌바46 등 참조), 이 사건 법률조항을 둔 목적과 다른 법률조항과의 연관성 등을 고려하여 합리적인 해석이 가능하다(이 사건 법률조항은 기여분의 성립요건을 일반·추상적 개념인 '특별한 부양'의 유무에 두고 있기는 하지만, 해석을 통해서 그 의미내용을 확인할 수 있고, 그러한 보충적 해석이 해석자의 개인적인 취향에 따라 좌우될 정도는 아니다)는 이유로 합헌결정을 내린 것은 정당하다. 둘째, 민법상의 일반적인 부양의무를 이행한 공동상속인은, 부양의무자이면서도 부양의무를 이행하지 아니한 다른 공동상속인을 상대로 하여 이해관계의 조정을 도모할 수 있는 수단을 가지고 있고(제978조 등), 부양의무 없는 제3자가 부양을 요하는 상태에 있는 자를 부양하였을 경우에도 지출한 부양료를 구상할 수 있는 수단이 있다(제734조·제741조)는 점 등에 비춰볼 때 통상적인 부양을 한 경우를 기여분의 인정 대상에서 제외하는 것이 헌법에 어긋나지 않는다고 판단한 헌재의 결정에는 오류가 없다.

Ⅴ. 상속재산의 분할

1. 의 의

첫째, 공동상속인의 공유인 상속재산을 상속분에 따라 각 공동상속인에게 배분하여 단독소유로 확정하기 위한 포괄적 분배절차를 상속재산의 분할이라고 한다. 따라서 그 성질은 일종의 청산행위라고 할 것이다. 둘째, 상속재산분할제도는 결과적으로 법정상속분의 부정밀성(不精密性)을 보정하고, 사유재산제도에 관한 당사자자치를 실현하는 것이다(박동섭, 앞의 책, 656면).

●● 사례

소외 C는 소외 D 사이에 혼인신고를 하지 아니한 채 1959. 6. 10. 소외 E를, 1962. 4. 2. A(원고)를 낳았다. 소외 D는 1963. 9. 3. 소외 C와의 혼인신고를 하고 아울러 소외 E와 A(원고)를 자신과 소외 C 사이의 친생자로 출생신고를 하여, 소외 D와 원고(A)는 소외 C의 호적에 그의 처와 자로 각 등재되었다. 그 후 소외 C의 어머니 소외 F는 서울가정법원에 소외 D와 소외 C를 상대로 혼인무효심판청구를 하여 소외 D와 소외 C 사이의 위 혼인이 무효임을 확인한다는 판결이 선고되었고, 이는 확정되어 원고(A)는 혼인외의 자로 되었다. 소외 C는 혼인무효확인심판이 확정된 후인 1967. 6. 1. 피고 X과 혼인신고를 마친 후 그 사이에서 1968. 3. 18. 피고 Y를, 1970. 6. 26. 피고 Z를 낳았다. 한편 소외 C는 혼인무효확인심판 확정 후에도 원고(A)가 여전히 자신의 호적에 등재되어 있자 원고(A)를 상대로 인지무효심판청구를 하였고, 1968. 9. 6. 그 인지(출생신고)가 무효임을 확인한다는 내용의 심판이 선고되어 1968. 9. 21. 확정되었으며, 이에 따라 원고(A)는 그 무렵 소외 C의 호적에서 제적되었다. 소외 C는 1994. 11. 30. 사망하였다. 원고(A)는 1995. 1. 4.

검사를 상대로 하여 인지의 소를 제기하여, 1996. 12. 5. 원고(A)를 망 소외 C의 친생자로 인지한다는 내용의 판결이 선고되었고 이는 항소와 상고를 거쳐 1999. 10. 8. 확정되었다. 원고(A)는, 위 인지판결이 확정됨에 따라 원고(A)는 출생 시에 소급하여 망 소외 C와 사이에 법률상 친생자관계가 성립하고 망 소외 C의 사망 당시 피고들과 함께 공동상속인의 지위에 있게 되는데, 위 인지판결이 확정되기 전에 피고들이 망 소외 C의 상속재산 중 주식과 부동산을 협의분할한 후 그 주식의 배당금과 부동산의 차임 상당액을 취득하였는바, 피고들이 취득한 배당금과 차임 중 원고(A)의 상속분에 해당하는 부분은 피고들이 법률상 원인 없이 이득을 얻은 것에 해당한다고 주장하면서, 부당이득으로 그 반환을 구한다. 원고의 주장은 타당한가?

●● 사안의 쟁점:

첫째, 상속재산분할의 효력은 무엇인지, 둘째, 분할 후 피인지자 등이 다른 공동상속인들의 분할효력을 부인할 수 있는지, 셋째, 분할 후 피인지자 등이 보호받을 수 있는 방법은 있는지 등이다.

2. 분할의 요건

(1) 상속재산에 있어서 공유관계의 존재

상속재산은 원칙적으로 분할의 대상이 된다. 다만, 재산의 성질상 분할의 대상이 가능한지 문제 되는 것이 있다. 첫째, 금전채권과 같은 가분채권은 공동상속인이 상속개시와 동시에 각자의 상속분에 따라 분할된 채권을 취득하므로 분할의 대상이 아니라는 것이 다수설・판례(전주지법 군산지심 2001. 4. 12. 98느10 ; 다만, 공동상속인 사이에 분할대상으로 삼기로 하는 합의가 있는 등의 경우에는 분할의 대상이 가능하다는 견해로는 박동섭, 앞의 책, 660면)의 태도이다. 그러나 앞서 살펴보았듯이 가분채권을 일률적으로 상속재산분할의 대상에서 제외하면 부당한 결과가 발생하는 경우에는 가분채권도 상속재산분할이 대상이 된다고 보아야 할 것이다(대결 2016. 5. 4.자 2014스122). 둘째, 가분채무가 공동상속된 경우, 역시 상속개시와 동시에 당연히 법정상속분에 따라 공동상속인에게 분할되어 귀속되는 것이므로 분할의 대상이 될 수 없다(대판 2011. 3. 10. 2007다17482 ; 대판 1993. 3. 9. 92다18481). 셋째, 상속재산 분할의 대상이 될 수 없는 상속채무에 관하여 공동상속인들 사이에 분할의 협의가 있는 경우, 그 효력은 어떻게 되는가? 이러한 협의는 제1013조에서 말하는 상속재산의 협의분할에 해당하는 것은 아니지만, 위 분할의 협의에 따라 공동상속인 중의 1인이 법정상속분을 초과하여 채무를 부담하기로 하는 약정은 면책적 채무인수의 실질을 가진다. 따라서 채권자에 대한 관계에서 위 약정에 따른 다른 공동상속인이 법정상속분에 따른 채무의 일부 또는 전부를 면하기 위하여는 제454조의 규정에 따른 채권자의 승낙을 필요로 할 것이다(대판 1997. 6. 24. 97다8809). 넷째, 상속개시 당시 상속재산을 구성하던 재산이 그 후 처분되거나 멸실・훼손되는 등으로 상속재산분할 당시 상속재산을 구성하지 아니하게 되었다면 그 재산은 상속재산분할의 대상이 될 수 없다. 다만 상속인이 그 대가로 처분대금, 보험금, 보상금 등 대상재산을 취득하게 된 경우에는, 대상재산은 종래의 상속재산이 동일성을 유지하면서 형태가 변경된 것에 불과하고 상속재산분할의 본질이 상속재산이 가지는 경제적 가치를 포괄적·종합적으로 파악하여 공동상속인에게 공평하고 합리적으로 배분하는 데에 있으므로, 대상재산 또한 상속재산분할의 대상이 될 수 있다(대결 2016. 5. 4.자 2014스122). 마찬가지로 상속이 개시된 후 상속재산이 분할되기 전까지 부동산의 차임, 예금의 이자와 같은 상속개시 후 상속재산으로부터의 수익도 분할의 대상이라고 할 것이다(같은 견해 김주수·김상용, 앞의 책, 721면; 송덕수, 앞의 책, 1633면). 다섯째, 이와 달리 소유권이전등기의무는 가분채무지만 분할의 대상이 될 수 있고, 다만 공동상속인들이 상속재산 분할협의를 하여 그 부동산 소유권 및 소유권이전등기의무를 한 사람이 단독상속하기로 합의하였다면 매수인의 승낙이 없더라도 위 단독상속인이 부동산 전부에 대하여 소유권이전등기의무가 있다(대판 1991. 8. 27. 90다8237).

(2) 공동상속인이 확정될 것

첫째, 공동상속인 중의 1인 또는 수인이 상속의 승인 또는 포기를 하지 않는 동안은 공동상속인이 확정되지 않아 분할을 할 수 없다. 둘째, 한정승인이나 재산분리가 되는 경우는 상속재산 전부에 대하여 청산이 이루어지므로 분할의 필요가 없다.

(3) 분할금지특약이 없을 것

첫째, 피상속인은 '유언으로' 상속개시의 날부터 5년을 초과하지 아니하는 기간 내의 그 분할을 금지할 수 있다(제1012조 후단). ① 분할금지는 상속재산의 전부 또는 일부에 대하여 모두 가능하다. ② 다만, 상속재산의 일부는 상속재산을 이루는 특정재산만을 말한다는 견해(곽윤직, 앞의 책, 243면)도 있으나 상속재산총액의 일정비율로 표시된 일부 금지를 인정하지 아니할 특별한 이유가 없다면 이 역시 가능하다고 할 것이다(같은 견해 김주수·김상용, 앞의 책, 712면). ③ 분할금지기간을 5년 이상으로 정한 때에는 무효라고 할 것은 아니고 5년 동안 분할이 금지되는 것으로 해석하는 것이 타당하다. 둘째, 공동상속인 사이의 '합의'로도 재산분할을 5년간 금지할 수 있고(제268조 제1항), 다시 5년 이내에 기간으로 갱신할 수도 있다(동조 제2항). 공동상속인은 '합의'로 분할금지를 한 경우에는 전원의 동의가 있으면 금지기간 내라도 유효하게 분할할 수 있다.

3. 분할청구권자

원칙적으로 상속을 승인한 공동상속인일 것이다(제1013조). 그 외에 포괄수증자(제1078조), 공동상속인의 상속인, 상속분의 양수인(제3자), 공동상속인의 채권자(다만, 제404조에 따라 상속인을 대위하여야 할 것이다)도 분할청구할 수 있다.

4. 분할방법

분할방법으로는 지정분할, 협의분할, 심판분할이 있다.

(1) 지정분할

첫째, 지정분할은 피상속인이 유언으로 상속재산분할의 방법을 정하거나 제3자에게 분할방법을 정할 것을 위탁하는 것이다(제1012조). 따라서 유언이 아닌 생전행위에 따른 분할방법의 지정은 효력이 없다(대판 2001. 6. 29. 2001다28299). 둘째, 피상속인의 분할방법의 지정은 각 공동상속인의 법정상속분에 따른 것이어야 하는데, 이와 다른 지정을 한 경우의 효력은 어떠한가? 분할방법의 지정인 동시에 유증으로서 유효하다고 보아야 한다(김주수 · 김상용, 앞의 책, 714면 : 곽윤직, 앞의 책, 246면). 셋째, 위탁되는 제3자는 공동상속인이 아니어야 한다. 또한 제3자는 유증을 할 수 없으므로 법정상속분에 따르지 않는 지정은 무효이다.

(2) 협의분할

지정분할 외에는 원칙적으로 공동상속인들의 협의에 따라 분할하고(제1013조 제1항), 이에는 공유물분할에 관한 제269조가 준용된다(동조 제2항).

(가) 협의분할의 당사자

협의분할의 당사자들은 누구인가? ① 상속인 중 1인이 분할을 청구하면 공동상속인 전원이 협의에 참여하여야 한다(가사소송규칙 제110조). ② 포괄적 수증자(제1078조)와 다른 공동상속인으로부터 양수권의 행사를 받지 않는 한 분할 전 상속분 양수인도 협의의 당사자이다. ③ 태아의 경우, 판례의 태도인 정지조건설에 따르면 상속인이 아니므로 상속재산분할은 한 뒤, 태아가 출생한 후에서야 제1014조(분할 후의 피인지자 등의 청구권)를 유추적용하면 될 것이다. ④ 공동상속인 중 제한능력자가 있다면 법정대리인이 협의에 참여할 수 있으나, 그 법정대리인 역시 공동상속인이라면 분할협의는 이해상반행위에 해당하여 특별대리인을 선임하여야 한다(대판 2001. 6. 29. 2001다28299 : 대판 1994. 4. 23. 92다54524).

(나) 협의분할방법

첫째, 상속재산의 협의분할은 공동상속인 사이의 일종의 계약이므로 상속인 전원이 참여하여야 하며 일부만의 참여에 따른 분할은 무효이다(대판 2004. 10. 28. 2003다65438 · 65445). 이는 한자리가 아닌 순차적으로 이루어질 수도 있고 상속인 중 1인이 만든 원안을 돌아가며 후에 승인해도 괜찮다(대판 2010. 2. 25. 2008다96963 · 96970). 둘째, 분할방법은 현물분할, 환가분할, 가격배상(대상분할)을 가리지 않고 선택 가능하며 이들을 병용하는 등의 방법도 무방하다. 셋째, 협의분할은 반드시 법정상속분에 따라야 하는 것은 아니다. 협의분할에 따른 원래의 상속분과의 차이는 상속재산분할의 소급효규정(제1015조)의 취지에 비춰볼 때, 증여로 볼 것이 아니라 상속개시 당시 피상속인으로부터 승계받은 것으로 보는 것이 타당하다(김주수 · 김상용, 앞의 책, 722면 : 대판 2002. 7. 12. 2001두441 등).

(다) 협의분할의 무효 등

첫째, 분할협의도 무효사유가 있거나, 사기 · 강박이 있는 경우, 무효 또는 취소할 수 있다. 둘째, 이때 이미 분할로 재산을 취득한 제3자 보호는 어떻게 되는가? ① 기본적으로 동산의 경우는 선의취득(제249조)으로, 부동산의 경우는 제3자가 선의라면 제108조 · 제109조 · 제110조의 취소 · 무효사유로 대항하지 못하는 '선의의 제3자 보호효'에 따라 보호 가능할 것이다. ② 그런데, 공동상속인 중 1인이 협의분할에 의한 상속을 원인으로 하여 상속부동산에 관한 소유권이전등기를 마친 경우에, 협의분할이 다른 공동상속인의 동의 없이 이루어진 것이어서 무효라는 이유로 다른 공동상속인이 위 등기의 말소를 청구하는 경우는 어떠한가? 부동산의 경우, 상속취득지분에 한하여 유효하므로(대판 1965. 8. 24. 65다1086), 분할에서 제외된 상속인은 자기의 지분 부분에 대하여 상속부동산을 양수한 제3자에게 물권적 청구권으로 등기말소 등을 청구할 수 있다고 보는 것이 타당하다. 다만, 이러한 청구는 상속회복청구로 보는 것이 제3자 보호라는 거래안전취지에 부합한다(대판 2014. 11. 23. 2013다68948 ; 대판 2011. 3. 10. 2007다17482). 셋째, 상속재산의 분할협의는, 상속이 개시되어 공동상속인 사이에 잠정적 공유가 된 상속재산에 대하여 그 전부 또는 일부를 각 상속인의 단독소유로 하거나 새로운 공유관계로 이행시킴으로써 상속재산의 귀속을 확정시키는 것으로 그 성질상 재산권을 목적으로 하는 법률행위이다. 따라서 사해행위취소권행사의 대상이 될 수 있다(대판 2014. 7. 10. 2012다26633 ; 대판 2001. 2. 9. 2000다51797). 넷째, 상속재산 분할협의는 앞서 살펴보았듯이, 일종의 계약이므로, 공동상속인들은 이미 이루어진 상속재산 분할협의의 전부 또는 일부를 전원의 합의로 해제한 후 다시 새로운 분할협의를 할 수 있다. 상속재산 분할협의가 합의해제되면 그 협의에 따른 이행으로 변동이 생겼던 물권은 당연히 그 분할협의가 없었던 원상태로 복귀하지만, 제548조 제1항 단서의 규정상 이러한 합의해제를 가지고서는, 그 해제 전의 분할협의로부터 생긴 법률효과를 기초로 하여 새로운 이해관계가 있고 등기 · 인도 등으로 완전한 권리를 취득한 제3자의 권리를 해하지 못한다(대판 2004. 7. 8. 2002다73203).

(3) 심판분할

첫째, 분할의 협의가 이루어지지 않은 경우에는 가정법원이 심판으로 분할한다(제1013조 제1항 · 제269조 제1항 · 가사소송법 제46조). ① 다만, 먼저 조정을 신청하여야 한다(가사소송법 제2조 제1항 마류사건 제10호 · 제50조). ② 공동상속인 모두가 심판에 가담하여야 하므로 필수적 공동비송사건라고 할 것이다. 둘째, 심판에 의한 상속재산의 분할은 단순히 법정상속분에 의하는 것이 아니라 공동상속인에 대한 특별수익을 고려하여 이루어진다(제1008조 참조). 현물분할이 원칙이지만, 예외적으로 경매를 통한 대금분할이나 상속재산 중 특정재산을 1인 또는 수인의 소유로 한 뒤 구체적 상속분과의 차액을 정산하는 가격배상(대상분할)도 가능하다(제1013조 제2항 · 제269조 제2항 · 가사소송규칙 제115조 제2항). 셋째, 상속재산의 분할에 관하여 공동상속인 사이에 협의가 성립되지 않거나 또는 협의를 할 수 없는 경우, 상속재산에 속하는 개별 재산에 관하여 제268조에 기한 공유물분할청구의 소를 제기할 수 있는가? 생각건대 상속재산의 공유관계는 분할을 통하여 각 상속인의 단독소유로 될 때까지 상속재산의 현상을 유지하기 위한 잠정적 공유라는 점에서 제262조 이하의 일반적 공유와는 성질이 다를 뿐 아니라 그 분할의 법리나 절차 등이 일반적 공유물의 분할과 차이가 있다(제268조에 기한 공유물분할청구는 상속재산에 관한 분할절차가 완료되었음을 전제로 한다)는 점에서 이를 부정하여야 한다. 판례의 견해도 이와 같다(대판 2015. 8. 13. 2015다18367).

5. 효 과

(1) 소급효

첫째, 상속재산의 분할은 상속이 개시된 때에 소급하여 효력이 발생한다(제1015조 본문). 따라서 상속재산분할로 공동소송인 각자에 귀속되는 재산은 고유의 상속분을 초과하더라도 상속개시 당시부터 피상속인으로부터 직접 승계받은 것으로 본다(이를 소급효가 없는 '이전주의'와 비교하여 '선언주의'라고 한다)(게르만법의 전통으로 일본 민법(제909조)의 태도이다). 둘째, 다만 이 소급효는 현물분할의 경우에만 인정되고 제3자의 권리를 해할 수 없다(제1015조 단서). 제3자는 선·악의에 관계없이 보호될 것이나, 상속개시 후 상속재산분할 전에 개개의 재산에 대한 권리를 취득하고 권리이전요건과 대항요건을 갖춘 자이어야 한다.

(2) 분할 후 피인지자 등의 가액지급청구권

(가) 의의 및 취지

첫째, 인지 또는 재판(친생자관계존재 확인의 소, 피상속인과의 파양 또는 이혼무효의 소 등)의 확정 전에 다른 공동상속인이 이미 상속재산분할을 마친 경우에는, 인지의 소급효를 제한하는 제860조 단서가 적용되어, 분할 후 피인지자 등은 다른 공동상속인들의 분할효력을 부인하지 못한다. 둘째, 이러한 경우 제1014조는 피인지자 등이 다른 공동상속인들에 대하여 그의 상속분에 상당하는 가액의 지급을 청구할 수 있도록 하여 피인지자 등의 이익과 기존의 권리관계의 합리적인 조정을 도모하고 있다.

(나) 청구의 요건

첫째, 제1014조에 의한 청구권자는 상속개시 후 인지 또는 재판의 확정에 따라 공동상속인이 된 자이고, 피인지자 등이 재산분할을 청구할 당시 이미 다른 공동상속인들이 분할 기타 처분을 한 이후여야 한다. 그 분할은 협의분할뿐만 아니라 심판분할 등도 포함한다. 둘째, 이러한 가액청구권을 판례와 다수설은 상속회복청구권으로 보므로(다만 상속회복청구는 민사소송절차에 따르지만, 가액지급청구는 가사소송절차에 의한다는 점을 유의하여야 한다 : 가사소송규칙 제2조 제1항 제2호·제2항), 상속회복청구권의 소멸에 관한 제999조 제2항의 제척기간이 적용된다(대판 2007. 7. 26. 2006므2757·2764, 대판 1993. 8. 24. 93다12).

(다) 효 력

① 피인지자 등의 가액반환청구

첫째, 피인지자 등은 다른 공동상속인에 대하여 그의 상속분에 상당하는 가액에 의한 지급을 청구할 수 있다. 이때의 가액은 모든 상속재산이 아니라 적극재산만을 말한다(통설). 둘째, 가액의 지급청구는 상속재산이 분할되지 아니한 상태를 가정하여 피인지자 등의 상속분에 상당하는 가액을 보장하려는 것이므로 그 가액은 피인지자 등이 청구한 소의 사실심 변론종결시의 시가로 평가한다(대판 2002. 11. 26. 2002므1398 ; 대판 1993. 8. 24. 93다12).

② 부당이득반환청구 가부

반환할 가액의 범위에 관하여 부당이득반환에 관한 민법의 규정을 유추적용할 수 있는가? 첫째, 인지 이전에 공동상속인들에 의해 이미 분할되거나 처분된 상속재산은 제860조 단서가 규정한 인지의 소급효 제한에 따라 이를 분할받은 공동상속인이나 공동상속인들의 처분행위에 의해 이를 양수한 자에게 그 소유권이 확정적으로 귀속되는 것이므로, 분할·처분 당시 피인지자의 존재를 알았는지에 따라 그 반환 범위가 달라진다고 보기는 어렵다(같은 견해 박동섭, 앞의 책, 670면). 둘째, 따라서 상속재산의 소유권을 취득한 자는 제102조에 따라 그 과실을 수취할 권능도 보유한다고 할 것이므로, 피인지자에 대한 인지 이전에 상속재산을 분할한 공동상속인이 그 분할받은 상속재산으로부터 발생한 과실을 취득하는 것은 피인지자에 대한 관계에서 부당이득이 된다고도 할 수 없을 것이다(대판 2007. 7. 26. 2006다83796).

(3) 공동상속인의 담보책임

첫째, 공동상속인은 다른 공동상속인이 분할로 인하여 취득한 재산에 대하여 그 상속분에 응하여 매도인과 같은 담보책임이 있다(제1016조). ① 공동상속인은 다른 상속인이 분할로 인하여 취득한 채권에 대하여 분할 당시의 채무자 자력을 담보한다(제1017조 제1항). ② 변제기에 달하지 아니한 채권이나 정지조건 있는 채권에 대하여는 변제를 청구할 수 있는 때의 채무자 자력을 담보한다(제1017조 제2항). ③ 따라서 분할 당시에 채무자에게 자력이 있었다면, 그 후 채무자가 무자력이 되더라도 다른 공동상속인은 담보책임을 지지 않는다. 둘째, 담보책임 있는 공동상속인 중에 상환의 자력이 없는 자가 있는 때에는 그 부담부분은 구상권자와 자력 있는 다른 공동상속인이 그 상속분에 응하여 분담한다(제1018조 본문). 그러나 구상권자의 과실로 인하여 상환을 받지 못한 때에는 다른 공동상속인에게 분담을 청구하지 못한다(제1018조 단서).

●● **사례의 해결:**

첫째, 상속개시 후에 인지되거나 재판이 확정되어 공동상속인이 된 자도 그 상속재산이 아직 분할되거나 처분되지 아니한 경우에는 당연히 다른 공동상속인들과 함께 분할에 참여할 수 있을 것이나, 인지 이전에 다른 공동상속인이 이미 상속재산을 분할 내지 처분한 경우에는 인지의 소급효를 제한하는 민법 제860조 단서가 적용되어 사후의 피인지자는 다른 공동상속인들의 분할 기타 처분의 효력을 부인하지 못하게 된다. 둘째, 민법 제1014조는 그와 같은 경우에 피인지자가 다른 공동상속인들에 대하여 그의 상속분에 상당한 가액의 지급을 청구할 수 있도록 하여 상속재산의 새로운 분할에 갈음하는 권리를 인정함으로써 피인지자의 이익과 기존의 권리관계를 합리적으로 조정하는 데 그 목적이 있는 것이다. 셋째, 그렇다면 인지 이전에 공동상속인들에 의해 이미 분할되거나 처분된 상속재산은 민법 제860조 단서가 규정한 인지의 소급효 제한에 따라 이를 분할받은 공동상속인이나 공동상속인들의 처분행위에 의해 이를 양수한 자에게 그 소유권이 확정적으로 귀속되는 것이며, 상속재산의 소유권을 취득한 자는 민법 제102조에 따라 그 과실을 수취할 권능도 보유한다고 할 것이므로, 피인지자에 대한 인지 이전에 상속재산을 분할한 공동상속인이 그 분할받은 상속재산으로부터 발생한 과실을 취득하는 것은 피인지자에 대한 관계에서 부당이득이 된다고 할 수 없다. 따라서 원고의 주장은 타당하지 않다.

(대판 2007. 7. 26. 2006다83796의 사실관계와 판결요지 등 참조)

판 례

■ 공동상속인이 상속재산의 분할에 관하여 공동상속인 사이에 협의가 성립되지 아니하거나 협의할 수 없는 경우, 상속재산에 속하는 개별 재산에 관하여 민법 제268조의 규정에 따라 공유물분할청구의 소를 제기할 수 있는지 여부(소극)

"공동상속인은 상속재산의 분할에 관하여 공동상속인 사이에 협의가 성립되지 아니하거나 협의할 수 없는 경우에 가사소송법이 정하는 바에 따라 가정법원에 상속재산분할심판을 청구할 수 있을 뿐이고, 상속재산에 속하는 개별 재산에 관하여 민법 제268조의 규정에 따라 공유물분할청구의 소를 제기하는 것은 허용되지 않는다."(대판 2015. 8. 13. 2015다18367)

■ 상속개시 당시 상속재산을 구성하던 재산이 그 후 처분되거나 멸실·훼손되는 등으로 상속재산분할 당시 상속재산을 구성하지 아니하게 된 경우, 상속재산분할의 대상이 될 수 있는지 여부(소극) 및 그 대가로 취득하게 된 대상재산(대상재산)이 상속재산분할의 대상이 될 수 있는지 여부(적극)

"상속개시 당시에는 상속재산을 구성하던 재산이 그 후 처분되거나 멸실·훼손되는 등으로 상속재산분할 당시 상속재산을 구성하지 아니하게 되었다면 그 재산은 상속재산분할의 대상이 될 수 없다.다만 상속인이 그 대가로 처분대금, 보험금, 보상금 등 대상재산(대상재산)을 취득하게 된 경우에는, 대상재산은 종래의 상속재산이 동일성을 유지하면서 형태가 변경된 것에 불과할 뿐만 아니라 상속재산분할의 본질이 상속재산이 가지는 경제적 가치를 포괄적·종합적으로 파악하여 공동상속인에게 공평하고 합리적으로 배분하는 데에 있는 점에 비추어, 대상재산이 상속재산분할의 대상

으로 될 수는 있다."(대판 2015. 8. 13. 2015다18367)

■ 상속재산의 협의분할에 의하여 공동상속인중 1인이 고유의 상속분을 초과하는 재산을 취득한 것을 다른 공동상속인으로부터의 증여로 볼 수 있는지 여부(소극)

"공동상속인 상호간에 상속재산에 관하여 민법 제1013조의 규정에 의한 협의분할이 이루어 짐으로써 공동상속인중 1인이 고유의 상속분을 초과하는 재산을 취득하게 되었다고 하여도 이는 상속개시 당시에 피상속인으로부터 승계받은 것으로 보아야 하고 다른 공동상속인으로부터 증여받은 것으로 볼 것이 아니다."(대판 1985. 10. 8. 85누70 ; 대판 1984. 3. 27. 83누710)

■ 민법 제1019조 제1항의 법정기간을 경과한 상속포기 신고를 상속재산의 협의분할로 볼 것인지 여부(적극)

"상속재산을 공동상속인 1인에게 상속시킬 방편으로 나머지 상속인들이 한 상속포기 신고가 민법 제1019조 제1항 소정의 기간을 경과한 후에 신고된 것이어서 상속포기로서의 효력이 없다고 하더라도, 공동상속인들 사이에서는 1인이 고유의 상속분을 초과하여 상속재산 전부를 취득하고 나머지 상속인들은 이를 전혀 취득하지 않기로 하는 내용의 상속재산에 관한 협의분할이 이루어진 것으로 보아야 한다."(대판 1996. 3. 26. 95다45545 ; 대판 1991. 12. 24. 90누5986 등)

■ 공동 재산상속인들 사이의 상속지분의 양도를 상속재산 협의분할의 취지로 한 것으로 본 사례

"공동상속인 사이의 상속지분의 양도는 공동상속인 전원의 약정에 기한 경우, 이를 상속재산의 협의분할의 취지로 한 것으로 볼 수 있다."(대판 1995. 9. 15. 94다23067 ; 대판 1989. 9. 12. 88다카5836 등)

■ 상속재산의 분할협의가 사해행위취소권 행사의 대상이 되는지 여부(적극) 및 채무초과 상태에 있는 채무자가 상속재산의 분할협의를 하면서 자신의 상속분에 관한 권리를 포기함으로써 일반채권자에 대한 공동담보가 감소된 경우 사해행위 해당 여부(적극)

"상속재산의 분할협의는 상속이 개시되어 공동상속인 사이에 잠정적 공유가 된 상속재산에 대하여 그 전부 또는 일부를 각 상속인의 단독소유로 하거나 새로운 공유관계로 이행시킴으로써 상속재산의 귀속을 확정시키는 것으로 그 성질상 재산권을 목적으로 하는 법률행위이므로 사해행위취소권 행사의 대상이 될 수 있고, 한편 채무자가 자기의 유일한 재산인 부동산을 매각하여 소비하기 쉬운 금전으로 바꾸거나 타인에게 무상으로 이전하여 주는 행위는 특별한 사정이 없는 한 채권자에 대하여 사해행위가 되는 것이므로, 이미 채무초과 상태에 있는 채무자가 상속재산의 분할협의를 하면서 자신의 상속분에 관한 권리를 포기함으로써 일반 채권자에 대한 공동담보가 감소한 경우에도 원칙적으로 채권자에 대한 사해행위에 해당한다."(대판 2014. 7. 10. 2012다26633 ; 대판 2007. 7. 26. 2007다29119 등)

■ 사해행위취소소송에서 원상회복으로 가액배상을 명하는 경우, 수익자가 배상하여야 할 부동산의 가액에서 우선변제권 있는 임차보증금 반환채권 금액을 공제하여야 하는지 여부(적극) 및 이러한 법리는 상속재산 분할협의를 사해행위로 인정하여 취소하는 경우에도 그대로 적용되는지 여부(적극)

"어느 부동산에 관한 법률행위가 사해행위에 해당하는 경우에는 원칙적으로 그 사해행위를 취소하고 소유권이전등기의 말소 등 부동산 자체의 회복을 명하여야 하는 것이나, 다만 원물반환이 불가능하거나 현저히 곤란한 경우에는 원상회복의무의 이행으로서 사해행위 목적물 가액 상당의 배상을 명하여야 하는 것이고, 이러한 가액배상에 있어서는 일반 채권자들의 공동담보로 되어 있어 사해행위가 성립하는 범위 내의 가액배상을 명하여야 하는 것이므로, 그 부동산에 관하여 주택임대차보호법 제3조 제1항이 정한 대항력을 갖추고 임대차계약서에 확정일자를 받아 임대차보증금 우선변제권을 가진 임차인 또는 같은 법 제8조에 의하여 임대차보증금 중 일정액을 우선하여 변제받을 수 있는 소액임차인이 있는 때에는 수익자가 배상하여야 할 부동산의 가액에서 그 우선변제권 있는 임차보증금 반환채권 금액을 공제하여야 한다. 그리고 이러한 법리는, 주택 소유자의 사망으로 인하여 그 주택에 관한 포괄적 권리의무를 승계한 공동상속인들 사이에 이루어진 상속재산 분할협의가 일부 상속인의 채권자에 대한 사해행위에 해당하는 경우 그 상속인의 상속지분을 취득한 수익자로 하여금 원상회복 의무의 이행으로서 지분 가액 상당의 배상을 명하는 경우에도 그대로 적용된다."(대판 2007. 7. 26. 2007다29119 ; 대판 2003. 12. 12. 2003다40286 등)

■ 금전채무가 공동상속된 경우, 상속재산 분할의 대상이 될 수 있는지 여부(소극)

"금전채무와 같이 급부의 내용이 가분인 채무가 공동상속된 경우, 이는 상속 개시와 동시에 당연히 법정상속분에 따라 공동상속인에게 분할되어 귀속되는 것이므로, 상속재산 분할의 대상이 될 여지가 없다."(대판 1997. 6. 24. 97다8809)

■ 상속재산 분할의 대상이 될 수 없는 상속채무에 대하여 공동상속인들 사이에 분할의 협의가 있는 경우, 그 협의의 의미

"상속재산 분할의 대상이 될 수 없는 상속채무에 관하여 공동상속인들 사이에 분할의 협의가 있는 경우라면 이러한 협의는 민법 제1013조에서 말하는 상속재산의 협의분할에 해당하는 것은 아니지만, 위 분할의 협의에 따라 공동상속인 중의 1인이 법정상속분을 초과하여 채무를 부담하기로 하는 약정은 면책적 채무인수의 실질을 가진다고 할 것이어서, 채권자에 대한 관계에서 위 약정에 의하여 다른 공동상속인이 법정상속분에 따른 채무의 일부 또는 전부를 면하기 위하여는 민법 제454조의 규정에 따른 채권자의 승낙을 필요로 하고, 여기에 상속재산 분할의 소급효를 규정하고 있는 민법 제1015조가 적용될 여지는 전혀 없다."(대판 1997. 6. 24. 97다8809)

■ 상속재산분할협의에 이미 상속을 포기한 자가 참여한 경우, 그 협의의 효력

"상속재산분할협의에 이미 상속을 포기한 자가 참여하였다 하더라도 그 분할협의의 내용이 이미 포기한 상속지분을 다른 상속인에게 귀속시킨다는 것에 불과하여 나머지 상속인들 사이의 상속재산분할에 관한 실질적인 협의에 영향을 미치지 않은 경우라면 그 상속재산분할협의는 효력이 있다고 볼 수 있다."(대판 2007. 9. 6. 2007다30447)

■ 상속포기 신고가 법원에 수리되지 않고 있는 동안 포기자를 제외한 나머지 공동상속인들이 상속재산분할협의를 한 경우, 그 후 상속포기 신고가 적법하게 수리되면 상속재산분할협의가 소급적으로 유효하게 되는지 여부(적극) 및 포기자가 상속재산분할협의에 참여하여 당사자가 된 경우에도 마찬가지인지 여부(한정 적극)

"상속의 포기는 상속이 개시된 때에 소급하여 그 효력이 있고(민법 제1042조), 포기자는 처음부터 상속인이 아니었던 것이 된다. 따라서 상속포기의 신고가 아직 행하여지지 아니하거나 법원에 의하여 아직 수리되지 아니하고 있는 동안에 포기자를 제외한 나머지 공동상속인들 사이에 이루어진 상속재산분할협의는 후에 상속포기의 신고가 적법하게 수리되어 상속포기의 효력이 발생하게 됨으로써 공동상속인의 자격을 가지는 사람들 전원이 행한 것이 되어 소급적으로 유효하게 된다. 이는 설사 포기자가 상속재산분할협의에 참여하여 그 당사자가 되었다고 하더라도 그 협의가 그의 상속포기를 전제로 하여서 포기자에게 상속재산에 대한 권리를 인정하지 아니하는 내용인 경우에는 마찬가지이다."(대판 2011. 6. 9. 2011다29307)

■ 상속재산 분할협의의 전부 또는 일부를 합의해제한 후 다시 새로운 분할협의를 할 수 있는지 여부(적극)

"상속재산 분할협의는 공동상속인들 사이에 이루어지는 일종의 계약으로서, 공동상속인들은 이미 이루어진 상속재산 분할협의의 전부 또는 일부를 전원의 합의에 의하여 해제한 다음 다시 새로운 분할협의를 할 수 있다."(대판 2004. 7. 8. 2002다73203)

■ 상속재산 분할협의가 합의해제된 경우에도 민법 제548조 제1항 단서의 규정이 적용되는지 여부(적극)

"상속재산 분할협의가 합의해제되면 그 협의에 따른 이행으로 변동이 생겼던 물권은 당연히 그 분할협의가 없었던 원상태로 복귀하지만, 민법 제548조 제1항 단서의 규정상 이러한 합의해제를 가지고서는, 그 해제 전의 분할협의로부터 생긴 법률효과를 기초로 하여 새로운 이해관계를 가지게 되고 등기·인도 등으로 완전한 권리를 취득한 제3자의 권리를 해하지 못한다."(대판 2004. 7. 8. 2002다73203)

■ 공동상속인 중에 특별수익자가 있는 경우의 구체적 상속분 산정을 위한 재산 평가시점(상속개시일) 및 대상분할의 방법에 의한 상속재산분할시의 정산을 위한 상속재산 평가시점(분할 시)

"공동상속인 중에 피상속인으로부터 재산의 증여 또는 유증 등의 특별수익을 받은 자가 있는 경우에는 이러한 특별수익을 고려하여 상속인별로 고유의 법정상속분을 수정하여 구체적인 상속분을 산정하게 되는데, 이러한 구체적 상속분을 산정함에 있어서는 상속개시시를 기준으로 상속재산과 특별수익재산을 평가하여 이를 기초로 하여야 할 것이고, 다만 법원이 실제로 상속재산분할을 함에 있어 분할의 대상이 된 상속재산 중 특정의 재산을 1인 및 수인의 상속인의 소유로 하고 그의 상속분과 그 특정의 재산의 가액과의 차액을 현금으로 정산할 것을 명하는 방법(소위 대상분할의 방법)을 취하는 경우에는, 분할의 대상이 되는 재산을 그 분할시를 기준으로 하여 재평가하여 그 평가액에 의하여 정산을 하여야 한다."(대결 1997. 3. 21.자 96스62 ; 대판 1996. 2. 9. 95다17885 등)

■ 공동상속인 중 1인이 상속 부동산을 처분한 후 이전등기 경료 전에 상속인 전원이 그 부동산을 다른 공동상속인의 단독 소유로 협의분할한 경우, 그 분할이 반사회질서 행위로서 무효로 되는 경우 및 그 범위

"공동상속인 중 1인이 제3자에게 상속 부동산을 매도한 뒤 그 앞으로 소유권이전등기가 경료되기 전에 그 매도인과 다른 공동상속인들 간에 그 부동산을 매도인 외의 다른 상속인 1인의 소유로 하는 내용의 상속재산 협의분할이 이루어져 그 앞으로 소유권이전등기를 한 경우에, 그 상속재산 협의분할은 상속개시된 때에 소급하여 효력이 발생하고 등기를 경료하지 아니한 제3자는 민법 제1015조 단서 소정의 소급효가 제한되는 제3자에 해당하지 아니하는바, 이 경우 상속재산 협의분할로 부동산을 단독으로 상속한 자가 협의분할 이전에 공동상속인 중 1인이 그 부동산을 제3자에게 매도한 사실을 알면서도 상속재산 협의분할을 하였을 뿐 아니라, 그 매도인의 배임행위(또는 배신행위)를 유인, 교사하거나 이에 협력하는 등 적극적으로 가담한 경우에는 그 상속재산 협의분할 중 그 매도인의 법정상속분에 관한 부분은 민법 제103조 소정의 반사회질서의 법률행위에 해당한다."

(대판 1996. 4. 26. 95다54426 ; 대판 1995. 2. 10. 94다2534 등)

■ 사후의 피인지자에 의한 민법 제1014조 소정의 가액청구권의 성질

"민법 제1014조에 의하여, 상속개시 후의 인지 또는 재판의 확정에 의하여 공동상속인이 된 자가 분할을 청구할 경우에 다른 공동상속인이 이미 분할 기타 처분을 한 때에는 그 상속분에 상당한 가액의 지급을 청구할 권리가 있는바, 이 가액청구권은 상속회복청구권의 일종이다."(대판 1993. 8. 24. 93다12 ; 대판 1982. 9. 28. 80므20)

■ 민법 제1014조의 가액의 산정의 기준시점

"민법 제1014조의 가액은 다른 공동상속인들이 상속재산을 실제처분한 가액 또는 처분한 때의 시가가 아니라 사실심 변론종결시의 시가를 의미한다."(대판 1993. 8. 24. 93다12)

■ 민법 제1014조의 가액에 부당이득반환의 범위에 관한 민법규정의 유추적용 여부

"상속개시 후에 인지되거나 재판이 확정되어 공동상속인이 된 자도 그 상속재산이 아직 분할되거나 처분되지 아니한 경우에는 당연히 다른 공동상속인들과 함께 분할에 참여할 수 있을 것인바, 민법 제1014조는 그와 같은 인지 이전에 다른 공동상속인이 이미 상속재산을 분할 기타의 방법으로 처분한 경우에는 사후의 피인지자는 다른 공동상속인들의 분할 기타 처분의 효력을 부인하지 못하게 하는 대신, 이들에게 그 상속분에 상당한 가액의 지급을 청구할 수 있도록 하여 상속재산의 새로운 분할에 갈음하는 권리를 인정함으로써 피인지자의 이익과 기존의 권리관계를 합리적으로 조정하는 데 그 목적이 있다 할 것이고, 따라서 그 가액의 범위에 관하여는 부당이득반환의 범위에 관한 민법규정을 유추적용할 수 없고, 다른 공동상속인들이 분할 기타의 처분시에 피인지자의 존재를 알았는지의 여부에 의하여 그 지급할 가액의 범위가 달라지는 것도 아니다."(대판 1993. 8. 24. 93다12)

■ 상속재산의 처분에 의한 조세부담을 민법 제1014조의 가액에서 공제할 것인지 여부

"상속재산의 처분에 수반되는 조세부담은 상속에 따른 비용이라고 할 수 없고, 민법 제1014조에 의한 가액의 지급청구는 상속재산이 분할되지 아니한 상태를 가정하여 피인지자의 상속분에 상당하는 가액을 보장하려는 것이므로, 다른 공동상속인들의 분할 기타의 처분에 의한 조세부담을 피인지자에게 지급할 가액에서 공제할 수 없고, 다른 상속인들이 피인지자에게 그 금액의 상환을 구할 수도 없다."(대판 1993. 8. 24. 93다12)

■ 민법 제1014조에 의한 피인지자 등의 상속분상당가액지급청구권에 대하여 같은 법 제999조 제2항에 정한 제척기간이 적용되는지 여부(적극) 및 혼인외의 자가 인지판결 확정으로 공동상속인이 된 경우, 위 제척기간의 기산일(=인지판결 확정일)

"민법 제1014조에 의한 피인지자 등의 상속분상당가액지급청구권은 그 성질상 상속회복청구권의 일종이므로 같은 법 제999조 제2항에 정한 제척기간이 적용되고, 같은 항에서 3년의 제척기간의 기산일로 규정한 '그 침해를 안 날'이라 함은 피인지자가 자신이 진정상속인인 사실과 자신이 상속에서 제외된 사실을 안 때를 가리키는 것으로 혼인외의 자가 법원의 인지판결 확정으로 공동상속인이 된 때에는 그 인지판결이 확정된 날에 상속권이 침해되었음을 알았다고 할 것이다."(대판 2007. 7. 26. 2006므2757 ; 대판 1993. 8. 24. 93다12)

■ 상속분상당가액지급청구권의 가액산정 대상 재산을 인지 전에 이미 분할 내지 처분된 상속재산 전부로 삼는다는 뜻과 함께 추후 감정결과에 따라 청구취지를 확장하겠다는 뜻을 미리 밝히면서 우선 일부의 금액만을 제척기간 내에 청구하고 그 제척기간 경과 후에 감정결과에 따라 청구취지를 확장한 경우, 청구취지 확장으로 추가된 부분에 관하여도 제척기간을 준수한 것인지 여부

(적극)

"상속회복청구권의 경우 상속재산의 일부에 대해서만 제소하여 제척기간을 준수하였을 때에는 청구의 목적물로 하지 않은 나머지 상속재산에 대해서는 제척기간을 준수한 것으로 볼 수 없고, 민법 제1014조에 의한 상속분상당가액지급청구권의 경우도 같은 법 제999조 제2항의 제척기간이 도과되면 소멸하므로 그 기간 내에 한 청구채권에 터 잡아 제척기간 경과 후 청구취지를 확장하더라도 그 추가 부분의 청구권은 소멸한다고 할 것이나, 만일 상속분상당가액지급청구권의 가액산정 대상재산을 인지 전에 이미 분할 내지 처분된 상속재산 전부로 삼는다는 뜻과 다만, 그 정확한 권리의 가액을 알 수 없으므로 추후 감정결과에 따라 청구취지를 확장하겠다는 뜻을 미리 밝히면서 우선 일부의 금액만을 청구한다고 하는 경우 그 청구가 제척기간 내에 한 것이라면, 대상 재산의 가액에 대한 감정결과를 기다리는 동안 제척기간이 경과하고 그 후에 감정결과에 따라 청구취지를 확장한 때에는, 위와 같은 청구취지의 확장으로 추가된 부분에 관해서도 그 제척기간은 준수한 것으로 봄이 상당하다."(대판 2007. 7. 26. 2006므2757 ; 대판 1981. 6. 9. 80므84, 85, 86, 87)

■ 인지 전에 이미 분할되거나 처분된 상속재산으로부터 발생한 과실이 상속재산에 해당하는지 여부(소극) 및 민법 제1014조에 의한 상속분상당가액지급청구에 있어 가액산정 대상에 포함되는지 여부(소극)

"인지 전에 공동상속인들에 의해 이미 분할되거나 처분된 상속재산은 이를 분할받은 공동상속인이나 공동상속인들의 처분행위에 의해 이를 양수한 자에게 그 소유권이 확정적으로 귀속되는 것이며, 그 후 그 상속재산으로부터 발생하는 과실은 상속개시 당시 존재하지 않았던 것이어서 이를 상속재산에 해당한다 할 수 없고, 상속재산의 소유권을 취득한 자(분할받은 공동상속인 또는 공동상속인들로부터 양수한 자)가 민법 제102조에 따라 그 과실을 수취할 권능도 보유한다고 할 것이며, 민법 제1014조도 '이미 분할 내지 처분된 상속재산' 중 피인지자의 상속분에 상당한 가액의 지급청구권만을 규정하고 있을 뿐 '이미 분할 내지 처분된 상속재산으로부터 발생한 과실'에 대해서는 별도의 규정을 두지 않고 있으므로, 결국 민법 제1014조에 의한 상속분상당가액지급청구에 있어 상속재산으로부터 발생한 과실은 그 가액산정 대상에 포함된다고 할 수 없다."(대판 2007. 7. 26. 2006므2757)

■ 상속재산의 협의분할에 공동상속인 전원이 참여하여야 하는지 여부(적극) 및 순차적으로 이루어진 상속재산 협의분할의 효력(유효)

"상속재산의 협의분할은 공동상속인 간의 일종의 계약으로서 공동상속인 전원이 참여하여야 하고 일부 상속인만으로 한 협의분할은 무효라고 할 것이나, 반드시 한 자리에서 이루어질 필요는 없고 순차적으로 이루어질 수도 있으며, 상속인 중 한 사람이 만든 분할 원안을 다른 상속인이 후에 돌아가며 승인하여도 무방하다."(대판 2010. 2. 25. 2008다96963 ; 대판 2004. 10. 28. 2003다65438, 65445)

■ 공동상속인 중 1인이 협의분할에 의한 상속을 원인으로 상속부동산에 관한 소유권이전등기를 마친 경우, 협의분할이 무효라는 이유로 다른 공동상속인이 구하는 소유권이전등기 말소등기청구의 소가 상속회복청구의 소에 해당하는지 여부(적극)

"공동상속인 중 1인이 협의분할에 의한 상속을 원인으로 하여 상속부동산에 관한 소유권이전등기를 마친 경우에, 협의분할이 다른 공동상속인의 동의 없이 이루어진 것이어서 무효라는 이유로 다른 공동상속인이 위 등기의 말소를 청구하는 소는 상속회복청구의 소에 해당한다."(대판 2014. 1. 23. 2013다68948 ; 대판 2011. 3. 10. 2007다17482)

■ 민법 제1008조에 따라 상속분 산정에서 증여 또는 유증을 참작하는 것이 실제로 유증 또는 증여를 받은 경우에 한정되는지 여부(적극) 및 수인의 상속인 중 1인이 나머지 상속인들의 상속포기로 단독상속하게 된 경우, 단독상속인이 상속포기자로부터 상속지분을 유증 또는 증여받은 것이라고 볼 수 있는지 여부(소극)

"민법 제1008조는 '공동상속인 중에 피상속인으로부터 재산의 증여 또는 유증을 받은 자가 있는 경우에 그 수증재산이 자기의 상속분에 달하지 못한 때에는 그 부족한 부분의 한도에서 상속분이 있다'고 규정하고 있으나, 이와 같이 상속분의 산정에서 증여 또는 유증을 참작하게 되는 것은 상속인이 실제로 유증 또는 증여를 받은 경우에 한한다. 한편 상속의 포기는 상속이 개시된 때에 소급하여 그 효력이 있고(민법 제1042조), 포기자는 처음부터 상속인이 아니었던 것이 되므로, 수인의 상속인 중 1인을 제외한 나머지 상속인들의 상속포기 신고가 수리되어 결과적으로 그 1인만이 단독상속하게 되었다고 하더라도 그 1인의 상속인이 상속포기자로부터 그 상속지분을 유증 또는 증여받은 것이라고 볼 수 없다."(대결 2012. 4. 16. 자 2011스191)

■ 한정승인에 따른 청산절차가 종료되지 않은 경우 상속재산분할청구가 가능한지 여부(적극)

"우리 민법이 한정승인 절차가 상속재산분할 절차보다 선행하여야 한다는 명문의 규정을 두고 있지 않고, 공동상속인들 중 일부가 한정승인을 하였다고 하여 상속재산분할이 불가능하다거나 분할로 인하여 공동상속인들 사이에 불공평이 발생한다고 보기 어려우며, 상속재산분할의 대상이 되는 상속재산의 범위에 관하여 공동상속인들 사이에 분쟁이 있을 경우에는 한정승인에 따른 청산절차가 제대로 이루어지지 못할 우려가 있는데 그럴 때에는 상속재산분할청구 절차를 통하여 분할의 대상이 되는 상속재산의 범위를 한꺼번에 확정하는 것이 상속채권자의 보호나 청산절차의 신속한 진행을 위하여 필요하다는 점 등을 고려하면, 한정승인에 따른 청산절차가 종료되지 않은 경우에도 상속재산분할청구가 가능하다."(대결 2014. 7. 25. 자 2011스226)

■ 상속재산인 금전채권의 전부 또는 일부가 상속개시일 현재 회수 불가능한 것으로 인정되지 않더라도, 상속개시일 당시 채권의 회수 가능성을 의심할 만한 중대한 사유가 발생하여 액면금액에 상속개시일까지의 미수이자 상당액을 가산한 금액으로 채권의 가액을 평가하는 것이 현저히 불합리하다고 인정되는 경우, 상속재산의 가액을 평가하는 방법

"구 상속세 및 증여세법(2010. 1. 1. 법률 제9916호로 개정되기 전의 것) 제60조의 문언 내용과 취지 및 관련 규정의 체계, 응능과세 원칙 등에 비추어 보면, 상속재산인 금전채권의 전부 또는 일부가 상속개시일 현재 회수 불가능한 것으로 인정되지는 아니하더라도, 상속개시일 당시에 이미 채무자의 자금사정이 어려워 상당 기간 채권의 회수가 지연되거나 채무자의 신용상태가 급격히 악화되는 등 회수 가능성을 의심할 만한 중대한 사유가 발생하여 액면금액에 상속개시일까지의 미수이자 상당액을 가산한 금액으로 채권의 가액을 평가하는 것이 현저히 불합리하다고 인정되는 경우에는 그 금액을 상속재산의 가액으로 평가할 수 없고, 다른 객관적이고 합리적인 방법에 의하여 평가하여야 할 것이다."(대판 2014. 8. 28. 2013두26989)

■ 갑이 공동상속인인 을을 상대로 상속재산분할을 구하면서 상속재산인 부동산의 분할방법에 관하여 상속지분에 따른 공유방식을 주장한 사안에서, 갑이 을과 남매지간임에도 오랜 기간 피상속인의 부양이나 상속재산분할 문제로 첨예하게 대립해 왔고 두 사람의 악화된 관계가 다시 회

복되기는 매우 곤란해 보이는 점, 이러한 상황에서 갑의 주장대로 상속지분에 따른 공유방식으로 분할하면 위 부동산의 관리, 처분을 둘러싸고 분쟁이 계속될 수밖에 없는 점 등에 비추어, 부동산을 경매한 뒤 경매대금을 구체적 상속분 가액 비율에 따라 분배하는 것이 상당하다고 한 사례

"상속재산 분할방법은 상속재산의 종류 및 성격, 상속인들의 의사, 상속인들 간의 관계, 상속재산의 이용관계, 상속인의 직업·나이·심신상태, 상속재산분할로 인한 분쟁 재발의 우려 등 여러 사정을 고려하여 법원이 후견적 재량에 의하여 결정할 수 있다."고 한 사례가 있다(대결 2014. 11. 25. 자 2012스156).

제 4 절 상속의 승인과 포기

Ⅰ. 개 설

1. 상속의 승인·포기의 자유

첫째, 민법은 상속의 경우, 상속인이 피상속인의 권리·의무를 승계하는 포괄승계의 원칙을 취하고 있으면서도(제1005조 본문), 상속인의 의사에 반하여 이를 강제하여야 할 것은 아니기 때문에 상속인으로 하여금 일정한 기간 내에 이를 결정할 수 있는 선택의 자유를 부여하고 있다. 상속의 승인과 포기가 그것이다. 둘째, 그 승인에는 단순승인과 한정승인의 두 가지가 있다. 전자는 상속인의 피상속인의 권리·의무의 승계에 대한 조건 없는 승인이고, 후자는 상속인이 피상속인의 채무·유증 등을 그 상속재산의 한도 내에서 변제하겠다는 조건으로 상속을 승인하는 것을 말한다. 민법은 상속의 단순승인·한정승인·포기 중에서 단순승인의 원칙을 취한다(제1026조의 규정상 상속의 포기·한정승인이 없으면, 법률상 당연히 단순승인을 한 것으로 보기 때문이다).

●● 사례

A(망 공소 외 1)는 1979. 2. 28 사망하였는데 그 당시 A의 유처와 B(피고인 1)를 포함한 자녀들이 재산상속인이었으며 A가 남긴 유산(토지 120여 필)을 분배함에 있어 1979. 4. 10 그 재산상속인들 사이에 B가 이 사건 토지 5필지 도합 2531평을 차지하고, 그 나머지는 다른 재산상속인들이 갖기로 하는 합의가 성립(상속재산분할의 결정)되었다. 그 후 B는 상속에 따른 상속세를 포탈할 의도 아래 상속을 포기한다는 재산상속포기신고를 같은 해 5. 28. 소관 가정법원에 제출하여 수리되었다(이 점은 사실관계에서 확인되었다). 한편 B는 이 사건 토지를 상속개시 전에 매수한 것을 A(피상속인)에게 명의신탁하여 둔 것처럼 가장하여 다른 공동상속인을 상대로 신탁해제로 인한 소유권이전등기청구소송을 제기하여 의제자백에 의한 승소판결을 얻어 자기 명의의 소유권 이전등기를 경료하였다는 혐의(조세범처벌법 제9조 1항 소정의 납세의무 성실신고 방해행위 혐

의)로 기소되었다. B의 상속포기신고는 그 효력이 있는가?

●● 사안의 쟁점:

첫째, 공동재산상속인들이 상속재산분할한 것을 단순승인으로 볼 수 있는지, 둘째, 단순승인 후에도 3개월의 고려기간 내라면 상속포기가 가능한지 등이다.

2. 승인 · 포기행위의 성질

첫째, 상속의 승인 · 포기는 상속의 효과(상속상의 권리 · 의무의 승계를 거부하지 않겠다는 또는 거부하겠다)의 발생을 목적으로 하는 의사표시로서 상대방 없는 단독행위이다. ① 그 승인 · 포기는 재산법상의 행위이므로, 이를 하려면 행위능력이 있어야 한다. 따라서 제한능력자인 상속인은 법정대리인의 동의를 얻어야만 그 승인 · 포기를 할 수 있다(법정대리인은 이를 대리할 수 있으나, 제921조 소정의 이해상반행위에 해당하는 경우에는 그 대리권의 행사가 제한된다). 한편 후견인이 제한능력자인 피후견인을 대리하여 승인 · 포기하거나 또는 피후견인(미성년자 · 피한정후견인)이 그 승인 · 포기를 하는 데 동의할 때에는 후견감독인이 있으면 그의 동의를 얻어야 한다(제950조 제1항 제3호 · 제959조의6). ② 그 승인 · 포기에는 조건이나 기한을 붙이지 못하고, 특정재산에 대하여 선택적으로 할 수 없으며 포괄적으로 하여야 한다(대판 1995. 11. 14. 95다27554). ③ 그 승인 · 포기는 상속개시 이후 일정한 기간 내에 하여야 하며, 상속개시 전에 한 그 승인 · 포기의 의사표시는 무효이다(대판 1998. 7. 24. 98다9021). ④ 그 승인 · 포기는 행사상의 일신전속권이므로, 채권자대위권 · 채권자취소권의 목적이 될 수 없다(같은 견해 김주수 · 김상용, 앞의 책, 739면)(다만, 상속의 포기의 경우, 판례는 상속재산분할협의에 의한 사실상의 상속의 포기가 사해행위로서 채권자취소권의 대상이 된다는 견해를 취한다. 대판 2001. 2. 9. 2000다51797). ⑤ 상속의 한정승인 · 상속의 포기는 가정법원에 그 신고를 하여야 하는 요식행위이다(제1030조 · 제1041조). 그러나 단순승인은 아무런 제한이 없는 불요식행위이다.

3. 상속의 승인 · 포기의 기간

(1) 고려기간

첫째, 상속인은 상속개시 있음을 안 날부터 3개월 내에 단순승인 · 한정승인 또는 포기를 할 수 있고(제1019조 제1항 본문), 그 승인 · 포기에 앞서 상속재산을 조사할 수 있다(제1019조 제2항). ① 이 3개월의 기간은 상속인이 상속재산을 조사해 보고, 그 승인 · 포기를 선택할 수 있는 기회를 준 것이어서 이를 고려기간 · 숙려기간(熟慮期間)이라고 한다. 이 기간의 법적 성질은 제척기간이다(대결 2003. 8. 11. 2003스32 참조). ② 이 기간 내에 상속인이 그 승인 · 포기를 하지 않은 경우, 단순승인을 한 것으로 보게 된다(제1026조 제2호)(한정승인을 한 것으로 보는 것이 바람직하다는 입법론으로는 김용한, 앞의 책, 350면 참조). 다만, 일정한 경우에는 상속인은 그 기간이 경과한 후에도 한정승인을 할 수 있는 예외가 있다(제1019조 제3항).

(2) 3개월의 기산점

첫째, 원칙적으로 그 기산점은 상속인이 상속개시 있음을 안 날부터이다(제1019조 제1항 본문). ① 그 기산점의 해석의 경우, 판례의 태도는 분명하다. 상속개시의 원인이 되는 사실의 발생을 알고 또 이로써 자기가 상속인이 되었음을 안 날을 의미하고(대판 2005. 7. 22. 2003다43681 등), 상속재산이 있음을 안 날(대결 1984. 8. 23. 84스17, 25) · 상속재산의 유무를 안 날(대결 1988. 8. 25. 88스10-13 등) · 상속재산 또는 상속채무의 존재를 안 날(대결 1996. 6. 11. 91스1) 등을 말하는 것이 아니라고 한다(통설의 견해도 이와 같다). ② 상속인이 1인인 경우, 상속의 개시로 자기가 상속인이 되었음을 안 날부터 3개월의 기간은 기산되며, 공동상속인이 있는 경우의 고려기간은 각 상속인 별로 따로 기산한다. ③ 제1순위의 상속인 전원이 상속을 포기하여 제2순위자가 상속인이 되는 경우, 제2순위 상속인의 고려기간은 제1순위자 전원이 상속을 포기하여 자기가 상속인이 되었음을 안 날이 기산점이 된다(대판 2005. 7. 22. 2003다43681 참조. 제2순위 상속인의 고려기간은 제1순위자 전원이 상속을 포기하여 그 신고를 한 시점부터 기산되지 않는다). 둘째, 위에서 살핀 원칙의 예외를 규정한 2개의 특별규정이 있다. ① 상속인이 제한능력자인 경우, 고려기간의 기산점은 그 법정대리인이 상속이 개시된 것을 안 날부터이다(제1020조). 명문의 규정이 없으나, 상속인이 태아인 경우에도 마찬가지라고 해석하여야 한다. ② 피상속인(A)의 상속인(B)이 그 승인·포기를 하지 않고 고려기간 내에 사망한 경우, 그 사망한 B의 상속인(C)이 자기의 상속이 개시되었음을 안날부터 고려기간은 기산된다(제1021조). 이 경우, C는 A의 상속인 B의 선택권과 B의 상속인으로서의 자기 자신의 선택권을 고려기간 내에 동시에 행사할 수 있다. 따라서 두 개의 상속을 모두 승인·포기할 수 있음은 물론 B에 의한 A의 상속을 포기해서 B에 대한 자기의 상속만을 승인할 수도 있다. 그러나 B에 대한 자기의 상속을 포기하고, B에 의한 A의 상속을 승인하지 못한다. C의 B에 대한 상속포기는 C가 A를 상속할 수 있는 권원의 상실을 가져오기 때문이다.

(3) 고려기간의 연장

3개월의 고려기간은 이해관계인 또는 검사의 청구에 가정법원이 이를 연장할 수 있다(제1019조 제1항 단서). 상속재산이 많고 복잡한 경우가 있을 수 있음을 고려한 규정이다. 그렇다면 명문의 규정은 없으나, 상속인도 당연히 그 연장신청의 주체에 포함된다고 해석하여야 한다. 한편 그 연장신청은 고려기간 종료 전에 하여야 한다(제1026조 참조).

4. 승인·포기의 철회금지와 취소·무효

(1) 승인·포기의 철회금지

상속인이 그 승인·포기를 한 후에는 비록 고려기간이 경과하지 않았다 하더라도, 이를 철회하지 못한다(제1024조 제1항의 취소의 표현은 제2항과의 관계상 본래의 취소의 의미와는 다르므로, 학자들은 보정해석을 하여 철회의 의미로 파악한다). 이해관계인의 신뢰보호와 거래의 안전을 고려한 규정이다.

(2) 승인 · 포기의 취소

첫째, 상속인이 이미 행한 그 승인 · 포기의 철회는 금지되지만, 총칙편의 규정에 의한 그 승인 · 포기의 취소는 가능하다(제1024조 제2항 본문). 제1024조 소정의 단순승인으로 의제되는 경우, 이를 취소할 수 있는지 여부에 대하여는 다툼이 있다. 의제된 단순승인은 의사표시가 아니라는 이유로 이를 부정하는 견해(송덕수, 앞의 책, 1649면)와 상속인에게 중대한 과실이 없는 한 이를 허용해야 한다는 견해(윤진수, "상속채무를 뒤늦게 발견한 상속인의 채무," 「법학」 제38권 제3 · 제4호, 서울대법학연구소, 218면)로 나뉜다. 생각건대 제1019조 제3항에 의하여 단순승인의 의제를 뒤집고 한정승인을 할 수 있는 경우는 별개의 문제로 하고, 상속인은 의제된 의사표시에 지나지 않는 법정단순승인 그 자체를 취소할 수는 없다고 해석하여야 한다. 둘째, 취소의 원인은 무엇인가? ① 제한능력자(미성년자 · 피한정후견인)인 상속인이 법정대리인의 동의 없이 그 승인 · 포기를 한 경우(제5조 제2항 · 제13조 제4항 본문), ② 상속인인 피성년후견인이 단독으로 그 승인 · 포기를 한 경우(제10조 제1항), ③ 상속인이 착오 · 사기 · 강박에 의하여 그 승인 · 포기를 한 경우(제109조 제1항 본문 · 제110조 제1항) 등이다. 셋째, 취소의 방식은 무엇인가? 민법은 상속의 한정승인 · 포기의 경우(제1030조 · 제1041조)와는 달리, 그 취소의 방식에 관한 규정을 두지 않고, 가사소송규칙에만 그 규정이 있다. 즉, 한정승인과 포기의 취소는 한정승인 · 포기의 신고를 하였던 가정법원에 일정한 사항을 기재한 서면으로 신고하는 방식으로 한다(가사소송규칙 제76조). 단순승인의 취소의 방식에는 아무런 제한이 없다 할 것이다. 넷째, 취소의 효과는 무엇인가? 상속의 승인 · 포기는 소급해서 무효로 된다(제141조 본문). 이 경우, 선의의 제3자 보호규정(제109조 제2항 · 제110조 제3항)의 적용 여부에 대하여는, 이들 규정은 신분행위에는 적용될 수 없다는 부정설(박병호, 앞의 책, 395면)과 그 승인 · 포기는 재산법상의 행위이므로, 이들 규정이 당연히 적용된다는 긍정설(곽윤직, 앞의 책, 175면 등 다수설)로 나뉜다. 그 승인 · 포기의 성질(재산행위)에 비춰볼 때 긍정설이 타당하다. 다섯째, 민법에 규정이 없는 취소 후의 승인 · 포기의 경우, 취소 후에 지체없이 그 승인 · 포기를 하여야 한다는 견해(통설)가 있으나, 그러한 해석이 왜 필요한지는 의문이다(고려기간 내에 이를 하지 않으면, 당연히 단순승인으로 의제되기 때문이다). 여섯째, 상속의 승인 · 포기의 취소권은 추인할 수 있는 날부터 3개월 내에, 승인 · 포기한 날부터 1년 내에 행사하여야 한다(제1024조 제2항 단서). 취소권은 형성권이므로, 민법의 규정(소멸시효기간)에 관계없이 3개월 · 1년의 기간은 제척기간으로 해석하여야 한다(같은 견해 곽윤직, 앞의 책, 176면 ; 송덕수, 앞의 책, 1650면).

(3) 승인 · 포기의 무효

민법은 그 취소의 경우와는 달리, 그 승인 · 포기의 무효에 관한 규정이 없다. 그러나 그 승인 · 포기는 상대방 없는 단독행위라는 점에서 총칙편의 규정에 의한 무효의 주장도 당연히 인정된다 할 것이다.

5. 승인 · 포기 전의 상속재산의 관리

(1) 상속인의 관리의무

첫째, 상속인이 개시되면 상속재산은 피상속인의 지배에서 벗어나 상속인에게 포괄승계되는 것이지만, 그 고려기간 내에 상속인의 승인 · 포기가 있을 때까지 상속재산의 귀속주체는 불확정 상태에 놓인다. 이 기간 동안에 상속재산의 관리는 누가 해야 하는가? 민법은 상속인으로 하여금 자기의 고유재산에 대하는 것과 동일한 주의로 상속재산을 관리하도록 하고 있다(제1022조 본문). 다만, 단순승인 또는 포기한 때에는 그렇지 않다는 태도를 취한다(제1022조 단서). 둘째, 관리기간은 어떻게 되는가? ① 단순승인의 경우에는 상속인이 상속재산의 주체가 되므로, 제1022조에 기한 관리의무를 부담하지 않게 된다. ② 한정승인의 경우에는 명문의 규정이 없으나, 상속재산의 청산이 종료될 때(공동상속의 경우에는 법원에 의한 관리인선임 시. 제1040조)까지 상속인은 제1022조에 기한 관리의무를 진다고 해석하여야 한다. ③ 상속의 포기의 경우에는 상속인의 지위가 소급하여 소멸하므로(제1042조), 그 관리의무가 없게 되지만(제1022조 단서), 민법은 그 포기에 따라 새로이 상속인이 된 자가 상속재산을 관리할 수 있을 때까지 그 상속을 포기한 자에게 제1022조에 기한 관리의무를 지우고 있다(제1044조). 셋째, 상속인의 주의의무는 민법상 주의의무의 원칙인 선량한 관리자의 주의(제374조)보다는 가벼운 주의로서 개인차가 인정된다(이를 위반하면 구체적 과실이 된다).

(2) 상속재산에 대한 필요처분

첫째, 그 관리의무와는 별도로 가정법원은 이해관계인 또는 검사의 청구에 의하여 상속재산의 보전에 필요한 처분을 명할 수 있다(제1023조 제1항). ① 그 이해관계인이란 상속채권자 · 공동상속인 · 상속의 포기로 새로이 상속인이 될 자 등 상속관계상의 이해관계를 갖는 자를 말한다. ② 그 처분으로서 가장 중요한 것은 상속재산관리인의 선임이나, 이 외에 상속재산의 환가, 상속재산목록의 작성 등을 들 수 있다. 법원이 재산관리인을 선임한 경우, 부재자의 재산관리에 관한 제24조 내지 제26조가 준용된다(제1023조 제2항).

(3) 변제거절권

첫째, 상속인은 그 승인 · 포기를 하기 전에 상속채권자로부터 상속채무의 이행청구를 받은 경우에는 어떻게 되는가? 상속인은 이를 거절할 수 있다고 하여야 한다. 상속인에게 그 거절권이 없다고 할 경우, 상속인의 그 채무의 변제는 상속재산을 처분한 것으로서 단순승인을 한 것으로 의제되어(제1026조 제1호), 상속인에게 불이익을 초래하게 되기 때문이다.

Ⅱ. 단순승인

1. 단순승인의 의의

첫째, 상속인이 아무런 제한 없이 피상속인의 권리·의무의 승계를 승인하는 의사표시를 말한다. 한정승인·상속의 포기와는 달리, 단순승인은 특별한 방식을 요하지 않는다. 그 의사표시의 존재를 인정할 수 있는 것만으로 족하다. 둘째, 사회현실에서 단순승인의 의사표시가 행해지는 경우가 거의 없고, 그럴 필요성도 없다. 고려기간 내에 그 승인·포기가 없거나 일정한 사유가 있으면 단순승인으로 의제되는 경우가 대부분이다. 결국 단순승인의 실제적 기능은 제1026조 소정의 법정단순승인에서 찾을 수 있다 할 것이다.

2. 법정단순승인

(1) 개 념

일정한 법정사유가 있는 경우, 상속인의 의사에 관계없이 상속인이 단순승인을 한 것으 의제하는 것을 말한다(제1026조). 법률에 정한 일정한 사유에는 세 가지가 있다.

(2) 유 형

첫째, 상속인이 상속재산에 대한 처분행위를 한 경우이다(제1026조 제1호). ① 상속재산에 대한 처분은 그 승인·포기를 하지 않는다는 것을 전제로 한 행위로서 상속인이 묵시의 단순승인을 한 것으로 의제함으로써 그 처분을 신뢰한 제3자·이해관계인의 보호를 위한 규정이다. ② 그 처분행위에는 법률행위(상속재산의 매매·상속채권의 추심(대판 2010. 4. 29. 2009다84936)·상속채무의 변제 또는 대물변제)뿐만 아니라 사실행위(고의의 상속재산에 대한 훼손이나 파괴 등. 다만, 과실에 기한 것은 해당하지 않는다)를 포함하며, 그 대상이 상속재산 전체이냐 일부이냐는 묻지 않는다. ③ 그 처분행위에는 관리행위(상속인의 상속재산에 대한 상속등기 등의 보존행위, 단기임대차계약의 체결, 장례비용의 지출, 권원 없이 공유물을 점유하는 자에 대한 공유물의 반환청구(대판 1996. 10. 15. 96다23283) 등)는 당연히 포함되지 않는다. ④ 제1026조 제1호의 처분행위로 인정되기 위해서는 그 처분이 한정승인·포기를 하기 전에 한 것이어야 하며, 그 후에 한 처분행위는 제3호가 적용될 뿐이다(대판 2004. 3. 12. 2003다63586). 그런데 상속의 한정승인이나 포기는 상속인의 의사표시만으로 효력이 발생하는 것이 아니라 가정법원에 신고하여 가정법원의 심판을 받아야 하고, 심판은 당사자가 이를 고지받음으로써 효력이 발생한다는 점을 유의하여야 한다. 이는 한정승인이나 포기의 의사표시의 존재를 명확히 하여 상속에 따른 법률관계가 획일적으로 처리되도록 하려는 의도에 따른 것이다. 그러므로 상속인이 가정법원에 상속포기의 신고를 하였더라도 이를 수리하는 가정법원의 심판이 고지되기 이전에 상속재산을 처분하였다면, 이는 상속포기의 효력 발생 전에 처분행위를 한 것이므로 제1026조 제1호에 따라 상속의 단순승인을 한 것으로 보아야 할 것이다(대판 2016. 12. 29. 2013다73520). ⑤ 그 처분행위는 상속인이 피상속인의 사망사실을 알고 한 것이어야 한다. ⑥ 그 처분행위에는 상속인의 법정대리인이 행한 것도 당연히 포함된다. ⑦ 공동상속인 중 1인이 행한 처분의 경우, 그 처분행위에 따른 단순승인의 의제는 그 1인에만 미친다. 따라서 다른 공동상속인은 고려기간 내에 여전히 그 승인·포기를 선택할 수 있다. ⑧ 처분행위가 무효·취소된 경우에는 어떻게 되는가? 다수설은 법정단순승인의 효력에는 아무런 영향이 없다고 한다(다만, 그 무효의 경우에는 단순승인으로 되지 않고, 그 취소의 경우에는 제1024조 제2항 단서를 준용해야 한다는 견해로는 김주수·김상용, 앞의 책, 752면). 생각건대 무효사유가 있어 그 처분행위가 당연무효가 되는 경우에도 단순승인으로 의제해야 할 근거가 없다는 점 등에서 소수설이 타당하다. 둘째, 상속인이 3개월의 고려기간 내에 한정승인 또는 포기하지 않은 경우이다(제1026조 제2호). ① 상속인이 그 고려기간 내에 그 승인·포기를 하지 않을 경우, 불확정상태에 있던 상속의 효과를 그대로 확정시키는 단순승인을 한 것으로 의제하는 것이 합리적임을 고려한 취지이다. ② 제1026조 제2호는 상속인이 제한능력자인 경우에도 적용되나, 그에게 법정대리인이 없는 경우에는 법정대리인이 선임되고 나서, 그 법정대리인이 상속개시 사실을 안 날부터 고려기간이 진행한다고 해석하여야 한다. 제한능력자의 보호를 위해서이다. 셋째, 상속인이 한정승인 또는 포기를 한 후에 상속재산을 은닉하거나 부정소비하거나 고의로 재산목록에 기입하지 않은 경우이다(제1026조 제3호). ① 상속인이 그 승인·포기를 한 후에 부정행위(배신행위)를 한 경우, 그 승인·포기의 효력을 부정(단순승인으로 의제)하여, 상속인으로 하여금 상속채무에 대한 무한책임을 지도록 함으로써 후순위상속인 또는 상속채권자의 이익의 보호를 도모하기 위한 조치이다. ② 상속재산의 은닉이란, 상속재산의 존재를 쉽게 알 수 없게 만드는 것을 뜻하고(대판 2010. 4. 29. 2009다84936), 상속재산의 부정소비라 함은 정당한 사유 없이 상속재산을 써서 없앰으로써 그 재산적 가치를 상실시키는 것을 의미한다(대판 2010. 4. 29. 2009다84936). ③ 고의로 재산목록에 기입하지 아니한 때라 함은 한정승인을 함에 있어 상속재산을 은닉하여 상속채권자를 사해할 의사로써 상속재산을 재산목록에 기입하지 않는 것을 뜻한다(대판 2010. 4. 29. 2009다84936). 이 경우의 재산목록의 불기입은 재산목록을 작성하여야 하는 한정승인의 경우에만 문제된다(제1030조). ④ 판례는, 상속인이 상속재산인 농지를 처분하여 그 대금 전액을 우선변제권자에게 귀속시킨 행위(대판 2004. 3. 12. 2003다63586)·상속부동산에 대하여 이미 상당한 금액의 근저당권이 설정되어 있어서 일반 상속채권자들에게는 강제집행을 통하여 배당될 금액이 전혀 없거나 그 지목이 하천 및 제방이어서 강제집행의 실익이 없는 경우에 상속인들이 한정승인의 신고 후에 그 중 1인에게만 상속부동산에 대하여 협의분할에 의한 소유권이전등기를 한 경우(대판 2004. 12. 9. 2004다52095)·상속포기를 한 망인과 함께 종전부터 거주해

오던 임차주택에서 퇴거하지 않고 계속 거주하면서 차임을 연체한 경우(대판 2010. 9. 9. 2010다30416) 등은 제1026조 제3호 소정의 상속재산의 부정소비에 해당하지 않는다고 한다. ⑤ 상속인의 상속포기 후에 새로이 상속인이 된 자가 상속을 승인한 경우, 비록 그 포기자가 부정행위를 하더라도 단순승인으로 의제되지 않는다(제1027조). 이 경우, 그 포기자의 단순승인을 의제한다면 새로이 상속인이 된 자의 상속권을 침해하는 결과가 됨을 고려한 조치이다. 이 경우, 새로운 상속인은 그 포기자에 대하여 은닉재산의 반환이나 부정소비에 기한 손해배상을 청구할 수 있다.

3. 단순승인의 효과

첫째, 상속인은 피상속인의 권리·의무를 아무런 제한 없이 승계하게 되므로(제1025조), 비록 피상속인의 소극재산이 적극재산보다 많은 경우에도 그 상속채무의 변제를 거절하지 못한다. 따라서 한정승인의 경우와는 달리, 상속채권자(피상속인의 채권자)는 상속재산으로부터 채무의 완제(完濟)를 받지 못할 경우, 상속인의 고유재산에 대한 강제집행을 할 수 있다. 둘째, 민법의 개정(2002. 1. 14. 법 6591호)으로 상속인은 단순승인(제1026조 제1호·제2호 소정의 단순승인으로 의제되는 경우 포함)을 한 후에도 제한된 범위에서 한정승인을 할 수 있는 특별한정승인제도가 신설(제1019조 제3항)되었는데, 이는 한정승인 부문에서 살피기로 한다.

●● 사례의 해결:

첫째, B를 포함한 공동재산상속인이 협의하여 상속재산을 분할한 때는, 민법 제1026조 제1호에 규정된 상속재산에 대한 처분행위를 한 때에 해당되어 B는 단순 승인을 한 것으로 보게 된다. 둘째, 이와 같은 상속승인이 있은 후에는 기간 내라 할지라도 이를 취소할 수 없는 것이므로(민법 제1024조 제1항 참조), B가 소관가정법원에 상속포기신고를 하여 수리되었다 하여도 포기의 효력이 생기지 아니한다.

(대판 1983. 6. 28. 82도2421의 사실관계와 판결요지 등 참조)

판 례

■ 민법 제1019조 제3항 및 부칙 제3항 소정의 기간의 법적 성질(=제척기간) 및 추후보완이 가능한지 여부(소극)

"민법 제1019조 제3항의 기간은 한정승인신고의 가능성을 언제까지나 남겨둠으로써 당사자 사이에 일어나는 법적 불안상태를 막기 위하여 마련한 제척기간이고, 경과규정인 개정 민법(2002. 1. 14. 법률 제6591호) 부칙 제3항 소정의 기간도 제척기간이라 할 것이며, 한편 제척기간은 불변기간이 아니어서 그 기간을 지난 후에는 당사자가 책임질 수 없는 사유로 그 기간을 준수하지 못하였더라도 추후에 보완될 수 없다."(대결 2003. 8. 11. 자 2003스32)

■ 상속인이 가정법원에 상속포기의 신고를 하였으나 이를 수리하는 심판이 고지되기 전에 상속재산을 처분한 경우, 민법 제1026조 제1호에 따라 상속의 단순승인을 한 것으로 보아야 하는지 여부(적극)

"민법 제1026조 제1호는 상속인이 상속재산에 대한 처분행위를 한 때에는 단순승인을 한 것으로 본다고 규정하고 있다. 그런데 상속의 한정승인이나 포기의 효력이 생긴 이후에는 더 이상 단순승인으로 간주할 여지가 없으므로, 이 규정은 한정승인이나 포기의 효력이 생기기 전에 상속재산을 처분한 경우에만 적용된다. 한편 상속의 한정승인이나 포기는 상속인의 의사표시만으로 효력이 발생하는 것이 아니라 가정법원에 신고를 하여 가정법원의 심판을 받아야 하며, 심판은 당사자가 이를 고지받음으로써 효력이 발생한다. 이는 한정승인이나 포기의 의사표시의 존재를 명확히 하여 상속으로 인한 법률관계가 획일적으로 처리되도록 함으로써, 상속재산에 이해관계를 가지는 공동상속인이나 차순위 상속인, 상속채권자, 상속재산의 처분 상대방 등 제3자의 신뢰를 보호하고 법적 안정성을 도모하고자 하는 것이다. 따라서 상속인이 가정법원에 상속포기의 신고를 하였더라도 이를 수리하는 가정법원의 심판이 고지되기 이전에 상속재산을 처분하였다면, 이는 상속포기의 효력 발생 전에 처분행위를 한 것이므로 민법 제1026조 제1호에 따라 상속의 단순승인을 한 것으로 보아야 한다."(대판 2016. 12. 29. 2013다73520)

■ 민법 제1023조 소정의 상속재산보존에 필요한 처분을 청구할 수 있는 기한 및 그 처분의 효력 존속 기한

"민법 제1023조는, 이해관계인 또는 검사의 청구에 의하여 상속재산의 보존에 필요한 처분을 명할 수 있도록 규정하고 있는바, 이 규정은 상속의 승인이나 포기를 위한 이른바, 고려기간 중에는 그 고유재산에 대하는 것과 동일한 주의로 상속재산을 관리하여야 하고(민법 제1022조), 상속을 포기하더라도 그 포기로 인하여 상속인이 된 자가 상속재산을 관리할 수 있을 때까지 그 재산의 관리를 계속하도록 규정한 것(민법 제1044조 제1항)과 관련되어 상속인이나 상속을 포기한 자의 관리가 부적절하거나 불가능한 경우에는 다른 공동상속인이나 이해관계인의 입장에서는 상속재산의 보존을 위한 조치를 취할 필요가 있게 된다는 취지이므로 상속포기나 한정승인을 할 수 있는 고려기간 중에 하는 상속재산관리에 관한 처분은 상속개시 후 그 고려기간이 경과되기 전에 한하여 청구할 수 있고, 그 심판에서 정한 처분의 효력은 심판청구를 할 수 있는 시적한계 시까지만 존속한다."(대결 1999. 6. 10. 자 99으1)

■ 상속인이 피상속인의 채권을 추심하여 변제받는 것이 상속재산에 대한 처분행위에 해당하는지 여부(적극)

"상속인이 상속재산에 대한 처분행위를 한 때에는 단순승인을 한 것으로 보는바, 상속인이 피상속인의 채권을 추심하여 변제받는 것도 상속재산에 대한 처분행위에 해당한다."(대판 2010. 4. 29. 2009다84936 등)

■ 한정승인 또는 포기 후에 한 상속재산의 처분행위가 법정단순승인 사유에 해당하기 위한 요건

"민법 제1026조 제1호는 상속인이 한정승인 또는 포기를 하기 이전에 상속재산을 처분한 때에만 적용되는 것이고, 상속인이 한정승인 또는 포기를 한 후에 상속재산을 처분한 때에는 그로 인하여 상속채권자나 다른 상속인에 대하여 손해배상책임을 지게 될 경우가 있음은 별론으로 하고, 그것이 같은 조 제3호에 정한 상속재산의 부정소비에 해당되는 경우에만 상속인이 단순승인을 한 것으로 보아야 한다."(대판 2004. 3. 12. 2003다63586)

Ⅲ. 한정승인

1. 의 의

(1) 개 념

상속재산의 한도에서 피상속인의 채무·유증을 변제하겠다는 조건으로 상속을 승인하는 상속인의 의사표시를 한정승인(限定承認)이라 한다(제1028조). 이는 당연상속주의(제1005조 본문)의 예외로서 당연상속을 승인하는 단순승인과 구별된다. 그런데 한정승인도 승인의 일종이므로, 피상속인의 채무는 상속인에게 그대로 승계된다. 다만, 피상속인의 채무에 대한 책임을 상속재산의 한도에서 제한하겠다는 것이 한정승인이다. 결국 한정승인을 한 상속인은 채무와 책임이 분리되어, 물적 유한책임만 부담하게 된다. 가령 아버지(Y)가 6천만원의 재산과 1억원의 채무를 남기고 사망한 경우, 상속인(X)이 한정승인을 하였다면, X는 Y의 채무는 승계하지만 상속재산인 6천만원의 한도에서만 변제책임(강제집행)을 지게 된다.

(2) 취 지

상속인에게 거액의 상속채무(특히 보증채무)를 그대로 승계하게 하는 것은 합리적이지 못하다. 한정승인은 상속인의 보호와 상속재산의 채무초과상태가 명확하지 않는 경우(채무초과가 분명한 경우, 상속인은 상속의 포기를 함으로써 상속채무에서 벗어날 수 있다)에 대비한 제도이다.

(3) 공동상속의 한정승인

첫째, 공동상속인 중 원하는 자는 단독으로 한정승인을 할 수 있다. 즉, 각 상속인은 그 상속분에 응하여 취득할 재산의 한도에서 그 상속분에 의한 피상속인의 채무와 유증을 변제할 조건으로 상속을 승인할 수 있다(제1029조). 결국 공동상속인 중에서 한정승인을 한 상속인은 물적 유한책임을, 단순승인(단순승인으로 의제되는 법정단순승인 포함)을 한 상속인은 인적 무한책임을 지게 된다.

2. 유형·방법

(1) 고려기간 내의 한정승인

첫째, 상속인이 상속개시 있음을 안 날부터 3개월 내에 한정승인을 한 경우이다(제1019조 제1항 본문). 이에 대하여는 앞에서 이미 살핀 바와 같다.

(2) 특별한정승인

첫째, 상속인은 상속채무가 상속재산을 초과하는 사실을 중대한 과실 없이 제1019조 제1항의 기간 내에 알지 못하고 단순승인을 하였거나 제1026조 제1호(상속재산의 처분행위) 또는 제1026조 제2호(고려기간 내에 그 승인·포기를 하지 않은 때)에 의한 법정단순승인의 경우에는, 그 사실을 안 날부터 3개월 내에 한정승인을 할 수 있다(제1019조 제3항). 따라서 상속인들이 상속재산 협의분할을 통해 이미 상속재산을 처분하였다 하더라도 상속인들은 한정승인을 할 수 있다(대판 2006. 1. 26. 2003다29562). 둘째, 이 경우의 중대한 과실이란, 상속인이 조금만 주의를 기울였다면 상속채무가 상속재산을 초과한다는 사실을 알 수 있었음에도 이를 게을리함으로써 그러한 사실을 알지 못한 것을 의미하고, 상속인이 상속채무가 상속재산을 초과하는 사실을 중대한 과실 없이 제1019조 제1항의 기간 내에 알지 못하였다는 점에 대한 증명책임은 상속인이 부담한다(대판 2010. 6. 10. 2010다7904). 이 3개월의 기간의 법적 성질도 제척기간이다(대결 2003. 8. 11. 자 2003스32 참조). 셋째, 이 경우에 먼저 행한 착오에 기한 단순승인·법정단순승인의 효력은 어떻게 되는가? 착오에 기한 취소의 대상이 된다는 견해(곽윤직, 앞의 책, 186면)가 있으나, 제1019조 제3항의 문언에 비춰볼 때 특별한정승인에 의하여 그 선행행위의 효력은 무효라고 하여야 한다(같은 견해 송덕수, 앞의 책, 1654면).

(3) 공동상속의 한정승인

공동상속인 사이의 상속채무의 청산문제는 나중에 살피기로 한다.

(4) 한정승인의 방법

첫째, 한정승인은 상속인이 제1019조 제1항 또는 제3항의 기간 내에 상속재산의 목록을 첨부하여 가정법원에 한정승인의 신고를 하여야 한다(제1030조 제1항). 둘째, 가정법원의 한정승인신고 수리의 심판은 한정승인의 요건을 구비한 것으로 인정된다는 의미일 뿐 한정승인의 효력이 있는지 여부의 최후의 판단은 실체법에 따라 민사소송에서 결정된다(대판 2002. 11. 8. 2002다21882). 셋째, 제1019조 제3항에 기해 한정승인을 한 경우, 이미 처분한 재산이 있으면 그 목록과 가액을 함께 제출하여야 한다(제1030조 제2항). 넷째, 한정승인을 하면서 상속재산을 고의로 재산목록에 기입하지 않으면 단순승인으로 의제된다(제1026조 제3호).

3. 한정승인의 효과

(1) 물적 유한책임

첫째, 이미 살핀 바와 같이 상속인은 승계받은 피상속인의 채무를 상속재산의 한도에서만 변제할 책임이 있다. 그러나 상속채권자는 한정승인자에 대하여 상속채무 전부의 이행을 청구할 수 있다(이 경우, 법원은 상속채권의 존재사실이 증명되면 상속재산의 유무나 상속재산이 상속채무의 변제에 부족하더라도, 상속채무 전부에 대한 이행판결을 내려야 하고, 이행판결의 주문에 상속재산의 한도에서만 집행할 수 있다는 취지를 명시함으로써 집행력을 제한하게 된다. 대판 2003. 11. 24. 2003다30968 참조). 한편 한정승인자가 그 초과부분에 대한 임의변제를 할 경우, 이는 비채변제가 아니라 유효한 변제가 된다. 둘째, 피상속인의 채무 · 유증을 변제하고 남은 재산은 당연히 한정승인자에게 귀속한다. 셋째, 한정승인이 행해진 경우, 상속채권자가 상속재산에 관하여 한정승인자로부터 담보권을 취득한 고유채권자에 대하여 우선적 지위를 주장할 수 있는가? 판례는, 민법상 한정승인자가 상속재산으로 상속채권자 등에게 변제하는 절차규정(제1032조 이하)은 있으나, 상속채권자에게 상속재산에 관하여 한정승인자로부터 물권을 취득한 제3자에 대하여 우선적 지위를 부여하는 규정은 두고 있지 않으며, 제1045조 이하의 재산분리제도와 달리 한정승인이 이루어진 상속재산임을 등기하여 제3자에 대항할 수 있게 하는 규정도 마련하고 있지 않다는 점 등을 근거로 이를 부정한다(대판 2010. 3. 18. 전원합의체(다수의견). 2007다77781).

(2) 상속재산과 고유재산의 분리

첫째, 한정승인신고가 수리되면 상속재산과 한정승인한 상속인의 고유재산은 분리되고 이에 따라 상속채권자는 상속인의 채권자보다 우선하여 상속재산으로부터 변제받을 수 있는 권리가 발생한다고 해석할 수 있다(김주수 · 김상용, 앞의 책, 759면). 다만 상속채권자는 특별한 사정이 없는 한 상속인의 고유재산에 대하여 강제집행을 할 수 없으며 상속재산으로부터만 채권의 만족을 받을 수 있다는 점을 유의하여야 한다. 반대로, 상속재산에 관하여 담보권을 취득하였다는 등 사정이 없는 이상, 한정승인자의 고유채권자는 상속채권자가 상속재산으로부터 채권의 만족을 받지 못한 상태에서 상속재산을 고유채권에 대한 책임재산으로 하여 이를 강제집행할 수 없다고 보는 것이 형평의 원칙이나 한정승인제도의 취지에 부합하고, 이는 한정승인자의 고유채무가 조세채무인 경우에도 그것이 상속재산 자체에 대하여 부과된 조세나 가산금, 즉 당해세에 관한 것이 아니라면 마찬가지이다(대판 2016. 5. 24. 2015다250574). 둘째, 상속인이 한정승인을 한 경우, 단순승인의 경우와는 달리, 피상속인에 대한 상속인의 권리 · 의무는 소멸하지 않는다(제1031조). 혼동에 의한 소멸을 인정한다면 한정승인의 취지에 반하기 때문이다. 따라서 상속인은 피상속인에 대한 채권이 있으면 다른 상속채권자와 함께 변제배당에 참가할 수 있고, 피상속인이 상속인에 대한 채권이 있으면 이는 상속재산에 포함됨으로써 상속인은 상속채권자로부터 추심을 당하게 된다.

(3) 상속재산의 관리

첫째, 한정승인을 한 단독상속인은 그 고유재산에 대한 것과 동일한 주의로써 상속재산의 관리를 계속하여야 한다(제1022조 단서의 반대해석). 둘째, 공동상속의 경우에 상속인 전원 또는 일부가 한정승인을 한 경우, 가정법원은 각 상속인 기타 이해관계인의 청구에 의하여 공동상속인 중에서 상속재산관리인을 선임할 수 있다(제1040조 제1항)(공동상속인 아닌 자 중에서 관리인을 선임한 결정은 위법하다. 대결 1979. 12. 27.자 76그2). 셋째,

가정법원이 선임한 관리인은 공동상속인을 대표하여 상속재산의 관리와 채무의 변제에 관한 모든 행위를 할 수 있는 권리·의무가 있다(제1040조 제2항). 이 경우, 그 관리인은 그 고유재산에 대한 것과 동일한 주의로 상속재산을 관리하여야 한다(제1040조 제3항·제1022조).

(4) 상속재산의 청산

(가) 채권자에 대한 공고와 최고

첫째, 한정승인자는 한정승인을 한 날부터(공동상속의 경우, 그 기산점은 법원에 의해 선임된 상속재산관리인이 공고하는 경우에는 그 관리인이 선임을 안 날부터이다. 제1040조 제3항 단서·제1032조 제1항) 5일 이내에 일반 상속채권자와 유증을 받은 자에 대하여 한정승인의 사실과 일정한 기간 내에 그 채권 또는 수증을 신고할 것을 공고하여야 한다(제1032조 제1항 제1문). 그 신고기간은 2개월 이상이어야 한다(제1032조 제1항 제2문). 이 경우에는 청산법인의 공고·최고에 관한 제88조 제2항·제3항, 제89조가 준용된다(제1032조 제2항).

(나) 청산방법

첫째, 한정승인자는 신고기간이 만료하기 전에는, 상속채권자 등에 대하여 상속채권의 변제를 거절할 수 있다(제1033조). 둘째, 한정승인자는 신고기간이 만료한 후에 그 기간 내에 신고한 채권자와 한정승인자가 알고 있는 채권자에게 상속재산으로써 각채권액의 비율로 변제를 하여야 한다(제1034조 제1항 본문). ① 이 경우에도 우선권 있는 채권자의 권리를 해치지 못한다(제1034조 제1항 단서). 따라서 질권·저당권 등 우선권 있는 채권자에게 먼저 변제를 한 다음에, 기간 내에 신고한 채권자와 한정승인자가 알고 있는 채권자에게 배당변제를 하여야 한다. ② 다만, 한정승인절차에서 상속채권자로 신고한 자인 경우에도 담보권실행을 위한 경매절차가 진행된 때에는 집행권원을 얻어 그 경매절차에서 배당요구를 함으로써 일반채권자로서 배당을 받을 수 있다(대판 2010. 6. 24. 2010다14599). 셋째, 제1019조 제3항에 기한 특별한정승인의 경우에는, 그 상속인은 상속재산 중 남아 있는 상속재산과 함께 이미 처분한 재산의 가액을 합하여 제1034조 제1항의 변제를 하여야 한다(제1034조 제2항 본문). 이 경우, 한정승인 전에 상속채권자나 유증을 받은 자에 대하여 변제한 가액은 이미 처분한 재산의 가액에서 제외한다(제1034조 제2항 단서). 넷째, 한정승인자는 변제기가 도래하지 않는 채권에 대하여도 그 전액에 관하여 배당변제를 하여야 하고(제1035조 제1항), 조건부 채권이나 존속기간이 불확정한 채권은 가정법원이 선임한 감정인의 평가에 의하여 이를 변제하여야 한다(제1035조 제2항). 다섯째, 한정승인자는 위의 둘째·넷째의 방법에 의하여 상속채권자에게 완제한 후 잔여재산이 있는 경우에만 수증자에게 변제를 할 수 있다(제1036조). 여섯째, 제1032조 제1항의 신고기간 내에 신고하지 않은 상속채권자 및 수증자로서 한정승인자가 알지 못한 자는 위의 첫째·다섯째의 방법에 의하여 변제를 한 후 재산의 잔여가 있는 경우에 한하여 그 변제를 받을 수 있다(제1039조 본문). 그러나 상속재산에 대한 특별담보권자는 비록 그 기간 내에 신고를 하지 않았고 한정승인자가 모른 경우에도 그 담보권의 범위에서 우선변제를 받게 된다(제1039조 단서). 일곱째, 한정승인자가 제1034조·제1035조·제1036조의 규정에 의한 변제를 하기 위하여 상속재산의 전부 또는 일부를 매각할 필요가 있는 때에는 민사집행법에 의하여 경매하여야 한다(제1037조). 여덟째, 공동상속인 중에 단순승인자와 한정승인자가 있는 경우, 상속채무는 어떤 방법으로 청산하는가? 명문의 규정이 없는 민법의 경우, 이 문제는 원칙론에 따라서 한정승인자는 물적 유한 책임을, 단순승인자는 인적 무한책임을 부담한다고 해석할 수밖에 없다. 만약 상속재산 전체에 대한 청산절차 후에도 상속채무가 남아 있는 경우, 단순승인을 한 자가 그의 고유재산으로 변제책임을 부담하게 된다(단순승인자가 복수일 경우, 각 상속분의 비율로 분할된 액수에 대한 변제책임이 있다. 제1026조 제1호에 의한 법정단순승인자가 있는 경우, 그가 상속재산의 처분으로 얻은 이득의 구상관계는 단순승인자 사이에서 처리되어야 한다)(같은 견해 곽윤직, 앞의 책, 187면).

(다) 부당변제 등으로 인한 책임

첫째, 한정승인자가 제1032조에 의한 공고나 최고를 해태하거나 제1033조 내지 제1036조의 규정에 위반하여 어느 상속채권자나 유증받은 자에게 변제함으로써 다른 상속채권자나 유증받은 자에 대하여 변제할 수 없게 된 경우, 한정승인자는 그 손해를 배상하여야 한다(제1038조 제1항 제1문). 이 경우, 변제를 받지 못한 상속채권자나 유증받은 자는 그 사정(제1032조-제1036조 규정에 반하는 변제)을 알고 변제를 받은 상속채권자나 유증받은 자에 대하여 구상할 수 있다(제1038조 제2항 제1문). 둘째, 제1019조 제3항에 의하여 한정승인을 한 경우, 그 이전에 상속채무가 상속재산을 초과함을 알지 못한 데 과실이 있는 상속인이 상속채권자나 유증받은 자에게 변제한 때에도 한정승인자는 변제를 받지 못한 상속채권자나 유증받은 자가 입은 손해를 배상하여야 한다(제1038조 제1항 제2문). 이 경우(제1019조 제3항에 의하여 한정승인을 한 경우), 그 이전에 상속채무가 상속재산을 초과함을 알고 변제받은 상속채권자나 유증받은 자가 있는 경우, 변제를 받지 못한 상속채권자나 유증받은 자는 그 변제를 받은 상속채권자나 유증받은 자에 대하여 구상권을 행사할 수 있다(제1038조 제2항 제2문). 셋째, 제1038조 제1항·제2항에 기한 손해배상청구권과 구상권의 경우, 제766조가 준용된다(제1038조 제3항).

판 례

■ 민법 제1019조 제3항에 정한 '상속채무가 상속재산을 초과하는 사실을 중대한 과실 없이 알지 못한 경우'의 의미 및 그 증명책임의 소재(=상속인)

"민법 제1019조 제3항은 민법 제1026조 제2호에 대한 헌법재판소의 헌법불합치 결정 이후에 신설된 조항으로, 위 조항에서 말하는 상속채무가 상속재산을 초과하는 사실을 중대한 과실로 알지 못한다 함은 '상속인이 조금만 주의를 기울였다면 상속채무가 상속재산을 초과한다는 사실을 알 수 있었음에도 이를 게을리함으로써 그러한 사실을 알지 못한 것'을 의미하고, 상속인이 상속채무가 상속재산을 초과하는 사실을 중대한 과실 없이 민법 제1019조 제1항의 기간 내에 알지 못하였다는 점에 대한 증명책임은 상속인에게 있다."(대판 2010. 6. 10. 2010다7904)

■ 상속재산 협의분할을 통해 이미 상속재산을 처분한 상속인이 민법 제1019조 제3항에 의하여 한정승인을 할 수 있는지 여부(적극)

"민법 제1019조 제3항은 상속채무 초과사실을 중대한 과실 없이 민법 제1019조 제1항의 기간 내에 알지 못하고 단순승인을 한 경우뿐만 아니라 민법 제1026조 제1호 및 제2호의 규정에 의하여 단순승인을 한 것으로 간주되는 경우에도 상속채무 초과사실을 안 날로부터 3월 내에 한정승인을 할 수 있다고 규정하고 있으므로, 설사 상속인들이 상속재산 협의분할을 통해 이미 상속재산을 처분한 바 있다고 하더라도 상속인들은 여전히 민법 제1019조 제3항의 규정에 의하여 한정승인을 할 수 있다고 할 것이고, 따라서 위 협의분할 때문에 이 사건 심판이 한정승인으로서 효력이 없다고 할 수는 없다."(대판 2006. 1. 26. 2003다29562)

■ 한정승인신고의 수리 여부를 심판하는 가정법원이 실체적 요건을 문제 삼아 한정승인신고를 불수리할 수 있는지 여부(한정 소극)

"가정법원의 한정승인신고수리의 심판은 일응 한정승인의 요건을 구비한 것으로 인정한다는 것일 뿐 그 효력을 확정하는 것이 아니고 상속의 한정승인의 효력이 있는지 여부의 최종적인 판단은 실체법에 따라 민사소송에서 결정될 문제이므로, 민법 제1019조 제3항에 의한 한정승인신고의 수리 여부를 심판하는 가정법원으로서는 그 신고가 형식적 요건을 구비한 이상 상속채무가 상속재산을 초과하였다거나 상속인이 중대한 과실 없이 이를 알지 못하였다는 등의 실체적 요건에 대하여는 이를 구비하지 아니하였음이 명백한 경우 외에는 이를 문제 삼아 한정승인신고를 불수리할 수 없다."(대결 2006. 2. 13. 자 2004스74)

■ 한정승인이 이루어진 경우 상속채권자가 상속재산에 관하여 한정승인자로부터 담보권을 취득한 고유채권자에 대하여 우선적 지위를 주장할 수 있는지 여부(소극)

"법원이 한정승인신고를 수리하게 되면 피상속인의 채무에 대한 상속인의 책임은 상속재산으로 한정되고, 그 결과 상속채권자는 특별한 사정이 없는 한 상속인의 고유재산에 대하여 강제집행을 할 수 없다. 그런데 민법은 한정승인을 한 상속인(이하 '한정승인자'라 한다)에 관하여 그가 상속재산을 은닉하거나 부정소비 한 경우 단순승인을 한 것으로 간주하는 것(제1026조 제3호) 외에는 상속재산의 처분행위 자체를 직접적으로 제한하는 규정을 두고 있지 않기 때문에, 한정승인으로 발생하는 위와 같은 책임제한 효과로 인하여 한정승인자의 상속재산 처분행위가 당연히 제한된다고 할 수는 없다. 또한 민법은 한정승인자가 상속재산으로 상속채권자 등에게 변제하는 절차는 규정하고 있으나(제1032조 이하), 한정승인만으로 상속채권자에게 상속재산에 관하여 한정승인자로부터 물권을 취득한 제3자에 대하여 우선적 지위를 부여하는 규정은 두고 있지 않으며, 민법 제1045조 이하의 재산분리 제도와 달리 한정승인이 이루어진 상속재산임을 등기하여 제3자에 대항할 수 있게 하는 규정도 마련하고 있지 않다. 따라서 한정승인자로부터 상속재산에 관하여 저당권 등의 담보권을 취득한 사람과 상속채권자 사이의 우열관계는 민법상의 일반원칙에 따라야 하고, 상속채권자가 한정승인의 사유만으로 우선적 지위를 주장할 수는 없다. 그리고 이러한 이치는 한정승인자가 그 저당권 등의 피담보채무를 상속개시 전부터 부담하고 있었다고 하여 달리 볼 것이 아니다."(대판 2010. 3. 18. 전원합의체(다수의견), 2007다77781)

■ 상속채권자가 상속재산으로부터 채권의 만족을 받지 못한 경우, 한정승인자의 고유채권자가 상속재산을 책임재산으로 삼아 강제집행을 할 수 있는지 여부(원칙적 소극) 및 이는 한정승인자의 고유채무가 조세채무인 경우에도 마찬가지인지 여부(원칙적 적극)

"상속재산에 관하여 담보권을 취득하였다는 등 사정이 없는 이상, 한정승인자의 고유채권자는 상속채권자가 상속재산으로부터 채권의 만족을 받지 못한 상태에서 상속재산을 고유채권에 대한 책임재산으로 삼아 이에 대하여 강제집행을 할 수 없다고 보는 것이 형평의 원칙이나 한정승인제도의 취지에 부합하며, 이는 한정승인자의 고유채무가 조세채무인 경우에도 그것이 상속재산 자체에 대하여 부과된 조세나 가산금, 즉 당해세에 관한 것이 아니라면 마찬가지이다."(대판 2016. 5. 24. 2015다250574)

■ 한정승인 사실이 적법한 청구이의사유인지 여부(적극)

"한정승인에 의한 책임의 제한은 상속채무의 존재 및 범위의 확정과는 관계가 없고 다만 판결의 집행대상을 상속재산의 한도로 한정함으로써 판결의 집행력을 제한할 뿐이다. 특히 채권자가 피상속인의 금전채무를 상속한 상속인을 상대로 그 상속채무의 이행을 구하여 제기한 소송에서 채무자가 한정승인 사실을 주장하지 않으면, 책임의 범위는 현실적인 심판대상으로 등장하지 아니하여 주문에서는 물론 이유에서도 판단되지 않는 것이므로 그에 관하여는 기판력이 미치지 않는다. 그러므로 채무자가 한정승인을 하고도 채권자가 제기한 소송의 사실심 변론종결 시까지 그 사실을 주장하지 아니하는 바람에 책임의 범위에 관하여 아무런 유보가 없는 판결이 선고되어 확정되었다고 하더라도, 채무자는 그 후 위 한정승인 사실을 내세워 청구에 관한 이의의 소를 제기하는 것이 허용된다고 봄이 옳다."(대판 2006. 10. 13. 2006다23138)

■ 상속부동산에 관하여 담보권 실행을 위한 경매절차가 진행된 경우, 한정승인 절차에서 상속채권자로 신고한 자가 그 경매절차에서 배당요구를 하여 일반채권자로 배당받을 수 있는지 여부(적극)

"상속부동산에 관하여 민사집행법 제274조 제1항에 따른 형식적 경매절차가 진행된 것이 아니라 담보권 실행을 위한 경매절차가 진행된 경우에는 비록 한정승인 절차에서 상속채권자로 신고한 자라고 하더라도 집행권원을 얻어 그 경매절차에서 배당요구를 함으로써 일반채권자로서 배당받을 수 있다."(대판 2010. 6. 24. 2010다14599)

■ 한정승인에 따른 청산절차가 종료되지 않은 경우 상속재산분할청구가 가능한지 여부(적극)

"우리 민법이 한정승인 절차가 상속재산분할 절차보다 선행하여야 한다는 명문의 규정을 두고 있지 않고, 공동상속인들 중 일부가 한정승인을 하였다고 하여 상속재산분할이 불가능하다거나 분할로 인하여 공동상속인들 사이에 불공평이 발생한다고 보기 어려우며, 상속재산분할의 대상이 되는 상속재산의 범위에 관하여 공동상속인들 사이에 분쟁이 있을 경우에는 한정승인에 따른 청산절차가 제대로 이루어지지 못할 우려가 있는데 그럴 때에는 상속재산분할청구 절차를 통하여 분할의 대상이 되는 상속재산의 범위를 한꺼번에 확정하는 것이 상속채권자의 보호나 청산절차의 신속한 진행을 위하여 필요하다는 점 등을 고려하면, 한정승인에 따른 청산절차가 종료되지 않은 경우에도 상속재산분할청구가 가능하다."(대결 2014. 7. 25. 자 2011스226)

■ 상속의 한정승인에 있어서 상속재산이 없거나 그 상속재산이 상속채무의 변제에 부족한 경우 상속채무 전부에 대한 이행판결을 선고하여야 하는지 여부(적극)

"상속의 한정승인은 채무의 존재를 한정하는 것이 아니라 단순히 그 책임의 범위를 한정하는 것에 불과하기 때문에, 상속의 한정승인이 인정되는 경우에도 상속채무가 존재하는 것으로 인정되는 이상, 법원으로서는 상속재산이 없거나 그 상속재산이 상속채무의 변제에 부족하다고 하더라도 상속채무 전부에 대한 이행판결을 선고하여야 하고, 다만, 그 채무가 상속인의 고유재산에 대해서는 강제집행을 할 수 없는 성질을 가지고 있으므로, 집행력을 제한하기 위하여 이행판결의 주문에 상속재산의 한도에서만 집행할 수 있다는 취지를 명시하여야 한다."고 한 사례가 있다(대판 2003. 11. 14. 2003다30968).

■ 2002. 1. 14. 법률 제6591호로 개정된 민법 제1019조 제3항 및 부칙 제3항에 의하여 한정승인 신고를 할 수 있는 자의 범위

" 헌법재판소는 1998. 8. 27. 96헌가22 등 사건에서 개정 전 민법 제1026조 제2호에 대하여 헌법불합치결정을 하였고, 이에 따라 2002. 1. 14. 법률 제6591호로 민법이 개정되어 이 헌법불합치결정에 의하여 실효된 민법 제1026조 제2호가 종전과 같은 내용으로 다시 신설되면서, 그와 함께 상속인이 상속채무가 상속재산을 초과하는 사실을 중대한 과실 없이 민법 제1019조 제1항의 기간 내에 알지 못하고 단순승인(제1026조 제1호 및 제2호의 규정에 의하여 단순승인한 것으로 보는 경우를 포함한다.)을 한 경우에는 그 사실을 안 날부터 3개월 내에 한정승인을 할 수 있다는 내용의 민법 제1019조 제3항이 신설되었으나, 이 조항은 부칙 제1항, 제2항에 따라 그 효력이 소급하지 않고 개정 민법의 시행일인 2002. 1. 14.부터 적용될 뿐이며, 다만 개정 민법 부칙 제3항에서 1998. 5. 27.부터 개정 민법 시행 전까지 상속개시가 있음을 안 자 중 상속채무가 상속재산을 초과하는 사실을 중대한 과실 없이 민법 제1019조 제1항의 기간 내에 알지 못하다가 개정 민법 시행 전에 그 사실을 알고도 한정승인 신고를 하지 아니한 자는 개정 민법 시행일부터 3개월 내에 민법 제1019조 제3항의 개정규정에 의한 한정승인을 할 수 있다는 경과조치를 규정함으로써, 개정 민법 시행 이전에 상속개시가 있음을 안 자 중 이 요건에 해당하는 상속인들에게는 한정승인 신고의 기회가 부여되어 있다. 그러나 1998. 5. 27. 이후 개정 민법 시행 전까지 상속개시가 있음을 안 상속인이 상속개시 있음을 안 날로부터 3개월이 지나서 한 상속포기 신고는 동부칙이 적용되지 않으므로 부적법하다." (대결 2002. 1. 15. 자 2001스38)

Ⅳ. 상속의 포기

1. 의 의

첫째, 상속의 포기란 상속 개시로 인하여 생기는 모든 권리·의무의 승계를 부인하고 처음부터 상속인이 아니었던 효력을 생기게 하려는 단독의사표시이다. 둘째, 상속의 포기를 인정한 이유는 무엇인가? ① 피상속인의 사망으로 상속이 개시되면, 피상속인의 재산에 관한 포괄적인 권리·의무가 상속인에게 승계되는 것이 원칙이므로, 상속재산에 채무가 많은 경우에 상속은 오히려 상속인에게 큰 부담을 줄 수 있다. ② 이러한 점을 고려하여 피상속인에게 유언의 자유가 인정되듯이 상속인에게 포기의 자유를 인정함으로써 상속인을 보호해야 할 필요가 있어 마련한 제도이다. ③ 따라서 그 성격에 비추어 조건이나 기한을 붙일 수 없고, 상속의 일부 포기나 조건부 포기도 인정되지 않는다(대판 1995. 11. 14. 95다27554).

2. 요건 및 방식

(1) 요 건

(가) 포기권자(상속인)

첫째, 상속순위에 해당하는 상속인만이 포기권자이며, 그 포기권은 일신전속권이다. ① 모든 상속인이 채무를 면하려면 피상속인의 4촌 이내의 혈족에 해당하는 모든 상속인이 상속포기하여야 한다. ② 후순위 상속인은 선순위 상속인보다 먼저, 또는 동시에 상속포기 신고를 할 수 있다(대법원재판예규 제907호 제3조). 둘째, 제한능력자는 의사능력이 있더라도 단독으로 포기할 수 없고, 법정대리인이 포기신고를 대리하여야 한다(대법원재판예규 제907호 제2조 제1항).

(나) 상속개시 있음을 안 날

첫째, 상속인은 상속개시 있음을 안 날부터 3월 내에 상속의 포기를 할 수 있는데(제1019조 제1항), 이때 상속개시 있음을 안 날이라 함은 '상속개시의 원인이 되는 사실의 발생'을 알고 이로써 '자기가 상속인이 되었음을 안 날'을 말한다(대결 1991. 6. 11. 91스1; 대판 1974. 11. 26. 74다163). 둘째, 피상속인의 사망으로 인하여 상속이 개시되고 상속의 순위나 자격을 인식함에 별다른 어려움이 없는 통상적인 상속의 경우에는 상속인이 상속개시의 원인사실을 앎으로써 그가 상속인이 된 사실까지도 알았다고 보는 것이 합리적이나, 종국적으로 상속인이 누구인지를 가리는 과정에 사실상 또는 법률상의 어려운 문제가 있어 상속개시의 원인사실을 아는 것만으로는 바로 자신의 상속인이 된 사실까지 알기 어려운 특별한 사정이 존재하는 경우도 있으므로, 이러한 때에는 법원으로서는 '상속개시 있음을 안 날'을 확정함에 있어 상속개시의 원인사실뿐 아니라 더 나아가 그로써 자신의 상속인이 된 사실을 안 날이 언제인지까지도 심리, 규명하여야 마땅하다. 셋째, 어떠한 경우에 이처럼 특별한 사정이 존재한다고 할 것인가? ① 예를 들어 선순위 상속인으로서 피상속인의 처와 자녀들이 모두 적법하게 상속을 포기한 경우에는 피상속인의 손 등 그다음의 상속순위에 있는 사람이 상속인이 되는 것이나, 이러한 법리는 상속의 순위에 관한 제1000조 제1항 제1호(1순위 상속인으로 규정된 '피상속인의 직계비속'에는 피상속인의 자녀뿐 아니라 피상속인의 손자녀까지 포함된다)와 상속포기의 효과에 관한 제1042조 내지 제1044조의 규정들을 모두 종합적으로 해석함으로써 비로소 도출되는 것이지 이에 관한 명시적 규정이 존재하는 것은 아니어서 일반인의 입장에서 피상속인의 처와 자녀가 상속을 포기한 경우 피상속인의 손자녀가 이로써 자신들이 상속인이 되었다는 사실까지 안다는 것은 오히려 이례에 속한다고 할 것이다. ② 따라서 이와 같은 과정에 따라 피상속인의 손자녀가 상속인이 된 경우에는 상속인이 상속개시의 원인사실을 아는 것만으로 자신이 상속인이 된 사실을 알기 어려운 특별한 사정이 있다고 볼 것이다(대판 2013. 6. 14. 2013다15869; 대판 2013. 6. 14. 2013다15869).

(2) 방 식

첫째, 상속인이 상속을 포기할 때에는 상속이 개시된 것을 안 날로부터 3개월 내에 가정법원에 포기의 신고를 하여야 한다(제1041조 · 제1019조 · 가사소송법 제36조 · 제44조 제6호 · 제2조 제1항 라류사건 제32호). 상속인은 고려기간에 상속재산을 조사할 수 있으나(제1019조 제2항), 고려기간을 경과하거나 그 기간에 단순승인으로 간주되는 행위를 하였다면 그 뒤에는 상속을 포기할 수 없다. 둘째, 포기는 신고의 수리라는 심판에 의하여 성립한다(가사소송법 제2조 제1항 라류사건 제32호 · 가사소송규칙 제75조 제3항: 따라서 상속포기심판사건은 라류 가사비송사건으로 조정의 대상이 될 수 없다). 심판은 당사자가 이를 고지받음으로써 효력이 발생하므로, 앞서 살펴보았듯이 심판이 고지되지 전에 상속재산을 처분한다면 단순승인으로 의제된다. 이러한 신고로써 상속포기의 효력이 생기므로 이때의 신고는 '창설적 신고'이다. 일단 포기신고가 수리된 경우, 원칙적으로 취소할 수 없다(제1024조). 셋째, 상속개시 전에 포기가 가능한가? ① 상속의 포기는 상속이 개시된 후 일정한 기간 내에만 가능하고 가정법원에 신고하는 등 일정한 절차와 방식을 따라야만 그 효력이 있으므로, 상속개시 전에 한 상속포기약정은 그 효력이 없다(대판 1994. 10. 14. 94다8334 참조). ② 따라서 상속인 중의 1인이 피상속인의 생존 시에 피상속인에 대하여 상속을 포기하기로 약정하였다고 하더라도, 상속개시 후 민법이 정하는 절차와 방식에 따라 상속포기를 하지 아니한 이상, 상속개시 후에 자신의 상속권을 주장하는 것은 정당한 권리행사로서 권리남용에 해당하거나 신의칙에 반하는 권리의 행사라고 할 수 없다(대판 1998. 7. 24. 98다9021). ③ 그러나 상속재산을 공동상속인 1인에게 상속시킬 방편으로 나머지 상속인들이 한 상속포기 신고가 민법 제1019조 제1항 소정의 기간을 경과한 후에 신고된 것이어서 상속포기로서의 효력이 없다고 하더라도, 공동상속인들 사이에서는 1인이 고유의 상속분을 초과하여 상속재산 전부를 취득하고 나머지 상속인들은 이를 전혀 취득하지 않기로 하는 내용의 상속재산에 관한 협의분할이 이루어진 것으로 보아야 할 것이다(대판 1996. 3. 26. 95다45545, 45552, 45569 ; 대판 1991. 12. 24. 90누5986 등).

3. 효 과

(1) 소급효

첫째, 상속의 포기는 상속 개시된 때에 소급하여 그 효력이 있다(제1042조). ① 상속을 포기한 사람은 상속이 개시될 때부터 상속인이 아니었던 것으로 되므로, 대습상속의 문제도 생기지 않는다(대판 2011. 6. 9. 2011다29307 : 김주수 · 김상용, 앞의 책, 769면: 곽윤직, 앞의 책, 194면). ② 다만, 상속인이 상속포기를 한 후에 상속재산을 은닉하거나 부정소비하거나 고의로 재산목록에 기입하지 아니한 때에는 상속인이 단순승인을 한 것으로 본다(제1026조 제3호). 둘째, 상속포기의 효과는 절대적이고, 등기하지 않더라도 제3자에게 대항할 수 있다(日本最高裁判所判決 1967. 1. 20. 民集 21卷 1号 16面 : 박동섭, 앞의 책, 639면 : 송덕수, 앞의 책, 1659면).

(2) 포기한 상속분의 귀속

첫째, 상속인이 수인인 경우에 어느 상속인이 상속을 포기한 때에는 그 상속분은 다른 상속인의 상속분의 비율로 그 상속인에게 귀속된다(제1043조). ① 즉 단독상속인이나 공동상속인 전원이 상속을 포기한 때에는 법정 순위에 따라 본위 상속인이 결정된다(대판 1995. 9. 26. 95다27769). ② 이때 '다른 상속인'은 누구인가? 혈족상속인만을 의미하고 배우자는 제외된다는 견해(김용한, 앞의 책, 365면)도 있지만, 우리 법 해석상 혈족상속인 외에 배우자도 포함된다고 보는 것이 타당하다(박동섭, 앞의 책, 644면 등 다수설). ③ 예컨대 선순위 상속인으로서 피상속인의 처와 직계비속(제1순위 공동상속인)이 상속을 포기하면, 제2순위상속인(직계존속)이 상속하게 되고, 이들도 포기하면 제3순위의 상속인(망인의 형제자매)이 본위상속하게 된다. 가령 아버지가 7억원의 유산을 남겨 놓고 유언 없이 사망한 경우에 공동상속인인 처, 장남, 그리고 차남의 법정상속분은 처가 3억원(7억×3/7=3억원), 장남과 차남의 몫은 각 2억원(7억×2/7=2억원)이 된다. 이들 중에서 차남이 상속을 포기했다면, 그는 처음부터 상속인이 아니었던 것이 된다. 따라서 처가 4억 2천만원(7억×3/5=4억 2천만원), 장남은 2억 8천만원(7억×2/5=2억 8천만원)을 상속받게 된다. 둘째, 그렇다면 피상속인의 배우자와 자녀 중 자녀 전부가 상속을 포기하였는데, 피상속인의 손자녀도 있는 경우의 상속인 순위는 어떻게 되는가? ① 판례는 이러한 경우에는 배우자와 피상속인의 손자녀 또는 직계존속이 공동으로 상속인이 되고, 피상속인의 손자녀와 직계존속이 존재하지 아니하면 배우자가 단독으로 상속인이 된다고 한다(대판 2015. 5. 14. 2013다48852). ② 이에 관하여 제1043조의 '다른 상속인'을 충실하게 해석한다면(특히 '다른 상속인'이란 으레 같은 순위의 '공동상속인'으로 전제하고 있다), 가령 남편의 사망 시에 아내와 아들과 손자가 있었는데, 아들이 상속을 포기하는 경우에 손자는 상속에서 완전히 제외되고, 아내가 단독상속을 한다는 취지로 위 판례를 비판하는 견해가 있다(강해룡, 법률신문, 2015. 9. 30.). ③ 그러나 제1043조는 상속포기의 소급효를 규정한 제1042조와 유기적으로 해석하여야 하고, 배우자의 상속순위는 제1순위 상속인 및 제2순위 상속인과 연동하여 동순위로 인정받는 점(제1003조)을 살펴야 할 것이다(일본의 경우, 피상속인의 처와 자녀의 포기된 상속분의 귀속은 달리 보고 있는데, 이는 피상속인 처의 지위에서 찾고 있다)(日本最高裁判所 1967. 5. 30. 民集 21卷 4号 988面 참조). ④ 그렇다면, 상속을 포기한 사람은 상속개시시부터 상속인이 되지 아니한 것으로 보는 이상 제1순위 상속인인 직계비속으로 손자가 존재함에도 이를 배제한 채, 만연히 피상속인 배우자의 단독상속으로 볼 수는 없다는 점에서 판례의 태도가 타당하다. 넷째, 공동상속인 중 어느 1인이 자기의 상속분을 특정상속인에게 귀속시키는 것은 상속분 양도의 방법(제1011조)이나 상속재산의 협의분할제도(제1013조)로 가능하지만, 특정상속인만을 위한 상속의 포기는 허용되지 않는 것으로 해석한다(이설 없음). 다섯째, 상속의 포기는 제406조 제1항에서 정하는 '재산권에 관한 법률행위'에 해당하지 아니하여 사해행위취소의 대상도 되지 못한다(대법원 2011. 6. 9. 2011다29307. 다만, 상속재산분할협의에 따른 사실상의 상속포기형태는 사해행위가 됨을 유의하여야 한다 ; 대판 2007. 7. 26. 2007다29119).

(3) 포기자의 상속재산 관리의무

첫째, 상속을 포기한 자는 그 포기로 상속인이 된 자가 상속재산을 관리할 수 있을 때까지 그 재산의 관리를 계속해야 할 의무를 진다(제1044조 제1항). 둘째, 상속재산의 관리를 함에 있어서 포기자는 고유재산에 관한 것과 동일한 주의를 베풀어야 하고, 상속재산보존에 필요한 처분에 관한 규정이 준용된다(제1044조 제2항 · 제1022조 · 제1023조).

(4) 상속포기의 효력이 미치는 범위

상속포기의 효력은 피상속인의 사망으로 개시된 상속에만 미치고, 그 후 피상속인을 피대습자로 하여 개시된 대습상속에는 미치지 않는다. 대습상속은 상속과는 별개의 원인으로 발생하는 것이고 대습상속개시 전에 이를 포기하는 것은 허용되지 않기 때문이다. 이는 종전에 상속인의 상속포기로 피대습자의 직계존속이 피대습자를 상속한 경우에도 동일하다. 따라서 피상속인의 사망 후 상속채무가 상속재산을 초과한 까닭에 1순위 상속인인 배우자와 자녀들이 상속포기하였는데, 그 후 피상속인의 직계존속인 어머니(1순위 상속인들의 상속포기로 피상속인의 상속인이 되었다)가 사망하여 제1001조, 제1003조 제2항에 따라 대습상속이 개시된 경우, 대습상속인(결국 피상속인의 배우자와 자녀들이 될 것이다)이 민법이 정한 절차와 방식에 따라 한정승인이나 상속포기를 하지 않았다면 단순승인을 한 것으로 간주된다(대판 2017. 1. 12. 2014다39824). 다만 피상속인의 배우자와 자녀들은 제1019조 제3항의 요건을 주장하여 특별한정승인으로 구제받을 여지는 있을 것이다.

판 례

■ 상속개시 전에 한 상속포기약정의 효력(무효)

"유류분을 포함한 상속의 포기는 상속이 개시된 후 일정한 기간 내에만 가능하고 가정법원에 신고하는 등 일정한 절차와 방식을 따라야만 그 효력이 있으므로, 상속개시 전에 한 상속포기약정은 그와 같은 절차와 방식에 따르지 아니한 것으로 효력이 없다."(대판 1998. 7. 24. 98다9021 ; 대결 1988. 8. 25. 자 88스10, 11, 12, 13; 대판 1994. 10. 14. 94다8334)

■ 상속포기서에 첨부된 재산목록에서 누락된 상속재산에 대하여도 상속포기의 효력이 미치는지 여부

"상속의 포기는 상속인이 법원에 대하여 하는 단독의 의사표시로서 포괄적 · 무조건적으로 하여야 하므로, 상속포기는 재산목록을 첨부하거나 특정할 필요가 없다고 할 것이고, 상속포기서에 상속재산의 목록을 첨부했다 하더라도 그 목록에 기재된 부동산 및 누락된 부동산의 수효 등과 제반 사정에 비추어 상속재산을 참고 자료로 예시한 것에 불과하다고 보여지는 이상, 포기 당시 첨부된 재산 목록에 포함되어 있지 않은 재산의 경우에도 상속포기의 효력은 미친다."(대판 1995. 11. 14. 95다27554)

■ 상속개시 전에 상속포기약정을 한 다음 상속개시 후에 상속권을 주장하는 것이 신의칙에 반하는지 여부(소극)

"상속인 중의 1인이 피상속인의 생존시에 피상속인에 대하여 상속을 포기하기로 약정하였다고 하더라도, 상속개시 후 민법이 정하는 절차와 방식에 따라 상속포기를 하지 아니한 이상, 상속개시 후에 자신의 상속권을 주장하는 것은 정당한 권리행사로서 권리남용에 해당하거나 또는 신의칙에 반하는 권리의 행사라고 할 수 없다."(대판 1998. 7. 24. 98다9021)

■ 재산상속포기를 취소하는 경우 그 취소의 상대방

"적모가 미성년인 서자를 대리하여 서자의 재산상속을 포기한 경우 친족회의 동의가 없음을 이유로 이를 취소함에 있어서 그 취소의 상대방은 재산상속포기의 신고가 수리된 법원이라고 볼 것이다."(대판 1989. 9. 12. 88다카28044)

■ 상속포기 신고가 법원에 수리되지 않고 있는 동안 포기자를 제외한 나머지 공동상속인들이 상속재산분할협의를 한 경우, 그 후 상속포기 신고가 적법하게 수리되면 상속재산분할협의가 소급적으로 유효하게 되는지 여부(적극) 및 포기자가 상속재산분할협의에 참여하여 당사자가 된 경우에도 마찬가지인지 여부(한정 적극)

"상속의 포기는 상속이 개시된 때에 소급하여 그 효력이 있고(민법 제1042조), 포기자는 처음부터 상속인이 아니었던 것이 된다. 따라서 상속포기의 신고가 아직 행하여지지 아니하거나 법원에 의하여 아직 수리되지 아니하고 있는 동안에 포기자를 제외한 나머지 공동상속인들 사이에 이루어진 상속재산분할협의는 후에 상속포기의 신고가 적법하게 수리되어 상속포기의 효력이 발생하게 됨으로써 공동상속인의 자격을 가지는 사람들 전원이 행한 것이 되어 소급적으로 유효하게 된다. 이는 설사 포기자가 상속재산분할협의에 참여하여 그 당사자가 되었다고 하더라도 그 협의가 그의 상속포기를 전제로 하여서 포기자에게 상속재산에 대한 권리를 인정하지 아니하는 내용인 경우에는 마찬가지이다."(대판 2011. 6. 9. 2011다29307)

■ 상속포기가 사해행위취소의 대상인지 여부(소극)

"상속의 포기는 비록 포기자의 재산에 영향을 미치는 바가 없지 아니하나(그러한 측면과 관련하여서는 '채무자 회생 및 파산에 관한 법률' 제386조도 참조) 상속인으로서의 지위 자체를 소멸하게 하는 행위로서 순전한 재산법적 행위와 같이 볼 것이 아니다. 오히려 상속의 포기는 1차적으로 피상속인 또는 후순위상속인을 포함하여 다른 상속인 등과의 인격적 관계를 전체적으로 판단하여 행하여지는 '인적 결단'으로서의 성질을 가진다. 그러한 행위에 대하여 비록 상속인인 채무자가 무자력상태에 있다고 하여서 그로 하여금 상속포기를 하지 못하게 하는 결과가 될 수 있는 채권자의 사해행위취소를 쉽사리 인정할 것이 아니다. 그리고 상속은 피상속인이 사망 당시에 가지던 모든 재산적 권리 및 의무·부담을 포함하는 총체재산이 한꺼번에 포괄적으로 승계되는 것으로서 다수의 관련자가 이해관계를 가지는데, 위와 같이 상속인으로서의 자격 자체를 좌우하는 상속포기의 의사표시에 사해행위에 해당하는 법률행위에 대하여 채권자 자신과 수익자 또는 전득자 사이에서만 상대적으로 그 효력이 없는 것으로 하는 채권자취소권의 적용이 있다고 하면, 상속을 둘러싼 법률관계는 그 법적 처리의 출발점이 되는 상속인 확정의 단계에서부터 복잡하게 얽히게 되는 것을 면할 수 없다. 또한 상속인의 채권자의 입장에서는 상속의 포기가 그의 기대를 저버리는 측면이 있다고 하더라도 채무자인 상속인의 재산을 현재의 상태보다 악화시키지 아니한다. 이러한 점들을 종합적으로 고려하여 보면, 상속의 포기는 민법 제406조 제1항에서 정하는 "재산권에 관한 법률행위"에 해당하지 아니하여 사해행위취소의 대상이 되지 못한다."(대판 2011. 6. 9. 2011다29307)

▦ 상속인 갑이 상속포기 신고를 하였는데, 나머지 공동상속인들이 위 신고가 수리되면 갑은 처음부터 상속인에 해당하지 않는다고 생각하여 갑을 제외한 채 상속재산분할협의를 한 사안에서, 상속포기가 사해행위취소의 대상이 될 수 없다고 본 원심판단을 수긍한 사례

"상속인 갑이 상속포기 신고를 하였는데, 나머지 공동상속인들이 위 신고가 수리되면 갑은 처음부터 상속인에 해당하지 않는다고 생각하여, 상속포기 신고를 한 날 갑을 제외한 채 상속재산분할협의를 한 사안에서, 상속포기가 사해행위취소의 대상이 될 수 없고, 설령 갑이 상속재산분할협의에 참여하여 당사자가 되었더라도 협의 내용이 갑의 상속포기를 전제로 상속재산에 대한 권리를 인정하지 아니하는 것으로서 같은 날 행하여진 갑의 상속포기 신고가 그 후 수리됨으로써 상속포기의 효과가 적법하게 발생한 이상 이를 달리 볼 것이 아니라는 취지의 원심판단을 수긍한 사례"가 있다(대판 2011. 6. 9. 2011다29307).

▦ 상속재산 협의분할 후에 상속포기 신고가 수리된 경우, 포기의 효력발생 여부(소극)

"상속인중 1인이 다른 공동재산상속인과 협의하여 상속재산을 분할한 때는 민법 제1026조 제1호에 규정된 상속재산에 대한 처분행위를 한 때에 해당되어 단순승인을 한 것으로 보게 되어 이를 취소할 수 없는 것이므로 그뒤 가정법원에 상속포기신고를 하여 수리되었다 하여도 포기의 효력이 생기지 않는다."(대판 1983. 6. 28. 82도2421)

▦ 적법하게 상속을 포기한 자가 국세기본법 제24조 제1항이 피상속인의 국세 등 납세의무를 승계하는 자로 규정하고 있는 '상속인'에 포함되는지 여부(소극)

"원래 상속을 포기한 자는 상속포기의 소급효에 의하여 상속개시 당시부터 상속인이 아니었던 것과 같은 지위에 놓이게 되는 점(민법 제1042조), 상속세 및 증여세법(이하 '상증세법'이라 한다.) 제3조 제1항은 상속세에 관하여는 상속포기자도 상속인에 포함되도록 규정하고 있으나 이는 사전증여를 받은 자가 상속을 포기함으로써 상속세 납세의무를 면하는 것을 방지하기 위한 것으로서, 국세기본법 제24조 제1항에 의한 납세의무 승계자와 상증세법 제3조 제1항에 의한 상속세 납세의무자의 범위가 서로 일치하여야 할 이유는 없는 점, 조세법률주의의 원칙상 과세요건은 법률로써 명확하게 규정하여야 하고 조세법규의 해석에 있어서도 특별한 사정이 없는 한 법문대로 해석하여야 하며 합리적 이유 없이 확장해석하거나 유추해석하는 것은 허용되지 않는 점 등을 종합하여 보면, 적법하게 상속을 포기한 자는 국세기본법 제24조 제1항이 피상속인의 국세 등 납세의무를 승계하는 자로 규정하고 있는 '상속인'에는 포함되지 않는다고 보아야 한다."(대판 2013. 5. 23. 2013두1041 ; 대결 2006. 06. 29.자 2004두3335)

▦ 가해자가 피해자의 상속인이 되어 피해자의 자신에 대한 손해배상청구권과 손해배상의무가 혼동으로 소멸하였더라도 적법하게 상속을 포기한 경우 위 손해배상청구권과 이를 전제로 하는 보험자에 대한 직접청구권이 소멸하는지 여부(소극)

"상속포기는 자기를 위하여 개시된 상속의 효력을 상속개시시로 소급하여 확정적으로 소멸시키는 제도로서 피해자의 사망으로 상속이 개시되어 가해자가 피해자의 자신에 대한 손해배상청구권을 상속함으로써 그 손해배상청구권과 이를 전제로 하는 자동차손해배상보장법 제9조 제1항에 의한 보험자에 대한 직접청구권이 소멸하였다고 할지라도 가해자가 적법하게 상속을 포기하면 그 소급효로 인하여 위 손해배상청구권과 직접청구권은 소급하여 소멸하지 않았던 것으로 되어 다른 상속인에게 귀속되고, 그 결과 '가해자가 피해자의 상속인이 되는 등 특별한 경우'에 해당하지 않게 되므로 위 손해배상청구권과 이를 전제로 하는 직접청구권은 소멸하지 않는다."(대판 2005. 1. 14. 2003다38573)

■ 채무자인 피상속인의 제1순위 상속인인 자 전원이 상속을 포기한 경우, 차순위인 손들이 그 채무를 상속한다고 한 사례

"채무자인 피상속인이 그의 처와 동시에 사망하고 제1순위 상속인인 자 전원이 상속을 포기한 경우, 상속을 포기한 자는 상속 개시시부터 상속인이 아니었던 것과 같은 지위에 놓이게 되므로 같은 순위의 다른 상속인이 없어 그 다음 근친 직계비속인 피상속인의 손들이 차순위의 본위 상속인으로서 피상속인의 채무를 상속하게 된다고 한 사례."가 있다(대판 1995. 9. 26. 95다27769).

■ 피상속인의 배우자와 자녀 중 자녀 전부가 상속을 포기한 경우의 상속인

"상속을 포기한 자는 상속개시된 때부터 상속인이 아니었던 것과 같은 지위에 놓이게 되므로, 피상속인의 배우자와 자녀 중 자녀 전부가 상속을 포기한 경우에는 배우자와 피상속인의 손자녀 또는 직계존속이 공동으로 상속인이 되고, 피상속인의 손자녀와 직계존속이 존재하지 아니하면 배우자가 단독으로 상속인이 된다."(대판 2015. 5. 14. 2013다48852 ; 대판 2015. 5. 14. 2013다48852)

■ 상속포기로 인하여 집행채무자 적격이 없는 자를 집행채무자로 하여 이루어진 채권압류 및 전부명령의 실체법상의 효력 유무(소극)

"채무명의에 표시된 채무자의 상속인이 상속을 포기하였음에도 불구하고, 집행채권자가 동인에 대하여 상속을 원인으로 한 승계집행문을 부여받아 동인의 채권에 대한 압류 및 전부명령을 신청하고, 이에 따라 집행법원이 채권압류 및 전부명령을 하여 그 명령이 확정되었다고 하더라도, 채권압류 및 전부명령이 집행채무자 적격이 없는 자를 집행채무자로 하여 이루어진 이상, 피전부채권의 전부채권자에게의 이전이라는 실체법상의 효력은 발생하지 않는다고 할 것이고, 이는 집행채무자가 상속포기 사실을 들어 집행문 부여에 대한 이의신청 등으로 집행문의 효력을 다투어 그 효력이 부정되기 이전에 채권압류 및 전부명령이 이루어져 확정된 경우에도 그러하다고 할 것이다." (대판 2002. 11. 13. 2002다41602 ; 대판 2002. 11. 13. 2002다41602)

■ 민법 제1008조에 따라 상속분 산정에서 증여 또는 유증을 참작하는 것이 실제로 유증 또는 증여를 받은 경우에 한정되는지 여부 및 수인의 상속인 중 1인이 나머지 상속인들의 상속포기로 단독상속하게 된 경우, 단독상속인이 상속포기자로부터 상속지분을 유증 또는 증여받은 것이라고 볼 수 있는지 여부(소극)

"민법 제1008조는 '공동상속인 중에 피상속인으로부터 재산의 증여 또는 유증을 받은 자가 있는 경우에 그 수증재산이 자기의 상속분에 달하지 못한 때에는 그 부족한 부분의 한도에서 상속분이 있다'고 규정하고 있으나, 이와 같이 상속분의 산정에서 증여 또는 유증을 참작하게 되는 것은 상속인이 실제로 유증 또는 증여를 받은 경우에 한한다. 한편 상속의 포기는 상속이 개시된 때에 소급하여 그 효력이 있고(민법 제1042조), 포기자는 처음부터 상속인이 아니었던 것이 되므로, 수인의 상속인 중 1인을 제외한 나머지 상속인들의 상속포기 신고가 수리되어 결과적으로 그 1인만이 단독상속하게 되었다고 하더라도 그 1인의 상속인이 상속포기자로부터 그 상속지분을 유증 또는 증여받은 것이라고 볼 수 없다."(대결 2012. 4. 16.자 2011스191 : 대결 2012. 4. 16.자 2011스191)

▣ 상속인이 상속재산에 대한 처분행위를 한 후 상속포기 신고를 하여 수리된 경우, 상속포기의 효력이 있는지 여부 및 민법 제1026조 제1호에서 정한 '상속재산에 대한 처분행위'로 볼 수 있는 경우

"민법 제1026조 제1호는 상속인이 상속재산에 대한 처분행위를 한 때에는 단순승인을 한 것으로 본다고 정하고 있으므로, 그 후에 상속포기 신고를 하여 그 신고가 수리되었다고 하더라도 상속포기로서의 효력은 없다. 그러나 위 규정의 입법 취지가 상속재산 처분을 행하는 상속인은 통상 상속을 단순승인하는 의사를 가진다고 추인할 수 있는 점, 그 처분 후 한정승인이나 포기를 허용하면 상속채권자나 공동 내지 차순위 상속인에게 불의의 손해를 미칠 우려가 있다는 점, 상속인의 처분행위를 믿은 제3자의 신뢰도 보호될 필요가 있다는 점 등에 있음을 고려하여 볼 때, 수인의 상속인 중 1인을 제외한 나머지 상속인 모두가 상속을 포기하기로 하였으나 그 상속포기 신고가 수리되기 전에 피상속인 소유의 미등기 부동산에 관하여 상속인들 전원 명의로 법정상속분에 따른 소유권보존등기가 경료되자 위와 같은 상속인들의 상속포기의 취지에 따라 상속을 포기하는 상속인들의 지분에 관하여 상속을 포기하지 아니한 상속인 앞으로 지분이전등기를 한 것이고 그 후 상속포기 신고가 수리되었다면, 이를 상속의 단순승인으로 간주되는 민법 제1026조 제1호 소정의 '상속재산에 대한 처분행위'가 있는 경우라고 할 수 없다."(대결 2012. 4. 16.자 2011스191 : 대결 2012. 4. 16.자 2011스191)

▣ 상속포기의 효력이 피상속인을 피대습자로 하여 개시된 대습상속에 미치는지 여부(소극) 및 이는 상속인의 상속포기로 피대습자의 직계존속이 피대습자를 상속한 경우에도 마찬가지인지 여부(적극) 이때 피대습자의 직계존속이 사망할 당시 피대습자로부터 상속받은 재산 외에 고유재산을 소유하고 있었는지에 따라 달리 보아야 하는지 여부(소극) 상속인인 배우자와 자녀들이 상속포기를 한 후 피상속인의 직계존속이 사망하여 대습상속이 개시되었으나 대습상속인이 한정승인이나 상속포기를 하지 않은 경우, 단순승인을 한 것으로 간주되는지 여부(적극)

"피상속인의 사망으로 상속이 개시된 후 상속인이 상속을 포기하면 상속이 개시된 때에 소급하여 그 효력이 생긴다(민법 제1042조). 따라서 제1순위 상속권자인 배우자와 자녀들이 상속을 포기하면 제2순위에 있는 사람이 상속인이 된다. 상속포기의 효력은 피상속인의 사망으로 개시된 상속에만 미치고, 그 후 피상속인을 피대습자로 하여 개시된 대습상속에까지 미치지는 않는다. 대습상속은 상속과는 별개의 원인으로 발생하는 것인 데다가 대습상속이 개시되기 전에는 이를 포기하는 것이 허용되지 않기 때문이다. 이는 종전에 상속인의 상속포기로 피대습자의 직계존속이 피대습자를 상속한 경우에도 마찬가지이다. 또한 피대습자의 직계존속이 사망할 당시 피대습자로부터 상속받은 재산 외에 적극재산이든 소극재산이든 고유재산을 소유하고 있었는지에 따라 달리 볼 이유도 없다. 따라서 피상속인의 사망 후 상속채무가 상속재산을 초과하여 상속인인 배우자와 자녀들이 상속포기를 하였는데, 그 후 피상속인의 직계존속이 사망하여 민법 제1001조, 제1003조 제2항에 따라 대습상속이 개시된 경우에 대습상속인이 민법이 정한 절차와 방식에 따라 한정승인이나 상속포기를 하지 않으면 단순승인을 한 것으로 간주된다. 위와 같은 경우에 이미 사망한 피상속인의 배우자와 자녀들에게 피상속인의 직계존속의 사망으로 인한 대습상속도 포기하려는 의사가 있다고 볼 수 있지만, 그들이 상속포기의 절차와 방식에 따라 피상속인의 직계존속에 대한 상속포기를 하지 않으면 효력이 생기지 않는다. 이와 달리 피상속인에 대한 상속포기를 이유로 대습상속 포기의 효력까지 인정한다면 상속포기의 의사를 명확히 하고 법률관계를 획일적으로 처리함으로써 법적 안정성을 꾀하고자 하는 상속포기제도가 잠탈될 우려가 있다."(대판 2017. 1. 12. 2014다39824)

제 5 절 재산의 분리

Ⅰ. 의 의

재산의 분리는 상속개시 후에 상속채권자나 유증받은 자 또는 상속인채권자의 청구에 따라 가정법원이 상속재산과 상속인의 고유재산을 분리하는 것을 말한다. 재산을 분리하지 않으면, 위 재산들이 혼합되면서 상속재산이 채무 초과인 경우에는 상속인의 채권자에게 불이익이 발생할 수 있고 반대로 상속인의 고유재산이 채무초과이면 상속채권자에게 불이익이 발생할 수 있으므로 이를 방지하기 위한 제도이다. 그러나 한정승인 또는 상속포기를 하는 경우에는 재산분리를 할 필요가 없고 상속재산의 파산이 가능한 다음에야 이때 재산분리와 같은 효과가 발생하므로 실제 활용도는 낮다고 할 것이다.

Ⅱ. 재산분리의 절차

첫째, 재산분리의 청구권자는 상속채권자, 유증받은 자, 상속인의 채권자이다(제1045조 제1항). 포괄적 유증을 받은 포괄적 수유자는 상속인과 동일한 지위에 있으므로 재산분리청구권이 없다고 보는 것이 옳다(반대설은 있다.). 가사소송법상 상대방 없는 라류 비송사건이므로 상대방을 논할 필요는 없을 것이다(가사소송법 제2조 제1항 라류 사건 제35호). 둘째, 재산분리의 청구기간은 상속개시 된 날로부터 3개월 내이다(제1045조 제1항). 이 기간에는 상속인이 승인이나 포기를 하였더라도 재산의 분리를 청구할 수 있다. 다만 상속인이 상속의 승인이나 포기를 하지 아니한 동안은 기간이 경과하더라도 가정법원에 재산의 분리를 청구할 수 있다. 그런데 상속재산이나 상속인의 재산이 채무초과가 아니라면 재산분리를 할 실익이 없을 것이다. 이러한 이유로 재산분리의 청구가 있는 경우, 가정법원이 채무초과 여부와 관계없이 재산분리를 명해야 하는지 견해의 대립이 있다(윤진수, 앞의 책, 494면 참조). 가정법원에 재량이 있다고 보는 것이 맞을 것이다. 셋째, 가정법원이 재산의 분리를 명한 때에는 그 청구자는 5일 내 일반상속채권자와 유증받은 자에 대하여 재산분리의 명령 있은 사실과 2월 이상의 일정한 기간 내에 그 채권 또는 수증을 신고할 것을 공고하여야 한다(제1046조 제1항). 이때 법인의 청산에 관한 제88조 제2항,

제3항과 제89조의 규정이 준용된다(제1046조 제2항).

Ⅲ. 재산분리의 효과

첫째, 재산분리의 명령이 있는 때에는 한정승인의 경우와 마찬가지로 피상속인에 대한 상속인의 재산상 권리의무는 소멸하지 않는다(제1050조). 따라서 혼동에 따른 권리의무소멸은 발생하지 않고 상속인은 상속재산을 처분할 수도 없다. 다만 상속재산인 부동산에 관하여는 재산분리를 등기하지 아니하면 제3자에게 대항하지 못한다(제1049조). 이때의 제3자는 상속인의 채권자뿐만 아니라 모든 제3자를 포함한다(김주수·김상용, 앞의 책, 779면). 동산의 경우에는 선의취득(제249조)이 가능할 것이다. 둘째, 법원이 재산의 분리를 명한 때에는 상속재산의 관리에 관하여 필요한 처분을 명할 수 있다(제1047조 제1항). 법원이 재산관리인을 선임한 경우에는 부재자재산관리인에 관한 제24조 내지 제26조의 규정을 준용한다(제1047조 제2항). 상속인이 단순승인을 한 후에도 재산분리의 명령이 있는 때에는 상속재산에 대하여 자기의 고유재산과 동일한 주의로 관리하여야 한다(제1048조 제1항). 이때 제683조 내지 제685조 및 제688조 제1항, 제2항의 규정이 준용된다(제1048조 제2항). 셋째, 상속인은 제1045조 및 제1046조의 기간만료 전에는 상속채권자와 유증받은 자에 대하여 변제를 거절할 수 있다(제1051조 제1항). 위 기간만료 후에 상속인은 상속재산으로써 재산분리의 청구 또는 그 기간 내에 신고한 상속채권자, 유증받은 자와 상속인이 알고 있는 상속채권자, 유증받은 자에 대하여 각 채권액 또는 수증액의 비율로 변제하여야 한다(제1051조 제2항). 그러나 우선권 있는 저당권자와 같은 채권자의 권리를 해하지 못한다. 이때 한정승인에 관한 제1035조 내지 제1038조의 규정이 준용된다(제1051조 제3항). 신고기간 내에 신고한 상속채권자와 유증받은 자는 상속재산으로써 전액의 변제를 받을 수 없는 경우에 한하여 상속인의 고유재산으로부터 그 변제를 받을 수 있다(제1052조 제1항). 다만 이 경우 상속인의 채권자는 상속인의 고유재산으로부터 우선변제를 받을 권리가 있다(제1052조 제2항).

제 6 절 상속인의 부존재

Ⅰ. 의 의

첫째, 상속인의 부존재란 상속인의 존부가 분명하지 않은 것이다(제1053조 제1항 참조). 상속인이 존재하는 것은 분명한데 그 행방이나 생사가 불명인 경우는 부재자재산관리제도나 실종선고제도로 다루어야 할 것이다. 둘째, 우리 법은 상속인의 존부가 분명하지 않은 경우, 상속재산관리인을 선임하여 재산을 관리하게 하는 한편, 상속인을 수색하고 상속재산으로 상속채권자 등에게 변제하여 청산하도록 하고 있다.

Ⅱ. 요 건

상속인의 존부가 분명하지 않은 경우는, ① 신원불명자가 사망한 경우, ② 상속한 자가 참칭상속인이고 진정한 상속인의 존부가 불분명한 경우, ③ 상속인 모두가 상속자격을 잃은 경우, ④ 상속인 전원이 상속을 포기한 경우 등을 말한다. 첫째, 상속인이 없고 포괄적 수증자만 있는 경우에 상속인의 부존재절차를 밟아야 하는가? 이에 관하여 수유자 역시 상속채권자에게 변제한 후가 아니면 변제를 받을 수 없다는 제1056조 제2항 · 제1036조 등을 근거로 수유자만 있을 경우는 항상 상속인 부존재절차를 밟아야 한다는 견해(곽윤직, 앞의 책, 340면 ; 박동섭, 앞의 책, 679면)가 있지만, 상속재산 전부를 유증받은 포괄적 수증자가 있다면 포괄적 수증자 역시 상속인과 동일한 권리의무가 있으므로(제1078조), 상속인의 부존재에 관한 절차는 밟을 필요가 없다고 보는 것이 타당하다. 다만, 포괄적 수증자가 상속재산 일부만을 유증받은 경우에는 나머지 부분에 대해서는 상속인 없는 상태가 될 것이므로 상속인의 부존재절차를 진행하여야 할 것이다(같은 견해 김주수 · 김상용, 앞의 책, 783면). 둘째, 현재는 상속인이 없으나 피상속인 사후에 인지청구의 소를 제기하거나 이혼 무효의 소와 같이 추후 상속권이 문제 될 신분관계확인의 소를 제기하는 자가 있는 경우는, 현재 상속인의 존부가 분명하지 않음은 분명하므로 상속재산관리는 필요할 것이다. 다만, 상속인의 출현가능성이 크므로 상속재산의 청산절차진행을 늦추는 것이 타당하다. 이때 가정법원은 상속재산의 보존에 필요한 처분이나 조치(제1053조 제1항, 제2항 · 제24조 제2항)를 취하는 것이 바람직할 것이다(같은 견해 박동섭, 앞의 책, 679면).

Ⅲ. 상속재산의 관리 · 청산과 상속인의 수색

1. 상속재산의 관리

첫째, 상속인의 존부가 분명하지 아니한 때에는 법원은 제777조의 규정에 의한 피상속인의 친족 기타 이해관계인 또는 검사의 청구에 의하여 상속재산관리인을 선임하고 지체없이 이를 공고하여야 한다(제1053조 제1항). ① 이 공고가 제1차 공고이다. 이러한 선임과 공고는 모두 가정법원이 한다(제1053조 제1항 후단 · 가사소송법 제2조 제1항 라류사건 제37호 · 가사소송규칙 제79조). 이때의 공고는 채권자에 대한 통고와 상속인수색의 목적이 있다. ② 이해관계인은 수유자, 상속채권자, 상속채무자, 특별연고자 등 상속재산의 귀속에 관하여 법률상 이해관계를 가지는 자이다. 둘째, 부재자의 재산관리인에 관한 제24조 내지 제26조의 규정은 상속재산관리인에 준용된다(제1053조 제2항). ① 따라서 상속재산관리인은 상속재산에 대한 소송에서 정당한 당사자적격이 있다(대판 2007. 6. 28. 2005다55879; 대판 1976. 12. 28. 76다797). ② 관리인은 상속채권자나 유증받은 자의 청구가 있는 때에는 언제든지 상속재산의 목록을 제시하고 그 상황을 보고하여야 한다(제1054조). 진정한 상속인이 나타나 상속을 승인하면 상속재산관리인의 임무는 그때 종료한다(제1055조 제1항). ③ 이처럼 상속인이 승인하면 상속재산관리인은 지체없이 그 상속인에 대하여 관리의 계산을 하여야 한다(제1055조 제1항 · 제2항).

2. 상속재산의 청산절차

상속재산관리인의 선임공고가 있은 날부터 3개월 내에 상속인의 존부를 알 수 없는 때에는 관리인은 지체없이 일반상속채권자와 유증받은 자에 대하여 일정한 기간 내에 그 채권 또는 수증을 신고할 것을 공고하여야 하고, 그 기간은 2월 이상이어야 한다(제1056조 제1항). 이 공고가 제2차 공고이다. 이때 청산법인의 채권신고의 공고 · 최고에 관한 제88조 제2항, 제3항, 제89조과 한정승인에 있어서의 변제의 순서 등 청산방법에 관한 제1033조 내지 제1039조의 규정이 준용된다(제1056조 제2항).

3. 상속인의 수색공고

관리인이 상속채권자와 유증받은 자에 대하여 채권 또는 수증을 신고하도록 정한 기간이 경과하여도 상속인의 존부를 알 수 없는 때에는 법원은 관리인의 청구에 의하여 상속인이 있으면 일정한 기간 내에 그 권리를 주장할 것을 공고하여야 한다(제1057조 제1문). 이 공고가 상속인 최종수색으로 제3차 공고이다. 그 기간은 1년 이상이어야 한다(제1057조 제2문). 다만, 이 공고는 청산 후 잔여재산이 없다면 필요하지 않다. 공고에서 정한 기간이 지나가도 상속인이 나타나지 않으면 상속인의 부존재 사실은 확정된다.

Ⅳ. 특별연고자에 대한 재산분여

1. 의 의

첫째, 특별연고자에 대한 재산분여란 상속인이 존재하지 않는 경우, 피상속인과 특별한 연고가 있던 자의 청구가 있으면 가정법원이 이들에 대하여 상속재산의 전부 또는 일부를 분여해 줄 수 있는 제도이다. 둘째, 사실상의 배우자와 같이 법률상 상속권이 없는 특별연고자들이 상속인이 없는 경우에까지 상속재산에서 아무것도 받지 못한다면 너무

가혹하다는 점에서 이러한 불합리를 개선하려는 목적에서 도입되었다. 이러한 특별연고자의 재산분여를 받을 지위는 기대권으로 해석된다(김주수 · 김상용, 앞의 책, 789면).

2. 재산분여의 요건

(1) 특별연고자의 범위

첫째, 민법 규정은 피상속인과 생계를 같이 하고 있던 자, 피상속인의 요양간호를 한 자 기타 피상속인과 특별한 연고가 있던 자를 재산분여를 받을 수 있는 자로 규정하고 있다(제1057조의2 제1항). 둘째, 특별연고자는 혈족에 한하지 않고 법인도 이에 포함될 수 있으므로 요양원과 같이 피상속인이 신세를 진 기관도 가능하다. 셋째, 그렇다면 피상속인의 사망 후 제사주례를 하는 것과 같은 사후연고자 역시 특별연고자가 될 수 있는가? 이에 관하여 가정법원 판사의 건전한 판단에 따라서 정할 수 있다는 견해도 있지만(박동섭, 앞의 책, 688면), '피상속인과 특별한 연고가 있던 자'라는 법문에 비추어 피상속인 사망 후에 제사주례를 하는 것과 같은 사후연고자는 이에 해당하지 않고, 피상속인 사망 당시 사망한 자도 이와 같이 다루어야 할 것이다.

(2) 재산분여청구가 있을 것

특별연고자는 상속인수색공고기간(제1057조)이 만료된 후 2개월 이내에 가정법원에 재산분여청구를 하여야 한다(제1057조의2 제1항 · 제2항). 특별연고자 인정 여부와 재산분여의 상당성은 가정법원이 연고관계의 내용, 정도, 상속재산의 종류 등 여러 사정을 살펴 자유재량에 따라 결정한다. 따라서 사실혼의 배우자라고 하여 당연히 특별연고자의 지위를 얻거나, 이러한 지위에서 당연히 재산분여를 받는 것은 아니다.

3. 재산분여의 효과

첫째, 재산분여의 청구가 인용되면 청구인에게 청산 후 잔존하는 상속재산의 전부 또는 일부가 분여된다(제1057조의2 제1항). 둘째, 상속재산이 공유인 경우, 제267조("공유자가 상속인이 없이 사망한 때에는 그 지분은 다른 공유자에게 각 지분의 비율로 귀속한다.")의 규정 때문에 그 공유지분이 분여의 대상이 되는지, 다른 공유자에게 귀속하는지가 문제 된다. 공유자를 특별연고자보다 우선시킬 이유가 없고 피상속인의 공유지분권을 분여대상에서 제외할 근거 또한 없다는 점에서 제1057조의2를 우선 적용하여 공유지분도 분여의 대상이라고 보는 것이 옳다(김주수 · 김상용, 앞의 책, 791면 ; 송덕수, 앞의 책, 1665면). 셋째, 특별연고자는 상속인이 아니므로 상속채무 등은 승계되지 않는다.

V. 상속재산의 국가귀속

1. 잔여재산의 국가귀속 성격

특별연고자에 대한 분여가 되지 아니한 상속재산은 국가에 귀속한다(제1058조 제1항). 잔여재산의 국가귀속은 국가가 상속인이 될 수 없다는 점에서 상속이 아니며, 법률의 규정에 따라 원시적으로 취득한 것으로 보는 것이 옳을 것이다(다수설). 이를 포괄승계로 평가하는 견해(곽윤직, 앞의 책, 357면)도 있으나, 국가는 적극재산만을 취득하고 채무는 부담하지 않는 점에서 타당하고 할 수 없다.

2. 국가귀속의 시기

첫째, 잔여재산의 국가귀속 시기는 어떻게 되는가? 이에 관하여 상속개시의 때라는 설(곽윤직, 앞의 책, 358면 등. 동 견해는 상속재산귀속의 공백을 방지하는 목적에서 비롯되었다)과 상속재산관리인이 잔여재산을 국가에 인계한 때라는 설(김주수 · 김상용, 앞의 책, 788면. 동 견해는 물권변동의 형식주의에 주요근거를 둔다)의 대립이 있다. 이에 대하여 상속개시시설을 지지하면서 다만 상속인의 부존재가 확정되는 때를 기준으로 상속개시시에 소급하여 귀속하는 것으로 구성하는 입장(송덕수, 앞의 책, 1665면)도 있다. 그러나 상속개시시설은 제1058조 문언에 배치되고 상속인 부존재의 증명 없이 단순히 공고만으로는 국가에 귀속하는 것으로는 볼 수 없다는 판례(대판 1997. 11. 28. 97다23860)의 태도와도 맞지 않는다. 따라서 소급적 귀속에 관한 명문규정이 없는 이상 상속개시설의 기교적 재구성을 할 이유가 충분하지 않다는 점에서 잔여재산을 국가에 인계한 때로 보는 것이 타당하다. 둘째, 잔여재산이 국가에 귀속되면, 관리인은 지체없이 관할 국가기관에 관리의 계산을 하여야 한다(제1058조 제2항. 제1055조 제2항). 이처럼 상속재산이 국가에 귀속한 때에는 상속재산으로 변제를 받지 못한 상속채권자나 유증을 받은 자가 있더라도 국가에 대하여 그 변제를 청구하지 못한다.

판 례

■ **부동산 소유자가 행방불명된 경우, 국가가 그의 사망 및 상속인의 부존재에 대한 입증 없이 단순히 국유재산법 제8조에 따른 무주부동산의 공고절차만을 거쳐 그 부동산을 국유화한 조치의 효력(무효)**

"부동산 소유자가 행방불명되어 현재 그 생사 여부를 알 수 없다는 점만으로는 그 부동산이 바로 무주의 부동산으로 된다고는 볼 수 없으므로, 국가가 그 부동산 소유자의 사망 사실 및 상속인이 전혀 없다는 점에 대한 입증 없이 단순히 국유재산법 제8조의 규정에 따라 무주부동산으로 공고하여 국유재산으로 지정하였다고 해서 그 소유권을 취득하였다고 할 수는 없다."(대판 1997. 11. 28. 97다23860 : 대판 1997. 4. 25.

96다53420 ; 대판 1997. 5. 23. 95다46654, 46661)

■ 상속재산의 관리인의 직위에서 상속재산의 소유권확인을 구할 수 있는지 여부

"상속재산의 관리인은 그의 지위에서 소송을 제기하고 이를 수행할 수 있는 것이므로 상속재산의 소유권확인을 구하는 원고 상속재산의 관리인으로서는 구태여 상속인일 필요는 없다."(대판 1977. 1. 11. 76다184)

■ 재산상속인의 존재가 불명한 상속재산에 관한 소송에 있어서 피고적격

"재산상속인의 존재가 분명하지 아니한 상속재산에 관한 소송에 있어서 정당한 피고는 법원에서 선임된 상속재산관리인이라 할 것이다."(대판 2007. 6. 28. 2005다55879 ; 대판 2007. 6. 28. 2005다55879)

제3장 유　　언

제1절 서　　설

Ⅰ. 의　　의

만 17세 이상의 의사능력이 있는 사람(유언자)이 자기를 둘러싼 재산관계(유언집행자의 지정 등)나 가족관계(후견인의 지정 등) 등의 법정사항에 대하여 그의 사망 후에 효력이 생길 것을 목적으로 일정한 방식에 의해 행해지는 상대방 없는 단독행위를 유언(遺言)이라 한다. 유언은 유언자의 유산을 둘러싼 상속인 사이의 분쟁을 예방하기 위한 수단의 하나이다.

●● 사례

A는 평소에 앓고 있던 당뇨병이 악화되어 더 이상 호전될 가망이 없어졌다. 그 가족의 연락을 받고 온 공증인(변호사) B가, 여러 증인들 앞에서 A에게 '모든 재산을 3男인 C에게 유증할 것이냐고 묻자 A가 고개를 끄덕였고, 유언집행자로 조카인 D를 지정하겠느냐고 묻자 역시 고개를 끄덕거린' 내용의 A의 유언을 공증하였다. 한편 A가 서명할 기력이 없는 상태여서 3男이 A의 손에 필기구를 쥐어 주어 위 유언증서의 서명이 이루어졌는데, A는 병세가 계속 악화되어 유언한 날에 사망하였다. 그런데, 그 후 A의 다른 아들들이 위 유언은 무효라는 취지의 소송을 제기하였다. A의 유언의 효력은 어떻게 될 것인가?

●● 사안의 쟁점:

첫째, 유언의 요식행위성이 무엇인지, 둘째, 공정증서에 의한 유언의 요건이 무엇인지, 셋째, 요건을 불비한 유언의 효력은 어떻게 되는지 등이다.

Ⅱ. 법적 성질

1. 상대방 없는 단독행위

유언은 유언자가 그의 사망 시에 일정한 법률효과의 발생을 목적으로 하는 의사표시에 의해 행해지는 상대방 없는 단독행위이다. 따라서 유증의 경우, 유증을 받는 자의 승낙이 필요하지 않고, 다만 유증을 받는 자가 이를 거절할 수 있을 뿐이다(제1074조).

2. 요식행위

유언은 법에 정한 일정한 방식(제1065조)으로 행해져야 하며, 그 방식에 따르지 않은 유언은 무효이다(제1060조). 유언을 요식행위로 규정한 이유는 무엇인가? 유언 당시에 유언자의 진의를 미리 확보해 둠은 물론 유언의 내용을 명확하게 함으로써 유언자의 사후에 생길 수 있는 다툼을 예방하려는 것이고, 다른 한편 유언자로 하여금 신중하게 유언의 의사표시를 하게 하려는 데 있다.

3. 사인행위

유언은 일반적인 단독행위와 같이 유언자의 의사표시가 완료되었을 때 성립하고, 유언자의 사망 시에 그 효력이 발생하는 사인행위이다(사후행위)(이 점에서 특수한 증여계약의 일종인 사인증여와 유사하다). 따라서 유언에 의하여 이익을 받게 될 자(유증을 받는 자)는 유언자의 사망 시까지는 어떠한 법적인 권리도 취득하지 못한다.

4. 대리행위 불가

유언은 유언자 본인의 독립한 의사표시를 필요로 하는 행위이다. 따라서 유언의 대리는 허용되지 않고, 비록 유언자가 제한능력자인 경우에도 법정대리인의 동의를 요하지 않는다(법정대리인의 동의 없음을 이유로 그 유언을 취소하지 못한다).

5. 유언철회의 자유

유언자는 생존 중에 유언의 전부 또는 일부를 자유롭게 철회할 수 있다(제1108조-제1110조). 일반 법률행위와는 달리, 그 철회의 자유를 인정하는 이유는 유언자의 최종의사를 존중하기 위해서이다.

6. 유언법정주의

유언은 법률이 정한 일정사항에 한하여 할 수 있다. ① 재산의 처분에 관한 사항으로서 재단법인의 설립을 위한 재산출연행위(제47조 제2항), 유증(제1074조 이하), 신탁의 설정(신탁법 제3조)을, ② 가족관계에 관한 사항으로서 친생부인(제850조), 인지(제859조), 후견인의 지정(제931조 제1항), 미성년후견감독인의 지정(제940조의2)을, ③ 상속에 관한 사항으로서 상속재산의 분할방법의 지정 또는 위탁(제1012조 전단), 상속재산의 분할금지(제1012조 후단)을, ④유언의 집행에 관한 사항으로서 유언집행자의 지정 또는 위탁(제1093조) 등을 할 수 있다. 위에 열거한 법정사항 이외의 의사표시(장례에 관한 지시·유훈(遺訓) 등)는 유언으로서의 효력은 없고, 도덕적 의미를 가질 뿐이다.

Ⅲ. 유언과 법정상속과의 관계

첫째, 사적 자치의 하나로서 유언의 자유가 인정됨을 이미 살핀 바와 같다. 유언능력이 있는 한 자유롭게 유언할 수 있고, 그 유언의 변경·철회가 가능하다. 한편 민법은 법정상속만을 규정하고 있고, 유언상속을 직접 규정하고 있지는 않다. 다만, 유언·유증의 자유가 인정되기 때문에 포괄적 유증을 하면 상속인을 지정한 것과 같은 효력이 생긴다(제1078조).
둘째, 민법이 유언상속을 인정하고 있는지 여부에 대하여는 다툼이 있으나(앞의 상속법 서설부문 참조), 법정상속에 관한 민법의 규정은 유언이 없거나 또는 무효인 경우를 전제로 하고 있다는 점에서 유언상속의 원칙을 취하고 있다 할 것이다(피상속인의 의사에서 상속의 기본을 찾고, 이 의사에 의하여 상속재산이 이전하는 유언상속이 상속의 원형이 되어야 한다는 전제 아래 유언상속을 명문으로 허용하지 않고 있는 현행 상속법은 근본적으로 재검토되어야 한다는 견해로는 곽윤직, 앞의 책, 223면).

Ⅳ. 유언능력

1. 개 념

이는 유언자가 유언 당시에 행한 유언을 유효하게 할 수 있는 능력을 말한다. 민법은 유언능력에 관한 몇 개의 규정을 두고 있다. 즉, 유언을 하려면 만 17세 이상이어야 하고(제1061조 참조), 행위능력에 관한 규정(제5조·제10조·제13조)은 유언에는 적용되지 않으며(제1062조), 피성년후견인도 의사능력이 회복된 때에는 유언을 할 수 있다(제1063조 제1항). 결국 민법상의 유언능력이란, 만 17세 이상의 의사능력이 있는 자로서 단독으로 유효한 유언을 할 수 있는 능력을 말한다.

2. 몇 가지 관련 내용

첫째, 피성년후견인이 유언을 하는 경우, 그 유언서에는 의사가 심신회복(心神回復)의 상태임을 부기하고 서명 날인하여야 한다(제1063조 제2항). 그리고 피성년후견인이 적법하게 한 유언은 취소하지 못한다(제1062조·제10조). 둘째, 만 17세 이상의 피한정후견인은 비록 한정후견인의 동의가 유보된 경우에도 단독으로 유효한 유언을 할 수 있으며, 이는 동의가 없음을 이유로 취소하지 못한다(제1062조·제13조). 셋째, 유언능력의 유무는 유언 당시를 기준으로 판단한다.

제 2 절 유언의 방식

I. 개 설

1. 유언의 요식행위성

민법은 제1060조에서 유언은 본 법의 정한 방식에 의하지 아니하면 효력이 생기지 않는다고 함으로써 유언의 성립에 일정한 방식(다섯 가지)을 요구하고 있다. 따라서 그 방식에 따르지 않은 유언은 비록 유언자의 진정한 의사에 합치하더라도 그 효력 없다(대판 2008. 8. 11. 2008다1712 등).

2. 유언의 방식

민법이 정하는 유언의 방식에는 자필증서 · 녹음 · 공정증서 · 비밀증서 · 구수증서(口授證書)의 다섯 가지가 있다(제1065조). 이 중에서 앞의 네 가지는 보통의 유언방식이고, 구수증서에 의한 유언은 질병 기타 급박한 사유로 보통의 유언방식에 의할 수 없는 경우에 사용하는 유언의 특별방식이다(제1070조 제1항 참조).

3. 증인의 결격

첫째, 자필증서에 의한 유언을 제외한 그 밖의 방식에 의한 유언의 경우, 반드시 증인이 참여하게 된다. 그런데 그 증인은 유언의 진정 성립을 증명하는 자이므로, 그 증인의 서명 · 기명날인 · 구술(口述) 등은 유언의 유효 여부를 판단하는 자료가 된다. 따라서 민법은 유언의 진정성을 보장하는 데 적절하지 못한 일정한 자를 증인결격자로 정하고 있다(제1072조). 즉, ① 미성년자(제1072조 제1항 제1호)(법정대리인의 동의 유무를 묻지 않음), ② 피성년후견인(의사능력의 회복 여부를 묻지 않음)과 피한정후견인(법정대리인의 동의 유무를 묻지 않음)(제1072조 제1항 제2호), ③ 유언으로 이익을 받을 사람(유언집행자는 해당되지 않음. 대판 1999. 11. 26. 97다57733), 그의 배우자와 직계혈족(제1072조 제1항 제3호), ④ 공정증서에 의한 유언의 경우, 공증인법에 정한 결격자(미성년자, 서명할 수 없는 자, 촉탁사항에 관한 이해관계인, 촉탁사항에 관한 대리인 또는 보조인이나 대리인 또는 보조인이었던 자, 공증인이나 촉탁인 또는 그 대리인의 배우자 · 친족 · 법정대리인 · 피용자 또는 동거인, 공증인의 보조자. 공증인법 제33조 제3항 참조)는 증인이 되지 못한다(제1072조 제2항). 둘째, 이상과는 달리, 유언의 방식에서 정하고 있는 증인의 역할을 수행할 수 없는 사실상의 결격자가 있다. 즉, ① 공정증서 · 비밀증서에 의한 유언의 경우, 서명을 할 수 없거나 또는 문자를 이해할 능력이 없는 자, ② 구수증서에 의한 유언의 경우, 유언자의 구수(口授)를 이해할 능력이 없는 자, ③ 공정증서·구수증서에 의한 유언의 경우, 그 필기가 정확한 것임을 승인할 능력이 없는 자, ④ 녹음에 의한 유언의 경우, 녹음 내용을 이해할 수 없는 자 등을 들 수 있다. 셋째, 이상의 증인결격자가 참여한 유언의 효력은 그 전체가 효력이 없다.

Ⅱ. 유언방식의 종류

1. 자필증서에 의한 유언

(1) 개 념

이는 유언자가 유언의 전문(全文)과 작성 연월일·주소·성명을 자서(自書; 유언자가 스스로 씀)하고 날인함으로써 성립하는 유언이다(제1066조 제1항). 이 방식은 타인의 관여 없이 유언자 스스로 유언서를 작성할 수 있는 등 매우 편리하기는 하나, 문자를 모르는 자가 이용할 수 없으며 유언자의 사망 후에 유언서의 존재 여부를 밝혀내기가 쉽지 않고 유언서의 멸실·위조·변조의 위험성이 있다.

(2) 요 건

첫째, 유언자가 유언서 전부를 직접 써야 하고(전자복사기를 이용한 복사본도 자서한 것은 아니다. 대판 1998. 6. 12. 97다38510), 타인이 대서(代書)·대필한 것이거나 타자기·컴퓨터 등을 이용한 것은 무효이다. 유언자가 자서(自書)(유언자의 질환 등 특별한 사정으로 인하여 타인의 도움을 받은 경우, 이는 자서로 보아야 한다. 같은 견해 곽윤직, 앞의 책, 229면)한 것이면 사용하는 용어·속기문자 여부, 외국어 여부 등은 묻지 않는다. 둘째, 유언자는 유언서를 작성한 연월일을 자서하여야 한다(통설)(그 연월일 중 어느 하나(일)가 빠진 유언은 무효이다. 대판 2009. 5. 14. 2009다9768). ① 이를 요구하는 이유는 무엇인가? 유언의 성립시기가 특정되어야 유언능력의 유무나 유언의 선후(복수의 유언서가 있는 경우, 최후의 것이 유효한 유언으로 인정된다. 제1109조 참조)를 분명하게 판단할 수 있기 때문이다. ② 그 작성 연월일은 회갑일·제76회 생일 등 유언서 작성시기를 특정할 수 있는 기재만으로 족하고, 반드시 그 연월일을 기재하여야 하는 것은 아니다. 한편 그 연월일은 유언서의 본문·말미 어느 곳에 기재하여도 되고, 유언서 본문에 자서하지 않아도 된다. 셋째, 유언자의 주소(유언서의 작성지가 아니다)를 자서하여야 한다. ① 유언자가 누구인지를 분명히 하고 유언자가 그것을 직접 쓰도록 함으로써 유언의 내용이 본인의 진의에 의한 것임을 명확히 하기 위해서이다. 주소는 주민등록법에 의하여 등록된 곳일 필요는 없으나, 제18조 소정의 생활의 근거가 되는 곳으로서 다른 장소와 구별되는 정도의 표시를 갖추어야 한다(대판 2014. 9. 26. 2012다71688)(주소도 연월일과 마찬가지로 유언서를 담은 봉투에 기재하여도 무방하다. 대판 1998. 6. 12. 97다38510). ② 성명도 자서하여야 하나, 반드시 가족관계등록부상의 성명에 한하지 않고 유언자의 동일성을 식별할 수 있는 것이면, 아호(雅號)·예명(藝名)을 기재하거나 성 또는 이름만의 기재로 족하다. ③ 유언서에는 유언자의 날인(捺印)이 있어야 하므로(유언자의 동일성과 유언이 본인의 진의에 기한 것임을 분명히 하기 위해서이다), 그 날인이 없는 유언장은 자필증서에 의한 유언으로서의 효력이 없다(대판 2006. 9. 8. 2006다25103, 25110)(자필증서에 의한 유언의 방식으로 전문과 성명의 자서에 더하여 '날인'을 요구하고 있는 민법 제1066조 제1항 중 '날인' 부분이 헌법에 보장된 유언자의 재산권과 일반적 행동자유권을 침해하는 것은 아니다. 헌재결 2008. 3. 27. 전원재판부. 2006헌바82). 이 때의 날인은 행정청에 신고한 인감일 필요는 없으며, 무인(無印)이어도 무방하다(대판 1998. 6. 12. 97다38510). ④ 정리하면, 자필증서에 의한 유언의 경우, 제1066조 제1항의 규정에 따라 그 법정요건을 모두 기재하고 날인하여야만 효력이 있고, 유언자가 주소를 자서하지 않았다면 이는 법정요건과 방식에 어긋난 유언으로서 무효이고, 유언자의 특정에 지장이 없다고 하여 달리 볼 수 없다(대판 2014. 9. 26. 2012다71688)

(3) 유언 내용의 변경

자필증서에 문자의 삽입, 삭제 또는 변경을 함에는 유언자가 이를 자서하고 날인하여야 한다(제1066조 제2항). 다만, 증서의 기재 자체로 보아 명백한 오기를 정정하는 것에 불과한 경우, 그 정정부분에 날인을 하지 않았어도 유언의 효력에는 영향이 없다(대판 1998. 6. 12. 97다38510 등).

2. 녹음에 의한 유언

(1) 개 념

유언자가 직접 녹음기에 유언의 취지, 그 성명과 연월일을 구술하여 녹음하고 그 녹음에 참여한 증인이 유언자의 유언의 정확함과 증인 자신의 성명을 구술하여 녹음함으로써 성립하는 유언이다(제1067조). 이 방식은 문자를 모르는 자가 이용할 수 있는 편리성이 있는 반면에 기술적으로 위조·변조의 가능성이 높다는 문제점이 있다(독일·프랑스·스위스·일본 등의 민법에는 없는 제도이다).

(2) 요 건

첫째, 제1067조에 말하는 녹음이란, 유언의 내용을 음향기기에 기록하는 것이므로, 그 방법에는 아무런 제한이 없다(음반·비디오테이프·필름·컴퓨터에 의한 디지털 녹음 등도 무방). 둘째, 녹음증언에 참여하는 증인은 몇 명이어야 하는가? 명문의 규정이 없는 민법의 경우, 참여증인은 적어도 2인 이상이어야 한다고 해석하여야 한다(녹음은 위조·변조의 위험성이 높다는 점과 민법은 공정증서유언에는 2인의 증인을, 비밀증서유언·구수증서유언에는 각 2인 이상의 증인을 요구한다. 제1068조-제1070조 참조). 셋째, 피성년후견인이 녹음유언을 할 경우, 의사가 유언자의 심신회복의 상태임을 구술하여 녹음하여야 한다(제1063조 제2항).

3. 공정증서에 의한 유언

(1) 개 념

유언자가 공증인과 2인의 증인 앞에서 유언의 취지를 구수(구두로 얘기함)하면, 공증인이 이를 증서에 필기·낭독한 후 유언자와 증인이 그 정확함을 승인한 후에 공증인·유언자·증인이 그 증서에 서명 또는 기명날인함으로써 성립하는 유언이다(제1068조). 이는 엄격한 요식성을 요구하는 유언으로서 가장 안전하고 확실한 방법으로서 검인(檢認)을 요하지 않고 바로 집행할 수 있는 장점이 있으나, 절차가 복잡하고 비용이 많이 드는 단점이 있다

(2) 요 건

첫째, 증인 2인이 참여하여야 하며, 이에 반하여 작성한 유언은 무효이다(증인의 참여는 유언자의 진의·유언능력의 존재를 증명하고, 공증인의 권리남용을 막기 위한 조치이다). 둘째, 유언자가 증인 2인의 참여 하에 공증인에게 유언의 취지를 구수하여야 한다(공정증서유언의 가장 중요한 요건이며, 이를 둘러싼 분쟁의 소지가 많다)(유언자가 말을 하지 못하는 상태에서 공증인의 물음에 고개만 끄덕거린 경우, 이는 유언자가 구수한 것이라 볼 수 없어 무효가 된다. 대판 1996. 4. 23. 95다34514 ; 대판 1993. 6. 8. 92다8750 등)(공증변호사가 미리 작성해 온 공정증서를 의식이 명료하고 언어소통에 지장이 없는 유언자에게 질문하여 유증의사를 확인하고 그 증서의 내용을 모두 읽어주어 이의 여부를 확인한 후 자필서명을 받은 경우, 이는 공정증서유언으로서 유효하다. 대판 2007. 10. 25. 2007다51550, 51567 참조). 셋째, 공증인이 유언자의 구수를 필기해서(보조자의 대리필기도 무방), 이를 유언자 및 증인에게 낭독하여야 한다. 넷째, 유언자와 증인이 공증인의 필기가 정확함을 승인한 후 각자 이에 서명 또는 기명날인하여야 한다. 다섯째, 공증인이 그 증서가 이와 같은 방식에 따라 작성되었음을 유언서에 부기(附記)하고, 서명 날인하여야 한다.

4. 비밀증서에 의한 유언

(1) 개 념

유언자가 유언의 취지와 필자의 성명을 기재한 증서를 엄봉(嚴封)·날인하고, 이를 2인 이상의 증인에게 자기의 유언서임을 밝힌 후 그 봉서(封書)에 제출연월일을 기재하고 유언자와 증인 각자가 서명 또는 기명날인한 다음 일정기간 내에 확정일자를 받음으로써 성립하는 유언이다(제1069조 제1항). 이 방식은 유언의 내용을 그 효력발생 시까지 비밀로 할 수 있다는 장점이 있는 반면에 분실·훼손의 위험이 있고, 가정법원의 검인이 필요하다는 단점이 있다.

(2) 요 건

첫째, 유언의 취지를 적고 그 필자의 성명을 적은 증서를 작성하여야 한다. 그 증서의 작성 주체는 유언자에 한정하지 않으므로, 타인의 필기이어도 무방하다. 다만, 필기자의 성명은 반드시 기재하여야 한다. 둘째, 그 증서에 작성 연월일의 기재는 필요하지 않으나(후에 확정일자를 받으면 그 확정일자가 유언능력의 유무·유언의 선후를 판정하는 기준이 되기

때문이다), 엄봉·날인은 유언자가 직접 하여야 한다(유언내용의 누설을 막기 위해서이다)(엄봉과는 달리, 날인은 반드시 본인이 할 필요가 없다는 견해로는 김주수·김상용, 앞의 책, 807면). 셋째, 유언봉서(遺言封書)는 그 표면에 기재된 날(제출연월일)부터 5일 이내에 공증인 또는 법원서기에게 제출하여 그 봉인상(封印上)에 확정일자인을 받아야 한다(제1069조 제2항).

(3) 비밀증서유언의 전환

비밀증서에 의한 유언이 그 방식에 흠결이 있는 경우(봉서표면에 날인한 인장과 유언자의 기명날인한 인장이 상이한 경우 등), 그 증서가 자필증서의 방식에 적합한 때에는 자필증서에 의한 유언으로 본다(제1071조). 무효행위의 전환의 경우이다. 그런데 비밀증서유언에는 유언서에 그 작성의 연월일을 기재하지 않아도 되나, 자필증서유언에는 이것이 반드시 기재되어야 한다. 따라서 유언자가 비밀증서의 전문을 직접 적은 경우에도 그 작성 연월일을 기재하지 않았다면 유효한 자필증서유언으로 의제되지 않음을 주의하여야 한다.

5. 구수증서에 의한 유언

(1) 개 념

유언자가 질병 기타 급박한 사유로 이미 설명한 네 가지 방식의 유언을 할 수 없는 경우, 참여한 2인 이상의 증인 중 1인에게 유언의 취지를 구수하여 필기·낭독하게 한 후에 유언자와 증인이 그 정확함을 승인한 후 각자 서명 또는 기명날인함으로써 성립하는 유언이다(제1070조 제1항). 이 방식은 앞서 네 가지 보통방식의 유언에 비하여 간이한 방식이다(이 유언은 그 실질에 있어서 보통의 방식에 의한 유언과 다르므로, 유언요건을 완화하여 해석하여야 한다. 대판 1977. 11. 8. 76므15).

(2) 요 건

첫째, 질병 기타 급박한 사유가 있어야 한다. 유언자가 보통방식에 의한 유언을 할 수 없는 경우에 보충적으로만 인정되는 특별유언방식이다. 따라서 급박한 사유가 없음에도 구수증서로 유언하면 이는 무효이다(이 유언은 보통의 방식에 의한 유언이 가능한 경우에는 허용되지 않는다. 대판 1999. 9. 3. 98다17800 참조). 둘째, 유언자가 2인 이상의 증인이 참여한 가운데 그 중 1인에게 유언의 취지를 구수하여 필기하도록 하고, 필기내용을 유언자와 다른 증인에게 낭독하여 그 정확함을 승인한 후 각자 서명 또는 기명날인하여야 한다. ① 보통방식에 의한 유언의 경우, 유언자가 의사능력 있는 피성년후견인일 경우에는 의사가 그의 심신회복의 상태를 유언서에 부기하고 기명날인하여야 하나(제1063조 제2항), 구수증서유언의 경우에는 의사의 그 행위가 필요하지 않다(제1070조 제2항). ② 이는 피성년후견인이 구수증서유언을 할 수 있을 정도의 의사능력을 갖추고 있다는 점을 확인할 의무는 증인들이 부담한다는 취지이다. 셋째, 구수증서에 의한 유언은 그 증인 또는 이해관계인이 급박한 사유가 종료한 날부터 7일 내에 법원에 그 검인을 신청하여야 한다(제1070조 제2항)

(특별한 사정이 없는 한 유언이 있은 날에 급박한 사유가 종료되었다고 할 것이므로, 유언이 있은 날부터 7일 이내에 검인을 신청하여야 한다. 대결 1994. 11. 3. 94스16 등). ① 이 경우의 이해관계인이란, 상속인·유증을 받은 자·유언집행자로 지정된 자 등 그 유언에 관하여 법률상의 이해관계를 가진 자를 말한다. ② 이 경우의 검인은 구수증서의 유언이 유언자의 진실한 의사에 의한 것임을 법원이 확인하는 절차에 지나지 않고(대결 1986. 10. 11. 자 86스18), 자필증서유언·녹음유언·비밀증서유언의 집행 전에 준비절차로서 하는 제1091조 소정의 검인과는 그 성질이 다르다. ③ 검인은 유언자의 진실한 의사에 기한 유언인지 여부를 가리는 것일 뿐 검인을 거쳤다 하여 유언이 유효한 것으로 확정되지는 않는다. 유언의 유효 여부·철회 여부 등의 판단은 법원의 권한이기 때문이다. ④ 7일 이내의 그 기간 내에 검인신청을 하지 않으면 구수증서유언은 무효가 된다.

●● 사례의 해결:

첫째, 공정증서에 의한 유언은 유언자가 증인 2인이 참여한 공증인 앞에서 유언의 취지를 말하고, 공증인이 이를 필기·낭독하여 유언자와 증인이 그 정확함을 승인한 후 각자가 서명 또는 기명·날인하여야 효력이 생긴다. 둘째, 사안에서 유언자인 A는 변호사인 B가 일정한 내용의 유언취지를 묻자 그냥 고개를 끄덕거렸을 뿐이므로, 이것은 유언자가 변호사의 면전에서 유언의 취지를 말하여 그 공정증서가 작성된 것으로 볼 수 없다. 따라서 A의 유언은 무효이다.

(대판 1993. 6. 8. 92다8750의 사실관계와 판결요지 등 참조)

제3절 유언의 효력

I. 유언의 일반적 효력

첫째, 보통의 유언은 유언자가 사망한 때에 그 효력이 생긴다(제1073조 제1항). 둘째, 유언의 내용에 조건·기한을 붙이는 것이 허용되는 경우(다만, 인지의 유언은 그 성질상 이를 붙이지 못한다), 그 효력발생시기는 언제인가? ① 정지조건부 유언은 그 조건이 유언자의 사망 후에 성취된 때에는 그 조건이 성취된 때부터 효력이 생긴다(제1073조 제2항)(조건성취의 효과에 관한 제147조 제1항의 규정상 당연하다). 이 경우, 유언자가 유언으로 조건성취의 효과를 성취 전에 소급하게 할 수는 있으나(제147조 제3항), 유언자의 사망 이전까지 소급하게 할 수는 없다(같은 견해 송덕수, 앞의 책, 1674면). ② 정지조건부 유언의 경우, 유언자의 사망 이전에 조건이 성취되면 조건 없는 유언이 되고(제151조 제2항), 조건이 불성취로 확정되면 그 유언은 무효로 된다(제151조 제3항). ③ 명문의 규정이 없으나, 해제조건부 유언도 허용된다고 하여야 한다. 조건의 일반규정에 따라 유언자가 사망한 때에 그 유언의 효력이 발생하고, 유언자의 사망 후에 조건이 성취되면 그 유언은 효력을 잃는다(제147조 제2항). 또한 유언자의 사망 전에 조건이 성취되면 그 유언은 무효로 되고(제151조 제2항), 조건의 불성취가 확정되면 조건 없는 유언으로 된다(제151조 제3항). ④ 시기부 유언의 경우, 그 시기의 내용에 따라 기한도래 시부터 유언의 효력이 생기거나 또는 이행을 청구할 수 있다(제152조 제1항). ⑤ 종기부 유언의 경우(다만, 상속재산의 분할금지에 관한 유언은 유언자의 사망 후 5년을 넘는 종기를 붙이는 것이 허용되지 않는다. 제1012조), 유언자 사망 시부터 유언의 효력이 생기며 기한 도래 시에 그 효력을 잃는다(제152조 제2항). 기한 도래의 효력은 유언에 의해서도 소급시키지 못한다. 이를 인정하는 것은 기한을 붙이는 것과 모순되기 때문이다. ⑥ 한편 유언자의 사망 전에 기한이 도래한 경우, 그 기한이 시기이면 기한 없는 유언이 되고, 종기이면 유언은 무효로 된다(제151조 제2항의 유추). 셋째, 유언의 내용에 따라서는 유언의 의사표시만으로는 유언자 사망 시에 완전한 효력이 생기지 않는 것도 있다. ① 유언으로 재단법인을 설립하는 경우, 출연자(유언자) 사망 시에 바로 재단법인이 설립되지는 않고 유언집행자 또는 상속인이 주무관청의 허가를 얻어 설립등기를 한 때 비로소 설립된다(제32조·제33조). ② 친생부인의 의사표시를 유언으로 한 경우, 유언집행자가 그 부인의 소를 제기하여야 하고(제850조), 그 판결의 확정으로 그 자(子)는 모의 혼인 외의 출생자로 된다. ③ 유언으로 인지를 하는 유언인지의 경우, 유언집행자가 이를 신고하여야 한다(제859조 제2항 제2문). 이 경우, 생존 중의 인지의 경우(제859조 제1항)와는 달리 유언자 사망 시에 효력이 생기고, 제860조에 의하여 그 자의 출생 시에 효력이 소급하는 것으로 새긴다(통설).

Ⅱ. 유언의 무효·취소

첫째, 유언은 상대방 없는 단독행위이므로, 법률행위의 무효·취소에 관한 총칙편의 규정이 당연히 적용된다. 다만, 가족관계의 사항에 관한 유언의 경우에는 그 적용이 배제·제한된다 할 것이다. 유언의 무효·취소의 문제는 유언자가 사망한 후에 생긴다(유언자의 생존 중에서는 무효·취소의 사유가 있는 유언을 철회하거나, 유효요건을 갖춘 유언을 다시 하면 되기 때문이다). 둘째, 유언이 무효로 되는 경우로는, ① 일정한 방식을 갖추지 않은 유언(제1060조), ② 만 17세 미만의 자의 유언(제1061조)·의사무능력자의 유언, ③ 수증결격자에 대한 유언(제1064조), ④ 사회질서·강행법규에 위반하는 유언, ⑤ 법정사항 이외의 사항을 내용으로 하는 유언 등이다. 셋째, 유언의 취소사유로는 착오·사기나 강박을 이유로 한 유언이 있다. 이 경우, 그 취소권자는 유언자와 상속인이다(제109조·제110조·제140조). 한편 제한능력자의 유언은 취소사유가 아니다(제1062조).

Ⅲ. 유언의 철회

1. 유언철회의 자유

완전 유효하게 행해진 유언의 전부 또는 일부를 처음부터 하지 않았던 것으로 하는, 유언자의 생존 중의 의사표시를 유언의 철회라 한다. 유언자가 유언의 의사표시에 영구적으로 구속된다는 것은 그에게 가혹할 뿐 아니라 유언자의 최종의사의 존중이라는 유언제도의 취지에 어긋나기 때문에 유언철회의 자유를 인정할 필요가 있다. 그리하여 민법은 유언철회의 자유를 인정하고(제1108조 제1항), 그 철회권은 포기하지 못한다고 규정하고 있다(제1108조 제2항).

2. 유언철회의 유형

(1) 임의철회

첫째, 유언자는 언제든지 유언 또는 생전행위로써 유언의 전부나 일부를 철회할 수 있다(제1108조 제1항). 둘째, 유언으로 철회하는 철회유언도 유언의 방식을 따라야 하나, 유언 내용에 철회의 의사가 표시되어 있다면, 철회될 유언과 같은 방식이 아니어도 된다(공정증서유언을 자필증서유언으로 철회하여도 무방하다).

(2) 법정철회

첫째, 유언자가 전에 행한 유언의 취지에 저촉되는 유언을 한 경우, 그 저촉되는 부분의 전 유언은 철회한 것으로 본다(제1109조)(가령 X가 Y에게 A 부동산을 준다고 유언한 후에 A 부동산을 Z에게 준다고 유언한 경우, X의 Y에 대한 그 유언은 철회한 것으로 의제된다). 저촉이란, 전후 유언의 내용이 양립할 수 없는 경우(전후 유언의 내용을 동시에 실현시킬 수 없는 모순되는 경우)를 말한다(저촉 여부 및 그 범위를 결정함에 있어서는 전후 사정을 합리적으로 살펴 유언자의 의사가 유언의 일부라도 철회하려는 의사인지 아니면 그 전부를 불가분적으로 철회하려는 의사인지 여부를 실질적으로 집행이 불가능하게 된 유언 부분과 관련시켜 신중하게 판단하여야 한다. 대판 198. 6. 12. 97다38510). 둘째, 유언 후의 생전행위가 유언과 저촉되는 경우, 그 저촉되는 부분의 전 유언은 철회한 것으로 본다(제1109조)(가령 X가 Y에게 A 부동산을 준다고 유언한 후에 A 부동산을 Z에게 매각한 경우, X의 Y에 대한 그 유언은 철회한 것으로 의제된다). 이 경우의 생전처분이란, 유언자의 생존 중에 유언의 목적물인 특정의 재산에 대하여 유언자가 행한 처분을 의미한다(유언자 명의를 이용한 타인의 처분은 이에 해당하지 않는다. 대판 1998. 6. 12. 97다38510 참조). 셋째, 유언자가 고의로 유언증서 또는 유증의 목적물을 파훼(破毁 ; 파괴 · 훼손)한 경우, 그 파훼 부분의 유언은 철회한 것으로 본다(제1110조). ① 그 파훼에 유언자의 고의가 있어야 하므로, 제3자의 파훼·불가항력에 의한 파훼이거나 또는 유언자의 과실에 기한 파훼의 경우, 법정철회의 효력은 생기지 않는다. ② 다만, 그 파훼로 유언의 전부·일부를 식별할 수 없게 된 경우, 그 파훼부분에 관한 유언의 효력은 부정됨으로써 제1110조가 적용되는 것과 같은 결과가 된다. ③ 한편 임의철회로 볼 수 없는 경우, 유언증서가 그 성립 후에 멸실·분실되었다는 사유만으로 유언이 실효되지는 않고, 이해관계인은 유언증서의 내용을 증명하여 유언의 유효를 주장할 수 있다(대판 1996. 9. 20. 96다21119 참조).

(3) 철회의 효과

첫째, 유언이 철회되면 처음부터 유언이 없었던 것으로 된다. 둘째, 유언자가 유언을 철회한 후 다시 이를 철회한 경우, 처음의 유언의 효력이 부활되는가? 외국의 입법례(부활주의의 입법례로는 독일민법 제2257조; 제2258조, 비부활주의로는 일본민법 제1025조)와는 달리 민법에는 그 규정이 없다. 해석론으로 해결할 수밖에 없는데, 통설은 철회된 유언의 효력이 당연히 되살아나는 것으로 해석한다(곽윤직, 앞의 책, 243면 등). 셋째, 착오·사기 또는 강박에 의하여 행해진 유언의 철회는 이를 취소할 수 있다(제109조·제110조).

판 례

■ 유언자의 진정한 의사에 합치하지만 민법상의 요건과 방식에 어긋나는 유언의 효력(무효)

"민법 제1065조 내지 제1070조가 유언의 방식을 엄격하게 규정한 것은 유언자의 진의를 명확히 하고 그로 인한 법적 분쟁과 혼란을 예방하기 위한 것이므로, 법정된 요건과 방식에 어긋난 유언은 그것이 유언자의 진정한 의사에 합치하더라도 무효이다."(대판 2008. 8. 11. 2008다1712)

■ 민법 제1072조 제1항 제3호 소정의 '유언에 의하여 이익을 받을 자'의 의미 및 유언집행자가 이에 해당하는지 여부(소극)

"공정증서에 의한 유언에 있어서는 2인 이상의 증인이 참여하여야 하는데, 유언에 참여할 수 없는 증인결격자의 하나로 민법 제1072조 제1항 제3호가 규정하고 있는 '유언에 의하여 이익을 받을 자'라 함은 유언자의 상속인으로 될 자 또는 유증을 받게 될 수증자 등을 말하는 것이므로, 유언집행자는 증인결격자에 해당한다고 볼 수 없다."(대판 1999. 11. 26. 97다57733)

■ 연월만 기재하고 일(日)의 기재가 없는 자필유언증서의 효력(무효)

"민법 제1066조 제1항은 '자필증서에 의한 유언은 유언자가 그 전문과 연월일, 주소, 성명을 자서하고 날인하여야 한다.'고 규정하고 있으므로, 연월일의 기재가 없는 자필유언증서는 효력이 없다. 그리고 자필유언증서의 연월일은 이를 작성한 날로서 유언능력의 유무를 판단하거나 다른 유언증서와 사이에 유언 성립의 선후를 결정하는 기준일이 되므로 그 작성일을 특정할 수 있게 기재하여야 한다. 따라서 연·월만 기재하고 일의 기재가 없는 자필유언증서는 그 작성일을 특정할 수 없으므로 효력이 없다."(대판 2009. 5. 14. 2009다9768)

■ 유언자가 자필증서에 의한 유언을 하면서 주소를 자서하지 않은 경우, 유언의 효력(무효) 및 자서가 필요한 주소를 표시하는 방법

"민법 제1065조 내지 제1070조가 유언의 방식을 엄격하게 규정한 것은 유언자의 진의를 명확히 하고 그로 인한 법적 분쟁과 혼란을 예방하기 위한 것이므로, 법정된 요건과 방식에 어긋난 유언은 그것이 유언자의 진정한 의사에 합치하더라도 무효이다. 따라서 자필증서에 의한 유언은 민법 제1066조 제1항의 규정에 따라 유언자가 전문과 연월일, 주소, 성명을 모두 자서하고 날인하여야만 효력이 있고, 유언자가 주소를 자서하지 않았다면 이는 법정된 요건과 방식에 어긋난 유언으로서 효력을 부정하지 않을 수 없으며, 유언자의 특정에 지장이 없다고 하여 달리 볼 수 없다. 여기서 자서가 필요한 주소는 반드시 주민등록법에 의하여 등록된 곳일 필요는 없으나, 적어도 민법 제18조에서 정한 생활의 근거되는 곳으로서 다른 장소와 구별되는 정도의 표시를 갖추어야 한다." (대판 2014. 9. 26. 2012다71688)

■ 자필증서에 의한 유언의 방식으로 전문과 성명의 자서에 더하여 '날인'을 요구하고 있는 민법 제1066조 제1항 중 '날인' 부분이 유언자의 재산권과 일반적 행동자유권을 침해하는지 여부(소극)

"이 사건 법률조항 부분은 유언자의 사망 후 그 진의를 확보하고, 상속재산을 둘러싼 이해 당사자들 사이의 법적 분쟁과 혼란을 예방하여 법적 안정성을 도모하며, 상속제도를 건전하게 보호하기 위한 것으로서 그 입법목적은 정당하다. 그리고 자필증서에 의한 유언은 가장 간이한 방식의 유언이지만 위조나 변조의 위험성이 상대적으로 크고 유언자의 사후 본인의 진의를 객관적으로 확인하는 것이 어려우므로 방식을 구비할 것을 요구하는 것 자체는 위와 같은 입법목적을 달성할 수 있는 적절한 수단이다.

한편 동양문화권인 우리나라에는 법률행위에 있어서 인장을 사용하는 오랜 법의식 내지 관행이 존재하는바, 이 사건 법률조항 부분은 이와 같은 법의식 내지 관행에 비추어 성명의 자서만으로는 입법목적을 달성하기에 부족하다는 고려에 입각하고 있으므로 성명의 자서 외에 날인이라는 동일한 기능을 가진 두 가지 방식을 불필요하게 중복적으로 요구하는 것으로 볼 수는 없다. 나아가 유언자로서는 무인을 통하여 인장을 쉽게 대체할 수 있고, 민법이 마련하고 있는 다른 방식의 유언을 선택하여 유증을 할 수 있는 기회가 열려 있으며, 생전에 수증자와 낙성·불요식의 사인증여 계약을 체결함으로써 원하는 바를 달성할 수도 있으므로, 날인을 요구하는 것은 기본권침해의 최소성원칙에 위반되지 않을 뿐 아니라 법익균형성의 요건도 갖추고 있다." (헌재결 2008. 3. 27. 전원재판부, 2006헌바82)

■ 민법 제1068조 소정의 '공정증서에 의한 유언'의 방식에 위배되었다는 이유로 공정증서에 의한 유언을 무효라고 한 사례

"공정증서에 기재된 내용과 같은 유언의 구수가 있었는지에 관하여 강력한 의심이 들뿐만 아니라, 유언의 구수가 있었다고 하더라도 '공증인이 유언자의 구술을 필기해서 이를 유언자와 증인에게 낭독할 것'과 '유언자와 증인이 공증인의 필기가 정확함을 승인할 것'이라는 요건을 갖추지 못하였고, '유언자가 서명 또는 기명날인할 것'이라는 요건도 갖추지 못하여 민법 제1068조 소정의 '공정증서에 의한 유언'의 방식에 위배되었다는 이유로 공정증서에 의한 유언을 무효라고 한 사례."가 있다(대판 2002. 10. 25. 2000다21802).

■ 공증인이 유언자의 의사에 따라 유언의 취지를 서면으로 작성하고 그 서면으로 유언자에게 질문하여 진의를 확인한 다음 필기된 서면을 낭독하여 준 방식이 민법 제1068조에 정한 '유언취지의 구수'의 요건을 갖춘 것인지 여부(적극)

"민법 제1068조 소정의 '공정증서에 의한 유언'은 유언자가 증인 2인이 참여한 공증인의 면전에서 유언의 취지를 구수하고 공증인이 이를 필기낭독하여 유언자와 증인이 그 정확함을 승인한 후 각자 서명 또는 기명날인하여야 하는바, 여기서 '유언취지의 구수'라 함은 말로써 유언의 내용을 상대방에게 전달하는 것을 뜻하므로 이를 엄격하게 제한하여 해석하여야 할 것이지만, 공증인이 유언자의 의사에 따라 유언의 취지를 작성하고 그 서면에 따라 유언자에게 질문을 하여 유언자의 진의를 확인한 다음 유언자에게 필기된 서면을 낭독하여 주었고, 유언자가 유언의 취지를 정확히 이해할 의사식별능력이 있고 유언의 내용이나 유언 경위로 보아 유언 자체가 유언자의 진정한 의사에 기한 것으로 인정할 수 있는 경우에는, 위와 같은 '유언취지의 구수' 요건을 갖추었다고 보아야 한다."(대판 2008. 8. 11. 2008다1712)

■ 자필증서 · 녹음 · 공정증서 및 비밀증서의 방식에 의한 유언이 객관적으로 가능한 경우, 구수증서에 의한 유언의 허용 여부(소극)

"민법 제1065조 내지 제1070조가 유언의 방식을 엄격하게 규정한 것은 유언자의 진의를 명확히 하고 그로 인한 법적 분쟁과 혼란을 예방하기 위한 것이므로, 법정된 요건과 방식에 어긋난 유언은 그것이 유언자의 진정한 의사에 합치하더라도 무효라고 하지 않을 수 없는바, 민법 제1070조 제1항이 구수증서에 의한 유언은 질병 기타 급박한 사유로 인하여 민법 제1066조 내지 제1069조 소정의 자필증서, 녹음, 공정증서 및 비밀증서의 방식에 의하여 할 수 없는 경우에 허용되는 것으로 규정하고 있는 이상, 유언자가 질병 기타 급박한 사유에 있는지 여부를 판단함에 있어서는 유언자의 진의를 존중하기 위하여 유언자의 주관적 입장을 고려할 필요가 있을지 모르지만, 자필증서, 녹음, 공정증서 및 비밀증서의 방식에 의한 유언이 객관적으로 가능한 경우까지 구수증서에 의한 유언을 허용하여야 하는 것은 아니다."(대판 1999. 9. 3. 98다17800)

■ 구수증서에 의한 유언의 검인신청기간

"유언자의 질병으로 인하여 구수증서의 방식으로 유언을 한 경우에는 특별한 사정이 없는 한 그 유언이 있은 날에 급박한 사유가 종료하였다고 하겠으므로, 유언이 있은 날로부터 7일 이내에 그 검인신청을 하여야 한다."(대결 1994. 11. 3. 자 94스16)

■ 유언 후의 생전행위가 유언과 저촉되어 그 저촉된 부분의 전 유언이 철회된 것으로 보기 위한 요건과 그 저촉 여부 및 범위에 관한 판단 기준

"유언 후의 생전행위가 유언과 저촉되는 경우에는 민법 제1109조에 의하여 그 저촉된 부분의 전(전)유언은 이를 철회한 것으로 보지만, 이러한 생전행위를 철회권을 가진 유언자 자신이 할 때 비로소 철회 의제 여부가 문제될 뿐이고 타인이 유언자의 명의를 이용하여 임의로 유언의 목적인 특정 재산에 관하여 처분행위를 하더라도 유언 철회로서의 효력은 발생하지 아니하며, 또한 여기서 말하는 '저촉'이라 함은 전의 유언을 실효시키지 않고서는 유언 후의 생전행위가 유효로 될 수 없음을 가리키되 법률상 또는 물리적인 집행불능만을 뜻하는 것이 아니라 후의 행위가 전의 유언과 양립될 수 없는 취지로 행하여졌음이 명백하면 족하다고 할 것이고, 이러한 저촉 여부 및 그 범위를 결정함에 있어서는 전후 사정을 합리적으로 살펴 유언자의 의사가 유언의 일부라도 철회하려는 의사인지 아니면 그 전부를 불가분적으로 철회하려는 의사인지 여부를 실질적으로 집행이 불가능하게 된 유언 부분과 관련시켜 신중하게 판단하여야 한다."(대판 1998. 6. 12. 97다38510)

■ 공증인이나 촉탁인의 피용자 또는 공증인의 보조자가 공정증서에 의한 유언에서 증인이 될 수 있는지 여부(소극)

"민법 제1068조는 공정증서에 의한 유언은 유언자가 증인 2인이 참여한 공증인의 면전에서 유언의 취지를 구수하고 공증인이 이를 필기낭독하여 유언자와 증인이 그 정확함을 승인한 후 각자 서명 또는 기명날인하여야 하는 것으로 규정하고, 민법 제1072조 제2항은 공정증서에 의한 유언에는 공증인법에 의한 결격자는 증인이 되지 못하는 것으로 규정하고, 구 공증인법(2009. 2. 6. 법률 제9416호로 개정되기 전의 것)은 제33조 제3항 제6호, 제7호에서 촉탁인이 참여시킬 것을 청구한 경우를 제외하고는 공증인이나 촉탁인의 피용자 또는 공증인의 보조자 등은 참여인이 될 수 없도록 규정하고 있다. 이에 비추어 보면 공증인이나 촉탁인의 피용자 또는 공증인의 보조자는 촉탁인이 증인으로 참여시킬 것을 청구한 경우를 제외하고는 공정증서에 의한 유언에서 증인도 될 수 없다."(대결 2014. 7. 25.자 2011스226 ; 대결 2014. 7. 25.자 2011스226)

심화학습

민법 제1066조 제1항 위헌소원 사건(헌재결 2011. 9. 29. 전원재판부. 2010헌바250·456(병합))

1. 사건의 개요

가. 2010헌바250 사건

청구인 맹1의 아버지 맹 아무개는 장남인 청구인을 비롯하여 맹2 등 총 6명의 자녀를 두고 있었는바, 2005. 8. 21. 백지에 자필로, 그 소유인 천안시 동남구 소재 대 141㎡, 같은 지상 시멘트 벽돌조 슬래브지붕 2층 주택 1층 50㎡, 2층 주택 48.79㎡, 같은 동 소재 대 421㎡, 같은 동 62-16 대 200㎡를 청구인에게 상속하고, 천안시 광덕면 소재 임야 2정2단8무보를 청구인과 맹2에게 상속한다는 내용의 유언장을 작성하였다. 맹 아무개는 유언장을 작성하면서 유언 당시의 날짜와 이름을 자필로 쓴 후 날인하였으나, 자신의 주소는 기재하지 않았다. 청구인은 2006. 9. 17. 맹 아무개가 사망하자, 그 배우자이자 청구인의 어머니인 김 아무개 및 맹 아무개의 다른 자녀인 맹2 등 5명을 상대로 위 각 부동산 중 해당 지분 또는 상속지분에 관하여 유증을 원인으로 한 소유권이전등기절차의 이행을 구하는 소를 제기하였으나, 법원은 맹 아무개가 작성한 유언장에는 주소가 기재되어 있지 않아 민법 제1066조 제1항이 정한 방식에 부합하지 아니한다는 이유로 2009. 10. 9. 청구기각판결을 선고하였고, 이에 위 청구인은 항소심을 거쳐 상고심 계속 중인 2010. 3. 31. 민법 제1066조 제1항 중 '주소' 부분에 대하여 위헌심판제청을 신청하였으나 2010. 5. 27. 기각되자 2010. 6. 23. 헌법소원심판을 청구하였다.

나. 2010헌바456 사건

청구인 남1의 아버지 남 아무개는 2006. 3. 9. 백지에 자필로, 그 소유인 용인시 소재 전 2,622㎡와 같은 소재지 전 32㎡를 청구인에게 상속한다는 내용의 유언장을 작성하였다. 남 아무개는 유언장을 작성하면서 유언 날짜와 이름을 자필로 쓴 후 날인하였으나, 자신의 주소는 기재하지 않았다. 남 아무개가 2008. 10. 10. 사망하자, 남 아무개의 처 안 아무개가 위 각 부동산의 3/11 지분, 남 아무개의 자녀인 청구인, 남2, 남3, 남4가 각 2/11지분 비율로 각 상속하였는바, 청구인은 남2를 상대로 남2의 위 상속지분에 관하여 유증을 원인으로 한 소유권이전등기절차의 이행을 구하는 소를 제기하였으나 법원은 남아무개가 작성한 유언장에는 주소가 기재되어 있지 않아 민법 제1066조 제1항이 정한 방식에 부합하지 아니한다는 이유로 2009. 10. 23. 청구기각판결을 선고하였고, 이에 청구인은 항소심을 거쳐 상고심계속 중인 2010. 8. 24. 민법 제1066조 제1항 중 '주소' 부분에 대하여 위헌법률심판제청신청을 하였으나 2010. 10. 28. 기각되자, 2010. 11. 3. 결정문을 송달받고 2010. 12. 1. 헌법소원심판을 청구하였다.

2. 판시사항 · 결정요지

가. 자필증서에 의한 유언에 있어서 '주소의 자서'를 유효요건으로 규정하고 있는 민법(1958. 2. 22. 법률 제471호로 제정된 것) 제1066조 제1항 중 '주소' 부분(이하 '이 사건 법률조항'이라 한다) 이 유언자의 재산권과 일반적 행동자유권을 침해하고 있는지 여부(소극)

"이 사건 법률조항은 유언자의 인적 동일성을 명확히 함으로써 유언자의 사망 후 그 진의를 확보하고, 상속재산을 둘러싼 이해 당사자들 사이의 법적 분쟁과 혼란을 예방하여 법적 안정성을 도모하고 상속제도를 건전하게 보호하기 위한 것이므로 그 입법목적은 정당하고, 성명의 자서로 유언자의 인적 동일성이 1차적으로 특정될 것이지만 특히 동명이인의 경우에는 유언자의 주소가 그 인적 동일성을 확인할 수 있는 간편한 수단이 될 수 있을 뿐만 아니라 전문, 성명의 자서에다 주소의 자서까지 요구함으로써 유언자로 하여금 보다 신중하고 정확하게 유언의 의사를 표시하도록 하기 위한 것이므로 입법목적을 달성할 수 있는 적절한 수단이다. 한편 자필증서에 의한 유언에서 자서를 요구하는 주소는 유언자의 생활의 근거가 되는 곳이면 되고, 반드시 주민등록법에 의하여 등록된 곳일 필요가 없으므로 자필증서에 의한 유언을 할 정도의 유언자라면 쉽게 이를 기재할 수 있을 뿐만 아니라, 주소의 기재는 반드시 유언전문과 동일한 지편에 하여야 하는 것은 아니며, 유언증서로서의 일체성이 인정되는 이상 주소는 유언증서를 담은 봉투에 기재하여도 무방하므로 유언의 자유에 대한 침해를 최소화할 수 있고, 유언의 요식주의를 취하는 이상, 유언을 하는 자가 당연히 작성할 것이라고 기대되는 '유언의 전문, 유언자의 성명' 등과 같은 최소한의 내용 이외에 다른 형식적인 기재 사항을 요구하는 것은 유언의 요식주의를 관철하기 위한 불가피한 선택이라고 볼 수 있으며, '주소의 자서'는 다른 유효요건과는 다소 다른 측면에서 의연히 유언자의 인적 동일성 내지 유언의 진정성 확인에 기여하는 것이므로 기본권침해의 최소성 원칙에 위반되지 않을 뿐 아니라 법익균형성의 요건도 갖추고 있다.

따라서 이 사건 법률조항은 유언자의 재산권과 일반적 행동자유권을 침해하지 아니한다."

〈재판관 김종대, 재판관 이동흡, 재판관 송두환, 재판관 이정미의 반대의견〉

"동명이인의 경우에 유언자의 주소가 기재되지 않았더라도 그 유언의 내용 등에 비추어 보면 누구의 유언인지를 쉽게 확인할 수 있을 것이고, 이를 확인할 수 없는 경우란 쉽게 생각할 수 없으므로 이 사건 법률조항이 주소를 반드시 기재하도록 요구하는 것은 유언자의 인적 동일성을 확인하기 위한 적절한 방법이라고 보기는 어렵고, 설령 주소의 기재가 유언자의 인적 동일성의 확인을 위해 적절한 방법이라고 하더라도 유언장 전문의 자서와 성명의 자서, 그리고 유언의 내용에 의해서 유언장의 실제 작성자와 유언장의 명의자의 동일성을 확보할 수 있음은 물론, 유언이 그의 진의에 의한 것임을 충분히 밝힐 수 있는 등 누가 한 유언인지를 밝혀내는 것은 그리 어려운 문제가 아니므로 주소를 반드시 기재하도록 요구하는 것은 불필요하게 중복적인 요건을 과하는 것으로 침해의 최소성원칙에 위반되며, 주소의 자서가 흠결되면 유언이 무효로 되고 유언자의 진의가 관철될 여지는 전혀 없게 될 것이므로 주소의 자서를 추가로 요구하는 것은 침해되는 법익과 보호되는 공익 사이에 현저한 불균형을 초래하고 있어 법익의 균형성의 원칙에도 위반된다."

3. 검 토

가. 이 사건의 쟁점

이 사건 법률조항이 유언자의 재산권과 일반적 행동자유권을 침해하고 있는지 여부이다.

나. 판단의 근거 · 이유

헌법재판소는 2008. 12. 26. 선고한 2007헌바128 결정(판례집 20-2 하, 648, 659)에서 이 사건 법률조항이 헌법에 위반되지 않는다는 결정을 한 바 있다. 이 사건 법률조항이 헌법 제23조에 의하여 보장되는 유언자의 재산권과 헌법 제10조에 의해서 보장되는 일반적 행동자유권을 제한함에 있어 헌법 제37조 제2항을 위반한 것인지 여부를 살핀다. ① 이 사건 법률조항은 유언자의 인적 동일성을 명확히 함으로써 유언자의 사망 후 그 진의를 확보하고, 상속재산을 둘러싼 이해 당사자들 사이의 법적 분쟁과 혼란을 예방하여 법적 안정성을 도모하고 상속제도를 건전하게 보호하기 위한 것이므로 그 입법목적의 정당성은 이를 수긍할 수 있다. ② 자필증서에 의한 유언은 가장 간이한 방식의 유언이지만 증인이나 제3자의 관여를 요구하지 않아 위조나 변조의 위험성이 상대적으로 크고 유언자의 사후 본인의 진의를 객관적으로 확인하는 것이 어려우므로 엄격한 형식을 구비할 필요가 있다(자필증서에 의한 유언의 경우에는 다른 유언방식에 비하여 덜 엄격하여 가장 손쉽게 이용될 수 있는 방식인 반면 유언내용이 불명확하거나 서로 상반되어 유언자의 사후에 유언의 진실성에 대한 분쟁이 일어날 개연성이나 우리 민법이 특별한 공적인 보관을 요구하고 있지도 않아 유언장의 분실, 은닉, 위조 등의 우려도 그만큼 크다 할 것이므로 자필증서에 의한 유언에 있어서는 그 요식성을 엄격하게 강화할 필요도 있다). ③ 앞서 본 입법목적에 따라 유언의 요식주의를 취하는 이상, 유언을 하는 자가 당연히 작성할 것이라고 기대되는 '유언의 전문, 유언자의 성명' 등과 같은 최소한의 내용 이외에 다른 형식적인 기재 사항을 요구하는 것은 유언의 요식주의를 관철하기 위한 불가피한 선택이라고 볼 수 있다. 그렇다면 주소의 자서를 요구하는 이 사건 법률조항을 두고 기본권침해의 최소성 원칙에 위반된다고 할 수는 없다. ⑤ 이 사건 법률조항은 자필증서에 의한 유언의 방식을 엄격하게 하여 유언자의 사후에 발생하기 쉬운 법적 분쟁과 혼란을 예방하고 사유재산제도의 근간이 되는 상속제도를 건전하게 보호하고자 하는 공익을 추구하는 것으로서, 사익인 유언자의 유언 자유가 제한되는 정도와 종합적으로 비교하였을 때 그 달성하고자 하는 공익이 더욱 크다고 할 것이므로 법익의 균형성을 갖추었다 할 것이다. 그렇다면 이 사건 법률조항은 헌법 제23조에 의하여 보장되는 유언자의 재산권과 헌법 제10조에 의해서 보장되는 일반적 행동자유권을 제한함에 있어 헌법 제37조 제2항을 위반하였다고 할 수 없다(헌법재판소판례집 20-2하, 648, 663-664).
⑤ 이 사건 법률조항은 위 헌법재판소 선례 결정의 심판대상과 동일하고, 이 사건에 있어서 위 선례와 그 판단을 달리하여야 할 특별한 사정의 변경이 있다고 보이지 않으므로 이를 그대로 유지, 원용하기로 한다.

다. 결정의 의의
개인의 재산권 처분에 대한 일반적 의사표시와는 달리, 유언의 요식성의 요구는, 유언자의 사망 후 그 진의를 확보함과 아울러 법적 분쟁과 혼란을 예방하여 법적 안정성을 도모하고 상속제도를 건전하게 보호하기 위한 것임이 분명하다. 이러한 점에 비춰볼 때 이 사건 법률조항이 헌법에 보장된 유언자의 재산권과 일반적 행동자유권을 침해하는 것이 아니라는 헌법재판소의 결정은 정당하다.

제4절 유 증

Ⅰ. 서 설

1. 유증의 의의 · 성질

유언자(유증자)가 유언으로 수증자에게 재산적 이익을 무상으로 증여하는 단독행위를 유증(遺贈)이라 한다. 유증의 성질은 다음과 같다. 첫째, 유증은 대가 없이 자신의 재산권을 상대방에게 이전시키는 법률행위라는 점에서는 증여 · 사인증여와 같으나, 단독행위라는 점에서 계약인 그 둘과 구별된다. 한편 유증은 유언자가 사망하였을 때 그 효력이 생기는 사인행위라는 점에서는 사인증여와 같다(따라서 사인증여에는 유증에 관한 규정이 준용된다. 제562조)(유증의 효력 · 유증의 철회에 관한 규정만 준용되고, 유증능력 · 방식 · 승인과 포기 등 유증이 단독행위임을 전제로 한 규정은 준용되지 않음). 둘째, 유증의 목적인 권리는 상속재산에 속하는 것이어야 하나(제1087조 제1항 본문), 상속재산에 속하지 않은 권리도 유증의 의사에 표시된 경우에는 유증의 목적이 될 수 있다(제1087조 제1항 단서). 셋째, 무상행위인 유증은 수증자에게 적극적으로 권리를 주는 것뿐만 아니라 소극적으로 채무를 면제시키는 것도 무방하다. 다만, 수증자의 채무의 부담을 내용으로 하는 것은 유증이 아니다. 넷째, 유증자가 수증자에게 재산적 이익과 함께 일정한 부담을 지게 하는 것은 무방하고(제1088조의 부담부 유증), 조건과 기한을 붙이는 것도 허용된다(제1073조 제2항 참조). 다섯째, 유언의 자유의 구체적 표현은 유증의 자유라 할 수 있다(다만, 유류분제도에 의한 제한이 있을 뿐이다). 유증의 자유가 인정되기 때문에 유증(특히 포괄적 유증)을 함으로써 상속의 결과를 실현시킬 수 있음은 이미 살핀 바와 같다.

●● 사례

D학회(이 사건의 원고)는 이 사건 유언공정증서의 유증 대상인 부동산을 소외 망 P로부터 포괄적 유증을 받아 소유권을 취득하였다고 주장하면서, 이 사건 부동산의 명의수탁자인 A(피고)에게 진정한 등기명의의 회복을 원인으로 한 소유권이전등기절차의 이행을 구하는 소송을 제기하였다(그런데, 위의 P가 이 사건 각 부동산을 학교법인 J학원에 증여하였는데, J학원 명의로 소유권이전등기를 할 경우, 이 사건 각 부동산의 처분 시 감독기관의 승인을 받기 어렵고 비업무용 부동산의 취득으로 인하여 취득세를 중과세 당할 우려가 있기 때문에 학교법인 J학원이 A에게 이 사건 각 부동산을 명의신탁하여 A 명의로 소유권이전등기가 마쳐졌음이 사실관계에서 확인되었다. 또한 이 사건 유언공정증서의 유증대상 부동산 목록에는 소외 망 P소유의 부동산 중 일부가 누락되어있다). 원고의 청구는 인용될 것인가?

●● 사안의 쟁점:

첫째, 포괄적 유증을 인정하기 위한 요건은 무엇인지, 둘째, 포괄적 유증과 특정유증의 효력상의 차이는 무엇인지 등이다.

2. 유증의 종류

첫째, 포괄적 유증이 있다. 유증의 목적의 범위를 상속재산의 전부 또는 일부에 대한 비율로 표시하는 경우를 말한다(수증자는 상속재산의 전부 또는 일부를 비율로써 취득하게 되므로, 상속인과 비슷한 지위에 놓인다). 둘째, 특정유증이다. 유증의 목적이 특정되어 있는 경우이다(그 대상은 특정물·종류물·금전 등). 셋째, 이 밖에 조건부 유증, 기한부 유증, 부담부 유증이 있다. 넷째, 유증이 포괄적 유증인지 특정유증인지는 유언에 사용한 문언·기타 사정을 종합적으로 고려하여 탐구된 유언자의 의사해석의 문제가 된다(대판 2003. 5. 27. 2000다73445 참조).

Ⅱ. 수증자와 유증의무자

1. 수 증 자

(1) 개 념

유증으로 이익을 얻게 되는 자(유증을 받는 자)를 수증자라 한다(증여를 받는 자와 구별하기 위하여 수유자(受遺者)라는 용어를 사용하기도 하나, 이는 일본식 표현임).

(2) 수증자가 될 수 있는 자

자연인, 법인, 법인 아닌 사단·재단, 기타의 단체나 시설도 수증자가 될 수 있다. 수증자의 요건은 무엇인가? 첫째, 수증자는 유언의 효력발생 시(유언자의 사망 시)에 권리능력을 갖추고 있어야 한다(자연인의 생존 등 동시 존재의 원칙). 따라서 유언의 효력발생 전에 수증자가 사망한 경우, 유언자의 특별한 의사표시가 없는 한 유증의 효력은 발생하지 않는다(제1089조 제1항의 원칙, 제1090조 단서의 예외). 이는 유증자와 수증자가 동시에 사망한 경우에도 마찬가지이다. 둘째, 정지조건부 유증의 경우, 수증자는 조건성취 시에 생존하고 있어야 하고, 그 성취 전에 사망한 경우에는 그 효력이 발생하지 않는다(제1089조 제2항). 한편 해제조건부 유증의 경우, 조건성취 전에 수증자가 사망한 경우에도 유증의 효력에는 영향이 없다(제1089조 제2항의 반대해석. 그 결과 수증자의 상속인이 수증자의 지위를 승계하게 된다). 셋째, 태아는 유증의 경우에도 이미 출생한 것으로 본다(제1064조·제1000조 제3항). 이 경우의 태아는 유언의 효력이 발생하기 전에 포태 중인 자에 한정된다(따라서 자녀가 장차 혼인해서 낳게 될 손자녀에 대한 유증은 무효이다). 넷째, 상속결격자는 수증자가 될 수 없다(제1064조·제1004조). 한편 다툼이 있으나, 유증자가 수증자에게 그 사유가 있음을 알고 유증한 경우, 그 유증은 유효하다고 해석하여야 한다(최종의사의 존중이라는 유언의 본질에 부합하기 때문이다). 결국 상속결격자가 수증자가 되지 못하는 경우는 유증이 있은 후에 그 사유가 생긴 경우·유증자가 유증을 받을 자에게 그 사유가 있음을 모르고 유증한 경우의 두 가지로 한정된다.

2. 유증의무자

(1) 개 념

유증의 실행의무를 부담하는 자를 유증의무자라고 한다.

(2) 유증의무자가 될 수 있는 자

상속인이 유증의무자이나, 포괄적 수증자(제1078조), 상속인 없는 재산의 관리인(제1056조)도 그 의무자가 된다. 유언집행자가 있는 경우, 그는 위의 자들에 갈음하여 그 의무자로 된다(제1103조·제1101조 참조).

Ⅲ. 포괄적 유증

1. 의 의

유증자가 상속재산의 전부 또는 일부에 대한 비율로 수증자에게 유증하는 것을 포괄적 유증이라 한다. 포괄적 수증자는 상속인과 같은 권리·의무가 있다(제1078조).

2. 상속과의 차이점

첫째, 법인은 상속인이 되지 못하나, 포괄적 수증자는 될 수 있다. 둘째, 상속의 경우와는 달리 대습상속이 인정되지 않는다(유언의 효력발생 전에 수증자가 사망한 경우, 유증의 효력이 생기지 않기 때문이다. 제1089조). 셋째, 상속의 경우와는 달리 조건·기한·부담 등의 부관을 붙일 수 있다. 넷째, 포괄적 수증자는 그의 수증분(受贈分)의 범위 내에서 상속인과 같은 권리·의무가 있는데 지나지 않다. 그 결과, ① 유증의 무효·실효, 또는 포괄적 수증자가 유증을 포기한 경우, 그 포기된 몫은 원칙적으로 상속인에게 귀속하고(제1090조 본문), 상속인이 수인이면 각자의 상속분의 비율로 귀속하게 된다(제1043조). 만약 수증을 포기한 자 외에 다른 포괄적 수증자가 있는 경우에도 마찬가지일 뿐 다른 포괄적 수증자의 상속분에는 영향이 없다(다른 포괄적 수증자에게 상속분 또는 수증분의 비율로 귀속한다는 견해로는 김주수·김상용, 앞의 책, 824면). ② 이와 같은 논리는 상속인이 상속을 포기한 경우에도 마찬가지이고(공동상속인 모두가 상속을 포기하였다면, 이는 상속인 부존재의 문제가 된다), 포괄적 수증자의 수증분에는 영향이 없다. 다만, 유언자가 유언에서 다른 의사표시를 한 경우, 포괄적 수증자의 수증분이 늘어날 수 있다. 제1090조 단서). 다섯째, 포괄적 수증자에게는 유류분권이 없다(포괄적 수증자의 수증분의 2분의 1을 넘는 특정유증이 있어도 유류분의 반환을 청구하지 못한다). 여섯째, 상속인과 달리 포괄적 수증자는 상속분의 환수권(제1011조 제1항)이 없다.

3. 포괄적 수증자의 권리·의무

첫째, 유증의 효력이 발생하면 포괄적 수증자는 그의 의사에 관계없이 수증분에 해당하는, 일신전속권을 제외한 유증자의 권리·의무를 법률상 당연히 승계한다(제1005조 본문). 따라서 유증의무자의 이행이 필요하지 않다. 즉, 재산권이전에 따른 공시방법(물권의 경우, 등기·인도)이 필요 없고(제187조. 대판 2003. 5. 27. 2000다73445 참조), 채권양도의 경우에 그 대항요건을 갖출 필요도 없다. 둘째, 포괄적 수증자가 승계하는 재산은 적극재산에 한하지 않고, 소극재산도 포함된다(대판 1980. 2. 26. 79다2078). 셋째, 포괄적 수증자 외에 다른 상속인이나 포괄적 수증자가 있는 경우, 공동상속인 사이의 관계와 같은 상태가 된다(따라서 제1006조의 상속재산의 공유, 제1013조의 분할협의의 문제를 남긴다). 넷째, 포괄적 유증의 승인·포기에 대하여는 상속의 승인·포기에 관한 규정(제1019조-제1044조)이 적용될 뿐이고, 특정유증에 관한 유증의 승인·포기에 대한 규정(제1074조-제1077조)은 적용되지 않는다. 다섯째, 상속인의 상속회복청구권에 관한 제999조는 포괄적 유증의 경우에 유추 적용된다(대판 2001. 10. 12. 2000다22942).

Ⅳ. 특정유증

1. 의 의

상속재산 중의 특정재산을 목적으로 하는 유증을 특정유증이라 한다. 그 목적이 되는 특정재산은 특정물·불특정물(종류물), 채권 등을 가리지 않는다.

2. 특정유증의 승인·포기

첫째, 수증자는 유언자의 사망 후에 언제든지 유증을 승인·포기할 수 있고(제1074조 제1항), 그 승인·포기의 효력은 유언자가 사망한 때로 소급한다(제1074조 제2항). ① 유증의 승인·포기의 자유는 수증자의 의사결정의 자유를 반영한 것이다. ② 승인·포기의 방법에는 제한이 없으며 명시적이든 묵시적이든 가리지 않는다. ③ 수증자가 제한능력자인 경우, 그 승인·포기의 의사표시에 대하여는 제한능력자의 법률행위에 관한 제한규정(제5조·제10조·제13조)이 당연히 적용된다. ④ 포괄적 유증의 경우에는 불가분의 원칙상 일부포기가 허용되지 않지만, 특정유증의 내용의 가분인 경우에는 일부만의 포기가 허용된다. 둘째, 수증자가 유증의 승인·포기를 하지 않고 사망한 경우, 그 상속인은 상속분의 한도에서 이를 승인·포기할 수 있다(제1076조 본문). 다만, 유언자의 다른 의사표시가 있는 경우(유증이 수증자의 상속인에게 승계되는 것을 원치 않을 경우)에는 그 의사에 따른다(제1076조 단서). 셋째, 유증의무자나 이해관계인은 상당한 기간을 정하여 그 기간 내에 승인·포기를 확답할 것을 수증자 또는 그 상속인에게 최고할 수 있고(제1077조 제1항), 그 기간 내에 수증자 또는 상속인이 최고에 대한 확답을 하지 않은 때에는 유증을 승인한 것으로 본다(제1077조 제2항). ① 승인·포기할 수 있는 기간에 대한 명문의 규정이 없는 민법의 경우, 불안정한 법률관계를 조속히 확정시킴으로써 유증의무자·이해관계인을 보호하기 위한 조치이다. ② 최고권자는 유증의무자(상속인·포괄적 수증자·유언집행자)와 이해관계인(상속채권자·부담부 유증의 수익자 등)이다. ③ 최고의 시기·방법에는 제한이 없으므로, 수증자나 그의 상속인이 승인·포기를 하지 않는 한 최고권자는 언제든지 최고를 할 수 있다. 넷째, 그 승인·포기의 효력은 무엇인가? ② 수증자나 그의 상속인이 유증을 포기한 경우, 유언자의 특별한 의사표시가 없는 한 유증의 목적인 재산은 상속인에게 귀속됨(제1090조)은 이미 살핀 바와 같다. ② 유증을 승인·포기한 경우, 이는 철회하지 못한다(제1075조 제1항의 취소의 의미를 보정해석하여 철회로 새긴다). ③ 착오나 사기·강박에 기한 승인·포기의 경우, 총칙편의 규정에 의하여 이를 취소할 수 있다(제1075조 제2항·제1024조 제2항).

3. 특정유증의 효력

(1) 개 설

특정유증의 수증자는 유증의 목적인 특정의 재산권에 관하여 증여계약상의 수증자와 동일한 지위에 놓인다. 따라서 목적 재산권의 수증자에의 이전시기, 유증의무자의 담보책임, 목적 재산권이 다른 것으로 변형된 경우의 물상대위성 등의 문제를 남긴다.

(2) 특정의 재산권의 이전시기

유증의 효력발생과 동시에 목적물의 소유권은 수증자에게 이전되는가?(유증의 물권적 효력), 아니면 유증의무자에게 유증이행의무가 생기고, 그 이행이 있을 때 비로소 그 소유권은 수증자에게 이전되는가?(유증의 채권적 효력) 민법은 물권변동에 관하여 형식주의를 취하고 있으므로(제186조, 제188조 등), 유증은 채권적 효력이 있을 뿐이라고 하여야 한다(통설. 대판 2003. 5. 27. 2000다73445). 즉, 유언의 효력발생과 동시에 목적 재산권의 소유권은 상속인에게 귀속하고, 채권자의 지위에 있는 수증자가 유증의무자에게 유증의 이행을 청구하여 그 이행이 완료되었을 때 비로소 수증자에 이전하게 된다. 다만, 채무면제와 같이 그 의사표시만으로 효력이 생기는 경우, 특정유증은 예외적으로 물권적 효력이 있다.

(3) 수증자의 과실취득권

첫째, 수증자는 그 이행청구권이 발생한 때(보통의 유증의 경우에는 유증의 효력발생(유언자의 사망)시, 정지조건부 유증의 경우에는 정지조건의 성취 시, 시기부 유증의 경우에는 그 시기 도래 시)부터 목적물의 과실(천연과실 · 법정과실)을 취득한다(제1079조 본문). 다만, 유언자가 유언에서 다른 의사를 표시한 때에는 그에 따른다(제1079조 단서). 둘째, 유증의무자가 유언자의 사망 후에 그 목적물의 과실을 수취하기 위하여 필요비를 지출한 경우, 유증의무자는 그 과실의 가액의 한도에서 수증자에게 상환을 청구할 수 있다(제1080조). 셋째, 유증의무자가 유언자의 사망 후에 그 목적물에 대하여 비용을 지출한 경우, 그 비용의 상환청구에 대하여는 유치권자의 비용상환청구에 관한 제325조의 규정을 준용한다(제1081조). 결국 유증의무자가 지출한 필요비는 그 금액을, 유익비는 지출금액 또는 현존의 증가액만을 수증자에게 상환을 청구할 수 있다.

(4) 상속재산에 속하지 않은 권리의 유증

특정유증의 목적인 권리가 유언자의 사망 당시에 상속재산에 속하지 않은 경우, 유증은 효력이 없다(제1087조 제1항 본문). 그러나 유언자의 의사가 수증자에게 그 권리를 취득하게 하려는 의사로 인정될 경우, 그 유증은 유효하며, 유증의무자는 그 권리를 취득하여 수증자에게 이전하여야 한다(제1087조 제1항 단서). 이 경우, 그 권리를 취득할 수 없거나 그 취득에 과다한 비용을 요할 때에는 그 가액으로 변상할 수 있다(제1087조 제2항).

(5) 유증의 목적인 물건·권리가 제3자의 권리의 목적인 경우

유증의 목적인 물건이나 권리가 유언자의 사망 당시 제3자의 권리(지상권·저당권·임차권 등)의 목적인 경우, 수증자는 유증의무자에 대하여 그 제3자의 권리의 소멸을 청구하지 못한다(제1085조). 유증의무자는 담보책임을 지지 않는다는 의미이다. 다만, 유언자가 다른 의사를 표시한 때에는 그 의사에 따른다(제1086조).

(6) 유증의 물상대위성

첫째, 유증자가 유증목적물의 멸실·훼손 또는 그 점유의 침해로 인하여 제3자에게 손해배상청구권을 갖는 경우, 그 청구권을 유증의 목적으로 한 것으로 본다(제1083조). 둘째, 채권을 유증의 목적으로 한 경우에 유언자가 그 변제를 받은 물건이 상속재산 중에 있는 경우, 그 물건을 유증의 목적으로 한 것으로 본다(제1084조 제1항). 이 경우, 유증의 목적이 금전의 지급인 때에는 그 변제받은 채권액에 상당하는 금전이 상속재산 중에 없는 때에도 그 금액을 유증의 목적으로 한 것으로 본다(제1084조 제2항). 셋째, 유증의 물상대위성·채권의 유증의 물상대위성에 관한 규정의 경우에도 유언자가 유언으로 다른 의사를 표시한 때에는 그에 따른다(제1086조)(제1083조·제1084조의 임의규정성).

(7) 불특정물유증의 경우, 유증의무자의 담보책임

유증의 목적이 불특정물인 경우, 유증의무자는 그 목적물에 대하여 매도인과 같은 담보책임(목적물의 하자가 중대하지 않는 한 계약해제의 문제는 생기지 않고, 손해배상청구권·완전물급부청구권의 문제만 생긴다)을 진다(제1082조 제1항). 이 경우, 목적물에 하자가 있는 경우, 유증의무자는 하자 없는 물건으로 인도하여야 한다(제1082조 제2항)(제1082조 제2항은, 제1082조 제1항에 의하여 유증의무자가 부담하는 책임에 관한 제581조 제2항의 내용과 동일하다는 불필요한 규정이라 할 것이다).

Ⅴ. 부담부 유증

1. 의　의

수증자가 유증의 이익을 받으면서 일정한 부담을 지기로 하는 유증을 부담부 유증이라 한다.

2. 부담의 무효와 부담부 유증의 효력

(1) 부담의 무효

부담의 내용은 급부로서의 일반적인 요건, 즉 확정성·가능성·적법성·사회적 타당성의 요건을 갖추고 있어야 한다. 이를 갖추지 못하거나 또는 부담의 내용이 가족법상의 행위(혼인·이혼·입양·파양 등)인 경우, 그 부담은 무효이다.

(2) 부담부 유증의 효력

부담이 무효인 경우, 부담부 유증의 효력은 어떻게 되는가? 그 규정이 없는 민법의 경우, 이 문제는 해석론으로 해결할 수밖에 없다. 즉 유언자의 의사가 유효한 부담을 전제로 유증을 한 것으로 인정될 경우, 유증 그 자체가 무효가 되고, 유언자의 의사가 부담을 유증의 전제로 하지 않은 것으로 인정될 경우에는 부담이 없는 유증이 된다 할 것이다.

3. 부담의 이행

부담의 이행의무자는 수증자(제1088조 제1항) 또는 그 상속인(제1076조의 유증을 승인한 자·유증을 승인한 자로부터의 상속을 승인한 자)이다. 한편 부담의 이행을 청구할 수 있는 자는 상속인 또는 유언집행자이다(제1111조). 수익자가 이행청구권을 갖는지 여부에 대하여는 다툼이 있으나, 이를 인정하지 않는다면 부담부 유증의 실효성을 기대하기 어렵다는 점에서 수익자는 부담의 이행청구권을 행사할 수 있다 할 것이다.

4. 수증자의 책임범위

부담부 유증을 받은 자는 유증의 목적의 가액을 초과하지 않는 한도에서 부담한 의무를 이행할 책임이 있다(제1088조 제1항). 유언자는 수증자에게 그가 받을 이익보다 무거운 책임을 지울 수 없다는 의미이다. 한편 부담부 유증의 목적의 가액이 한정승인 또는 재산분리로 인하여 감소된 경우, 수증자는 그 감소된 한도에서 부담할 의무를 면한다(제1088조 제2항).

5. 부담부 유증의 취소

첫째, 부담부 유증을 받은 자가 그 부담의무를 이행하지 않는 경우, 상속인 또는 유언집행자는 상당한 기간을 정하여 이행할 것을 최고하고, 그 기간 내에 이행하지 아니한 때에는 법원에 유언의 취소를 청구할 수 있다(제1111조 본문). 둘째, 그 취소심판이 확정되면, 최소의 소급효에 의하여 부담부 유증은 없었던 것으로 된다. 따라서 수증자가 받았을 재산은 유언자의 다른 의사표시가 없는 한 상속인에게 귀속하게 되므로(제1090조 참조), 부담부 유증으로 이익을 취한 수증자와 수익자는 상속인에 대하여 부당이득반환의무를 지게 된다. 셋째, 그 취소는 제3자의 이익을 해치지 못한다(제1111조 단서). 거래의 안전을 위하여 취소의 효력을 제한한 것이다.

Ⅵ. 유증의 무효 · 취소

1. 무효 · 취소의 일반원인

유증은 유언의 일종이므로, 유언의 무효 · 취소원인은 유증의 경우에도 그대로 적용된다.

2. 유증에 특유한 무효 · 취소의 원인

첫째, 유언자보다 수증자가 먼저 사망한 경우, 유언자의 특별한 의사표시가 없는 한 그 유증은 무효이다(제1089조 제1항 · 제1090조 단서). 둘째, 정지조건부 유증의 경우에 수증자가 조건의 성취 전에 사망한 때에는 유언자의 특별한 의사표시가 없는 한 그 유증은 무효이다(제1089조 제2항 · 제1090조 단서). 셋째, 유증의 목적이 된 권리가 유언자의 사망 당시에 상속재산에 속하지 않는 경우, 유언자의 특별한 의사표시가 없는 한 그 유증은 무효이다(제1087조 제1항). 넷째, 부담부 유증의 경우에 수증자가 그 부담을 이행하지 않는 때에는 상속인 또는 유언집행자가 일정한 요건 아래 법원에 유언의 취소를 청구할 수 있음(제1111조)은 이미 살핀 바와 같다.

●● 사례의 해결:

첫째, 포괄적 유증을 받은 자는 민법 제187조에 의하여 당연히 유증받은 부동산의 소유권을 취득하게 되나, 이 사건 유언공정증서의 유증대상 부동산 목록에 소외 망 P 소유의 부동산 중 일부가 누락되어 있고 이 사건 유언공정증서에 망 P의 채무에 관한 아무런 기재가 없는 점에 비추어 위 P가 이 사건 각 부동산을 원고에게 특정유증 하였음이 인정된다. 둘째, 특정유증을 받은 원고는 유증의무자에게 유증을 이행할 것을 청구할 수 있는 채권을 취득할 뿐이므로, 특정유증을 받은 자(D학회)는 유증받은 부동산의 소유권자가 아니어서 직접 진정한 등기명의의 회복을 원인으로 한 소유권이전등기를 구할 수 없다. 따라서 원고의 청구는 기각될 것이다.

(대판 2003. 5. 27. 2000다73445의 사실관계와 판결요지 등 참조)

판 례

■ 포괄적 유증과 특정유증의 구별 기준

“유증이 포괄적 유증인가 특정유증인가는 유언에 사용한 문언 및 그 외 제반 사정을 종합적으로 고려하여 탐구된 유언자의 의사에 따라 결정되어야 하고, 통상은 상속재산에 대한 비율의 의미로 유증이 된 경우는 포괄적 유증, 그렇지 않은 경우는 특정유증이라고 할 수 있지만, 유언공정증서 등에 유증한 재산이 개별적으로 표시되었다는 사실만으로는 특정유증이라고 단정할 수는 없고 상속재산이 모두 얼마나 되는지를 심리하여 다른 재산이 없다고 인정되는 경우에는 이를 포괄적 유증이라고 볼 수도 있다."(대판 2003. 5. 27. 2000다73445)

■ 상속인의 상속회복청구권 및 그 제척기간에 관하여 규정한 민법 제999조가 포괄적 유증의 경우에도 유추 적용되는지 여부(적극)

"상속인의 상속회복청구권 및 그 제척기간에 관하여 규정한 민법 제999조는 포괄적 유증의 경우에도 유추 적용된다."(대판 2001. 10. 12. 2000다22942)

■ 포괄적 유증의 효과

"포괄적 유증이란 적극재산은 물론 소극재산 즉 채무까지도 포괄하는 상속재산의 전부 또는 일부의 유증을 말하는 것이므로 포괄적 수증자는 재산 상속인과 동일한 권리 의무가 있으며 그 망인의 직계비속은 유류분 제도가 없는 한 그가 상속한 재산이 없으므로 그 망인의 생전채무를 변제할 의무가 없다."(대판 1980. 2. 26. 79다2078)

■ 특정유증을 받은 자의 법적 지위 및 그가 유증받은 부동산에 대하여 직접 진정한 등기명의 회복을 원인으로 한 소유권이전등기청구권을 행사할 수 있는지 여부(소극)

"포괄적 유증을 받은 자는 민법 제187조에 의하여 법률상 당연히 유증받은 부동산의 소유권을 취득하게 되나, 특정유증을 받은 자는 유증의무자에게 유증을 이행할 것을 청구할 수 있는 채권을 취득할 뿐이므로, 특정유증을 받은 자는 유증받은 부동산의 소유권자가 아니어서 직접 진정한 등기명의의 회복을 원인으로 한 소유권이전등기를 구할 수 없다."(대판 2003. 5. 27. 2000다73445)

■ 민법 제1008조에 따라 상속분 산정에서 증여 또는 유증을 참작하는 것이 실제로 유증 또는 증여를 받은 경우에 한정되는지 여부(적극) 및 수인의 상속인 중 1인이 나머지 상속인들의 상속포기로 단독상속하게 된 경우, 단독상속인이 상속포기자로부터 상속지분을 유증 또는 증여받은 것이라고 볼 수 있는지(소극)

"민법 제1008조는 '공동상속인 중에 피상속인으로부터 재산의 증여 또는 유증을 받은 자가 있는 경우에 그 수증재산이 자기의 상속분에 달하지 못한 때에는 그 부족한 부분의 한도에서 상속분이 있다'고 규정하고 있으나, 이와 같이 상속분의 산정에서 증여 또는 유증을 참작하게 되는 것은 상속인이 실제로 유증 또는 증여를 받은 경우에 한한다. 한편 상속의 포기는 상속이 개시된 때에 소급하여 그 효력이 있고(민법 제1042조), 포기자는 처음부터 상속인이 아니었던 것이 되므로, 수인의 상속인 중 1인을 제외한 나머지 상속인들의 상속포기 신고가 수리되어 결과적으로 그 1인만이 단독상속하게 되었다고 하더라도 그 1인의 상속인이 상속포기자로부터 그 상속지분을 유증 또는 증여받은 것이라고 볼 수 없다."(대결 2012. 4. 16.자 2011스191 ; 대결 2003. 8. 11.자 2003마988)

제5절 유언의 집행

Ⅰ. 의 의

첫째, 유언의 집행이란 유언이 효력을 발생한 후 그 내용을 실현하기 위하여 하는 행위 또는 절차를 말한다. 둘째, 유언 중에는 상속분의 지정과 상속재산의 분할금지 등과 같이 유언의 효력발생으로 당연히 실현되어 따로 집행할 필요가 없는 것도 있으나, 유언에 의한 친생부인(제850조)과 인지(제859조)에서와 같이 반드시 유언집행자를 두어 소제기 또는 신고 등의 행위가 있어야 하는 것도 있다. 특정물유증, 포괄유증 등과 같은 재산처분 유언의 집행에도 물건의 보관, 이전등기나 인도 등의 행위가 필연적으로 필요하고, 특히 유언에 의한 인지의 경우에는 기존 상속인에게 상속분에 있어서 불리한 결과를 초래할 수도 있으므로 유언집행자의 결정은 중요하다.

●● 사례

망 소외 B는 1997. 1. 16. 자신의 소유인 이천시 장호원읍 대서리 임야 3,570㎡를 소외 C에게 유증하는 한편 그 유언의 집행을 위하여 소외 D를 유언집행자로 지정하였다. 그런데 피고들은 위 임야에 관하여 자신들 앞으로 아무런 원인 없이 소유권이전등기를 마쳤다. 망 소외 B의 상속인인 A(원고)는 이 사실을 알고 피고들을 상대로 그 소유권이전등기의 말소를 청구하였다. 한편 이 사건 상고심 계속 중에 유언집행자인 소외 C는 해임되었다. A의 청구의 주문은 무엇인가?

●● 사안의 쟁점:

첫째, 지정유언집행자가 있는 경우 상속인의 상속재산에 대한 처분권은 제한되는지, 둘째, 지정된 유언집행자가 사망 등의 사유로 자격을 상실한 경우 당연히 상속인이 유언집행자가 되는지 등이다.

Ⅱ. 유언집행의 준비절차

민법은 유언을 집행하는 준비절차로 유언의 검인·개봉제도를 두고 있다. 이는 유언의 중요성에 비추어 그 내용을 확실하게 보존하려는 취지이다.

1. 유언의 검인

첫째, 유언의 증서나 녹음을 보관한 자 또는 이를 발견한 자는 유언자의 사망 후 지체 없이 법원에 제출하여 그 검인을 청구하여야 한다(제1091조 제1항). 이때의 보관자는 유언자의 부탁에 따른 보관자뿐만 아니라 사실상의 보관자도 포함된다. 둘째, 검인이 필요하지 않은 공정증서에 따른 유언이나 이미 검인을 받은 구수증서에 따른 유언에는 검인청구의무가 없는 것은 당연하다(제1091조 제2항). 셋째, 법원의 검인은, 유언증서의 형식·태양 등 유언의 방식에 관한 모든 사실을 조사·확인하고, 그 위조·변조를 방지하며 보존을 확실히 하기 위한 일종의 검증절차 내지는 증거보전절차이다. 따라서 유언이 유언자의 진의에 의한 것인지 여부나 적법한지 여부를 심사하는 것은 아니고 직접 유언의 유효 여부를 판단하는 심판도 아니라는 점을 유의하여야 한다(대판 1998. 5. 29. 97다38503 ; 대판 1998. 6. 12. 97다38510 참조).

2. 유언서의 개봉

첫째, 법원이 봉인된 유언증서를 개봉할 때에는 유언자의 상속인, 그 대리인 기타 이해관계인의 참여가 있어야 한다(제1092조). 그러나 법원이 기일을 통지하였음에도 개봉기일에 상속인이나 그 대리인이 출석하지 않은 때에는 이들의 참여 없이 개봉할 수 있다(가사소송규칙 제86조 제2항·제88조). 둘째, 적법한 유언은 이러한 검인이나 개봉절차를 거치지 않더라도 유언자의 사망에 의하여 곧바로 그 효력이 생기는 것이며, 검인이나 개봉절차의 유무에 의하여 유언의 효력이 영향을 받지 아니한다(대판 1998. 6. 12. 97다38510).

3. 관할 및 고지 등

첫째, 검인과 개봉은 실제로 연속하여 하나의 절차로 이루어지는데, 개봉에 관하여는 조서를 작성하고(가사소송규칙 제87조), 출석하지 않은 상속인 기타 유언에 관계있는 자에게 검인사실을 고지하여야 한다(가사소송규칙 제88조). 둘째, 검인과 개봉에 관한 비용은 상속재산의 부담으로 한다(가사소송규칙 제90조 제1항). 셋째, 이러한 검인심판사건은 가사비송사건으로 상속개시지의 가정법원에서 관할한다(가사소송법 제2조 제1항 라류사건 제41호).

Ⅲ. 유언집행자

1. 유언집행자의 결정

유언의 집행을 담당하는 유언집행자는, ① 유언자 또는 유언자의 지정에 따른 지정 유언집행자(제1093조·제1094조), ② 지정 유언집행자가 없는 경우 제1095조에 따라 유언집행자가 되는 상속인을 가리키는 법정 유언집행자(제1095조), ③ 유언집행자가 없거나 없게 된 경우, 가정법원이 선임하는 선임 유언집행자(제1096조)로 나눌 수 있다.

(1) 지정 유언집행자

첫째, 유언집행자 지정의 위탁을 받은 제3자는 그 위탁이 있음을 안 후 지체없이 유언집행자를 지정하여 상속인에게 통지하여야 하며 그 위탁을 사퇴할 때에는 이를 상속인에게 통지하여야 한다(제1094조 제1항). 이때의 제3자란 유언의 효과로서 발생하는 법률관계의 당사자 이외의 자를 말한다고 할 것이므로, 상속인이나 수증자를 가리키는 말은 아닐 것이다. 둘째, 상속인 기타 이해관계인은 위탁받은 제3자가 지정도 사퇴도 하지 않는 경우, 상당한 기간을 정하여 그 기간 내에 유언집행자를 지정할 것을 위탁받은 자에게 최고할 수 있다. 그 기간 내에 지정의 통지를 받지 못한 때에는 그 지정의 위탁을 사퇴한 것으로 본다(제1094조 제2항). 셋째, 지정에 의한 유언집행자는 유언자의 사망 후 지체없이 이를 승낙하거나 사퇴할 것을 상속인에게 통지하여야 한다(제1097조 제1항). 상속인 등에게 불이익을 주지 않기 위하여 승낙이나 거절은 가급적 빨리 결정하여야 한다는 취지이다. 넷째, 상속인 기타 이해관계인은 상당한 기간을 정하여 그 기간 내에 승낙 여부를 확답할 것을 지정에 의한 유언집행자에게 최고할 수 있다. 그 기간 내에 최고에 대한 확답을 받지 못한 때에는 유언집행자가 그 취임을 승낙한 것으로 본다(제1097조 제3항). 확답은 상속인에게 하여야 할 것이나 위탁받은 제3자에게 하여도 무방하다(같은 견해 김주수·김상용, 앞의 책, 842면).

(2) 법정 유언집행자

첫째, 법정 유언집행자인 상속인이 유언집행을 하는 경우는 결국 이러한 지정 유언집행자가 없는 경우로, 유언집행자에 관한 유언이 없거나, 지정을 위탁받은 제3자가 사퇴한 경우, 지정된 유언집행자가 사퇴(제1094조 제1항)하거나 결격사유(제1098조 참조)가 있는 경우, 상속인 기타 이해관계인으로부터 최고를 받고도 최고기간 내에 유언집행자지정의 통지를 하지 않은 경우 등이다. 둘째, 유언자가 유언집행자를 지정하였는데, 유언자 사망 후 지정된 자가 취임승낙을 하지 아니한 채 사망한 경우도 상속인(법정 유언집행자)이 유언집행자가 될 수 있는가? 판례는 유언자가 지정 또는 지정위탁에 의하여 유언집행자의 지정을 한 이상 그 유언집행자가 사망·결격 기타 사유로 자격을 상실하였다고 하더라도 상속인은 제1095조에 따른 법정 유언집행자가 될 수는 없다고 한다(대판 2010. 10. 28. 2009다20840). 이때는 법원에 유언집행자 선임을 청구하여야 할 것이다. 지정 유언집행자가 있다는 것은 유언자가 상속인을 유언의 집행에서 배제하려는 의도가 있었다는 것인데, 다시 상속인을 유언집행자로 하는 것은 집행의 공정성을 보장할 수 없고 유언자의 의사에 반하기 때문이다(김주수·김상용, 앞의 책, 843쪽).

(3) 선임 유언집행자

첫째, 선임 유언집행자는 법정 유언집행자인 상속인이 없거나 사망, 결격 기타 사유로 인하여 없게 된 때에 가정법원이 이해관계인의 청구에 의하여 선임(제1096조 제1항)하는데, 법원이 유언집행자를 선임한 경우에는 그 임무에 관하여 필요한 처분을 명할 수 있다(제1096조 제2항). 이 때의 선임은 가정법원의 심판에 의하여야 한다(가사소송법 제2조 제1항 라류사건 제43호). 둘째, 선임에 의한 유언집행자 역시 선임의 통지를 받은 후 지체없이 이를 승낙하거나 사퇴할 것을 법원에 통지하여야 한다(제1097조 제2항). 넷째, 지정 유언집행자의 경우와 마찬가지로 상속인 기타 이해관계인은 상당한 기간을 정하여 그 기간 내에 승낙 여부를 확답할 것을 선임에 의한 유언집행자에게 최고할 수 있고, 그 기간 내에 최고에 대한 확답을 받지 못한 때에는 유언집행자가 그 취임을 승낙한 것으로 본다(제1097조 제3항).

(4) 유언집행자의 자격

첫째, 의사무능력자, 제한능력자와 파산선고를 받은 자는 유언집행자가 되지 못한다(제1098조 참조). 다만, 유언집행자로 지정될 때에는 제한능력자 등이었으나 취임 시에는 능력자가 되는 등의 사유가 있다면 괜찮을 것이다. 둘째, 친생부인과 인지의 경우에는 유언집행자의 직무가 상속인의 이해와 상반되므로 상속인이 논리적으로 유언집행자가 될 수는 없다는 견해(곽윤직, 앞의 책, 434면)도 있으나, 유증의 집행은 이행행위일 뿐이고 제1095조 및 제1096조를 종합적으로 살펴보더라도 입법론과 별개로 해석상 상속인을 제외할 이유는 없다(같은 견해 김주수·김상용, 앞의 책, 844면).

2. 유언집행자의 법적 지위 및 임무

첫째, 제1013조가 규정하는 지정 또는 선임에 의한 유언집행자는 상속인의 대리인으로 본다는 의미는 무엇인가? 이에 관하여 학설은, 유언집행자의 행위 효과가 상속인에게 귀속된다는 것을 의미하는 것이지 실제로 상속인의 대리인으로 보는 것은 아니라는 견해(곽윤직, 앞의 책, 272면; 송덕수, 앞의 책, 1684면 등)와 유언자의 정당한 의사를 실현하는 임무를 가진 상속인의 대리인으로 보는 견해(김주수·김상용, 앞의 책, 845면)로 나뉜다. ① 생각건대 유언집행자는 유증의 목적인 재산의 관리 기타 유언의 집행에 필요한 모든 행위를 할 권리의무가 있고, 이와 관련된 소송에 있어서는 법정소송담당으로서 자신의 이름으로 당사자적격을 가지는 것(대판 2001. 3. 27. 2000다26920; 대판 2010. 10. 28. 2009다20840)을 살피면, 원래 의미의 대리인이라고 보기는 어렵다. ② 특히 유언집행자는 상속인과 이해상반되는 사항에 관하여도 중립적 입장에서 직무를 수행하여야 하고, 이러한 유언집행자의 사무에 속하는 범위에서는 상속인의 상속재산에 대한 처분권도 제한되므로 유언집행자의 행위 효과의 면만이 대리행위와 유사하다고 보는 것이 타당하다. ③ 따라서 유언집행자는 유언을 집행함에 본인의 이름으로 하여야 할 것이다. 그 업무처리에 있어서는 위임에 관한 제681조 내지 제685조, 제687조, 제691조와 제692조의 규정을 준용한다(제1103조 제2항). 둘째, 유언집행자가 그 취임을 승낙한 때에는 지체없이 그 임무를 이행하여야 한다(제1099조). 따라서 곧바로 임무를 수행하지 아니한다면 임무를 해태한 것이다. 그렇다면 유언집행자의 임무는 어떠한 것이 있는가? ① 유언이 재산에 관한 것인 때에는 지정 또는 선임에 의한 유언집행자는 지체없이 그 재산목록을 작성하여 상속인에게 교부하여야 한다(제1100조 제1항). 상속인의 청구가 있는 때에는 재산목록작성에 상속인을 참여하게 하여야 한다(제1100조 제2항). ② 유언집행자는 유증의 목적인 재산의 관리 기타 유언의 집행에 필요한 행위를 할 권리의무가 있다(제1101조). 그러므로 유언의 집행에 방해가 되는 다른 등기의 말소를 구하는 소송 등에서 법정소송담당으로서의 원고적격이 있다(대판 2010. 10. 28. 2009다20840 등). ③ 유언집행자는 유언집행에 필요한 한도에서 상속재산에 대한 관리처분권이 있으므로 이에 반하는 범위 내에서 상속인의 처분권은 제한되어야 할 것이다. 다만, 그 효력에 대하여는 명문의 규정은 없으므로 그 처분을 무효라고 할 수 없고 상속인에게 손해배상책임을 묻는 것으로 해결할 수밖에 없다(김주수 · 김상용, 앞의 책, 846면; 곽윤직, 앞의 책, 275면 등). ④ 유언집행자가 수인인 경우에는 임무의 집행은 그 과반수의 찬성으로써 결정한다(제1102조). 공동유언집행자가 소송하는 경우는 필수적 공동소송형태가 될 것이다(박동섭, 앞의 책, 783면). 그러나 상속재산의 보존행위는 각자가 이를 할 수 있다(제1102조 단서). ⑤ 유언자가 유언으로 그 집행자의 보수를 정하지 아니한 경우에는 법원은 상속재산의 상황 기타 사정을 참작하여 지정 또는 선임에 의한 유언집행자의 보수를 정할 수 있다(제1104조 제1항 · 가사소송법 제2조 제1항 라류사건 제45호). 유언집행자가 보수를 받는 경우에는 위임에 관한 제686조 제2항, 제3항의 규정을 준용한다(제1104조 제2항). 유언의 집행에 관한 비용은 상속재산 중에서 이를 지급한다(제998조의2 · 제1107조 · 가사소송규칙 제90조).

3. 유언집행자의 임무종료

유언집행자는 유언집행의 완료, 유언집행자의 사망 또는 결격사유 발생, 사퇴 또는 해임으로 그 임무를 종료한다. 첫째, 지정 또는 선임에 의한 유언집행자는 정당한 사유있는 때에는 법원의 허가를 얻어 그 임무를 사퇴할 수 있다(제1105조). 둘째, 지정 또는 선임에 의한 유언집행자에 그 임무를 해태하거나 적당하지 아니한 사유가 있는 때에는 법원은 상속인 기타 이해관계인의 청구에 의하여 유언집행자를 해임할 수 있다(제1106조 · 가사소송법 제2조 제1항 라류사건 제47호). ① 유언집행자가 일부 상속인에게만 유리하게 편파적으로 집행하는 것은 해임사유가 될 수 있으나, 유언의 해석에 관하여 상속인과 다른 입장을 취하고 있다고 하여 이에 해당한다고 보기는 어렵다(대결 2011. 10. 27. 자 2011스108). ② 해임은 가정법원의 심판으로 하며, 그 효력은 심판의 고지에 따라 발생한다(가사소송법 제40조). 셋째, 임무가 종료된 유언집행자는 급박한 사정이 있는 때에는 새로운 유언집행자가 선임되어 유언집행사무를 처리할 수 있을 때까지 그의 임무를 계속 수행하여야 한다(제1103조 제2항·제691조). 또한 유언집행사무의 종료사유는 상속인에게 통지하거나 상속인이 이를 안 때가 아니면 상속인에게 대항할 수 없다는 점을 주의해야 할 것이다(제1103조 제2항·제962조).

●● 사례의 해결:

첫째, 민법 제1095조는 유언자가 유언집행자의 지정 또는 지정위탁을 하지 아니하거나 유언집행자의 지정을 위탁받은 자가 위탁을 사퇴한 때에 한하여 적용되는 것이므로, 유언자가 지정 또는 지정위탁에 의하여 유언집행자의 지정을 한 이상 그 유언집행자가 사망·결격 기타 사유로 자격을 상실하였다고 하더라도 상속인은 민법 제1095조에 의하여 유언집행자가 될 수는 없다. 둘째, 또한 유증 등을 위하여 유언집행자가 지정되어 있다가 그 유언집행자가 사망·결격 기타 사유로 자격을 상실한 때에는 상속인이 있더라도 유언집행자를 선임하여야 하는 것이므로, 유언집행자가 해임된 이후 법원에 의하여 새로운 유언집행자가 선임되지 아니하였다고 하더라도 유언집행에 필요한 한도에서 상속인의 상속재산에 대한 처분권은 여전히 제한되며 그 제한 범위 내에서 상속인의 원고적격 역시 인정될 수 없다. 셋째, 따라서 이 사건 소송의 원고적격은 유언집행자에게만 있고 망 소외 B의 상속인인 A(원고)에게는 그 원고적격이 없다고 할 것이다. 또한 상고심 계속 중에 유언집행자인 소외 C가 해임되었다고 하더라도 원고들이 민법 제1095조에 의하여 유언집행자가 될 수는 없으며, 유언집행자가 해임된 이후 법원에 의하여 새로운 유언집행자가 선임되지 아니하였다고 하더라도 그동안에 상속인인 원고들에게 원고적격이 인정되는 것도 아니므로, 위와 같은 원고적격의 흠이 상고심에서 치유되었다고 볼 수도 없다. 그렇다면 이 사건 소는 원고적격이 없는 당사자에 의하여 제기된 것으로서 부적법하여 각하될 것이다.

(대판 2010. 10. 28. 2009다20840의 사실관계와 판결요지 등 참조)

판 례

■ 유언집행자의 선임요건 및 누구를 유언집행자로 선임하느냐의 문제가 법원의 재량에 속하는지 여부

"민법 제1096조에 의한 법원의 유언집행자 선임은 유언집행자가 전혀 없게 된 경우뿐만 아니라 유언집행자의 사망, 사임, 해임 등의 사유로 공동유언집행자에게 결원이 생긴 경우와 나아가 결원이 없어도 법원이 유언집행자의 추가선임이 필요하다고 판단한 경우에 이를 할 수 있는 것이고, 이때 누구를 유언집행자로 선임하느냐는 문제는 민법 제1098조 소정의 유언집행자의 결격사유에 해당하지 않는 한 당해 법원의 재량에 속하는 것이다."(대결 1995. 12. 4. 자 95스32; 대결 1995. 12. 4. 자 95스32)

■ 유언집행자가 있는 경우, 유증 목적물 관련 소송에서 상속인의 원고적격이 인정되는지 여부(소극)

"유언집행자는 유증의 목적인 재산의 관리 기타 유언의 집행에 필요한 모든 행위를 할 권리의무가 있으므로, 유증 목적물에 관하여 마쳐진, 유언의 집행에 방해가 되는 다른 등기의 말소를 구하는 소송에 있어서는 유언집행자가 이른바 법정소송담당으로서 원고적격을 가진다고 할 것이고, 유언집행자는 유언의 집행에 필요한 범위 내에서는 상속인과 이해상반되는 사항에 관하여도 중립적 입장에서 직무를 수행하여야 하므로, 유언집행자가 있는 경우 그의 유언집행에 필요한 한도에서 상속

인의 상속재산에 대한 처분권은 제한되며 그 제한 범위 내에서 상속인은 원고적격이 없다."(대판 2010. 10. 28. 2009다20840; 대판 1999. 11. 26. 97다57733; 대판 2001. 3. 27. 2000다26920)

■ 지정유언집행자가 사망·결격 기타 사유로 자격을 상실한 경우, 상속인이 민법 제1095조에 의하여 유언집행자가 될 수 있는지 여부(소극)

"민법 제1095조는 유언자가 유언집행자의 지정 또는 지정위탁을 하지 아니하거나 유언집행자의 지정을 위탁받은 자가 위탁을 사퇴한 때에 한하여 적용되는 것이므로, 유언자가 지정 또는 지정위탁에 의하여 유언집행자의 지정을 한 이상 그 유언집행자가 사망·결격 기타 사유로 자격을 상실하였다고 하더라도 상속인은 민법 제1095조에 의하여 유언집행자가 될 수는 없다."(대판 2010. 10. 28. 2009다20840; 대판 2010. 10. 28. 2009다20840)

■ 지정유언집행자가 해임된 이후 법원에 의하여 새로운 유언집행자가 선임되지 아니한 경우, 상속인의 원고적격이 인정되는지 여부(소극)

"유증 등을 위하여 유언집행자가 지정되어 있다가 그 유언집행자가 사망·결격 기타 사유로 자격을 상실한 때에는 상속인이 있더라도 유언집행자를 선임하여야 하는 것이므로, 유언집행자가 해임된 이후 법원에 의하여 새로운 유언집행자가 선임되지 아니하였다고 하더라도 유언집행에 필요한 한도에서 상속인의 상속재산에 대한 처분권은 여전히 제한되며 그 제한 범위 내에서 상속인의 원고적격 역시 인정될 수 없다."(대판 2010. 10. 28. 2009다20840)

■ 수인의 유언집행자에게 유증의무 이행을 구하는 소송이 유언집행자 전원을 피고로 하는 고유필수적 공동소송인지 여부(적극)

"상속인이 유언집행자가 되는 경우를 포함하여 유언집행자가 수인인 경우에는, 유언집행자를 지정하거나 지정위탁한 유언자나 유언집행자를 선임한 법원에 의한 임무의 분장이 있었다는 등의 특별한 사정이 없는 한, 유증 목적물에 대한 관리처분권은 유언의 본지에 따른 유언의 집행이라는 공동의 임무를 가진 수인의 유언집행자에게 합유적으로 귀속되고, 그 관리처분권 행사는 과반수의 찬성으로써 합일하여 결정하여야 하므로, 유언집행자가 수인인 경우 유언집행자에게 유증의무의 이행을 구하는 소송은 유언집행자 전원을 피고로 하는 고유필수적 공동소송으로 봄이 상당하다."(대판 2011. 6. 24. 2009다8345)

■ 수인의 유언집행자 중 1인만을 피고로 하여 유증의무 이행을 구하는 소송을 제기한 사안에서, 유언집행자 지정 또는 제3자의 지정 위탁이 없는 한 상속인 전원이 유언집행자가 되고, 유언집행자에 대하여 민법 제1087조 제1항 단서에 따라 유증의무의 이행을 구하는 것은 유언집행자인 상속인 전원을 피고로 삼아야 하는 고유필수적 공동소송이라고 한 사례

"수인의 유언집행자 중 1인만을 피고로 하여 유증의무 이행을 구하는 소송을 제기한 사안에서, 유언집행자 지정 또는 제3자의 지정 위탁이 없는 한 상속인 전원이 유언집행자가 되고, 유증의무자인 유언집행자에 대하여 민법 제1087조 제1항 단서에 따라 유증의무의 이행을 구하는 것은 유언집행자인 상속인 전원을 피고로 삼아야 하는 고유필수적 공동소송이라고 한 사례."가 있다(동조 제1항).

■ 유언집행자가 자필 유언증서상 유언자의 자서와 날인의 진정성을 다투는 상속인들에 대하여 '유언 내용에 따른 등기신청에 이의가 없다'는 진술을 구하는 소의 적법 여부(소극)

"유언집행자가 자필 유언증서상 유언자의 자서와 날인의 진정성을 다투는 상속인들에 대하여 '유언 내용에 따른 등기신청에 이의가 없다'는 진술을 구하는 소는, 등기관이 자필 유언증서상 유언

자의 자서 및 날인의 진정성에 관하여 심사하는 데 필요한 증명자료를 소로써 구하는 것에 불과하고, 민법 제389조 제2항에서 규정하는 '채무가 법률행위를 목적으로 한 때에 채무자의 의사표시에 갈음할 재판을 청구하는 경우'에 해당한다고 볼 수 없다. 따라서 위와 같은 소는 권리보호의 이익이 없어 부적법하다. 또한, 유언집행자가 제기한 위와 같은 소를 유증을 원인으로 하는 소유권이전등기에 대하여 상속인들의 승낙을 구하는 것으로 본다 하더라도, 포괄유증의 성립이나 효력발생에 상속인들의 승낙은 불필요하고, 부동산등기법 관련 법령에서 유증을 원인으로 하는 소유권이전등기에 대하여 상속인들의 승낙이 필요하다는 규정을 두고 있지도 아니하므로, 이는 부동산등기법 관련 법령에 따라 유증을 원인으로 하는 소유권이전등기를 마치는 데 있어 필요하지 아니한 제3자의 승낙을 소구하는 것에 불과하여 권리보호의 이익이 없어서 역시 부적법하다."(대판 2014. 2. 13. 2011다74277; 대판 2010. 10. 28. 2009다20840)

■ 자필 유언증서상 유언자의 자서와 날인의 진정성을 다투는 상속인들이 유언 내용에 따른 등기신청에 관하여 이의가 없다는 진술서의 작성을 거절하는 경우, 유언집행자가 취할 수 있는 조치

"유언집행자로서는, 자필 유언증서상 유언자의 자서와 날인의 진정성을 다투는 상속인들이 유언 내용에 따른 등기신청에 관하여 이의가 없다는 진술서의 작성을 거절하는 경우에는 그 진술을 소로써 구할 것이 아니라, 상속인들을 상대로 유언효력확인의 소나 포괄적 수증자 지위 확인의 소 등을 제기하여 승소 확정판결을 받은 다음, 이를 부동산등기규칙 제46조 제1항 제1호 및 제5호의 첨부정보로 제출하여 유증을 원인으로 하는 소유권이전등기를 신청할 수 있다."(대판 2014. 2. 13. 2011다74277)

■ 유언집행자가 유언의 해석에 관하여 상속인과 의견을 달리한다거나 혹은 유언집행자가 유언집행에 방해되는 상태를 야기하고 있는 상속인을 상대로 유언의 충실한 집행을 위하여 자신의 직무권한 범위에서 가압류신청 또는 본안소송을 제기함으로써 일부 상속인들과 유언집행자 사이에 갈등이 초래되었다는 사정만으로 유언집행자의 해임사유가 있다고 할 수 있는지 여부(소극)

"지정 또는 선임에 의한 유언집행자에게 임무해태 또는 적당하지 아니한 사유가 있는 때에는 법원은 상속인 기타 이해관계인의 청구에 의하여 유언집행자를 해임할 수가 있으나(민법 제1106조), 유언집행자는 유증의 목적인 재산의 관리 기타 유언의 집행에 필요한 모든 행위를 할 권리의무가 있을 뿐만 아니라(민법 제1101조) 유언의 집행에 필요한 범위 내에서는 상속인과 이해상반되는 사항에 관하여도 중립적 입장에서 직무를 수행하여야 하므로, 유언집행자가 유언의 해석에 관하여 상속인과 의견을 달리한다거나 혹은 유언집행자가 유언의 집행에 방해되는 상태를 야기하고 있는 상속인을 상대로 유언의 충실한 집행을 위하여 자신의 직무권한 범위에서 가압류신청 또는 본안소송을 제기하고 이로 인해 일부 상속인들과 유언집행자 사이에 갈등이 초래되었다는 사정만으로는 유언집행자의 해임사유인 '적당하지 아니한 사유'가 있다고 할 수 없으며, 일부 상속인에게만 유리하게 편파적인 집행을 하는 등으로 공정한 유언의 실현을 기대하기 어려워 상속인 전원의 신뢰를 얻을 수 없음이 명백하다는 등 유언집행자로서의 임무수행에 적당하지 아니한 구체적 사정이 소명되어야 한다."(대결 2011. 10. 27.자 2011스108; 대판 2010. 10. 28. 2009다20840; 대판 2001. 3. 27. 2000다26920)

■ 갑이 망 을의 유언에 따라 유언집행자로 지정되었고, 위 유언에 따른 분배대상 재산에는 부동산과 금융자산이 있었는데, 상속개시 이후 위 금융자산 대부분이 이미 인출되었음을 알게 된 갑이 상속인들에게 기인출된 돈의 반환을 요구하면서 아직 인출되지 않고 남아 있던 돈을 갑의 예금계좌로 이체시켜 보관한 사안에서, 단지 유언집행자의 지위에서 보관 중인 위 예금채권에 대한

상속인들의 분배요구를 거절한 사정만으로 유언집행자로서 적당하지 아니한 해임사유가 있다고 본 원심결정에는 유언집행자의 지위와 해임사유에 관한 법리 오해의 위법이 있다고 한 사례

"갑이 망 을의 유언에 따라 유언집행자로 지정되었고, 위 유언에 따른 분배대상 재산에는 부동산과 금융자산이 있었는데, 상속개시 이후 위 금융자산 대부분이 이미 인출되었음을 알게 된 갑이 상속인들에게 기인출된 돈의 반환을 요구하면서 아직 인출되지 않고 남아 있던 돈을 갑의 예금계좌로 이체시켜 보관한 사안에서, 유언집행자의 지위에서 보관 중인 위 예금채권에 대한 상속인들의 분배요구를 거절하였다고 하여 이를 임무해태 내지 불공정한 직무수행으로 단정하기도 어려움에도, 갑에게 공정한 유언의 실현을 기대하기 어려워 상속인 전원의 신뢰를 얻을 수 없음이 명백하다고 볼 만한 구체적 사정이 있는지에 관하여 더 나아가 심리해 보지 아니한 채, 단지 위와 같은 사정만으로 유언집행자로서 적당하지 아니한 해임사유가 있다고 단정한 원심결정에는 유언집행자의 지위와 해임사유에 관한 법리를 오해하여 필요한 심리를 다하지 아니한 위법이 있다고 한 사례."가 있다(대결 2011. 10. 27. 자 2011스108).

제4장 유 류 분

제1절 서 설

Ⅰ. 유류분제도

1. 의의 · 인정이유

피상속인의 유증 · 증여 등에 의한 재산처분의 자유를 제한함으로써 상속인에게 법정상속분에 대한 일정비율의 상속재산을 확보해 주는 것을 유류분(遺留分)제도라고 한다. 사유재산제도(헌법 제23조 참조)를 채택하고 있는 우리나라의 경우, 피상속인(아버지)이 생전에 자유로운 의사에 의하여 자신의 소유재산을 다 처분할 수도 있다. 그러나 이렇게 되면, 피상속인의 사망 후에 그의 가족들의 생활보호가 문제 된다. 유류분제도는 피상속인의 유산처분의 자유에 대한 제한으로서, 피상속인의 일정범위의 상속인에게 그 가산(家産)에 대한 일정비율의 권리를 인정함으로써 그들의 최소한의 생활 내지 부양을 보장해 주는 기능을 갖는다.

2. 특 질

첫째, 유류분은 상속재산을 이루는 개개의 구체적인 재산에 대한 상속인의 권리가 아니라, 상속인에게 귀속되는 것이 법률상 보장된 피상속인의 재산(피상속인에게 남아 있는 재산에다 증여액을 더한 것에서 상속재무를 공제한 적극재산) 중의 일정한 비율(법정상속분의 일정한 비율)이다. 둘째, 유류분제도는 피상속인의 재산처분의 자유를 인정하면서, 다만 그의 처분(유증 · 증여)의 결과가 상속인의 유류분을 침해하는 한도에서 유류분권자에게 그 반환청구권의 행사를 인정할 뿐이다. 이 경우, 유류분의 침해 여부는 상속개시 시를 기준으로 판단한다. 유류분권은 상속이 개시되기 전에는 일종의 기대권에 지나지 않는다.

●● 사례

C는 1995년 1월 14일 그 소유인 X회사 주식 2만 1천 1백주(이 사건 주식)를 장남인 B(피고)와 차남인 D에게 1/2씩 유증한 다음 같은 해 5월 31일 사망하였고, D는 그 직후 증여받은 주식 1만 550주를 B에게 다시 증여하였다. A(원고)는 1996년 1월 11일 B를 비롯한 나머지 유족들을

상대로, 이 사건 유증이 망인의 정신이 혼미한 상태에서 이뤄져 무효라고 주장하면서 이 사건 주식 및 망인 소유 부동산에 대하여 상속재산 분할심판청구를 하였다(이 심판절차에서 B가 준비서면을 제출하면서 이 사건 유증의 증거로 유언공정증서를 제출하였고, A는 그 진정성립을 인정했다. 그 후 A는 준비서면에서 이 사건 유증이 적법하더라도 그 유증으로 인하여 A의 유류분이 침해되었다는 이유로 이 사건 주식에 대한 유류분청구를 하였다. 그 후 상속재산 분할대상을 추가하였다가, 이 사건 주식에 대한 유류분반환 주장을 철회하였다). 동 사안에서 심판을 함에 유의할 점은 무엇인가?

●● 사안의 쟁점:

첫째, 상속재산분할심판절차에서의 유류분반환청구를 할 수 있는지, 둘째, 상속재산분할심판절차에서 유류분반환주장을 철회한 경우 그 효력 등이다.

Ⅱ. 유류분권과 그 포기

1. 유류분권

상속이 개시되면 일정범위의 상속인은 피상속인의 상속재산을 일정비율로 취득할 수 있는 법적 지위에 놓이게 되는데, 이를 유류분권(遺留分權)이라 한다(유류분권을 갖는 자가 유류분권자(유류분권리자)이다). 이러한 유류분권으로부터, 피상속인의 유증·증여에 의하여 상속인이 갖는 유류분이 부족할 경우에 유류분의 한도액에 이르기까지 그 부족분의 반환을 그 수증자에게 청구할 수 있는 유류분반환청구권이 생긴다.

2. 유류분권의 포기

첫째, 유류분권이 발생하면 이는 그 권리자의 재산권이 된다. 따라서 그 권리자가 유류분권을 포기할 수 있음은 명문의 규정이 없는 민법의 경우에도 당연하다. ① 피상속인이 행한 특정의 유산처분에 대한 유류분반환청구권의 포기뿐만 아니라, 일괄하여 유류분권 전체를 포기할 수도 있다. ② 포기의 효과는 무엇인가? 그 규정이 없는 민법의 경우, 그 권리자가 유류분권을 포기하면 처음부터 그 권리자가 없었던 것으로 하여 유류분액이 산정되어야 한다고 하여야 한다(같은 견해 김주수·김상용, 앞의 책, 856면; 송덕수, 앞의 책, 1687면). 둘째, 그 규정이 없는 민법의 경우, 유류분권은 상속개시 전에는 포기할 수 없다고 새겨야 한다(통설). 왜냐하면 그 포기를 허용할 경우, 상속인이 될 자에게 포기가 강요될 우려가 있고, 자녀의 균분상속·배우자의 상속권 보장이라는 상속법의 이념이 침해될 수 있기 때문이다(또한 이를 허용하지 않아야, 상속이 개시되기 전에 상속의 포기를 허용하지 않는 것과 균형이 맞는다).

제2절 유류분의 범위

민법은 법정상속권을 유류분권의 기초로 하고 있으므로(제1112조 참조), 유류분권자의 자격·범위·순위 등은 상속권에 있어서의 관련 법리가 적용된다.

Ⅰ. 유류분권자와 그의 유류분

1. 유류분권자

첫째, 유류분이 있는 자는 피상속인의 직계비속·배우자·직계존속·형제자매이다(제1112조). 둘째, 대습상속에 관한 규정(제1001조·제1003조 제2항·제1010조)은 유류분에도 준용된다(제1118조). 따라서 피상속인의 직계비속과 형제자매의 대습자도 유류분권자에 포함된다. 셋째, 태아는 상속에 관하여 이미 출생한 것으로 의제되므로(제1000조 제3항), 유류분권을 갖는다. 넷째, 상속결격자(다만, 그 대습자의 유류분권이 인정된다)·상속의 포기자는 유류분권이 없다.

이상을 종합한 결과를 순위별로 본다. ① 법정상속의 최우선순위의 상속인이어야 유류분권을 행사할 수 있다. 따라서 피상속인의 부모와 직계비속이 있는 경우, 후순위 상속인인 부모는 유류분권을 행사하지 못한다. ② 피상속인의 직계비속이 상속결격자인 경우, 피대습자(상속결격자)의 대습자(직계비속과 그의 배우자)가 유류분권자이다. ③ 피상속인의 직계비속 또는 그의 대습자가 없는 경우, 피상속인의 직계존속이 유류분권자이다. ④ 피상속인의 배우자는 피상속인의 직계비속(그 대습자)이 있으면 그와 함께, 직계비속이 없으면 그 직계존속과 함께 유류분권자가 된다(그 직계비속(그 대습자)과 직계존속이 없으면, 단독의 유류분권자가 된다). ⑤ 피상속인의 직계비속(그 대습자)·배우자·직계존속이 없으면, 피상속인의 형제자매(그 대습자)가 유류분권자이다.

2. 유류분권자의 유류분

첫째, 민법은 유류분권자의 유류분 비율을 그의 법정상속분의 일정비율로써 정하고 있다(제1112조). ① 피상속인의 직계비속·배우자는 그 법정상속분의 2분의 1(제1112조 제1호·제2호)로, ② 피상속인의 직계존속·형제자매는 그 법정상속분의 3분의 1(제1112조 제3호·제4호)이다. 둘째, 대습상속인의 유류분은 피대습자의 유류분과 같다(대습상속인이 수인인 경우, 피대습자의 유류분을 그들의 법정상속분에 따라 나눈 몫이다).

Ⅱ. 유류분액의 산정

유류분액을 구체적으로 산정하기 위해서는 우선 그 산정의 기초가 되는 피상속인의 재산의 액을 확정하여야 한다.

1. 유류분 산정의 기초가 되는 재산

첫째, 그 재산은 피상속인이 상속개시 시에 가진 재산의 가액에 증여재산의 가액을 가산하고, 채무의 전액을 공제하여 산정한다(제1113조 제1항). 다만 증여 이후 수증자나 수증자에게서 증여재산을 양수한 사람이 자기 비용으로 증여재산의 성상 등을 변경하여 상속개시 당시 가액이 증가되어 있는 경우, 변경된 성상 등을 기준으로 상속개시 당시의 가액을 산정하면 유류분권리자에게 부당한 이익을 주게 되므로, 이러한 경우에는 그와 같은 변경을 고려하지 않고 증여 당시의 성상 등을 기준으로 상속개시 당시의 가액을 산정하여야 할 것이다(대판 2015. 11. 12. 2010다104768). 증여받은 재산이 금전일 경우, 그 가액은 상속개시 당시의 화폐가치로 환산한 금액이 된다(대판 2009. 7. 23. 2006다28126). 둘째, 재산평가의 방법은 상속분의 산정과 같으나, 조건부 권리 또는 존속기간이 불확정한 권리는 가정법원이 선임한 감정인의 평가에 의하여 그 가격을 정한다(제1113조 제2항).

이와 같은 산정방법을 둘러싼 몇 가지 의문점을 살펴본다. ① 상속개시 시에 가진 재산이란, 상속인이 승계한 상속재산 중의 적극재산만을 말한다. 여기에는 유증(사인증여)이 포함되고(대판 2001. 11. 30. 2001다6947), 증여계약상의 채무가 이행되지 않은 채 상속이 개시된 재산을 포함한다. 유류분 제도가 신설되어 시행되기 전에 증여계약이 체결되었더라도 이행이 완료되지 않은 상태에서 유류분 제도를 규정한 개정 민법이 시행되고 그 이후에 상속이 개시된 경우에도 마찬가지이다(대판 2012. 12. 13. 2010다78722). 다만 유류분은 1977년에 민법에 도입되어 1979년 1월 1일부터 시행되고 있는데, 유류분 제도가 생기기 전에 피상속인이 상속인이나 제3자에게 재산을 증여하고 이행을 완료하여 소유권이 수증자에게 이전된 때에는 피상속인이 유류분 제도 시행 이후에 사망하여 상속이 개시되더라도 소급하여 증여재산이 유류분 제도에 따른 반환청구의 대상이 되지는 않는다는 점을 유의하여야 한다(대판 2012. 12. 13. 2010다78722). 또한 앞에서 살핀 제1008조의3 소정의 상속재산을 구성하지 않는 분묘에 속한 1정보 이내의 금양임야 등은 유류분산정의 기초가 되는 재산이 아니다. ② 증여재산의 가산은 어떤 경우에 행해지는가? 민법은 피상속인이 유류분제도의 회피수단으로 생전처분의 방법을 사용할 수 있음을 상정하여 일정한 범위의 생전처분을 유류분 산정의 기초가 되는 재산에 가산하고 있다(제1114조). ㉮ 상속개시 전의 1년간에 행한 증여의 경우, 그 가액이 가산된다(제1114조 제1문).

이 경우의 증여는 민법상의 증여에 한하지 않고 무상행위 · 무상처분 일반을 두루 가리키는 것으로 새긴다(통설). 다만, 일상생활상의 의례적인 증여는 포함되지 않는다. 또한 1년이라는 기간은 증여계약상의 채무의 이행시기가 아니라 계약체결시를 기준으로 하게 된다. ㉯ 증여계약의 당사자 쌍방이 유류분권자에게 손해를 준다는 사실을 알면서 증여계약(무상처분)을 체결한 경우에는 1년 전에 한 것도 그 가액이 가산된다(제1114조 제2문). 이 경우, 당사자의 유류분권자를 해할 의도나 목적은 필요하지 않다. 당사자 쌍방이 계약 당시 증여재산의 가액이 남은 재산의 가액을 초과한다는 점을 알았을 뿐만 아니라 장자 상속개시일까지도 그 재산이 증가하지 않으리라는 점까지 예견하고 증여를 행한 사정만으로 족하며, 이러한 가해의 인식은 증여 당시를 기준으로 판단하여야 한다(대판 2012. 5. 24. 2010다50809). ㉰ 공동상속인 중에 증여에 의한 특별수익자가 있는 경우, 제1114조가 적용되지 않으므로, 그 증여가 상속개시 전의 1년간에 행하여졌는지에 관계없이 그 가액을 가산하여야 한다(대판 1995. 6. 30. 93다11715).
③ 채무 전액의 공제에서 말하는 채무는 상속채무, 즉 피상속인의 채무이다. 따라서 피상속인의 채무이기만 하면 사법상의 채무 · 공법상의 채무(세금 · 벌금 등)가 모두 공제대상이 된다. 상속재산에 관한 비용(상속세 · 관리비용 · 소송비용 등) · 유언집행에 관한 비용(유언의 검인신청비용 · 재산목록작성비용 등) 등이 공제대상 채무에 포함되는지 여부에 관하여는 다툼이 있으나, 포함된다고 해석하여야 한다. 왜냐하면 채무의 공제는 상속인의 몫을 산출하기 위한 전제가 되기 때문이다.

2. 유류분액의 계산

유류분권자의 유류분액은 앞에서 살핀, 유류분 산정의 기초가 되는 재산의 가액에 유류분권자의 유류분율(遺留分率)(각 상속인에 따라 각 상속인의 법정상속분의 1/2 또는 1/3)을 곱한 것이다. 그런데 피상속인이 당해 상속인(유류분권자)에게 증여 · 유증을 한 경우에는 어떻게 되는가? 특별수익으로서 당해 상속인의 수증액만큼 공제하여야 하는 것으로 새겨야 한다는 견해가 있으나(곽윤직, 앞의 책, 287면 등), 이는 유류분의 침해액 산정 시의 고려사항이라고 하여야 한다(같은 견해 송덕수, 앞의 책, 1691면). 그 특별수익은 유류분의 침해에 해당되어 그 부족분의 한도에서 반환청구의 대상이 되기 때문이다(대판 2006. 11. 10. 2006다46346 참조).

유류분액을 계산하는 식은 다음과 같다.

① 유류분 산정의 기초재산 = (적극 상속재산 + 1년간의 증여액 + 1년 전의 악의의 증여액 + 공동상속인의 모든 증여액) − 상속채무

② 상속인의 유류분율 = 당해 상속인의 법정상속분 × 그의 유류분 비율

③ 유류분액 = 유류분 산정의 기초재산 × 상속인의 유류분율

●● 사례의 해결:

첫째, 유류분반환청구는 가정법원의 관할에 속하지 않는다. 둘째, 따라서 상속재산분할심판절차에서 종전에 하였던 유류분반환 주장을 철회한 것이, 가정법원의 관할에 속하지 않은 점을 고려한 데서 비롯된 법원에 대한 의사표시일 뿐이므로 A가 사법상 유류분반환청구의 의사표시를 취소하거나 철회한 것으로 볼 수 없음을 유의하여야 한다.

(대판 2002. 4. 26. 2000다8878의 사실관계와 판결요지 등 참조)

판 례

■ 유류분액의 산정에 있어서 증여재산의 시가 산정의 기준시기(=상속개시 시) 및 원물반환이 불가능하여 가액반환을 명하는 경우, 그 가액 산정의 기준시기(=사실심 변론종결 시)

"유류분반환범위는 상속개시 당시 피상속인의 순재산과 문제된 증여재산을 합한 재산을 평가하여 그 재산액에 유류분청구권자의 유류분비율을 곱하여 얻은 유류분액을 기준으로 하는 것인바, 이와 같이 유류분액을 산정함에 있어 반환의무자가 증여받은 재산의 시가는 상속개시 당시를 기준으로 산정하여야 하고, 당해 반환의무자에 대하여 반환하여야 할 재산의 범위를 확정한 다음 그 원물반환이 불가능하여 가액반환을 명하는 경우에는 그 가액은 사실심 변론종결시를 기준으로 산정하여야 한다."(대판 2005. 6. 23. 2004다51887)

■ 유류분액을 산정함에 있어서 반환의무자가 증여받은 재산의 시가 산정의 기준시기(=상속개시 당시) 및 그 증여받은 재산이 금전일 경우 가액 산정 방법

"유류분반환범위는 상속개시 당시 피상속인의 순재산과 문제된 증여재산을 합한 재산을 평가하여 그 재산액에 유류분청구권자의 유류분비율을 곱하여 얻은 유류분액을 기준으로 하는 것인바, 그 유류분액을 산정함에 있어 반환의무자가 증여받은 재산의 시가는 상속개시 당시를 기준으로 하여 산정하여야 한다. 따라서 그 증여받은 재산이 금전일 경우에는 그 증여받은 금액을 상속개시 당시의 화폐가치로 환산하여 이를 증여재산의 가액으로 봄이 상당하고, 그러한 화폐가치의 환산은 증여 당시부터 상속개시 당시까지 사이의 물가변동률을 반영하는 방법으로 산정하는 것이 합리적이다."(대판 2009. 7. 23. 2006다28126)

■ 유류분반환의 범위를 산정할 때 증여받은 재산의 시가 산정의 기준 시점(=상속개시 당시) 및 증여 이후 수증자나 수증자에게서 증여재산을 양수한 사람이 자기 비용으로 증여재산의 성상(성상) 등을 변경하여 상속개시 당시 가액이 증가되어 있는 경우, 증여 당시의 성상 등을 기준으로 상속개시 당시의 가액을 산정하여야 하는지 여부(적극)

"유류분반환의 범위는 상속개시 당시 피상속인의 순재산과 문제 된 증여재산을 합한 재산을 평가하여 그 재산액에 유류분청구권자의 유류분비율을 곱하여 얻은 유류분액을 기준으로 산정하는데, 증여받은 재산의 시가는 상속개시 당시를 기준으로 하여 산정하여야 한다. 다만 증여 이후 수증자나 수증자에게서 증여재산을 양수한 사람이 자기 비용으로 증여재산의 성상(성상) 등을 변경하여 상속개시 당시 가액이 증가되어 있는 경우, 변경된 성상 등을 기준으로 상속개시 당시의 가액을 산정하면 유류분권리자에게 부당한 이익을 주게 되므로, 이러한 경우에는 그와 같은 변경을 고려하지

않고 증여 당시의 성상 등을 기준으로 상속개시 당시의 가액을 산정하여야 한다."(대판 2015. 11. 12. 2010다104768)

■ 유류분반환청구에 있어 사인증여를 유증으로 볼 수 있는지 여부(적극)

"유류분반환청구의 목적인 증여나 유증이 병존하고 있는 경우에는 유류분권리자는 먼저 유증을 받은 자를 상대로 유류분침해액의 반환을 구하여야 하고, 그 이후에도 여전히 유류분침해액이 남아 있는 경우에 한하여 증여를 받은 자에 대하여 그 부족분을 청구할 수 있는 것이며, 사인증여의 경우에는 유증의 규정이 준용될 뿐만 아니라 그 실제적 기능도 유증과 달리 볼 필요가 없으므로 유증과 같이 보아야 할 것이다."(대판 2001. 11. 30. 2001다6947)

■ 유류분 제도 시행 이전에 재산이 증여된 경우, 유류분 산정의 대상이 되는 재산에 포함되는지 판단하는 기준

"유류분 제도가 생기기 전에 피상속인이 상속인이나 제3자에게 재산을 증여하고 이행을 완료하여 소유권이 수증자에게 이전된 때에는 피상속인이 1977. 12. 31. 법률 제3051호로 개정된 민법(이하 '개정 민법'이라 한다) 시행 이후에 사망하여 상속이 개시되더라도 소급하여 증여재산이 유류분 제도에 의한 반환청구의 대상이 되지는 않는다. 개정 민법의 유류분 규정을 개정 민법 시행 전에 이루어지고 이행이 완료된 증여에까지 적용한다면 수증자의 기득권을 소급입법에 의하여 제한 또는 침해하는 것이 되어 개정 민법 부칙 제2항의 취지에 반하기 때문이다. 다른 한편 개정 민법 부칙 제5항은 '이 법 시행일 전에 개시된 상속에 관하여는 이 법 시행일 후에도 종전의 규정을 적용한다.'고 규정하고 있다. 따라서 개정 민법 시행일 이후 개시된 상속에 관하여는 개정 민법이 적용되어야 하므로, 개정 민법 시행 이전에 증여계약이 체결되었더라도 이행이 완료되지 않은 상태에서 개정 민법이 시행되고 그 이후에 상속이 개시된 경우에는 상속 당시 시행되는 개정 민법에 따라 증여계약의 목적이 된 재산도 유류분 반환의 대상에 포함된다. 비록 개정 민법 부칙 제2항이 개정 민법은 종전의 법률에 의하여 생긴 효력에 영향을 미치지 아니한다고 하여 개정 민법의 일반적인 적용대상을 규정하고 있지만, 부칙 제5항이 개정 민법 시행 이후 개시된 상속에 관하여는 개정 민법을 적용한다고 정하고 있는데 유류분 제도 역시 상속에 의한 재산승계의 일환이기 때문이다. 또한 유류분 산정의 기초가 되는 재산의 범위에 관하여 민법 제1113조 제1항에서 대상재산에 포함되는 것으로 규정한 '증여재산'은 상속개시 전에 이미 증여계약이 이행되어 소유권이 수증자에게 이전된 재산을 가리키는 것이고, 아직 증여계약이 이행되지 아니하여 소유권이 피상속인에게 남아 있는 상태로 상속이 개시된 재산은 상속재산, 즉 '피상속인의 상속개시 시 가진 재산'에 포함된다고 보아야 하는 점 등에 비추어 보더라도, 증여계약이 개정 민법 시행 전에 체결되었지만 이행이 개정 민법 시행 이후에 되었다면 그 재산은 유류분 산정의 대상인 재산에 포함시키는 것이 옳고, 이는 증여계약의 이행이 개정 민법 시행 이후에 된 것이면 그것이 상속 개시 전에 되었든 후에 되었든 같다."(대판 2012. 12. 13. 2010다78722)

■ 공동상속인이 아닌 제3자에게 한 증여에 관하여 유류분반환청구가 인정되기 위한 요건

"공동상속인이 아닌 제3자에 대한 증여는 원칙적으로 상속개시 전의 1년간에 행한 것에 한하여 유류분반환청구를 할 수 있고, 다만 당사자 쌍방이 증여 당시에 유류분권리자에 손해를 가할 것을 알고 증여를 한 때에는 상속개시 1년 전에 한 것에 대하여도 유류분반환청구가 허용된다. 증여 당시 법정상속분의 2분의 1을 유류분으로 갖는 직계비속들이 공동상속인으로서 유류분권리자가 되리

라고 예상할 수 있는 경우에, 제3자에 대한 증여가 유류분권리자에게 손해를 가할 것을 알고 행해진 것이라고 보기 위해서는, 당사자 쌍방이 증여 당시 증여재산의 가액이 증여하고 남은 재산의 가액을 초과한다는 점을 알았던 사정뿐만 아니라, 장래 상속개시일에 이르기까지 피상속인의 재산이 증가하지 않으리라는 점까지 예견하고 증여를 행한 사정이 인정되어야 하고, 이러한 당사자 쌍방의 가해의 인식은 증여 당시를 기준으로 판단하여야 한다."(대판 2012. 5. 24. 2010다50809)

■ 공동상속인 사이의 유류분반환청구 시 민법 제1114조의 적용이 배제되는지 여부

"공동상속인 중에 피상속인으로부터 재산의 증여에 의하여 특별수익을 한 자가 있는 경우에는 민법 제1114조의 규정은 그 적용이 배제되고, 따라서 그 증여는 상속개시 전의 1년간에 행한 것인지 여부에 관계없이 유류분산정을 위한 기초재산에 산입된다."(대판 1995. 6. 30. 93다11715)

■ 증여 또는 유증을 받은 다른 공동상속인이 수인인 경우, 유류분반환청구의 상대방 및 그 범위

"유류분권리자가 유류분반환청구를 하는 경우에 증여 또는 유증을 받은 다른 공동상속인이 수인일 때에는, 민법이 정한 유류분 제도의 목적과 같은 법 제1115조 제2항의 규정취지에 비추어 유류분권리자는 그 다른 공동상속인들 중 증여 또는 유증을 받은 재산의 가액이 자기 고유의 유류분액을 초과하는 상속인을 상대로 하여 그 유류분액을 초과한 금액의 비율에 따라 반환청구를 할 수 있다고 보아야 한다."(대판 1995. 6. 30. 93다11715)

심화학습

민법 제1113조 제1항 등 위헌소원 사건(헌재결 2010. 4. 29. 2007헌바144)

1. 사건의 개요

Y(이하 '망인'이라 한다)가 2006. 4. 10. 사망하여 그 아들인 청구인, 딸인 Y1, Y2, Y3, Y4, Y5가 망인의 재산을 상속하게 되었는데, 이들의 상속분은 각 6분의 1이다. 청구인은 망인으로부터 ① 1990. 10. 5. 별지 제1부동산 목록 1, 4, 5, 7, 9 내지 13 기재 각 부동산에 관하여 1990. 9. 7. 자 증여를 원인으로 한 소유권이전등기를, ② 2006. 3. 29. 같은 목록 2, 3, 6, 8 기재 각 부동산에 관하여 2006. 3. 15.자 증여를 원인으로 한 소유권이전등기를, ③ 1990. 10. 5. 별지 제2부동산 목록 1 내지 11 기재 각 부동산에 관하여 1990. 9. 7.자 증여를 원인으로 한 소유권이전등기를 각 경료받는 한편, ④ 부산광역시가 2004. 5. 28. 망인에게 지급한 망인 명의의 별지 제2부동산 목록 12, 13 기재 각 부동산에 관한 협의취득보상금 132,815,000원을 증여받았다(이하 별지 제1, 2부동산 목록 기재 각 부동산 중 별지 제2부동산 목록 12, 13 기재 각 부동산을 제외한 나머지 부동산을 '이 사건 각 부동산'이라 하고, 이 사건 각 부동산과 협의취득보상금을 합하여 '이 사건 증여재산'이라 한다). 한편 별지 제2부동산 목록 1 내지 11 기재 각 부동산은 청구인이 타인에게 매도하거나 부산광역시가 협의취득하였는데, 상속개시시의 위 각 부동산의 시가는 합계 644,414,670원이다. Y1 등은 부산지방법원에 청구인을 상대로 유류분의 반환을 구하는 소송을 제기하였고(부산지방법원 2006가합17563, 17570(병합)), 위 법원은 2007. 5. 16. 원고 승소판결을 선고하였는데, 청구인은 이에 불복하여 부산고등법원에 항소를 하였고(부산고등법원 2007나11132, 11149(병합)), 그 소송계속 중 위 법원에 민법 제1113조 제1항에 의해 유류분산정의 기초재산에 가산되는 증여재산의 가액을 산정함에 있어 수증자가 증여

재산을 처분한 경우나 증여재산이 수용된 경우에도 상속개시시의 가액으로 평가하는 것과 민법 제1114조에 의해 공동상속인이 수증자인 경우 증여가 이루어진 시기에 관계없이 모든 증여재산을 유류분산정의 기초재산에 산입하는 것은 헌법 제10조, 제11조 제1항, 제23조 제1항에 위반된다고 주장하면서 위헌법률심판제청신청을 하였으나(2007카기169) 위 법원이 2007. 11. 23. 위 제청신청을 기각하자, 같은 해 12. 26. 헌법재판소법 제68조 제2항에 따라 이 사건 헌법소원심판을 청구하였다.

2. 판시사항

가. 피상속인의 상속개시시에 있어서 가진 재산의 가액에 증여재산의 가액을 가산하여 유류분을 산정하도록 규정한 민법 제1113조 제1항 중 증여재산의 가액을 가산하는 부분(이하 '이 사건 가산조항'이라고 한다)이 재산권을 침해하는지 여부(소극)

나. 이 사건 가산조항이 평등권을 침해하는지 여부(소극)

다. 민법 제1118조 중 민법 제1008조를 유류분에 준용하는 부분(이하 '이 사건 준용조항'이라고 한다)이 재산권을 침해하는지 여부(소극)

라. 이 사건 준용조항이 평등권을 침해하는지 여부(소극)

3. 결정요지

"유류분제도는 피상속인의 재산처분의 자유·유언의 자유를 보장하면서도 피상속인의 재산처분행위로부터 유족들의 생존권을 보호하고, 상속재산형성에 대한 기여, 상속재산에 대한 기대를 보장하려는 데 그 입법취지가 있다. 이러한 유류분제도의 입법취지에 비추어 볼 때, 유류분권리자의 보호와 법적 안정성을 목적으로 하는 민법 제1113조 제1항에 따라 유류분산정의 기초재산에 가산되는 증여재산의 가액을 상속개시시를 기준으로 평가하는 것에는 정당성과 합리성이 인정된다. 나아가, 증여받은 목적물이 처분되거나 수용된 경우 수증자는 그 처분이나 수용으로 인하여 얻은 금원 등의 이용기회를 누리는 점, 수증자가 증여받은 재산의 가액이 상속개시시에 이르러 처분 당시나 수용시보다 낮게 될 가능성도 배제할 수 없는 점 등에 비추어 보면, 유류분산정의 기초재산에 가산되는 증여재산의 평가시기를 증여재산이 피상속인 사망 전에 처분되거나 수용되었는지를 묻지 않고 모두 상속개시시로 하는 것이 현저히 자의적이어서 기본권제한의 한계를 벗어난 것이라고 할 수는 없다. 따라서 이 사건 가산조항은 재산권을 침해하지 아니한다. 유류분제도의 입법취지에 비추어 볼 때, 피상속인으로부터 재산을 증여받은 수증자와 유류분권리자를 본질적으로 동일한 비교집단이라고 할 수 없다. 가사 양자를 동일한 비교집단이라고 볼 수 있다고 하더라도, 수증자가 자신이 얻은 이익보다 많은 이익을 유류분으로 반환하여야 하는 특별한 경우의 문제는 이 사건 가산조항에 의하여 발생하는 것이 아니라 상속개시 전에 처분되거나 수용된 증여재산의 가액이 상속개시시에 상승하였다는 우연한 사정에 의하여 발생하는 것이므로 이 사건 가산조항으로 인하여 불합리한 차별이 발생한다고 할 수도 없다. 유류분제도의 입법취지에 비추어 볼 때, 유류분권리자의 보호와 공동상속인들 상호간의 공평을 입법목적으로 하는 이 사건 준용조항의 정당성과 합리성이 인정된다. 나아가, 공동상속인인 수증자가 받은 증여는 상속분의 선급이라고 할 수 있는 점, 대법원이 민법 제1008조에 대한 해석을 통하여 특별수익에 해당하는 증여의 범위를 제한하고 있는 점, 유류분권리자가 반환청구할 수 있는 증여가 법정상속분의 일부로 그 범위가 제한되는 점 등에 비추어 볼 때, 공동상속인의 증여재산은 그 증여가 이루어진 시기를 묻지 않고 모두 유류분산정을 위한 기초재산에 산입하도록 하는 이 사건 준용조항이 현저히 자의적이어서 기본권 제한의 한계를 벗어난 것이라고 할 수는 없다. 따라서 이 사건 준용조항은 재산권을 침해하지 아니한다. 유류분제도의 입법취지에 비추어 볼 때, 수증자와 유류분반환청구를 하는 유류분권리자를 본질적으로 동일한 비교집단이라고 할 수 없다. 또한 공동상속인인 수증자의 경우에 수증자가 받은 증여재산은 상속분의 선급으로서의 성격을 가지고 있으므로 그 시기에 관계없이 유류분 산정을 위한 기초재산에 산입함이 타당한 반면, 공동상속인이 아닌 수증자의 경우 그 증여재산을 유류분의 기초재산에 무제한적으로 산입하여 사후에 반환을 가능하게 한다면 거래의 안전에 대한 중대한 위협이 될 수 있다. 따라서 이 사건 준용조항이 공동상속인인 수증자와 공동상속인이 아닌 수증자를 달리 취급하는 것은 합리적인 이유가 있으므로 청구인의 평등권을 침해하지 아니한다."

〈재판관 조대현, 재판관 송두환의 한정위헌의견〉

"민법 제1008조를 준용하여 수증자의 유류분에서 수증재산을 공제하는 것은 수증자의 유류분을 조정할 뿐이고 피상속인의 처분 결과나 다른 수증자의 재산권에는 영향을 주지 않지만, 제1113조에 따라 유류분 산정의 기준재산에 포함되는 산입재산의 범위를 넓히면 그에 따라 피상속인의 재산처분권과 수증자의 재산권을 부인하는 범위도 커지게 된다. 그래서 민법 제1114조에 의하여 산입재산의 범위를 제한하고 민법 제1115조에 의하여 유류분 청구의 대상을 제한한 것이다. 그러므로 피상속인으로부터 재산을 증여받거나 유증받은 수증자가 유류분을 청구한 경우에도 민법 제1113조에 의하여 유류분 산정의 기준재산에 포함되는 산입재산의 범위는 민법 제1114조에 따라 피상속인이 상속개시 전의 1년간 증여한 재산과 유류분 권리자에게 손해를 가할 것을 알고 증여한 재산에 한정되어야 하고, 그렇게 산출된 유류분에서 민법 제1008조에 따라 수증자의 수증재산을 공제하여 유류분을 정하여야 한다. 따라서 대법원 판례와 같이 피상속인의 상속인에 대한 증여나 유증은 민법 제1114조에 불구하고 그 시기나 해의(害意) 유무를 불문하고 모두 민법 제1113조에 따라 유류분을 산정하는 기준재산의 범위에 포함되고 민법 제1115조에 의하여 유류분반환청구의 대상으로 된다고 해석하는 것은 피상속인의 재산처분권과 수증자의 재산권을 제한할 필요성이 없거나 필요한 한도를 넘어서 과도하게 침해하는 것으로서 헌법 제23조 제1항 전문과 제37조 제2항에 위반된다고 보아야 한다."

4. 검 토

가. 이 사건의 쟁점

① 이 사건 가산조항(민법 제1113조 제1항에 따라 유류분의 기초재산을 산정함에 있어 가산되는 증여재산의 평가시기를 상속개시 시로 하는 것)이 헌법상의 재산권(제23조)·평등권(제11조) 및 행복추구권(제10조)을 침해하여 위헌인지 여부, ② 이 사건 준용조항(공동상속인의 증여재산은 그 증

여가 이루어진 시기를 묻지 않고 모두 유류분산정을 위한 기초재산에 산입하도록 규정하고 있는 것)이 헌법상의 재산권(제23조) · 평등권(제11조) 및 행복추구권(제10조)을 침해하여 위헌인지 여부이다.

나. 판단의 근거 · 이유

첫째, 이 사건 쟁점의 첫 번째 경우를 살핀다. ① 헌법재판소는 이미 상속권을 재산권의 일종으로 보고 상속제도나 상속권의 내용은 입법자가 입법정책적으로 결정하여야 할 사항으로서 원칙적으로 입법자의 입법형성의 자유에 속한다고 할 것이지만, 입법형성권을 자의적으로 행사하여 헌법 제37조 제2항이 규정하는 기본권제한의 입법한계를 일탈하는 경우에는 그 법률조항은 헌법에 위반된다고 판시한 바 있으므로(96헌가22등, 판례집 10-2, 339, 356-357 : 2003헌가13, 판례집 16-2하, 76, 8 1 : 2005헌바7, 판례집 20-1상, 221, 227 참조), 이 사건 가산조항이 재산권 침해 여부에 관하여도 이러한 심사기준을 적용하였다. ② 유류분산정의 기초재산의 평가시기를 특별수익이 되는 증여를 포함하여 모두 상속개시시로 정하는 것은 유류분권리자를 보호하고, 유류분반환청구에 관한 당사자들의 이해관계를 합리적으로 조정하기 위한 것으로 법적 안정성에 부합하는 면이 있다. ③ 그렇다면 유류분권리자의 보호와 법적 안정성을 목적으로 하는 민법 제1113조 제1항에 따라 유류분산정의 기초재산에 가산되는 증여재산의 가액을 상속개시시를 기준으로 평가하는 것은 현저히 자의적이어서 기본권제한의 한계를 벗어난 것이라고 할 수 없다는 것이다. ④ 평등권 침해 여부의 경우에 동 규정은 헌법에서 특별히 평등을 요구하는 부분에 대한 것이 아니라 공익을 위하여 상대적으로 넓은 규제가 가능하다고 인정되는 재산권의 일부 제한 여부가 문제되는 경우이므로 차별취급의 존재와 그 자의성을 살피는 완화된 심사기준에 따라 평등권의 침해 여부를 가려야 할 것이다. ⑤ 헌법재판소는 피상속인으로부터 재산을 증여받은 수증자와 피상속인의 사망 후 수증자에게 유류분반환청구를 하는 유류분권리자는 본질적으로 동일한 집단이라고 볼 수 없으므로 달리 이를 취급하더라도 불합리한 차별이 발생한다고 할 수 없다고 하여 평등권을 침해하지 않는다고 판시하였다. 둘째, 이 사건의 쟁점 두 번째의 경우를 본다. ① 헌법재판소는 이 사건 준용조항 역시 앞서 살핀 바와 같이 입법형성권을 자의적으로 행사하여 헌법 제37조 제2항이 규정하는 기본권제한의 입법한계를 일탈하는지 여부로 헌법위반심사를 하였다. 민법 제1118조에 의하여 제1008조가 유류분에 준용됨으로 인하여 수증자가 공동상속인인 경우, 즉 특별수익자인 경우에는 특별이익이 되는 생전증여는 증여가 상속개시 전 1년간에 혹은 1년 전에 행해진 것이든 모두 유류분권리자에 대한 당사자의 가해의 인식 여부를 묻지 않고 유류분 산정의 기초재산에 산입하고 있다. ③ 이것은 수증자가 공동상속인인 경우 모든 증여를 유류분산정의 기초재산에 산입하는 것은 공동상속인 중에 피상속인으로부터 재산의 증여를 받은 특별수익자가 있는 경우에 공동상속인들 사이의 공평을 기하기 위함이다. 따라서 이 사건 준용조항은 유류분권리자의 보호와 공동상속인들 상호간의 공평이라는 입법목적을 추구하고 있는 것으로 해석된다.

다. 결정의 의의

첫째, 헌법재판소는, 유류분제도의 입법취지에 비추어 볼 때 동 조항은 유류분권리자의 보호와 공동상속인들 상호간의 공평을 입법목적으로 하는 이 사건 법률조항의 정당성과 합리성이 인정된다는 등의 이유로, 현저히 자의적이어서 기본권 제한의 한계를 벗어난 것이라고 할 수는 없다고 판단하였는데, 이는 타당한 결론이다. 둘째, 헌법재판소는, 동 조항의 헌법상의 평등권 침해 여부는 앞서 살핀 바대로, 자의금지원칙에 따라 판단하였는데, 수증자와 유류분권리자가 본질적으로 동일한 집단이라고 볼 수 없는 것과는 달리, 공동상속인인 수증자와 공동상속인이 아닌 수증자는 모두 피상속인으로부터 증여를 받은 자라는 점에서는 동일한 비교집단이라고 설시하였다. 그러나 공동상속인인 수증자의 경우에 수증자가 받은 증여재산은 상속분의 선급으로서의 성격이 있고 구체적인 상속분을 산정함에 있어 그 증여재산을 참작할 필요가 있으므로 그 증여가 상속개시 1년 이전의 것인지 여부 등에 관계없이 유류분 산정을 위한 기초재산에 산입하는 타당한 이유가 있다고 하였다. 따라서 공동상속인이 아닌 수증자와 달리 취급하는 것은 합리적인 사유가 있어 평등권을 침해하지 않는다 할 것이다. 셋째, 위의 헌재결정은, 상속권을 재산권의 일종으로 보고 그 내용은 입법형성의 자유에 속하지만, 기본권제한의 입법한계를 일탈하는 여부는 헌법 제37조 제2항에 따라 판단하는 기준을 유류분 문제를 결정함에도 동일한 원리로 심사하였다는 점에 그 의미가 있다고 본다.

제3절 유류분반환청구권

I. 서 설

1. 유류분반환청구권의 의의

첫째, 피상속인이 그의 재산을 증여 또는 유증함으로써 유류분권자의 상속재산의 가액이 유류분액에 미달하는 경우를 유류분의 침해라고 한다. 그리고 이러한 유류분의 침해가 있는 경우, 유류분권자가 그 부족한 한도에서 수증자·수유자(그 포괄승계인)에게 증여·유증된 재산의 반환을 청구할 수 있는 것을 유류분반환청구권 또는 유류분의 보전이라고 한다(제1115조 제1항 참조). 둘째, 유류분을 침해하는 피상속인의 행위가 당연히 무효로 되는 것은 아니다. 그 침해의 한도에서 유류분권자에게 그 반환청구권이 성립할 뿐이고, 그 행사 여부는 유류분권자의 자유의사에 달려있다.

●● 사례

소외 1(2007. 11. 20. 사망)에게는 자녀들로서 원고, 소외 2, 피고 1이 있고, 피고 2는 피고 1의 처이다. 그런데 소외 1의 소유였던 이 사건 토지에 관하여는, 이 중 각 1/2 지분에 관하여 1998. 6. 8. 증여를 원인으로 한 피고들 명의의 소유권이전등기가 마쳐졌다. 원고는, 제1예비적 청구로서 이 사건 소유권이전등기는 소외 1의 동의하에 소외 1과 피고들 사이의 적법한 증여계약을 원인으로 이루어졌음을 전제로, 이 사건 토지에 관하여는 유류분(원고의 유류분과 소외 2로부터 양수한 소외 2의 유류분)의 반환을 구하는 소를 제기하였다. 동 사안을 판단함에 유의하여야 점을 무엇인가?

●● 사안의 쟁점:

첫째, 유류분 산정의 기초가 되는 재산은 무엇인지, 둘째, 유류분액의 계산은 어떻게 하는 지 등이다.

2. 유류분 침해액의 산정

유류분의 침해액(부족액)은 앞에서 살핀, 유류분액에서 당해 상속인의 특별수익액(증여·유증의 이익액)과 순상속분액을 공제한 액이다. 순상속분액은 상속받은 적극재산액에서 상속채무 분담액(소극재산)을 공제한 액이다.

유류분 침해액을 계산하는 식은 다음과 같다.

① 순상속분액 = 상속받은 적극재산액 − 상속받은 소극재산(상속채무) 분담액

② 유류분 침해액 = 유류분액 − 특별수익액 − 순상속분액

위와 같은 식으로 계산하여 그 수가 + 이면(유류분액이 순상속분액보다 큰 경우) 그 차액만큼 유류분액이 부족한 것이고, − 또는 0(제로)이면(유류분액이 순상속분액보다 작거나 같은 경우) 그 침해액은 없는 것이 되어 유류분반환청구권은 성립하지 않는다.

3. 유류분반환청구권의 법적 성질

그 법적 성질에 관하여 학설은 형성권설과 청구권설로 나뉜다.

(1) 형성권설

그 반환청구권을 행사하면 유증 또는 증여계약은 유류분을 침해하는 한도에서 실효하고, 계약상의 채무가 아직 이행되지 않았다면 그 반환청구권자는 이행의무를 면하며, 이미 이행되었다면 그 반환을 청구할 수 있다는 것이다(김주수·김상용, 앞의 책, 863면; 정구태, "유류분반환에 관한 제문제-대법원 2013. 3. 14. 선고 2010다42624 판결에 대한 비판적 연구", 「법학논집」, 제18권 제1호, 이화여자대학교 법학연구소, 2013, 503면 이하 등). 그 주장 이유로는, 유류분권자의 두터운 보호를 꾀할 수 있다는

점(수증자가 계약목적물을 제3자에게 양도한 경우, 그 양도행위는 유류분 침해의 한도에서 무효이므로, 유류분권자는 그 양수인인 악의의 제3자에게 그 반환을 청구할 수 있다)과 함께 청구권설은 그 계약상의 채무가 이행되기 전에는 부적당한 이론이라는 점 등을 든다. 이 견해를 취할 경우, ① 그 청구권의 행사로써 유류분 침해한도의 그 계약은 소급하여 효력을 상실함으로써 계약목적물 위의 권리는 당연히 유류분권자에게 복귀하게 된다(물권적 효과). ② 수증자가 파산한 경우, 유류분권자는 채무자 회생 및 파산에 관한 법률상의 환취권(동법 제407조 이하)을 행사할 수 있고, 수증자의 일반채권자가 수증목적물에 대하여 강제집행을 한 때에는 제3자 이의의 소(민사집행법 제48조)를 제기할 수 있다.

(2) 청구권설

그 반환청구권은 유증 또는 증여받은 자에 대하여 유류분이 부족한 만큼의 재산의 인도나 반환을 요구하는 순수한 채권적 청구권이라는 것이다(곽윤직, 앞의 책, 294면; 윤진수, 앞의 책, 574면 이하 등). 그 주장 이유로는, 우리 민법은 프랑스 민법(동법 제920조-제930조) 및 일본 민법(동법 제1031-제1041조)과는 달리, 유류분반환청구권을 형성권으로 새길 근거가 없다는 점·물권변동에 관하여 형식주의를 취하는 우리 민법의 경우, 형성권설은 이론적으로 모순이라는 점·형성권설을 취할 경우, 거래의 안전보호가 미흡하다는 점 등을 든다. 이 견해를 취할 경우, 그 반환청구권의 행사는 증여나 유증의 효력에 아무런 영향을 미치지 않게 된다.

(3) 판 례

판례는 피상속인으로부터 유증 또는 증여된 재산이 타인에게 양도된 경우, 유류분권자의 악의의 양수인에 대한 재산의 반환청구가 인정된다(대판 2016. 1. 28. 2013다75281; 대판 2002. 4. 26. 2000다8878)고 함으로써 형성권설을 취한 것으로 보이기도 하고, 그 반환청구권의 행사기간을 소멸시효기간(대판 1993. 4. 13. 92다3595)이라고 함으로써 청구권설을 취한 것으로 보이는 등 일정하지 않았다. 그러나 최근 유류분권리자의 유류분반환청구권 행사에 따라 그 유류분을 침해하는 증여 또는 유증은 소급적으로 실효되는데, 이에 따라 반환의무자는 유류분권리자의 유류분을 침해하는 범위 내에서 그와 같이 실효된 증여 또는 유증의 목적물을 사용·수익할 권리를 상실하게 되고, 유류분권리자의 목적물에 대한 사용·수익권은 상속개시의 시점에 소급하여 반환의무자에 의하여 침해당한 것이 된다고 판시함으로써 실질적으로 형성권설을 택한 것으로 보인다(대판 2013. 3. 14. 2010다42624).

(4) 사 견

두 학설의 대립은 유류분의 보전에 관한 제1115조 제1항 소정의 그 반환청구의 효력에 관한 것이다. 형성권설은 그 반환을 청구하면, 부족분의 한도에서 피상속인의 처분행위의 물권적 효력 자체가 실효함으로써 그 부족분 한도 내의 재산권은 당연히 유류분권자에게 귀속하게 된다는 이론이다. 그런데 물권변동에 관한 형식주의를 취하는 민법의 경우, 어떠한 의사표시에 물권적 효력이 있다고 하기 위해서는 법률의 규정(가령 제548조 제1항 등) 등의 명확한 근거가 있어야 하는 것이 원칙이다. 청구권설을 취할 경우에도 그 반환청구권의 행사로, 유류분을 침해하는 피상속인의 처분행위의 채권적 효력만이 실효됨으로써 유증 또는 증여의 이익을 받게 되는 자로부터의 이행청구가 있을 경우, 유류분권자가 그 침해부분의 한도 내에서 이행을 거절할 수 있음은 당연하다. 또한 제1115조 제1항의 문언에 비춰볼 때 동 규정이 임의규정임은 분명하다. 따라서 그 반환의 효력은 채권적 효력이라는 점을 규정한 것으로 보아야 한다. 그렇다면, 유류분반환청구권의 행사가 있어도 피상속인의 처분행위의 물권적 효력은 유효하고, 다만 그 부족분 한도 내에서 그 처분행위의 채권적 효력만 실효한다고 새겨야 한다. 그리하여 유류분권자는 부당이득을 이유로 부족분 한도 내의 재산의 반환을 청구할 수 있고, 그 이행이 실현되었을 때 비로소 그 재산의 복귀가 이루어진다 할 것이다.

Ⅱ. 유류분반환청구권의 행사

1. 반환청구의 당사자

(1) 반환청구권자

첫째, 유류분권자와 그의 승계인이다. 승계인은 포괄승계인(상속인 · 포괄적 수증자 · 상속분의 양수인)이든 특정승계인(피상속인의 개별 처분행위에 대한 개별 반환청구권의 양수인)이든 가리지 않는다. 둘째, 상속인(유류분권자)이 단순승인을 한 경우, 그 반환청구권의 대위행사가 가능한가? 학설은 행사상의 일신전속권이 아니므로, 유류분권자의 채권자의 대위권행사를 인정한다. 판례는 유류분반환청구권은 행사상의 일신전속권이므로, 원칙적으로 채권자대위권의 목적이 될 수 없다고 한다(대판 2010. 5. 27. 2009다93992). 그러나 귀속상의 일신전속권은 아니므로 양도나 상속 등은 가능하다고 보아야 할 것이다(대판 2013. 4. 25. 2012다80200).

생각건대 제1115조 제1항은 유류분반환청구권을 행사하여 그 침해된 유류분을 회복할 것인지 여부를 유류분권리자의 자유로운 선택에 맡기고 있다. 따라서 그 권리행사에 대한 유류분권리자의 확정적 의사가 인정되는 경우가 아닌 한 그 반환청구권은 유류분권리자의 채권자가 대위행사하지 못한다고 새겨야 한다.

(2) 반환청구의 상대방

증여 또는 유증의 수증자와 그의 포괄승계인, 유언집행자이다. 목적재산이 제3자에게 처분된 경우, 악의의 양수인도 청구의 상대방이 된다는 견해(대판 2002. 4. 26. 2000다8878)가 있으나, 청구권설을 취할 경우에는 이를 인정할 수 없다.

2. 반환청구권의 행사방법

(1) 불요식의 의사표시

첫째, 그 권리의 행사는 재판상 또는 재판 외에서 상대방에 대한 의사표시로 하면 된다. 그 의사표시는 유류분의 침해를 받은 피상속인의 처분행위를 지정하여 이에 대한 반환을 청구하는 의사표시만으로 족하다. 둘째, 그 반환청구에 따른 목적물의 이전등기청구권·인도청구권 등을 행사하는 경우와 달리 목적물을 구체적으로 특정할 필요는 없고, 그 반환청구권을 행사했는지 여부는 법률행위 해석의 일반원칙에 따른다(대판 2012. 5. 24. 2010다50809).

(2) 반환청구의 범위와 순서

첫째, 피상속인의 처분행위로 유류분이 부족한 한도에서만 반환청구권을 행사하여야 한다(제1115조 제1항). 둘째, 그 청구의 대상이 되는 증여와 유증이 병존하는 경우에 그 순서는 어떻게 되는가? ① 먼저 유증에 대하여 반환을 청구하고, 유류분권이 보전되지 않을 때에 한하여 증여의 반환을 청구할 수 있다(제1116조). 이 경우, 사인증여는 유증과 같은 것으로 보아야 한다(대판 2001. 11. 30. 2001다6947). ② 증여 또는 유증을 받은 자가 수인인 경우, 유증·증여의 순서로 각자가 받은 가액의 비례로 반환하여야 한다(제1115조 제2항). 셋째, 유류분권자가 수인일 경우, 각자의 권리는 독립한 것이므로, 각자가 별도로 행사하여야 하며, 어느 1인의 행사는 다른 자의 권리에 영향을 미치지 않는다.

3. 반환청구권 행사의 효과

(1) 기본적인 효과

청구권설을 취할 경우, 유류분권자는 그 반환청구권의 행사로써 목적물의 반환청구권 또는 이행거절권(그 처분행위가 이행되기 전인 경우)을 취득한다(형성권설을 취할 경우, 반환청구권의 행사로 목적물은 당연히 유류분권자에게 복귀하게 됨은 살핀 바와 같다). 반환된 재산은 상속재산을 구성함으로써 그 분할의 대상이 된다(제1012조 이하 참조).

(2) 반환의 방법

첫째, 그 반환의 대상은 원칙적으로 피상속인이 처분한 증여 또는 유증의 목적물 자체이므로, 그 의무자는 원물반환의무를 부담하는 것으로 새겨야 한다. ① 원물반환이 불가능할 경우, 그 가액 상당액의 반환청구를 할 수 있다(통설. 대판 2013. 3. 14. 2010다42624, 42631 등). ② 이 경우, 그 가액은 사실심 변론종결 시를 기준으로 산정하여야 한다(대판 2006. 6. 23. 2004다51887). ③ 그 반환의무를 부담하는 수증자가 목적물을 제3자에게 처분한 경우에는 어떻게 되는가? 청구권설을 취할 경우, 원물반환이 불가능한 경우로 보아서 수증자에게 가액의 반환을 청구할 수 있는 것으로 새기게 된다. 즉, 청구권설에 따른다면 원래의 수증자 또는 수유자 외의 제3자는 원칙적으로 반환의무가 없다고 보는 것이 논리적이다. 그런데 판례는, 앞서 살펴보았듯이 유류분반환청구권의 행사에 따라 반환하여야 할 증여 또는 유증의 목적이 된 재산이 타인에게 양도된 경우, 그 양수인이 양도 당시 유류분권리자를 해함을 안 때에는 양수인에 대하여도 그 재산의 반환을 청구할 수 있다고 하여 특별한 근거도 없이 유류분권자의 악의의 양수인에 대한 재산의 반환청구를 인정한다(대판 2016. 1. 28. 2013다75281; 대판 2002. 4. 26. 2000다8878). 둘째, 반환의 방법에 관한 판례의 견해는 어떤가? ① 원물반환이 가능한 경우에도 당사자 사이에 가액반환의 협의가 이뤄지거나 또는 반환권리자의 가액반환청구에 반환의무자가 다툼 없이 응할 경우, 법원은 가액반환을 명할 수 있으나, ② 원물반환이 가능한 경우에 반환권리자는 가액반환의 주장을, 그 의무자는 원물반환을 주장하며 가액반환에 반대하는 의사표시를 한 경우, 법원은 가액반환을 명할 수 없다(대판 2013. 3. 14. 2010다42624, 42631)고 함으로써 반환의무자의 의사를 우선시한다.

(3) 기 타

첫째, 그 반환청구권의 행사로 생기는 원물반환・가액반환의무는, 이른바 기한이 없는 채무(제387조 제2항)이므로, 그 의무자는 권리자가 그 반환의 이행청구를 한 때부터 이행지체책임을 진다(대판 2013. 3. 14. 2010다42624, 42631). 둘째, 반환청구를 받은 수증자가 무자력인 경우, 유류분권자가 그 손실을 부담하여야 한다는 견해가 있으나(김주수・김상용, 앞의 책, 868면 등), 유류분반환청구의 대상이 되지 않을 뿐이라고 해석하여야 한다. 셋째, 수증자는 목적물에서 취득한 과실에 대한 반환의무를 부담하지 않는다는 견해가 있으나(곽윤직, 앞의 책, 297면 등), 반환의무자가 악의의 점유자라는 점이 증명된 경우에는 그 인정시점부터, 또는 본권에 관한 소에서 종국판결에 의하여 패소로 확정된 경우에는 소가 제기된 때로부터 유류분 침해부분 상당의 과실은 부당이득을 이유로, 그 반환의무를 부담한다고 새겨야 한다(대판 2013. 3. 14. 2010다42624, 42631 참조)(청구권설에 부합하는 해석론).

4. 공동상속인들 사이의 유류분반환청구

공동상속의 경우, 1인 또는 수인의 상속인이 과다하게 증여 또는 유증을 받음으로써 다른 공동상속인의 유류분을 침해하는 결과가 생길 수 있다. 이 경우에도 유류분반환청구의 문제가 생긴다(제1118조 참조). 즉, 증여 또는 유증을 받은 상속인의 유류분 초과부분을 대상으로, 다른 공동상속인의 유류분을 침해한 한도에서만 반환의무를 부담할 것인데, 판례는 구체적인 반환 범위 및 순서에 관하여, 각자 증여 또는 유증을 받은 재산 등의 가액이 자기 고유의 유류분액을 초과하는 상속인에 대하여 그 유류분액을 초과한 가액의 비율에 따라서 반환을 청구할 수 있다고 하여 증여와 유증 사이에 그 순위의 차등을 두지 아니하였다(대판 2006. 11. 10. 2006다46346). 그런데 최근 판례는, 증여 또는 유증을 받은 재산 등의 가액이 자기 고유의 유류분액을 초과하는 수인의 공동상속인이 유류분권리자에게 반환하여야 할 재산과 범위를 정할 때에, 수인의 공동상속인이 유증받은 재산의 총 가액이 유류분권리자의 유류분 부족액을 초과하는 경우에는 유류분 부족액의 범위 내에서 각자의 수유재산을 반환하면 되는 것이지 이를 놓아두고 수증재산을 반환할 것은 아니라고 하면서, 이 경우 수인의 공동상속인이 유류분권리자의 유류분 부족액을 각자의 수유재산으로 반환할 때 분담하여야 할 액은 각자 증여 또는 유증을 받은 재산 등의 가액이 자기 고유의 유류분액을 초과하는 가액의 비율에 따라 안분하여 정하되, 그중 어느 공동상속인의 수유재산의 가액이 그의 분담액에 미치지 못하여 분담액 부족분이 발생하더라도 이를 그의 수증재산으로 반환할 것이 아니라, 자신의 수유재산의 가액이 자신의 분담액을 초과하는 다른 공동상속인들이 위 분담액 부족분을 위 비율에 따라 다시 안분하여 그들의 수유재산으로 반환하여야 한다고 판시하였다(대판 2013. 3. 14. 2010다42624, 42631). 이는 공동상속인들간의 반환액수가 증여 또는 유증이라는 우연한 사정에 의하여 달라지게 되는 결과를 초래한다.

Ⅲ. 반환청구권의 소멸시효

첫째, 그 반환청구권은 유류분권자가 상속의 개시와 반환하여야 할 증여 또는 유증을 한 사실을 안 때부터 1년 내에 행사하지 않으면 시효에 의하여 소멸한다(제1117조 제1문). ① 이 경우, 1년의 기간은 소멸시효기간이다(대판 1993. 4. 13. 92다3595). ② 그 시효기간은 반환권리자가 상속의 개시와 증여·유증의 사실뿐만 아니라, 이것이 반환하여야 할 것임을 안 때부터 진행한다고 해석하여야 한다(대판 2006. 11. 10. 2006다46346)(이와는 달리, 그 기산점은 유류분권리자가 상속의 개시와 증여·유증의 사실을 안 때부터라고 하는 견해로는 김주수·김상용, 앞의 책, 874면 등). 둘째, 그 반환청구권은 상속이 개시된 때부터 10년이 경과하여도 소멸한다(제1117조 제2문). ① 이 경우, 10년의 기간도 소멸시효기간이다(대판 1993. 4. 13. 92다3595)(제척기간으로 보는 견해로는 김주수·김상용, 앞의 책, 875면 등). ② 이러한 법리는 상속재산의 증여에 따른 소유권이전등기가 이루어지지 아니한 경우에도, 특별한 사정이 없는 한 그대로 적용된다(대판 2008. 7. 10. 2007다9719). 셋째, 그 반환청구의 의사표시를 한 경우, 1년 또는 10년의 소멸시효는 중단된다(제168조 제1호 참조)(대판 2002. 4. 26. 2000다8878).

●● 사례의 해결:

첫째, 공동상속인이 아닌 제3자에 대한 증여는 원칙적으로 상속개시 전의 1년간에 행한 것에 한하여 유류분반환청구를 할 수 있고, 다만 당사자 쌍방이 증여 당시에 유류분권리자에 손해를 가할 것을 알고 증여를 한 때에는 상속개시 1년 전에 한 것에 대하여도 유류분반환청구가 허용된다. 둘째, 증여 당시 법정상속분의 2분의 1을 유류분으로 갖는 직계비속들이 공동상속인으로서 유류분권리자가 되리라고 예상할 수 있는 경우, 제3자에 대한 증여가 유류분권리자에게 손해를 가할 것을 알고 행해진 것이라고 보기 위해서는, 당사자 쌍방이 증여 당시 증여재산의 가액이 증여하고 남은 재산의 가액을 초과한다는 점을 알았던 사정뿐만 아니라, 장래 상속개시일에 이르기까지 피상속인의 재산이 증가하지 않으리라는 점까지 예견하고 증여를 행한 사정이 인정되어야 한다. 셋째, 또한 이러한 당사자 쌍방의 가해의 인식은 증여 당시를 기준으로 판단하여야 한다(소외 1과 피고 2가 위 증여 당시 유류분권리자에 손해를 가할 것을 알고 증여를 하였는지 여부에 관하여 심리·판단한 후에 위 증여에 대한 유류분반환청구가 허용될 수 있는지 여부를 가려야 하지, 위 증여가 소외 1의 사망 전의 1년간에 행해지지 아니하였다는 사유만으로는 피고 2가 수증한 위 토지 지분이 유류분반환청구 대상에서 배제될 수는 없다).

(대판 2012. 5. 24. 2010다50809의 사실관계와 판결요지 등 참조)

판 례

■ 증여 또는 유증을 받은 재산 등의 가액이 자기 고유의 유류분액을 초과하는 수인의 공동상속인이 유류분권리자에게 반환하여야 할 재산과 범위를 정하는 기준 및 어느 공동상속인 1인이 수개의 재산을 유증받아 각 수유재산으로 유류분권리자에게 분담액을 반환하는 경우, 반환하여야 할 각 수유재산의 범위를 정하는 방법

"증여 또는 유증을 받은 재산 등의 가액이 자기 고유의 유류분액을 초과하는 수인의 공동상속인이 유류분권리자에게 반환하여야 할 재산과 범위를 정할 때에, 수인의 공동상속인이 유증받은 재산의 총 가액이 유류분권리자의 유류분 부족액을 초과하는 경우에는 유류분 부족액의 범위 내에서 각자의 수유재산(수유재산)을 반환하면 되는 것이지 이를 놓아두고 수증재산(수증재산)을 반환할 것은 아니다. 이 경우 수인의 공동상속인이 유류분권리자의 유류분 부족액을 각자의 수유재산으로 반환할 때 분담하여야 할 액은 각자 증여 또는 유증을 받은 재산 등의 가액이 자기 고유의 유류분액을 초과하는 가액의 비율에 따라 안분하여 정하되, 그중 어느 공동상속인의 수유재산의 가액이 그의 분담액에 미치지 못하여 분담액 부족분이 발생하더라도 이를 그의 수증재산으로 반환할 것이 아니라, 자신의 수유재산의 가액이 자신의 분담액을 초과하는 다른 공동상속인들이 위 분담액 부족분을 위 비율에 따라 다시 안분하여 그들의 수유재산으로 반환하여야 한다. 나아가 어느 공동상속인 1인이 수개의 재산을 유증받아 각 수유재산으로 유류분권리자에게 반환하여야 할 분담액을 반환하는 경우, 반환하여야 할 각 수유재산의 범위는 특별한 사정이 없는 한 민법 제1115조 제2항을 유추적용하여 각 수유재산의 가액에 비례하여 안분하는 방법으로 정함이 타당하다."(대판 2013. 3. 14. 2010다42624, 42631)

■ 유류분반환청구소송에서 법원이 유류분권리자가 특정한 대상과 범위를 넘어서 청구를 인용할 수 있는지 여부(소극)

"유류분권리자가 반환의무자를 상대로 유류분반환청구권을 행사하고 이로 인하여 생긴 목적물의 이전등기의무나 인도의무 등의 이행을 소로써 구하는 경우에는 그 대상과 범위를 특정하여야 하고, 법원은 처분권주의의 원칙상 유류분권리자가 특정한 대상과 범위를 넘어서 청구를 인용할 수 없다."

■ 유류분반환청구권의 행사로 생기는 원물반환의무 또는 가액반환의무의 지체책임의 발생시기

"유류분반환청구권의 행사로 인하여 생기는 원물반환의무 또는 가액반환의무는 이행기한의 정함이 없는 채무이므로, 반환의무자는 그 의무에 대한 이행청구를 받은 때에 비로소 지체책임을 진다."(대판 2013. 3. 14. 2010다42624, 42631)

■ 유류분권리자의 가액반환청구에 대하여 반환의무자가 원물반환을 주장하며 가액반환에 반대 의사를 표시한 경우, 법원이 가액반환을 명할 수 있는지 여부(원칙적 소극)

"우리 민법은 유류분제도를 인정하여 제1112조부터 제1118조까지 이에 관하여 규정하면서도 유류분의 반환방법에 관하여는 별도의 규정을 두고 있지 않다. 다만 제1115조 제1항이 "부족한 한도에서 그 재산의 반환을 청구할 수 있다"고 규정한 점 등에 비추어 볼 때 반환의무자는 통상적으로 증여 또는 유증 대상 재산 자체를 반환하면 될 것이나 원물반환이 불가능한 경우에는 가액 상당액을 반환할 수밖에 없다. 원물반환이 가능하더라도 유류분권리자와 반환의무자 사이에 가액으로 이를 반환하기로 협의가 이루어지거나 유류분권리자의 가액반환청구에 대하여 반환의무자가 이를 다투지 않은 경우에는 법원은 가액반환을 명할 수 있지만, 유류분권리자의 가액반환청구에 대하여 반환의무자가 원물반환을 주장하며 가액반환에 반대하는 의사를 표시한 경우에는 반환의무자의 의사에 반하여 원물반환이 가능한 재산에 대하여 가액반환을 명할 수 없다."(대판 2013. 3. 14. 2010다42624, 42631)

■ 공동상속인 중 1인이 자신의 법정상속분 상당의 상속채무 분담액을 초과하여 유류분권리자의 상속채무 분담액까지 변제한 경우, 그러한 사정을 유류분권리자의 유류분 부족액 산정 시 고려할 것인지 여부(소극)

"금전채무와 같이 급부의 내용이 가분인 채무가 공동상속된 경우, 이는 상속개시와 동시에 당연히 공동상속인들에게 법정상속분에 따라 상속된 것으로 봄이 타당하므로, 법정상속분 상당의 금전채무는 유류분권리자의 유류분 부족액을 산정할 때 고려하여야 할 것이나, 공동상속인 중 1인이 자신의 법정상속분 상당의 상속채무 분담액을 초과하여 유류분권리자의 상속채무 분담액까지 변제한 경우에는 유류분권리자를 상대로 별도로 구상권을 행사하여 지급받거나 상계를 하는 등의 방법으로 만족을 얻는 것은 별론으로 하고, 그러한 사정을 유류분권리자의 유류분 부족액 산정 시 고려할 것은 아니다."(대판 2013. 3. 14. 2010다42624, 42631)

■ 유류분반환청구권의 행사에 의하여 반환되어야 할 유증 또는 증여의 목적이 된 재산이 타인에게 양도된 경우, 양수인에 대하여도 그 재산의 반환을 청구할 수 있는지 여부(한정 적극)

"유류분반환청구권의 행사에 의하여 반환되어야 할 유증 또는 증여의 목적이 된 재산이 타인에게 양도된 경우 그 양수인이 양도 당시 유류분권리자를 해함을 안 때에는 양수인에 대하여도 그 재산의 반환을 청구할 수 있다고 보아야 한다."(대판 2002. 4. 26. 2000다8878)

■ 유류분반환청구권 행사의 방법 및 그로 인한 소멸시효의 중단

"유류분반환청구권의 행사는 재판상 또는 재판 외에서 상대방에 대한 의사표시의 방법으로 할 수 있고, 이 경우 그 의사표시는 침해를 받은 유증 또는 증여행위를 지정하여 이에 대한 반환청구의 의사를 표시하면 그것으로 족하며, 그로 인하여 생긴 목적물의 이전등기청구권이나 인도청구권 등을 행사하는 것과는 달리 그 목적물을 구체적으로 특정하여야 하는 것은 아니고, 민법 제1117조에 정한 소멸시효의 진행도 그 의사표시로 중단된다."(대판 2002. 4. 26. 2000다8878)

■ 유류분반환청구권이 채권자대위권의 목적이 될 수 있는지 여부(원칙적 소극)

"유류분반환청구권은 그 행사 여부가 유류분권리자의 인격적 이익을 위하여 그의 자유로운 의사결정에 전적으로 맡겨진 권리로서 행사상의 일신전속성을 가진다고 보아야 하므로, 유류분권리자에게 그 권리행사의 확정적 의사가 있다고 인정되는 경우가 아니라면 채권자대위권의 목적이 될 수 없다."(대판 2010. 5. 27. 2009다93992)

■ 구체적으로 유류분반환청구 의사가 표시되었는지를 판단하는 방법

"구체적으로 유류분반환청구 의사가 표시되었는지는 법률행위 해석에 관한 일반원칙에 따라 의사표시의 내용과 아울러 의사표시가 이루어진 동기 및 경위, 당사자가 의사표시에 의하여 달성하려고 하는 목적과 진정한 의사 및 그에 대한 상대방의 주장·태도 등을 종합적으로 고찰하여 사회정의와 형평의 이념에 맞도록 논리와 경험의 법칙, 그리고 사회일반의 상식에 따라 합리적으로 판단하여야 한다. 상속인이 유증 또는 증여행위가 무효임을 주장하여 상속 내지는 법정상속분에 기초한 반환을 주장하는 경우에는 그와 양립할 수 없는 유류분반환청구권을 행사한 것으로 볼 수 없지만, 상속인이 유증 또는 증여행위의 효력을 명확히 다투지 아니하고 수유자 또는 수증자에 대하여 재산분배나 반환을 청구하는 경우에는 유류분반환의 방법에 의할 수밖에 없으므로 비록 유류분 반환을 명시적으로 주장하지 않더라도 그 청구 속에는 유류분반환청구권을 행사하는 의사표시가 포함되어 있다고 해석함이 타당한 경우가 많다."(대판 2012. 5. 24. 2010다50809)

■ 유류분반환청구에 있어 사인증여를 유증으로 볼 수 있는지 여부(적극)

"유류분반환청구의 목적인 증여나 유증이 병존하고 있는 경우에는 유류분권리자는 먼저 유증을 받은 자를 상대로 유류분침해액의 반환을 구하여야 하고, 그 이후에도 여전히 유류분침해액이 남아 있는 경우에 한하여 증여를 받은 자에 대하여 그 부족분을 청구할 수 있는 것이며, 사인증여의 경우에는 유증의 규정이 준용될 뿐만 아니라 그 실제적 기능도 유증과 달리 볼 필요가 없으므로 유증과 같이 보아야 할 것이다."(대판 2001. 11. 30. 2001다6947)

■ 유류분권리자의 유류분반환청구권 행사에 의하여 그의 유류분을 침해하는 증여 또는 유증이 소급적으로 실효된 경우, 반환의무자가 부당이득으로 반환하여야 하는 목적물 사용이익의 범위

"유류분권리자가 반환의무자를 상대로 유류분반환청구권을 행사하는 경우 그의 유류분을 침해하는 증여 또는 유증은 소급적으로 효력을 상실하므로, 반환의무자는 유류분권리자의 유류분을 침해하는 범위 내에서 그와 같이 실효된 증여 또는 유증의 목적물을 사용·수익할 권리를 상실하게 되고, 유류분권리자의 목적물에 대한 사용·수익권은 상속개시의 시점에 소급하여 반환의무자에 의하여 침해당한 것이 된다. 그러나 민법 제201조 제1항은 '선의의 점유자는 점유물의 과실을 취득한다.'고 규정하고 있고, 점유자는 민법 제197조에 의하여 선의로 점유한 것으로 추정되므로, 반환의

무자가 악의의 점유자라는 사정이 증명되지 않는 한 반환의무자는 목적물에 대하여 과실수취권이 있다고 할 것이어서 유류분권리자에게 목적물의 사용이익 중 유류분권리자에게 귀속되었어야 할 부분을 부당이득으로 반환할 의무가 없다. 다만 민법 제197조 제2항은 '선의의 점유자라도 본권에 관한 소에 패소한 때에는 그 소가 제기된 때로부터 악의의 점유자로 본다.'고 규정하고 있고, 민법 제201조 제2항은 '악의의 점유자는 수취한 과실을 반환하여야 하며 소비하였거나 과실로 인하여 훼손 또는 수취하지 못한 경우에는 그 과실의 대가를 보상하여야 한다.'고 규정하고 있으므로, 반환의무자가 악의의 점유자라는 점이 증명된 경우에는 악의의 점유자로 인정된 시점부터, 그렇지 않다고 하더라도 본권에 관한 소에서 종국판결에 의하여 패소로 확정된 경우에는 소가 제기된 때로부터 악의의 점유자로 의제되어 각 그때부터 유류분권리자에게 목적물의 사용이익 중 유류분권리자에게 귀속되었어야 할 부분을 부당이득으로 반환할 의무가 있다."(대판 2013. 3. 14. 2010다42624, 42631)

■ 공동상속인 및 공동상속인이 아닌 제3자가 피상속인으로부터 각각 증여 또는 유증을 받은 경우, 각자의 유류분반환의무의 범위

"유류분권리자가 유류분반환청구를 함에 있어 증여 또는 유증을 받은 다른 공동상속인이 수인일 때에는 각자 증여 또는 유증을 받은 재산 등의 가액이 자기 고유의 유류분액을 초과하는 상속인에 대하여 그 유류분액을 초과한 가액의 비율에 따라서 반환을 청구할 수 있고, 공동상속인과 공동상속인 아닌 제3자가 있는 경우에는 그 제3자에게는 유류분이 없으므로 공동상속인에 대하여는 자기 고유의 유류분액을 초과한 가액을 기준으로 하여, 제3자에 대하여는 그 증여 또는 유증받은 재산의 가액을 기준으로 하여 그 각 가액의 비율에 따라 반환청구를 할 수 있다."(대판 2006. 11. 10. 2006다46346)

■ 유류분반환청구권의 소멸시효

"민법 제1117조의 유류분반환청구권은 상속이 개시한 때부터 10년이 지나면 시효에 의하여 소멸하고, 이러한 법리는 상속재산의 증여에 따른 소유권이전등기가 이루어지지 아니한 경우에도 달리 그 소멸시효 완성의 항변이 신의성실의 원칙에 반한다고 하는 등의 특별한 사정이 존재하지 아니하는 이상 달리 볼 것이 아니다."(대판 2008. 7. 10. 2007다9719)

■ 상속포기 신고가 상속개시 후 일정한 기간 내에 적법하게 이루어진 경우, 포기자의 유류분반환청구권도 당연히 소멸하는지 여부(적극)

"유류분은 상속분을 전제로 한 것으로서 상속이 개시된 후 일정한 기간 내에 적법하게 상속포기 신고가 이루어지면 포기자의 유류분반환청구권은 당연히 소멸하게 되는 것이므로, 이와 다른 전제에 선 재항고이유도 받아들일 수 없다."(대결 2012. 4. 16.자 2011스191; 대결 2012. 4. 16.자 2011스191)

판례색인

사항색인

ㅊ

ㅌ

ㅍ

ㅎ

【저자약력】

한삼인

· 제주대학교 법학과 졸업
· 동국대학교 대학원 졸업(법학박사)
· 제주대학교 법학전문대학원 교수 역임(1983. 3. - 2016. 2.)
· 사법시험 등 각종 국가시험위원 역임
· 대한변호사협회 변호사 특별연수 강사 역임
· 한국민사법학회 민사법학 편집위원/대한변호사협회 인권과정의 편집위원 역임
· 제주특별자치도 문화상(학술부문) 수상(2014. 12. 18)
· 녹조근정훈장 수훈(2016. 2. 29)
· (현) 제주대학교 법학전문대학원 명예교수/(사)한국사회발전연구센터 이사장

〈저 서〉

· 자치의식과 개발 및 환경정책(법률행정연구원, 1997), (공저)
· 판례민법(법률행정연구원, 1998)
· 판례로 본 법이야기(도서출판 육서당, 1999)
· 주석민법 채권각칙〈3〉(한국사법행정학회, 1999), (공저)
· 주석민법 채권각칙〈5〉(한국사법행정학회, 1999), (공저)
· 증보신판 판례민법(법률행정연구원, 2000)
· 제3판 새롭게 쓴 판례민법(법률행정연구원, 2003)
· 알기쉬운 생활민법(하) (엑스퍼트월드, 2004)
· 알기쉬운 생활민법(상) (엑스퍼트월드, 2005)
· 제주국제자유도시조성과 사법관계(제주대학교 출판부, 2006), (공저)
· 민법일반이론(보명books, 2009)
· 신경향 객관식 민법(화산미디어, 2009)
· 사시1차 대비 객관식 민법(삼조사, 2010), (공편저)
· 계약법(화산미디어, 2011)
· 로스쿨 선택형 민사법(화산미디어, 2012), (공저)
· 민법총칙 — 이론 · 판례 · 사례- (화산미디어, 2013)
· 개정판 민법총칙 — 이론 · 판례 · 사례- (화산미디어, 2015)
· 신체계 한국가족법(화산미디어, 2015)
· 법원공무원시험 선택형 민법(화산미디어, 2016), (공저)
· 제4판 주석민법 채권각칙〈5〉(한국사법행정학회, 2016), (공저)
· 제3판(신정판) 민법총칙 — 이론 · 판례 · 사례 — (화산미디어, 2017), (공저)

〈논 문〉

· 약관의 규제에 관한 법률의 판례분석(비교사법, 2005)
· 민법 제580조 소정의 매수인의 손해배상청구권의 행사기간 (인권과정의, 2012)
· 운동경기 중 발생한 상해와 손배배상책임의 성립 여부 (인권과정의, 2013) 외 130여 편

김상헌

· 연세대학교 법학과 졸업
· 서울시립대학교 대학원 졸업(법학석사)
· 제주대학교 대학원 졸업(법학박사)
· 제1회 변호사시험 합격
· 광주고등법원 재판연구원 역임
· 제2회 대한민사법학회 학술상 수상(2017. 1. 16)
· (현) 광주지방법원 국선전담변호사

〈저서〉

· 인공생식의 민법상 쟁점에 관한 법리 연구(법학박사 학위논문, 2015)
· 제3판(신정판) 민법총칙 — 이론·판례·사례 — (화산미디어, 2017), (공저)

〈논문〉

· 성전환자의 부자관계에 관한 소고(아주법학, 2014)
· 우리나라에서도 사망한 남편과 사후수정자 사이에 친자관계를 인정할 수 있는가?(서울법학, 2016)
· 채권자취소권의 수익자 지위에 관한 비판적 고찰(서울법학, 2016)
· 예탁금회원제 컨트리클럽 기존회원에 대한 개정회칙 적용방법에 관한 약관규제법적 접근(동북아법연구, 2016)
· 토양오염의 민법상 불법행위성립요건에 관한 비판적 고찰(동아법학, 2017) 등 10여 편

친족상속법 – 이론 · 판례 · 사례 [제2판(신정판)]

초 판 발행 2015년 12월 15일
신정판 발행 2018년 8월 20일

저 자 한삼인 · 김상헌
발 행 인 현근택
발 행 처 화산미디어
주 소 경기도 고양시 덕양구 용현로 10, 507-102(행신동, 무원마을)
신 고 2009년 2월 16일/제395-2009-000012호
전 화 031-973-6929
팩 스 031-972-6930
블 로 그 blog.daum.net/kthyun1
홈페이지 www.hwasanm.com

정 가 42,000원
ISBN 979-11-5977-028-9 (93360)

잘못된 책은 언제나 바꾸어 드립니다.